FONTI
PER LA STORIA DELLA TERRAFERMA VENETA

21

COMITATO PER LA PUBBLICAZIONE DELLE FONTI
RELATIVE ALLA TERRAFERMA VENETA

REGIONE DEL VENETO
giunta regionale

IL «LIBER IURIUM» DEL COMUNE DI MONSELICE
(SECOLI XII-XIV)

a cura di
SANTE BORTOLAMI e LUIGI CABERLIN

con un saggio introduttivo di
SANTE BORTOLAMI

e una nota di
ATTILIO BARTOLI LANGELI

VIELLA
2005

Prima edizione: ottobre 2005
ISBN 88-8334-183-x

*Pubblicazione finanziata dalla Regione del Veneto – L.R. 15.1.1985, n. 9,
« Promozione di iniziative editoriali riguardanti
la storia, la cultura e la civiltà di Venezia e del Veneto »*

viella
libreria editrice
via delle Alpi, 32
I-00198 ROMA
tel. (06) 84 17 758
fax (06) 85 35 39 60
e-mail viella@flashnet.it

Con questo "liber", la collana di Fonti per la storia della Terraferma veneta, *che la Giunta regionale sostiene ormai da lungo tempo, giunge al suo ventunesimo volume.*

Oltre all'alta qualità scientifica ed editoriale, che da sempre caratterizza questa iniziativa, interessa rilevare che i volumi sinora pubblicati hanno riguardato pressoché tutto il territorio regionale.

Ma se una parte di essi concerne, com'è naturale, la storia delle principali città della regione (Padova, Treviso, Verona, Vicenza), non pochi di questi sono imperniati su quei centri 'minori', quei castelli e grossi borghi, ricchi di memorie storiche e quindi di una forte identità, che costituiscono l'essenziale elemento connettivo del territorio veneto: fra di essi Bassano del Grappa, Oderzo, e appunto Monselice.

L'importante registro edito in questa occasione fu prodotto dal comune di Monselice in fecondo rapporto con il comune di Padova (al quale esso era soggetto, agli inizi del Trecento). Ma giunse poi precocemente negli archivi della repubblica di Venezia: un chiaro esempio dunque di come la terra di San Marco si sia venuta costruendo, nel tempo, attraverso il progressivo assorbimento – ma non annullamento – delle realtà piú particolari e periferiche in un piú vasto contesto territoriale.

Degno di nota è anche il fatto che questo volume si riallaccia al primo della collana, il Catastico di Ezzelino, *pure relativo a Monselice, edito nell'ormai lontano 1988 e dovuto allo scrupoloso lavoro dello stesso studioso, Luigi Caberlin, insieme con il prof. Sante Bortolami.*

Questa lunga "coerenza" è essa stessa un insegnamento significativo.

GIANCARLO GALAN
Presidente della Regione del Veneto

LA COMUNITÀ DI MONSELICE E I SUOI *IURA* (SECOLI XII-XIV)

NOTE PER LA STORIA DI UNA 'QUASI CITTÀ'

Esordiamo con dato. Il 21 dicembre 1308, nella sala del palazzo del podestà di Monselice, presenti quattro ufficiali, un messo e altri nove abitanti di quel comune della Bassa padovana, il podestà uscente Antonio da Lio consegnava ufficialmente al cancelliere Guidotto e ai due notai posti al suo servizio una notevole quantità di libri di cui il notaio Domenico di Lucio di Gualdino, chiamato a formalizzare con una memoria scritta quanto accadeva, ci ha trasmesso un puntuale elenco. Ad esclusione di tre piú antichi registri di affitti del comune datati rispettivamente 1250, 1275 e 1278, si trattava di unità librarie diverse per consistenza e materia redatte in un giro abbastanza recente d'anni, precisamente tra il 1296 e il 1308 (e di questi almeno 76, cioè piú del 70%, dal 1300 in poi). In tutto raggiungevano la cifra di 103. Questa eterogenea massa di scritture, costituenti presumibilmente all'epoca l'intero apparato di materiali della cancelleria di Monselice ormai raccolti in forma di libro e non conservati sotto forma di *instrumenta* sciolti, comprendeva precisamente:

– 44 registri d'amministrazione o *libri caniparie* per lo piú cosí espressamente denominati accanto ad altri ad essi assimilabili nella sostanza, detti *libri* o *quaterni receptionum et expensarum*;

– 18 *libri reformationum*;

– 17 *libri condemnationum* piú 1 *liber condemnationum et absolutionum* e 1 *liber reformationum et condemnationum*;

– 5 tra *libri* e *quaterni affictuum* o *de affictibus* o *receptionum affictuum* piú 1 ipotizzabile come tale sulla base dell'*incipit*;

– 4 *libri processuum*;

– 4 *libri collectarum sive daciarum*;

– 2 libri *de officialibus*;

– 2 libri di statuti;

– 1 *liber extimorum*;

– 1 *quaternus* contenente il *modus imponendi daciam*;

– 1 *quaternus solucionum* redatto durante la podesteria di Alberto Galmarella;

– 1 *quaternus illorum qui iverunt in servicio comunis totus cançelatus eo quia omnibus fuit solutum*;

– 1 *liber bullatus* intitolato *De palude Insule*;

– 2 unità librarie dal contenuto non precisato.

È evidente l'eccezionalità di un'informazione di questa natura, che va ben al di là della prospettiva locale. Da essa possono ricavarsi almeno due fondamentali considerazioni.

Anzitutto, solo una realtà istituzionale 'di peso' poteva essere in grado di disporre, nell'avanzata età comunale, di un cosí fornito corredo di scritture di cancelleria. E in effetti Monselice, quantunque non appartenente al novero dei comuni urbani della penisola che una consolidata tradizione storiografica ha battezzato come 'città-stato', fu indubbiamente una 'quasi città' – per riprendere un'altra piú recente ma non meno fortunata formula – di spicco e assolutamente originale nel suo sviluppo medioevale.[1] Pochi altri centro del Veneto che non siano oggi capoluoghi di provincia – Bassano, forse, o Conegliano – poterono vantare in quei secoli un'altrettanto evidente e durevole condizione di città di fatto fin dall'alto medioevo.[2] E fin qui nessuna sorpresa sostanziale. L'eccezionalità della notizia sta piuttosto nel fatto che grazie ad essa si ha finalmente dimostrazione esplicita di quel che finora si poteva solo ipotizzare. In ambito veneto nemmeno per i comuni maggiori è sopravvissuto infatti un inventario di scritture cancelleresche organicamente strutturate secondo moduli librari paragonabile a questo per precocità e lunghezza. Meno che meno per quelle realtà comunali di media grandezza che nelle Venezie come nel resto dell'Italia centrosettentrionale concorsero a vivacizzare le dinamiche espansive dei principali centri urbani nel territorio, ora in subordine ora con forti conati di autonomia e in aperto antagonismo con essi. Insomma, nel quadro alquanto oscuro d'informazioni sul processo di costituzione, sull'entità e sulla qualità degli archivi dei centri semiurbani dell'area veneta, un'immagine tanto nitida come quella di Monselice viene a costituire un prezioso spiraglio di luce proprio perché la si può

1. Un quadro aggiornato della vicenda storica di Monselice si può oggi trovare in *Monselice. Storia, cultura e arredi un centro 'minore' del Veneto*, a cura di A. Rigon, Monselice 1994.

2. Per una panoramica di questi e altri centri semiurbani del Veneto si vedano i vari saggi del volume *Città murate del Veneto*, a cura di S. Bortolami, Cinisello Balsamo (MI) 1988.

fondatamente assumere come paradigmatica di similari situazioni non piú riconoscibili come tali solo per una deplorevole vicenda di dispersione e rovina degli archivi.

Non meno opportuna, e sconfortante, invece, è la costatazione che di questa ghiotta manna monselicense ben poco o nulla è sopravvissuto. Nulla si sa ad esempio dei due esemplari di statuti formati rispettivamente da due blocchi di 8 e di 10 quaterni rivestiti *cum asseribus*, fossero essi copie del *corpus* delle leggi cittadine o, come propendiamo a credere, esemplari di una normativa comunale elaborata *in loco*. E non serve dire quanto brucia una perdita di questa natura, sia in una prospettiva di storia locale,[3] sia ai fini di piú generali valutazioni comparative cui sono interessati nuovi e fecondi indirizzi di ricerca sulle fonti statutarie.[4] E che dire del naufragio delle decine e decine di altri registri attraverso i quali si sarebbe potuto squarciare finalmente quel velo di genericità e astrattezza che tuttora avvolge tutto un fascio di questioni storiche rilevanti non solo per Monselice ma, per analogia, anche per svariati altri centri minori dell'armatura territoriale del Veneto e dell'Italia medioevale? Se il *tempus edax* non ci avesse privato di tanto ben di Dio, si pensi quale decisivo salto di qualità avrebbero fatto le nostre conoscenze rispetto a tematiche quali l'ordinamento burocratico, le tecniche amministrative, le risorse finanziarie, la prassi giudiziaria, gli indirizzi normativi, la partecipazione sociale all'esercizio del potere di questo esemplarmente vivace ente territoriale nonché sul complesso di dinamici rapporti che lo legava alla città dominante in materia di fiscalità, di obblighi militari, di giurisdizione. Ma tant'è. Dobbiamo sconsolatamente riconoscere che l'insperata scoperta dell'inventario monselicense ci illude per un attimo; per acuire ancor piú il rammarico di aver preclusa una ennesima formidabile op-

3. Gli statuti di comunità del territorio padovane anteriori al Quattrocento giunti fino a noi sono esattamente cinque: Pernumia, S. Giorgio delle Pertiche, Este, Cittadella e Montagnana: Cfr. S. Bortolami, *Territorio e società in un comune rurale veneto (sec. XI-XIII). Pernumia e i suoi statuti*, Venezia 1978, p. 9-17; *Statuti di Cittadella del secolo XIV*, a cura di G. Ortalli, G. Parolin, M. Pozza, Roma 1984, p. 9-32.

4. Si vedano, per un'area prossima al Veneto, G. Chittolini, *Legislazione statutaria e autonomie nella pianura bergamasca*, in Id., *Città, comunità e feudi negli stati dell'Italia centro-settentrionale (secoli XIV-XV)*, Milano 1996, p. 105-125; L. Chiappa Mauri, *Statuti rurali e autonomie locali in Lombardia (XIII-XIV secolo)*, in *Contado e città in dialogo. Comuni urbani e comunità rurali nella Lombardia medievale*, a cura di Ead., Milano 2003, p. 227-268.

portunità di approssimarci a quella «storia sociale delle istituzioni»[5] comunitarie del medioevo che oggi è nei voti di tanti medievisti.

Il momento cruciale della rovina dell'archivio storico della comunità di Monselice, oggi ridotto a ben poca cosa, va fondatamente collocato agli inizi del Cinquecento, per la precisione al luglio 1510, quando, nel corso della guerra di Cambrai, la cittadina euganea, già impoverita e danneggiata da ripetuti saccheggi, fu sottoposta ad un devastante incendio dai Francesi. Le fonti, inequivocabilmente, attestano che l'archivio e gli statuti andarono bruciati.[6]

Pur tuttavia, di quel dovizioso tesoro manoscritto qualcosa rimane. Ed è giusto la fonte che qui si pubblica, la quale appunto ci ha trasmesso il verbale di quella *consignacio* di libri dell'*armarium* monselicense da cui abbiamo presso le mosse. Grazie ad essa, possiamo alzarci non del tutto digiuni da un promettente ma solo ipotetico convito.

*

Conservato da tempi che non sono facilmente determinabili presso l'Archivio di Stato di Venezia, il registro anepigrafo che si è voluto denominare *Liber iurium* della comunità di Monselice, è in realtà un *opus* composito che accorpa per grandi sezioni originali e copie di atti in registro redatti entro il 1308, quando cioè si operò la formale consegna dell'archivio della comunità al cancelliere preposto di cui s'è detto.[7]

5. L'espressione è di CH. WICKHAM, *Comunità e clientele nella Toscana del XII secolo. Le origini del comune rurale nella piana di Lucca*, Roma 1995, p. 18.

6. R. PONZIN, *Politica, società, giustizia nella seconda età veneziana, 1508-1797*, in *Monselice. Storia, cultura e arte*, p. 255, 267.

7. Al di là delle osservazioni sulla congruenza della nostra fonte con la complessa varietà delle scritture ormai convenzionalmente denominate *libri iurium*, si vedano almeno P. CAMMAROSANO, *Italia medievale. Struttura e geografia delle fonti scritte*, Roma 1991, p. 144-150; A. ROVERE, *I 'libri iurium' dell'Italia comunale*, in *Civiltà comunale: libro, scrittura, documento*, Atti del Convegno (Genova 8-11 novembre 1988) (= «Atti della Società ligure di storia patria», n.s., 19, 1989), Genova 1989, p. 157-199; L. PUNCUH-A. ROVERE, *I 'libri iurium' dell'Italia comunale: una iniziativa editoriale degli archivi di Stato*, «Rassegna degli archivi di Stato», 59 (1989), p. 580-585. Per uno sguardo alla situazione della diplomatica comunale veneta, oltre alla nota di A. Bartoli Langeli in questo volume, si tengano presenti anche le impegnate introduzioni ai volumi *Il processo Avogari (Treviso, 1314-1315)*, a cura di G. CAGNIN, con un saggio introduttivo di D. QUAGLIONI, Roma 1999 e *Mutui e risarcimenti del comune di Treviso*, a cura di A. MICHIELIN, con una nota introduttiva di A. MICHIELIN e G.M. VARANINI, Roma 2003.

L'ultima falda documentaria del *Liber* è costituita infatti da quattro quaderni piú un binione che raccolgono in blocco unitario e in ordine perfettamente cronologico una serie di 87 investiture ad altrettanti concessionari di beni comunali (terreni, case, *ripe* di fossati, etc.) eseguite fra il 9 ottobre e il 15 novembre 1308 proprio dal podestà Antonio da Lio o dai suoi vicari, i giudici Oredico di Bonafede de Baldaserra e Guido, figlio del piú celebre preumanista padovano Rolando da Piazzola.[8] E non è da escludere che sia questo uno dei diversi *libri affictuum*, evidentemente il piú recente in ordine di tempo, presenti allora in cancelleria; cosí come potrebbe identificarsi, nonostante la approssimativa indicazione dell' *incipit*, con il *Liber bullatum qui incipit «Die quarto mensis iunii», etc. in millesimo trecentesimo quarto, in potestaria domini Palamidex de Vitalianis et fuit De palude Insule cum uno quaterno in una cohoperta* del succitato inventario con l'unità di cinque fascicoli comprendente appunto tutto il *dossier* relativo alla bonifica, all'appoderamento e all'assegnazione a diversi consorti della vasta palude dell'Isola, realizzato appunto nel 1304 ed entrato a far parte del nostro registro.

La data del 1308 resta, dunque, un limite *ad quem* che di fatto circoscrive l'arco temporale in cui vanno collocate le diverse sezioni – sostanzialmente cinque – del registro.

Anche se, come si dirà, restano problematici il momento e il movente immediato della confezione in unità del nostro cartulario comunale, è evidente dall'analisi interna di esso che mani diverse vi intervennero in tempi immediatamente successivi sui fogli terminali non scritti dei fascicoli, con integrazioni minime dell'impianto documentario di base. Cosí, tutta la prima sezione, composta da atti giurisdizionali e patrimoniali del comune distribuiti fra il 1157 e il 1292 e ricopiati in registro senza un rigoroso ordine da un unico notaio in una precisa fase tra agosto e settembre del 1308, vede aggiunte tre copie: la prima è l'autentica di un atto stipulato a Padova il 14 gennaio 1312 e subito esemplato il 25 dello stesso mese a Monselice alla presenza del podestà del luogo, il quale riporta una serie di quietanze con promessa di restituzione rilasciate dagli esattori di Padova agli ufficiali di Monselice per una somma di 800 fiorini già versati in piú rate a titolo

8. G. Girardi, *Rolando da Piazzola,* Padova 1909; Gui. Billanovich, *Il preumanesimo padovano*, in *Storia della cultura veneta*, 2, *Il Trecento*, Vicenza 1976, p. 19-110.

di mutuo dal secondo comune al primo « pro honorando domino imperatore » (Enrico VII) (doc. 99); la seconda è l'*exemplum* di un'investitura livellaria risalente al 1275 scritto l'11 febbraio 1317 sempre da un notaio monselicense e sempre nel palazzo e alla presenza del podestà (nella fattispecie il celebre Rolando da Piazzola, il penultimo dei rettori padovani anteriori alla conquista scaligera di Monselice) (doc. 100);[9] infine compare la copia non autenticata di una permuta di terre a Monselice effettuata il 17 febbraio 1316 da un *sindicus* del comune con Tano detto Guercio, figlio di Lotto da Montagnana, un toscano naturalizzato a Padova capace di notevoli esposizioni finanziarie (doc. 101).[10] Come si vede, tutti atti in qualche misura di rilevanza 'pubblica' coinvolgenti il comune e le sue magistrature. Pure alla fine della breve sezione III si ritrovano isolate copie autenticate di atti successivi al 1308 e chiaramente aggiunte in una fase posteriore: si tratta di tre documenti di natura fiscale (materia che sembra diventata incandescente giusto in questo primo scorcio del Trecento) relativi ai rapporti fra Monselice e il comune dominante di Padova rispettivamente del 14 gennaio, 11 febbraio e penultimo luglio 1312 (doc. 140, 141, 142). Quest'ultimo atto, in particolare, o meglio le modalità della sua trasmissione, si rivelano quanto mai preziose. Esso contiene una delibera del 30 luglio 1312 con cui gli otto Sapienti della Credenza di Padova condonavano al comune di Monselice, in considerazione dei già pesanti oneri fiscali cui soggiaceva, la cifra di duecento fiorini dalla ben piú cospicua somma d'imposta di cui era stato caricato. Il decreto era emanato in deroga ad uno precedente che fissava un'imposta complessiva di 5.000 fiorini da prelevare dalle casse delle comunità del contado. Versata entro i futuri dieci giorni l'imposta cosí 'alleggerita', la comu-

9. L'ultimo, subentrato il 29 giugno dello stesso anno, sarebbe stato Bressano Buzzacarini, alla cui ignavia le cronache attribuiscono non poca responsabilità nella perdita della 'terra': Cfr. A. Mussato, *Historia augusta de gestis Heinrici VII Caesaris, De gestis Italicorum post Heinricum septimum Caesarem, Ludovicus Bavarus*, RIS, x, Milano 1727, p. 681-683; G. Cortusi, *Chronica de novitatibus Padue et Lombardie*, a cura di B. Pagnin, RIS², xii, Bologna 1941, p. 25.

10. Tra ottobre e dicembre 1318, ad esempio, il nostro, che ha contemporaneamente abitazione a Padova e a Monselice, assieme al figlio Lotto vende al priore della canonica di S. Maria delle Carceri immobili a Montagnana e nella vicina Urbana per il prezzo di 4.400 lire con la ratifica di Giacomo da Carrara, da poco eletto capitano generale di Padova (Archivio di Stato di Padova = ASPD, *Giustinian*, 5174).

nità di Monselice era assolta da ogni altra eventuale pretesa di Padova. Fu evidentemente a garanzia di un simile 'condono' che Monselice fu indotta a richiedere e ad ottenere una copia del provvedimento. Con una trafila che si può cosí ricostruire: alla fine del mese di luglio tale notaio Albrico del fu Gerardo estraeva da un « libro omnium processuum, actorum, dacciorum, provissionum, decretorum et ordinamentorum factorum per Sapientes a Credencie vigore balie ei per comune Padue concesse » il testo relativo; dell'autentica di costui, a sua volta, il notaio Milano di Oliviero realizzava a tamburo battente (il primo agosto 1312) un *exemplum* alla presenza di altri due suoi colleghi proprio « super domum comunis Montisscilicis ubi fiunt consilia », inserendolo con la debita sottoscrizione nel nostro registro. Che dunque – ora ne siamo certi – alla data si trovava e si manipolava, almeno in questa sua parte, giusto a Monselice.

Le ultime aggiunte avventizie si trovano nell'ultima carta, rimasta bianca nella originaria stesura anteriore al 1308, del penultimo fascicolo della IV sezione: nel 'pertugio' si è inserita una mano che ha riempito il foglio con quattro copie, datate o databili tra il 1311 e il 1312, di altrettante ricevute o *cedule* di versamenti fatti dal comune di Monselice al massaro di Padova addetto alla riscossione di *dacie* straordinarie imposte a tutti i villaggi del territorio (doc. 426-429).

Rinviando a una diversa occasione uno studio analitico e una piú dettagliata illustrazione del contenuto del *Liber*, giova qui dire subito, anche in funzione di una possibile risposta alla sua genesi, al suo utilizzo e alla sua conservazione, che sia la massa dei documenti anteriori al 1308 sia i pochi aggiunti nel quadriennio seguente sia ancora quello, isolato, del 1317 appartengono tutti al cosiddetto periodo 'repubblicano' della vita politica di Padova, la quale, com'è noto, dall'agosto 1318 imboccò almeno formalmente il pressoché secolare percorso del principato dei da Carrara,[11] dopo che – si faccia caso alle date – proprio il 21 dicembre 1317 la stessa Monselice aveva mutato regime, passando nelle mani di Cangrande Della Scala.[12] In altri termini, si può

11. K. HYDE, *Padova nell'età di Dante*, Trieste 1985, p. 234-246; B.G. KOHL, *Padua under the Carrara, 1318-1405*, Baltimore-London 1998, p. 39-43.

12. S. BORTOLAMI, *Monselice « oppidum opulentissimum »: formazione e primi sviluppi di una comunità semiurbana del Veneto medioevale*, in *Monselice. Storia, cultura e arte*, p. 156. Del tutto casuale, anche se in qualche modo significativa per la contingenza di una comune, ma-

tranquillamente affermare che anche con queste sue modeste 'rifiniture', il *Liber* è specchio fedele di una prolungata ma precisa fase, quella in senso proprio 'comunale', del nostro centro euganeo e, simultaneamente, di Padova.

Cercare una univoca, puntuale spiegazione al perché proprio intorno al 1308 si sia avvertita l'esigenza di 'costruire' il *Liber* dei diritti di Monselice può essere ozioso (sempre che non si vogliano ricercare discutibili addentellati di questo evento con un notevole fatto di politica estera quale l'acquisto, nel settembre di quell'anno, di Rovigo e dell'intero Polesine dalle mani del marchese Francesco d'Este: una mossa che proiettò ai massimi livelli il già clamoroso espansionismo padovano verso sud in un momento in cui massima era pure l'influenza dell'Unione delle Arti nelle scelte di governo).[13] Allo stato, si può ribadire in generale che per il secolo e mezzo abbondante di documentata vita comunale di Monselice esso esprime un costante, mai smentito orientamento a preservare nella sua integrità l'appannaggio di risorse comunali contro i tentativi fisiologici di abusi e usurpi cui esso andò soggetto (perdita o appannamento della certezza di titoli giuridici sui beni comunali; dismissione di pagamento dei fitti da parte dei concessionari privati; contestazione di proprietà del territorio comunale ad opera di enti territoriali contermini; occupazione arbitraria e violenta di parte o tutte le sostanze comunali per atti d'imperio perpetrati da Federico II ed Ezzelino da Romano e i loro procuratori; rivendicazioni di proprietà e rendite mosse dal comune di Padova, etc.). Piú specificamente, si potrebbe osservare che tutta una serie di elementi interni induce ragionevolmente a ravvisare in esso la risposta della piú forte e reattiva comunità del territorio non ad un 'fatto', ma piuttosto ad una 'fase' di grave inasprimento della pressione della città sui corpi territoriali, specie sul terreno fiscale.[14] Una risposta

nifesta crisi delle libertà comunali, la data del novembre 1317, in cui Treviso deliberò, nel bel mezzo dell'assedio della città da parte di Cangrande, di far redigere i suoi *libri iurium* comunali: cfr. S. Rosso, *Il* Codex Tarvisinus. *Struttura e contenuto dei* libri iurium *del comune di Treviso*, « Archivio veneto », ser. v, 139 (1992), p. 28-29.

13. Hyde, *Padua*, p. 250-251.

14. Le regolare esistenza di un sistema di riscossione dell'estimo a Monselice è esplicitamente attestata dal doc. 309, dell'anno 1284: « Anthonius q. Guidonis de Padua capitaneus dicti comunis Montisscilicis specialiter ad extimationem bonorum et possessionum hominum Montisscilicis faciendam et corrigendam ».

giocata, comprensibilmente, da una mezza città qual era Monselice anche sul terreno di una caparbia verifica e, ad un tempo, rivendicazione delle reali potenzialità della comunità proprio come premessa al riordino delle precarie finanze locali e come provvedimento-argine all'invadenza di forze economiche esterne.

Piú complesso, ma sostanzialmente convergente nella conferma di quanto fin qui appurato, è il discorso sulla serie di postille marginali dovute a distinte mani (sette verosimilmente) anch'esse di epoche successive al 1308: alcune sono datate e risalgono agli anni 1309, 1310 e 1311; altre, verosimilmente pure del XIV secolo, non si saprebbero attribuire ad una precisa data. Una, che recita « Dominus Padue tenet terra posita in contrà Fratarum, tenetur per Naimerium Comitem », si può con certezza far risalire alla fine del Trecento, dato il chiaro riferimento al Carrarese, signore di Padova, e al suo fattore generale Naimerio Conti.[15] In generale, esse escludono interventi emendativi o integrativi al testo e si limitano o a rubricare succintamente il contenuto dell'atto (es. *determinacio facta inter comune Montisscilicis et homines dicti comunis in Vançoloro comunis*; *electio arbitrorum; sindicaria comunis ad accipiendum mutuo libras mille parvorum*; *feudum comunis cum magistro Bartholomeo medico de Savacis; de facto molendinorum; qualiter dominus Florianus tabernarius potestas vocavit sibi solutum de libris* CXXVIIJ *parvorum*; *Petri Mascarelli. Reddit denarios* XIIIJ^or^). Talvolta possono presentare richiami interni di varia natura (tra i piú frequenti quelli relativi a famiglie o individui: es. *quedam permutacio cum monasterio Sancti Çacharie. Memoria illorum de Grimaldis, de Cesso; Livellus comunis in Insula. Memoria illorum de Braido, illorum de Piçacomino)*; in qualche caso persino note non pertinenti, almeno apparentemente (es. *monasterium Sancti Prosdocimi de Padua. Domini Viniciani* del doc. 89, dove solo la seconda parte della notazione ha un addentellato logico col tenore dell'atto, mentre resta inspiegato il riferimento al monastero padovano). È evidente, poi, che tutta la sequenza delle investiture a livello di terre comunali effettuate nel 1308, costituente l'ultima sezione del registro, fu oggetto di una o piú notazioni successive destinate ad aggiornare l'identità dei titolari dei livelli stessi. In corrispondenza del doc. 590, ad esempio, si trova sui margini del registro la secca indicazione *Dominici condam Otonis Covati*, vale a

15. KOHL, *Padua*, p. 154, 276-277.

dire il nome del concessionario di quattro piccoli appezzamenti affittati in data 12 ottobre 1308; seguono immediatamente gli appunti: *solvit Arnaldo in potestaria domini Amadei* e *solvit Prosdocimo de Martina in potestaria domini Francisci*, indicanti i nuovi soggetti subentrati nel godimento dei medesimi beni.

Illuminanti sono poi due note pressoché identiche appuntate rispettivamente sul margine dei doc. 6 e 7: *quedam declaracio sive dessignacio certorum casamentorum et terrarum quorum memoriam* (sic) *non estat nostro tempore* e *quedam dessignacio casamentorum et terrarum quorum memoriam non est nostro tempore*: Entrambe, infatti, sono seguite dalla data *1407*.

A questo punto, sembra insomma ragionevole ipotizzare che il nostro registro sia stato regolarmente utilizzato in sede locale come strumento di certificazione dei diritti del comune e come base di eventuali riscontri ancora per tutto il Trecento e nei primi anni della conquista veneziana della Terraferma; anche se non si può escludere che i vari elementi che ora lo compongono girassero ancora fascicolati e non rilegati in volume. A confermare l'ipotesi di una permanenza nell'archivio comunale di Monselice ancora per tutto il XIV secolo concorre il fatto che in due consecutivi fogli della parte finale di un fascicolo del registro, i 101v e 102r, due mani trecentesche hanno inserito, ricopiandole dagli originali, altrettante lettere uscite rispettivamente dalla cancelleria di Mastino Della Scala nel breve periodo in cui fu signore di Padova e del suo distretto e di Giacomino e Francesco Da Carrara negli anni in cui furono costoro a detenere congiuntamente il dominio sulla città. La prima, completamente abrasa con tutta evidenza in seguito al ritorno di Monselice sotto la signoria dei Carraresi e di fatto leggibile solo per minimi lacerti, dovette essere inserita nel corso del 1338, giusto l'ultimo anno di soggezione di Monselice al signore veronese. Per il pochissimo che si può ricavarci, sembra riferirsi alla nomina ufficiale di un podestà nella città euganea da parte dello Scaligero;[16] la seconda delle due, al contrario perfettamente conservata, de-

16. Il pochissimo che si può leggere con l'ausilio della lampada di Wood, a parte singole isolate lettere o gruppi di lettere, consiste nei seguenti brani. Nel protocollo e nella parte dispositiva della lettera: «Anno Domini millesimo [...] indicione quinta [...] dominum Petrum Del Verme pro vicario [...] de Beatis tam [...] idem [...] rispondere domino Dinad[...] omnibus secundis mensibus per [...] sexto mad[...]»; e piú avanti «Nos [...] capitaneus et dominus generalis de legalitate [...] nobilis [...]

ve necessariamente risalire al 6 febbraio 1355.[17] Presentata come «exemplum decreti facti per dominos Padue comuni et hominibus terre Montissilicis sigilatum cum suo sigillo in quo est scultus curus unus ... in carta membrana», in realtà è indirizzata al podestà del luogo affinché consideri come soggetti agli «onera et factiones cum comuni Montissilicis» quanti lo erano al tempo del predecessore Ubertino; e ciò anche in contravvenzione ad altri mandati difformi da questo emanati in precedenza. Non ci vuol molto a comprendere le ragioni che determinarono l'inserzione nel registro dei due apografi. Piú che come generici rescritti, essi dovettero essere concepiti in qualche modo come atti a tutela di speciali privilegi o semplici diritti della comunità di Monselice: il secondo, ad esempio, andava indubbiamente a bloccare la fuga verso la piú favorevole partita d'estimo urbana di proprietari *in loco* che avrebbero in tal modo affievolito le reali capacità contributive del comune; e si sa con quale caparbietà le comunità del territorio si sforzavano già all'epoca di difendere ogni tentativo di depauperare il novero dei contribuenti locali che 'scivolavano' verso la città invocando un criterio personale e non reale nella tassazione del

Petri [...] et comunis et hominus [...] terre eligimus, constituimus fac [...] potestatem [...] plenaria voluntate [...] dantes et concedentes [...] et [...] omnemque [...[cognoscendi [...] sententiandi et firmandi tam in civilibus quam in criminalibus [...]buscumque [...] domicilium habentes et [...] delinquentes vel eius in [...] speciali concessione vel quemadmodum [...]». Nell'escatocollo: «Ego Franciscus notarius filius quondam magistri Bonafidei de Montesilice [...] supradictas literas missas ex parte prefati domini Mastini Dela Scala [... lit]teras suo sigillo [...] exemplavi[...]millesimo trecentesimo [tri]cesimo octavo, indicione sexta. Data Verone, die[...]». Com'è noto, Monselice, presidiata dal capitano Pietro Dal Verme, esponente del «Gotha dell'alto funzionariato scaligero» (G.M. Varanini, *Pietro Dal Verme podestà scaligero di Treviso, 1329-1336*, in *Istituzioni, società e potere nella Marca Trevigiana e Veronese, secoli XIII-XIV. Sulle tracce di G.B. Verci*, a cura di G. Ortalli e M. Knapton, Roma 1988, p. 65-81), qui menzionato come vicario, capitolò solo il 28 novembre 1338, dopo un lungo e micidiale assedio iniziato l'anno precedente da Marsilio e condotto a termine da Ubertino da Carrara (S. Bortolami, *Monselice medioevale e le sue difese. La città murata, il castello, la rocca*, in *Monselice. La rocca, il castello*, a cura di A. Businaro, Cittadella (PD) 2003, p. 31-32; D. Gallo, *L'epoca delle signorie: Scaligeri e Carraresi (1317-1405)*, in *Monselice. Storia, cultura e arte*, p. 174-175. Sulla cancelleria scaligera vedi A. Bartoli Langeli, *I diplomi scaligeri*, in *Gli Scaligeri, 1277-1387*, Saggi e schede pubblicati in occasione della mostra storico-documentaria (Museo di Castelvecchio, Verona, giugno-novembre 1988), Verona, 1988, p. 77-90.

17. È questa l'unica soluzione possibile, essendo la lettera «Data Padue, sexto februarii, inditione VIIJ[a]» nel quadriennio 1351-1355: Cfr. Kohl, *Padua*, p. 95-99.

patrimonio.[18] Era pertanto ragionevole preservarli da eventuali danni o smarrimenti, 'incorporandoli', per cosí dire, in uno strumento a portata di mano e pensato al fine, appunto, di concentrare nella piú razionale e maneggevole 'forma registro' il monte di tradizionali *iura*, cioè di poteri, diritti e spettanze di Monselice che, retaggio in qualche misura dell'alto medioevo, dalla prima età comunale in poi erano venuti via via definendosi attraverso il confronto con le comunità rurali confinanti, con signori feudali, con il comune urbano e, come si vedrà, con lo stesso impero.

Un'ulteriore questione va almeno accennata in sede di presentazione generale delle vicende del manoscritto. Dove si conservò materialmente durante l'età moderna e quando finí all'Archivio di Stato di Venezia, che tuttora lo custodisce? Un quesito che, fatalmente, ne implica un'altro: come poté questo registro (o i fascicoli che lo componevano, se si vuole che non fosse ancora intervenuto l'assemblaggio in libro) sopravvivere al rogo subito dalla cancelleria di Monselice nel primo Cinquecento? Sono domande alle quali conviene dare risposte prudentemente interlocutorie. Quanto alla seconda, si può osservare che statuti e altre scritture di cancelleria poterono sopravvivere anche presso chiese e monasteri, dove, come si sa, non di rado si usavano depositare in copia durante l'età comunale.[19] In ogni caso, pur perma-

18. Sulla questione, che sarebbe diventata cruciale nel determinare, col passaggio di quote crescenti di proprietà nelle mani di cittadini, la progressiva inferiorità giuridica degli organismi comunitari rurali nei confronti della città fra Tre e Quattrocento, riflessioni congrue e ampia documentazione si possono trovare nella Tesi di laurea di S. Correzzola, *I comuni rurali del Padovano in età carrarese. Con un'appendice di 140 documenti trascritti o regestati dell'Archivio Notarile di Padova*, Università degli studi di Padova, aa. 1997-98, Fac. di lettere e filosofia, rel. S. Bortolami. Ma vedi anche M. Knapton, *Il fisco nello stato veneziano di terraferma tra '300 e '500: la politica delle entrate*, in *Il sistema fiscale veneto. Problemi e aspetti: XV-XVIII secolo*, a cura di G. Borelli, P. Lanaro, F. Vecchiato, Verona 1982, p. 15-57, secondo i calcoli del quale nel Quattrocento un abitante del contado doveva mediamente sostenere la *dadia* secondo un tasso quasi doppio nei confronti del suddito cittadino. Per un orientamento sul dibattito relativo a livello generale si veda M. Ginatempo, *La transformation de la fiscalité dans l'Italie communale*, in *L'impôt dans les villes de l'Occident méditerranéen. XIIIe-XVe siècle*, Colloque de Bercy (3, 4 et 5 octobre 2001), a cura di D. Menjot, A. Rigaudière e M. Sànchez Martínez, Paris 2003, p. 193-218.

19. In Italia centrale furono di norma delegati a tale compito i Francescani (cfr. ad es. G. Battelli, *Il comune di Ferentino e i francescani nei secoli XIII e XIV*, « Archivio della Società romana di storia patria », 67, 1944, p. 361-369), nel nord della penisola piuttosto gli Umiliati o i Benedettini.

nendo la possibilità che l'accorpamento di questi materiali superstiti provvisti di qualche omogeneità sia frutto di un'operazione avvenuta nel corso dell'età moderna, preferiamo pensare, in ragione di quanto si è detto, ad un prodotto 'confezionato' unitariamente fin dal medioevo e rimasto a lungo a Monselice.

Sembra, semmai, opportuno osservare che ben piú che Padova, fu la nuova dominante, Venezia, a interferire con la sfera dell'autonomia locale di Monselice in materia di privilegi fiscali e amministrativi, e in particolare proprio nel destino di quei beni comunali (case, fondi residenziali e beccherie nel corpo della città; terreni allivellati e valli da pesca, mulini nella campagna circostante) che sono ampiamente contemplati e occhiutamente preservati da usurpi e dispersioni nel nostro registro. Ancora nel Quattrocento questo cospicuo patrimonio rimaneva fondamentalmente quello accumulato nel pregresso periodo comunale e censito nel nostro registro.[20] Ma proprio l'impoverimento, gli abusi, l'incertezza giuridica cui andò incontro fra Cinque e Seicento la massa dei beni della comunità dovettero determinare sempre piú energiche prese di posizione da parte della Serenissima. Fin dal 1662, ad esempio, l'esattore del dazio chiedeva e otteneva il sequestro cautelativo delle sostanze della comunità in modo da soddisfare i debiti verso la Camera fiscale di Padova. Di fronte ad un debito che nel 1674 toccava i 34.000 ducati, Venezia fu costretta ad intervenire per por rimedio alle insopportabili irregolarità perpetrate nel Consiglio della Comunità nella gestione degli immobili comunali e alla sostanziale appropriazione che ne facevano molti livellari, con la conseguenza di lasciare pressoché vuote le casse del comune. Finché tra aprile e maggio 1697 per iniziativa del governo veneziano si procedette con due

20. Di valli e laghi (Pozzonovo, Isola verso Marendole, Savellon, Lispida, Fossa Tresú, Formigaro); mulini di Bagnarolo; beccherie; 16 case in contrada Isola; 3 botteghe e una stalla sulla Piazza principale; 63 appezzamenti concessi ad altrettanti livellari per la maggior parte dentro la città, parla Ponzin, *Politica, società, giustizia,* p. 264-265, che peraltro, ignorando questa nostra piú antica fonte, afferma: « Sono livelli che generalmente risalgono al '400 e che manterranno la loro presenza anche nel '600 ». Per un riscontro con analoghe dotazioni di beni comunali di un caposaldo territoriale del Padovano vedi P. Pinton, *Codice diplomatico Saccense,* Roma 1884 (rist. Este, PD, 1990), dove a p. 122-125 si riporta un *Capitulum domorum, possessionum, livelorum, feudorum et affittationum tam possessionum quam pactorum pro oneribus et angariis comunitatis et terre Plebis Sacçi* databile al 1422 e comprensivo di *domus proprie, livelli domorum, livelli sediminum, affictus sediminum, feuda, livelli terrarum, affictus terrarum, affictus et pacta pro fationibus, affictus fornacis, nundinarum et piscariarum.*

incanti alla vendita di essi.[21] È opinabile che solo in quella fase si sia consumato il trasferimento a Venezia del copiario monselicense. O, quanto meno, che si sia avvertita la pressante esigenza di riesumarlo, se già vi era approdato con l'ingresso della cittadina euganea nello stato di terraferma veneziano. Si spiegherebbe cosí come mai del nostro registro sia stata eseguita una copia integrale giusto nel Seicento, oggi pure conservata nell'Archivio di Stato di Venezia.[22]

*

Resta, a questo punto, da giustificare la scelta di intitolare *Liber iurium* di Monselice la poderosa struttura documentaria pubblicata in questo volume. In senso proprio, come argomenta Bartoli Langeli nella specifica nota che segue quest'introduzione, di *Liber iurium* si dovrebbe parlare solo per la prima sostanziosa unità documentaria entrata a far parte del registro cosí come oggi si presenta ai nostri occhi. Vi è d'altra parte, se non si vuole imporre la camicia di forza di categorie interpretative dettate da piú o meno comode esigenze classificatorie dell'oggi, l'esigenza di un rispetto anche lessicale della fonte per quello che fu e si voleva fosse nel medioevo. « Volens iura dicti comunis custodiri et salvari iuxta posse pro bono dicti comunis ac evidentissima utilitate comunis eiusdem »: queste le espressioni con cui si esplicitava la finalità della materiale consegna da parte del podestà padovano del patrimonio librario della cancelleria di Monselice allo scadere del 1308. *Iura* espressamente qualificati come tali, dunque, da custodire e da salvare a van-

21. Ponzin, *Politica, società, giustizia*, p. 273, 274.

22. Già nella *Miscellanea Codici*, 659, ora con il nostro registro nel fondo *Pacta* dello stesso archivio. Il codice è composto da 433 fogli membranacei delle dimensioni di 370 mm × 250 mm, con uno specchio di scrittura di 280 mm × 150 mm, da un foglio di guardia cartaceo bianco all'inizio e uno alla fine, da due fogli membranacei, pure bianchi, rispettivamente all'inizio e alla fine. I primi dieci fogli presentano numerazione propria da 1 a 10. Al f. 1, in rosso e in modulo grande, compare la scritta « Pdua (*sic*) e Moncelese ». Al f. 2 si legge: « Exemplum libri nuncupati *Padua e Moncelese* sumptum fideliter ab autentico vetusto per Iohannem Gasparinum, sub anno Domini 1672 perfecto, in quo sequentia continentur, videlicet: Pax et concordia inter comune Montisscilicis et comune Pernumiae; designationes casamentorum et terrarum communis Montisscilicis, cum divisione bonorum inter commune et homines. Continentur similiter impositiones et gravamina imposita per commune Padue communi Montisscilicis, una cum debitis et affictibus perpetuis ipsius communis ». Dal f. 3 al f. 10 segue l'indice dei documenti. Poi il testo.

taggio della comunità. E non c'è dubbio che nella sensibilità di chi produceva e conservava tutto l'eterogeneo assemblaggio di fonti qui edito esso potesse legittimamente definirsi un 'libro dei diritti comunali'.

Degli aspetti di omogeneità cronologica interna e di unitaria concezione già medioevale del registro che possono confortare questa complessiva chiave interpretativa si è detto. Ma ci pare soprattutto che sussista, decisiva, la volontà di elaborare una base giuridica dei diritti dell'ente che ora in forma implicita ora dichiaratamente lo sostiene in ogni sua parte. Certo, l'esterna forma di trasmissione sotto forma di libro dei dati giuridico-documentari incornicia strutture narrative alquanto disomogenee; vi è l'alternanza di materiali cronologicamente sedimentati con blocchi documentari sincronici o sostanzialmente tali; la quotidianità amministrativa si miscela con la memoria di speciali e rilevanti eventi della storia monselicense. Anche ammesso ciò, tuttavia, l'intenzionalità, la *mens*, se cosí ci si può esprimere, è evidente ed univoca: creare un apposito strumento conoscitivo e di perfetta certificazione della sostanza dei diritti accampati dall'ente-comune, superando, in linea con comportamenti da tempo invalsi nell'uso corrente delle repubbliche urbane della penisola, la precarietà e la consutilità di un'ormai immanovrabile ammasso di quelle che sono state state definite « scritture elementari ».[23]

Da questo punto di vista, ci sembra peraltro arduo negare a Monselice una autonoma capacità progettuale nella redazione del *Liber* e, di conseguenza, attribuire ad esso il significato di un mero *test* di dipendenza politica da Padova, la quale sarebbe anzi il soggetto responsabile della programmazione e realizzazione di esso.[24]

Il discorso, estremamente delicato, non può ridursi ad una individuazione del *cui prodest*, che peraltro non si vede perché debba riconoscersi al di fuori dell'orizzonte monselicense. Va invece correttamente spostato sul piano globalmente storico, rifuggendo un'impostazione

23. Per usare un'espressione di A. Bartoli Langeli, *Le fonti per la storia di un comune*, in *Società e istituzioni dell'Italia comunale: l'esempio di Perugia (secoli XII-XIV)*, Atti del Congresso storico (Perugia, 6-9 novembre 1985), Perugia 1988, p. 13.

24. È fuori discussione, d'altra parte, che non si ha a che fare con una scrittura dettata da un'inchiesta centralizzatrice del comune cittadino al fine di ricognizione e razionalizzazione delle sue proprietà nel territorio, come si verifica altrove. Vedi in proposito R. Rao, *Beni comunali e governo del territorio nel* Liber Potheris *di Brescia*, in *Contado e città in dialogo*, p. 171-199.

prevalentemente, se non esclusivamente, formale sui modelli documentari. Va, cioè, posto il problema della realtà e dell'evoluzione storica del comune di Monselice in un quadro di sviluppi del potere territoriale largamente compromissorio e fluido; in un contesto di statualità ancora indefinita e imperfetta come fu quella dei comuni italiani nel medioevo. In fondo, sono oggi gli stessi 'tecnici' dell'analisi diplomatistica a negare la pretesa uniformità di modelli nella massa di copiari e cartolari rimastici che fanno memoria dei diritti dei comuni e a riconoscere l'opportunità di opzioni metodologiche capaci di analisi calibrate di volta in volta e con estrema attenzione sui specifici percorsi istituzionali, estremamente variabili da zona a zona, delle realtà prese in esame.[25]

Detto in parole piú semplici, il *Liber* è prodotto di un 'rapporto istituzionale' e di una storia peculiari che non vanno ignorati.

Certo, è un libro di 'diritti comunali' *sui generis*, dai contenuti prevalentemente patrimoniali. Non si può in alcun modo pretendere di ritrovare qui quella visione fortemente ideologizzata di autorappresentazione in termini di prestigio e di potere che connota i *libri iurium* tradizionali dei maggiori comuni (Genova, Vercelli, Mantova, Cremona, Parma, Pistoia, Siena, Viterbo, etc.), o, in certa misura, anche piú piccole città, fossero o meno sedi vescovili (Alba, Chieri, Lodi, Fano, Fabriano, Camerino, etc.).[26] Non c'è nessuna difficoltà, anzi, ad ammettere che dal punto di vista dei nuclei tematici ci si muove in generale a livelli di piú basso profilo, pragmatici e utilitaristici, che sembrano scivolare verso chine tipiche di certa documentazione cartulata degli enti ecclesiastici.[27] È, però, altrettanto innegabile che il nostro *Liber* non è un me-

25. Pur senza rinunciare alla sottolineatura dell'importanza – per riprendere la classica formula- del 'perché' e del 'come', accanto al 'che cosa' delle fonti in questione e senza smentire i giusti richiami ad abbandonare definitivamente quell'« orientamento strumentale » (Bartoli Langeli, *Le fonti*, p. 19) tipico di tanta storiografia municipale, attento ai *libri iurium* come a meri contenitori di notizie. Cfr. in merito le riflessioni di A. Bartoli Langeli, *La documentazione degli stati italiani nei secoli XIII-XIV: forme, organizzazione, personale*, in *Culture et idéologie dans la genèse de l'état moderne*, Roma 1985, p. 35-55.

26. D. Puncuh, *La diplomatica comunale in Italia*, in *La diplomatique urbaine en Europe au Moyen Âge* (Actes du Congrès, Gand, 25-29 aout 1998), a cura di W. Prevenier e Th. Hemptinne, Louvain/Apeldoom 2000, p. 383-406; A. Rovere, *La tipologia documentale nei* libri iurium, in *La diplomatique urbaine*, p. 417-436.

27. Vedi in generale A. Rovere, *Libri « iurium-privilegiorum, contractuum instrumentorum » e livellari della chiesa genovese (sec. XII-XV). Ricerche sulla documentazione ecclesiastica*, « Atti del-

ro inventario di beni. Esso esprime una coscienza matura dell'esperienza comunale che non può essere se non quella di Monselice e al fine di una corretta comprensione del valore di esso ci si deve riposizionare nell'ottica di in uno « sviluppo parallelo delle strutture politiche e documentarie »[28] non generico, ma peculiare. Oserei dire esclusivo.

Sotto questo profilo, va recuperata anzitutto l'idea che con le maggiori comunità soggette, le cosiddette repubbliche comunali (esempi illuminanti se ne potrebbero invocare, nel Veneto, non solo per Padova ma anche per Treviso, ad esempio), adottavano, pur con le loro tendenze progressivamente livellatrici, una prassi forzatamente rispettosa delle modalità e dei tempi d'ingresso nella sfera della propria influenza politica.[29] Solo di recente, infrangendo un tenace schematismo storiografico fondato sulla rigida antinomia comune dominante/comuni dominati, la ricerca ha cominciato a far luce sull'importanza di molti centri semiurbani nella vicenda sociopolitica dell'Italia comunale e sui graduati livelli di capacità contrattuale da essi manifestata all'interno dello stato territoriale. Non solo ai margini, ma anche all'interno dei contadi comunali nel Veneto si viene appurando che prosperarono insomma a lungo 'terre' e 'castelli' spesso di antica origine altomedioevale, se non romana, dalla forte consistenza demografica, dalla solida configurazione urbanistica, dalla notevole vitalità economica e ammi-

la Società ligure di storia patria », n.s., 24 (1984), p. 107-170. Per un esempio padovano cfr. *Il « Liber » di S. Agata di Padova (1304)*, a cura di G. Carraro. *Nota diplomatica* di G.G. Fissore, Padova 1997.

28. Puncuh, *La diplomatica comunale*, p. 403.

29. Si potrebbero ricordare gli speciali *pacta vetera* che intervennero a definire i rapporti tra il borgo di nuova fondazione di Cittadella e la città-madre di Padova (S. Bortolami, *Alle origini di Cittadella, 1220: la città 'di pietra' e la città 'vivente'*, in *Cittadella, città murata*, a cura di S. Bortolami, Cittadella 1999^2, p. 108-109. Ma esemplare può considerarsi una testimonianza resa nel 1315 a sostegno del rifiuto da parte di Conegliano di accettare che gli ufficiali di Treviso vi potessero riscuotere la *monpostura* da osti, mugnai e venditori di olio: « È ben vero che questa terra è soggetta alla giurisdizione del comune di Treviso come anche tutti coloro che abitano *in terra et corpore* del castello e del borgo di Conegliano e come tutte le altre persone residenti nel distretto di Treviso, nei villaggi, nei castelli e nelle altre località poste negli episcopati di Treviso e di Ceneda. Ma la terra di Conegliano gode privilegi piú di qualsiasi altro luogo del distretto di Treviso, ad eccezione di Castelfranco, che è pure una terra privilegiata » (cit. in G.P. Cagnin, *La nascita di Castelfranco, 1195-1199: specificità di un modello*, in *Castelfranco Veneto nel quadro delle nuove fondazioni medioevali*, Atti del Convegno, 11 dicembre 1998, a cura di S. Bortolami e G. Cecchetto, Castelfranco Veneto 2001, p. 17-18).

nistrativa, dai larghi privilegi. Ebbene, di queste realtà, appunto, e della loro nient'affatto scontata e piatta evoluzione Monselice è rappresentativa. E proprio in relazione alla limitata ma non certo inesistente capacità di autodeterminazione di siffatte entità la nostra fonte può a sua volta annoverarsi nella sua globalità, seppur con le debite avvertenze, fra quelle comunemente definite *Libri iurium*.

Potremmo fare piú esempi di questa esigenza di 'stare' alle fonti per quello che effettivamente esprimono. Talvolta anche nella loro ambiguità. Si prenda la citata *consignacio* di libri alla cancelleria di Monselice da parte del podestà padovano del luogo. Sarebbe un errore intenderla come unilaterale concessione da parte di un potere assoluto. Va concretamente considerata, invece, la sostanziale ambivalenza della figura podestarile in questione: che è indubbiamente segno e pegno vivente della sovranità del potente comune cittadino; ma – non lo si dimentichi – anche e soprattutto garante e tutrice, per compito istituzionale, degli spazi di autonomia economica e amministrativa della *terra* cui era preposto, la quale con le sue delibere consiliari poteva delegarlo a operazioni di questa natura.

Ma sarebbe necessario spingersi piú in profondità – ciò che non si può fare qui – nella valutazione di tutta una serie di concatenazioni di strutture, eventi, di dinamiche sottese dal *Liber* per afferrarne la piena e legittima fisionomia di prodotto giuridicamente abilitato a sostenere un consapevole progetto di autonomia locale.

Ci limiteremo a pochi esempi, 'sfogliandolo', per cosí dire, nelle sue linee essenziali, tanto piú che negli anni recenti Monselice ha avuto la fortuna di vedere esplorata a fondo e con ottime novità di supporti documentari la propria storia medioevale, sia per quanto attiene le tematiche socioistituzionali,[30] sia quelle ambientali[31] e urbanistiche,[32] sia

30. Si vedano, nel citato volume *Monselice. Storia, cultura e arte*, i contributi di A. SETTIA, *Monselice nell'alto medioevo*, p. 83-99; BORTOLAMI, *Monselice 'oppidum opulentissimum'*, cit.; D. GALLO, *L'epoca delle signorie*, cit.; S. BORTOLAMI, *L'evoluzione del sistema onomastico in una 'quasi città' del Veneto medioevale: Monselice (sec. X-XIII)*, in *Genèse médiévale de l'anthroponymie moderne: l'espace italien* (= «Mélanges de l'Ecole française de Rome. Moyen Age», 106, 1994), p. 343-380.

31. Fondamentale in tal senso l'apporto de *Il Catastico di S. Giustina di Monselice detto di Ezzelino*, a cura di L. CABERLIN, Introduzione di G. RIPPE, Padova 1988, costituente il primo volume di questa collana.

32. D. GALLO, *Dai Carraresi ai Marcello. Tracce documentarie nel Tre-Quattrocento*, in R. VA-

ancora quelle religiose.[33] Ma prima s'impone, appunto, almeno un richiamo al processo di formazione di quella realtà istituzionale che del *Liber* è protagonista.

★

Menzionato già da Paolo Diacono come solido *castrum* bizantino sorto in una zona sicuramente ben frequentata nei tempi romani, sulla sommità e alle pendici di un'estrema propaggine sudorientale degli Euganei, il centro che è tuttora il piú importante della provincia di Padova già nel 602 era in condizioni di rallentare l'integrale conquista della valle del Po da parte di Agilulfo. In età longobarda, come hanno potuto dimostrare anche recenti indagini archeologiche,[34] era venuto sviluppando al massimo livello la sua naturale vocazione a fungere da robusto nodo di organizzazione delle risorse umane e di riferimento strategico del Veneto meridionale in funzione antiesarcale nella vitale fascia di territorio compresa appunto fra l' 'isola' collinare degli Euganei, l'Adige e il mare Adriatico; tanto che almeno dall'epoca dell'ultimo re longobardo, Desiderio, Monselice era diventata sede di un corte regia, dalla quale dipendevano svariati poderi disseminati nella bassa Padovana e nella vicina zona collinare, cosí come estese paludi e selve donate dalla corona al monastero bresciano di Santa Giulia, dal cui archivio ci viene pure la notizia, databile tra VIII e X secolo, di proprietà fondiarie appartenenti a tale Boetino sculdascio confinanti appunto con la corte regia « de Monteselicano ». La speciale rilevanza demografica e insediativa del sito, ricordato nella *Promissio Carisiaca* e denunciata piú tardi dal fatto che nel celebre *Pactum Lotharii* dell'840 i

landro, D. Gallo, C. Semenzato, E. Antoniazzi Rossi, *Ca' Marcello. Un palazzo principesco in Monselice*, Padova 1983, p. 37-58; Bortolami, *Monselice medioevale*, cit.; D. Gallo, *Per la storia di Monselice nel medioevo: dal 'castrum' alla 'terra murata'*, in *Città murate del Veneto*, p. 79-102; C. Chemin, R. Veronese, *Il castello di Monselice*, in *Castelli del Veneto tra archeologia e fonti scritte*, Atti del Convegno (Vittorio Veneto, Ceneda, settembre 2003), a cura di G.P. Brogiolo, E. Possenti, Mantova 2005, p. 117-139.

33. A. Rigon, *Le istituzioni ecclesiastiche e la vita religiosa*, in *Monselice, Storia, cultura e arte*, p. 211-235; Id., *S. Giacomo di Monselice nel medioevo (sec. XII-XV).Ospedale, monastero, collegiata*, Padova 1972; Id., *Le chiese dei centri minori veneti nel medioevo: l'esempio di Monselice*, « Archivio veneto », 137 (1991), p. 201-224.

34. G.P. Brogiolo, *Ricerche archeologiche su Monselice bizantina e longobarda*, in *Monselice. Storia, cultura e arte*, p. 47-63.

Montissilicenses erano ormai annoverati fra i popoli della terraferma veneta dotati di una propria identità e di un ben definito ambito di vita, al pari dei Veronesi, dei Vicentini, dei Trevigiani, trova piena rispondenza negli assetti politico-amministrativi. Anche in conseguenza della simultanea, forte atonia urbana che afflisse Padova, in epoca carolingia Monselice venne infatti emergendo come perno nell'armatura del territorio: dal 950 almeno era sede di un autonomo *comitatus* e a partire dal 970 le fonti la fanno capoluogo di una *iudiciaria*, cioè di un distretto minore verosimilmente alle dirette dipendenze del potere pubblico, tanto che una prima determinazione dei suoi confini era avvenuta, secondo un'informazione piú tardiva, « ante regem Belengarium ». Definita normalmente *locus* o *castrum* o *oppidum* e nel 1050, impropriamente ma significativamente, anche *civitas*, per quattro secoli, dal 600 al 1000 circa, Monselice continuò in ogni caso ad essere la sede di riferimento di una circoscrizione governata da un funzionario direttamente designato dall'autorità pubblica. Potenti e antichi monasteri come S. Salvatore (poi S. Giulia) di Brescia, S. Silvestro di Nonantola, S. Zaccaria di Venezia, S. Giustina di Padova, S. Maria della Vangadizza di Badia Polesine e perfino l'episcopio di Verona vi possedevano terreni e chiese, frutto di donazioni munifiche fatte dai sovrani o da famiglie altolocate che rivestivano funzioni pubbliche. Per numero di abitanti e per solidità di impianto urbanistico doveva insomma apparire ai piú come una piccola città, cui il suggello di un robusto perimetro difensivo murario, attestato fin dal 914, doveva conferire un aspetto non molto dissimile dalla rattrappita Padova. Fin dal X secolo aveva visto proliferare entro il recinto fortificato altomedioevale e nelle dinamiche aree adiacenti del borgo e della villa tutta una serie di minori luoghi di culto sussidiari della vecchia pieve di S. Giustina, tradizionale fulcro della vita religiosa della comunità: da S. Tommaso a S. Martino al Piano a San Pietro a San Paolo a S. Giorgio. Dirimpetto al castello e alle sue modeste e sfilacciate escrescenze pianeggianti, l'imponente Montericco o *Montevignalesego*, che aveva pure offerto fin dalle origini a Monselice un naturale ancoraggio insediativo, e altri colli minori come Marendole, Lispida, Pignaro, rappresentavano formidabili poli d'attrazione in chiave piú rurale, nonché comode riserve suburbane di vigneti, uliveti e frutteti, integrativi della produzione fondamentalmente cerealicola delle vaste zone pianeggianti che digradavano verso l'Adige. Al piano, un corso d'acqua naturale – il vecchio Vigenzone, oggi Bisatto – forniva un naturale vettore di sviluppo commerciale e di espansione urbanistica per un comunità provvista di un bacino di approvvigionamento di derrate agricole e di prodotti dell'allevamento eccezionalmente favorevole.

Non stupisce dunque se, passati i tempi piú insicuri dell'arroccamento entro l'angusta cinta del *castrum*, la grande crescita medioevale di Monselice avanzò dopo il Mille come una sorta di colata lavica nella estrema unghia collinare e nella parte pianeggiante circostante il colle del castello; e se nell'arco di qualche secolo, tra il 1000 e il 1300, incrementò il numero dei suoi abitanti, ormai concentrati in una compatta 'terra' murata, fino a toccare i 1093 fuochi fumanti, per una popolazione complessiva che si può stimare nell'ordine delle 5.500 anime: una cifra che la rendeva sul finire del Duecento non dissimile da centri come Trieste, Trento, Torino, Cuneo, Ivrea o Alba nel nord Italia, o come Città di Castello, Tolentino, Matelica, Terni, Alatri o Norcia nel centro della penisola.[35]

La quotidiana convivenza entro lo stesso orizzonte territoriale e la forza di svariate esperienze di integrazione avevano fatto lievitare di pari passo con la città 'di pietra' un sentire sociale comune orientato a considerare Monselice come un corpo unitario, sia pure amministrativamente suddiviso nei quattro quartieri di Cal di Mezzo, S. Martino, Capo di Vico, Cal di Riva.

A spingere in questa direzione era la stessa articolata compagine locale nel suo dinamico divenire in rapporto coi poteri superiori. Quantunque sede di una pieve soggetta *ab immemorabili* alla giurisdizione d'ufficio dei vescovi padovani (che, tuttavia, non vi costruirono mai un apparato clientelare e patrimoniale significativo), fino alle soglie dell'età comunale Monselice si sottrasse ad ogni ogni pretesa di predominio da parte della città. Semmai, c'è motivo di credere che, quantunque piú o meno saltuariamente gli antenati dei futuri marchesi d'Este abbiano esteso la loro influenza politica sul nostro centro (nel 1013 i marchesi Alberto Azzo e il fratello Ugo presiedevano ad esempio le assise giudiziarie in un palazzo detto *mansio publica*), fu il potere pub-

35. M. Ginatempo - L. Sandri, *L'Italia delle città. Il popolamento urbano tra medioevo e Rinascimento (secoli XIII-XVI)*, Firenze 1990, p. 100-101; 148-149.

blico a riservarsi un diretto controllo di questa piazzaforte euganea. Nel 1100, ad esempio, un tale Guarnerio operava come «messo dell'imperatore e legato dello stesso sovrano in giudizio nella giudicaria di Monselice». Ed anche successivamente, negli anni sessanta del secolo, durante i contrasti fra i comuni della lega lombarda e Federico Barbarossa, Monselice fu presieduta da legati imperiali e divenne un punto di forza strategico per le manovre dello schieramento imperiale nel Veneto. Lo stesso Barbarossa vi fu ospite una prima volta nel 1161 e nuovamente nel 1184. Ancora nel 1190, secondo recenti conferme, nel cospicuo centro euganeo la giustizia era amministrata «sub porticu domus donicate» dal conte tirolese Enrico di Appiano «ab imperatore in Montesilice delegato», il quale si avvaleva di giudici del posto,[36] mentre nell'anno 1200 i giudici dichiaravano di sentenziare «pro consulibus Montissilicis».[37] Solo dal gennaio 1202 si ha notizia di interventi *in loco* di giudici del tribunale del podestà di Padova su richiesta delle parti, con relative sentenze esecutive «iussu domini Petri Çiani potestatis Padue».[38] Nel 1207 Filippo di Svevia giunse a donare la località, sia pure platonicamente, al patriarca di Aquileia, suo fedelissimo, e altrettanto fece nel 1214 Federico II. Anche la presenza di terre appartenenti al fisco (*terra domini imperatoris, iura imperatoris, lacus imperatoris, porticus domus imperatoris*,[39] etc.) vi è documentata in misura crescente dalla seconda metà del XII secolo e ancora per buona parte

36. Archivio di Stato di Venezia (= ASV), *San Zaccaria*, b. 20, alla data data 1190 luglio 7, edita in G. Tasini, *Le carte Monselicensi del monastero di S. Zaccaria di Venezia (1183-1206)*, Tesi di laurea, Università degli studi di Padova, a.a. 2002-2003, rel. A. Bartoli Langeli, doc. 26 p. 146. Che peraltro essa fosse al centro di una autonoma *iudiciaria* è confermato da altri atti fino alla fine del secolo (ASV, *S. Zaccaria*, b. 20, perg. alla data 1193 gennaio 19, 1197 ottobre 19, 1198 aprile 16, 1200 novembre 1, ed. in Tasini, *Le carte*, doc. 30 p. 150, 45 p. 166, 52 p. 173, 66 p. 189).

37. ASV, *S. Zaccaria*, b. 21, perg. alla data 1200 gennaio 29, ed. in Tasini, *Le carte*, 62 p. 185.

38. ASV, *S. Zaccaria*, b. 21, perg. alle date 1202 gennaio 30 e 31, ed. in Tasini, *Le carte*, doc. 79 p. 202, 80 p. 203, 81 p. 204. Analogo intervento prima della fine dello stesso anno, *ivi*, b. 21, perg. alla data 1202 dicembre 14, ed. in Tasini, *Le carte*, doc. 86 p. 209. Significativo, peraltro, che il 25 febbraio 1203 una messa in possesso effettuata dal messo comunale di Padova l'anno precedente fosse, dopo un anno, ancora oppugnata dalla controparte (*ivi*, b. 21, perg. alla data, ed. in Tasini, *Le carte*, doc. 96 p. 221).

39. Attestata nel 1215, dovrebbe corrispondere a quella che assai piú spesso è definita la *domus domnicata* o *mansio publica* (ASV, *S. Zaccaria*, b. 21, perg. alla data 1215 giugno 29) (questa, come le successive citazioni del fondo, devo alla cortesia di G. Tasini, che ringrazio). E cfr. Caberlin, *Il catastico*, p. 299, 370-371 (alla voce *inperator*).

del Duecento, financo nel nostro registro.[40] Insomma, è fuori discussione che almeno in linea di principio Monselice continuò a godere di quello *status* di *camera specialis Imperii*, cioè di patrimonio diretto dell'impero, che le viene apertamente riconosciuto anche dai cronisti all'epoca di Federico II. La gradualità con cui il comune di Padova dovette procedere nell'imporre propri ufficiali *in loco* (podestà, giudici, ingrossatori, preconi, etc.) fu direttamente proporzionata in negativo dalla effettiva capacità di azione dell'impero e dei suoi emissari, ma anche dalle velleità autonomistiche, tinte di sentimenti filoimperiali, del ceto dirigente locale.[41] L'incombente presenza dell'autorità imperiale, del resto, non sembra aver compromesso l'avviata evoluzione di Monselice verso un'autonoma organizzazione comunale sotto la guida collegiale di *ministrales* e di consoli locali rappresentativi tanto di una vivace *élite* di tradizione cavalleresca (*milites, maiores*), quanto di un 'popolo minore' formato da piccoli possidenti, professionisti, artigiani e mercanti (dopo i *ministrales* menzionati nel primo documento del nostro registro nel 1157, liste di consoli si hanno per gli anni 1162, 1165, 1174, 1183, 1184, 1193, 1203, 1211, 1212, intervallati dal 1179, 1198 da *potestates* o *rectores* pure monselicensi).[42]

40. Cfr. ad es. doc. 5 (*terra imperatoris que laboratur per filios Gerardi magistri*), 8 (*terra imperatoris* XL *pertice a via fosati casteli*), 9 (*terra inperatoris que laboratur per Lanfranchinum, terra Erbori que tenet ab inperatore*), 12 (*terra Casare quam tenet ab inperatore; terram Gumbertini et terram Goti et Dominici eius fratris quam habet a imperatore*), 15 (*casamentum Orci et nepotis quod habent ab imperatore, casamentum domini Turisendi de Bugla quod habet ab imperatore, casamentum Waldini quod tenet ab imperatore, casamentum Albertini de Sapavitibus ... quod tenet ab imperatore, per medium casamenti dicti Manfredi quod est inperatori*), 37 (*in vineis quas tenet pro imperatore non longe ab hospitale Sancti Iacobi*), 24 (*in Lacu Imperatore*).

41. Bortolami, *Monselice 'oppidum opulentissimum'*, p. 122-123. Di due « grosatores pro comuni Padue, in potestaria domini Barocii de Burgo potestatis Padue » i quali « ad dictam dacionem et vendicionem suam autoritatem interposuerunt » si ha notizia solo a partire dal 29 gennaio 1213 (ASV, *S. Zaccaria*, b. 21 perg. alla data) e il 10 febbraio 1213 si rende esecutiva la refuta di un terreno « ex statuto ingrossatorum civitatis » (*ivi*, b. 21, perg. alla data). Nel corso degli anni successivi il ricorso agli ingrossatori del comune urbano diventa usuale nelle controversie per gli immobili rurali, ciò nondimeno c'è chi per una via contesa rifiuta le loro sentenze, asserendo che « non pertinebat ad officium ingroxatorum nec debebat se intromettere » (ASV, *S. Zaccaria*, b. 21, perg. alla data 1219 febbraio 12). È notevole d'altra parte che nel 1217 si trovi un giudice del podestà di Padova, Caliano, il quale concede la presa di possesso di un terreno contestato a Monselice con la singolare formula « pro comuni Padue et comitatu Montissilicis » (ASV, *S. Zaccaria*, b. 21, perg. alla data 4 dicembre dello stesso anno).

42. Vedine la lista in Bortolami, *Monselice 'oppidum opulentissimum'*, p. 161.

*

È in questo contesto di una 'terra' dell'impero caratterizzata da una antica tradizione di diretto rapporto col potere regio, la quale fin dal 1016 risultava in possesso di terre di uso collettivo (*comunum, palus communis, mons comunis*), che maturò l'esigenza di documentare fin dalla prima età comunale l'entità e la qualità delle strutture territoriali e delle risorse ambientali disponibili come presupposto del solido patto di convivenza che teneva insieme la costellazione di parentele e famiglie costituenti il comune e come espressione di una ormai formata coscienza identitaria.

Non è un caso che il documento con cui si apre il centinaio di atti riversati per ricopiatura nel primo unitario nucleo del registro dal notaio Montagna tra agosto e settembre del 1308[43] (doc. 1-98) riporti il tenore di un accordo decisivo per il futuro assetto del *territorium* comunale di Monselice, cioè la pace e la conseguente precisa determinazione sul terreno con cippi confinari fra i *populi* confinanti di Monselice e di Pernumia.[44] L'intesa, giunta dopo sanguinose lotte, assicurava alla prima delle due comunità la disponibilità di una serie di preziose risorse ambientali (paludi e pascoli verso l'attuale zona di Battaglia e Montegrotto, l'area termale del monte della Stufa o di Sant'Eliseo, il colle del Lispida con le sue cave o 'priare'[45]); ma, soprattutto, non deve sfuggire come tutto si svolgesse per autonoma iniziativa delle due collettività, al di fuori di ogni ingerenza del comune cittadino o di un'autorità tutoria locale di tipo signorile[46] (lo stesso intervento me-

43. Al disco dell'Orso del palazzo comunale, per comando del giudice del podestà Bartolomeo Borselli e con l'assistenza di altri *socii* dello stesso ufficio. Ribadisco il mio convincimento che a questo contesto, per cosí dire, tecnico, giustificato tra l'altro dalla presenza *in loco* degli antigrafi, non va necessariamente attribuito il significato univoco di una disposizione 'politica' di Padova.

44. Cfr. Bortolami, *Territorio e società*, p. 33, 38-39.

45. Per le quali vedi ora M. Billanovich, *Attività estrattiva negli Euganei. Le cave del Lispida e del Pignaro tra medioevo ed età moderna*, Venezia 1997.

46. Contrariamente a qualche si verifica spesso in analoghe operazioni di *determinatio* o *difinitio* o *divisio* dei confini comunali che occorrono numerose nelle campagne, non solo venete, dei secoli XII-XIII. Per qualche esempio non lontano da Monselice cfr. B. Lanfranchi Strina, *S.S. Trinità e S. Michele Arcangelo di Brondolo, III, Documenti, 1200-1229 e notizie di documenti*, Venezia 1987, doc. 376 (tra Tribano e Bagnoli, a. 1204, dove di conserva col primo dei due comuni intervengono i fratelli monselicensi Frugerino e Gerar-

L'abitato di Monselice in una mappa del 18 settembre 1700 (Archivio di Stato di Venezia, *Miscellanea Mappe*, n. 1430, perito Giacomo Marzadi).

Piazza
Il N.H. Bon

diatore del marchese Bonifacio d'Este ha un puro valore d'amicizia e non giurisdizionale). Assieme a similari transazioni bilaterali che interverranno piú tardi (nel 1229 con Arquà per la palude di Costaldulo: doc. 28; nel 1244 con Conselve per le valli e i boschi di Viminario: doc. 45, 46) essa esprime il precoce chiaro orientamento alla costruzione di una 'territorialità' come elemento primario di riconoscibilità di un potere comunale e come base di sussistenza e di espansione agricola (significative le opere di bonifica e le iniziative di concessioni di terre « ad roncandum » realizzate a Viminario fin dal 1165 (doc. 3, dove il notaio dichiara di registrare « ex iusione consulum » o « rogatus a comuno »).[47] E su questa linea di tutela territoriale che esorbita dal puro livello patrimoniale e acquista una marcata valenza politico-amministrativa si pongono altri atti di rilievo, come il riconoscimento, strappato nel 1176, del pieno diritto di proprietà sul colle della Stufa con le sue fonti termali, che il potente Iacobino da Carrara rivendicava con ricorso ai tribunali di Padova in quanto « feudum sibi ei parte imperatoris pertinentem » (doc. 2);[48] o, ancora, nel 1213, l'eccezionale acquisto da parte dei consoli per una somma di poco inferore alle 7.000 lire di tutte le proprietà vantate nel territorio comunale dai nobili Olderico Fontana e dal piú celebre Iacopo da Sant'Andrea, immortalato da Dante come scialacquatore, figlio suo e della ricchissima Speronella Dalesmanini, le quali erano tenute in concessione a vario titolo dagli *homines* del luogo (doc. 10).[49]

do Paltanieri in qualità di « comites Tribani »); 397 p. 79-80 (tra Bagnoli di Sopra e di Sotto, rappresentati rispettivamente da Uguccione da Carrara e l'abate di Brondolo, a. 1206).

47. Merita osservare che nella copia del compromesso e sentenza fra Monselice e Conselve relativa ai ponti in pietra, agli argini e ai fossati di Viminario e Levà estratta nel 1276 da Antonio figlio di Ugheto dal libro di imbreviature paterne messegli a disposizione nel maggior consiglio di Padova e inserita nel nostro registro (doc. 46) si ricorda una precedente sentenza in materia « lata per dominum Iohannem iudicem domini Otonis de Mandello », risalente dunque al 1225-26 o 1234-1236 (cfr. *Liber regiminum Padue*, a cura di A. Bonardi, RIS², VIII, 1, Città di Castello 1903-1908, p. 306, 310).

48. Per il quale vedi E. Zorzi, *Il territorio padovano nel periodo di trapasso da comitato a comune*, Venezia 1930, p. 141-162, e le novità di S. Bortolami, *Conselve nel medioevo. I caratteri originali di un centro rurale del Padovano*, in *Conselve « luogo nobile » del Padovano*, a cura di F. Sabbion, Conselve (PD) 2002, p. 49-50. Menzioni di terra rivendicata come comunale sul confine con altre comunità rurali anche altrove, ad es. nel doc. 22, del 1228: « extra destorium inter confinium Montisscilicis et confinium de Solexino et illum Fossa Menai iuxta Vallem Arsam dixerunt esse comunis que est XVIIJ campi ».

49. L'atto, concluso da un solenne *interdictum* fatto ai venditori « ne amplius posside-

Pur diversi per epoche (numerosi si concentrano fra il 1198-99, altri si distribuiscono lungo i primi tre decenni del Duecento, specie nel 1227-28, altri ancora si scaglionano nei decenni della risorta 'repubblica' padovana, illuminando retrospettivamente le vicissitudini del patrimonio comunale nel tormentato ventennio in cui Monselice soggiacque all'occupazione congiunta dell'imperatore e della sua controfigura Ezzelino da Romano, tra il 1236 e il 1256), per natura e contenuti (a materiali di *routine* si alternano minidossier focalizzati su episodi speciali), i vari atti si possono riferire a due fondamentali, distinte serie di operazioni a tutela degli *iura* comunali, che di fatto si intrecciano e si sostengono a vicenda: 1) da un lato un preliminare prolungato lavoro di discernimento delle terre comunali da quelle private o privatizzate (denominate qui, oltre che con la usuale voce *divisum*, con quella, sconosciuta sinora, di *dilivi* o *dilivia* o *diluvia hominum*),[50] accompagnato di

rent, quia possedere volebant, qui responderunt quod possidere nolebant sed ipsi pro comuni possiderant », assume un chiaro valore di esproprio coattivo giuridicamente formalizzato contro possibili pretese della influente controparte, cui si riconosce, significativamente, la disponibilità dei servi e del loro peculio. Del fatto resta testimonianza anche in ASV, *S. Zaccaria*, b. 25, perg. dell'aprile 1213 e 27 gennaio 1214, dove vediamo all'opera i « venditores comunis Montissilicis, silicet Bartholameum de Villa, Iacobinum de domina Berta, Gandulfinum de Bunisemda, Widonem de Cagadenari, qui iuraverunt bona fide et sine fraude vendere bona que condam fuerunt domini Olderici et Iacobi eius fillii pro comuni Montissilicis »: Su Giacomo da Sant'Andrea e Speronella Dalesmanini si veda S. Bortolami, *Fra' alte domus' e 'populares homines'. Il comune di Padova e il suo sviluppo prima di Ezzelino*, in *Storia e cultura a Padova nell'età di Sant'Antonio*, Atti del Convegno (Padova-Monselice, 1-4 ottobre 1981), p. 7-8, 63-65; R. Cessi, *Iacopo da Sant'Andrea*, in Id., *Padova medievale. Studi e documenti*, raccolti e riediti a cura di D. Gallo, Presentazione di P. Sambin, Padova 1985, p. 71-80.

50. Doc. 6, 7. La voce, finora a me non nota e non attestata nei lessici correnti, sembra ripetere un *usus* locale, tant'è che la si ritrova in un rogito pure monselicense del 12 giugno 1216: « Bertaldus de Vialardo, Çambonus de Alberto, Frugerius de Ardiçone et Fante de Valesella massarii iurati de consilio domini Aicardini tunc potestatis Monstissilicis ... presente et firmum habente Gerardo de Benencà consule et officiale dicti domini Aicardini ... posuerunt terminum unum a capite domus suprascripti monasterii [S. Zaccaria] de Montescilice versus flumen, discernentes proprietatem dicti monasterii ab invasione et diluvio hominum, sicut vadit et trahit recte filo ab illo termino usque ad veterem murum dicte domus a latere fossati ... salvo quoque iure communis ... in fossato quod designatum fuit per comunem in casamento illo » (ASV, *S. Zaccaria*, b. 21, perg. alla data). Per la piú usuale opposizione lessicale *comune/divisum*, riscontrabile ad esempio anche nella vicina Pernumia e in altre zone del Padovano (Bortolami, *Territorio e società*, p. 194, dove si riporta addirittura un « sacramentum iuratorum discernendi comune a diviso ... non in eo tamen quod designatum vel determinatum est, sed in eo quod dein-

norma da puntuali misurazioni compiute sul campo,[51] talvolta da esplicite refute[52] o acquisti e reinvestiture;[53] 2) dall'altro, la piú normale e conseguente opera di affermazione dei titoli eminenti dell'ente comunale sui beni dati in concessione a ditte private mediante l'accensione o il rinnovo di appositi contratti di livello o di locazione.

Ben piú che questo secondo, piú scontato filone documentario, è la prima impressionante sequenza di interventi a colpire per la capillarità topografica del fenomeno che investe tanto le aree densamente urbanizzate della 'terra' (*Calderiva, Capitevici, Retro Castellum, Insula, Vallesella*), quanto le zone ad agricoltura intensiva punteggiate di minuscole parcelle (*Desone, Vançoleulo, Roncofrai*, etc.), quanto ancora le ancora cospicue riserve d'incolto disseminate soprattutto ai margini del territorio comunale dai nomi 'parlanti' (*Oneda, Vale Beninverga et Vale Arsa, Vale Ambroxo, Valecina, Valledesgorgada, Fovea Strita et Arsura, Valle de Scudixo, Lacu Imperatore*). Le formule con cui si dà conto di questa meticolosa verifica e affermazione degli *iura* comunali sono le piú varie. Trascelgo da soli tre documenti: *item casamentum domini Araldi quod tenet Iohannes de Elica mensurando recte per medium cum entrata* vij *pertice et meça et ibi deinde tenet de comuni* iiij *pede et meçum* (doc. 15); *item casamentum Tomasini tenet de predicto comuni, per medium casamentum dicti Orci,* i *pes, sicut tenet domum suam* (doc. 15); *item casamentum Gerardi Cavalari incipiendo a muro sue domus iuxta aram* vj *pertice; et deinde dixerunt esse* vij *pertice comunis, de quo comuni ipse tenet* v *pedes et Gerardus de Daino a latere inferius tenet de comuni* v *pedes* (doc. 15); *Albertus de Secadenariis in sua clausura que fuit Guidonis patris sui est* viij *pertice de campo, quam dixerunt esse comunis quia non reperitur solvere fictum* (doc. 25); *terra illorum de Rangone que fuit Alberini de Bardo quam habet a comune est* ij *campi; et ibi iuxta de iure comunis me-*

ceps ad designandum et determinandum est»; Id., *Arzergrande e Vallonga: due villaggi della Saccisica nel medioevo*, in *Arzergrande e Vallonga. La memoria storica di due comunità*, a cura di G. Rosada, Treviso 2003, p. 74-75) vedi ad es. nel registro i doc. 12, 13.

51. Comprovato, se ve n'era bisogno, anche da formule del tipo «Actum in predictis locis» (doc. 23), «incipiendo mensurare a destorio» (doc. 25), «incipiendo mensurare a via» (doc. 25), «Item predicti iurati et dominus Bocius fecerunt mensurare terram Sancti Salvatoris quam reperitur in longum esse lvij pertice» (doc. 27) e simili, oltre che dalla presenza di soggetti qualificati come *perticator* (doc. 23, 25) o *aperticator* (doc. 50).

52. Ad es. quella effettuata di «totum id quod designatum fuerit... in comuni per iuratos» da parte di una sessantina di persone nel 1212 (doc. 8).

53. Cfr. doc. 48.

çum campum (doc. 25); *item dixerunt quod Vivianus de Rustigello tenet de iura comunis in Cantone de Monte Março iuxta suam terram* IIJ *perticas et* XX *tabulas versus destorium comunis* (doc. 26); *Item dixerunt Artuicus de Casale habet a comuni in Vançoleulo, unde redit fictum comuni,* XIIJ *campos* (doc. 26); *item asignavere domino Tealdo ibi iuxta unum campum quod habet a comuni; et deinde totum aliud est comunis* (doc. 26).

L'impressione ultimativa che se ne trae è che l'opera di accanito discernimento di tutti i terreni di conclamata spettanza comunale confinanti con la varietà di immobili privati (*sedimina, canipe, casamenta, clausure, are, braidi,* terre coltivate, vigneti, prati) o in questi abusivamente incorporati, non solo dovette servire ad un risanamento delle casse comunali, ma certamente si coniugò per qualche generazione, tanto nel corpo urbanizzato della terra quanto nella campagna, con una piú generale azione di riassetto delle infrastrutture viarie e del fitto intreccio di canali (*destoria, fossata, flumina*) finalizzata ad un generale recupero in chiave produttiva e residenziale del territorio.[54] In ultima analisi, si trattava, per il comune, di ribadire il pieno diritto a costruire il paesaggio urbano e rurale, in una fase di accelerato dinamismo delle strutture ambientali, secondo indirizzi di interesse generale, al di sopra dell'eterogenea umanità costituente il tessuto sociale della terra[55] e dei

54. Esplicite in tal senso le frequenti dichirazioni del tipo: « et ab alio capite XXVIIJ pertice cum duabus perticis quas relinquere pro via comunis » (doc. 26); « relinquendo a capite versus sero IJ perticas pro via comunis » (doc. 26); « dimittendo quatuor perticas a flumine cum ripa fluminis pro argere » (doc. 44). Ma si vedano anche, nelle concessioni livellarie che ne conseguono, clausole per cui l'investitura di un tratto di fossa pubblica prevede la possibilità per il concessionario di « molendinum vel piscariam facere ibi in canalle ubi sibi lubuerit », sia pure con l'impegno di manutenzione degli argini su entrambi i lati « ad tenendum aquam in canalle » (doc. 30 del 1198); o ancora l'inciso, nell'investitura a livello nel 1274 di uno dei tanti lotti inedificati nella contrada dell'Isola (*vacuum terre grebe*), « quod vacuum dicebatur casamentari » (doc. 69); o l'esplicita riserva prevista in un contratto del 1270 relativo alla stessa zona: « in tantum quod si dictus Manfredinus edificasset aliquod edificium super ipsam terram et in capite ipsius, sua debet dare comuni dicto Manfredino in arbitrio duorum comunum amicorum » (doc. 47).

55. Uno spaccato rappresentativo del popolo medio e minuto (*magistri,* facchini, drappieri, calzolai, fornai, fruttivendoli, etc.) insediato nei lotti di proprietà comunale presso il ponte dell'Isola e nelle *stationes* della piazza è offerto ad es. dai doc. 50-51 e 65-73. Ma è quasi superfluo ribadire qui che nello spettro dei concessionari di terre comunali sono rappresentati piú o meno tutti gli esponenti della nobiltà locale (Paltanieri, Cumani, Episcopelli, *de Girardacio,* Malacapella, etc.) e uno stuolo non indifferente di *domini,* per i quali si rinvia a Bortolami, *Monselice, 'oppidum opulentissimum'*, p. 140-150.

molteplici istituti compresenti nel territorio comunale: dai vari enti religiosi locali come S. Pietro, S. Giacomo, S. Salvaro, S. Daniele, la pieve di S. Giustina, al monastero veneziano di S. Zaccaria, a quello padovano di S. Giustina, fino ai cittadini di Padova, ai marchesi d'Este, allo stesso imperatore.

Che l'impresa sia stata agevole non si direbbe, anche perché fin dalle *designationes* piú risalenti si manifestano talora dubbi e incertezze sul piano della legittimità dei possessi[56] e compare già quel fenomeno di relativamente rapido *turn over* dei concessionari di terra comunale che si riscontrerà nelle investiture a livello di avanzato Duecento[57] e inizi Trecento qui ed in altre sezioni del registro. Ciò nondimeno, la quasi costante formula di chiusura dei testi « et ita laudaverunt et confirmaverunt dicti iurati » mostra che almeno nelle intenzioni delle autorità comunali la redazione di specifici atti notarili scritti, recepiti poi nel registro, non doveva ammettere margini per future controversie.

Prova della ferma determinazione del comune nell'imporre il riconoscimento ufficiale e la salvaguardia dei suoi sacrosanti *iura* è anche il ricorso ad un l'apparato di funzionari che ci si viene svelando nella sua articolata struttura (consoli, *caniparii*, *procuratores*, notai, preconi, *perticatores*, *locatores bonorum et possesionum comunis Montisscilicis*, *venditores bonorum comunis*, *iurati et laudati in comuni concilio et concione Montisscilicis ad designandum comune a diviso*, *iurati ad designandum comune ab illo hominum Montisscilicis*, etc.),[58] fino al personale intervento dello stesso podestà, il

56. Esemplari i doc. 25 (« terra fornacis veteris a Sancto Cosme est unus campus et meçus quam dixerunt esse comunis quia non reperiretur aliquis ex ea solvere fictum et de hoc dominus Lambertinus non fuit cum eis in concordia ») e 26 (« item dixerunt dicti iurati quod Manfredum de Çambono hebet novem campos et plus in Vançoleolo et dixerunt quod reperitur quod solvit soldos VIIIJ afictus, sed dominus Bocius dixit quod non erat cum eis in inconcordia quod dictus Manfredus habeat in Vançoleolo VIIIJ campos unde solvit fictum, sed dixit quod habet novem campos et de sex campos solvit fictum soldos VI, super flumen dixit esse comunis »).

57. Cfr., per qualche esempio, doc. 25: « terra Iohannis de Festa quam habet a comune que fuit Widonis Scavolongii est unus campus »; « terra ipsius Iohannis que fuit Henrici de Romana quam habet a comune est octo pertice de campo »; doc. 27: « terra Sancti Salvatoris quam tenet a comune que fuit domine Marie est unus campus ».

58. Espressioni che trovano pieno riscontro in documentazione coeva estranea al registro. Cfr. ad es. ASV, *S. Zaccaria*, b. 25, perg. alle date 1206 giugno 16 e novembre 12 (« Iacobinus de domina Berta et Iohannes de Girardacio et Albertus de Tolberto qui tunc iuraverant bona fide vendere seu allibellare comunia Montissilicis », o *ivi*, b, 21, perg. del

quale come apprendiamo dal doc. 41, sul finire del 1198 «pro comuni ibat discernendo id quod in comuni designatum fuerat, preter illis qui concordiam faciebant cum eo pro comuni vel cum canipariis» (una sorta di 'patteggiamento' fiscale, sembra di capire, in cui il comune cercare realizzava il massimo degli introiti dovutigli).

Tralasciando le considerazioni che si potrebbero fare su svariate informazioni offerte da questo primo compatto condensato di diritti e beni, ma anche di obbligazioni, di permute, di depositi che ebbero per protagonista la comunità di Monselice (val la pena di ricordare almeno le interessanti vicende del complesso di botteghe o *stationes* possedute nella centrale piazza di San Paolo scodellate dai doc. 58-66, 82, 84; le definizioni e gli accordi intervenuti con privati per gli spazi *super montem castri*, funzionali evidentemente alle esigenze fortificatorie del luogo, dei doc. 97-98; le avanzanti pretese del comune e dei privati di Padova nel rispetto del principio di responsabilità collettiva per danni e incendi alle loro sostanze in Monselice dei doc. 95-96; le solenni procure votate «in pleno et magno concilio» per speciali necessità quali l'assunzione di un mutuo di 1000 lire o l'affitto delle decime delle terre dei residenti dei doc. 81, 88; il singolare contratto di condotta sotto forma d'investitura feudale siglato nel 1281 col medico Bartolomeo di Alberto, in funzione all'impegno di costui a «operari et exercere artem medicarie de roturis osorum et se non dividere de terra Montiscilicis», che si può leggere al doc. 86); al di là di ciò, dicevo, non si può tralasciare di soffermarsi su un particolare florilegio di scritture per l'eccezionalità del periodo cui si riferiscono e dei personaggi che chiamano in causa.

Alludo all'*affaire* della sorte occorsa al patrimonio comunale di Monselice durante la diretta occupazione della cittadina da parte di Federico II e il tirannico dominio ezzeliniano (doc. 52-57, 74-77). È noto che il da Romano, con la incondizionata copertura dell'impero prima e autonomamente poi, fu artefice di una vasta e sistematica azione di spoliazione dei beni di comunità urbane e rurali e di avversari politici, palliata di norma da acquisti forzosi e a minimi costi solo formal-

21 maggio 1215 («Gumbertinus de Aicardo, in potestaria domini Leopardi Pi(.)(rum)(.), caniparius de comune Montissilicis pro eo communo ad perpetuale libellum ... investivit»).

mente rispettosi del diritto.[59] La problematica, già parzialmente nota,[60] riceve qui nuova luce, configurando in Monselice un *test* esemplare per la conoscenza di una pagina di storia veneta quanto mai discussa. Telegraficamente e lasciando la parola ad uno dei testi chiamati a deporre in quella che fu una vera e propria causa intentata senza successo *post eventum* dal comune cittadino a Monselice: « comune et homines Montisscilicis tempore ante dominium inperatoris et perfidi Ecelini de Romano habuerunt, tenuerunt et possiderunt molendina Bagnaroli, ipsa molendina tamquam propria locando et posidendo donec dicto comuni et hominibus adepta fuerint dicta molendina per dominum Ruçerium de Nicastro, tunc capitaneus (*sic*) in Montescilice per dominum inperatorem, per decem, vigenti, triginta annos et per tantum tempus cuius non extat memoria; item quod dictum comune et homines Montiscilicis habuerunt dicta molendina tenuerunt et possiderunt a tempore quo civitas Padue rediit ad mandata Ecclesie hucusque; item quod si quo tempore dicta molendina reperirentur posessa per dominum inperatorem et dominum Ecelinum de Romano vel eius nuncios, possidebantur tamquam comunis per Montescilicem quemadmodum alia bona et possessiones dicti comunis per predictos ». In breve, l'esperienza della dominazione ezzeliniana aveva realizzato una situazione paradossale: da un lato aveva contribuito a bloccare Padova nel sempre piú invadente disegno di penetrare politicamente ed economicamente nel teatro monselicense; dall'altro vi si era sostituito col crisma dell'impero come massima autorità, incamerando buona parte delle sostanze della comunità. L'intermezzo della rivoluzione creata dal ritorno di Monselice sotto il diretto controllo della corona dovette insomma alterare anche i contorni del complesso degli *iura* comunali. E ciò anche per l'oggettiva ambiguità della reale situazione del potere creatasi. Si conoscono infatti i nomi di parecchi « iudices costituti ad racionem faciendam in Montesilice pro domino

59. Vedi da ultimo S. Bortolami, *« Callidissimus exactor in pecunia congreganda ». Gli uomini e le finanze di Ezzelino da un documento del 28 giugno 1255*, in *Tempi, uomini ed eventi di storia veneta. Studi in onore di Federico Seneca*, a cura di S. Perini, Rovigo 2003, p. 83-94, con rinvio alla bibliografia essenziale.

60. Limitatamente a Monselice vedi Bortolami, *Monselice, 'oppidum opulentissimum'*, p. 125. Per i mulini di Bagnarolo in particolare Rigon, *S. Giacomo di Monselice*, p. 87-90, 135-142.

imperatore» degli anni 1238, 1239 e 1246.[61] Si sa che la rocca sommitale del castello fu realizzata dallo stesso Federico II, che almeno fino al 1249, quando Ezzelino decise di installarvi sue dirette creature, vi teneva un *capitaneus apulus*. L'impero dovette sicuramente mantenere un patrimonio ed una amministrazione propria, fino ad un certo punto distinta da quella del 'signore' della Marca Trevigiana.[62] Ma è fuori discussione che il dominio effettivo del luogo era del da Romano. Dal cosiddetto 'Catastico di Ezzelino', un inventario delle terre soggette al pagamento della decima alla pieve di Monselice redatto prima del 1256, si sa che almeno 150 appezzamenti, per un ammontare di circa 256 campi padovani, appartenenti a privati o a chiese passarono in questo periodo «in curia domini Ecerini de Romano».[63] Da un documento del nostro *Liber* (doc. 74) apprendiamo di un'ulteriore massa di terreni acquistati dai procuratori del 'tiranno' (Iacobino Guidotti, Gerardo da Treviso, Bonaccorso da Montebelluna) in varie località della campagna monselicense (Lovara, Casara, Terminello, Rio Carbonaro, Saonara) per la somma di 1400 lire: terreni che, quantunque affittati, dovevano essere di proprietà del comune, al pari di quei redditizi mulini di Bagnarolo di cui la badessa e il convento di S. Giacomo, legittimi livellari del comune, dichiaravano di essere stati spogliati «contra iusticiam ... per quondam Federicum olim imperatorem et Ecerinum de Romano». Persino il patrimonio della camera imperiale fu intaccato, in tutto o in parte.[64] Si comprende cosí come fin dal 1265 il podestà padovano Lotenzo Tiepolo abbia potuto promuovere una «inquisicio

61. All'attività dei funzionari imperiali ricordati in Bortolami, *Monselice, 'oppidum opulentissimum'*, p. 124, si possono aggiungere ora la testimonianza di un intervento del legato Gaboardo di Arnstein del 6 novembre 1238 e del giudice Michele «cognoscens pro domino imperatore... super facto unius intrate» dell'11 marzo 1248 (ASV, *S. Zaccaria*, b. 21, perg. alle date).

62. Vicende tutte distesamente evocate in S. Bortolami, *'Honor civitatis'. Società comunale ed esperienze di governo signorile nella Padova ezzeliniana*, in *Nuovi studi ezzeliniani*, a cura di G. Cracco, Roma 1992, p. 161-239, in particolare p. 229, dove si documenta l'esistenza di una *canipa imperialis curie* con registri contabili dei redditi «dei poderi imperiali» nel Padovano.

63. Bortolami, *Monselice 'oppidum opulentissimum'*, p. 125.

64. Significative le espressioni di Caberlin, *Il Catastico*, che ripetutamente menziona *bona, iura o terra imperatoris* (p. 163, 167, 186 e *passim*), ma accenna poi anche a *terra que fuit inperatoris et nunc est domini nostri Ecelini de Romano* (p. 97), o a immobili tenuti *pro curia [domini Ecelini] de podere inperatoris* (p. 158).

fienda per comune Padue super possessionibus venditis domino Ecelino de Romano vel eius procuratoribus » e come Monselice abbia dovuto muoversi con altrettanta e maggiore energia « ad defensionem ipsorum hominum et comunis ab inquisicione contra ipsos facta ». Dai testi escussi in una vertenza ancora aperta – si badi – nel 1283 si apprende che in realtà l'imperatore ed Ezzelino tennero queste e infinite altre possessioni del comune di Monselice « violenter et contra eorum voluntatem et dicti comunis »; che Monselice immeditamente dopo la liberazione della città e il ripristino della legalità ne aveva ripreso possesso « auctoritate propria ... et non aliena »; anzi: « sicut rei proprie, nullius auctoritatis vigore sed propria industria et iurisdicione ». Contro il comune di Padova, che, al pari di altri comuni veneti, in fase di 'restaurazione' andò perseguendo l'abile linea dell'incameramento di tutto ciò che era stato incorporato nell'amministrazione centralizzata dell'ex signore delle Marca Trevigiana, accampando dei diritti « ex quodam autentico ... mandato quondam domini presbiteri Gerardi tunc existentis in Montescilice pro quondam Ecelini de Romano, » da cui risultava « quod debeant pervenire in comune Padue anuatim libras octiginte, denarios sex parvorum de redditibus possessionum contentarum in ipso libro », mentre « nunc perveniunt anuatim solum modo libre quadrigente », la comunità di Monselice dovette vittoriosamente difendere la tesi della sua antica, piena e inconcussa proprietà sui beni contestati: mai Monselice li aveva tenuti a qualsivoglia titolo da Padova e lo stesso temporaneo accaparramento da parte dell'imperatore e dei loro nunzi altro non era stato che una violenta usurpazione.

Battaglia vitali dall'una e l'altra sponda per dilatare o comprimere sfere di autonomia e potere, come si vede, ancora in qualche modo fluide. Conflitti di opposti 'punti di vista' generati da dolorose esperienze politiche, nei quali diventò – giova ribadirlo – decisivo il ruolo di carte e di libri, vecchi o rinnovati *ad hoc*.[65] Basti qui aver dimostrato

65. Ciò che efficacemente si evince anche da passaggi del *dossier* in argomento. Si veda nel doc. 75: testo di *reformacio* che il notaio Bonaventura del fu Oredico Santo dichiara d'aver trovata « vivam et non cancellatam... in libro reformationum maioris conscilii Padue factam in potestaria domini Berti de Frescobaldis » (dunque tra gennaio e giugno 1282, come da *Liber regiminum Padue*, p. 335-336), esemplandola il 5 maggio 1283 a Padova, nel palazzo comunale, « quam reformationem ex dicto libro exemplatam et scriptam

che la conoscenza di questo tipo di sviluppi storici non è un *optional*: anche da essa si legittima la scelta di qualificare propriamente come *Liber iurium* la nostra fonte e deriva la possibilità di 'spiegare' adeguatamente momenti chiave della sua stratificata elaborazione.

*

Della ricchezza delle rimanenti parti del *Liber*, dove pure si alternano snodi documentari ragguardevoli con testi di piú ordinaria amministrazione, non si può che dare un sommarissimo conto.

Un'architettura assolutamente compatta[66] presenta la sezione II, nella quale si concentra la documentazione riguardante la bonifica e l'assegnazione per mansi ai diversi consorti aventi diritto della vasta plaga paludosa conosciuta come Palude dell'Isola, estesa alle radici del Montericco e del colle di Marendole (doc. 102-136). Esemplare testimonianza di una delle ultime imprese 'pubbliche' di valorizzazione agraria consumate nel territorio padovano nella stagione comunale (tra il 1304 e il 1306), essa è opera tutta monselicense votata a grande maggioranza da 170 membri del locale Consiglio maggiore. Come tale andrà dunque studiata per tutta una serie di implicazioni specifiche, anche tecniche (si pensi all' *ager novus*, alla *via nova*, ai *frauda*, al *barbacanis* e alle altre infrastrutture idrauliche predisposte). Ma non sarà da trascurare di 'aggredirla' anche nell'ottica del ruolo svolto da una grossa comunità come Monselice nello spettacolare processo globale di

iterum scribsi et exemplavi ex instrumentum meum (*sic*), millesimo predicto et die vigesimo tercio maii, in Montescilice, in domo Sancti Çacharie, presentibus domino Iacobo Caliçine, Antonio Capoçole », cioè i due esperti incaricati da Padova di esaminare la questione. Dello stesso libro « de possesionibus Montisscilicis » formato da undici quaderni e due fogli, « qui liber scriptus fuit et sumptus ex quodam autentico veteri », si precisa « quod exemplerii et quod exemplum remaneat in cançelaria ». Eloquenti pure le disposizioni seguenti relative alla commissione d'inchiesta: si eleggano « duo boni homines et legales civitatis Padue literati non de consortibus ipsi vel uxores cum uno bono et literato notario et duobus preconibus qui vadant et examinent ad Montescilicem et inquirant toto posse, inveniant bona, possessiones et res contentas in ipso libro et si pro comune Padue teneantur vel non »; chi le tiene; se chi le tiene ha pagato al comune di Padova quanto doveva; se di esse qualcosa è stato alienato o usurpato. Con l'avvertenza: « Et portent secum dictum librum autenticatum ».

66. Anche per la sottoscrizione dei 33 atti da parte dell'unico notaio Guglielmo di Filippo di Bellando.

sviluppo degli insediamenti rurali anche a fini annonari che interessò lo stato padovano tra fine Duecento e inizi Trecento (si noti che il progettista dell'opera e assegnatario di uno dei dodici mansi di circa venti campi ciascuno ricavatici fu quell'*enzegnerius* e architetto Leonardo Bocaleca, priore della *Domus Dei*, che al servizio di Padova non solo costruí palazzi pubblici ma, tra l'altro, pianificò e diresse nel 1292-94 l'insediamento fortificato di Castelbaldo e l'annessa colonia agricola di Masi).[67] È quasi superfluo poi osservare che l'appetibilità di una fonte del genere sta anche nei vivaci e molteplici interrogativi che suscita. Penso ad esempio alle sottese problematiche dell'indebitamento del comune (le 625 lire realizzate «pro acatatura sive investitura» dei mansi e le 12 lire e mezza di introiti annui sono già 'impegnate' per saldare alcuni debiti). Penso ancora ai problemi sollevati dallo spettro degli assegnatari, appartenenti di fatto a famiglie cospicue di Monselice come i Trotti e i Paltanieri, ma anche e soprattutto esponenti del popolo e della media e ricca borghesia urbana, dove spiccano nomi del ricchissimo Pietro Scrovegni e quello del preumanista Zambon di Andrea: tutti sono «civ*es* de Padua consort*es* dicti comunis Monstissilicis», d'accordo; ma, allora, perché l'esclusione, certo non casuale, dei «consortes qui fuerint natione terre Montisscilicis et venerunt cives Padue a viginti annis citra»? Quale il senso profondo di una simile disposizione dopo un secolo di sforzi per preservare il possesso delle terre comunali nelle mani dei residenti con una rigorosa chiusura agli *homines de civitate*?[68] Fino a che punto è lecito leggervi un'incrinatura della capacità di tutela degli *iura* della battagliera comunità monselicense di fronte ad una inesorabile 'conquista del contado'?[69] Che senso 'po-

67. Vedi ora, per i termini essenziali della questione, S. Bortolami, *Appunti sui risvolti politico-sociali della fondazione di Castelbaldo*, in S. Bortolami, C. Corrain, G. Comisso, E. Zerbinati, *Forme insediative e sviluppi socioambientali nella podesteria di Castelbaldo tra Duecento e Quattrocento: nuovi contributi*, «Wangadicia», 3(2004, p. 29-39.

68. Osservo che i diversi contratti di concessione di beni comunali sono ferrei nell'imporre l'eventuale vendita dei diritti livellari solo a locali («vendat tantum homini abitanti in Montescilice... qui solvat suprascritpum fictum»; «vendat suo pari habitanti in Montescilice qui hic attendat fictum» (doc. 29, 31, 34, 37, 49); oppure venda a chicchessia, «tamen non ecclesie sive clerico neque militi neque homini de masnada sed tantum suo pari habitanti in Montescilice» (doc. 67, 68, 69, 70, 71, 72, 78) e, dal 1275, anche «non homini de civitate» (doc. 80, 87, 89).

69. Questione da approfondire a partire dalle riflessioni di G. Rippe, *Il 'Catastico di Ez-*

litico' si deve attribuire alla massiccia esposizione finanziaria nell'impresa di giudici, notai, sarti drappieri, orefici, beccai, cartolai, pellicciai, medici e di altri 'borghesi' di Padova come i Signoreti, i da Prato, i Crosna, i Senici, i Beldemando, i Capozolla, i Dal Fiume, i Pizacomino, i da Teolo, i Malizi, i da Lio (questi due ultimi rivestiranno anche la carica di podestà di Monselice in quel torno d'anni)? Non si dovrà scorgere nell'iniziativa l'espressione di nuovi orientamenti 'popolari' del comune di Padova, adombrata anche dalla del tutto inedita inserzione dei 'magnati' fra le categorie a rischio cui si proibisce la cessione degli *iura* livellari?[70] Ecco solo un modesto esempio delle curiosità che, provvidenzialmente, germinano quando si accetta la sfida del confronto con un testo di questa natura. È evidente, in ogni caso, qualunque sia la risposta a questi ed altri quesiti, che il discorso torna sempre a ruotare sulla portata i quegli *iura* di Monselice che costituiscono il *Leitmotiv* del *Liber* e che, nella fattispecie, fanno pensare a contraddizioni e a tensioni tipiche di un confronto non fra una città egemone e una campagna schiacciata e proletarizzata, ma fra due 'sistemi' in evidentissima gerarchia ma ancora aperti ad una dinamica di interscambi nel comune processo di definizione e di ricambio della classe dominante.

Si è già detto dell'interesse che riveste lo splendido verbale di cancelleria del 1308 (doc. 139). Potremmo accostargli, nell'ambito della terza sezione, il non meno interessante quadro dei cespiti della comunità prospettato dal doc. 138. Da esso apprendiamo che all'altezza del 1303 il patrimonio immobiliare di Monselice – esclusi i ben piú numerosi fondi, edificati o meno, concessi a livello nel territorio –, era stimato per un valore di 10.000 lire circa e comprendeva nella centrale piazza di S. Paolo e nelle vicine contrade *Zoeta* e dell'Isola qualcosa come 15 botteghe, una *domus magna*, una *domus alata,* un'altra piú bassa

zelino e la storia del Veneto medioevale, intr. a *Il 'Catastico'*, p. IX-XXXIII, e BORTOLAMI, *Monselice 'oppidum opulentissimum'*, p. 151-155.

70. La formula sistematicamente rispettata nei relativi contratti d'investitura dei mansi (e mai presente nelle altre pur numerose cessioni a livello del registro) è: «vendat suum ius dicto comuni Montissilicis pro solidis quinque denariorum parvorum minus quam alii, non tamen ecclesie, non militi, magnati, nec regulari persone, non servo seu ançile». Significativo il riscontro con quanto osservato a Castelbaldo: cfr. BORTOLAMI, *Appunti*, p. 34-37.

sempre di uso pubblico e una quarta contigua al cimitero adibita a residenza del podestà; e ancora: altre case 16 case di muro e 8 *cassi domorum* affittati, gli edifici delle beccherie, quelli delle pescherie, un orto, altre due *case paleate.* Completavano poi questo già cospicuo patrimonio due estese valli da pesca, quella dell'Isola, tra il Montericco e Marendole, e quella di Soldrego, presso la *Fossa Mane*; il complesso di prati e valli di Savellon prossimi alla Riviera verso Padova; le installazioni molitorie del Bagnarolo; ed infine la stazione termale « de balneis Sancte Elene cum stupis, domibus, cameris, ecclesiis, monte et vallibus » ritagliata ugualmente in prossimità della riviera o canale di Battaglia – si badi – « inter valles comunis Padue ».

A questo inatteso magnifico squarcio cui il lettore si trova di fronte non si può non associare il dettagliato quadro delle terre allivellate dal comune del 1308, delineato nella sezione v (doc. 539-619): una ricognizione dal taglio sincronico che appare ancora sorprendente sia per la qualità[71] e la capillarità di distribuzione territoriale[72] delle unità immobiliari vantate in questa fase assai avanzata di vita comunale, sia per l'impressione di 'tenuta' complessiva dell'elemento locale – singoli individui, interi gruppi familiari, vedove capifamiglia – nel godimento di esse,[73] nonostante il forte ricambio di titolari.[74] Naturalmente, sarà

71. Si va da *pecie* e *peciole* di entità generalmente modeste, a *sedimina* con case, a *ripe* di fossati, non di rado disposte su lotti contigui.

72. Dimostrata dal solo eloquente elenco delle contrade interessate: *Ageris Manuldi, Arçer Andrae (o Andrai) seu Malgare, Calderiva, Calperosa, Cantone de Ymo sive Fossalarga, Cantone Montis Maçi, Cantone Porte, Capitis Vici, Carubalbrigo sive Putheus Viaianus, Core sive Vallongum, Corrigia, Desdeola, Desonis, Desonis Revine, Fovee sive a Domo Petri de Alesio, Frata Puthei Viaiani super montem castri, Frata Sancti Danielis, Frate, Frate de Revina, Fosa Çumela, Insula, Mira, Platea, Poçofoscolo sive Arçercorbo, Savellonis, Seldrego sive Vallis Altrigegna, Serra, Sulchi sive Vallonge, Vancileolo, Sancti Cosme, subtus a Sancto Georgio, Vallis Desgorgada, Vançigauseli, Vanço Dagaro (o De Agaro), versus Honedos.*

73. La dichiarazione che la quale totalità dei concessionari sono « de Montescilice », anche se in qualche caso da poco immigrati (es. da Anguillara, da Bagnoli, etc.) è di norma esplicita, talvolta la si evince dalla denominazione familiare dei medesimi (Corsali, Roastaiboi, Cavodomo, Seccadenari, de Martina, etc.).

74. Rivelato dalle frequentissime indicazione del tipo: « que fuit Vandi de Guischegnola » (doc. 561), « que fuit heredum Bonsegnoris de Boçola et Dominici Otonis de Prosdocimo » (doc. 570), « que fuit illorum de Zordaninis » (doc. 579), « quod fuit Dominici de Tomba et domine Façene eius socere et Thomasini domini Palmerii » (doc. 612), « que fuit Petri de Mastelo et primo Iohannis Clugiensis » (doc. 615), dalle quali si può desumere che spesso i nuovi titolari della concessione sono semplicemente parenti ed eredi (cfr. doc. 572, 594, 609).

da valutare quanto anche quest'ultima interessante revisione aggiornata di diritti comunali fosse concreta ed efficace. Certi indizi restano obbiettivamente ambivalenti (ad esempio la clausola finale di tutte le investiture: « et protestatus fuit dictus Horedicus pro dicto comuni ipsi conductori quod de iure acquisito comuni Montiscilicis nichil sit diminutum ipsi comuni Montiscilicis occasione affictus non soluti nec aliqua alia ratione » o « quia cessatum fuerit de solvere » o « quia cessatum foret reddi adfictus »); ma forse non bastano a giustificare l'opinione che si abbia a che fare con una rivendicazione alquanto platonica di antiche ma declinanti prerogative. Proprio l'esistenza di questo ulteriore tassello documentario è comunque segno di fedeltà ad un tradizionale programma sostenuto da una intensa produzione di scritture in registro, come dimostra il tutt'altro che sporadico riferimento nei contratti di livello ad un preesistente *liber adfictuum comunis* con l'indicazione dei precedenti livellari.[75] Di sicuro, anche in forza delle informazioni desumibili da questo gruppo di investiture a livello (ma erano tutte?) con censi esclusivamente in danaro,[76] l'implicita parabola delineata dal *Liber* nel suo complesso è quella di un impegno del comune a non recedere di fronte alla possibile decadenza dei suoi diritti per usucapione dei beni o per insolvenza o per le incertezze determinate dal cambio di conduttori degli immobili anche a causa dei crescenti oneri fiscali e dell'assoluta necessità di liquido cui andò incontro dalla seconda metà del Duecento in poi. Denunce esplicite in tal senso vengono anzi proprio da quegli atti avventizi che fanno da zeppa ai fogli del registro rimasti bianchi all'altezza del 1308 (doc. 140, 142), dai quali si apprende ad esempio come nel 1312 gli « homines habitatores terre Montisscilicis, secundum quod ceteris manifestum est, sint debitis multis et variis agravati tam racione exercitus et cavalcatarum facta-

75. Cfr. doc. 549, 550, 564, 596, 600, 602, 605, etc. dove s'incontrano, nel testo dell'investitura, incisi del genere: *et est scriptus in libro adffictuum*: « Albricus de Baldo pro una pertica sui casamenti »; *et erat scriptus in libro adfitum comunis*: « Dominicus de Pullanis pro uno campo, IIII perticis et media »; *et est scriptus in libro adffictuum dicti comunis*: « Marcus de Lovolo cum fratribus »; *et erat scriptus in libro afictuum comunis predicti*: « heredes Iohannis Corsalis pro terra que fuit heredum Artuyci Corsalis »; *scripta in libro afictuum comuni predicti*: « Ugolinus de Cello pro tribus perticis sibi extimastis in cantone Porte »; *et est scriptum in libro adffictuum dicti comunis* « heredes Ronçe pro sua parte et pro parte Taroni poderis Petri caçatoris, item pro parte poderis dicti Ronçe ».

76. Per una somma complessiva di 384 soldi e 2 denari.

rum per comune Padue quam etiam per (sic) tenendis militibus et beroderiis, peditibus, balisteriis et guastatoribus ad terram Montagnane, ad terram Lucii et terram Camixani in defenssione et pro deffenssione dictorum locorum, quam etiam in salaris que oportuit ipsos homines a longo tempore citra solvere capitaneis et potestatibus »: dichiarazione inequivoca degli effetti della insopportabile quantità di eccezionali spese inaugurate dalla guerra con lo Scaligero nella primavera del 1311,[77] alla luce delle quali si giustificherebbero l'asserito abbandono della 'terra' (passata dai 1093 fuochi del 1281 agli 880 denunciati nel registro) da parte di parecchi abitanti e i progetti di probabile revisione della quota di armati da fornire all'oste di Padova rispetto alla già rilevante quota di 215 unità stabilita nel 1304 (15 cavalieri con un cavallo ciascuno, 25 berrovieri con una cavalla ciascuno, 100 fanti, di cui 50 con panciera e 50 con lamiera, 25 balestrieri, 50 guastatori, 25 carri, piú altri 5 per il trasporto delle vettovaglie)[78] (doc. 141). Da fonte per la storia 'dei diritti di una comunità', il *Liber* diventa qui potenziale strumento per una storia 'degli affanni di una comunità' di fronte al pieno compimento di quella autentica « rivoluzione fiscale » che le città-stato italiane realizzarono già nel corso del Duecento.[79]

E giusto nel vivo della tematica delle politiche finanziarie comunali ci rituffa la sezione IV. Essa, quasi un archivio nell'archivio, è costituita da un lungo elenco di 396 regesti esplicitamente raccolti sotto la complessiva denominazione *Instrumenta debitorum comunis Montissilicis* che dà notizia di altrettanti documenti i quali all'inizio del Trecento dovevano essere ancora conservati nella cancelleria di Monselice come unità originali sciolte.[80]

77. Hyde, *Padova*, p. 223-246; S. Collodo, *Padova e gli Scaligeri*, in *Gli Scaligeri*, p. 41-50.

78. Dati da valorizzare almeno con la specifica messa a punto di A.A. Settia, *Uomini e armi nella Marca di Ezzelino*, in Id., *Comuni ed armi in guerra. Armi ed eserciti nell'Italia delle città*, Bologna 1993, p. 157-198.

79. Sulla quale si veda almeno P. Mainoni, *La « révolution fiscale » dans 'L'Italie du nord (XIIe-XIIIe siècle). Quelques considerations*, in *L'impôt*, p. 219-254, e, a cura di Ead., *Politiche finanziarie e fiscali nell'Italia settentrionale (secoli XIII-XV)*, Milano 2001.

80. Caso tutt'altro che inconsueto. Si vedano, per un esempio, i 71 documenti ricordati un inventario del 1295, di cui uno è definito a sua volta « quoddam instrumentum inventarii instrumentorum communis Setie confectum manu Gregorii Bulgarelli de Piperno notarii » (M.T. Caciorgna, *Le pergamene di Sezze (1881-1347)*, Roma 1989, p. 136-141).

La cronologia è illuminante: pochissimi e isolati atti risalgono al 1188, 1204, 1205, 1211(2), 1214, 1231, 1237, vale a dire alla fase precedente la signoria di Ezzelino da Romano; segue un vuoto assoluto fino al dicembre 1256, quando si operò la liberazione della città da parte del legato papale Filippo Fontana e dell'esercito di *crucesignati* guelfi capeggiato dal marchese Azzo VII d'Este;[81] la sequenza riprende da questa data in poi con sostanziale regolarità e in forme decisamente massicce fino al 1308. Un autentico 'buco' archivistico, insomma, anche questo, che può dipendere dal temporaneo azzeramento della normale attività finanziaria del comune o, piú probabilmente, quella *damnatio memoriae* del 'tiranno' che funzionò come pesante mannaia nel mutilare il corpo delle testimonianze scritte di tante città venete, proprio perché considerate *a posterori* non valide o compromettenti.

In ogni caso, questo denso apparato di operazioni finanziarie è in grado di documentare tendenzialmente tutta l'intensa attività di ricorso al credito privato effettuata dal comune per esigenze di pubblica utilità e, piú in generale, fanno memoria di ogni sorta di negozio implicante il comune in qualità di debitore. In larghissima maggioranza si tratta infatti di *instrumenta debiti* riportanti l'identità del debitore (solitamente un procuratore o un ufficiale del comune, ma anche singoli o gruppi di Monselicensi operanti verosimilmente per conto del comune: es. Clarello Bulli « cum pluribus aliis »), quella del creditore e l'entità del debito. Vi sono inoltre parecchi atti che si possono considerare in qualche misura di corredo, preparatori o accessori, di tali operazioni.[82] Una significativa quota di atti, ancora, riporta i paga-

81. Secondo la piú attendibile delle cronache dell'epoca la resa di Gerardo, già capitano di Monselice per conto di Ezzelino e al momento asserragliato coi suoi nella cinta esterna della rocca federiciana, sarebbe avvenuta a patti « circa finem predicti anni [1256] et circa principium subsequentis ». Subito dopo il suo esempio sarebbe stato seguito da tale Profeta, un religioso spretato che come capitano teneva ancora « Montissilicis summum et castrum » (Rolandini Patavini *Cronica Marchie Trivixane et Lombardie*, a cura di A. Bonardi, RIS^2, VIII/1, Città di Castello 1906, p. 140-141).

82. Quali procure e *instrumenta sindicarie* (doc. 160, 244, 245) deliberate in Consiglio, mandati di pagamento pure votati in consiglio (191), cessione di diritti creditori (doc. 163, 192, 292, 298, 316, 341), *instrumenta solutionis*, citazioni e condanne (323), quietanze per pagamenti effettuati dai consoli, dai collettori della *dacia*, dai canevari e altri ufficiali del comune (168), *promissiones conservandi indemnem*, *instrumenta securitatis*, negozi vari relativi al contenzioso pendente fra il comune e altri enti o persone sempre in materia di danaro (es. *reformationes* votate in consiglio per la nomina di commissioni di *sapientes* chiama-

menti rateali, fatti dai canevari del comune, dei salari dovuti sia agli ufficiali del comune di Padova[83] sia ad altri Padovani con incarico non specificato;[84] e accanto ad essi gli stipendi dei funzionari locali di Monselice[85] (in quest'ultimo quadro di obbligazioni assunte e onorate per il funzionamento di istituti e personale di pubblica utilità possono inserirsi anche le quietanze per il danaro versato all'arciprete della pieve locale con lo scopo di ricostruire l'edificio sacro nel 1272).[86]

Speciale interesse riveste la categoria di atti riguardante i debiti contratti col comune urbano, con relativi atti di condanna e conseguenti versamenti di somme di danaro. Talora si dichiara esplicitamente che i creditori padovani agiscono *ratione officii*, cioè in quanto rappresentanti del comune urbano.[87] Ma vi è il sospetto che anche parecchie altre obbligazioni verso privati cittadini di Padova mascherino in realtà una condizione di soggezione finanziaria rispetto al comune dominante che tende a trasferirsi sul terreno istituzionale.

Particolarmente preziose si rivelano, infine, certe indicazioni di pagamento effettuate «pro patrocinio sive avocatione» (205, 233); « pro

ti a dirimere le vertenze fra privati e il comune (174), compromessi in commissioni arbitrali di giudici e dottori in legge (tra i nomi piú prestigiosi quelli di Lovato di Rolando di Lovato e Giovanni da Recanati) in cui il comune è parte in causa (182, 190, 205, 328) e relative sentenze di condanna del comune (191, 201, 237, 246, 324, 331); sentenze arbitrali (247); persino atti di deposito di danaro da parte di privati nelle mani di procuratori del comune (215), e altro ancora (ad es. la vendita di fondi con botteghe dei Paltanieri per 1200 lire a Bonifacio di maestro Aventura: doc. 249).

83. A partire dal podestà (doc. 172, 183, 184, 185, 197, 206, 209, 210, 219, 221, 231, 232, 239, 294) fino ai *capitanei cavalcatorum* (229, 301, 313, 314).

84. Doc. 203, 312.

85. Come i sindaci, le guardie, i *custodes montis et plani*, i canevari.

86. Doc. 285, 295. Informazione che si rivela rivoluzionaria rispetto alle attuali conoscenze sull'argomento. Cfr. H. Dellwing, *L'architettura degli ordini mendicanti nel Veneto*, in *Storia e cultura a Padova*, p. 458-459.

87. Boninsegna da Capodiponte, canevaro del comune di Padova rilascia quietanza per l'avvenuto versamento di 200 lire all'omologo di Monselice Pietro del fu Alberto Mani (doc. 225); Otto draparolo del fu Mercadante collettore del comune di Padova del quartiere Torricelle riceve 2000 lire di *dacia* dal sindaco di Monselice Bonetino q. Iacobino de Albrigetis (doc. 235). Di particolare rilevanza la ricevuta rilasciata nel 1304 al canevaro di Monselice dal funzionario padovano addetto alla riscossione della *dacia* («masarius quatuor sapientum electorum per dominos Ançianos comunis Padue et aprobatus per sapientes a Credencia ad exigendum datias et mutua inposita tempore domini Rubei de castello tunc potestatis Padue»), dove si fissa in 880 fuochi e in due soldi per fuoco l'imponibile degli uomini della comunità.

uno dampno sibi dato» (331) o «pro mendo et dampno sibi dato in suis domibus» (207) o «occasione unius incendii sue domus» (213); «pro expensis et facturis in carçeribus comunis Padue»(350) o «pro expenssis quas fecit in carceribus comunis Padue» (236); «pro quatuor tornis et quadraginta perticis ageris Episcopane»(212); pro custodia belfreda et murorum» (227); «pro factura rotarum territorii» (234) o «pro laborerio rute traturi» (307); «pro miris» (38); e simili. Da esse infatti apprendiamo che in questo sostanziale 'regesto' delle fatture di Monselice si comprendevano pure i risarcimenti a privati che prevedessero eventuali responsabilità del comune (esemplare il caso dei dieci soldi di grossi veneti che il 24 marzo 1304 furono richiesti al comune di Monselice dal padovano Ziraldo Crosna «pro emendatione unius dampni sibi dati in quadam sua domo de hora de Valcaresina», che dimostra il concreto funzionamento del principio della responsabilità collettiva previsto per le comunità del territorio dalla normativa statutaria di Padova)[88] in caso di danni inferti alle proprietà dei cittadini. Inoltre, si conferma che nella partita dei debiti del comune di Monselice si conteggiava anche la rifusione di spese sostenute da lavoratori e maestranze per lavori e oneri pubblici di cui lo stesso era gravati (di speciale interesse, in questo senso, sono le notizie riguardanti l'escavo del grande canale di bonifica di Vescovana e la fornitura di travi per il borgo fortificato di Castelbaldo).

Dal punto di vista formale sono invece estranei a questo coacervo di materiali altri atti che evidentemente vi sono compresi solo per motivi di contabilità generale: ad esempio la quietanza che il capo della razione o 'colmello' di San Paolo Bonaventura Tomba rilascia nel 1291 al notaio Giovanni De Picellis e Felisio q. Gabriele da Cerea per le 250 lire corrisposte per gli affitti del comune «scriptis in libro novo comunis predicti hinc ad duos annos» (doc. 310).

Insomma, chi vorrà avventurarsi nella paziente ma promettente analisi di questa congerie di materiali troverà pasto abbondante per scrivere un profilo innovativo e finalmente chiarificatore di un centro importante, anche se subalterno, di uno stato comunale anche dal versante della finanza in quanto chiave fondamentale del confronto poli-

88. Cfr. *Statuti del comune di Padova dal secolo XII all'anno 1285*, a cura di A. Gloria, Padova 1873, p. 226-230.

tico col centro urbano egemone. Smarriti gli originali, questa massa di supersititi 'notizie di documenti' diventa in tal senso un serbatoio di impagabile rarità. Tanto piú che, rivelando il frenetico attivismo nel mercato creditizio locale tra l'ultimo ventennio del Duecento e i primissimi anni del Trecento non solo di tanta minuta borghesia monselicense e di capitalisti e mutuatori padovani (i vari Villa del Conte, Borsati, Crosna, Negri, Ronchi, o i piú celebri Scrovegni), ma anche di mantovani e di una nutrita colonia di fiorentini[89], esse consentiranno di focalizzare meglio nodi storiografici piú impegnativi, come l'impatto e le molteplici conseguenze economiche, sociali e culturali di quella sciamata di operatori economici e finanziari toscani che nell'avanzato Duecento invasero spesso città e medi centri delle regioni Venete[90].

*

Si è detto però fin troppo, in un discorso che voleva essere solo di presentazione, di questo *Liber iurium* di Monselice. Tante ulteriori possibilità di lavoro, oltre alle poche qui rapidamente enucleate, sono lasciate alla sensibilità di chi l'avrà fra mano (si veda quale invitante 'civetta' è il ricco e ragionato apparato di indici). Siamo inoltre ben consapevoli che l'auspicabile futura scoperta di fonti omologhe, dentro e fuori del Veneto, permetterà di stagliarlo in uno scenario comparativo piú apprezzabile ed arioso.

Comunque lo si consideri e in qualunque direzione si sviluppino le ricerche che se ne potranno avvalere, la nostra fonte è comunque lí a dimostrare che, nella dibattuta dialettica città-campagna del mondo comunale italiano, a far differenza non fu tanto la politica dei ceti dirigenti urbani, quanto la diversa reattività dell'interlocutore, nella fattispecie una 'quasi-città' diventata centro gravitazionale e di coagulo di risorse umane e ambientali per un vasto bacino territoriale; una sorta

89. Non si dimentichi che negli *Statuti del comune di Padova*, p. 292, *Tusci* diventa perfetto sinonimo di «prestatori ad interesse».

90. Vedi, essenzialmente in chiave di storia culturale, F. Brugnolo, *I Toscani nel Veneto e le cerchie toscaneggianti*, in *Storia della cultura veneta, 2, Il Trecento*, Vicenza 1976, p. 371-374. Per una regione contigua al Veneto: *I Toscani in Friuli*, a cura di A. Malcangi, Firenze 1992. Per Monselice in particolare cfr. Bortolami, *Monselice 'oppidum apulentissimum'*, p. 137 e nota 215-216.

di 'ripetitore' delle stesse profonde trasformazioni socioeconomiche che erano simultaneamente in atto nei maggiori centri urbani, Padova *in primis*. Il parziale declino di una società tradizionale e il rinnovamento e l'allargamento dei gruppi dirigenti locali accordatisi nella privatizzazione delle enormi risorse di uso collettivo consolidò un nucleo di benestanti che rimase per alcune generazioni arbitro del centro storico e – magari in minor misura – delle campagne circostanti, arginando e rallentando il dilagare unilaterale dell'iniziativa della città e fungendo semmai da robusto integratore di essa nella costruzione di una forma-stato originale che è vanto della storia italiana.

Con l'auspicio che ciascuno vi trovi qualche motivo, seppur minimo, d'interesse, ci preme dire che esso stesso è, nella sua materiale sussistenza, un 'monumento' non meno prezioso della rocca federiciana, del duomo, delle compromesse mura, del palazzo ezzeliniano, della torre civica e degli altri monumenti che rendono ancora ai nostri giorni umano, semplicemente umano, il vivere a Monselice come in numerosi altri 'luoghi nobili' del Veneto che nel medioevo non furono mai pienamente città, ma non smisero mai di lottare per esserlo.

Sante Bortolami

IL «LIBER IURIUM» DEL COMUNE DI MONSELICE

NOTA DIPLOMATISTICA

per Stefania Rosso
con affetto e rimpianto

Il *liber iurium* di Monselice è la prima delle cinque sezioni, quella piú formalizzata e riconoscibile, che compongono l'unità archivistica che qui si pubblica: essa sta nell'Archivio di Stato di Venezia, nella serie *Secreta*, con segnatura 319 (si veda infatti l'inventario veneziano nel quinto volume della *Guida generale*, p. 907). Il titolo moderno del registro, *Pacta Monselice* (sic), fa chiaro che l'archivista veneziano intese immediatamente il faldone proprio come il *liber iurium* di Monselice: *pacta* e *libri pactorum*, infatti, sono chiamati a Venezia i copiari ovvero cartulari, i libri cioè costituiti da copie di documenti ("carte") in sequenza, di materia politica.

Isoliamo dunque il *liber pactorum* o *liber iurium* o copiario o cartulario che dir si voglia del comune di Monselice. Sono i primi otto fascicoli del registro *Secreta 319*, ff. 3-63. In questi fascicoli il notaio Montagna *filius magistri Çeni* trascrisse poco meno di cento testi (qui identificati con i numeri 1-98) tra il 18 agosto e il 18 settembre 1308, un mese esatto. L'ultimo fascicolo non gli serví tutto: ne coprí solo due carte, 59r-60v; avanzavano sei carte. Tre furono rifilate, e avanzavano ancora tre carte, sei facciate bianche. Le prime tre di queste accolsero, quattro e nove anni dopo, tre ulteriori copie: due realizzate e sottoscritte da altrettanti notai, una anonima, non sottoscritta dall'estensore (nn. 99-101). Le ultime tre facciate sono rimaste vuote.

La persistenza di carte bianche al termine dell'ultimo fascicolo dimostra che il *liber* è integro, almeno in fine. E però nemmeno è ipotizzabile la perdita di uno o piú fascicoli all'inizio: il primo documento trascritto è del 1157, e non vale la pena, per puro gusto del dubbio, immaginarlo preceduto da copie di documenti anteriori. Infatti, i novantotto testi esemplati dal notaio Montagna sono disposti in ordine cronologico (le irregolarità, che ci sono, sembrano dipendere dagli antigrafi), il che è piuttosto raro in libri di questo genere. Cosicché tra il 1150 e il 1292, data dell'ultimo documento, si susseguono testi di diversa natura e diverso contenuto, dalle pattuizioni e *laudamenta* di alta qualità politica a operazioni correnti, di basso profilo. Magnifici sono i piú risalenti, di grande interesse quelli che vedono agire gli uomini di Monselice riuniti in parlamento, notevoli quelli sul periodo successivo a Ezzelino; ma non meno importanti, per la gestione dei beni comuni, sono i numerosi livelli. Anche il diplomatista ha piatti succulenti: noto ad esempio il n° 75, un doppio estratto di riformanza del Consiglio padovano, vertente fra l'altro su un *liber*, il «liber de possessionibus Montiscilicis» o piú precisamente «possessionum comunis Padue in Montescilice», esemplato «ex quodam autentico veteri» redatto per ordine dell'allora capitano in Monselice «pro quondam Ecelino de Romano». E si potrebbe continuare; ma conviene leggere le pagine che seguono queste.

Il notaio Montagna, se non si preoccupò di presentare in alcun modo le sue copie, ebbe cura invece di sottoscriverle e autenticarle singolarmente, nella tipica maniera padovana: alla fine del testo trascritto, la sottoscrizione del notaio estensore dell'originale (comprensiva del *signum*, imitato dal copista) occupa lo spazio a sinistra; a destra si dispone la sottoscrizione del notaio che trascrive, la quale, superata l'altezza dell'altra, si allarga all'intera giustezza – è bene descrivere le cose, perché non tutti le conoscono. Per novantasei volte, con santa pazienza (una pazienza pari soltanto a quella dell'editore di oggi), il notaio-copista ripeté quasi alla lettera la stessa sottoscrizione, mutando soltanto la datazione al giorno e poco piú. Una sottoscrizione, poi, non delle piú brevi: dopo il *signum* e l'*Ego*, il notaio dice il proprio nome e qualifica; l'ufficio al quale era addetto (il *discum Ursi*), il capoufficio (il giudice Bartolameo *de Borselis*) e la durata del mandato (l'ultimo quadrimestre della podesteria di Pino Vernacci cremonese); la dichiarazione di *exemplatio*, fatta *iussu et auctoritate* del giudice suddetto, con riferimento all'antigrafo (di solito *supradictum instrumentum sumptum ex autentico*, ossia dall'originale, del notaio tale); la data, con millesimo, indizione e giorno; infine i testimoni, che sono due notai suoi colleghi (*socii*) nel *discum Ursi*: come primo è sempre indicato Saceto da Campagnola, come secondo a Giovanni di *magister* Guizzardo subentra, dal numero 6, Lorenzo del fu Meliorino. Essi probabilmente collaborarono con Montagna, selezionando, mettendo in ordine, dettando, collazionando.

Anche se ne avesse scritta una sola, di copie, e non un centinaio (ma l'abbondanza almeno tranquillizza), avremmo capito che il *liber iurium* monselicense è tutto padovano: sia perché realizzato materialmente a Padova, in un ufficio del comune, da un notaio qui operante *pro tempore*; sia perché – la deduzione è del tutto ovvia – il "progetto" politico che lo determinò è della *patavina respublica*, non del comune di Monselice, che pure ne è l'assoluto protagonista. Nel 1308 il comune di Padova volle raccogliere tutti gli *iura* di Monselice, tutti i documenti cioè che attestavano e stabilivano i poteri, le prerogative, le pertinenze maturate dalla comunità monselicense nei centocinquant'anni pregressi (anche, significativamente, *contra comune Padue*); e, facendola trascrivere da un suo notaio, ne fece un *liber*, il *liber iurium* appunto *comunis Montiscilicis*. Spetta ad altri capire il perché e spiegare il quando del gesto padovano; qui si può dire qualcosa sul significato del *liber* monselicense nel quadro della produzione documentaria italiana e comunale.

Quadro che è sufficientemente preciso, da quando i diplomatisti hanno preso a cuore il "genere" *libri iurium* comunali in quanto non semplicemente contenitori di documenti – in questo senso essi hanno ricevuto da sempre attenzioni vivissime – ma in quanto prodotti di specifica cultura politica e documentaria. Il merito precipuo di questa valorizzazione spetta alla scuola genovese (di qui anche l'assunzione del titolo *liber iurium*, come si chiamano i libri genovesi, a designare la categoria generale: prima si usavano i termini asettici di cartulario o copiario). In effetti fa testo tuttora, come saggio complessivo, la relazione che Antonella Rovere tenne su *I "libri iurium" dell'Italia comunale* al convegno genovese del 1988 *Civiltà comunale: libro, scrittura, documento*: leggila nel volume con lo stesso titolo e negli « Atti della Società Ligure di Storia Patria » del 1989.

La geografia dei *libri iurium* duecenteschi lí tracciata a grandi linee non lascia dubbi: se un vuoto c'è, e rilevante, è la Terraferma veneta. Delle città venete, esclusa dunque Venezia e i suoi *Libri pactorum*, solo Treviso vanta una presenza apprezzabile, grazie a diverse iniziative che scandiscono il secolo. La prima fu la redazione del *Quaternus postarum* del 1209, compilato dal prestigioso notaio Litaldino; ne sopravvive un frammento, reperito nel 1880 dal Biscaro, sommariamente reso noto dal Bailo pochi anni dopo, e valorizzato di recente da Gian Maria Varanini. Si ha ulteriore notizia di *libri iurium* raccolti dal comune di Treviso nel 1233 e nel 1266, non sopravvissuti; e si giunge poi al *liber iurium* noto come *Codex Tarvisinus*. Il *Tarvisinus* – per il quale si dispone del bel saggio di Stefania Rosso, nell'« Archivio Veneto » del 1992; e sul quale Varanini nel 1998 ha portato riflessioni importanti introducendo, in questa stessa collana, gli *Gli « Acta Communitatis Tarvisii » del sec. XIII* – è un libro tardo, se si considera che la stagione d'oro dei *libri iurium* è il Duecento podestarile; fu infatti realizzato nel 1318, dieci anni dopo il monselicense. Non c'è dubbio peraltro che nel XIII secolo le maggiori città venete avessero messo mano a propri libri. Se ne hanno tracce dirette e indirette per Vicenza nel 1266; e andando a ritroso (saltando cioè il discrimine ezzeliniano e albericiano), addirittura al 1184 risale quel *liber iurium* veronese, ancora esistente nel Cinquecento ma oggi perduto, segnalato nel 1947 dal Sandri e valorizzato di recente, piú volte, da Varanini (dal quale ho ripreso queste schede). Di questa produzione, quale che ne fosse la consistenza, è rimasto poco piú di nulla – e non solo di essa, ma dell'intera documentazione comunale, come è noto: riprova del nesso che esiste tra continuità istituzionale e conservazione documentaria, poiché la continuità istituzionale non è proprio la caratteristica della storia medievale delle città venete.

Ora incrementa la sparuta presenza veneta il *liber* di Monselice. Che è notevole perché titolare ne è un comune di *terra*, non un comune di città. E notevolissimo sarebbe se fosse nato dall'iniziativa politica del comune stesso, come accade con altri comuni "minori", impegnati a difendere le proprie prerogative; ma cosí non è, come si diceva. Il libro di Monselice è un libro di soggezione, non di autonomia. Una soggezione, oltretutto, pesante. Che cosa ci sarebbe voluto, ai padovani, a chiedere al comune subordinato (e poi, in sostanza, al podestà e ai notai cittadini che vi mandavano) di svolgere lui l'incombenza? No, il comune patavino volle disporre della documentazione di Monselice, per affidarla a un proprio ufficio e a un proprio notaio, e il comune subordinato trasferí il proprio archivio diplomatico a Padova. Atto di non poco impegno, anche se limitato al tempo necessario al notaio Montagna per completare il lavoro di riversamento in libro: privarsi del *thesaurus* dell'identità comunale e cederlo alla città dominante significava una sottrazione di sovranità, la perdita di un *ubi consistam*, forte o debole che fosse.

Tanto piú che forse non solo l'archivio diplomatico, ma l'intero archivio comunale di Monselice fu portato nel 1308 a Padova. Ne fa fede il documento n. 139, il verbale della « consignacio librorum caniparie [ossia dell'amministrazione finanziaria, entrate e uscite] et racionum comunis Montiscilicis »: un testo d'eccellenza, poiché dà modo di ricostruire dal vivo la consistenza, appunto, dell'archivio del comune. Il documento è datato 21 dicembre 1308, a tre mesi di distanza dall'ultima sottoscrizione del notaio Montagna; dovrebbe essere un originale scritto direttamente in registro dal rogatario, il notaio Domenico del fu Lucio *de Gualdino*, mancando una sottoscrizione di autentica. Si tratta di questo. Il vicario del podestà di Monselice consegna al « cançelerius » e ai sue due notai una serie di libri, « volens iura [ancora questa parola] dicti comunis custodiri et salvari iuxta posse pro bono dicti comunis ac evidentissima utilitate comunis eiusdem ». Segue l'elenco delle *scripturae* consegnate: un elenco dettagliato, dato che di ogni libro sono specificati il contenuto, la consistenza, la data ovvero il *regimen*. Per esempio la prima voce suona cosí: « unum librum caniparie Viviani etc. caniparii dicti comunis Montisscilicis in potestaria olim domini Alesii de Rogatis cum uno quaterno de receptionibus et cum quatuor cartis incisis de expensis in una cohoperta ».

Gli *item* sono molti, ma non sto a contarli: l'editore ha scelto, saggiamente, di riprodurre non solo il dettato ma anche l'assetto testuale dei suoi *exemplaria*; e qui l'elenco (che dura ben sei facciate manoscritte e nove pagine a stampa) è scritto in continuo, come dovuto in un *instrumentum*. I libri, di dimensioni varie, sono per circa la metà *libri caniparie*; poi ci sono libri di riformanze, di condanne, di esazioni. Le date spaziano tra il 1295 e il 1308; ma (a p. 330 dell'edizione) ce n'è uno del 1275, e uno addirittura del 1250, *bullatum*: « unum librum adfictuum comunis qui incipit *Marinum ab uno capite* etcetera » – sarà il *liber possessionum* tratto « ex quodam autentico veteri » del tempo di Ezzelino di cui al n. 75: lí « in quo sunt undecim quaterni et duo folia », qui « cum undecim quaternis, duobus foleys et duabus cartis incisis ».

Che io sappia, non uno se ne è conservato, se non forse proprio nel faldone *Secreta 319*; ma non è questo il punto. Che senso ha quella *consignacio*, fatta alla fine di quell'anno, il 1308, intorno al quale ruota tutto il materiale raccolto nel registro? Fosse un procuratore padovano a effettuarla, tutto sarebbe chiaro; agisce invece il vicario del podestà di

Monselice. Fossero elencati, o anche solo citati all'ingrosso, i documenti "diplomatici" che il notaio Montagna aveva appena finito di trascrivere a Padova, non avremmo dubbi; ma non ve n'è traccia. I casi allora sono due: o si tratta di un ritorno dell'archivio nella sua sede propria, la cancelleria monselicense, da Padova dove erano stati depositati *pro tempore*, oppure di una ricognizione autonomamente effettuata nell'ambito del governo monselicense. Nel primo caso: che cosa se ne fece Padova di quella massa di libri di amministrazione corrente? Nel secondo: se cosí fosse, il documento sarebbe quello che è, un verbale di *consignacio*? Nell'uno e nell'altro resta acquisita la circostanza che in quel torno di tempo molto si lavorò, a Padova e a Monselice o solo a Padova, intorno all'archivio della *terra* soggetta; e si torna a domandarsi quale mai svolta sia avvenuta in quel 1308 nel rapporto tra le due entità.

Con questo documento n. 139 siamo ben dentro alle sezioni, ai libri e fascicoli che furono aggregati al *liber iurium* del 1308. Non è lecito condurne un'analisi dettagliata: il compito spetta ai responsabili dell'edizione. Certo è che il panorama documentario delle sezioni II-V cambia grandemente rispetto alla ordinata successione di scritture singole, anche molto pregresse, fornita dalla sezione I; e forse si potevano organizzare le trascrizioni in una maniera diversa che per il *liber iurium* (almeno per alcune serie), proprio per dar conto del cambiamento. Tutto ruota, si è detto, intorno all'anno 1308; soltanto i trentacinque documenti della sezione II, che vanno dal febbraio 1304 al novembre 1306, autore il notaio Guglielmo di Filippo di Bellando, sembrano effettivamente scritti in quel torno di tempo; la sezione IV presenta estratti di documenti anche molto arretrati, ma il termine finale è il 1308; sussistono materiali successivi a quell'anno (fino al 1355, n. 137), ma si ha l'impressione trattarsi di aggiunte avventizie, operate *a posteriori* in carte rimaste bianche dopo la prima stesura. Tornano alcuni nomi di notaio: ad esempio il Domenico autore dell'inventario dei libri del 21 dicembre è anche autore del libro dei livelli, ottobre-novembre 1308, corrispondente alla sezione V (nn. 538-626).

Piuttosto: quando fu assemblato il registro cosí com'è composto oggi? La sensazione fortemente unitaria data dalla contestualità cronologica deve fare i conti con qualche evidenza materiale, come il forte scurimento delle facciate esterne di alcune "sezioni", almeno la II e la

IV: esse, dunque, circolarono a lungo in autonomia dal resto. Operazioni di questo tipo – salvare materiali superstiti, provvisti di un minimo comun denominatore (qui, l'anno 1308), legandoli insieme – sono tipiche dell'età moderna, risalgano o all'inizio o alla fine di essa: si debbano cioè alla dominazione veneziana, intesa a selezionare, organizzare, semplificare, oppure all'erudizione settecentesca, intesa a salvaguardare. Fu questo secondo il caso dei due faldoni degli *Acta Communitatis Tarvisii*. Nel dubbio, si assuma almeno il dato conservativo attuale: il registro monselicense non è a Padova, non a Monselice, ma a Venezia, nel fondo della Cancelleria segreta. Un'appartenenza *ab antiquo*, diversamente dal *Codex Tarvisinus*, che era rimasto nella sua città fino alla fine del Settecento, per essere poi portato a Vienna e di qui a Venezia. Come ipotizza Bortolami nel suo saggio introduttivo, del resto, è probabile che proprio a Venezia sia stata predisposta la copia tardoseicentesca del codice monselicense.

L'ultimo destino dei due *libri iurium* sopravvissuti al naufragio della documentazione comunale di Terraferma veneta ha una ragione storica e un valore simbolico indubitabili. Ma chissà che tra le maglie rigide (giustamente) della demanialità archivistica qualche buona volontà non trovi il passaggio per farli tornare nelle loro sedi naturali.

ATTILIO BARTOLI LANGELI

DESCRIZIONE DEL CODICE

Il codice è composto di 174 *folii* membranacei, mm. 360 × 250, con 2 fogli di guardia cartacei iniziali e uno finale. La carta dei fogli di guardia è del XVIII sec. Sul *recto* del primo foglio di guardia si legge: alla prima riga: « Pad[.......] » *(cancellato)*; alla seconda riga: « Padovano Moncelise »; alla terza riga: «1165 al ». La scrittura è probabilmente settecentesca.

Il manoscritto si trova nell'Archivio di Stato di Venezia, con segnatura Secreta - Pacta Monselice, 319 (e, accanto ad esso, è collocata una copia redatta nel XVII secolo). È stato oggetto, dopo altre in passato, di una recentissima operazione di restauro.

Presenta legatura moderna in assi con dorso rivestito di cuoio.

Nel codice ci sono due cartulazioni. C'è una numerazione antica (ma non coeva alla composizione del manoscritto, forse cinque o seicentesca): si trova in alto a destra ed è in cifra araba scritta con l'inchiostro (non numerati: un folio tra il 20 e il 21 e un altro tra il 125 e il 126; ripetuto su due folii contigui il numero 26).

La numerazione recente è a matita, si trova pure questa in alto a destra, con cifre arabe di dimensioni piú grandi rispetto alla numerazione piú antica; assegna i numeri 1 e 2 ai due fogli di guardia cartacei; poi prosegue regolarmente con i *folii* membranacei. È la numerazione seguita nella presente edizione.

Per quanto riguarda la fascicolazione, il codice è composto di 22 quaderni e un binione alla fine (ma all'ottavo fascicolo sono stati tagliati alla radice i *folii* v, vi e viii; al quattordicesimo fascicolo i *folii* vii e viii; al diciassettesimo il vii; questi *folii* asportati, verosimilmente, non erano scritti e non sono contabilizzati in nessuna delle due numerazioni riportate nel codice).

Sono bianchi (non scritti) i seguenti *folii*: 62v, 63r-v, 101r-v, 102v, 103r-v, 109v (ma, in realtà, il testo del f. 101v è stato completamente abraso).

I *folii* presentano una rigatura a penna, non sempre visibile oggi, incostante, oscillando fra le 31 e le 50 righe. C'è pure la marginatura verticale delle righe, anch'essa non sempre visibile oggi, e talvolta non è rispettata dai vari estensori. Lo specchio di scrittura è di mm. 260 × 160 circa.

Il codice, per la tipologia degli atti e per i diversi estensori che intervengono, può essere suddiviso in cinque sezioni, di cui diamo la schematizzazione:

Sezione	*Folii*	*Fascicoli*	*Contenuto*	*Docc.*
I	3r-63v	I-VIII	"Liber iurium" del comune di Monselice	1-101
II	64r-103v	IX-XIII	Suddivisione della Palude di Isola [a. 1304]	102-137
III	104r-109v	XIV	Atti diversi	138-142
IV	110r-140v	XV-XVIII	Instrumenta debitorum	143-538
V	141r-176v	XIX-XXII + 1 binione	Livelli del comune di Monselice [a. 1308]	538-626

Diamo qui di seguito brevi note descrittive delle singole sezioni.

Sezione I: è composta, per la maggior parte (docc. 1- 98), da copie di atti giurisdizionali e patrimoniali del comune di Monselice autenticate dal notaio Montagna figlio di Zeno. Questo notaio eseguí il suo lavoro dal 18 agosto al 18 settembre 1308. Gli atti autenticati si distribuiscono in un arco di tempo che va dal 1157 al 1292. I documenti 1, 2, 3 e 4 furono pubblicati, con non trascurabili omissioni, dal Gloria nel Codice Diplomatico Padovano (A. Gloria, *Codice Diplomatico Padovano*, II, Venezia 1881).

Da notare che i documenti 53, 56 e 57 sono copie di atti presenti in altra sezione del codice (rispettivamente i documenti 52, 54 e 55). Si ritiene tuttavia che non si tratti di una svista da parte del notaio Montagna, ma che probabilmente egli aveva di fronte a sé, in ognuno di questi tre casi, due documenti originali che ha regolarmente trascritto. Si deve inoltre ricordare che in A. Rigon, *S. Giacomo di Monselice nel Medio Evo (sec. XII-XVI) Ospedale, Monastero, Collegiata*, Padova 1972, vi è l'edizione dei tre rogiti originali conservati presso l'Archivio Vaticano, in parte coincidenti con il testo dei documenti 52-53, 54-56, 55-57.

La sezione contiene poi una copia autenticata dal notaio Domenico figlio di Domenico di Patucio il 25 gennaio 1312 di un atto del 14 gennaio relativo ad imposizioni di Padova nei confronti di Monselice (doc. 99); una copia autenticata dal notaio Bellavere figlio di Pietro l'11 febbraio 1317 di un'investitura a livello del 1275 (doc. 100); si tratta, anche in questo caso, di un doppione, in quanto il livello era già stato esemplato dal notaio Montagna (doc. 79). Infine c'è una copia di una permuta del 17 febbraio 1316 priva, tra l'altro, di sottoscrizione (doc. 101).

Sezione II: contiene la suddivisione in mansi e la concessione a livello della località Palude dell'Isola; si tratta di atti rogati dal notaio Guglielmo di Filippo di Bellando che vanno dal febbraio 1304 al novembre 1306 (docc. 102-136).

L'ultimo fascicolo di questa parte presenta dei fogli bianchi; in uno di questi (f. 102r), evidentemente in epoca successiva alla composizione del codice, fu copiato un decreto di Giacomino e Francesco da Carrara (doc. 137) del 1355 (data non esplicitata, ricavata da riferimenti interni).

La presenza di questo atto spiega, probabilmente, il fatto che il foglio precedente (f. 101v), come accennato in precedenza, sia abraso. Dai pochi frammenti che risultano leggibili appare evidente che si tratta di un documento riguardante gli Scaligeri, scritto o trascritto negli anni in cui Monselice fu in mano alla signoria veronese. Evidentemente dopo il passaggio di Monselice sotto il dominio dei Carraresi, nel momento in cui un anonimo estensore ha trascritto il decreto di Giacomino e di Francesco, o per ordine dei signori, o per sua iniziativa in segno di fedeltà ai nuovi dominanti, ha eliminato l'atto del foglio precedente.

Sezione III: consiste in un fascicolo che contiene atti di varia natura:
- una cessione del 10 giugno 1303 rogata dal notaio Otolino di Gerardino di Fontana (doc. 138)
- la consegna il 21 dicembre 1308 di 109 registri al cancelliere del comune per assicurarne la conservazione; l'atto è rogato dal notaio Domenico figlio di Lucio di Gualdino, che è l'estensore degli atti della sezione v (doc. 139)
- le copie autenticate di tre atti del 1312 relativi ad imposizioni fiscali di Padova nei confronti di Monselice (docc. 140-142).

Sezione IV: contiene estratti di atti che vanno dal 1188 al 1308 riguardanti debiti, mutui, soluzione di debiti e di mutui, pagamenti, procure, arbitrati, permute, cessioni, tassazioni tutti interessanti il Comune di Monselice.

Confrontando questa serie di circa 400 estratti, si è rilevato che lo stesso atto viene riportato due volte nel seguenti casi: l'atto del n. 163 è riportato in sintesi anche al n. 447 (ma della ripetizione, in questo caso, sembra si sia accorto lo stesso estensore perché ha cancellato la rubrica con tre grandi X); quello del n. 187 è riportato anche al n. 188; quello del n. 190 al n. 394; quello del n. 230 al n. 448; e infine quello del n. 185 è forse lo stesso del n. 186.

All'interno di questa sezione, nell'ultimo foglio (131r-v) del XVII fascicolo (il penultimo della sezione), che evidentemente era stato lasciato bianco dall'estensore degli estratti, si trova copia autenticata di 4 cedole (docc. 426-429) relative ad imposizioni fiscali di Padova nei confronti di Monselice (tre sono del 1311, di una non è ricostruibile con sicurezza la data); anche in questo caso si tratta di aggiunte posteriori alla composizione del codice.

Gli estratti della IV sezione sono stati scritti da vari estensori:

rubriche	143 - 249:	primo estensore
rubriche	250 - 350:	secondo estensore (su base paleografica, è ipotizzabile una identificazione col notaio Domenico figlio di Lucio di Gualdino, il rogatario degli atti della sezione v)

rubriche 351 - 409: terzo estensore
rubriche 410 - 414: quarto estensore
rubriche 415 - 425: ritorna la mano del primo estensore
rubriche 432 - 538: ritorna la mano del quarto estensore

Sezione v: contiene livelli del comune di Monselice rogati dal 9 ottobre al 12 novembre 1308 dal notaio Domenico figlio di Lucio di Gualdino.

Nei margini del codice sono presenti frequenti annotazioni redatte da estensori di epoca posteriore (XIV e inizio XV secolo) o dall'estensore stesso del testo (questa situazione la si riscontra nella sezione II). Esse molto spesso definiscono la natura giuridica dell'atto e/o individuano il/i nome/i del contraente o di testimoni, misure degli appezzamenti, l'ammontare dell'affitto, ecc.; altre annotazioni hanno lo scopo di riferire azioni successive rispetto a quanto riferito negli atti (trasferimento di titolarità di un livello, avvenuto pagamento di un debito, ecc.). Sono spesso, ma non esclusivamente, apposte nel margine sinistro, in corrispondenza della prima riga del documento.

Nell'edizione (nell'intento di rispettare e far emergere il carattere composito del manoscritto) tutte queste annotazioni sono riportate sotto il numero progressivo di ogni singolo documento, in corsivo; in nota sono riferite mano e collocazione delle medesime. Le diverse mani sono individuate con lettere alfabetiche.

Mano A: presente in tutte le sezioni; nelle annotazioni in margine ai docc. 6-7 compare la data 1407.

Mano B: presente nella sezione v; tra le annotazioni, cinque riportano la data: 1309 (docc. 577, 602), 1310 (docc. 580, 601, 615); quasi sempre in queste annotazioni si fa riferimento al podestà del momento: *in potestaria domini Amadei*.

Mano C: presente nella sezione v: quasi sempre in queste annotazioni si fa riferimento al podestà del momento: *in potestaria domini Laurentii de Radicibus*.

Mano D: presente nella sezione v: quasi sempre in queste annotazioni si fa riferimento al podestà del momento: *in podestaria domini Francisci* o *in podestaria domini Francisci de Cittadella*.

Mano E: presente nella sezione v.

Mano F: presente nella sezione v, completa alcune annotazioni della mano E.

Mano G: è una sola annotazione del 1311 di un notaio *Alberto* (doc. 615).

Ci sono anche altre annotazioni non riferibili con sicurezza alle mani sopra citate: in questi casi, in nota è detto: *di altra mano*.

Nel codice sono presenti annotazioni e richiami marginali di altra tipologia, che non sono stati inseriti nell'edizione dei documenti, ma di cui diamo notizia in questa sede.

- Nella sezione I nel margine superiore del f. 3r: *34* (o forse *39*).
- Nella sezione I nel margine superiore del f. 10r: *[...]atio de hisquę designata sunt [...] iuratis.*
- Nella sezione I nell'ultimo foglio di ogni fascicolo, nel margine inferiore, al centro, c'è il richiamo alla prima parola del fascicolo successivo eccetto che nel IV e nell'VIII quaderno.
- Ai f. 3r, 48r e 105v nel margine sinistro appaiono dei segni di richiamo a forma di *manicula* con l'indice proteso verso una determinata riga del testo e precisamente:

  f. 3r: *et monte Ispide. Preterea sic inter se pacti sunt ut si populus Montissclicis aliquo tempore*;

  f. 48r*: et cum constet etiam nobis comune et homines Montiscilicis habere cartam absolucionis* e sotto, *Absolucio facta comunis de possessionibus*);

  f. 105v: *expresse ex certa sciencia remitens. Hoc pacto aposito et per solepnem stipulacionem firmato inter dictum* (prima del segno c'è la parola*: nota*).
- Nella sezione IV, nel margine sinistro ci sono delle C (maiuscole):
  - 117r: la C è preceduta e seguita da punto; è in corrispondenza della prima rubrica, alla terza riga dall'alto;
  - 125r: la C è in corrispondenza della quinta rubrica, alla 26ª riga dall'alto;
  - 134r: la C è preceduta e seguita da punto; è in corrispondenza della quarta rubrica, alla 21ª riga dall'alto.

  Inoltre al f. 137r (in corrispondenza della settima rubrica) e al f. 138v (in corrispondenza della quinta rubrica) nel margine sinistro: *de Monscelice.*

  Al f. 140v (in corrispondenza della settima rubrica), nel margine sinistro: segno simile all'abbreviazione di *con*, seguito da una lettera simile ad *i*; e sotto: segno (forse) *X*, seguito da segno simile all'abbreviazione *con*, seguito da *i* con segno diacritico sopra.
- Nella sezione V, nel margine sinistro dei *folii*, troviamo:

f. 141r	alla 2ª riga dall'alto, a margine del doc. 144:	a.
	alla 41ª riga dall'alto a margine del doc. 145:	+
f. 141v	alla 39ª riga dall'alto a margine del doc. 146:	+
	alla 41ª riga dall'alto a margine del doc. 146:	b.
f. 142r	alla 35ª riga dall'alto a margine del doc. 147:	.b. et car(ta)
	alla 36ª riga dall'alto a margine del doc. 147:	+
	alla 37ª riga dall'alto a margine del doc. 147:	c.
f. 142v	alla 27ª riga dall'alto a margine del doc. 148:	b. et car(ta)
	alla 30ª riga dall'alto a margine del doc. 148:	d.
	alla 32ª riga dall'alto a margine del doc. 148:	+
f. 143r	alla 18ª riga dall'alto a margine del doc. 149:	b. car(ta)
	alla 19ª riga dall'alto a margine del doc. 149:	+
	alla 21ª riga dall'alto a margine del doc. 149:	e.
f. 143v	alla 8ª riga dall'alto a margine del doc. 150:	f
f. 144r	alla 4ª riga dall'alto a margine del doc. 151:	g.
	alla 39ª riga dall'alto a margine del doc. 152:	h

f. 144v	alla 28ª riga dall'alto a margine del doc. 153:	non (*ms:* no. *con trattino orizzontale sopra*)
f. 145r	alla 21ª riga dall'alto a margine del doc. 154:	j
f. 145v	alla 4ª riga dall'alto a margine del doc. 155:	*piccolo cerchio con un punto al centro seguito da:* facta carta b (*ms*: fta. car. b. *con trattino orizzontale sopra i primi due gruppi di lettere*)
f. 146v	alla 10ª riga dall'alto a margine del doc. 157:	k.
		alla 41ª riga dall'alto a margine del doc. 158: non (*ms:* no. *con trattino orizzontale sopra*)
f. 147r	alla 34ª riga dall'alto a margine del doc. 159:	+
f. 147v	alla 27ª riga dall'alto a margine del doc. 160:	non (*ms:* no *con trattino orizzontale sopra*)
f. 148r	alla 27ª riga dall'alto a margine del doc. 161:	non (*ms:* no *con trattino orizzontale sopra*)
f. 148v	alla 21ª riga dall'alto a margine del doc. 162:	l.
f. 149v	alla 38ª riga dall'alto a margine del doc. 165:	*segno simile all'abbreviazione di* con
f. 150v	alla 35ª riga dall'alto a margine del doc. 167:	+
	alla 37ª riga dall'alto a margine del doc. 167:	non (*ms:* no *con trattino orizzontale sopra*)
f. 151r	alla 33ª riga dall'alto a margine del doc. 168:	*(segni non leggibili per stintura dell'inchiostro)*
f. 151v	alla 27ª riga dall'alto a margine del doc. 169:	n
f. 152r	alla 27ª riga dall'alto a margine del doc. 170:	non (*ms:* no *con trattino orizzontale sopra*)
f. 153r	alla 7ª riga dall'alto a margine del doc. 172:	non (*depennato, ms:* no *con un trattino orizzontale sopra e un altro che taglia le lettere*)
f. 154v	alla 16ª riga dall'alto a margine del doc. 176:	facta carta (*ms*: fta. car. *con trattino orizzontale sopra i due gruppi di lettere*)
f. 156v	alla 4ª riga dall'alto a margine del doc. 180:	facta carta (*ms*: fta. cart. *con trattino orizzontale sopra i due gruppi di lettere*)
f. 163v	alla 4ª riga dall'alto a margine del doc. 195:	r *(lettura non sicura)*
f. 166v	alla 40ª riga dall'alto a margine del doc. 195:	(*segno non chiaro, forse* z)
f. 167v	alla 32ª riga dall'alto a margine del doc. 205:	(*segno non chiaro, forse* x)
f. 171v	alla 38ª riga dall'alto a margine del doc. 224:	*asta vericale preceduta e seguita da punto*
f. 172v	sotto dell'ultima riga di scrittura	b
f. 174v	alla 35ª riga dall'alto a margine del doc. 222:	facta carta (*ms*: fta. car. *con trattino orizzontale sopra i due gruppi di lettere*).

LUIGI CABERLIN

CRITERI DI EDIZIONE

Nell'edizione del « Liber iurium » del comune di Monselice si sono seguite, in linea generale, le norme proposte dall'Istituto storico italiano.[1]

All'inizio di ogni sezione di cui è composto il codice,[2] è stato inserito un titolo (*Sezione I*, *Sezione II*, ecc.).

I documenti sono stati trascritti nell'ordine di successione in cui si trovano nel codice, anche laddove questo fatto presenti delle incogruenze: ad esempio nella *Sezione IV* in cui, tra gli estratti di circa 400 *instrumenta*, si trovano 4 copie autenticate di cedole di natura fiscale riguardanti rapporti tra il comune di Padova e quello di Monselice. Sono stati trascritti tutti i documenti, anche nel caso in cui ci si è trovati di fronte, almeno apparentemente, a dei doppioni.

A ciascun documento è stato premesso un numero progressivo arabico, centrato nella riga.

Nel codice i documenti non sono ordinati cronologicamente. Per una ricostruzione dell'ordine cronologico si rimanda ai regesti posti alla fine dell'edizione.

La trascrizione del codice ha presentato problemi di natura paleografica di non facile soluzione. Questo perché i documenti sono scritti da vari estensori, ognuno con una scrittura e un *usus scribendi* diversi. Frequenti sono le scorrettezze, le oscillazioni nella scrittura di parole soprattutto di nomi e toponimi, le parole di difficile lettura, le abbreviazione e i compendi non risolvibili in modo sicuro, ecc.

Ecco alcuni esempi:

et Frugerinum eius frater (per *fratrem*) [doc. 3]: in molti altri casi *frater* non è declinato correttamente; *de iussu domini Barocii de Burgo tunc Padue potestatis et domini Vidonis iudicis et vicarii comunis Padue et eidem* (per *eiusdem*) *potestatis ut in seda* (per il volgare *sceda, scheda*) *a me inde confecta reperi contineri* [doc. 8]; *terram Aquarolum* (per *Aquaroli*) [doc. 13]; *per medium terram qui* (per *que*) *fuit comunis* [doc. 13]; *casamentum Sancte Çacharie* (per due volte nel doc. 16; altrove si trova sempre al genitivo: *Sancti Çacharie*); *ut si quis ea que dicta sunt non attenderunt* (per *attenderit*) *seu observare noluerit* [doc. 57]; *renunc(iavit) dictus dominus Symon ... omni auxilio legum seu decretalium sibi competentem* (per *competenti*) [doc.61]; *iuxta suum campo* (per *campum*) [doc. 43]; ecc.

Le difficoltà maggiori si sono incontrate nella *Sezione I*, che contiene quasi esclusivamente copie di atti autenticate dal notaio Montagna.

1. *Progetto di norme per l'edizione delle fonti documentarie*, « Bollettino dell'istituto storico italino per il Medioevo e Archivio muratoriano », 91 (1984), p. 491-503.
2. Per la divisione in sezioni del codice vedi la *Descrizione del manoscritto*.

Il testo dei vari documenti risente probabilmente di una conoscenza approssimativa del latino da parte di questo notaio che, d'altra parte, copiava atti scritti da altri notai ricalcandone inevitabilmente l'*usus scribendi*. Il testo pertanto, soprattutto nelle copie degli atti piú antichi, presenta dei passi piuttosto oscuri anche per omissioni e fraintendimenti dello stesso Montagna. Spesso ci si è trovati di fronte al dubbio se rispettare la fedeltà all'originale o rendere comprensibile il testo. La sezione si presenta, dal punto di vista del testo, strutturalmente incoerente, per cui è stato difficile applicare un criterio univoco nello sciogliere compendi e abbreviazioni.

Nell'edizione del codice si è cercato di rispettare fedelmente il dettato del testo e si sono pertanto mantenute le improprietà dovute agli estensori; si è intervenuti in modo molto parco con le necessarie segnalazioni in nota al fine di rendere piú agevole la comprensione del testo.

In caso di errore morfologico o sintattico quasi sempre si è preferito lasciare il testo come nell'originale, segnalando in nota che l'errore è dovuto allo scriba. Non sono stati segnalati, perché intuibili facilmente, errori molto frequenti come i seguenti: mancata concordanza tra sostantivo e aggettivo, tra soggetto e verbo (ancora piú frequenti quando tali elementi sono in sequenza), forme verbali grammaticalmente non corrette, uso non appropriato dei casi, oscillazioni e incertezze nell'uso dell'ablativo di sostantivi della terza declinazione e di aggettivi della seconda classe.

Dobbiamo dire che non sempre si è riusciti a risolvere i problemi di lettura, soprattutto con i nomi e i toponimi, per cui nell'apparato si troveranno note del tipo: *lettura dubbia, oscurità nel testo,* ecc.

Sono state integrate tra parentesi angolari le omissioni del testo, nei casi di evidenti sviste da parte dell'estensore. Le parentesi quadre sono state usate per restituire lettere o parole non leggibili a causa di guasti del materiale di supporto. Quando non è stato possibile restituire la lacuna, sono stati inseriti nelle parentesi quadre dei punti di sospensione corrispondenti al numero di lettere scomparse. Per lacune molte estese sono stati inseriti tre punti tra parentesi quadre e nell'apparato si è segnalata l'estensione in mm., del guasto.

Gli spazi bianchi lasciati dagli estensori sono stati segnalati con tre asterischi e in nota se ne è indicata in mm. la dimensione.

Le parentesi tonde sono state inserite per indicare scioglimenti incerti ma, per non appesantire la lettura, anche in questo caso si è intervenuti in modo molto parco.

Nello scioglimento di abbreviazioni e compendi si è cercato di seguire il criterio della prevalenza.

Quanto ai toponimi, in primo luogo nel codice si trova spessissimo, ovviamente, il nome Monselice in una pluralità di forme.

Il toponimo è scritto quasi sempre abbreviato. Le forme piú frequenti, accompagnate da segni abbreviativi generici sono *Mont.*, *Montiss.* (in genere, quando è richiesto dal contesto il caso genitivo) e *Montess.* (quando è richiesto invece il caso ablativo o anche l'accusativo).

Per sciogliere questo compendio abbiamo esaminato i casi in cui il toponimo è scritto per esteso o è troncato prima della desinenza. Nella maggioranza dei casi questo contiene al centro il digramma *sc* (talvolta col raddoppio della *s*). Solo nella *Sezione* II il notaio Guglielmo adotta le forme *Montissilicis* e *Montesilice*. In sostanza noi abbiamo sciolto il toponimo applicando il criterio della prevalenza, cercando di vedere, di volta in volta, come si è comportato l'estensore all'interno di ciascuna sezione.

Altra parola frequente è *comune:* nel manoscritto presenta oscillazioni tra neutro e maschile, tra la seconda e la terza declinazione; e quando è nel caso ablativo della terza, c'è oscillazione tra la desinenza in *-e* ed in *-i*. In tutti i casi abbiamo rispettato il dettato dell'originale, senza altra segnalazione in nota.

Circa la monetazione, l'aggettivo che qualifica i denari lo troviamo scritto per esteso solo in quattro casi con la parola *venetorum* nella *Sezione* IV: abbiamo adottato questo scioglimento anche in tutte le altre sezioni, tranne che nella seconda, in cui il compendio appare troncato dopo una lettera identificabile con una *ç*, e dunque abbiamo sciolto con l'aggettivo *venecialium*.

Nel manoscritto c'è oscillazione tra *soldus* e *solidus*: anche in questo caso abbiamo rispettato il criterio della prevalenza all'interno di ogni sezione, tenendo conto di una particolarità: nella *Sezione* II è proprio del notaio Guglielmo usare *soldorum* al genitivo plurale, mentre declina gli altri casi in base al nominativo *solidus*.

I numeri romani, sia per la monetazione, sia per le misure areali e per le date, sono stati trascritti senza punteggiatura. Si è lasciata la J quando questa lettera nell'originale indica l'unità o si trova in ultima sede del numerale; nei casi in cui una cifra è composta da numeri romani e numeri in lettere, si è mantenuta questa composizione anche nella trascrizione; si sono messe ad esponente le eventuali lettere cosí come sono scritte nel manoscritto anche quando l'uso non è appropriato (molto spesso si trova IIIJ^{o} in luogo di IIIJ^{or}): non si è fatta segnalazione in nota di queste improprietà, data l'alta frequenza di questi casi.

Nella *Sezione* V, l'elemento per indicare le centinaia delle date è scritto, nella parte iniziale, con la lettera t sormontata da un segno ondulato verticale: abbiamo reso tale abbreviazione con *tercentesimo*, analogamente a come abbiamo fatto, nella stessa serie di documenti, con i termini *ter*, *tercio*, ecc. che contenevano all'inizio la stessa forma abbreviativa.

Talvolta abbiamo riscontrato degli errori nella datazione cronica e/o nel calcolo dell'indizione. Nell'edizione abbiamo provveduto a segnalare in nota queste anomalie. Abbiamo provveduto ad integrare, quando abbiamo avuto elementi per farlo, alcune datazioni croniche omesse in parte o *in toto*; il nostro intervento è stato inserito tra parentesi angolari.

Nella indicazione dei valori monetari e delle misure areali talvolta alcuni estensori scrivono le cifre non rispettando la struttura grammaticale della frase con un uso improprio dei casi (l'ablativo in luogo dell'accusativo o viceversa, il nominativo in luogo dell'accusativo o viceversa; talvolta si trovano forme miste). Anche in questi casi si è lasciato il dettato originale; e quando una cifra formata da piú termini si presenta con una parte abbreviata e un'altra scritta per esteso in forma grammaticalmente erronea, abbiamo sciolto correttamente la parte abbreviata. Ad esempio nei documenti 61 e 64 troviamo *et in se habere libr* (con segno d'abbreviazione) *setingentis...*: abbiamo sciolto *et in se habere libras setingentis.* Nel doc. 260 troviamo: *in libs* (abbreviato) *ducentas* che abbiamo reso: *in libris ducentas.* Nel doc. 15 troviamo *habet a plebe* XIIJ *pert* (abbreviato) *et unus pes*, abbiamo sciolto: *habet a plebe* XIIJ *perticas et unus pes*; e cosí via.

Non abbiamo usato in tutti questi casi le parentesi tonde.

I regesti e le notizie degli estratti sono stati collocati in ordine cronologico alla fine della trascrizione dei documenti.

LUIGI CABERLIN

TAVOLE

Le immagini dell'Archivio di Stato di Venezia sono edite con atto di concessione Prot. 7188.v.12 e sono state eseguite dalla Sezione di fotoriproduzione dell'archivio stesso.

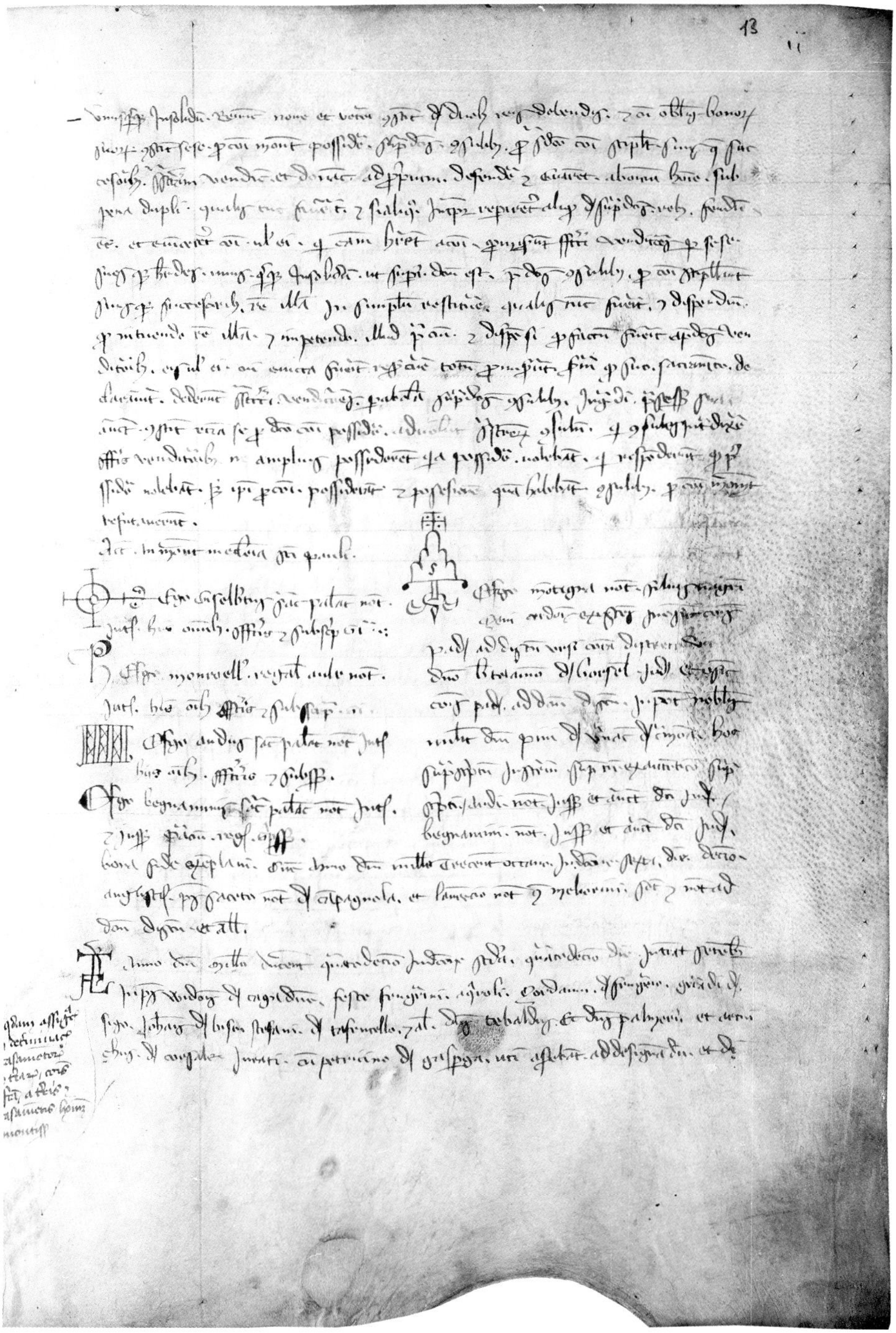

Tav. I. Riproduzione del f. 13r (v. p. 28-29 [docc. 10-11]).

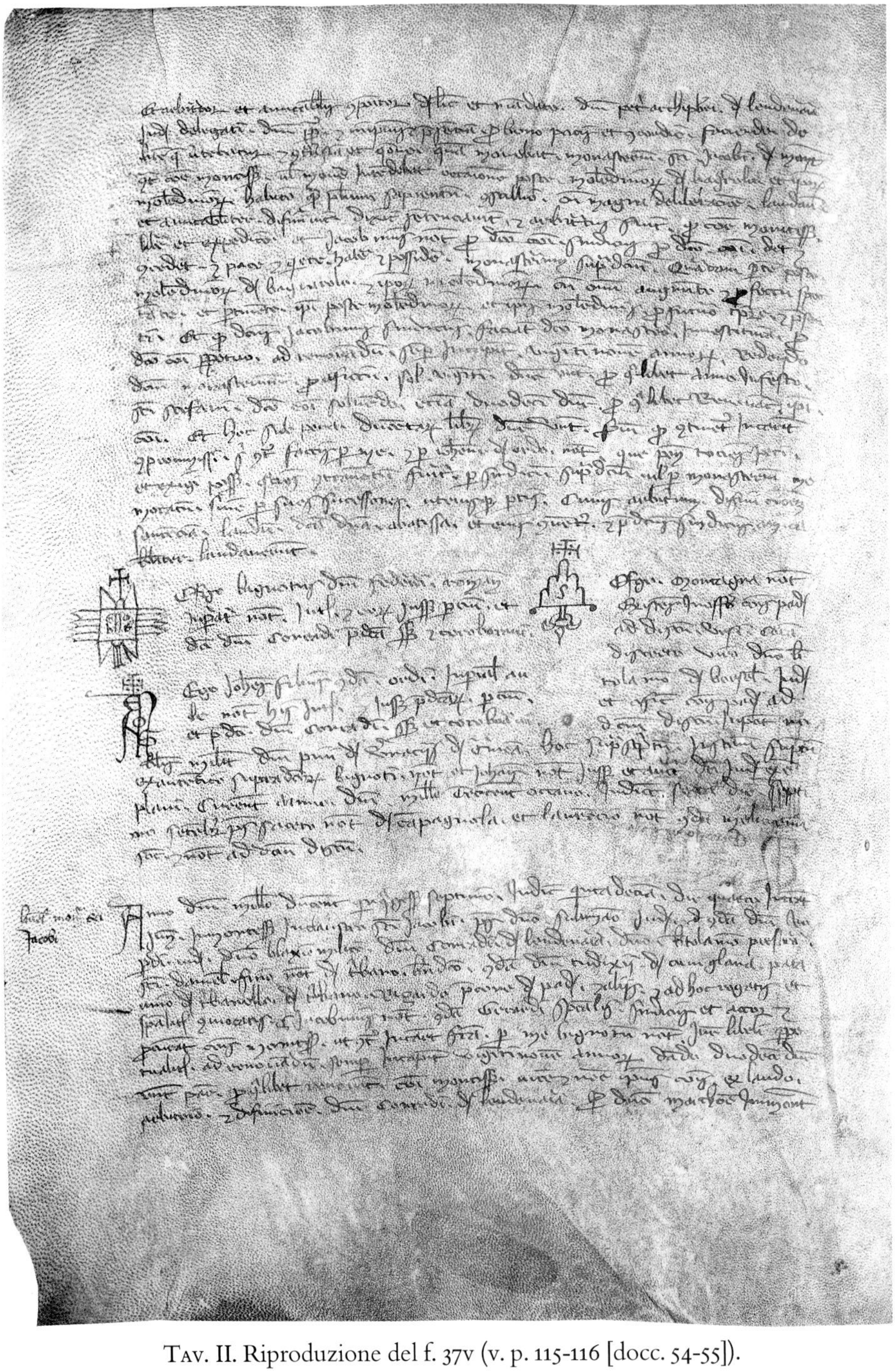

TAV. II. Riproduzione del f. 37v (v. p. 115-116 [docc. 54-55]).

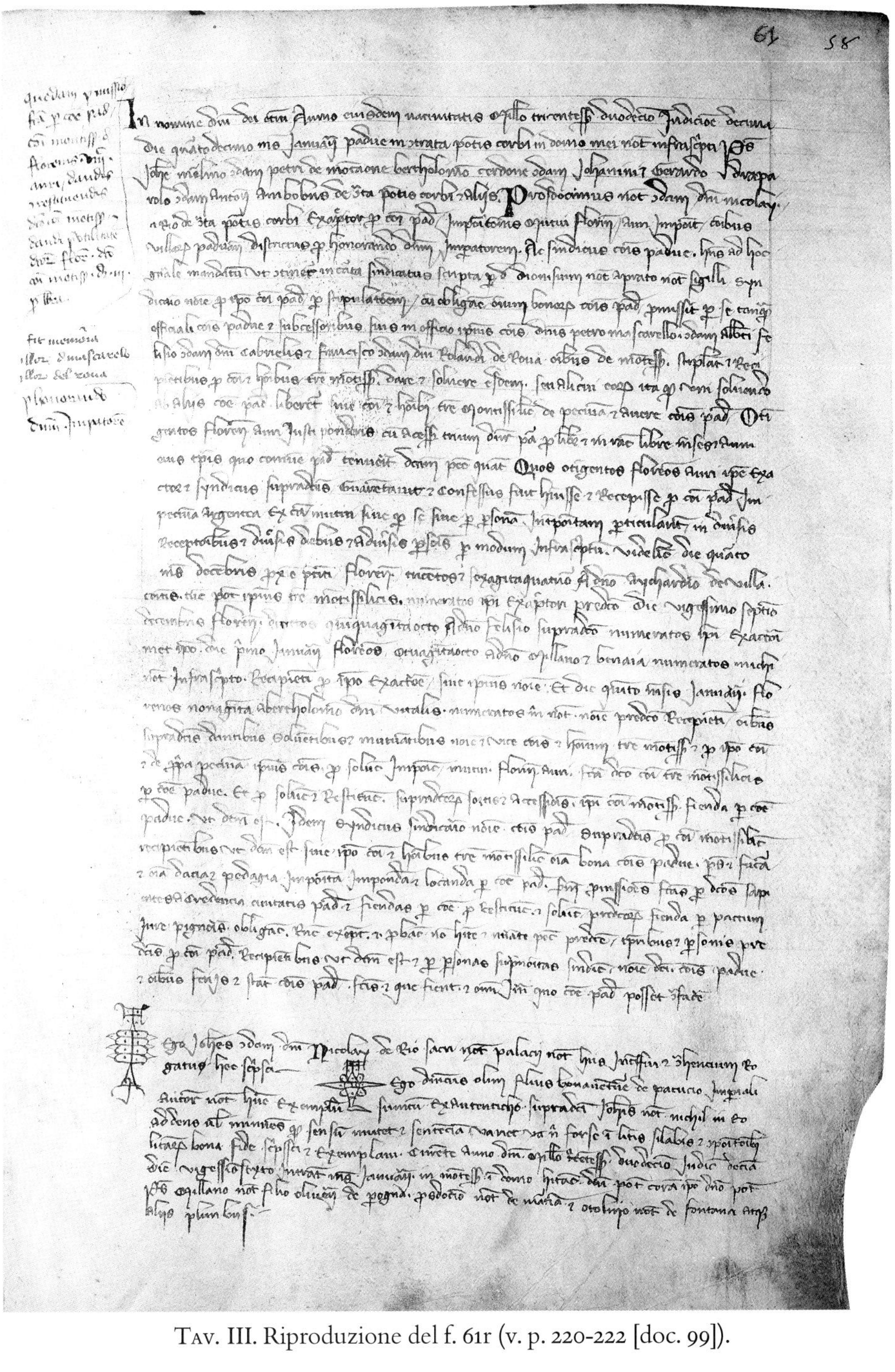

Tav. III. Riproduzione del f. 61r (v. p. 220-222 [doc. 99]).

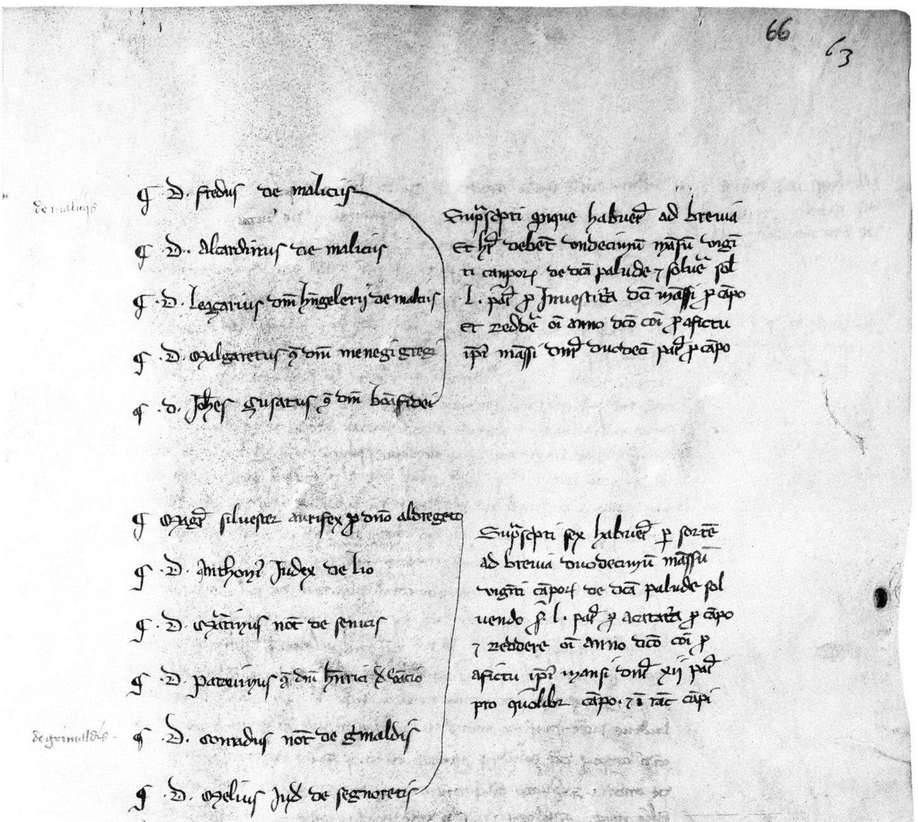

Tav. IV. Riproduzione del f. 66r (v. p. 230-231 [doc. 102]).

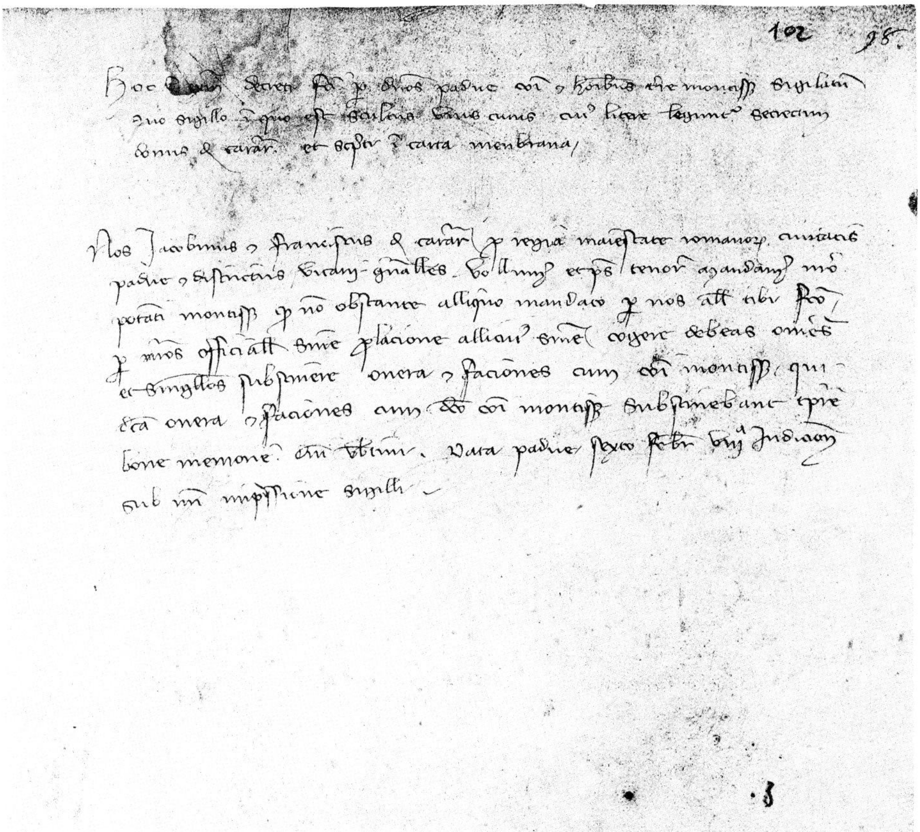

Tav. V. Riproduzione del f. 102r (v. p. 316 [doc. 137]).

Tav. VI. Riproduzione del f. 132v (v. p. 444-445 [doc. 429]).

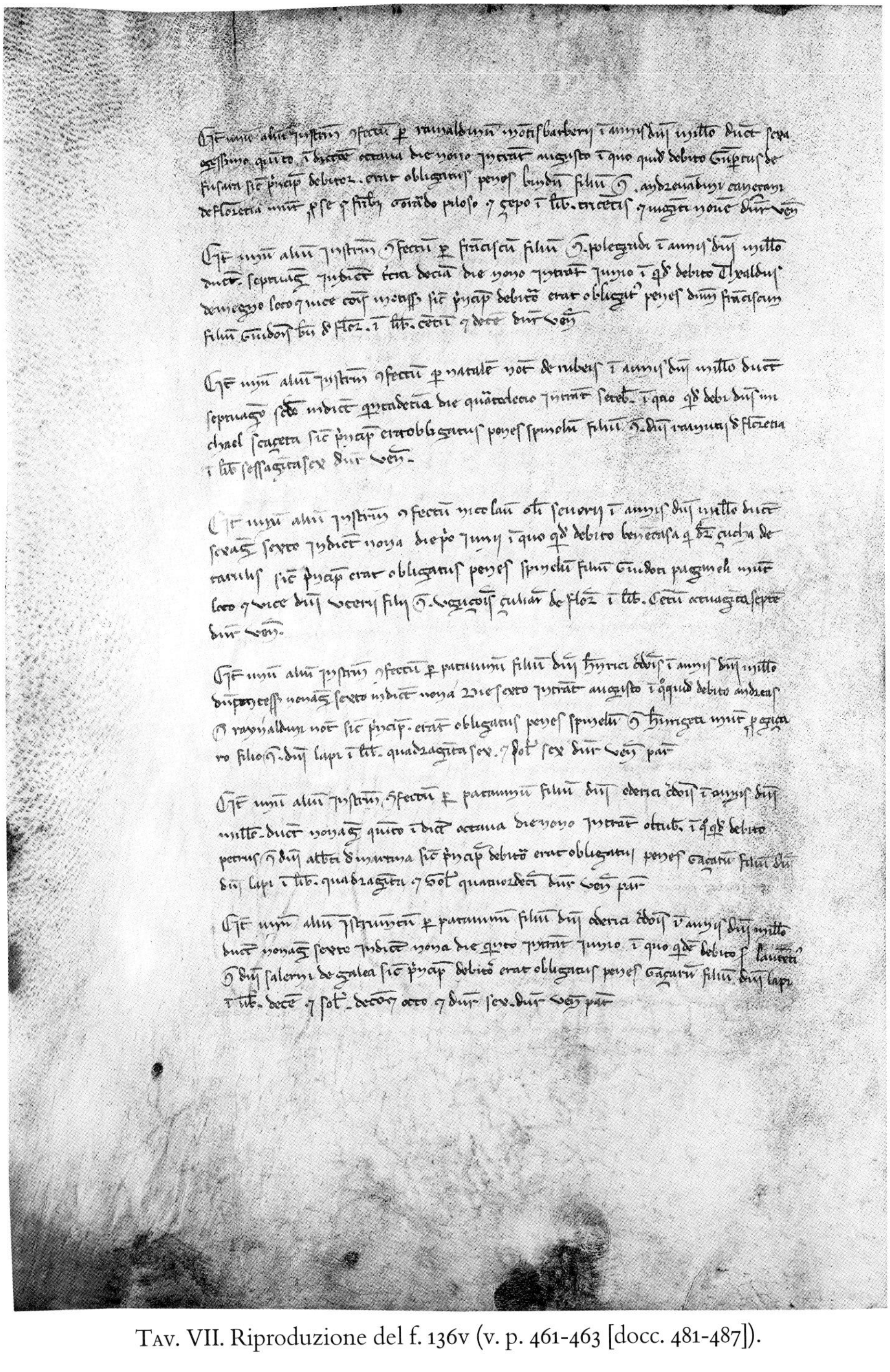

TAV. VII. Riproduzione del f. 136v (v. p. 461-463 [docc. 481-487]).

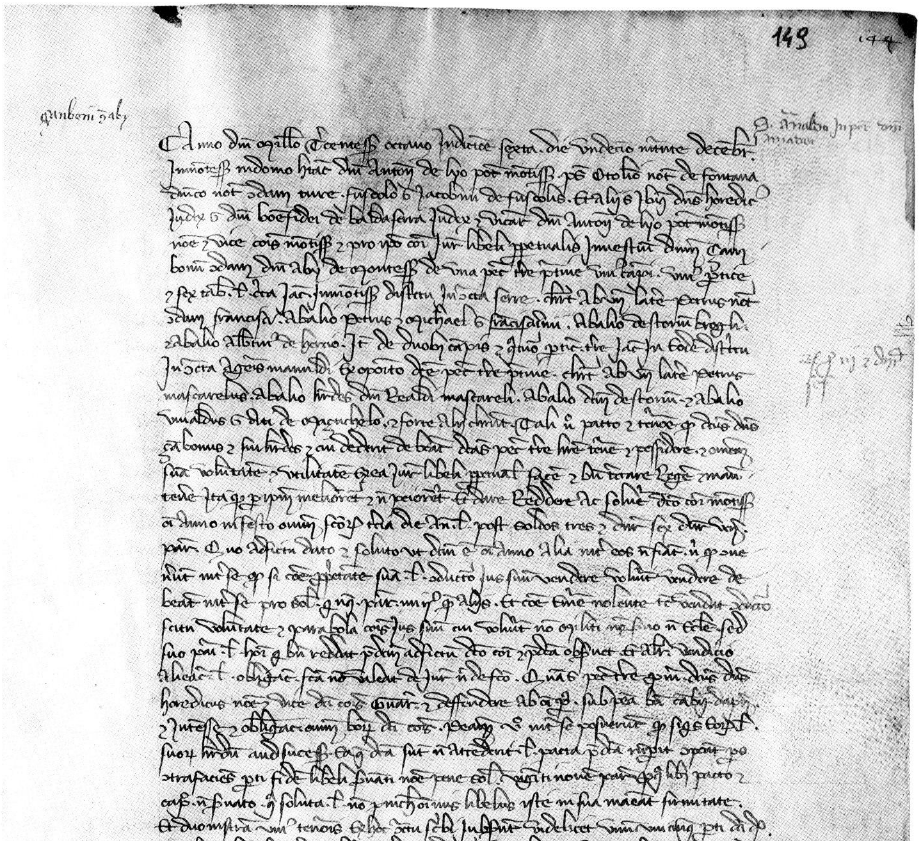

Tav. VIII. Riproduzione del f. 149r (v. p. 511-513 [doc. 558]).

IL «LIBER IURIUM»
DEL COMUNE DI MONSELICE

Sigle e abbreviazioni utilizzate nelle note e nei regesti:

CDP, II	= A. Gloria, *Codice diplomatico padovano dall'anno 1101 alla pace di Costanza (25 giugno 1183)*, volume II, Venezia, 1881
cfr.	= confronta
doc.	= documento
f.	= *folio*
marg.	= margine
ms	= manoscritto
sn.	= sinistro
ds.	= destro

[Sezione i]

1

|3r| *Pax et concordia facta inter comune Montisscilicis et comune Pernumie cum positione terminorum et debet reddere comune Pernumie comuni Montisscilicis libram i cere omni anno.*[a)]

Millesimo clvij, indicione v, vij kalendas septembris. Inperatorum Romanorum legibus [bene] prospectum est quoniam quando de alii de troversia transigitur ne quod transactum est oblivioni tradatur quod per publicam personam rescribatur, ut multis ve est personis longo tempore de Viminario et de Aggere Do(m)ni Solis et de Palude Balnei et de Balneo Sancti Elisei usque ad Pigoçolum et Robur Mançarino inter popullum Montisscilicis et popullum Pernumie grandis discordia fuit, unde no to malo ab utraque parte sunt facta. Ceterum Deo volenti et marchione Bonifatio cum quibusdam aliis ut ad concordiam reduceret multum et fideliter id laborante hoc modo inde transactum est. Ex mandato namque voluntate tocius populli Pernumie de popullo xxx et iij viri in platea Sancti Pauli de Montescilicis multis videntibus qui ibi aderant venerunt et de supranominatis locis et omnibus maleficiis quondam inter eos factis sine omni i(u)dit(io)[b)] popullo Montisscilicis sub pena c marcarum argenti b[o]ni refutacionem et finem fecerunt et insuper dato et acepto osculo pacis iureiurando se suosque successores in perpetuum hanc transactionem et pacem et finem ratam habere sic manerunt, quod si aliquo tempore contra supradicta aliquo modo venire tentaverint, tunc obligaverunt se suosque succesores supradictam[c)] penam c marcharum popullo Montisscilicis componere semperque inde tacito permanere. Hoc sic concorditer [ordi]nato, popullus Montiscilicis pietate Montiscilicis cernet terminus ubi tempore concordie unus palus positus fuit, [exin]de ad lignum quod vulgo dicitur Saucho quod est ex allia parte Viminarii recto tramite a termino usque ad Saugum versus eclesiam Sancti Petri eiusdem loci quanti popullo[d)] Montisscilicis et Pernumie et contra placuit tantum popullo Pernumie sua bonitate nomine facte transactionis ad proprium dedit. Popullus vero Pernumie quod datum est leto animo et bona voluntate susepit hoc pacifice ordinato ad Paludem Balnei, sicut inter se ordinatum erat, venerunt et unum terminum iusta clausuram Rodulfi, alium vero terminum supra fosam Murtisam concorditer posuerunt et de termino in terminum per rectum tramidem ad fosatum Brunichi iverunt et ibi similiter terminum concorditer posuerunt; ab allio vero termino versus orientem sicut currit nunc anticus sinius quit terminat[e)] Montigrotum et popullum Montisscilicis usque ad Pigoçolum, quod popullus Montisscilicis habet et tenuit sicut iuratum fuit ante regem Belengarium. Ad hoc popullo Pernumie locavit ut omni anno nomine locationis in festo sancti Stefani vel octo dies ante vel octo [post li]bram unam cere solvat popullo Montisscillicis. His vero ita ordinatis, popullus Montisscillicis retinuit sibi [mon]tem Balnei cum balneo ibi posito et ex omni parte montis Balnei a pede, scilicet montis infra paludem tantum quantum capiunt L et novem pertice, et retinuit sibi viam eundi et redeundi ad balneum et ad quecumque inde ire vellet; et similiter retinuit in se Argerem Doni Solis cum suis pertinentiis et monte Ispide. Preterea sic inter se pacti sunt ut si popullus Montisscilicis aliquo tempore weram haberet, sine ulla molestia dum wera duraret in predicta locacione debere pasculare. Seddata vero verra, si bestias pupullus Montisscilicis ministrales Pernumie ibi invenirent, secundum suam regulam pignorare debere et nil aliud facere, undeque[f)] a popullo Montisscilicis ministralibus in hunc[g)] re[tenti]s debere sustinere. Quod si popullus Pernumie nomine locacionis supradictam libram cere omni anno, ut supradictum est, popullo Montisscilicis non persolverit, tunc obligavit se suosque succesore[s] libram unam boni auri componere et si popullus Montiscilicis illi popullo voluerit tollere, promissit [se et] suos successores eandem |3v| penam solvere; penna vero a rumpente parte soluta, locatio firma permaneat. Hec sunt nomina illorum qui ex mandato populli Pernumie ad finem et transacionem et pacem componendam venerunt et fecerunt et dato osculo pacis, sacramentis confirmaverunt quos[h)] et Balbus quod illius populli tunc consulerat ad hec facienda representavit, hii sunt: Frugerius, Ugo de Roperto, Copa, Golarda, Gerardus, Man(n)o, Alethardus, Petrus de Vivolo, Roperto de Parecla, Albertus de Gato, Dominicus Piperelius, Bosceto, Iohannes de Clerico, Iohannes de Roperto, Ugo de Sigefreto, Ranerius Valorus, Iohannes de Laurencio, Andrea de Rustico, Marcius de Engo, Petrus de Perenda, Burdo, Iohannes de Man(n)o, Iohannes de Gerardo de Andrea,

Ugo de Waldrata, Menecho Talaferro, Laurencius de Recholda, Andrea de Valerio, Beto de Amiço, Arbricus de Rodulfo, Martinus a Canell(is), Piperellus, Iordanus magister, Iohannes de Rustico, Iohannes de Marea.

Omnibus hiis compositis, alio tempore etiam isti consensu populli Pernumie et mandato iureiurando hoc confirmaverunt: Ubertus de Polla, Monteço, Arduinus de Rugerio, Andrea de Siginça, Laurencius de Casale, Iohannes de Grigoro, Lande(n)ie(r)to, Martinus de Çorço, Rombertus faber, Iohannes de Cotheco, Landefecho, Sigifredus de Bardo, Becha de Fele, Macharius, Laurencius de Beto, Frugerius de Beto.

Signum.[i)] Nomina testium qui ibi interfuere: Gisentruta habatissa Sancti Çacharie de Venecia, Dunichana, Tendam sororem eius, Colombanus, presbiter Pangracius, Bonifatius marchio, Beliço de Rodice, Aldevrandus de Salvagno, Uguiçone nepote eius, Aço, Iacobus filius Milonis de Talamasso, Vetubos de Paganino de Padua, Malçigus filius Marchionis Pugnatorre, Rodulfus filius Albrici de Nugarolle, Andrea de Cassello de Selecino, Iohannes de Atelardo, Isenardus, Henricus de Iraldo de Tribano testes. Actum est hoc [in Monte]scilice et in eius pertinenciis, feliciter, et tempore Federici inperatoris semper augusti.

Scribsit Ubertus scilicet sacri palacii notarius, ut legitur, pactum que monstrat sicut servetur tam [bene] f[actum].

(SN) Ego Montagna notarius filius magistri Çeni cerdonis, existens in officio comunis Padue ad discum Ursi coram discreto et sapienti viri domino Bartolameo de Borselis iudice et oficiale comunis Padue ad discum Ursi predictum |4r| in ultimis quatuor mensibus potestarie domini Pini de Vernaciis de Cremona Padue honorabilis potestatis, hoc suprascriptum instrumentum sumptum ex autentico supradicti Uberti notarii iussu et auctoritate dicti iudicis bona fide scripsi et exemplavi, curente anno Domini millesimo trecentesimo octavo, indicione sexta, die decimo octavo intrante mense augustii, presentibus Saceto notario quondam domini Iacobi a Campagnola et Iohanne notario filio magistri Guiçardi negociatoris sociis et notariis ad dictum discum.

a) *nel marg. sn. di mano A* b) *ms:* oi *(con segno abbreviativo generico)* idic (*con segno abbreviativo di compendio e di troncamento); scioglimento proposto, osservando tuttavia che potrebbe trattarsi dell'espressione* sine contradicione *nell'originale, fraintesa dal copista* c) *ms:* sepradictam d) *segue* et *depennato* e) *ms:* tt *con sovrapposto doppio segno abbreviativo ondulato verticale* f) *scioglimento proposto per* vadq *con segni abbreviativi su* v, d *e dopo* q; *probabilmente per* indeque

g) *ms:* huc *senza apparente segno abbreviativo* h) *lettura dubbia* i) *nel marg. sn. di mano A*: Nomina testium; *seguono tre aste verticali parallele fra loro tagliate da due tratti obliqui*

2

Carta sententie balnearum et montis.[a)]

(SN) Anno domini nostri Iesu Christi millesimo centesimo LXXVJ, indicione VIIIJ[a], die XII[o] intrante mense aprilis. In nomine Domini. Cum Iacobinus filius quondam Marsilii de Carraria conquereretur de comuni Montisscilicis de monte Stupe et de XL perticis circha ipsum montem ac talem libelum obtulisset: «Ego Iacobinus de Carraria conqueror vobis domino Alberto Padue potestati de comuni seu universitate Montisscilicis ut michi racionem faciatis tam super possessionem quam super principali questione, videlicet de monte Stufe et circha montem usque ad XL perticas scilicet ad perticas sex pedum», ideo ego Albertus de Osa Paduanorum potestas, audiens causam ipsam per me et assesores seu consciliarios meos, agente ipso Iacobino, tam super posesione sibi defendenda seu etiam restituenda necnon et de re ipsa si in causa possesionis non obtineret, utpote per feudum sibi ei parte imperatoris pertinentem similiter restituenda, Bonefacino quoque consule Montisscilicis ipsam universitatem seu comune defendente et pluribus racionibus ipsum Iacobinum in controversiam possesionis seu pertinencie ipsius rei malam causam fovere firmiter alegante; auditis alegationibus et pluribus[b)] testibus utriusque partis, requisito insuper in concordia assesorum seu conscilliariorum meorum quorumdam sapientum conscilio, quoniam concordes esse non videbantur, per Natalem notarium meum et in scriptis sigillo publico illius civitatis sigillatis michi misso, quarum literarum tenor talis est: «Illustri viro Alberto de Osa Paduanorum potestati Guercius et Anselmus de Orto et Aldericus de Bonate et Iohannes Iudei, salutem et intime dilectionis afectum. Nuncium vestrum quem ad nos diresistis debito afectu[c)] suscepimus et super causa que vertitur inter Iacobinum de Carraria et ex altera parte comune Montisscilicis, sicut idem nuncius vester satis fideliter nobis insinuavit, diligentem curam adhibuimus et atestacionibus et privilegiis et instrumentis publicis[d)] aliisque scripturis ad causam pertinentibus visis et diligenter auditis, magnam moram super cognicione adhibentes, utriusque iura circumspecte trutinavimus. Invocato igitur |4v| omnipotentis Dei auxilio, de cuius vultu verum et numquam falax procedit coscilium, iustum et equum nobis visum fuit comune Montisscilicis a peticione Iacobini absolvi ». Requisito quoque conscilio in hac causa asesorum seu consciliariorum meorum in una tamen sentencia non concordantium set potius discordantium set tamen eam causam secundum quod michi iustum videretur iudicare possem, nichilominus propter discordiam inter eos ortam dicentium, quia credo me sacramento teneri ipsam causam iudicare per me vel per alium, quoniam sic in brevi super quo iuravi continetur, ipsis omnibus asesoribus seu consciliariis presentibus et non contradicentibus, Bonefacinum consulem Montisscilicis nomine ipsius comunis a peticione eiusdem Iacobini de iamdicto monte Stupe et quadraginta perticis circha ipsum montem facta absolvo. Actum est hoc in Padua in laubia prefacte potestatis.

Testes interfuerunt Tisolinus de Campo Sancti Petri, Ugolinus de Aldegerio, Gnanfus, Manfredinus de Baialardo, Pelavisinus, Bonus Iohannes, Hermanus, Mantellus, Artusinus, Bucentaurus iudices, Girardinus et Inginolfus iudices, Episcopellus et Wiricellus[e)] de Montesscilice et alii multi.

(SN) Ego Natalis sacri palacii notarius interfui et iussu prenominate potestatis hanc sentenciam scribsi.

(SN) Ego Montagna notarius filius magistri Çeni cerdonis, existens in oficio comunis Padue ad discum Ursi coram discreto et sapienti viro domino Bartolameo de Borselis iudice et oficiale comunis Padue ad discum predictum in potestaria nobilis militis domini Pini de Vernaciis de Cremona Padue honorabilis potestatis, hoc suprascriptum instrumentum sumptum ex autentico supradicti Natalis notarii iussu et auctoritate dicti iudicis bona fide scripsi et exemplavi curente anno Domini millesimo trecentesimo octavo, indicione sexta, die decimo octavo intrante mense augusti, presentibus Saceto notario quondam domini Iacobi de Campagnola et Iohanne filio magistri Guiçardi negociatoris sociis et notariis ad dictum discum.

a) *nel marg. sn. di mano A* b) *ms:* plulibus c) *con segno abbreviativo superfluo* d) *ms*: plubicis e) *evidentemente per* Winicellus, *come in documenti successivi*

3

[De ter]is Savalonis.[a]

Millesimo c lxv, indicione xiii, x die ianuarii. Consules de Montesscilice, scilicet Uliverius et Frugerius et Paganinus et Uguçone de Tebaldo et Martinus Decanus[b] et Iohannes de Sigo et Albertus de Sigința et Pelegrinus de Caço. Isti consules cum comune[c] popullo compelerunt Sigoprandum de Paula et Blaxium de Marta et Frugerinum eius frater[d] prout |5r| per sacramentum et sine fraude de comuno[e] de Savelone et de aliis quod eis designarentur hominibus de Montesscilice et quod ab eis venderetur in eternum per comunum firmum teneretur. Et propter hoc servitium concesserunt unicuique horum singuli campis in Savelone. Ideoque predicti consule‹s› pro comuno investerunt Frugerium de Marta de uno campo in Savelone a pertica paduana prope Murtisa, de quo annualiter solvere debet vj denarios. Postea ipse Frugerius dedit suis sociis xx soldos pro uno alio campo similiter in Savelone supra Argere Domni Solis, de quo similiter solvere debet vj denarios, altera vero vice dedit ipse Frugerius predicto comuno iiij libras ‹de›nariorum venetorum pro iiij° campi in Viminario ad roncandum, de quibus solvere debet annualiter xxiiij denarios venetorum. Datis istis denaris et soluti ei missu quod per comunum electum fuerit[f] octo die ante sancto Stefano vel octo retro vel in illa die, alia super imposita inter comunum et ipsum Frugerium et inter suos heredes esse non debet, non tollere immo eius[g] varentare debet. Et potestatem debet habere vendendi, donandi et pro anima iudicandi, tamen homini habitanti in Montesscilice et qui solvat fictum, et quod eorum qui pactum non obsolvaverint[h] vel eorum successorum componat pars parti fidem servanti soldos xxviiij° denariorum venetorum; post penam solutam, hec conventio firma persistat in eternum. Actum in Montesscilice ex iusione consulum feliciter. Rogati sunt testes Millanus, Tarullo, Iohannes de Vualferano testes.

(SN) Ego Ubertus sacri palacii notarius rogatus a comuno scribsi.

(SN) Ego Montagna notarius filius magistri Çeni cerdonis, existens in oficio comunis Padue ad discum Ursi coram discreto viro domino Bartolameo de Borselis iudice et oficiale comunis Padue ad discum predictum in potestaria nobilis militis domini Pini de Vernaciis de

Cremona Padue honorabilis potestatis, hoc suprascriptum instrumentum sumptum ex autentico supradicti Uberti notarii iussu et auctoritate dicti iudicis bona fide subscripsi et exemplavi curente anno Domini millesimo trecentesimo octavo, indicione sexta, die decimo octavo intrante mense augusti, in comuni palacio ad dictum discum, presentibus Saceto notario de Campagnola et Iohanne notario filio magistri Guiçardi negociatoris sociis et notariis ad dictum discum.

a) *nel marg. sn. di mano A* b) *ms:* d *iniziale con segno abbreviativo per* de c) *corretto su* comuny d) *cosí in ms* e) comuno *con segno diacritico superfluo* f) *da* Datis istis... *testo particolarmente scorretto, da intendersi:* Datis istis denaris et solutis ei misso qui per comunum electus fuerit g) *da intendersi:* eis h) *verosimilmente per* observaverint

4

(SN) Millesimo C LXV, indicione XIIJ, IIIJ° die novembris, in presentia bonorum hominum, hii sunt: Çulianus, Iohannes Bonus de Paula, Montescilex similiter de Paula. In eorum presentia Sigoprandus et Blaxius venditores comuni sunt manifesti quod acceperunt a Frugerino de Marta XX soldos supra alio quo legitur in superiori libelo similiter a comuno pro uno campo in Viminar‹i›o iusta alio suo campo ad eundum quibus alii;[a] debet redere |5v| VJ denarios venetorum pro ficto uti de aliis. Testes ut supra.

(SN) Ego Ubertus notarius interfui et ex iussu eorum hec verba scribsi.

(SN) Ego Montagna notarius filius magistri Çeni cerdonis, existens in oficio comunis Padue ad discum Ursi coram discreto viro domino Bartolameo de Borselis iudice et oficiale comunis Padue ad discum predictum in potestaria nobilis militis domini Pini de Vernaciis de Cremona Padue potestatis, hoc suprascriptum instrumentum sumptum ex autentico supradicti Uberti notarii iussu et auctoritate dicti iudicis bona fide scripsi et exemplavi curente anno Domini millesimo trecentesimo octavo, indicione sexta, die decimo octavo intrante mense augustii, presentibus Saceto notario quondam domini Jacobi de Campagnola et Iohanne notario filio magistri Guiçardi negociatoris sociis et notariis ad dictum discum.

a) ad eundum quibus alii: *oscurità del testo*

5

Quedam partitio sive designatio certarum terrarum facta inter comune Montisscilicis et homines de Honeda et, ut creditur, de Sclavania.[a)]

Anno Domini millesimo ducentesimo VJ, indicione nona, die ultimo augusti, in palude Honedi, in pertinentiis Montisscilicis. Iuratos comunis Montisscilicis scilicet dominum Bonçenum, Çambonum Alberti, Bonifacinum de Abo,[b)] ut dicebant, ad designandam terram comunis Montisscilicis ab illa hominibus illius loci in concordia designaverunt terram illorum Andruçuli et est per longum L perticas; aliud dicitur totum esse comune. Item iusta filiorum A‹n›druçuli terram Bertoloti Pelani[c)] est per longum LVIJ° perticas; aliud totum dicitur esse comune. Item terram filiorum Iohannis Fatige a latere[d)] Bertoloti est perticas LVIJ et ex alio latere iusta terram Sancte Iustina perticas LX; aliud comune dicitur esse. Item iusta illos, terram Sancte Iustine ab utrosque latere LXX perticas; aliut dicimus comune esse. Item terram Petri Raimondi in medio perticas versum XXV perticas et caput versus mane XXIJ perticas et per longum LIIJ; aliud dicimus esse comune. Item iusta Petrum Raimondi, terram illorum Laurencii Pelani[e)] est per longum LXVIJ perticas; aliud comune esse dicitur. Item iusta illorum Laurencii terram Manfredi Guidonis Bastardi est per longum LXXX et VIIJ° ‹perticas›; aliut comune esse dicitur. Item terram domini Tealdi a latere filii Guidonis Bastardi XLVIIJ perticas, et est via relicta inter utrumque XIJ° pedum, et ex alio latere versus meridiem XLIIIJ et ab utrosque[f)] capite XXXIIIJ° perticas. Item in clausura illorum Gerardi de Braida a capite iusta fratam sine forsato[g)] designaverunt duas perticas dicte clausure: et est per longum LXXXVIJ perticas a latere versus domum, ex alio latere versus meridiem LXXVJ perticas; aliud dicitur comune esse. Item terram illorum Gerardi de Braida extra clausuram quam emerunt a Mateo de Cukeello a capite iusta clausuram XIIJ perticas |6r| et ex alio capite XJ; aliud comune in Vançoleulo. Item terra illorum de Pollanis iusta illos de Pulcelota in Vançoleulo per longum XLIJ perticas, et terram Gumberici totidem, et tera Çoti totidem. Item terram illorum de Prealberto per longo XLIIJ perticas, et terra illorum de Goço totidem; aliud totum est comune. Item terra illorum de Preloncis XLIJ perticarum per longo; aliud est comune; a capite per traverso XIIIJ° perticas; aliud totum est comune. Item terra filii Çonis per longum XLIIJ perticas, per traverso XXX; aliud est comune. Item terram Botaçoli perticas LVIJ per longum et terra iusta eum totidem; aliud totum est comune in Vançoleulo. Item terram Ioaneli de Almengarda LXXX perticas per longum, et illam Capesse totidem, et terra illorum Ploçe totidem; aliud est comune. Item terra illorum de Fusculis LVIJ perticas a latere versus domum et ex alio latere[h)] LV iusta illos. Item terram Aldrevandini de Raboa totidem, et ex alio latere iusta Monachum XLJ ‹perticas›. Item terram Monachi: a capite versus domum LXX perticas, et ex alio capite XL, per longum LXXX; aliud est comune. Item terra heredum Bondì est per longum LVIJ perticas et est iusta illam terram. Item terram que laboratur per illos de Valario totidem; aliud est comune. Item terram domini Bonifacini per longum LXIIIJ° perticas. Item terra heredum de Botone LXXIIJ perticas per longum; aliud est comune. Item terra domini[i)] de Lato de Sulisino est per longum LXXXXVJ perticas; aliud comune. Item terra Dav‹i›t[j)] Polano LXXV perticas per longo. Item terra illorum de Saravites et terra Nicolini est per longum XXV perticas; aliud est comune. Item terra Aldrevandini: est per longum LXXIIJ perticas, terra Nordigli[k)] et totidem, terra Feste totidem; aliud est comune. Item terra domini Boneti est per longum LVJ perticas iusta illum. Item terra Odonis Gomberici supra Coram est per longum LVJ perticas, per traversum XIIIJ°; aliud totum est comune. Item terra Bricii de Centarella et filii Iohanni de Sigo per traverso XLVIJ perticas; aliud est comune. Item terram Sancte Iustine que est iusta illos de Sigo XLIJ perticas per longo, et terra illorum de Restaiboi XL perticas per longo; aliud comune. Item terra Gumberici LXX perticas; aliud comune. Item[l)] iusta illum terram Corsalis est per longum XLIJ perticas; aliud comune. Item terra illorum de Reginço est a capite versus domum XIJ° perticas, et ex allio capite totidem, per longo LIJ perticas; aliud comune. Item terra illorum de Pulcelota et Widonis Stavolonci V perticas; aliud comune. Item terra Musini de Gaido est tanta cum illa de Reginço. Item terram Stevani de Tafentello est per longo LIJ perticas, et illa que fuit Rostaboi L; aliud est comune. Item terra que fuit illorum de Silla totidem. Item terra que fuit de manso Pariboni LXIIJ perticas a capite illius terre. Item terra illorum de Viferanis est a capite versus sero |6v| XVIJ perticas, et ex allio capite XVJ per longum;[m)] aliud est comune. Item terra Gutefredi Gastaldi est per longum LXXX perticas, iusta illam terram illorum de Igonolda est LXXXVIIJ perticas; aliud est comune. Clausuram illorum de Iginolda LXXXIIJ perticas per longum versum domum, alia sua terra que est iusta clausuram de supra[n)] est LVIIJ perticas per longo; aliud totum est comune; et ex alio latere clausure C et I perticas; aliud comune. Terra Albertini Calure est a capite per traverso versus domum XXIJ perticas et ex alio XVIIIJ°. Item terra illorum Realdi versus domum XV perticas et ex allio capite I perticam; aliud comune. Item terra Blaxii de Tamfoncelo[o)] est per longum LXIJ perticas; aliud est comune. Terra Nordigli Cuiardi[p)] iusta Blaxium per traverso XX perticas et ex allio capite XXVIJ perticas. Item terra Çamboni ab ambobus L perticas; aliud comune. Iusta Çambonum terram Corsale per longum totidem ut illa Çamboni. Iusta illam Corsalis terra illorum Stele per longum XLIIIJ° perticas. Terra Sancte Iustine iusta illorum Stele XLIIJ perticas, et ex allio[q)] versus domum XXVJ perticas, et ex alio versus nonam totidem, et ex alio versus terciam totidem XLVIIJ perticas. Terra illorum de Peverello est ab uno capite versus domum XX perticas, ex allio XV. Terra Clementis a capite iusta illos de Peverello XV perticas et ex alio X et per longum XVJ; aliud totum est comune. Terram Clementi: est per longum XVIJ perticas. Terram[r)] domini Boneti et Çordani: XXX perticas per longo. Terra filiorum Restaiboi XXIIIJ° perticas per longo, et iusta illam est terra uxoris Clementis que est totidem per longo; aliud totum est comune. Terra imp‹er›atoris que laboratur per filios Gerardi magistri per traverso XVIIJ perticas; aliud est comune. Terra Sancte Iustine est per longum LVJ perticas, ab uno capite comune; ex allio fosa, extra fosam est terram Boketi et Iohannis Dalfini et Boneti que per longum XL perticas; aliud comune.

(SN) Ego Monroellus regalis aule notarius interfui in omnibus et iussu dictorum designatorum scripsi.

(SN) Ego Montagna notarius filius magistri Çeni cerdonis, existens in oficio comunis Padue ad discum Ursi coram discreto viro domino Bartolameo de Borselis iudice et oficiale comunis Padue ad dictum discum in potestaria nobilis militis domini Pini de Vernaciis de Cremona, hoc suprascriptum instrumentum sumptum ex autentico supradicti Monroellis notarii iussu et auctoritate dicti iudicis bona fide scripsi et exemplavi curente anno Domini millesimo trecentesimo octavo, indicione sexta, die decimo[s)] nono intrante mense augusti, presentibus Saceto notario filio domini Iacobi a Campagnola et Iohanne notario filio magistri Guiçardi negociatoris sociis et notariis ad dictum discum.

a) *nel marg. sn. di mano A* b) Iuratos... Bonifacinum de Abo: *soggetti all'accusativo in ms* c) *lettura dubbia* d) *segue* B(er)go *depennato* e) *ms:* Pelapni *con* p *depennata* f) *segue* latere *depennato* g) *verosimilmente per* fossato h) et ex alio latere *ripetuto* i) *ms:* dnim *con segno abbreviativo generico sovrapposto a* dni j) *ms:* daut k) *corretto su* Norgigli l) *segue* terram *depennato* m) per longum *ripetuto* n) *segue* LIJ *depennato* o) *lettura preferita a* Tamfencelo p) *lettura dubbia* q) *segue* iusta illorum *depennato* r) Terram ... Terram: *così in ms* s) *segue* I *depennato*

6

|7r| *Quedam declarac(io) sive dessignac(io) certorum casamentorum et terrarum quorum memoriam non estat nostro tempore. 1407.*[a]

(SN) Anno Domini millesimo CC XI, indicione XIIIJ°, die iovis qui fuit XIJ intrante madio, in presentia domini Iohannis Tebaldi et Stefani et Dominici de Çunço et Frugerii Aquaroli et Aço Penonis. In eorum presentia, tempore consularie domini Mathei de Carlasare et Iohannis Girardacii et Bignoti et Manfredi de Çambono de Alberto, dominus Palmerius et Opicinus et Bonçenus Urso et Vainancius et[b] Petrecinus Gasperge, et Mainetus de Bancis et Stefanus de Tafantelo electi in concione Montisscilicis et in ea ad decernendum comunia Montisscilicis a delivia hominum, in primis designavere in Cal de Ripa. Casamentum domini Gerardi Paltanerii in medio VIJ pertice et a capite via VJ et dimidia, et casamentum Tinti V pertice in medio et a capite via IIIJ pertice et dimidia; totum alium medio dicti casamenti dicimus esse comuni. Et casamentum qui tenet Vido de Çenelo ab inperatore qui fuit Martini de Liutero a capite via VJ pertice et IJ pedes et una palma, et casamentum heredes Vandi Salate in omni loco XV pertice minus uno pede, et terra domine Regelde[c] XXV pertice minus uno pede, et terra Calonici iuxta terram domine Ricelde V pertice minus I***[d] de terra que teni predicti Guidonis a capite iuxta filiorum Vidonis[e] Raimondi, et item terra Calonici iusta Bencium VIJ pertice et dimidia, terra predicti Guidonis a capite iusta filiorum Rainaldini V pertice minus uno pede; totam terram in medio dicimus esse comune. Terra filiorum Guidonis Rainaldi viiij° pertice et dimidia, et terra Bencii iuxta Calonicum vj pertice et dimidia; alium dicimus esse comuni. Item terra Bencii ab allio capite vij pertice et terra Mileti et fratris vij pertice, item terra filiorum Guidonis Rainaldi viiij° pertice, et amodo terrata Enverardi de[f] Girardaciis vij pertice, et terra a Turre iuxta via viiij pertice; totam terram que est in medio istorum dicimus esse comuni. Terra domini Odonis vij pertice, et terra Martini de Rubeis xxxviiij° pertice iuxta via, terra[g] domini Odonis iusta[h] Bernardum v pertice et dimidia, et terra Bernardi totidem iusta domini Odonis, terra Iohannis de Dalferreto iuxta terra Sancti Petri iij pertice, terra item Iohannis de Dalfereto que est de isto potius xiiij° pertice minus i pede, terra domini Iohannis de Botie[i] x pertice et dimidia; ab allio latere versus Martini de Rubeis iiij° perticas dicimus esse comune. Ab allio capite versus domini Bonifacini terre domini Iohannis Boneti v pertice; item ipsum Martinum designiamus iiij° perticas. Terra domini Bonifacini per medium casamentum Martini de Rubeis xvij pertice et uno pede; alia dicimus[j] vj perticas: ij viam[k] et iiij° in fosato. Item terra domini Bonifacini que tenet Geninus a latere terra inperatoris xxj pertice et terra inperatoris |7v| xl pertice a via fosati casteli; alia dicimus esse ij perticas in via et iiij in fosatum. Terra Gerardi Beraldi xiiij° pertice et ij pede[l] a capite via, ab allio capite terra ffra[m] terra inperatoris liiij° pertice; ij perticas designamus in via et iiij° perticas in fosato. Terra Çani que tenet a Sancto Çacharia iuxta terram inperatoris xx pertice et tenet Briciolus illorum de Prado Maselo et in medio[n] xxxj pertice, ab allio capite iuxta via xxviiij°[o] pertice; et vj perticas dicimus esse comuni et ij perticas in via et xiiij°[p] perticas in fosato ab illa in fora. Terra Adelçausii et fr(atris) ab latere via xvj pertice et ij pede,[q] terra filiorum Baldimenti iuxta Adelgausum xij ‹pertice› et dimidia et Adelgaus totidem, terra Dominici de Ato iusta filiorum Baldimenti xij pertice minus medium pedem et ab illa terra in forra dicimus esse comuni vj perticas: ij in via et iiij°[r] perticas in fosatum. Item terra Dominici de Atto iusta Bertaldum de Rustigello x pertice, terra Bertaldi iuxta Dominicum de Atone xxv pertice, ab allio[s] capite totidem, casamentum Çenelli xij pertice minus j pede iuxta Benedictum, casamentum Benedicti et fratre iuxta Çenellum xij pertice, ab allio latere viiij° pertice et dimidia, casamentum Çane de Ysnardo xxij pertice et dimidia iuxta Ceracium, item terra Benedicti et fratr(is) iuxta Çan(em)[t] de Isnardo xx pertice et IIIJ pedes, terra Çanonis a latere Benedicti XVIIJ pertice et IJ pedes, ab allio latere VIIJ pertice, casamentum presbiteri Viviani que tenet a domino Blaxio XVJ pertice, terra Iohannis de Carraria que tenet a domino Mateo iuxta presbiterum Vivianum XVIJ[u] ‹pertice› et dimidia, terra Iohannis Bochi que tenet a domino Oliverio Ba(u)salino totidem, casamentum Facini et fr(atris) de Petenariis XVJ pertice minus[v] J pede, casamentum Agineli qui tenet a Bonçeno XVJ pertice et casamentum Losci de Petenariis XIJ ‹pertice› et IJ pedes, ab allio VIJ pertice et J pede, et Girardus de Bricio iuxta Luscum XJ pertice minus J somisu, ab allio latere iuxta via VIJ pertice; tanta[w] terra que designata est a terra domini Bonifacini dicimus a mensura in fora designamus comuni VJ perticas: IJ in via et IIIJ in fosato. Casamentum Açonis de Cagari[x] iuxta via x pertice et dimidia, terra Martini de Malvisino pertice versus sero XXVIIIJ° pertice et per longum XLVIIIJ° pertice, item casamentum Açonis de Cagari et casamentum Çilii de Casare XJ pertice, casamentum Artuichi XJ pertice minus IJ pedes, casamentum Iohannis Manarie qui tenet a domino Boneto pertice et dimidia, casamentum Albertini de Stela qui emit a domino Boneto xx pertice, et casamentum Alberti de Alexio xx pertice, ab allio latere XXJ pertice minus J pede, casamentum heredes Iohannis Pocari[y] VJ pertice, |8r| casamentum Buli VIIJ pertice et J pede, ab allio latere VIIJ pertice medium pede minus, casamentum heredes Iohannis Adelgausi VJ pertice minus I pede, casamentum Iohannis de Gitarello XIIJ pertice et dimidia, casamentum Gerardi de Luiça XXV pertice minus I pede, casamentum Martini de Luiça XIIJ pertice, casamentum Stefani de Tafantello[z] V pertice et IIJ pedes, casamentum Osane de Arcile XIIIJ° pertice, casamentum Albertini de Sapavitis que tenet ab imperatore XVIIJ pertice minus J pede et dimidium, casamentum Ardicionis Migalele XIIIJ pertice, IJ pedes et dimidium minus, item predictum casamentum Sapavitis XVJ pertice, casamentum Manfredus Cantelle XIIJ pertice et dimidia; et VIIJ perticas dicimus ibi esse comuni. Ab isto casamento usque ad casamentum Girardi de Boccia designamus[aa] VIIJ perticas in via et in fosato. Item casamentum Cantelle per longum XXVIIJ pertice et extraverso XJ pertice et dimidia; et VIIJ perticas dicimus esse comuni. Sicut tenet ista casamenta, casamentum domina Henglerada de presbitero Petro VIIIJ pertice et dimidia; et designamus ibi VJ perticas in comuni[bb] ab ista in forra, ab alio latere VIIJ perticas et i pede. Casamentum Manfredus Cantelle xiij pertice et ij pedes, et casamentum Berti de Ferris[cc)] de Maria vij pertice et ij pedes; et comuni vj perticas et dimidiam. Casamentum Petri Maseli qui tenet a plebe viiij pertice et dimidium[dd)] pede; et vj perticas designamus in via et in fosato. Casamentum Iacobini de Çorcio quod tenet per Iohannes de Girardacio xxj pertice et iiij pedes, casamentum Uberti Polanii[ee)] xxiiij° pertice; et vj perticas in comuni designamus in via et in fosato. Casamentum Iamboni Alberti incipiendo a terra Iohannis de Regincis xiij pertice et ij pedes; et vj perticas designamus comuni. Casamentum Martini de Guido de Berto xij pertice et ij pedes et iij digi‹t›us, item casamentum Iamboni de Alberto[ff)] a latere Martini xij pertice et ij pedes et iij digitos; et vj perticas comuni. Item casamentum dicti Martini xviiij pertice et ab allio capite Calperipe Perosa vij pertice et dimidia; et dimitimus comuni ibi perticas per medium viiij perticas et dimidiam in comuni. Casamentum Iohanelli de Çorça a capite iuxta Calperosa viiij pertice et ij pedes et per longum xxvj pertice minus ij pedes et medio; et a capite iuxta via relinquimus iiij ‹perticas› comuni; et ab allio capite viij pertice; et vij perticas designamus comuni. Ab allio capite casamentum Iohannis Vetori viij pertice minus i pede iuxta terra Iohaneli et ab allio capite vj pertice et per longum xxj pertice minus i pede; et vij perticas et dimidiam dicimus esse |8v| ibi comuni inter via et fosatum. Et ita laudavit et confirmaverunt et laudaverunt predicti iurati et Widus Segadure qui supervenit similiter laudavit et confirmavit omnia suprascripta. Actum in Montesscilice in predictis locis, suprascripto die, coram predictis testibus.

Ego Audus sacri palcii notarius interfui et iussu suprascriptorum iuratis[gg)] scripsi.

(SN) Ego Montagna notarius filius magistri Çeni cerdonis, existens in oficio comunis Padue ad discum Ursi coram discreto viro domino Bartolameo de Borselis iudice et oficiale comunis Padue ad dictum discum in potestaria nobilis militis domini Pini de Vernaciis de Cremona, hoc suprascriptum instrumentum sumptum ex autentico supradicti Audi notarii iussu et auctoritate dicti iudicis bona fide scripsi et exemplavi curente anno Domini millesimo trecentesimo octavo, indicione sexta, die nono intrante mense augusti, presentibus Saceto notario de Campagnola et Laurencio notario quondam Meliorini sociis et notariis ad dictum discum.

a) *nel marg. sn. di mano A* b) *ms:* de c) *corretto su* Regelge d) *spazio bianco di 8 mm* e) *corretto su* Viodonis f) *segue* Enregaciis *depennato* g) *ms:* trentera h) *ms:* iuusta i) *lettura incerta per dubbio sul valore del segno posto sull'ultima lettera* j) *segue* xvij perticas *depennato* k) *lettura incerta per dubbio sul valore del segno diacritico posto sopra l'ultima lettera di* via l) *cosí in ms* m) *cosí ms, forse per* infra *o* in fora n) et in medio *ripetuto* o) *corretto su* xxxiiij p) *segue* in fosato *depennato* q) *cosí in ms* r) *segue* in fosatum *depennato* s) *segue* totidem *depennato* t) *o, in alternativa,* Çanne u) *corretto su* xxij v) *segue* v *depennato* w) *ms:* ta *con segno abbreviativo generico* x) *con lettera soprascritta, forse* l, *su* ga y) *o, in altrenativa,* Pacari z) Tafantello *con segno orizzontale sopra* Ta aa) *segue* viiij *depennato* bb) *ms:* camino cc) *scioglimento dubbio; nel ms:* fris *con sovrapposto segno abbreviativo ondulato orizzontale* dd) *ms:* dm *senza alcun segno d'abbreviazione* ee) *lettura dubbia* ff) *seguono cinque lettere depennate* gg) *cosí in ms*

7

Quedam dessignacio casamentorum et terrarum quorum memoriam non est nostro tempore. 1407.[a]

(SN) Anno Domini millesimo cc xj, indicione xiiij, die veneris qui fuit xiij intrante madio, in presentia Dominici de Çunço et Prando de Lea et Pançe et Benenati de Malaparte et Frugerii Aquarolus et Moncelselus Tercecose. In eorum presentia tempore consularie domini Matei et Iohannis Girardacii et Bignoti et Manfredi de[b] Iambono de Alberto, dominus Palmerus et Opicinus et Bonçenus de domino Urso et Vainancius et Petricinus Gasperge et Mainetus de Bancis et Stefanus de Tafantello, electi in comuni concione Montisscilicis et iurati ad decernendum delivi ominum[c] a comunia Montisscilicis, ita designavere. In primis casamentum Alberti de domino Episcopello x pertice iuxta via; et dicimus ibi[d] in boca fosati vj perticas esse comuni; ab allio capite x pertice; et iiij perticas dicimus esse comuni. Ibi ab ipso capite ipsum casamentum tenet[e] filius Scalinus ab ipso domino Alberto et ab ipsa loca in antea non debet e(sse)[f] de comune nisi iiij° pertice, et ipsum casamentum per longum iuxta fosatum xxxj minus i pede; et dicimus v perticas: iiij° in fosato et i perticam in via. Casamentum dicti Alberti qui tenet Gona ab uno latere xxviij[g] pertice et i pede; vj perticas dicimus esse comuni. Et casamentum qui tenet Dominicus de Çunço et Oliverio de Pazo a domino Alberto xxviij pertice et uno pede; et vi perticas dicimus esse comuni: ij perticas in via et iiij° in fosato. Casamentum Nicolai de Çopo qui tenet a domino Frugerio xv pertice iuxta Oliverium de Paso, et ab alio a latere xxj pertice et ij pedes; et dicimus ibi iiij perticas in fosato et i perticam in via. Casamentum Tardi qui tenet a Sancta Iustina de plebe |9r| a latere iuxta dominum Frugerium xiij pertice et dimidia; et ibi reliquimus vj perticas; et ab allio latere xxj pertice; et v perticas et i pede in boca de la intrata dicimus esse comuni. Casamentum Iamboni de Roberto et fratribus[h)] iuxta intrata x pertice et dimidia ab intrata Moncelesi incipiendo; et v perticas dicimus esse comuni. Casamentum Pacele iuxta illorum[i)] ‹de Ro›perto x pertice et[j)] medium pede, et illo de Roperto[k)] totide‹m›; et v perticas reliquimus comuni. Item casamentum Racole qui tenet a Sancto Çacharia a latere suo allodio xij pertice; et vi perticas et ij pede[l)] reliquimus comuni. Casamentum Iohannis Calvi qui tenet a Sancto Çacharia iuxta Racole xvj pertice et ij pede;[m)] et v perticas et dimidiam reliquimus comuni. Casamentum illorum de Andrea Solo iuxta Sancto Çacharia xij pertice et dimidia; et reliquimus comuni v perticas et i pede; ab allio latere xvj pertice et i pede; et reliquimus comuni v perticas et i pede. Casamentum Dominici de Hengelenda et casamentum de Sancta Iustina qui tenetur per herede‹s› Eri xxxiij pertice et i pede; et v perticas et dimidiam dicimus esse comuni ibi; et in casamentum Iamboni de Terçacosa a latere illo de Sancta Iustina xviiij pertice et dimidia; et reliquimus comuni v perticas et iiij pedes. Casamentum heredes Litolfi iuxta Bonum viiij pertice et i pede et ibi per medium v pertice; et una perticam reliquimus comuni; ab allio latere vij pertice et i pede et per longum xvi pertice et dimidia; ibi per medium vj perticas reliquimus comuni. Casamentum Vilenconis quod tenet a Sancto Çacharia viiij pertice; et reliquimus ibi per medium vij perticas comuni. Casamentum Alberti de Piperelo qui tenet a Sancto Çacharia iiij pertice; et vij et dimidiam reliquimus comuni. Terra que tenet a Sancto Çacharia iuxta illorum de Piperello v pertice minus i pede; et reliquimus iiij perticas et dimidiam in via et iiij° in fosato; et in medio v pertice et i pede et dimidium; et ibi per medium reliquimus xj perticas comuni; et ab allio capite v pertice; et iiij perticas reliquimus comuni ibi per medium; et per medium xxxij pertice et dimidia; et iiij reliquimus comuni. Terra que fuit[n)] filii Petri de Çona iiij pertice et i pede a capite versus montem et per longum xxxv pertice et I pede; et IIIJ perticas reliquimus comuni a via publica usque huc, et inter duas pecias terre de Foscolis[o)] et fratre relinquimus et designamus IIIJ perticas comuni. Et terra Aquaroli VIJ pertice et dimidia in cantone terre Bonifacini; IIIJ° perticas reliquimus comuni; et in capite VIIIJ pertice et uno pede, et XIJ pertice et media per longum; IIIJ perticas dicimus esse comuni. Casamentum Manfredi et Petri Lepore XIIJ pertice. Casamentum Martini et Marie de Lepore XIJ pertice et dimidia, et XIIIJ° perticas ‹et› I pede dicimus. Casamentum Petri de Ecilino; et IIIJ° perticas dicimus esse comuni. Ab illa terra Aquaroli usque huc, terra Grimaldi de Milano a latere iuxta Petrum Ecelini XL pertice, ab allio latere XLVIJ pertice minus I pede, et terra Iohannis Pelegrini iuxta Grimaldum XLVIJ ‹pertice› minus I pede, et ab alio latere iuxta comunem LVIJ pertice; et dicimus IIIJ fosati ibi. Terra Sancto Çacharia |9v| que tenet Albericus et filius Albineli, a capite via XXVJ pertice, ab allio capite XVJ pertice; ab allio comuni. Terra cum v(ineis) que tenet Gislobardo a capite iuxta Albertum XIIIJ° pertice et uno pede. Terra Bardi XIIIJ pertice iuxta Oliverium. Terra Oliverii de Uguçone et fr(atris) iuxta Bardum IIIJ pertice minus I pede, ab allio capite V pertice. Terra Dominici de Adam et Adameti que tenet a Sancto Çacharia V pertice a capite Oliverii, ab allio capite IIIJ pertice. Terra domini Albertini de Benencae LXVIJ pertice. Clausura domini Petri a latere XLVIIJ pertice minus I pede, et in medio XLVIIIJ° pertice minus I pede, ab allio capite incipiendo a cantone de intus et venit Petrum ad portam XIIIJ° pertice et dimidia et medium pedem.[p)] Et incipiendo a cantone domus Sancti Çacharie a capite de supra designamus XL pedes in comune, usque ad flumen dicimus esse comuni. Casamentum Albertini de Gabarelo et fr(atris) VJ pertice et IJ pedes in Cal de Ripa, ab allia parte dicimus una via de XIJ pede;[q)] ab alio capite VIIJ ‹pertice› et dimid(ia), ab allio latere XIJ pede[r)] in via. Casamentum Elegeta de Palusole[s)] IIIJ pertice minus IJ pedes, ab allio capite iuxta cantonem Martineli VIJ pertice et IJ pede; ab allio latere dicimus XIJ pedes de via. Terra filii Beroerii a cantone de supra mensurando VJ pertice a latere via, et in capite VJ perticarum debet esse V pertice minus uno pede, et a capite iuxta Martinellum VIIIJ[t)] pertice minus I pede et dimidium; ‹ab› alia parte XIJ pede[u)] in via. Terra Martineli de Gumbo iuxta filios Beroerii VIIIJ pertice ab allio letere, ab allio capite X pertice minus IJ pedes. Et ita laudaverunt et confirmaverunt omnia suprascripta. Actum in Montesscilice in predictis locis isto die coram predictis testibus.

Ego Audus sacri palacii notarius interfui et iussu suprascriptorum iuratorum scripsi.

(SN) Ego Montagna notarius filius magistri Çeni, existens in oficio comunis Padue ad discum Ursi coram discreto viro domino Bartolameo de Borselis iudice et oficiale comunis Padue ad dictum discum in potestaria nobilis militis domini Pini de Vernaciis de Cremona, hoc suprascriptum instrumentum sumptum ex autentico supradicti Audi notarii iussu et auctoritate dicti iudicis bona fide exemplavi curente anno Domini millesimo trecentesimo octavo, indicione sexta, die nono augusti, presentibus Saceto notario de Campagnola et Laurencio notario quondam Meliorini sociis et notariis ad dictum discum et aliis.

a) *nel marg. sn. di mano A* b) de *ripetuto* c) *così in ms* d) *segue* in fosa *depennato* e) *ms:* denet f) *lettura dubbia* g) *segue* et *superfluo* h) *così in ms* i) *ms:* ullorum j) *segue* di *depennato* k) *ms:* Ropto l) *in ms* pede *è seguito da* li, *che ometto* m) *così in ms* n) *segue* Petri *depennato* o) *ms:* Focolis *con* s *aggiunto nell'interlinea sopra le lettere* oc p) medium pedem *in ms* q) *così in ms* r) *così in ms* s) *o, in alternativa,* Palusele t) *segue* pedes *depennato* u) *così in ms*

8

|10r| Anno Domini millesimo CC XIJ°, indicione XV, die IIIJ° exeunte februario, a Sancto Martino Novo de Montescilice, presentibus dominis Oliveriio de domino Bonifacino et Tebaldo et Artuicho Corsale et Albertino Belalto consulibus tunc Montisscilicis et domino Gerardo de domina[a)] Palteneria et domino Aicardino iudice, domino Iohanne de Gerardacio, Albertino de Benencasa et Iacobino de domina Berta et aliis quampluribus hominibus laudantibus et confirmantibus in comuni concione Montisscilicis ut omnes deberent refutare totum id quod designatum fuerit eis in comuni per iuratos comunis Montisscilicis a potestaria domini Mancii de Andrea de Roncho hinc usque. Dominus Bonçenus de domino Urso refutavit totum id quod designatum fuerit ei in comuni per iuratos comunis Montisscilicis a potestaria domini Mancii usque ad hunc diem et idem dominus Oliverius de domino Bonifacino fecit idem. Et Iohannes de Dominico Altride idem fecit. Et idem fecit Iacob(o et) Clarice et Beciblus[b)] de Valexela

idem fecit. Et dominus Araldus iudex idem fecit. Et Tebaldus de Tebaldis idem. Et Garimundus de Iohanne Garimundi idem. Et Petrus de Sigiprando idem. Mateus de Facino Romanelli idem. Manfredus de Pança idem. Bonetus de Cadalo idem. Dominicus de presbitero Martino idem. Iohannes de Marcexano idem. Gandolfinus de Bonisenda idem. Bonacursus de Maiello idem. Guido de Sanitai idem. Geradus de domino Frugerino idem. Dominus Blaxius de domino Bonifacio idem. Iohannes de Almengarda idem. Albricus Gafarelus idem. Amolone idem. Xendrus de Nigrelo idem. Gerardus Polanus idem. Micael de Prando Maxello idem. Iacobinus de domina Berta idem. Abrianus de Pempolai idem. Dominicus de Aldrevan‹d›o idem. Iohannes D(ede) idem. Homodeus de Viducio idem. Vido de Miliana idem. Omnes suprascripti refutavere in manibus Bertaldi et Vidonis Sanitatem canipariorum comunis Montisscilicis recipientium pro ipso comuni, ut supra legitur in integrum.

Item eodem die et in eodem modo et tenore presentibus consulibus et Audo notario, Maria de Gumbertino de Repeselo et Iohanni de Restaboi et Michael de Clemento, Aldegausus, Ioanonus de Villa, Araldus, Rodulfus de Pollanis, Girardus de Marcexano, Albertinus de Hengunda, Alperius de Lee, Martinus de Gompo, Blaxius de Gompo pro suo nepote, Gerardus de Gerardaciis, Giselbertus notarius, Benetus de Malaparte, Dominicus de Sartore, Micael de Restaboi, Iohannes de Isnardis, Vitalis de Ugone, Gombertus de Girardo Braida, Iohannes Pelosus, Bullus, dominus Odus, Gombertus de Braçorupto, Albertinus de Prando de Maxello, Martinus de Dominico Petri Bla‹n›chi, Bonifacius de Foscolis, Bencius de Bocasio, G(au)sel(m)us de Martino refuctaverunt omnes. Actum in Montiscilice, testibus ut supra, e[tcet]era.

Et cum aliud instrumentum |10v| a me Giselberto notario eiusdem tenoris ollim confectum fuisset, timens ne malicee causa dicentur perditum, ad removend(am) omnem ambiguitatem suprascripti consules et Palmerius et Audus notarius et Bertaldus dixerunt iuramento quod eum admiserant, quasi de iussu domini Barocii de Burgo tunc Padue potestatis et domini Vidonis iudicis et vicarii comunis Padue et ei‹us›dem potestatis ut in seda a me inde confecta reperi contineri, nichil addens vel minuens quod sentenciam mutet, denuo hoc instrumentum bona fide scribsi.

(SN) Ego Giselbertus sacri palacii notarius interfui, ut audivi, intelexi, et vidi, scribsi.

(SN) Ego Montagna notarius filius magistri Çeni cerdonis, existens in oficio comunis[c] Padue ad discum Ursi coram discreto viro domino Bartolameo de Borselis iudice et oficiale comunis Padue ad dictum discum in potestaria nobilis militis domini Pini de Vernaciis de Cremona, hoc suprascriptum instrumentum sumptum ex autentico supradicti Giselberti notarii iussu et auctoritate dicti iudicis bona fide exemplavi curente anno Domini millesimo trecentesimo octavo, indicione sexta, die nono augusti, presentibus Saceto notario de Campagnola et Laurencio notario quondam Meliorini sociis et notariis ad dictum discum.

a) domina *sovrascritto nell'interlinea* b) *lettura dubbia* c) comunis *ripetuto*

9

Quedam designacio casamentorum et terrarum[a] *etcetera.*[b]

(SN) Anno Domini millesimo CC XIJ, indicione XV, die veneris IIJ intrante marcio, tempore consularie domini Tealdi et Oliverii de domino Bonifacino et Artuichi et Alberti de Marothai, in presentia domini Iacobini et fratris et Bel(ini) et Frug(erii) de Toperga et Dini, in eorum presentia dominus Palmerius et dominus Opicinus et Vainancius et Petrecinus Gasperge et Vido de Cagadomine et Manetus de Banchis et Stefanus de Tafantelo numerati et laudati in concione Montisscilicis, ita quod designavere in Cal de Ripa. Terra domini Boneti quem tenuit Regenaldus XVIIJ pertice et dimidia et casamentum qui fuit Baldasera IIIJ pertice minus uno pede; et totam aliam terram inter ipsos dicimus esse comuni. Casamentum Botis iuxta viam VIIJ pertice et dimidia, terra illorum de plebe et ab latere vie XJ pertice et dimidia; aliam dicimus esse comuni. Suprascripta de Boto a capite de suptus VJ pertice et IJ pedes et dimidium, suprascripta terra de plebe XIIIJ pertice; aliud dicimus esse comuni. Terra Bricii iuxta Bote VIIIJ pertice et IJ pedes et dimidium et in medio VJ pertice et dimidia et ab alio[c] latere iuxta filie Vidonis[d] XXIIIJ pertice et uno pede; et terra filie

Guidonis xxiiijº pertice et uno pede iuxta Oricium,[e] ab allio latere xxxj pertice minus i pede; item terra Bricioli totidem iuxta filie Vidonis, ab allio latere |11r| xxxiiij pertice; terra vetis Çinçanie iuxta Bricium totidem, ab allio latere xxxv pertice; et terra heredes Ç(ur)atus totidem; terra Bote viiij pertice minus uno pede a capite de supra, ab allio capite i‹u›sta via v pertice; totam alliam dicimus esse comuni. Terra Ganldulfini de Puteo Sancti Laurencii xxx pertice et dimidia per longum, sicut venit fosatum designatum, ab altera parte et a capite iuxta via xxij pertice et dimidia et ab allio capite totidem, item in medio xxiiij pertice; terra Aldregini que tenet a Sancto Paulo xxviij pertice et dimidia; et terra Marcii de Vinço iuxta Aldriginum totidem, ab allio latere xxx pertice a terra Gandolfini; sicut designatam est ab illo t(ermino) designamus xxiiij ‹perticas› comuni versus terra[f] domini Opicini. Terra domini Frugerii et domini Gerardi xxx pertice et terra Fredi xxx pertice et uno pede per medio et terra Çanelli in medio per longum xxxviiij pertice; et in medio earum dicimus esse comuni et ab allio latere de suptus terra Fredi xxviij perticas. Terra filiorum Facini de Romanello a capite de supra xxxxviiij et in medio xxxviiij pertice minus ij pedes et ab allio latere xxxv pertice et extraverso incipiendo iuxta nogaram xxj pertice minus i pede et dimidium et in medio iuxta figarum a latere de suptus xxxiiij pertice et a capite de suptus xxx pertice minus ij pedes; terra Stefana a capite de supra vj pertice minus ij pedes et in medio viiij pertice et ab alio latere per longum xiij pertice; item terra filiorum[g] Bonifacini que tenet a plebe xiiij pertice iuxta Stefana, ab alio latere i‹u›sta terra Vivianum xiiij pertice et dimidia et terra Viviani totidem, ab allio capite per testa terra Viviani xiiij pertice et dimidia; et tota terra in medio suprascriptarum terrarum dicimus esse comune. Item terra filiorum Bonifacini per longum xxij pertice et ij pedes, terra domini Oderici incipiendo a terra Boneti et venit a terra Iohannis de Berga xxxviiij pertice et i pede et dimidium, item terra domini Oderici incipiendo a nogara et venit a terra inperatoris xvj pertice et dimidia, terra Iohannis de Berga xxiiij pertice per longum et terra heredis[h] Odonis de Çunfeto xxxiij pertice et i pede, item terra filiorum Bonifacini xxxij pertice et i pede, terra inperatoris que laboratur per Lanfranchinum xxij pertice iuxta filios Bonifacini, ab allio latere xvij pertice et i pede; alia est comuni. Terra Martini de Liuterio iuxta filios Vidonis de Rainaldo xxxviij pertice et dimidia et terra filiorum Vidonis totidem, terra Erbori que tenet ab inperatore xxxiiij pertice ab latere via, ab alio latere xxxiij pertice; terra domini Frugerii que tenet Petrus faber xxxiij pertice minus uno pede ab latere via et ab allio latere xxxviij pertice; et terra Michaelis iuxta Petri xxxviij pertice et ab allio latere xl pertice et dimidia; et terra heredes Bonceni iuxta Micaelem xl pertice et dimidia, ab allio latere xl pertice; terra Açonis Penonis xx pertice et ij pedes; terra Iohannis Alcarde iuxta Açonis xx pertice et ij pedes, ab allio latere xxxvj pertice minus |11v| ij pedes; terra Vitalis de Ugo xlvj pertice et i pede; terra Micaelis xxij ‹pertice› et dimidia; terra Basadona a capite de supra viiij pertice et i pede et ab allio capite xiij pertice minus[i)] medium pede; totam aliam supradictarum dicimus esse comuni. Terra Açonis Penonis iij pertice et ij pedes et dimidium, ab allio capite iiij pertice uno pede et dimidium minus; et terra Bernardi iusta Açonis totidem, ab allio capite iiij pertice; terra Paieli a capite de supra xxij pertice et dimidia, ab allio latere xxv pertice minus i pede; terra illorum de Salarola viij pertice et uno pede iuxta Paiellum et in medio viiij pertice et i pede et ab allio capite xviiij ‹pertice› et dimidia; terra Sancto Çacharia xxxviij pertice et dimidia; aliam dicimus esse comuni. Terra Laurencii notarii xiiij pertice et dimidia; terra Sancti Petri que tenet Armanum et alium que tenet xandrina xxxj pertice et dimidia; terra Petri Perdibursa que tenet a Sancta Iustina a capite vie iiij pertice et a capite terra Blaxii terra Petri v pertice; terra Manfredi que tenet a Sancta Iustina vij pertice et dimidia et dimidium pedem; casamentum Moncelgani qui tenet a Blaxio vij pertice a capite via, ab alio capite v pertice; aliam dicimus in medio esse comuni. Terra Pengi a capite terra Blaxii xviiij pertice, ab allio latere xxiij pertice et i pede; terra Casteli que tenet a Bartolameo de Villa iuxta Pengum xxiiij pertice, ab alio latere xxiiij et dimidia; aliam est comune. Terra presbiteri Alberti per longum xxv pertice et dimidia et per testa de supra v pertice et in medio v pertice et iiij pedes et ab allio capite viij pertice minus i pede et dimidium et per longum xvij ‹pertice› et dimidia supra des[to]rum; terra Valeri xxv pertice per longum, in medio terra Fosca de Broloso xxviiij pertice et ij pedes minus; ab illa in fora xxiiij pedes comuni. Terra filiorum Cuchi et ab uno latere de supra xxviiij°, ab allio latere xxx[j)] pertice et ibi per medium casaria j pertica; terra curie xxxvij pertice et ij pedes; suprascripta terra casare vij pertice et dimidia; terra Constancii qui tenet a

Bartolameo IIIJ pertice et dimidia, item iusta terra casare[k)] a capite de sutum IIIJ pedes; terra Gumbertini de Aicardo XIIIJ pertice et IJ pedes, ab alio capite XIIJ pertice minus IJ pedes; ab illa in fora IIIJ pertice supra Lelo[l)] et supra Vivianus, item iusta terra Gumbertini per longum XXVIJ pertice et J pede. Terra plebi[m)] iuxta Gumbertinum[n)] XXIIIJ pertice minus[o)] IJ pedes; terra Muti et fratri[p)] XXIIJ pertice ab latere terra plebis, ab alio capite per testa VIJ pertice et IJ pedes et dimidium in medio; item terra Muti et fratris XVIIJ pertice et IJ pedes; terra Maineti de Banchi XL pertice per longum; terra Bricii de Açola a latere Muti XX pertice, ab allio latere XXXV pertice et dimidia; terra Iohannis de Corsalis a latere Bricii XXXJ pertice, ab allio latere XXXIIJ pertice et dimidia; terra Matielda de Çanto XXXIIJ pertice et dimidia, ab allio latere XXXVIIIJ et dimidia et per testa VIIIJ° pertice; et relinquimus[q)] IIIJ perticas in comune |12r| a clausura Gumbertini de Aicardo, ab illo in fora sicut est designatum versus prati de Pacimea et IIIJ perticas relinquimus supra terra Eri sicut designata terra Manelli. Terra filiorum Iohannis de Milano per testa a capite pratis VIIJ pertice et dimidia, ab alio capite XVJ pertice et dimidia; terra filii Enginolfi de Renaldo a capite XXXVIIIJ pertice, ab allio capite XXVJ pertice; terra Buli de Ordana a latere filii Henginolfi VIJ pertice et I pede et ab allio capite XVIIIJ pertice et IIIJ pedes; terra Alberti de Alexio XJ pertice et I pede, casamentum iuxta Micaelem V pertice et dimidium pedem; inter ipsos IIIJ° pertice comuni ab allio capite. Terra Micaelis IIIJ pertice et IJ pedes, casamentum Alberti VJ ‹pertice› minus J pede, casamentum ‹a› capite iuxta Micaelem IJ pertice et IJ pedes de Iohannis cavalario, ab allio capite VJ pertice, terra Iohannis Pelegrini XLIIJ pertice et dimidia, et de Çilioço totidem, et terra illorum de Çucho XXXIIIJ pertice minus IJ pedes, casamentum Gumbrici VJ pertice, ab allio capite VJ pertice minus I pede, casamentum Cavalonis VJ pertice et dimidia, ab allio capite VIIJ pertice minus IJ pedes, terra Matei XVJ pertice; ab allio capite incasamentum (Simeon) Alixii designamus IIIJ perticas in comune. Casamentum illorum de Sartoris incipiendo a via consorcium XIJ pertice, casamentum he(redum) Boceti XIIJ pertice iuxta Mateum et ab allio capite XIIIJ pertice minus I pede; dicimus XIIJ perticas. Casamentum P[..]h[...] I pertica a capite iuxta filie Baiche, ab alio capite iusta casamentum Sartoris X pertice et casamentum Cavorcii et nepotis X pertice iuxta illorum de Sartores et X in medio et casamentum Rich[içe] IIIJ pertice minus IJ pedes et casamentum iuxta Tebaldi totidem et iuxta Richiça, ab allio latere capite v pertice et IJ pedes iuxta viam, casamentum Cavorcii VIIJ pertice et I pede iuxta via; et designamus in medio suprascripte terre designate IIIJ perticas in comuni. Et ita laudamus et confrimamus[r)] nos omnes iurati vel iusta suprascripte terre. Actum in Montescilice, in predictis terris, predicta die, coram[s)] predictis testibus.

Ego Audus sacri palacii notarius interfui et iussu suprascriptorum iuratorum scripsi.

(SN) Ego Montagna notarius, existens in oficio comunis Padue ad discum Ursi coram discreto viro domino Bartolameo de Borselis iudice et oficiale comunis Padue ad dictum discum in potestaria nobilis militis domini Pini de Vernaciis de Cremona, hoc suprascriptum instrumentum sumptum ex autentico supradicti Audi notarii iussu et auctoritate dicti iudicis bona fide exemplavi curente anno Domini millesimo trecentesimo octavo, indicione sexta, die decimo augusti, presentibus Saceto notario de Campagnola et Laurencio notario quondam Meliorini sociis et notariis ad dictum discum.

a) *segue* in *depennato* b) *nel marg. sn. di mano A* c) *segue* cap *depennato* d) *segue* XIIIJ *depennato* e) *probabilmente per* Bricium f) *si vorrebbe* terram g) *segue* Facini *depennato* h) *corretto su altre lettere non chiare* i) *segue* I pede *depennato* j) *segue* v *depennato* k) *segue* VIJ perticas et dimidiam *depennato* l) *lettura dubbia* m) *con segno abbreviativo superfluo sopra* p n) *corretto su* Gumbertinus o) *segue* IIJ *depennato* p) *cosí in ms* q) *segue* comuni *depennato* r) *evidentemente per* confirmamus s) *seguono 4 lettere depennate*

10

Quedam emptio comunis Montisscilicis facta sibi de libris septem millibus parvorum.[a)]

(SN) Anno Domini millesimo CC XIIJ, indicione prima, die secundo exeunte ianuario, presentibus domino Mateo de Pegoloto et Maio Iohannis Albertini, Prosdocimo notario et domino Iohanne de |12v| Salvaçano et domino Araldo et domino Aicardino et domino Iohanne de Boneto iudice et Bartolameo de Villa et Iacobino de domina Berta et domino Nicolao et domino Leonardo et aliis. Nomine venditionis ad proprium, dominus Odoricus de Gumberto et dominus Iacobus

Sancti Andree eius filius investivere dominum Tealdum et Oliverium domini Bonifacini et Artuichum de Corsale et Albertinum Bela(n)tium et dominum Odonem et Albertinum de Benencasa et Ugolinum de Uspinello consules Montisscilicis respicientes[b] pro ipso comuni Montisscilicis de omnibus terris et possessionibus quas ipsi vel alii pro eis habent vel tenent vel laborant vel habuerunt et tenuerunt a festo sancti Petri nuper preteriti in ça, excepta peciola una de terra quam dominus Odoricus dixit se vendidise Widoni de Cachgadomine,[c] in Montescilice et in eius confinibus tam in montibus quam in planiciis et in Frasenaria et in Fosa Menai et in Arcere Beçai et in Puteo Pradella et in Carpenedis in Cavalcaucola et in Caracedis et in finibus dictorum locorum et in Costaldulo et in Costalodeverto, et generaliter de omni eo quod laboratur et tenetur per homines Montesscilicis ab eis vel pro eis in dictis locis vel circha dicta loca in casamentis, in vineis, campis arativis, pratis, vigris, cultis et incultis, nemoribus, paludibus, vallibus, cum viis, ingressibus et egressibus, amplis, usibus aquarum aquarumque ductibus, cum inferioribus et superioribus, venactionibus, piscacionibus et cum omni honore et districta et regulacione ad eos pertinentes in predictis rebus; exceperunt namque predicti venditores in suprascripta vendicione servos suos et mobilia sua et servorum suorum et totum illud quod ad eos pertinent de bonis domine Speronelle quos et que in se retinuerunt; pro septem milibus libris denariorum venetorum minus C et[d] LXVIIIJ libras venetas quas confesi et manifesti fuerunt predicti venditores sese nomine certi et finiti precii a predictis consulibus pro predicto comuni dantibus accepisse. Et si plus dicto precio valeret, eis nomine donacionis dederunt et conceserunt et sese bene[e] fore solutos clamaverunt et pactum de non petendo eis fecerunt et exceptioni non numerati et non traditi precii renunciaverunt. Quam autem suprascriptam vendicionem et donacionem in integrum dicti venditores vendiderunt, tradiderunt, atque donaverunt predictis consulibus pro dicto comuni Montisscilicis recipientibus una cum superioribus et inferioribus et cum omnibus iacentiis et pertinentiis suis. Et insuper dederunt, cesserunt atque mandaverunt dictis consulibus pro comuni Montisscilicis recipientibus omne ius omnesque actiones reales et personales quod et quas habebant vel habere videbantur in predictis rebus adversus quoscumque tenentes vel possidentes de predictis rebus et eos pro comuni Montisscilicis procuratores ut in rem suam constituerunt. Promiserunt quoque supradicti venditores per se suosque heredes |13r| unusquisque in solidum, renunc(iando) nove et veteri constitutioni de duobus reis debendis et cum obligacione bonorum suorum constit(uendo) sese pro comuni Montisscilicis possidere, supradictis consulibus pro supradicto comuni stipulantibus suisque successoribus suprascriptam vendicionem et donacionem ad proprium[f)] defendere et guarentare ab omni homine sub pena dupli, qualis tunc fuerit. Et si aliquo in tempore reperiretur aliquod de supradictis rebus feudum esse et evinceretur comuni vel ei qui causam haberet a comuni, promiserunt suprascripti venditores per sese suosque heredes unusquisque in solidum, ut superius dictum est, predictis consulibus pro comuni stipulantibus suisque succesoribus rem illam in simplum restituere qualis tunc fuerit et dispendium quod in tuendo rem illam et impetendo illud precium et dispensi quod factum fuerit a predictis venditoribus eis vel ei cui evicta fuerit resarcire totum promiserunt secundum quod suo sacramento declaraverint. Dederunt suprascripti venditores parabolam supradictis consulibus ingredi posessionem sua auctoritate constit(uentes) eciam se pro dicto comuni possidere ad voluntatem suprascriptorum consulum. Qui consules interdixere suprascriptis venditoribus ne amplius possiderent, quia possidere volebant, qui responderunt quod possidere nolebant set ipsi pro comuni possiderant et posesionem quam habebant consulibus pro comuni Montisscilicis refutaverunt.

Actum in Montesscilice in ecclesia Sancti Pauli.

(SN) Ego Giselbertus sacri palatii notarius interfui hiis omnibus suprascriptis et subscripsi.

(SN) Ego Monroellus regalis aule notarius interfui his omnibus suprascriptis et subscripsi.

(SN) Ego Audus sacri palatii notarius interfui hiis omnibus suprascriptis et subscripsi.

Ego Begnaminus sacri palatii notarius interfui et iussu parcium rogatus scripsi.

(SN) Ego Montagna notarius filius magistri Çeni cerdonis, existens in oficio comunis Padue ad discum Ursi coram discreto viro domino Bartolameo de Borselis iudice et oficiale comunis Padue ad dictum discum in potestaria nobilis militis domini Pini de Vernaciis de Cremona, hoc suprascriptum instrumentum sumptum ex autentico suprascripti Audi notarii iussu et auctoritate dicti[g] Begnamini notarii, iussu et auctoritate dicti iudicis bona fide exemplavi curente anno Domini millesimo trecentesimo octavo, indicione sexta, die decimo augusti, presentibus Saceto notario de Campagnola et Laurencio notario quondam Meliorini sociis et notariis ad dictum discum et aliis.

a) *nel marg. sn. di mano A* b) *verosimilmente per* recipientes c) *lettura probabile, non essendo chiaro l'intendimento del notaio riguardo al gruppo* chg d) *segue* XLJ *depennato* e) *segue* solutos *depennato* f) *con segno abbreviativo superfluo di* i *soprascritto alla* p *intermedia* g) *segue* iudicis *depennato*

11

Quedam assignacio et determinacio casamentorum et terrarum comunis facta a terris et casamentis hominum Montisscilicis.[a)]

(SN) Anno Domini millesimo ducentesimo quartodecimo, indicione secunda, quartodecimo die intrante setembri, in presentia Widonis de Cagadomine, Feste Frugerini Aquaroli, Çordanini de Frugerio, Gerardi de Sigo, Iohannis de Biso, Stefani de Tafentello et aliorum. Dominus Tebaldus et dominus Palmerius et Artuichus de Corsale iurati cum Petricino de Gasperga, uti aserebant, ad designandum et di|13v|scernendum comune Montisscilicis ab illo hominum Montisscilicis, primum designavere et mensurati fuere casamentum Sancti Çacharie, incipientes a porta eiusdem casamenti rete versus flumen fecere illud longum viginti et duas perticas et dimidiam; et deinde dixere esse vigintiquatuor pedes pro fosato comunis per latitudinem. Et ibi iuxta fuere mensurati casamentum illorum Olderici Çoti qui fuit longum decem et septem pertice cum illo quod tenet ut(erque) iuxta illud; et deinde similiter XXIIIJ° pedes pro fosato comunis. Casamentum domini Odonis quod tenet Contisina et soror et Albertus Brellosus fuit longu‹m› sexdecim pertice et dimidia; et deinde pro fosato comunis XXIIIJ pedes, ut supra. Casamentum quondam Albertini fabri et Petri eius fratris quindecim pertice et dimidia; et deinde pro fosato XXIIIJ° pedes. Casamentum quod quondam fuit B(on)e fuere mensurati et dictus Petrus de Gasperga cum eis qui laudavit et firmum habuit id quod dicti eius socii usque ibi fecerant, incipientes a casamento Albertini de Bernardo, fuit amplum decem pertice; et deinde xxiiij[b] pedes pro fosato comunis, ut supra. Casamentum quod tenet Bernardus de Pelao pro domino Aicardino a casamento Manfredi de Biada tres pertiche et unus pes; dein‹de› xxiiij° pedes comunis. Casamentum quondam Bonçeni de Gamselino[c] sexdecim pertice et dimidia; et deinde xxiiij° pedes comunis. Casamentum Cresencii ibi iuxta ex illo latere duos pedes et dimidi(um), ab allio latere versus intratam que vadit iuxta casamentum domini Marci iudicis tres pedes et dimidi(um); deinde xxiiij° pedes. Casamentum quondam domini Marchi iudicis iuxta ipsam intratam xv pertice et dimidia, et ex allia parte infra illud casamentum recte per medium portam xvj pertice et dimidia; xxiiij° pedes comunis, ut supra. Casamentum quondam Donele sexdecim pertice et illud Iohannis Maçuchi decem et septem et dimidia; xxiiij° pedes comunis, ut supra. Casamentum quondam Borlengi sexdecim et dimidia cum toto porticu; et deinde xxiiij° pedes comunis, ut supra. Casamentum Iohannis Pelegrini et illud Cresencii decem et octo pertice et dimidia; deinde xxiiij° pedes comunis, ut supra. Casamentum domine Ricelde de domino Meliore decem et novem pertice; et deinde xxiiij° pedes comunis, ut supra. Casamentum Armengarde de Stefano x et novem pertice et dimidia; et deinde xxiiij° pedes comunis, ut supra. Casamentum quondam Brusalini viginti pertice et unus pes; et deinde xxiiij° pedes comunis. Casamentum Bonacursii quod tenet pro illud de Tebaldo et illud filiorum Griberge viginti et due pertice; et deinde xxiiij° pedes comunis. Casamentum filiorum quondam Homodei de Artusio quod tenet pro domino Palmerio[d] et Albrico eius fratre xxij pertice; et deinde xxiiij° pedes comunis. Casamentum quod tenet Martinus Tapini pro domino Bonifacino et illud |14r| domini Aicardini viginti et due pertice; et totum alliud deinde comunis. Casamentum Raimondi quod tenet pro domino Mateo supra flumen tres pertice pes[e] unus minus. Casamentum Restealdi quod tenet pro domino Frugerino novem perticas et duos pedes; et totum deinde comune. Casamentum quondam Vi(r)iseti quod est domini Gerardi decem pertice et duos pedes; et deinde totum aliud comune. Casamentum quondam filiorum Co(mmun)eli totidem; et deinde totum aliud comune. Casamentum quondam Polegrati similiter decem pertice et duo pedes; et deinde totum comune. Casamentum Benencae undecim pertice; et totum aliud comune. Casamentum quondam Fredi et Nicolai de Albertino de Raimundo sex pertice; et deinde totum aliud comune. Casamentum filiorum quondam Facini de Romanello XIIJ pertice; et totum aliud comune. Casamentum quondam filiorum Albertini de Raimundo decem et oto pertice et dimidia; et deinde XXIIIJ° pedes comunis, ut supra. Casamentum Micaelis de Çistina de Lusco quindecim pertice; et deinde XXIIIJ° pedes comunis. Casamentum Alberti de Tolberto totidem; et deinde XXIIIJ° pedes comunis. Casamentum magistri Galli quod tenet pro dominis de Figarolo quindecim pertice et duo pedes mensurando recte per medium; et deinde totum aliud comune. Casamentum quondam Widonis de Veglo et illud quod tenet filii quondam Coneti sexdecim pertice et duos pedes; et deinde totum aliud comune. Casamentum Adameti de Biaquino et Aldrigini de B(im)a quod tenet pro domino Albrico Desteso sexdecim pertice; et deinde totum comune. Casamentum aree domini Frugerini usque ad via publica sexdecim pertice et unus pes; et deinde aliud totum comune. Casamentum[f)] filiorum quondam Vitalis de Ugo totidem; et totum aliud comune. Casamentum domini Palmerii[g)] et domini Albrici eius fratris quod est extra fosatum decem et septem pertice et dimidia; totum aliud comune. Casamentum Codegini iuxta illud XVJ pertice; et totum aliud comune. Casamentum quondam Guidonis de Griberga quindecim pertice et duos pedes; et totum aliud comune. Casamentum Manuçole quod tenet pro domino Hengenulfo quindecim pertice; et totum aliud comune. Casamentum Norandini cum illo Ricardi et illud Boçolle et illud Turci quindecim pertice; et totum aliud comune.

Item postea quinto die intrante octubri in presentia Frugerini Aquaroli, Benedicti de Senico, Iohannis de Berga de Bona et alii suprascripti iurati, designavere et mensurati fuere: casamentum Tenti tredecim pertice et dimidia; et deinde XXIIIJ° pedes comunis. Casamentum quod est ibi iuxta illud quod tenet illi de Petro de Gasdia pro Sancto Petro tredecim pertice IJ pedes minus; et deinde XXIIIJ° pedes comunis pro fosato comunis. Casamentum Pelegrini de Riceça quod tenet pro domina Riceelda de domino Meliore XIJ pertice et dimidia; et deinde XXIIIJ° pedes comunis, ut supra. Casamentum quod tenet Martinus |14v| de Lovolo similiter pro suprascripta domina Ricelda[h)] ibi iuxta illud tredecim pertice et unus pes. Casamentum Dini tredecim pertice et dimidia; et deinde XXIIIJ° pedes comunis. Casamentum

Matei et Albertini de Roperto xiij pertice et unus pes; et deinde xxiiijo pedes comunis. Casamentum quondam filiorum Maçukeli tam alodii quam libeli duodecim pertice et dimidia; et deinde xxiiijo pedes comunis, ut supra. Casamentum magistri Bonaventure xiiijo pertice ij pedes minus; et deinde xxiiij pedes comunis. Casamentum plebis Clarimbaldi ibi iuxta totidem; et deinde xxiiijo pedes comunis; ab allio vero latere xiiijo pertice et iij pedes; et deinde ut supra. Casamentum Manducapanis xj pertice et ij pedes minus. Casamentum filiorum quondam Bericii de Sablone quindecim pertice ij pedes minus; et deinde xxiiijo pedes comunis,[i] ut supra. Casamentum Clementis xijo pertice et duos pedes; et deinde, ut supra, xxiiij pedes comunis. Casamentum Baldonis qui tenet pro domino Bonifacino tresdecim pertice; et deinde xxiiijo pedes, ut supra. Casamentum magistri Galli duodecim pertice et dimidia; et deinde xxiiijo pedes comunis. Casamentum Petriboni de Cirotullo xij pertice et unus pes; et deinde,[j] ut supra, xxiiijo pedes comunis. Casamentum Iohannis de Calvo vij pertice et unus pes; et deinde xxiiijo pedes comunis. Casamentum quondam Gerardi Saçe xiij pertice unus pes minus. Casamentum Albertini de Calvis qui tenet per domino Odone vj pertice et dimidia; et deinde, ut supra, xxxiiijo pedes comunis. Casamentum Petri de Rato quod tenet pro domino Frugerino xiij pertice et duos pedes; et deinde, ut supra, xxiiijo pedes comunis. Casamentum Blaxii de Randega xij pertice et dimidia; deinde xxiiijo pedes comunis. Casamentum Frugerii de Carboncello iuxta illud totidem, ab alio latere[k] iuxta Guidonem de Miliana xj pertice; et deinde xxiiij pedes comunis. Casamentum Vidonis de Miliana viiijo pertice duos pedes minus. Casamentum Begnoti quod est iuxta illud x pertice unus pes minus; et deinde, ut supra, xxiiijo pedes comunis. Casamentum Padavini Bote xj pertice; et[l] deinde xxiiijo pedes comunis. Casamentum Begnoti iuxta illud xj pertice, ab allio latere iuxta illud Sancti Danielis x pertice et dimidia; et deinde, ut supra, xxiiijo pedes comunis. Casamentum Sancti Danielis iuxta illud x pertice et dimidia; et deinde xxiiijo pedes comunis. Casamentum Iohannis de Braina x pertice; et deinde[m] xxiiijo pedes comunis. Casamentum domini Boneti quod tenet Iohannes Mustaçius iuxta illud x pertice et dimidia et ab allia parte quam tenet filius quondam Regenaldi vij pertice et dimidia; et deinde xxiiijo pedes comunis. Actum in Montesscilice in suprascripti locis. Testes ut supra.

(SN) Ego Laurencius domini Federici inperatoris notarius interfui et iussu suprascriptorum designatorum scripsi.

(SN) Ego Montagna notarius, existens in oficio comunis Padue ad discum Ursi coram discreto viro domino Bartolameo de Borselis iudice et oficiale comunis Padue ad dictum ‹discum› |15r| in potestaria nobilis militis domini Pini de Vernaciis de Cremona, hoc suprascriptum instrumentum sumptum ex autentico supradicti Laurencii notarii iussu et auctoritate dicti iudicis bona fide exemplavi curente anno Domini millesimo trecentesimo octavo, indicione sexta, die decimo augusti, presentibus Saceto notario de Campagnola et Laurencio notario quondam Meliorini sociis et notariis ad dictum discum.

a) *nel marg. sn. di mano A* b) *segue* pertice *depennato* c) *probabilmente per* Gauselino; *cfr. con* Gausdino *nel doc. 16* d) *ms:* Palmaleio e) *corretto su* ped f) *segue* quondam *depennato* g) *su* Palmerii *correzione non chiara* h) *in* Ricelda l *corretta su* r i) comunis *ripetuto* j) *segue segno indecifrabile depennato* k) *segue* li *forse depennato* l) *segue* dimidia *depennato* m) deinde *corretto su* dimidia

12

Quedam designatio unius destorii in Cal de Ripa.[a)]

Anno Domini millesimo ducentesimo vigessimo quinto, indicione tercia decima, die quarto decimo intrante aprili, presentibus Iacobino de Ca(mu)sa, Nordiglo Albertini de Bernardo, Rodulfo de Save(t)o, Anoaldo filio Vidoti de Baone et aliis. In potestaria domini Oliverii de domino Rolando, dominus Bonçenus et dominus Palmerius et Grimaldus de Milano et Bertus de Lianda iurati et laudati in comuni conscilio et in concione Montisscilicis ad designandum comunem a diviso, ita designavere in Cale de Ripa. Destorium quod est inter dopnum Gregorium et terra plebis que est ab allio latere, dixerunt esse VIIJ pedes in fundo, de quibus dominus Gregorius tenet unum pedem per medium suam domum, sicut curit. Item dixerunt dictum destorium esse VIIJ pedes in fundo inter dictam terram plebis et terram filiarum Bricii, de quibus filie Bricii tenent unum pedem. Item dixere dictum destorium esse VIIJ° pedes in fundo inter terra hospitalis et terra filiarum Bricii, de quibus illi de ospitalle tenent duos pedes. Item dixerunt dictum ‹destorium› esse viij pedes in fundo in medio clausure Matei de Romanello, quem totum tenet impeditum usque ad terram Ebriagi. Item dixere[b)] dictum destorium esse viij° pedes in fundo inter Albertum de Roberto et Iohannem Baxadona, de quibus Albertus tenet unum pedem et dimidium et Iohannes Baxadona tenet unum pedem. Item dixere dictum destorium esse viij ‹pedes› in fundo in terra que fuit Bernardi de Blandino et terram Paieli, de quibus terra Bernardi tenet unum pedem et meçum. Item dixere dictum destorium esse viij pedes in fundo inter terram dominarum de Salaro‹la› et viam comunam, de quibus terram predictarum dominarum a capite quod est iusta casamentum Guidoni tenent ij pedes qui curunt xij pertice. Item dixere dictum destorium esse viij° pedes in fundo inter terra Alberti de Stela et viam comunam, de quibus dictus Albertus tenet duos pedes. Item dixere dictum destorium esse in fundo viij ‹pedes›. Item sedimen Severi[c)] C(ur)vi et terra Sancte Iustine de Padua, de quibus uterque[d)] tenet duos pedes et meçum pro unoquoque. Item dixere dictum destorium[e)] esse viij in fundo pedes in terram quam tenet Ugo de Lotoverto pro Sancto Martino et terram Castelli, de quibus uterque ipsorum tenent ij pedes pro unoquoque. Item dixere dictum destorium viij pedes in fundo in terra Casare quam tenet ab inperatore a cantone inferius et in terra |15v| Constancii quam tenet a domino Bartolameo, de quibus tenent pro unoquoque unum pedem. Item dixere dictum destorium esse viij pedes in fundo inter terram Gumbertini et terram Goti et Dominici eius fratris quam habet pro inperatore,[f)] de quibus dictus Gumbertinus tenet medium pedem et dicti fratres tenent unum pedem. Item dixere dictum destorium esse viij pedes in fundo inter sedimen Alberti de Alexio et sedimen Gerardi de Cavalaro, de quibus dictus Albertus tenet medium pedem, sicut tenet suum ortum. Item dixere dictum destorium esse viij in fundo pedes in terra Cavalonis et sedimine Martini de Caçaporco, de quibus uterque ipsorum tenet unum pedem pro unoquoque. Item dixere dictum destorium esse viij pedes in fundo in medio sui casamenti. Item dixere dictum destorium esse viij pedes in fundo inter casamentum Riceçe et casamentum illorum de Sartore et casamentum Cavorcii, de quibus dicta Richiça tenet duos pedes et Cavorcius tenet allios duos pedes, sicuti curit. Item dixere dictum destorium esse viij pedes in fundo per testam inter casamentum[g)] Marcii de Sechadenaris et casamentum Raimondi, de quibus uterque ipsorum tenet unum pedem et meçum[h] per testam. Item dixere dictum destorium esse VIIJ pedes in fundo inter casamentum Guidoti et casamentum filiorum Causelbani, de quibus Guidotus tenet unum pedem et meçum. Item dixere dictum destorium esse octo pedes in fundo inter casamentum Adormençati et viam comunam, de quibus Adormençatus predictus tenet duos pedes. Item dixere dictum destorium esse VIIJ° pedes in fundo inter casamentum quod olim fuit Gauselbani[i] et casamentum Petri de magistro Henrico et casamentum Bartolomei de Martino et casamentum Albineli et casamentum presbiteri Ugucionis, de quibus casamentum quod fuit Gauselbani tenet duos pedes et meçum, et alii qui sunt ab allio latere tenent unum pedem et meçum, sicuti tenent sua sedimina. Item dixere dictum destorium esse VIIJ° pedes in fundo inter terra Adormençati et casamentum presbiteri Uguçonis, de quibus Adormençatus tenet unum pedem. Quod destorium sicuti incipit in Calle de Medio a casamento domini Gregorii et venit usque in Prelatimeda et sicut incipit a casamento Alberti de Alexio iuxta pontesellum et tendit usque ad destorium quod vadit retro domum filii Petri de Ichino,[j] dixerunt dicti iurati esse in omnibus locis de octo pedibus, sicut tendit. Et ita laudaverunt et confirmaverunt. Actum in Montesscilice in predictis terris.

|16r| (SN) Ego Iohannes Gumbertini de Aicardo sacri palacii ‹notarius› hiis interfui, ut audivi et intelexi iussu prenominatorum iuratorum scripsi.

(SN) Ego Montagna notarius, existens in oficio comunis Padue ad discum Ursi coram discreto viro domino Bartolameo de Borselis iudice et oficiale comunis Padue ad dictum discum in potestaria nobilis militis domini Pini de Vernaciis de Cremona, hoc suprascriptum instrumentum sumptum ex autentico supradicti Iohannis notarii iussu et auctoritate dicti iudicis bona fide exemplavi curente anno Domini millesimo trecentesimo octavo, indicione sexta, die decimo augusti, presentibus Saceto notario de Campagnola et Laurencio notario quondam Meliorini sociis et notariis ad dictum discum.

a) *nel marg. sn. di mano A* b) *corretto su* dixerunt c) *con segno abbreviativo di* r *superfluo* d) *ms:* uiterque e) *segue* VIIJ° *depennato* f) *con segno abbreviativo di* r *superfluo* g) *segue* de Secadenaris *depennato* h) *in* meçum, ç *corretta su* d i) *ms:* Gauselmebani j) *forse per* Iachino

13

Quedam determinacio et divisio casamentorum et terrarum comunis Montisscilicis et hominibus Montisscilicis.[a]

Anno Domini millesimo ducentesimo vigessimo quinto, indicione tercia decima, die xiiij exeunte aprili, prexentibus Iohanne Piçola, Forgerio de Salerno, Dominico filio Andree ioculatoris, Odo filio Iacobi de Grisberto. Dominus Bonçenus et dominus Palmerius et Bertus de Lianda et Grimaldus Milani electi in comuni conscilio et concione Montisscilicis et iurati ad designandum et terminandum et decernendum comunem a diviso hominum Montisscilicis, ita designavere: casamentum Fiçantis quod tenet a domino Alberto Episcopelli a capite vie x pertice et in medio iuxta Tegetem x pertice et ij pedes et ab allio capite x pertice; et deinde vj pertice in comuni; et per longum xxxj, et deinde quique pertice in comuni inter fosatum et viam. Item dixere dictum fosatum et viam esse v pertice, de quibus Gerardus Gone tenet i perticam, sicut currit testam de comuni. Item dixere dictum fosatum et viam esse v pertice, de quibus illi de Çunco tenent iiij° pedes de comuni, sicut currit per testam suorum coherentorum. Item dixere dictum fosatum et viam esse v pertice, de quibus uxor Bixi tenet mediam perticam de comuni per testam sui casamenti. Item dixere dictum fosatum et viam esse v pertice, de quibus Albricus de Gafaro tenet i perticam et j pedem per testam sui casamenti. Item dixere dictum fosatum et viam esse v pertice, de quibus filius Aventure tenet i perticam de comuni. Item dixere dictum fosatum et viam esse v pertice, de quibus Maçukelus Ricolde tenet per testam sui casamenti[b] iiij° pedes de comuni. Item dixere dictum fosatum et viam esse v pertice, de quibus Iohannes Bellacalça[c] tenet i perticam de comuni per testam sui casamenti. Item dixere dictum fosatum et viam esse v pertice, de quibus Mateus de Andrea sibi tenet i perticam de comuni per testam sui casamenti. Item dixere dictum fosatum esse v pertice in comuni, de quibus Çambonus Terciecose tenet de comuni i perticam.[d] Item dixere dictum fosatum et viam esse vj pertice, de quibus |16v| Ţealdus Terciecose tenet a capite vie sui casamenti v pedes et ab allio iiij° pedes. Item dixere a Ponteselo de Calçinara in glosum viam et fosatum esse comunis viij pertice, de quibus Raimundus Pipereli tenet i perticam de comuni. Item dixere dictum fosatum et viam esse vij pertice et meça, de quibus dictus Raimundus tenet de comuni i perticam. Item dixere dictum fosatum et viam esse vij pertice et meça, de quibus Wiliçonus Cantella tenet de comuni per[e] testam sue terre ij perticas. Item dixere dictum destorium esse iiij° pertice in comuni inter terram Wilinçonis quam habet a Sancto Çacharia et terram Wiçardi quam tenet ab eodem domino, de quibus uterque ipsorum tenent viij pedes. Item dixere dictum destorium esse iiij° pertice inter terram dicti Viçardi et aliam suam terram quam habet ibi a dicto domino et terram Tironis et terram Petri Muxi et filiarum Martini Bonis, de quibus dictus Raimundus, alii predicti qui sunt ab allio latere, tenent octo[f] pedes pro unoquoque. Item dixere dictum destorium esse iiij° pertice in medio terrarum illorum de Fusculus in comuni. Item dixere dictum destorium esse iiij° pertice iter terra illorum de Fusculis et terram Aquaroli, de quibus illi de Fusculis tenent i perticam et Aquarolus tenet aliam perticam de comuni. Item dixere dictum destorium esse iiij° pertice inter pratum Gerardi de Albertino et terram Aquarolum, de quibus uterque illorum tenent de comuni viij pedes. Item dixere dictum fosatum esse iiij° pertice inter pratum ipsius Gerardi et terram Berte uxoris Manfredi Aquaroli, de quibus Berta tenet v pedes et Gerardus totidem. Item dixere dictum destorium esse iiij° pertice inter terram Adormençati et pratum Gerardi de Albertino, de quibus uterque ipsorum tenent vij pedes de comuni. Item dixere dictum fosatum esse iiij° pertice inter pratum dicti Gerardi et sedimen Petri de Yçilino, de quibus uterque ipsorum tenet vij pedes de comuni. Item dixere dictum fosatum esse iiij° pertice[g] a capite prati predicti Gerardi versus montem, de quibus tenet versus sedimen Petri de Yçilino viij pedes et per medium terram qui fuit comunis tenet iiij° pedes de comuni. Item dixere dictum fosatum esse[h] iiij° pertice a latere clausure Sancti Çacharie sicut tendit terra que fuit Alberici de Albinelo, de quibus tenent a capite vie viij comuni pedes, sicut currit braidum ab uno capite usque ad allium scilicet usque terram Gerardi de Albertino. Item dixere dictum fosatum esse iiij° pertice a capite clausure Gerardi de Albertino iuxta braidum Sancti Çacharie, de quibus terra Gerardi tenet viij pedes comuni. Item dixere quod illi de Sancto Petro[i] tenent de dicto fosato in sua clausura incipiendo a terra Gerardi predicti, et tenet usque ad suam aram viiij° pedes de comuni. Ita, ut superius legitur,[j] laudavere et confirmavere atque designavere predicti iurati in potestaria Oliverii de domino Rolandi. Actum in Montesscilice in predictis locis.

(SN) Ego Iohannes Gumbertini de Aicardo sacri palacii notarius interfui et iussu dictorum iuratorum scripsi.

(SN) Ego Montagna notarius filius magistri Çeni cerdonis, existens in officio |17r| comunis Padue ad discum Ursi coram discreto viro domino Bartolameo de Borselis iudice et oficiale comunis Padue ad dictum discum in potestaria nobilis militis domini Pini de Vernaciis de Cremona, hoc suprascriptum instrumentum sumptum ex autentico supradicti Iohannis notarii iussu et auctoritate dicti iudicis bona fide exemplavi curente anno Domini millesimo trecentesimo octavo, indicione sexta, die undecimo augusti, presentibus Saceto notario de Campagnola et Laurencio notario quondam Meliorini sociis et notariis ad dictum discum.

a) *nel marg. sn. di mano A* b) *segue* tenet *superfluo* c) *ms:* Bellacalca d) *segue* de comuni *superfluo* e) *segue* terram sue *depennato* f) *lettura incerta, perché* octo *è seguito da altro segno non comprensibile* g) *corretto su* pedes h) *segue* IIIJ° *depennato* i) *segue* d *depennato* j) *ms:* legiitur

14

Quedam designacio et divisio inter comune Montisscilicis et homines dicti comunis.[a]

Anno Domini millesimo ducentesimo vigessimo quinto, indicione tercia decima, die quinto exeunte aprili, presentibus Laurentio notario, Gambaro, Ecili de Roeda, Mainente de Rodulfo de Pipino, Iohanne olim filio Dominici de Rubeo. Dominus Bonçenus et dominus Palmerius et Bertus de Lianda et Grimaldus de Milano electi in comuni consilio Montisscilicis, in potestaria domini Oliverii de domino Rolando ad designandum et decernendum comune ab illo hominum Montisscilicis, primum designavere Post Castelum casamentum Sancti Petri, sicut tenet aram et currit usque ad portam, tenet de comuni novem pedes intus a sepe. Item casamentum Sancti Çacharie incipientes a porta eiusdem casamenti recte versus flumen, fecere illud longum xxıȷ pertice; deinde dixere esse xxıııȷ° pedes pro fosato comunis per latitudinem. Item et ibi iuxta fuere mensurati casamentum illorum Oldorici Çoti quod fuit longum xvıȷ pertice cum illo quod tenet intus iuxta illud; et deinde similiter xxıııȷ° pedes pro fosato comunis. Item casamentum domini Odonis quod tenent Contisina et soror et Albertus Beglosus fuit per longum xvȷ pertice et meça; et deinde pro fosato comunis xxıııȷ° pedes, ut supra. Item casamentum quondam Albertini fabri et Petri e‹i›us fratris xv pertice et meça; et deinde pro fosato comunis xxıııȷ° pedes. Item casamentum quod quondam fuit B(o)ne fuere mensurati incipientes a casamento Albertini de Bernardo, fuit amplum[b)] ıȷ pertice; et deinde xxıııȷ° pedes pro fosato comunis, ut supra. Item casamentum quod tenet Bernardus de Pelato pro domino Aicardino a casamento Manfredi de Biada ııȷ pertice et unus pes; et deinde xxıııȷ° pedes comunis. Item casamentum Cresentii ibi iuxta ex illo latere ıȷ pedes et meçus, ab allio latere versus intratam que vadit iuxta casamentum domini Marchi iudicis ııȷ pedes; et deinde xxıııȷ pedes comunis, ut supra. Item casamentum quondam Donele xvȷ pertice et illud Iohannis Maçuchi xvıȷ pertice; et deinde xxııȷ pedes comunis, ut supra. Item casamentum quondam Borlengi xvȷ[c)] pertice et meça cum tota porticu; et deinde xxıııȷ° pedes comunis, ut supra. Item casamentum domini Tomasini et illud Cresencii xvıııȷ pertice et meça; et deinde xxıııȷ° pedes comunis, ut supra. Item casamentum domini Bonifacii de domino Meliore xvıııȷ pertice; et deinde xxıııȷ° pedes comunis, ut supra. Item casamentum Çamboni de Çambro xvıııȷ° pertice et meça; et deinde xxıııȷ° pedes comunis, ut supra. Item casamentum domini Nicolai xx pertice et unus pes; et deinde xxıııȷ° pedes comunis, ut supra. Item casamentum filiorum quondam Bonacursii quod tenet pro heredibus Petriçoli de Tebaldis et illud Oliverii de Griberga quod tenet pro domino |17v| eodem xxıȷ pertice; et deinde xxıııȷ° pedes comunis. Item casamentum filiorum quondam Omodei de Artuxio quod tenet pro domino Alberto Episcopelli xxıȷ pertice; et deinde xxıııȷ° pedes comunis. Item casamentum Agneli spetialis quod tenet pro domino Aicardino iudice et illud eiusdem domini Aicardini xxıȷ pertice; et deinde totum aliud comunis. Item casamentum filiorum olim Raimondi de Verça a casamento heredum Ençi(ber)gelo supra flumen ııȷ pertice unus pes[d)] minus; et deinde totum aliud comunis. Item casamentum Fantini de Mainente quod tenet pro domino Nicolao VIIIJ° pertice et duos pedes; et deinde totum comune. Item casamentum quondam Veriseti quod est domini Gerardi x pertice et duos pedes; et deinde totum aliud comune. Item casamentum quondam heredum Caminel(i) totidem; et deinde totum aliud comune. Item casamentum Filipini[e] quod tenet pro domino Nicolao x pertice et duos pedes; et deinde totum aliud comune. Item casamentum Ugonis de Patavino XJ pertice; et totum aliud comune. Item casamentum quondam filiorum (On)fredi et Nicolai de Albertino de Raimondo VJ pertice; et deinde totum comune. Item casamentum filiorum quondam Facini de Romanello XIIJ pertice; et totum aliud comune. Item casamentum Nicolai de Raimundo XVIIJ pertice et meça; et deinde XXIIIJ° pedes comunis, ut supra. Item casamentum Micaelis de Çistina de Lusco quod tenet pro dominis[f] Gerardo et Nicolao xv pertice; et deinde XXIIIJ° pedes comunis, ut supra. Item casamentum Alberti de Tolberto totidem; et deinde XXIIIJ° pedes comunis. Item casamentum magistri Gali quod tenet pro dominis de Figarolo xv pertice et duos pedes mensurando recte per medium; et deinde totum aliud comune. Item casamentum filiorum quondam Guidonis de Veglo et illud quod tenet Çambonus Bo(ca) pro domino Gerardo XVIJ pertice et duos pedes; et deinde totum aliud comune. Item casamentum Adameti de Biaquino et Aldreginii de B(im)a quod ‹te›net pro domino Gerardo XVJ pertice; et deinde totum comune. Item casamentum aree domini Nicolai usque a via publica XVJ pertice et unus pes; et deinde totum aliud comune. Item casamentum filiorum quondam Vitalis de Ugo totidem; et totum aliud comune. Item casamentum domini Palmerii et domini Alberici eius fratris quod est extra fosatum XVIJ pertice et meça; et deinde totum aliud comune. Item casamentum Coldogini iuxta illud XVJ pertice; et totum aliud comune. Item casamentum filiarum quondam Guidonis de Griberga xv pertice et duo pedes; et totum aliud comune. Item casamentum Ferarii de Maneç(ola) quod[g] tenet pro heredibus domini Gerardi xv pertice; et totum aliud comune. Item casamentum Marci de Runchis et filiorum Ricardi et illud Boçole et illud Atonis de Turco xv pertice; et totum aliud comune. Item casamentum Bertolini XIIJ pertice et meça; et deinde[h] XXIIIJ° pedes comunis. Item casamentum Nicolai iuxta illud XIJ° pertice; et deinde XXIIIJ° pedes comunis. Item casamentum |18r| quod est ibi iuxta illud, quod tenent illi de Petro de Gasdia pro

Sancto Petro xiij pertice duos pedes minus; et deinde xxiiij° pedes pro fosato comunis. Item casamentum Pelegrini de Riçeça xij pertice et meça; et deinde xxiiij° pedes comunis, ut supra. Item casamentum Marcii de L(uvo)lo, quod tenet pro domino Gerardo ibi iuxta illud xiij pertice et unus pes; et deinde xxiiij° pedes comunis. Item casamentum filiorum quondam Dini xiij pertice et meça; et deinde xxiiij° pedes comunis. Item casamentum Matei de Roperto et Sigeti eius nepotis xiij pertice et unus pes; et deinde xxiiij° pedes comunis. Item casamentum heredum quondam Maçucheli, tam alodii quam libeli, xij pertice et meça; et deinde xxiiij° pedes comunis, ut supra. Item casamentum quondam magistri Bonaventure xiiij° pertice duos pedes minus; et deinde xxiiij° pedes comunis. Item casamentum Iohannis Berte de Marco ibi iuxta totidem; et deinde xxiiij° pedes comunis. Item casamentum[i] et ab allio vero latere xiiij° pertice et duos pedes; et deinde xxiiij° pedes comunis. Item casamentum filii Mandugapanis xj pertice duo pedes minus; et deinde xxiiij° pedes comunis. Item casamentum Bartholomei de Sablone xv pertice et duo pedes minus; et deinde xxiiij° pedes comunis, ut supra. Item casamentum filie quondam Clementis de Penço xij pertice et duo pedes; et deinde xxiiij° pedes comunis, ut supra. Item casamentum Baldonis quod tenet pro heredibus domini Bonifacini xiij pertice; et deinde xxiiij° pedes comunis, ut supra. Item casamentum Dominici de Toresano xij pertice et media; et deinde xxiiij° pedes comunis. Item casamentum[j] quondam Petriboni de Çirotolo xij pertice et unus pes; et deinde, ut supra, xxiiij° pedes comunis. Item casamentum Iohannis de Calvo vij pertice et unus pes; et deinde xxiiij° pedes comunis. Item casamentum Albertini de Calvis quod tenet pro domino eodem vj pertice et meça; et deinde xxiiij° pedes comunis, ut supra. Item casamentum quod fuit Gerardi Saçe xiij pertice unus pes minus; et deinde xxiiij° pedes ‹comunis›. Item casamentum Petri de Rato quod tenet pro heredibus domini Furçerini xiij pertice et duo pedes; et deinde, ut supra, xxiiij° pedes comunis. Item casamentum Blaxii de R(aber)ga xij pertice et meça; et deinde xxiiij° pedes comunis. Item casamentum filiorum quondam Furgerini de Carbonçelo iuxta illud totidem, ab allio latere iuxta heredes Widonis de Miliana[k] xj pertice; et deinde xxiiij° pedes comunis, ut supra. Item casamentum filii Vidonis de Miliana viiij° pertice duo pedes minus et casamentum filiorum quondam Bignoti quod est iuxta illud x pertice unus pes minus; et deinde, ut supra, xxiiij^{o} pedes comunis. Item casamentum Iohannis Mostaçi xj pertice; et deinde xxiiij^{o} pedes comunis, ut supra. Item casamentum filiorum quondam Bignoti iuxta illud xj pertice, ab allio latere iuxta illud |18v| Sancti Danielis x pertice et meça; et deinde, ut supra, xxiiij^{or} pedes comunis. Item casamentum Sancti Danielis iuxta illud x pertice et meça; et deinde xxiiij^{o} pedes comunis. Item casamentum Iohannis de Braino x pertice; et deinde xxiiij^{o} pedes comunis. Item casamentum Iohannis Mostaci quod tenet pro domino Iohanne[l)] Boneti iuxta illud x pertice et meça et ab allia parte quam tenet filius quondam Regenaldi vij pertice et meça. Et ita laudavere et confirmavere predicti iurati. Actum in Montesscilice.

(SN) Ego Iohannes Gumbertini de Aicardo sacri palacii notarius interfui rogatus, iussu predictorum iuratorum scripsi.

(SN) Ego Montagna notarius, existens in officio comunis Padue ad discum Ursi coram discreto viro domino Bartolameo de Borselis iudice et oficiale comunis Padue ad dictum discum in potestaria nobilis militis domini Pini de Vernaciis de Cremona, hoc suprascriptum instrumentum sumptum ex autentico supradicti Iohannis notarii iussu et auctoritate dicti iudicis bona fide exemplavi curente anno Domini millesimo trecentesimo octavo, indicione sexta, die duodecimo augusti, presentibus Saceto notario de Campagnola et Laurencio notario quondam Meliorini sociis et notariis ad dictum discum.

a) *nel marg. sn. di mano A* b) *segue* ij *depennato* c) *ultima asta della cifra forse depennata* d) *corretto su* ped e) *ms: scritto forse* Fulupine; *lettura suggerita da cfr. con doc.* 16 f) *segue* Nicol *depennato* g) *sovrapposizione di segni abbreviativi per* qui *e per* quod h) *segue asta discendente* i) *evidenti omissioni da parte dell'estensore* j) *segue* quod *depennato* k) *in* Miliana i *intermedia corretta su altra lettera* l) *segue* s *depennato*

15

Quedam designacione facta inter comune Montisscilicis et homines dicti comunis.[a)]

Anno Domini millesimo ducentesimo vigessimo quinto, indicione tercia decima, die quinto exeunte aprili, presentibus Gambaro, Eceli de Roeda, Mainente de Rodulfo de Pipino, Iohanne de Rubeo et aliis. Dominus Bonçenus et dominus Palmerius et Bertus de Lianda et Grimaldus Milani electi in comuni conscilio Montisscilicis et iurati ad designandum comune ab illo hominum Montisscilicis, in potestaria domini Oliverii de domino Rolando, ita designavere in Cale de Ripa. Casamentum Buçole et Ati de Turco quod tenent a domino Pisse in medio vij pertice et a capite vie vj pertice et meça; casamentum Bertolini v pertice in medio et a capite vie iiij° pertice et meça; totum aliud in medio ipsorum dixere esse comunis, set dominus Pisis in medio tenet de comuni xv pedes et a via xvij pedes et casamentum Bertolini equaliter tenet de comuni viiij° pedes. Item casamentum Vandi de Scirato xv ‹pertice› minus unus pes; et ibi tenet de comuni unus pes. Item casamentum domini Gerardi xxv pertice minus unus pes; et ibi deinde tenet de comuni iiij° pedes et meçum. Item terra Canonici v pertice minus duos pedes; et ibi deinde tenet de comuni;[b] et ab allio latere iuxta Bencium vij perticas et meçam; et deinde equaliter[c] tenet de comuni iiij° pedes. Item casamentum Guidonis iudicis vj pertice et duos pedes et una palma a capite vie, item ab allio capite iuxta Gerardum spetialem v pertice minus unus pes; et ibi deinde tenet de comuni v pedes. Item terra Bonis |19r| filii not(arii) iuxta canonicum vj pertice et meça et ab alio capite vij pertice; et ibi deinde tenet de comuni iiij° pedes. Item casamentum domini Araldi quod tenet Iohannes de Elica mensurando recte per medium cum intrata vij pertice; et ibi deinde tenet de comuni iiij° pedes et meçum. Item et casamentum Gerardi spetialis ab omni capite viiij pertice et meça; et deinde tenet a capite vie iiij° pedes de comuni; et ab allio capite v perticas et meçam. Item casamentum Nicolai qui dicitur Bocius xvij pertice et unus pes; et deinde dixere esse ij pertice in via et iiij° in fosato comunis. Item casamentum Ginamis[d] quod tenet a dicto Nicolao iuxta inperatorem xxj pertice, item casamentum Orci et nepotis quod habent ab inperatore mensurando recte per medium incipiendo a casamento Matei de Conçalfeso que sunt inperatoris xxiij pertice et ij pedes; et deinde dixere ij pertice in via et iiij° fosato comuni[s], de quo comuni dictus Orcus tenet ij pedes. Item casamentum domini Turisendi de Bugla quod habet ab inperatore xxiiij° pertice mensurando recte per medium; et deinde dixere ij pertice in via et iiij° in fosato comunis, de quo comuni ipse Turisendus ‹tenet› v pedes. Item casamentum magistri Artuxii et Vainancii de Roberga mensurando per medium inter utrumque xxIIIJ° pertice; et deinde dixere IJ pertice in via et IIIJ° in fosato comunis, de quo comuni ipse tenet IIIJ° pedes. Item casamentum Petri Donibelli xxvJ pertice et casamentum Rainerii totidem, que casamenta tenent ab inperatore; et deinde dixere IJ pertice in via et IIIJ° in fosato comunis. Item casamentum Tomasini tenet de predicto comuni, per medium casamentum dicti Orci, I pes, sicut tenet[e)] domum suam; et per medium casamentum dicti Turisendi tenet de ipso comuni, sicut currit ipsum casamentum Tomasini, IIIJ° pedes.

Quedam divisio sive dessignacio inter comune Montisscilicis et homines dicti comuni.[f)]

Die tercio intrante madio, presentibus Bertramino de Tardo, Forgerio filiastro Albertini Grugerii, Ruberto de Rubertis, Umberto filio de Gerardo Pavaro et aliis. Prenominati iurati taliter designavere in Valisella incipientes a casamentis Sancti Çacharie que tenent Briolus et Albertinus Prandi Maxelli et Gisla de Çanis et Monçeglanus. Predicta casamenta dixere esse iuxta terram inperatoris xvIIIJ pertice et meça et in medio xxxIJ pertice et meça et a capite vie xxvIIIJ° pertice et deinde dixere vJ pertice esse comunis, IJ pertice in via et IIIJ° in fosato; de quo comuni in medio ipsorum currit xxxIJ pertice et meça, tenent meçam perticam et a capite via tenet unus pes, et Petrus Bertoloti tenet unus pes a latere inferius tenet de ipso comuni I pes, et casamentum quod olim fuit Gregi tenet meçam perticam. Item casamentum illorum de Adegalilso[g)] iuxta viam dixere esse xvJ pertice; et deinde dixere vJ pertice comunis: IJ pertice in via et IIIJ° in fosato; ab allio capite dictum casamentum xIJ pertice et IJ pedes iuxta Otolinum Viliçeli. Item casamentum Otolini de Viliçelo quod tenet a domino Blaxio iuxta illos de Aldegauso xIJ pertice; et deinde dixere vJ pertice comunis esse: IJ pertice in via et IIIJ° in fosato; ab alio capite casamentum Otolini xIJ pertice iuxta casamentum Rambaldi et ipsum casamentum Rambaldi totidem; et deinde dixere esse vJ pertice comunis: IJ pertice in via et IIIJ° in fosato, de quo comuni casamentum plebis a latere inferius tenet per medium casamentum Rambaldi v pedes ab allio capite; casamentum Rambaldi iuxta intratam Rivine x pertice; et deinde dixere vJ pertice esse comunis: IJ pertice in via et IIIJ° in fosato, de quo comuni casamentum Acii de Alemanno tenet vj pedes inde per medium a latere inferius. Item casamentum Viviani de Rustigello xxiiij° pertice et meça; et deinde dixere esse vj pertice comunis: |19v| ij pertice in via et iiij° in fosato. Item casamentum Bertaldi de Rustigello iuxta Çenelum xxv pertice minus i pes; et deinde dixere esse vj pertice comunis: ij pertice in via et iiij° in fosato, de quo comuni filii Tebaldi tenent a latere inferius v pedes. Item casamentum Çeneli xij pertice minus unus pes; et deinde dixere vj pertice esse comunis: ij pertice i[n via] et iiij° in fosato; ab alio latere totidem, de quo comuni tenet medius pes iuxta intratam Bertaldi. Item casamentum Petri de Senico xj pertice et ij pedes; et deinde dixere ij pertice in via et iiij° in fosato comunis, et ab alio latere viiij° pertice. Item casamentum Benedicti de Senico xx pertice et meça et casamentum Petri totidem; et deinde dixere esse vj pertice comunis, ut supra. Item casamentum filii Çanonis Vigla xij pertice a casamento quod olim fuit Iohannis de Muola minus ij pedes; et deinde dixere esse vj pedes comunis, ut supra, de quo comuni tenet ipse usque ad canipam meçum pedem; ab alio capite viij pertice et unus pes est ille casamentum. Item casamentum Widoti de presbitero Viviano et fratris xvj ‹pertice›: et deinde dixere esse vj pertice comunis, ut supra. Item casamentum Facini Petenarii quod tenet a domino Mateo xviij pertice iuxta Wi‹d›otum et casamentum Iohannis Bochi xvij pertice et meça; et deinde dixere esse vj pertice comunis, ut supra. Item casamentum Facini de Petenariis et fratrum iuxta intratam Bugnaci xv pertice et meça; et deinde dixere esse vj pertice comunis, ut supra, de quo comuni dominus Winicus tenet a latere inferius iij pedes. Item casamentum Bertoloti quod tenet a domino Bonçeno xvij pertice et meça; et deinde dixere esse vj pertice comunis, ut supra, de quo comuni dominus Winicus tenet ibi per medium unum pedem. Item casamentum Stefani de Petenaris quod habet a domino Bonçeno xij pertice minus unus pes, ab allio capite viij pertice et ij pedes; et deinde dixere esse vj pertice, ut supra. Item casamentum quod fuit Gerardi de Bricio quod est domini Bonçeni[h)] xj pertice et unus pes et ab allio latere vij pertice; et deinde dixere vj pertice comunis, ut supra. Item casamentum Turisendi de Aço x pertice et meça a latere via; et deinde dixere vj pertice esse comunis, ut supra. Item casamentum Waldini quod tenet ab inperatore xxx pertice a latere fovee, ab illis xxx perticis usque ad x perticas et meçam Turisendi totum aliut comunis esse dixere; et per longum ipsum casamentum Waldini iuxta fosatum XLVIIIJ ‹pertice›. Item casamentum Marie de Casara XJ pertice minus IJ pedes; et deinde dixere esse VIJ pertice comunis: IJ pertice in via et IIIJ° in fosato, de quo comuni ipsa Maria tenet IJ pedes, et casamentum Waldini a latere inferius IIJ pedes tenet. Item casamentum Marcexini iuxta[i] Mariam totidem; et totidem pedes tenet de comuni. Item casamentum Pencii de Boto mensurando recte per medium XJ pertice minus unus pes; et deinde VIJ pertice comunis, ut supra. Item casamentum Iohannis Manare quod tenet a domino Iohanne de Boneto XX pertice et unus pes; et deinde VIJ pertice comunis minus unus pes. Item casamentum Çonis de Rangone XX pertice et casamentum Alberti de Alexio iuxta dictum Çonem totidem; deinde dixere esse VIJ pertice comunis, ut supra; ab allio latere iuxta destorium comunis totidem minus unus pes; et deinde VIJ pertice comunis dixere, ut supra. Item casamentum Gerardi Cavalari incipiendo a muro sue domus iuxta aram VJ pertice; et deinde dixere esse VIJ pertice comunis, de quo comuni ipse tenet V pedes et Gerardus de Danio a latere inferius tenet de comuni V pedes. Item casamentum casamentum Bugli VIIIJ pertice et unus pes,[j] ab |20r| alio latere VIIJ pertice minus meçus pes; et deinde dixere esse VIJ pertice comunis. Item casamentum Petri et Manfredi de Adelgauso XIIJ pertice minus unus pes; et deinde dixere esse VIJ pertice comunis, de quo comuni Blaxius Cavacolus[k] tenet a latere inferius V pedes. Item casamentum Iohannis de Almengarda quod habet a plebe XIIJ pertice et unus pes; et deinde dixere esse VIJ pertice comunis, de quo comuni Realdus tenet a latere inferius ibi per medium IJ pedes. Item casamentum Monçeglane de Luiça a latere ingressus Gerardi de Luiça XJ pertice minus meçus ‹pes›; et deinde dixere VIJ pertice esse comunis, de quo comuni Buglus a latere inferius tenet IJ pedes ibi per medium. Item casamentum Martini de Luiça XIJ pertice et IIIJ° pedes; et deinde dixere esse VIJ pertice comunis. Item casamentum Stefani de Tafentello V pertice et meça iuxta intratam Alexi et ab allio capite XXIIJ pertice et meça; et deinde dixere esse VIJ pertice comunis, de quo comuni Guido clericus tenet a latere inferius VJ pedes. Item casamentum Albertini de Sapavitibus XVIIJ pertice minus unus pes et meçus quod tenet ab inperatore; et deinde dixere VIJ pertice comunis esse, ut supra, de quo comuni dictus Vido tenet VJ pedes. Item casamentum Çançis et casamentum Orabene XIIIJ°

pertice inter utrumque minus ıȷ pedes et meçus que tenent ab inperatore; et deinde vıȷ pertice comunis esse dixere, de quo comuni Dominicus Vivilie tenet a latere inferius ıııȷ° pedes et meçum. Item casamentum Manfredi Çantelle xıȷ pertice et meça; et deinde dixere esse vııȷ pertice comunis et per longum xxvııȷ. Item casamentum Causelbani[l)] xıȷ pertice et unus pes; et deinde dixere vıȷ pertice esse comunis, de quo comuni Dominicus Vivilie tenet ibi per medium ıȷ pedes. Item dixere in boca vie a Ponteselo presbiteri Stefani esse ibi inter casamentum Manfredi Cantele et casamentum illorum de Gabo quod est ab allio latere fosati x pertice comunis minus duos pedes, ab allio latere casamentum dicti Manfredi, a latere intrata Iohannis de Dalfino xxv pertice et ıȷ pedes. Item casamentum Falcetane vıııȷ° pertice et meça; et deinde dixere esse vȷ pertice comunis; ab alio latere vııȷ pertice et unus pes; de quo comuni Vainetus tenet ibi per medium ab allio latere ıııȷ° pedes et per medium casamentum dicti Manfredi quod est inperatori tenet ȷ perticam. Item casamentum Manfredi Cantele xııȷ pertice et ıȷ pedes; et deinde dixere vȷ pertice esse comunis, de quo comuni ipse Vainetus tenet ıııȷ° pedes. Et ita laudavere et confirmavere isti iurati. Actum in Montesscilice in istis locis.

(SN) Ego Iohannes Gumbertini de Aicardo sacri palacii notarius hiis interfui rogatus, ut audivi et intelexi iussu prenominatorum iuratorum scripsi.

(SN) Ego Montagna notarius filius magistri Çeni cerdonis, existens in officio comunis Padue ad discum Ursi coram discreto viro domino Bartolameo de Borselis iudice et oficiale comunis Padue ad dictum discum in potestaria nobilis militis domini Pini de Vernaciis de Cremona, suprascriptum instrumentum sumptum ex autentico supradicti Iohannis notarii iussu et auctoritate dicti iudicis bona fide exemplavi curente anno Domini millesimo trecentesimo octavo, indicione sexta, die primo setembris, presentibus Saceto notario de Campagnola et Laurencio notario quondam Meliorini sociis et notariis ad dictum discum.

a) *nel marg. sn. di mano A* b) *evidente l'incompletezza della frase* c) *segue* de *espunto* d) *lettura preferita a* Ginanus e) *segue* dictum *depennato* f) *nel marg. sn. di mano A* g) *evidentemente per* Aldegauso *(vedi oltre)* h) *seguono due lettere non leggibili depennate* i) *segue* viam *depennato* j) *corretto su* ped k) *probabilmente per* Cavaçolus l) Item ... Causelbani *ripetuto*

16

|20v| *Quedam divisio facta inter comune Montisscilicis et homines dicti comunis.*[a]

Anno Domini millesimo ducentesimo vigessimo septimo, indictione quinta decima, secundo intrante novembri. Present(es) Nicolaus et dominus Albertus et dominus Iohannes de Gerardacio et dominus Nicolaus qui vocatur Bocius et Petrus de Segurado et Iohannes Braine[b] et Gombertinus Aicardi et Maritanus Petri Blancii electi in comune concione Montisscilicis et iurati ad designandum comunem Montisscilicis ab illo hominum eodem loco, ita designavere: in primis casamentum Sancte Çacharie (a) capite xıȷ pertice et meça; et deinde xxıııȷ° pedes comunis. Item de casamento Sancte Çacarie et inter casamento Nicoleto sunt tres pedes comunis. Item casamentum illorum Olderici Çoti qui curit per longo pertice xvıȷ et dimidia; (et) xxıııȷ° pedes comunis. Item casamentum dominis Odonis qui tenet Contisina et eius soror et ille Alberti B(ron)possi est per longo pertice xvıȷ et dimidia; xxıııȷ° pedes comunis. Item casamentum Albertini fabri[c] et Petri fratre[d] per longo xv pertice et meça; deinde xxıııȷ° pedes comunis. Item casamentum qui fuit de B(o)ne est mensuratum a casamento Albertini Bernardi invenitur[e] duo pertice et dimidia; xxıııȷ° pedes comunis. Item casamentum Bernardi Pelai invenitur a casamento de Manfredino Bud(e)[f] inde invenitur ıȷ pertice et ȷ pes; et deinde xxıııȷ° pedes comunis. Item casamento qui fuit domini Bonçeno de Gausdino[g] invenitur xxxvıȷ pertice et meça per longo; deinde xxıııȷ° pedes comunis. Item casamentum qui fuit de Cressenço ab illo latere, ut supra legitur, invenitur ȷ pertice[h] et meça, ab allio latere versus intrata domini Marci invenitur ıııȷ° pedes a latere de supra; deinde xxıııȷ° pedes comunis. Item casamentum domini Marçi a latere intrate invenitur pertice xv et dimidia, ab allia parte per medium dicto casamento invenitur pertice xvıȷ; deinde xxıııȷ° pedes comunis. Item casamentum quondam Donele invenitur pertice xvıȷ per longo et ille de Iohanne Maçucho totidem; deinde xxıııȷ° pedes comunis. Item casamentum quondam Borlengi invenitur pertice xvȷ per longo; deinde xxıııȷ° pedes comunis. Item casamentum domini Tomasini et ille de Cressenpço invenitur pertice xvıııȷ et meça; deinde xxıııȷ° pedes comunis. Item casamentum Bonifacii invenitur pertice xviiij°; deinde xxiiij° pedes comunis. Item casamentum Çamboni de Çambro invenitur pertice xviiij°; deinde xxiiij° pedes comuni. Item casamentum domini Nicolai invenitur xx pertice et j pede; deinde xxiiij° pedes comunis. Item casamentum heredibus Bonacorsi et ille Oliverii de Griberga invenitur xxij pertice; deinde xxiiij° pedes comunis. Item casamentum filiorum Omodei Artusii invenitur xxij pertice; deinde xxiiij° pedes comunis. Item casamentum Agneli invenitur xxij pertice; deinde xxiiij° pedes comunis. Item casamentum domini Alcardini invenitur pertice xxij; deinde xxiiij° pedes comunis. Item casamentum heredibus Verçe ab illo Bertolamei Mirade invenitur iij pertice minus j pes; deinde xxiiij° pedes comunis. Item casamentum Fantine de Rivamonte invenitur viiij° pertice et duo pedes; deinde totum comunis. Item casamentum domini Pulli pertice x et duo pedes; deinde totum comunis. Item casamentum hered(um) Cominelli totidem invenitur; deinde totum aliud comunis. Item casamentum Filipini invenitur totidem; deinde totum aliud comunis. Item casamentum Ugolini Patavini invenitur xj pertice; totum aliud comunis. Item casamentum heredibus olim Onfredi invenitur pertice vj; deinde totum aliud comunis. Item casamentum Matei Romaneli invenitur xiij pertice; deinde totum aliud comunis. Item casamentum Nicolai Raimondi invenitur pertice xviij[i)] et meça; deinde xxiiij° pedes comunis. Item casamentum filii de Çanto invenitur pertice xvj minus j pedem; deinde xxiiij° pedes comunis. Item casamentum Çistine de Bosco invenitur pertice xv; deinde xxiiij° pedes comunis. Item casamentum Alberti de Tolberto invenitur pertice xv; deinde xxiiij° pedes comunis. Item casamentum magistri Galli invenitur pertice xv et duo pedes; deinde xxiiij° pedes comunis. Item casamentum filiorum Vidonis de Veglo invenitur pertice xvj et duo pedes; deinde xxiiij° pedes comunis. Item casamentum de Çambono Boto invenitur totidem. Item casamentum Adameti Mond(o)ini et ille de Aldregini invenitur pertice xvj; deinde totum comunis. Item ara domini Nicolai invenitur pertice xvj et j pede a via ant(e); deinde totum aliud comunis. Item casamentum filiorum de Vitale Ugonis invenitur totidem; deinde totum comunis. Item casamentum filiorum domini Episcopeli invenitur pertice xvij; deinde totum comunis. Item casamentum Coegini invenitur pertice xvj; deinde totum aliud comunis. Item casamentum |21r| Widonis Griberge invenitur pertice xv et duo pedes; totum aliud comunis. Item casamentum de Iohanne F(rain)a[j] qui fuit de Fabris invenitur xv pertice; totum aliud comunis. Item casamentum de Março de Ron(c)o invenitur pertice xv cum illo filiorum Ricardi et ille Borce et ille filiorum de Turco pro unocoque; totum aliud comunis. Item casamentum Bertolini xiij pertice et meça invenitur; deinde xxiiij° pedes comunis. Item casamentum Nicolai xij pertice; deinde xxiiij° pedes comunis. Item casamentum Petri de Gasdia invenitur xiij pertice minus duo pedes; deinde xxij° pedes comunis. Item casamentum Pelegrini Arichiçe xij pertice et meça; deinde xxiiij° pedes comunis. Item casamentum de Março de Lovolo invenitur xiij pertice et j pede; deinde xxiiij° pedes comunis. Item casamentum filiorum Dini de Ricelenda invenitur pertice xiij et meça; deinde xxiiij° pedes comunis. Item casamentum Matei de Roperto invenitur pertice xiij et j pede cum[k] eo de Sigito suo nepote;[l] deinde xxiiij° pedes comunis. Item casamentum filiorum Maçuceli tam alodio quam alibio invenitur pertice xij et meça; deinde xxiiij° pedes comunis. Item casamentum ad Adam[m] de magistro Bonaventure xiiij° pertice; deinde xxiiij° pedes comunis. Item casamentum Iohanne de Berta de Marco invenitur pertice xiiij°; deinde xxiiij° pedes comunis. Item casamentum filii de Mandugapane pertice xj; deinde xxiiij° pedes comunis. Item casamentum Bertolamei de Sablone pertice xv et duo pedes; deinde xxiiij° pedes comunis. Item casamentum filiorum olim de Climento pertice xij et duo pedes; et deinde xxiiij° pedes comunis. Item casamentum Baldonis pertice xiij; deinde xxiiij° pedes comunis. Item casamentum Dominici de Toresano xij pertice et meça; deinde xxiiij° pedes comunis. Item casamentum Petri de Cirotolo pertice xij et j pede; deinde xxiiij° pedes comunis. Item casamentum Iohannis de Calvo vij pertice et j pede; deinde xxiiij° pedes comunis. Item casamentum Albertini Calvi vj pertice et meça; deinde xxiiij° pedes comunis. Item casamentum qui fuit de Girardo Saçe xiij pertice minus unum pedem; deinde xxiiij° pedes comunis. Item casamentum Petri de Rato xiij pertice et duo pedes; deinde xxiiij° pedes comunis. Item casamentum Blaxii Aramb(er)ge xij pertice et meça; deinde xxiiij° pedes comunis. Item casamentum filiorum olim Carbonceli pertice xij et meça; deinde xxiiij° pedes comunis, ab alio latere xj pertice; deinde xxiiij° pedes comunis. Item casamentum Guidonis Miliane viiij° pertice et duos pedes minus et ille filiorum de Bignoti x pertice minus J pedem; deinde xxiiij° pedes comunis. Item casamentum de Mo(s)taço xJ pertice; deinde xxiiij° pedes comunis. Item casamentum filiorum Bignoti xJ pertice ab latere casamenti Sancti Danielis x pertice et meça; deinde xxiiij° pedes comunis. Item casamentum Sancti Danielis xJ pertice et meça; deinde xxiiij° pedes comunis. Item casamentum Iohannis de Braina x pertice et meça; deinde xxiiij° pedes comunis. Item casamentum Iohannis Mustaci qui tenet a domino Iohanne de Boneto x pertice et meça; deinde xxiiij° pedes comunis; ab allio latere vij pertice et meça; deinde xxiiij° pedes comunis. Ita laudaverunt et confirmaverunt ut ipsi designavere. Actum in Montesscilice in illis locis.

Ego Deodatus filius olim Iacobini de Clarimbaldino domini Federici inperatoris notarius interfui cum eis designatoribus rogat(u) eorum ut s(criberem).

(SN) Ego Montagna notarius, existens in officio comunis Padue ad discum Ursi coram discreto viro domino Bartolameo de Borselis iudice et oficiale comunis Padue ad dictum discum in potestaria nobilis militis domini Pini de Vernaciis de Cremona, hoc suprascriptum instrumentum sumptum ex autentico supradicti Deodati notarii iussu et auctoritate dicti iudicis bona fide exemplavi curente anno Domini millesimo trecentesimo octavo, indicione sexta, die primo setembris, Padu(e) in comuni palacio ad dictum discum, presentibus Saceto notario de Campagnola et Laurencio notario sociis et notariis ad dictum discum.

a) *nel marg. sn. di mano A* b) *con segno abbreviativo generico superfluo* c) *lettura suggerita da cfr. con i doc. 11 e 14; nel ms:* fabri *seguito da una lettera non chiara e con segno abbreviativo generico sovrapposto alle ultime tre lettere* d) *così in ms* e) *segue* pertice *superfluo* f) *probabilmente per* Biade, *come suggerisce cfr. con doc. 11 e 14* g) *probabilmente per* Gauslino; *vedi anche nota* c) *doc. 11* h) *lettura dubbia* i) *segue* deinde totum aliud comunis *depennato* j) *lettura dubbia* k) *segue* de *depennato* l) *lettura suggerita da cfr con doc. 14; in realtà in ms:* sumepote m) *ms:* Adadam

17

Dessignatio comunis Montisscilicis facta inter ipsum comune et homines dicti comunis.[a)]

Anno Domini millesimo ducentesimo vigessimo septimo, indictione quinta decima, die quatuor intrante novembri. Coram Dominicus Audo et magistro Toderico et Fino de Bruto, dominus Nicolaus Palt(anerie) et dominus Albricus et dominus Iohannes de Girardacio et Bocio et Petro de Sigiprando |21v| et Iohannes Braine et Martinus Petri Blanci et Gumbertinus Alcardi electi in comune concione Montisscilicis iurati ad designandum comune ab illo hominum, in primis designavere via que vadit a domo Vitalis de Ugo et trahit usque ad pontem Callis de Medio ut deberet esse via una de sex pedibus cum muro casamenti. Item casamentum Diamote et Çistine per testa et travia sunt pertice VIJ minus J pedem; deinde totum comunis, a capite versus flumen pertice IIJ, totum aliud de fato comunis. Item casamentum de Bonofilio notario per longum usque ad Tolbertum tenet de comune meçum pedem. Item casamento Marie Mengole ponendo a filo a cantone domini Alcardini versus Tolbertum veniendo a suo cantone de muro; totum aliud comunis. Item casamento Comani a capite versus via IIIJ pertice minus J pedem; totum aliud comunis. Item casamentum de Piçolo ab latere contra Mariete VIIJ ‹pertice› minus J pedem; totum aliud comunis. Item Iohanne Mariete versus Odo Amavini X pertice et J pede; totum aliud comunis. Item casamentum Odonis de Amavino totidem, a latere versus filiorum Bignoti pertice XVJ; totum aliud comunis. Item casamentum filiorum Bignoti totidem, a latere versus castrum pertice XXIIIJ°; totum aliud comunis. Item casamentum domini Opecini tenet duo pedes comunis intus a Sone;[b)] deinde extra, totum aliud comunis. Item casamentum filiorum domini Matei ponendo ad filum a termine domini Opecini usque ad suum cantonem de muro; totum aliud comunis. Item casamentum Martini Walpoti invenitur XIJ pertice et J pede; totum aliud comunis. Item casamentum de Arimino invenitur per medium a muro versus fosatum VIIIJ pertice; totum aliud comunis. Item casamentum de Pegoloto similiter a muro, contrà Rivine, pertice IIIJ° et J pede et meçus; totum aliud comunis; a latere versus montem pertice XIIIJ° per longo, per testa versus quadruvium duo pertice; et deinde totum aliud comunis. Actum in Montesscilice in illis locis.

Ego Deodatus filius olim Iacobini de Clarimbaldino domini Federici inperatoris notarius interfui eorum iussu designatoribus[c)] ut s(criberem).

(SN) Ego Montagna notarius, existens in officio comunis Padue ad

discum Ursi coram discreto viro domino Bartolameo de Borselis iudice et oficiale comunis Padue ad dictum discum in potestaria nobilis militis domini Pini de Vernaciis de Cremona, hoc suprascriptum instrumentum sumptum ex autentico supradicti Deodati notarii iussu et auctoritate dicti iudicis bona fide exemplavi curente anno Domini millesimo trecentesimo octavo, indicione sexta, die primo setembris, presentibus Saceto notario de Campagnola et Laurencio notario sociis et notariis ad dictum discum.

a) *nel marg. sn. di mano A* b) *ms:* asone *verosimilmente per* a Desone c) *cosí in ms*

18

Designacio inter comune et homines Montisscilicis.[a]

Anno Domini millesimo ducentesimo vigessimo septimo, indicione quinta decima, die quarto intrante novembri. Dominus Nicolaus Palt(anerie), dominus Albricus et dominus Iohannes de Girardacio et dominus Bocius et Petrus de Sigiprando et Iohannes Braine et Gumbertinus Aicardi et Martinus Petri Blanci electi in comune concione Montisscilicis, iurati ad designandum comune ab illo hominum Montisscilicis, in primis designavere canipa Ugolini Pernumie habet ɪɪȷ pedes[b] terre comunis. Item casamentum Furgerii Çordanini a cantone versus de Capite Vigo habet de terra comunis duo pedes; deinde totum aliud comunis. Item casamentum Iacobini de Maineto est per testam versus are domini Iohannis vɪɪȷ pertice et ȷ pes; deinde totum aliud |22r| comunis. Item a capite versus Quadruvium Coste ɪɪȷ pertice et duos pedes; totum aliud comunis. Item ara domini Iohannis de Girardacio versus Coste vɪɪȷ pertice et ȷ pede, a capite versus Monteselo Manerio totidem; totum aliud comunis. Item casamentum domini Tealdi a capite versus domini Iohannis v pertice minus ȷ pedem, item ab alio capite ɪɪɪȷ° pertice; totum aliud comunis. Item casamentum Bartolamei versus domini Tealdi x pertice; deinde versus fosatum totum comunis; ab alio latere versus Paduam vɪɪȷ pertice minus ɪȷ pedes. Item casamentum et orto Marie Bonete[c] a capite versus Bertolameum vɪɪȷ pertice minus duo pedes, ab allio capite vɪȷ pertice minus duo pedes. Item casamentum presbiteri Uguçonis vij pertice a capite versus Marie Bonete, ab alio capite a cantone de muro extra iij pedes; totum aliud comunis. Item casamentum Marc(ioris) a destorii ante v pertice; deinde totum aliud comunis; ab alio capite vj pertice; totum aliud comunis. Actum in illis locis.

Ego Deodatus filius olim Iacobini de Clarimbaldino domini Federici inperatoris notarius interfui et cum[d] eis rogat(us) a designatoribus ut scriberem.

(SN) Ego Montagna notarius, existens in officio comunis Padue ad discum Ursi coram discreto viro domino Bartolameo de Borselis iudice et oficiale comunis Padue ad dictum discum in potestaria nobilis militis domini Pini de Vernaciis de[e] Cremona, hoc suprascriptum instrumentum sumptum ex autentico supradicti Deodati notarii iussu et auctoritate dicti iudicis bona fide exemplavi curente anno Domini millesimo trecentesimo octavo, indicione sexta, die primo setembris, presentibus Saceto notario de Campagnola et Laurencio notario sociis et notariis ad dictum discum.

a) *nel marg. sn. di mano A* b) *segue* comunis *depennato* c) *ms:* Bonetee d) et cum *ripetuto* e) *segue* Vernaciis *depennato*

19

Designacio inter comune Montisscilicis et homines dicti comunis.[a]

Anno Domini millesimo ducentesimo vigessimo octavo, indicione prima, die quarto exeunte decembri, presentibus Viviano Mastelo, Ade de Campo et aliis. Dominus Nicolaus de Palteneriis, dominus Albericus de Episcopelo, dominus de Girardacio, dominus Nicolaus qui dicitur Bocius, Gunbertinus Aicardi, Martinus Petri Albi, Iohannes de Braina electi in concione comuni Montisscilicis et iurati ad designandum comunem ab illo hominum Montisscilicis, in consulatu domini Atisii et domini Winici iudicis et eorum sociorum, ita designavere a Bagnarolo:[b] incipiendo a via veniendo mensurando iuxta destorium comunis fecerunt clausuram Rolandi de Canemlongum esse unam tornam et xiiij° perticas a latere destorii versus Bagnarolum; et deinde totam aliam comunis. Item mensuratam fuere dictam clausuram iuxta viam et fecere illam in longum LXIIJ perticas; et deinde totam aliam comunis. Item clausura dicti Rolandi incipiendo mensura a capite vie per medium finem terre Sancti Petri et terre Gerardi de Albertino mensurando a latere versus sero iuxta vineam que fuit Bocii fecerunt illam in longum esse unam traditam[c)] et XV perticas; et deinde totam aliam comunis. Item clausura dicti Rolandi incipiendo a via post domum Leonardi de B(e)n(en)ça terra Pagani et fr(atrum) et ipsius Rolandi mensurando recte usque in boca vie que tendit ad flumen unam tornam et V perticas; et deinde totam aliam comunis. Item fecere dictam viam in boca supra flumen inter dictum Rolandum et Adam de Campo IIIJ° perticas. Item incipiendo ab angulo terre Ade de Campo deinde fecere dictam viam usque ad aliam viam comunis equaliter omni loco XIJ pedes per traversum. Item destorium quod incipit in flumine[d)] |22v| Bagnaroli et venit per clausuram Rolandi de C(re)a XIJ pedes, terra Gerardi de Albertino ab capite vie de Bagnarolo XJ perticas; et deinde XIJ pedes pro fosati comunis; et in medio XIIIJ° perticas et a capite vie que tendit iuxta silvolam XIJ perticas et meçam; et ab inde XIJ pedes pro fosato comunis. Item fecere destorium quod tendit inter terram domini Alberti de Episcopello et terram domine Armite et tendit in flumen per medium pratum Sancti Çacharie quod fuit conssorcium XIJ pedes pro fosato comunis, quod destorium domina Armita tenet per medium suam terram et illi de Sancto Çacharia tenet per medium suum pratum. Item fecere dictum destorium per braidum Sancti Çacharie XIJ pedes esse comunis ab una via usque ad aliam, quod totum tenet pratum domini Alberti de Episcopello quod fuit Gauselmi LIJ ‹pertice› est per longum incipiendo a fovea que est a capite terre domini Bonifacini que nunc est predicti Alberti; et deinde totam aliam comunis. Terra predicti domini Alberti inposita a capite versus mane est per traversum permitendo fosatum a via VJ pertice; et deinde totam aliam comunis usque ad flumen novum. Terra domini Realdi iuxta dominum Albertum de Episcopello est ex traverso LIJ pertice et dimidia et deinde totam aliam comunis et ab alio capite[e)] LXIJ pertice et deinde totam aliam comunis. Terram Marchionis quam laborat Cantellam est XLIIJ pertice et deinde totam aliam comunis et ab allio capite XLIJ pertice et deinde totam aliam comunis. Terra vetere Benencà de Raimondo est a capite clausure Marchionis XL pertice et ab allio XL pertice; et deinde tota‹m› aliam comunis. Et[f] ita laudaverunt et confirmaverunt predicti iurati. Actum in predictis locis.

(SN) Ego Iohannes Gumbertini de Aicardo sacri palacii notarius interfui rogatus, ut audivi scripsi.

(SN) Ego Montagna notarius, existens in officio comunis Padue ad discum Ursi coram discreto viro domino Bartolameo de Borselis iudice et oficiale comunis Padue ad dictum discum in potestaria nobilis militis domini Pini de Vernaciis de Cremona, hoc suprascriptum instrumentum sumptum ex autentico supradicti Iohannis notarii iussu et auctoritate dicti iudicis exemplavi curente anno Domini millesimo trecentesimo octavo, indicione sexta, die primo setembris, presentibus Saceto notario de Campagnola et Laurencio notario quondam Meliorini sociis et notariis ad dictum discum.

a) *nel marg. sn. di mano A* b) *ms:* Bagnarorolo c) *verosimilmente per* tornam d) *segue* ba *anticipazione di* Bagnaroli *del f. successivo* e) *segue* x *depennato* f) *segue* illi *depennato*

20

Designacio inter comune Montisscilicis et homines dicti comunis.[a]

Anno Domini millesimo ducentesimo vicessimo septimo, indictione quintadecima, die tercio decimo intrante setembri, presentibus Oliverio de Iohanne de Berta de Marco, Gerardo Poglano, Iacobino de Çorn(o). Domini Nicolaus et Iohannes de Girardacio, Albricus de Episcopelo et Nicolaus qui dicitur Bocius, Gumbertinus de Aicardo et Iohannes de Braina, Petrus de Sigiprando et Martinus de Petro Albo electi in comuni concione Montisscilicis et iurati ad designandum comunem ab illo hominum, in consulatu domini Atixii et Winici et eorum sociorum, ita designavere in Capite Vici: casamentum Fiçantis quod fuit domini Alberti est a capite vie x pertice et in medio iusta teçam x pertice et IJ pedes et ab alio capite x pertice et deinde dixere VJ pertice esse comunis pro fosato et per longum est XXXJ pertice et deinde dixere v pertice esse comunis inter fosatum et viam. Casamentum Gerardi de Gonna est per longum XXIIIJ° pertice; et deinde v pertice inter fosatum et viam. Casamentum illorum de Çunço |23r| est XVIIJ pertice; et deinde v pertice inter viam et fosatum. Casamentum Nicolai de Çuco quod tenet a domino Nicolao est ab uno latere iuxta illos de Çunço xv pertice et meça et ab alio xxj pertice; et deinde v pertice comunis sunt fosatum[b)] et viam. Casamentum Bissi iuxta Nicolaum de Çotone xij pertice et ab alio iuxta viam comunam xx pertice; et deinde v pertice comunis inter fosatum et viam. Item dixerunt viam que tendit iuxta casamentum Bisi esse per traversum ij pertice comunis. Casamentum filiorum Aventure est per longum x pertice; et deinde v pertice comunis inter fosatum et viam. Casamentum Maçukeli est xij ‹pertice›; et deinde v pertice inter fosatum et viam. Casamentum Iohannis Belecalçe est xvij pertice; et deinde v pertice comunis inter fosatum et viam. Casamentum Matei de Andea Solo est xvj pertice; et deinde v pertice comunis sunt viam et fosatum. Casamentum filiorum Masini est xxx pertice; et deinde v pertice comunis inter fosatum et viam. Casamentum Boni de Terçacosa est xx pertice; et deinde v pertice inter fosatum et viam. Casamentum Tealdi de Terçacosa iuxta dictum Bonum est xvij pertice et a capite vie incipiendo a domo Petri de Aquarolo xiij pertice; et deinde v pertice comunis inter fosatum et viam. Casamentum Cancele iuxta Pontem Calcinare est viij pertice; et viij pertice comunis inter viam et fosatum. Casamentum Raimundi est[c)] pertice; et deinde viij pertice comunis inter fosatum et viam. Terra Widonis quam tenet a Sancto Çacharia est viij pertice; et deinde vij pertice et meça comunis inter fosatum et viam. Item dixere ibi in angulo clausure Milani viam comunis esse viiij° pedes usque ad cantonem terre Guiçardi et fosatum comunis xxiiij° pedes; et deinde usque ad viam Monteseli confirmaverunt aliam cartam designacionis quam ego notarius feci. Item dixere fosatum comunis esse iiij° pertice a capite prati Gerardi de Albertino versus montem de quo comuni ipse tenet versus sedimen Petri de Icilino viij pedes et ab alio latere per medium terram que fuit comunis iiij° pedes. Item dixerunt dictum fosatum esse iiij° pertice sicut vadit braidum Sancti Çacharie a via nova usque ad terram Gerardi de Albertino de quo comuni dictum braidum tenet equaliter viij pedes. Terra Gerardi de Albertino est per longum lxj pertice; et deinde iiij° pertice pro fosato comunis versus montem de quo comuni ipse tenet ij perticas. Item dixere dictum fosatum esse iiij° pertice per medium terram Sancti Petri de quibus terra Sancti Petri tenet ij perticas sicut curit xxviiij° pertice incipiendo a terra dicti Gerardi de Albertino; et deinde sicut currit xx pertice usque ad aram tenet VIIIJ° pedes. Item area Sancti Petri usque ad cantonem Muçum incipiendo usque ad xx perticis predictis sicut curit xj pertice et meça tenet de fosato comunis VIJ pedes. Item dixerunt et designaverunt viam que tendit inter terram cum vitibus terre Artusii illorum de Megno esse comunis sicut currit usque ad viam que tendit ad Sanctum Petrum. Item dixere quod casamentum illorum de Megno a capite domus tenet de viam comunis v pedes et ab allio capite IIIJ° pedes. Et ita designavere et confirmaverunt predicti iurati. Actum in Montesscilice in predictis locis.

(SN) Ego Iohannes Gumbertini de Aicardo sacri palacii notarius interfui rogatus, ut audivi et intelexi scripsi.

(SN) Ego Montagna notarius, existens in officio comunis Padue ad discum Ursi coram discreto viro domino Bartolameo de Borselis iudice et oficiale comunis Padue ad dictum discum in potestaria nobilis militis domini Pini de Vernaciis de Cremona, hoc suprascriptum instrumentum sumptum ex autentico supradicti Iohannis notarii iussu et auctoritate dicti iudicis exemplavi curente anno millesimo trecentesimo octavo, indicione sexta, die secundo setembris, presentibus Saceto notario de Campagnola et Laurencio notario quondam Meliorini sociis et notariis ad dictum discum.

a) *nel marg. sn. di mano A* b) *segue* comunis *depennato* c) *omissione del numero delle pertiche*

21

Designacio facta inter comune Montisscilicis et homines dicti comunis.[a)]

Anno Domini millesimo ducentesimo XXVIIJ, indictione prima, die nono exeunte augusto, presentibus Severino, Rolando de Braida et aliis. Dominus Crisinbene et Tolbertus Ventronis, Ugo Pernumie et Forgerius |23v| de Buglis electi in comuni conscilio et iurati ad designandum comune ab illo hominum Montisscilicis, ita designavere in Vale B(enin)verga et in Vale Arsa: terra Henrici de presbitero Cantarela quam habet a comune in Vale B(enin)verga est IIIJ° campi et meçus; et deinde totum aliud comunis dixere. Terra Valis Arse quam habent illis de Secadenariis et illi de Festa et illi de Petro Albo et illi de Braida est centum campi quam habent a comune, unde solvunt fictum; ab inde totum aliud est comunis. Terra heredum Bruxalini quam habent a comune, unde solvunt fictum in Vale Ambroxo et in Valecina, est xx campi; et deinde totum aliud dixere esse comunis. Terra Albertini de Benencà quam habet a comune in Valle Desgorgada, unde solvit fictum, est vj campi et quarta alterius; ab inde totum aliud dixerunt esse comunis. Item dixere quod terra domini Iacobini quam habet in dicta valle a comune, unde solvit fictum, est vj campi et quarta alterius; deinde totum aliud est comunis. Item dixit quod terra domini Odonis quam habet a comune, unde solvit fictum, est vj campi et quarta alterius; deinde totum aliud est comunis. Terra Dominici de Audo quam habet a comune, unde solvit fictum, est vj campi et quarta alterius; deinde totum aliud est comunis. Terra dominorum Palmerii et Alberti quam habent a comune, unde solvunt fictum, est vj campi et quarta alterius; deinde totum aliud est comunis. Terra Gandolfini[b] quam habet a comune, unde solvit fictum, est vij campi et quarta alterius; deinde totum aliud est comunis. Terra domini Matei quam habet a comune, unde solvit fictu, est v campi et quarta alterius; deinde totum aliud est comunis. Terra Benedicti et Petri de Senico quam habent a comune, unde solvunt fictum, est vj campi et quarta alterius; deinde totum aliud est comunis. Et ita laudavere et confimavere predicti iurati. Actum in predictis locis.

(SN) Ego Iohannes Gumbertini de Aicardo sacri palacii notarius interfui rogatus, et iussu predictorum iuratorum ita scripsi.

(SN) Ego Montagna notarius, existens in officio comunis Padue ad discum Ursi coram discreto viro domino Bartolameo de Borselis iudice et oficiale comunis Padue ad dictum discum in potestaria nobilis militis domini Pini de Vernaciis de Cremona, hoc suprascriptum instrumentum sumptum ex autentico supradicti Iohannis notarii iussu et auctoritate dicti iudicis exemplavi curente anno Domini millesimo trecentesimo octavo, indicione sexta, die secundo setempbris, presentibus Saceto notario de Campagnola et Laurencio notario sociis et notariis ad dictum discum.

a) *nel marg. sn. di mano A* b) *corretto su* Ganbolfini

22

Designacio inter comune Montisscilicis et homines dicti comunis. Fit mentio hic de illis de Fantellis, item de illis de Bullis.[a)]

Anno Domini millesimo ducentesimo vigessimo octavo, indictione prima, die octavo exeunte augusto, presentibus Petro de Senico, Dominico de Çanone, Severino de Gerardaciis, Ruberto de Rubertis. Domini Crisinbene et Lambertinus, Ugo de Pernumia et Canonicus Tendilaço, Stefanus de Tafentello, Robertus Ventronis et Forgerius de Bulglis electi in comuni conscillio Montisscilicis et iurati[b)] ad designandum comune ab illo hominus Montisscilicis, ita designavere in Cantone de Ymo: terra domini Iacobini quam habet a comune, unde solvit fictum, est unus campus et quarta alterius. Terra domini Matei quam habet a comune, unde solvit fictum, est v[c)] campi et v pertice; et ibi iuxta dixere quod tenet de iure comunis v campi xvj pertice. Terra Iohannis de Ysnardo que fuit Gerardi de Degna quam habet a comune, unde solvit fictum, est x pertice de campo. Terra filiorum Guidonis de Griberga est ab uno latere xxiiij° pertice et ab allio xvij pertice et ibi iuxta habent a comune, unde solvunt fictum, ij campos; ab inde dixere quod tenent de iure comunis xij pertice. Terra Ugonis de Uspinelo iuxta Swainam incipiendo a via est per longum xxxvj pertice ab uno latere et ab alio iuxta heredes Çanonis l pertice et ibi iuxta tenet a comune unum campum et vj perticas, unde solvit fictum et ibi tenet a comune pro |24r| Mateo de Fosato viiij° perticas et pro Pegorino unum campum, unde solvit fictum; ab inde dixerunt quod tenet de iure comunis unum campum et viiij° perticas. Terra illorum de Çanone iuxta Ugolinum de Uspinello incipiendo a via est per longum l pertice et ab alio latere xviiij° pertice et ibi iuxta tenent a comune, unde redit fictum, xviiij perticas minus xx tabulas; ab inde dixerunt quod tenent de iure comunis xxij perticas et meçam. Terra quam tenent Petrus et Benedictus de Senico et Actus de Baldimento, Rambaldus et illi de Poglanis et Lucas notarius et quidam alii extra destorium inter confinium Montisscilicis et confinium de Solexino et illum de Fosa Menai iuxta Vallem Arsam dixerunt esse comunis que est xviij campi. Terra illorum de Gumberto est per longum a latere versus mane xxx pertice et ab allio xxij pertice; et deinde tenent de iure comunis usque ad destorium meçum campum. Et ita laudavere et confirmavere predicti iurati.

(SN) Ego Iohannes Gumberti de Aicardo sacri palacii notarius interfui rogatus, et iussu predictorum iuratorum scripsi.

(SN) Ego Montagna notarius, existens in officio comunis Padue ad discum Ursi coram discreto viro domino Bartolameo de Borselis iudice et oficiale comunis Padue ad dictum discum in potestaria nobilis militis domini Pini de Vernaciis de Cremona, hoc suprascriptum instrumentum sumptum ex autentico supradicti Iohannis notarii iussu et auctoritate dicti iudicis exemplavi curente anno Domini millesimo trecentesimo octavo, indicione sexta, die secundo intrante setembri, presentibus Saceto notario de Campagnola et Laurencio notario quondam Meliorini sociis et notariis ad dictum discum.

a) *nel marg. sn. di mano A* b) *ms:* iuratii c) *segue asta depennata*

23

Designacio facta inter comune Montisscilicis et homines dicti comunis.[a)]

Anno Domini millesimo ducentesimo vigessimo octavo, indicione prima, die quarto exeunte augusto, presentibus Micaele de Iohanne de Andrea, Atone de Clariça, Talamaxo, Dominico de Audo, Ruberto perticator(e). Dominus Crisinbene et dominus Lambertinus, Furgerius de Buglis et Canonicus Tendilaço, Ugo Pernumie et Stefanus de Tafentello electi in comuni conscilio et iurati ad designandum comune ab illo hominum Montisscilicis, ita designavere in Fovea Strita et in Arsura: terra domini Iohannis que aratur per longum versus paludem est per longum XXVIJ pertice versus sero et ab allio latere XJ pertice et ibi iuxta tenet a comune IIJ campos; deinde totum aliud est comunis. Terra Çamboni de Sartore iuxta dominum Iohannem est per traversus XJ pertice et ab alio XJ pertice et ibi iuxta tenet a comune V campos et VJ perticas; deinde totum aliud est comunis. Terra domini Blaxii est per longum LXIIJ pertice ab uno latere, ab allio versus sero LXXXX pertice et ibi iuxta tenet a comune VIJ campos; deinde totum aliud est comunis. Terra domini Aicardini que fuit Çoete est IIIJ° ‹pertice› per traversum ab ambobus capitibus et in medio vj pertice et ibi iuxta tenet a comune iij campos; deinde totum aliud est comunis. Terra domini Odonis quam habet a comune est v campi et meçus; deinde totum aliud est comunis. Terra Wiçimanni iuxta dominum Odonem quam habet a comune est vij campi et xij pertice; deinde totum aliud est comunis. Terra Gandolfini iuxta Wicimannum quam habet a comune est iij campi et xij pertice; deinde totum aliud est comunis. Terra Widonis de Sanitate quam habet a comune est i campus; deinde totum aliud comune. Terra hospitalis Sancti Iacobi est per longum a latere versus sero liiij° pertice et ab allio lv et ibi iuxta tenet a comune viiij°; deinde est comunis. Terra Iohannis de Davido est per longum lv pertice et ab alio latere lviij; deinde totum aliud est comunis et hec quia non reperitur[b)] solvere fictum. Terra Bricioli est per longum versus sero xv pertice et a capite versus mane pertice ij[c)] et ibi iuxta |24v| tenet a comune vj pertice; deinde est comunis. Terra Wiçimani versus sero est per testam xiiij° pertice, ab alia viiij° pertice; deinde est comunis. Terra Markesini est per longum ab ambobus lateribus xxij pertice et ibi iuxta tenet a comune vj pertice; deinde comune. Terra Eçilis de Roeda iuxta Markesinum est xxij pertice et ab alio xxviij pertice et ibi iuxta tenet a comune meçum campum; deinde est comunis. Terra Petri de Vicencia est iuxta Eçilem xxviij pertice et ab alio xxxvij pertice; deinde est comune. Ita laudavere e confirmavere dicti iurati. Actum in predictis locis.

(SN) Ego Iohannes Gumbertini de Aicardo sacri palacii notarius interfui rogatus, et iussu dictorum iuratorum scripsi.

(SN) Ego Montagna notarius, existens in officio comunis Padue ad discum Ursi coram discreto viro domino Bartolameo de Borselis iudice et oficiale comunis Padue ad dictum discum in potestaria nobilis militis domini Pini de Vernaciis de Cremona, hoc suprascriptum instrumentum sumptum ex autentico supradicti Iohannis notarii iussu et auctoritate dicti iudicis exemplavi curente anno Domini millesimo trecentesimo octavo, indicione sexta, die secundo setembris, presentibus Saceto notario de Campagnola et Laurencio notario.

a) *nel marg. sn. di mano A* b) *lettura dubbia* c) *con segno soprascritto, forse lettera* s

24

Anno Domini millesimo ducentesimo vigessimo octavo, indicione prima, die IIIJ° exeunte augusto, presentibus Micaele de Iohanne de Andrea, Atone de Clariça, Talamaxo, Dominico de Audo et alliis. Domini Lambertinus e Crisinbene, Canonicus Tendilaçus, Forgerius de Bulglis, Ugo de Pernumia et Stefanus de Tafentello electi in comuni conscillio Montisscilicis et iurati ad designandum comune ab illo hominum Montisscilicis, ita designavere in Valle de Scodixo et in Lacu Inperatore: terra domini Matei et Alexandrini quam habent a comune in Valle Scodixi dixere esse XXXVJ campos; et deinde totum aliud est[a)] comunis. Terra Widonis de Sanitate quam habet a comune in Lacu Inperatore esse meçum campum; deinde totum aliud est comunis. Terra Tealdi de Terçacosa quam habet a comune est due partes campi; deinde totum aliud est comunis. Terra Iohannis Inganoli quam habet a comune est meçum campum; deinde totum aliud est comunis. Terra Çuliani quam habet a comune est meçum campum; deinde totum aliud est comunis. Terra heredum Feste quam habent a comune est unus campus; deinde totum aliud est comunis. Terra filiorum Bertoloti de Claudo quam habent a comune est v campi; deinde totum aliud est comunis. Ita comfirmavere predicti iurati. Actum in predictis locis.

(SN) Ego Iohannes Gumbertini de Aicardo sacri palacii notarius interfui rogatus scripsi.

(SN) Ego Montagna notarius, existens in officio comunis Padue ad discum Ursi coram discreto viro domino Bartolameo de Borselis iudice et oficiale comunis Padue ad dictum discum in potestaria nobilis militis domini Pini de Vernaciis de Cremona, hoc suprascriptum instrumentum sumptum ex autentico supradicti Iohannis notarii iussu et auctoritate dicti iudicis exemplavi curente anno Domini millesimo trecentesimo octavo, indicione sexta, die secundo setembris, presentibus Saceto notario de Campagnola et Laurencio notario sociis et notariis ad dictum discum.

a) est *ripetuto*

25

Designacio inter comune Montisscilicis et homine dicti comunis. Fit mentio illorum de Fantellis et illorum de Bullis.[a]

Anno Domini millesimo ducentesimo vigessimo octavo, indictione prima, die XIIIJº intrante novembri, presentibus Severino de Gerardaciis, Marchexino de Ulmo, Ruberto perticator(e). Dominus Crisinbene et Tanselgardus, Ugo Pernumie et Stefanus de Tafentello, Canonicus Tendilaçus et Forgerius de Bullis, ita designavere in Desone: terra que fuit Petri de magistro Henrico quam tenet filii Gerardi de Luiça dixerunt esse comunis que est IIJ pertice et XL tabulas[b] relinquendo a capite versus meridiem IJ perticas pro via comunis. Terra heredum Gerardi de Luiça quam habent a comune que fuit Albertini Spoli(c)i et heredum |25r| Iohannis porcari est IJ campi; et ibi tenent de iure comunis IIIJº perticas. Terra Tanselgardi qui habet a comune est unus campus, item terra illorum de Çone quam habent a comune que fuit Salionis eius fratris est J campus; et ibi tenent Tanselgarus et illi de Çone de iure comunis X perticas et XXVIJ tabulas. Terram Iohannis de Almengarda quam habet a comune est medius campus; deinde est comunis. Terra heredum Fini quam habent a comune est medius campus; deinde est comunis. Terra Traici quam habet a comune est medius campus; deinde est comunis. Terra Stefani de Tafentello[c] quam habet a comune est unus campus; et ibi tenet de iure comunis J perticam et meçam. Terra Albertini de Sapavitibus quam habet a comune quam tenet illi de Misino est J campus; et ibi tenet de iure comunis J perticam et XV tabulas. Terra Marcexini est a latere versus no(ri)am XX pertice et ab alio XXV pertice et ibi iuxta tenet a comune unum campum; et deinde tenet de iure comunis J perticam[d] et XX tabulas. Terra Artuichi de Vigla iuxta Markesinum est XXV pertice et ab alio latere XXX pertice; et deinde tenet pro Iohanne de Dalsino[e] a comune medium campum et pro se aliud medium campum; deinde tenet de iure comunis unam perticam et LIJ tabulas.

Die XV intrante novembri, presentibus Alexio de Festa, Ruberto perticator(e), Dominico de Bertaldo et aliis. Tolbertus becarius Ventronis et Stefanus de Tafentelo, Canonicus Tendilaço et Folgerius de Buglis, Ugo Pernumie et Tanselgardus electi in comuni conscilio

Montisscilicis ad designandum comune ab illo hominum et iurati, ita designavere in Desone: terra Iohannis de Festa quam habet a comune que fuit Widonis Scavoloncii est unus campus. Terra ipsius Iohannis que fuit Markesini quam habet a comune est medius campus. Item terra eiusdem Iohannis que fuit[f)] uxoris Iohannis Cavadoli quam habet a comune est medius campus. Item terra dicti Iohannis que fuit Henrici de Romana quam habet a comune est[g)] octo pertice de campo. Terra iterum eiusdem quam habet a comune que fuit Bricii est meçus campus. Item terra dicti Iohannis quam habet a comune que fuit heredum Iohannis[h)] Odonis magistri est quarta pars campi de quibus solvit fictum. Et ibi reperierunt dicti iurati quod dominus Iohannes habet et tenet de iure comunis IJ campi et IIIJ° perticas de quibus non reperiretur solvere fictum quam dixerunt esse comunis. Terra Grimaldi et[i)] Rodulfi de Milano est per longum a latere terre Iohannis de Festo incipiendo mensurare a destorio LXVIJ pertice et ab alio LXVIJ pertice; de qua terra mensurata tenent a comune, unde solvunt fictum, unum campum; totam aliam quam capit dicta mensura dixerunt esse comunis quia non reperiretur solvere fictum, est unus campus et VIIIJ° pertice minus quinque tabulas. Terra que fuit domini Bonifacini de Winicelo est ab uno latere iuxta Rodulfum et Grimaldum VIJ pertice et ab allio latere XVIIJ pertice et ibi iuxta tenent a comune IIJ campi et IIIJ° perticas et XXIIIJ° tabulas; deinde tenet de iure comunis meçum campum. Terra Aimerici de Cortina iuxta dominum Bonifacinum est XX pertice per longum et ab alio latere XXIJ pertice; et ibi iuxta dixerunt quod tenet de iure comunis unum campum quia non reperiretur solvere fictu. Terra Iohannis de Vascone que fuit illorum de Piperello est iuxta Aimericum XIJ pertice et iuxta Furgerinum de Ardiçone X pertice; et ibi iuxta habet ipse Frogerius a comune terciam partem campi. Item terra domini Iohannis quam habet a comune que fuit Bertolamei Gumberti et Laurencii de Piperelis est unus campus. Item terra que est in clausura que fuit Gumberçionis que terra fuit Iohannis de David est medius campus iuxta Iohannem de Vascone; quam dixere esse comunis quia non reperiretur solvere fictum. Terra Iohannis de Vascone iuxta Ardiçonem est XXIJ pertice et meça et ab allio latere XXXJ et ibi iuxta tenet a comune IJ campos; deinde dixerunt quod tenet de iure comunis unum campum et XJ perticas. Terra Ardiçonis Walferani quam tenet a plebe est per longum XXIIIJ° pertice;

deinde dixere esse unum campum et unam perticam et XLVIIJ tabulas de iure comunis quia non reperiretur aliquis solvere fictum. Terra Oliverii de Paso quam habet a comune est unus campus; deinde tenet de iure comunis IJ perticas et deinde.[j] Item dixerunt quod Folgerius de Salerino tenet de iure comunis intus a sua clausura IIJ perticas de campo minus V tabulas. Terra Iohannis de Vascone quam habet a comune que fuit Mançoseli de Broito est tercia pars campi; et ibi iuxta dixerunt esse X perticas de campo de iure comunis ex quibus aliquis non reperitur solvere fictum. Terra Tanselgardi que fuit Gerardini de Durelo quam habet a comune est unus campus; et ibi tenet de iure comunis IJ perticas. Terra illorum de Rangone que fuit Albertini de Bardo quam habent a comune est IJ campi; et ibi iuxta de iure comunis meçum campum. Terra Petri de magistro Henrico quam habent a comune est IIJ campi et J pertica iuxta terram illorum de Winicelo.

|25v| Die septimo exeunte novembri, presentibus Severino de Gierardaciis, Widone de Sanitate, Alexio Feste. Domini Crisinbene et Lambertinus, Ugo Pernumie et Stefanus de Tafentelo, Tolbertus Ventronis et Forgerius de Buglis iurati ad designandum comune ab illo hominum, ita designavere in Desone: terra Widonis de Sanitate incipiendo mensurare a via a latere meridiei est per longum LXIJ pertice et ibi iuxta tenet dominus Tealdus a comune unum campum; deinde tenet de iure comunis IIJ perticas et XXVJ tabulas. Item terra Widonis de Sanitate a latere terre Alexii est per longum LXXIIJ ‹pertice› et ibi iusta tenet pro se a comune medium campum et pro Dominico de Bertaldo VIIJ perticas et X tabulas; deinde tenet de iure comunis unum campum et meçum minus XX tabulas. Terra Alexii de Festa est per longum[k] a quolibet latere incipiendo mensurare a via LXXIIJ[l] pertice et ibi iuxta tenet a comune IIJ campi et tercia alterius, deinde tenet de iure comunis IJ perticas. Terra filiorum Gerardi de Luiça et Henginulfi eius fratris est per longum a latere Alexii LXXIIJ pertice et ab alio iuxta Albertum LXX pertice incipiendo mensurare a via et ibi iuxta tenent a comune unum campum et meçum; deinde tenet de iure comunis IIJ perticas. Terra quam tenet Albertus de Secadenariis in sua clausura que fuit Widonis patris sui[m] est VIIJ pertice de campo quam dixerunt esse comunis quia non reperitur solvere fictum. Item dixerunt quod dictus Albertus tenet in sua clausura VJ perticas de campo quam heredes de Broglesi de Liprando tenebant a comune. Item dixerunt dicti

iurati quod terra quam tenet illi de Aitengo pro Severino in frata in hora Sancti Cosme est comunis quia non reperitur aliquod ius iura heredum. Item dixerunt dicti iurati quod terra fornacis veteris a Sancto Cosme est unus compus et meçus quam dixerunt esse comunis quia non reperiretur aliquis ex ea solvere fictum et de hoc dominus Lambertinus non fuit cum eis in concordia. Et ita laudavere et confirmavere dicti iurati. Actum in predictis locis.

(SN) Ego Iohannes Gumbertini de Aicardo sacri palacii notarius interfui rogatus, scripsi.

(SN) Ego Montagna notarius, existens in officio comunis Padue ad discum Ursi coram discreto viro domino Bartolameo de Borselis iudice et oficiale comunis Padue ad dictum discum in potestaria nobilis militis domini Pini de Vernaciis de Cremona, hoc suprascriptum instrumentum sumptum ex autentico supradicti Iohannis notarii iussu et auctoritate dicti iudicis exemplavi curente anno Domini millesimo trecentesimo octavo, indictione sexta, die secundo setembris, presentibus Saceto notario de Campagnola et Laurencio notario.

a) *nel marg. sn. di mano A* b) *cosí in ms* c) *ms:* Trafentello d) *segue* x *depennato* e) *forse per* Dalfino f) *segue* Iohannis Ca *depennato* g) *segue* hi *depennato* h) *segue* magistri *depennato* i) *segue* de *depennato* j) *evidente l'incompletezza della frase* k) *segue* q *depennato* l) *corretto su* LXIIJ m) *lettura dubbia*

26

Designacio facta inter comune Montisscilicis et homines dicti comunis.[a)]

Anno Domini millesimo ducentesimo vigessimo octavo, indictione prima, die IIIJ° exeunte decembri, presentibus Petro de Restabovibus, Petro Cavallaro, Stefano de Tafentello, Iohanne Manara, Albertino Spolito. Dominus Nicolaus et dominus Albricus Episcopeli, dominus Nicolaus Bocius et Gumbertinus de Aicardo, Martinus de Petro Albo et Iohanne de Braina electi in comuni concione ad designandum comune ab illo hominum Montisscilicis et iurati, ita designavere a Vaduçelo veniendo versus Aunedum: terra Iohannis Pilosi est per longum ab ambobus lateribus L pertice, terra Cose est per longum L pertice et a predictis designacionibus inferioribus tenet Tealdus de terra tres campos pro comuni; et ab inde totum aliud est comunis. Item asignavere domino Tealdo ibi iuxta unum campum quod habet a comuni; et deinde totum aliud est comunis. Item terra prativa quam tenet[b)] Çulianus inter dominum Çordaninum dixerunt esse comunis et hoc quia non reperitur solvere fictum comunis. Item dixere dicti iurati terram Çordanini esse duos campos et meçum et ibi iuxta tenet pro comuni duos campos; deinde totum aliud dixerunt esse comunis. Terra filiorum Aimerici Buçole est per longum L pertice; et deinde totum aliud est comunis usque ad destorium et hoc quia non reperitur solvere fictum comuni. Terra Gerardi Cavalari que fuit Widonis de Garsendino iuxta terram que fuit domini Blaxii est per longum LVIIIJ° pertice et ab alio latere XLVIJ pertice et a capite versus |26r| sero XXX pertice per testam et ab allio XXXVJ pertice. Iterum terra predicti Gerardi que fuit domini Blaxii est per longum ab ambobus lateribus XLVIJ pertice; et deinde a predictis designacionibus inferius totum aliud est comunis. Item terra Gerardi Cavalari quam laborat a Sancto Petro in Cantone de Monte Maço est per longum ab ambobus lateribus XLVIIJ pertice; et deinde totum aliud est comunis usque ad destorium. Terra Petri Cavalarii est per longum per medium XL pertice et a capite versus sero XLV pertice et a capite versus mane XXVIIJ pertice. Terra Viviani Masteli quam tenet a Sancto Petro est per longum L pertice iuxta paludem de Aunedis; et deinde totum aliud dixere esse comunis quia non reperitur solvere fictum comunis. Item ‹terra› Petri Cavalari quam tenet a domino Pise est per longum LX pertice; et deinde totum aliud est comunis et hec dixere non reperitur solvere fictum. Item dixere dicti iurati quod Çulianus tenet de comuni unam perticam et meçam in suo prato de Auneda, de qua non reperitur solvere fictum comunis. Item pratum domini Tealdi iuxta Çulianum est XX pertice, de quibus due pertice dixere esse viam comunis inter ipsum Tealdum et Raimundum de Bancis, et ab alio capite XXVIIJ pertice cum duabus perticis quas relinquere pro via comunis, et per longum a (late)re inferius XXX pertice, et a latere superius iuxta predictam viam que est inter ipsum et dictum Raimundum est XLIIIJ° pertice et ibi iuxta tenet pro comuni quartam partem campi; et ab inde totum aliud est comunis. Terra Raimundi est a capite versus mane incipiendo a via que est inter ipsum et pratum domini Tealdi XXX pertice, et a capite superius incipiendo a dicta via que est inter ipsum et Çulianum est LXXVJ pertice, et in medio L pertice et ibi iuxta tenet pro comuni unum campum; deinde totum aliud est comunis. Terra Sancti Salvatoris est per longum LIJ pertice et ibi iuxta[c)] tenet pro comuni IJ campos; et deinde totum aliud dixere esse comunis. Terra Gerardi Poglani in Auneda est per longum LIJ pertice et ibi iuxta tenet a comune meçum campum; deinde est comunis.

Die sequenti et coram dictis testibus, predicti iurati et dominus Iohannis de Girardacio et Petrus Sigiprandi ita designavere circha nemus Ro‹n›cofrai versus mane: terra Realdi quam ‹habet› in Roncofrai a comune esse unus campus et pro uno campo solvit. Terra Petri de magistro Henrico quam habet a comuni ibi iuxta est duo campi et meçus unde solvit fictum; et ibi iuxta tenet de comuni XXIIIJ° perticas de campo. Terra domini Bonçeni quam habet a comune unde solvit fictum est duo campi et meçus; et ibi iuxta dixerunt quod tenet de iure comunis XX perticas de campo. Terra Egidii de Rolando quam habet a comune unde solvit fictum est unus campus; et ibi iuxta dixerunt quod tenet de iure comunis VIIJ perticas de campis. Item dixere quod Vivianus de Rustigello tenet de iure comunis in Cantone de Monte Março[d)] iuxta suam terram IIJ perticas et XX tabulas versus destorium comunis. Terra filiorum Albertini de Martina est per longum LIIIJ° pertice; et ibi iuxta tenet de iure comunis a capite versus Aunedum V perticas. Terra Prosdocimi de Tafentelo iuxta terram illorum de Bonda est XXVIIJ pertice et ab allio latere XXX pertice; et deinde totum aliud est comunis. Clausura illorum de B[on]da est per longum a latere versus meridie LXXVJ pertice et ab alio LXXVIIIJ° pertice relinquendo a capite versus sero IJ perticas pro via comunis; et ibi iuxta ab allio capite Petrus de Braida tenet a comune IJ campos unde solvit fictum, et heredum Gumberti tenent a comune unum campum et VJ perticas; et deinde totum aliud est comunis. Terra illorum de B[on]da extra clausuram quam emerunt ab illis de Cuco,[e)] ab uno capite iuxta clausuram XIIJ pertice, ab alio XJ pertice. Item dixerunt quod Artuicus de Casale habet a comuni in Vançoleolo, unde redit fictum comuni, XIIJ campos. Terra Tanselgardi quam Nicolaus de Careglo tenet in Vancioleolo [a comuni] est VIIIJ° pertice, unde redit fictum comuni; et ibi tenet de iure comunis VIJ perticas campi. Item dixerunt dicti iurati quod Manfredus de Çambono habet novem campos et plus |26v| in Vançoleolo et dixerunt quod reperitur quod solvit soldos VIIIJ° afictus, set dominus

Bocius dixit quod non erat de hoc cum eis in inconcordia quod dictus Manfredus habeat in Vançoleolo VIIIJ^o campos unde sol[vit] fictum, set dixit quod habet novem campos et de sex campos solvit fictum soldos VJ, super flumen dixit esse comunis. Et ita laudavere et confirmavere dicti iurati et hoc fuit in consulatu domini Atisi et domini Winici et Gerardi Poglani et Oliverii de Berta de Março. Actum in predictis locis.

(SN) Ego Iohannes Gumbertini de Aicardo sacri palacii notarius interfui rogatus, ut audivi scripsi.

(SN) Ego Montagna notarius, existens in officio comunis Padue ad discum Ursi coram discreto viro domino Bartolameo de Borselis iudice et oficiale comunis Padue ad dictum discum in potestaria nobilis militis domini Pini de Vernaciis de Cremona, hoc suprascriptum instrumentum sumptum ex autentico supradicti Iohannis notarii iussu et auctoritate dicti iudicis exemplavi curente anno Domini millesimo trecentesimo octavo, indicione sexta, die secundo setembris, presentibus Saceto notario de Campagnola et Laurencio notario sociis et notariis ad dictum discum.

a) *nel marg. sn. di mano A* b) *segue* dominus *depennato* c) *segue* pro comuni *depennato* d) *probabilmente per* Maço *come in precedenza e in altri documenti* e) *lettura probabile*

27

Determinacio facta inter comune Montisscilicis et homines dicti comunis in Vançoloro comunis.[a)]

Anno Domini millesimo ducentesimo vigessimo octavo, indictione prima, die tercio intrante ianuario, presentibus Ade, Walferano, Çambono de Aitengo,[b)] Iacobino de Çorgo, Widone de Berga. Dominus Iohannes de Gerardacio et dominus Albricus de Episcopelo, Iohannes de Braina et Petrus de Sigiprando electi in comuni concione Montisscilicis et iurati ad designandum comunem ab illo hominum, in consulatu dominorum Atisii et Winici, Gerardi Poglani et Oliverii de Berta de Marco, ita designavere in Vancioleolo circa Coram: terram quam tenet Artuicus de Casale iuxta Manfredum a latere inferius dixerunt esse comunis. Item predicti iurati et dominus Bocius fecerunt mensurare terram Sancti Salvatoris quam reperitur in longum esse LVIJ pertice. Item dixerunt quod Egidius Rolandi et [Ri]prandus Valarius[c] et Widoto Sanitatis et Furge[rinu]s de Ardiçone et Ardiçonus eius nepos et Mateus de Caçapae habent ibi per medium a latere de supto a comune XXIJ perticas de campo; et ab inde totum aliud est comunis. Item dixerunt quod illi de Sartore, silicet Çambonus et Vivaldus habent in Cora V campos et meçum a comune; et deinde totum aliud est comunis. Item dixerunt quod Iohannes de Secadenariis habet ibi iuxta a comune IIIJ° campos qui fuerunt Oldrici caniparii; et deinde totum aliud est comunis. Item terra quam tenet Petrus de Vicencia et Çambonus Aitengi a comune que fuit Alberti de Alexio dixere esse VJ° campos et meçum, deinde totum aliud est comunis. Terra Ade Walferani ibi iuxta quam tenet a comune est VJ campi; et deinde totum aliud est comunis. Terra quam tenet Wiliçonus de Bancis que fuit Alberti de Alexio dixerunt esse comunis et hec quia non reperitur solvere fictum comuni. Terra Iohannis de Davido quam dixerunt quod Mateus Ocli tenet a comune est IIJ campi; et deinde totum aliud est comunis. Terra illorum de Pulceleta quam Mateus Ocli tenet a comune et dixerunt est IIJ campi; et deinde totum aliud est comunis. Terra Sancti Salvatoris quam tenet a comune que fuit domine Marie est unus campus; et deinde totum aliud est comunis. Terra quam Stefanus de Tafentello tenet a comune in Cora est per longum due torne et XVIJ pertice et a capite vie XVJ pertice et meça; et deinde totum aliud est comunis. Item dixerunt quod Prosdocimus de Tafentello habet a comune ibi iuxta IJ campos; et deinde totum aliud est comunis. Item dixerunt quod Riprandus Valarus[d] habet a comune IJ campos et ibi iuxta cum Marco de Secadenariis IIJ campos et meçum; et deinde totum aliud est comunis. Item dixerunt quod Wido de Berga ibi iuxta habet a comune IJ campos; et deinde totum aliud est comunis. Item dixerunt quod Cavorcius et Bonifacius de Fusculis habent in Cora simul a comune IIIJ° campos; et deinde totum aliud est comunis. Terra illorum de Broça que fuit Ugonis de Erigiça est XIJ campi; et deinde totum aliud est comunis. Item dixerunt quod Milanus de Ventura habet unum campum a comune per Iohannem de Grimaldo in Cora, et dictus Iohannes habet aliud; et |27r| deinde totum aliud est comunis. Item dixerunt quod Gerardus de Corsale habet a comune ibi iuxta IJ campos qui fuerunt Nicolai Colure; et deinde totum est comunis. Item dixerunt quod Martinus Matus habet a comune IJ campos qui Gutefredi fuerunt; et deinde totum aliud est comunis. Item dixerunt quod terra que fuit Iacobini de Ingineolda quam tenet Nicolaus de Aventura est comunis quia non reperitur solvere fictum. Item dixerunt quod terra quam tenet Gerardus faber est comunis quia non reperitur solvere fictum comuni. Item dixerunt quod Grimaldus de Milano et Wiçardus de Raimundo habent a comune IIJ campos; et deinde totum aliud est comunis. Item dixerunt quod Sawinus de Padua habet a comune pro Mateo de Caçaporco in Cora in capite frate XVIJ perticas de campo; et deinde totum aliud est comunis. Terra Sancte Iustine est ab ambobus capitibus XIJ pertice et per longum XLVIJ et ibi iuxta tenet a comune IIIJ° campos et meçum; et deinde totum aliud est comunis. Terra Albertini nepotis Frogerii de Ardiçone est ambobus capitibus XIIJ pertice et per longum XXX pertice et ibi iuxta tenet a comune IIJ campos; et deinde totum aliud est comunis. Item dixerunt quod Dinus de Ricelenda habet a comune in Cora J campum; et deinde totum aliud est comunis. Item terra quam tenet illi de Aldegerio dixerunt esse comunis quia non reperitur solvere fictum comuni. Item dixerunt quod terra quam tenet David in Cora ibi iuxta esse comunis quia non reperitur solvere fictum. Item terra David de Pelegrino que fuit Daniote est per longum XXV pertice iusta Micaelem de Rostabovibus; et deinde totum aliud est comunis. Terra predicti Micaelis est XXV ‹pertice› per longum; et deinde totum aliud est comunis. Terra Ade nepotis Stefani est XXV pertice per longum; et deinde totum aliud est comunis. Terra Daniote est per testam XXIJ pertice; ab inde totum aliud est comunis. Terra Wiçardi de Raimundo est a capite versus Albertinum Gung(uum) est XVIJ pertice et ab alio XX pertice; et deinde totum aliud est comunis. Et ita laudaverunt et confirmavere predicti iurati. Actum in predictis locis.

(SN) Ego Iohannes Gumbertini de Aicardo sacri palacii notarius interfui rogatus, ut audivi scripsi.

(SN) Ego Montagna notarius filius magistri Çeni, existens in officio comunis Padue ad discum Ursi coram discreto viro domino Bartolameo de Borselis iudice et oficiale comunis Padue ad dictum discum in potestaria nobilis militis domini Pini de Vernaciis de Cremona, hoc suprascriptum instrumentum sumptum ex autentico supradicti Iohannis notarii iussu et auctoritate dicti iudicis exemplavi curente anno Domini millesimo trecentesimo octavo, indicione sexta, die tercio setembris, presentibus Saceto notario de Campagnola et Laurencio notario quondam Meliorini sociis et notariis ad dictum discum.

a) *nel marg. sn. di mano A* b) *corretto su* Aitendo c) *o* valarius d) *o* valarus

28

Divisio vallis inter comune Montisscilicis et comune Arquade.[a)]

(SN) Anno Domini millesimo ducentesimo vigessimo nono, indictione secunda, die nono intrante aprili, presentibus domino Gerardo de Palteneria, domino Aicardino Indie, Iohanne Maçucho, Oliverio de Berga, Iohanne de Rodufo, Omodeo Boca de domina Ficia, Çacaria, Iacobino de Fante, Stefano de Tafentello, Alberto de Tolberto, omnibus de Montesscilice; de Arquada: Alferio de Oliverio, Bonoso, Rolando de Mateldina, Alleio,[b)] Março de Laurencio, Bonomo, Prosdocimo de Gerardo, Iacobo de Morato, Facino de Petrocane, Oliverio, Ugono de Gravo et aliis. Dominus Iacobinus de domina Berta, dominus Aço de domino Blaxio pro comuni de Montesscilice et pro se ex una parte et Finus et Rolandus de Mateldina[c)] pro comuni Arquade et pro se ex altera laudaverunt et confirmaverunt totum id quod dominus Palmerius de Episcopelo, Bernardus de Pelado de Montesscilice pro comuni Montisscilicis ex una parte et Bonosus de Gumbertino et Iohannes Scaboa notarius de Arquada pro comuni Arquade et pro se ex altera dixerint, laudaverint et diffiniverint seu arbitrati fuerint per concordiam de questione infrascripte paludis unde ibi[d)] incontinenti hoc ordine et modo per concordiam dixerunt, laudaverunt, diff‹i›niverunt seu arbitrati fuerunt. Confinum de palude que est in capite Costalduli inter comune Montisscilicis et comune Arquade cum terminis diviserunt dicentes quod posuerant primo terminum unum in capite Costalduli in ripa cuiusdam |27v|[e)] fosati quod tenetur per heredes quondam Dominici de Villano de [Arqua]da per octo perticas sex pedum infra dictam peciam terre, incipiendo de versus sero inter Ugonem de Vicentina et dictam terram; et alium terminum in capite montis Merendule in pec(ia)[f] seu in prato domini Nicolai de Palteneria infra dictum pratum per triginta novem perticas, incipiendo in capite dicti prati versus sero iuxta fossatum, veniendo recte de iuxta vineis ad terminum predictum; et quod unus terminus prospicere debeat ad al[lium] recte et dicentes et precipientes quod termini ita sint et semper stare debeant; et quod comune Montisscilicis non debeat nec possit homines et comune Arquade amplius in ipsa palude a dictis terminis supra versus Arquadam m[olestare] nec aliquo modo inpedire; et versa vice quod comune Arquade amplius non debeat nec possit comune et homines Montisscilicis in predicta palude predictis terminis inferius versus Montesscilicem molestare nec aliquo modo impedire. Et hoc in pena ducentarum librarum denariorum venetorum, que pena et exigi possit et solvi debeat ab ea parte que contrafecerit et predicta non attenderit et pena soluta nichilhominus, ut dictum est, firmum et ratum semper debeat permanere; et unde duo instrumenta hinc uno tenore sunt composita, videlicet unum per me Bonafidem notarium scriptum et aliud per Iohannem Scaboam notarium subscriptum. Actum in confinio Arquade in via Costalduli que venit de versus Baonem iuxta dictam paludem, testes ut supra.

Ego Bonafides filius Alberti de Tolberto de Montesscilice sacri palacii notarius interfui et iussu parcium hoc scripsi.

(SN) Ego Montagna notarius, existens in officio comunis Padue ad discum Ursi coram discreto viro domino Bartolameo de Borselis iudice et oficiale comunis Padue ad dictum discum in potestaria nobilis militis domini Pini de Vernaciis de Cremona, hoc suprascriptum instrumentum sumptum ex autentico supradicti Bonafidei notarii iussu et auctoritate dicti iudicis exemplavi curente anno Domini millesimo trecentesimo octavo, indicione sexta, die tercio setembris, presentibus Saceto notario de Campagnola et Laurencio.

a) *nel marg. sn. di mano A* b) *lettura dubbia* c) *su* Ma *segno abbreviativo superfluo per* r d) *segue* in concordia *depennato* e) cuiusdam *ripetuto nel passaggio dal recto al verso del f.* f) *lettura dubbia*

29

Dominus Padue tenet terra posita in contrà Fratarum, tenetur per Naimerium comitem.[a]

(SN) Anno Domini millesimo C nonagesimo tercio, indictione decima,[b] nono die exeunte mense septembris. Gandolfinus, a domino Boverio, Mainerio, Albertino de Raimun[do], Festa consulibus Montisscilicis, constitutus procurator ad loc[andas terra]s comunis libellario [nomine] in perpetuum investivit Bocasium de duobus campis in frata que est inter[c] Merendula et Vigingone, eo vero pacto quod suprascriptus Bocasius et eius heredes, quod sint liberi, debet habere et tenere in perpetuum et suam utilitatem facere, et ex inde annualiter festo sancti Prosdocimi, vel tercio die ante vel post, debet solvere XL soldos pro ficto; dato hoc ficto comuni alia imposita inter eos esse non debet. Et si ius suum vendere voluerit, homini habitanti in Montesscilice debet vendere, qui solvat suprascriptum fictum comuni. Penam vero inter se posuerunt vel si comune vellet tollere, vel aliam impositam facere, vel ipse laxare, vel fictum fraudare, aut contra pactum venire voluerit, componat pars parti fidem servanti XXVIIIJ° soldos pro pena. Pena soluta hinc libelum in suo robore permaneat. Actum in Montesscilice in platea Sancti Pauli. Testes interfuerunt Albertinus de [R]aimun[d]o consul, Albertinus preco, Aginellus, Inginulfus de Trentina.

(SN) Ego Frugerius inperatoris magister notarius interfui et eorum iussu scripsi et allia vice scrissise me ordo set ex precepto potestatis iterum secundum quod imbreviatura mea perpendi, nichil adens vel minuens scripsi.

(SN) Ego Montagna notarius, existens in officio comunis Padue ad discum Ursi coram discreto viro domino Bartolameo de Borselis iudice et oficiale comunis Padue ad dictum discum in potestaria nobilis militis domini Pini de Vernaciis de Cremona, hoc suprascriptum instrumentum sumptum ex autentico supradicti Furgerii notarii iussu et auctoritate dicti iudicis exemplavi curente anno Domini millesimo trecentesimo octavo, indictione sexta, die [tercio] intrante mense setembris, presentibus Saceto notario de Campagnola et Laurencio notario sociis et notariis ad dictum discum.

a) *nel marg. sn. di mano A* b) *l'indizione non è esatta: probabilmente sta per* undecima
c) *corretto su altre lettere non chiare*

30

|28r| *Livellus Fovee Desdeole.*[a]

(SN) Anno Domini millesimo centesimo nonagesimo VIIJ, indicione prima, XVIIIJ° kalendas februarii. In presentia bonorum hominum quorum nomina sunt inferius libelario nomine in perpetuum Frugerinus Indie et Gumbertinus Aicardi caniparii comunis Montisscilicis qui iuraverunt bona fide vendictiones faciendas pro comuni sine fraude facere inves[tituram] p[resente] domino Aicardino potestate Montisscilicis dominum[b] pro suprascripto comune de Fosa Desdedole, eo vero pacto quod predictus Bonetus et eius heredes debent habere et tenere fosam predictam et molendinum vel piscariam facere ibi in canalle ubi sibi lubuerit et debent habere sursum pro canalem[c] LX perticas set non debent [veni]re cum suprascriptas LX perticas usque ad lacus, ita quod capiant de vallibus lacuum et debent ab uno et altero latere canalis suprascripti facere aggerem ad tenendum aquam in canalle si opus fuerit et agger debet esse amplius de duabus perticis ad plus et poterint facere plantatam supra si voluerint. Et si quis voluerit piscare in suprascripto canale infra suprascriptas LX perticas de super a molendino et de suptus, debent piscare cum retibus usque ad molendinum sine contradicione suprascripti Boneti et eius heredum, set aliquis non debet in predictas[d] LX perticas ponere arellas aut gradarias neque aliquod edificium quod debet ob[stare] predicto operi. Et ex inde omni anno debent solvere comuni Montisscilicis festo sancti Prosdocimi XX soldos denariorum venetorum pro ficto. Et si ea die non solverint fictum, debent XXVIIIJ° soldos pro pena insuper fictum solvere et solvendo XXVIIIJ° soldos non debent se tueri a solucione ficti aliquo modo. Et convenerunt ad invicem quod si predictus dominus Bonetus vel eius heredes hoc suum ius velint vendere quod debent tantum vendere homini habitanti in Montesscilice qui solvat et actendat, ut superius legitur, et proinde suprascripti caniparii pro comune Montisscilicis per se et suos successores hanc suprascriptam locacionem suprascripto conductori et eius heredibus, aut cui dederit, warentare et defensare.[e] Penam vero inter se possuerunt quis eorum vel suorum heredum aut successorum hec que dicta sunt non attenderint vel hoc pacto rumperint, componat pars parti fidem servanti soldos XXVIIIJ°.

Pena soluta pacto stare. Et ex inde fuere confesi se accepisse pro comuni v libras denariorum venetorum unde[f] duo brevia uno tenore sunt scripta. Actum sub porticu domus dompnicate in Montesscilice feliciter. Signum[g] suprascriptorum testium: Blaxius Bonifacii, Bonifacinus Winiceli, Oldericus Tolberti, Albertinus Benencase et Aliotus Tebaldi rogati testes.

(SN) Ego Clarinbaldinus sacri palacii notarius interfui.

(SN) Ego Montagna notarius, existens in officio comunis Padue ad discum Ursi coram discreto viro domino Bartolameo de Borselis iudice et oficiale comunis Padue ad dictum discum in potestaria nobilis militis domini Pini de Vernaciis de Cremona, hoc suprascriptum instrumentum sumptum ex autentico supradicti Clarinbaldini iussu et auctoritate dicti iudicis exemplavi curente anno millesimo trecentesimo octavo, indictione sexta, die[h] tercio setembris, presentibus Saceto notario de Campagnola et Laurencio notario sociis et notariis ad dictum discum.

a) *nel marg. sn. di mano A* b) *omissione evidente di* Bonetum c) *segue* K *depennato* d) *segue* K *depennato* e) *con* s *corretto su* d f) *segue* l *depennato* g) *parola preceduta da altre due lettere non chiare, depennate* h) *segue* d *depennato*

31

Livellus cuiusdam partis terreni.[a]

(SN) Anno Domini millesimo centesimo nonagesimo octavo, indictione prima, sexto kalendas decembris. In presentia bonorum hominum quorum nomina sunt inferius, libelario nomine in perpetuum Frugerinus Indie et Gumbertinus caniparii Montisscilicis investiverunt Iohannem Galioto de eo quod sibi fuerat designatum in sua clausura pro comuni que est supra fossam Broilli prope fratam Putei Vidallani et intus a frata sicuti in carta designacionis legitur, eo pacto quod suprascriptus Iohannes et eius heredes debent habere et tenere suprascriptam teram, sicuti pro comuni fuit sibi designata intus a predicta clausura in perpetuum, et facere inde omnem suam utilitatem;[b] tamen non debent vendere vel concedere suum ius nisi homini habitanti in Montesscilice tantum, et omni anno debent dare comuni IIIJ°

denarios pro ficto festo sancti Stefani. Penam vero inter se posuerunt si quis eorum vel suorum heredum aut successorum hec que dicta sunt non attenderint vel [hoc pactum rumperint], componat pars parti fidem servanti soldos xxviiij . Pena soluta [hic libellus in suo permaneat] robore in perpetuum. Et si statuta die fictum non solverint, [debent dictam penam] et insuper fictum solvere et solvendo penam |28v| non valeat se tueri a solutione ficti. Et inde fuerunt confessi se accepisse x soldos pro comuni ab eo. Actum in Montesscilice feliciter. Signum suprascriptorum testium: Bonifacinus Winiceli, Manfredinus Frugerii, Dominicus Simeonis rogati testes.

(SN) Ego Clarinbaldinus sacri palacii notarius interfui et iussu parcium scripsi.

(SN) Ego Montagna notarius, existens in officio comunis Padue ad discum Ursi coram discreto viro domino Bartolameo de Borselis iudice et oficiale comunis Padue ad dictum discum in potestaria nobilis militis domini Pini de Vernaciis de Cremona, hoc suprascriptum instrumentum sumptum ex autentico supradicti Clarinbaldi‹ni› notarii iussu et auctoritate dicti iudicis exemplavi curente anno Domini millesimo trecentesimo octavo, indictione sexta, die tercio setembris, presentibus Saceto notario de Campagnola et Laurencio sociis et notariis ad dictum discum.

a) *nel marg. sn. di mano A* b) *segue* ab *depennato*

32

Livellus cuiusdam partis terreni quod est supra Carracedum.[a)]

(SN) Anno Domini millesimo centesimo[b)] nonagesimo viij, indicione prima, quinto kalendas decembris. In presentia bonorum hominum quorum nomina sunt inferius, libellario nomine in perpetuum Frugerinus Indie et Gumbertinus Aicardi pro caniparii comunis Montisscilicis investivere Petrum Maxelum de eo quod fuerat designatum in suo campo qui est supra Caracedum solum vij perticas cum fosato iuxta terram que fuit Franci et venit sicut[c)] tenet testa campi supra predictum nemus et ab allio latere predicte teste iij perticas, eo vero pacto quod predictus[d] Petrus et eius heredes debent habere et tenere predictam terram, sicuti superius legitur, solum ab uno latere vɪɪ perticas infra campum, ab allio ɪɪɪ et ita vadit in scunço, et debent inde facere omnem suam utilitatem; temen non debent vendere vel concedere alicui suum ius nisi homini habitanti tantum in Montesscilice qui solvat fictum comuni, et omni anno debent solvere sex denarios pro ficto suprascripto comuni. Penam vero inter se posuerunt quis eorum vel suorum heredum aut successorum pro comuni hec que dicta sunt non actenderint vel hoc pactum rumperint, componat pars parti fidem servanti soldos xxvɪɪɪɪ°. Pena soluta pacto stare. Set si statuta die fictum non solverint, debent predictam penam xxvɪɪɪɪ° soldorum et insuper fictum solvere. Et ex inde fuere confessi se accepisse pro comuni ab eo[e] xxv soldos denariorum. Actum in predicta terra feliciter.[f] Signum suprascriptorum testium Bonifacinus Winiceli et Festa rogati testes.

(SN) Ego Clarinbaldinus sacri palacii notarius interfui et iussu parcium scripsi.

(SN) Ego Montagna notarius, existens in officio comunis Padue ad discum Ursi coram discreto viro domino Bartolameo de Borselis iudice et oficiale comunis Padue ad dictum discum in potestaria nobilis militis domini Pini de Vernaciis de Cremona, hoc suprascriptum instrumentum sumptum ex autentico supradicti Clarinbaldini notarii iussu et auctoritate dicti iudicis exemplavi curente anno Domini millesimo trecentesimo octavo, indictione sexta, die tercio setembris, presentibus Saceto notario de Campagnola et Laurencio notario sociis et notariis ad dictum discum.

a) *nel marg. sn. di mano A* b) *segue* nog *depennato* c) *ms:* sucut d) *segue* p *con tratto orizzontale soprascritto, depennato* e) *segue* sol *depennato* f) *segue* sip *depennato*

33

Livellus unius frate supra flumen.[a]

(SN) Anno Domini millesimo centesimo nonagesimo[b] vɪɪɪ, indictione prima, quarto kalendas decembris. Frugerinus Indie et Gumbertinus Aicardi caniparii comunis Montisscilicis investivere Matheum Carlaxaris de frata que erat a capite sue clausure et illius que fuit Mengolle et de eo que sibi fuerat designatum in frata que fuit Homodei supra flumen ab isto latere fluminis et illa allia est per medium istam ab allio latere fluminis, eo vero pacto quod predictus Matheus et eius heredes debent habere predictas fratas et illa quod in illa que fuit suprascripti Homodei avi sui fuerat sibi designatum pro comuni et tenere in perpetuum et facere omnem suam utilitatem; tamen non deberet vendere vel ius suum alteri concedere nisi homini habitanti in Montesscilice tantum qui solvat fictum comuni, et debent solvere omni anno festo sancti Stefani IJ denarios pro ficto comuni. Penam vero inter se posuerunt quis eorum vel suorum heredum aut successorum pro comuni hec que dicta sunt non attenderint vel hoc pactum rumperint, componat pars parti fidem servanti soldos XXVIIIJ°. Pena soluta pacto stare. Et si statuta die fictum non solverint, debent solvere predictam penam et insuper fictum. Et ex inde fuere confessi se accepisse pro comuni ab eo V soldos denariorum. Actum in predicta frata ultra flumen feliciter. Signum |29r| suprascriptorum testium: Bonifacinus Winiceli, Manfredinus Frugerii et Bene rogati testes.[c)]

a) *nel marg. sn. di mano A* b) *segue* c *depennato* c) *per l'autenticazione vedi doc. 34*

34

Livellus certe partis terreni quod tendit supra flumen Viginçonis eundo ad Sanctum Danielem.[a)]

(SN) Anno Domini millesimo centesimo nonagesimo VIIIJ°, indictione secunda, quarto idus ianuarii. In presentia bonorum hominum quorum nomina sunt inferius, libellario nomine in perpetuum Frugerinus Indie et Gumbertinus Aicardi caniparii comunis Montisscilicis pro ipso comuni investivere Frugerinum de Ventrone de eo quod sibi designatum fuerat pro comuni in sua frata que est a capite sue clausure et venit ad flumen Viginçonis eundo ad Sanctum Danielem et de eo quod fuerat designatum ibi in illa frata Bonifacino Attengi ut tenet terra sua, eo pacto quod suprascriptus Frugerinus et eius heredes debent habere et tenere predictas fratas uti erant designate in comuni et tenere in perpetuum et inde facere omnem suam utilitatem; tamen si dare voluerint, non debent, suum ius nisi homini habitanti in Montesscilice qui solvat fictum comuni et omni anno festo sancti Stefani[b)] debent pro ficto suprascripto comuni xiȷ denarios. Et si ea die non solverint fictum, debent comuni xxviiȷ[c)] soldos pro pena et pensionem solvere. Penam vero inter se posuerunt quis eorum vel suorum heredum aut successorum hec que dicta sunt non attenderint vel hoc pactum rumperint, componat pars parti fidem servanti soldos xxviiiȷ°. Pena soluta hic libelus in suo permaneat robore. Et inde fuere confesi se accepisse ab eo pro comuni xl soldos denariorum. Actum in platea Sancti Pauli in Montesscilice, feliciter. Signum suprascriptorum testium: Frugerius Iuliani, Megnus rogati testes.

(SN) Ego Montagna notarius, existens in officio comunis Padue ad discum Ursi coram discreto viro domino Bartolameo de Borselis iudice et oficiale comunis Padue ad dictum discum in potestaria nobilis militis domini Pini de Vernaciis de Cremona, suprascripta instrumenta sumpta ex autentico supradicti Clarinbaldini notarii iussu et auctoritate dicti iudicis exemplavi curente anno Domini millesimo trecentesimo octavo, indictione sexta, die tercio setembris, presentibus Saceto notario de Campagnola et Laurencio notario sociis ad dictum discum.

Et predicta die cum suprascripta carta suprascripti Frugerini et predicto loco coram predictis testibus suprascripti caniparii fecerunt idem in Erro de iȷ peciis de terra intus a fosato suarum vinearum que sunt posite a Carubio Patriarche et de fosato sicuti de testa unde vadit supra fossam Broili; fictum iȷ denarii et pena eadem et inde fuere confessi habere v soldos.

(SN) Ego Clarinbaldinus sacri palacii notarius interfui et iussu parcium scripsi.

(SN) Ego Montagna notarius, existens in officio comunis Padue ad discum Ursi coram discreto viro domino Bartolameo de Borselis iudice et oficiale comunis Padue ad dictum discum in potestaria nobilis militis domini Pini de Vernaciis de Cremona, hoc suprascriptum instrumentum sumptum ex autentico supradicti Clarinbaldini notarii iussu et auctoritate dicti iudicis exemplavi curente anno Domini millesimo trecentesimo octavo, indictione sexta, die tercio setembris, presentibus Saceto notario de Campagnola et Laurencio notario quondam Meliorini sociis et notariis ad dictum discum.

a) *nel marg. sn. di mano A* b) *segue* def *depennato* c) *cosí in ms, verosimilmente per* XXIIIJ, *come negli altri documenti di questa tipologia*

35

Livellus.[a)]

(SN) Anno Domini millesimo centesimo nonagesimo VIIJ, indictione prima, septimo kalendas decembris. In presentia bonorum hominum quorum nomina sunt inferius, libellario nomine in perpetuum Frugerinus Indie et Gumbertinus Aicardi caniparii comunis Montisscilicis pro ipso comuni investivere Gerardum Paltenerie oclusis molendini Merendole deorsum, ut tenet plantata[b)] populorum et salicum que fuere Bonifacini, eo vero pacto quod suprascriptus Gerardus et eius heredes debent habere et tenere in perpetuum pro comuni Montisscilicis, uti superius legitur, et facere ex inde omnem suam utilitatem; tamen non debent vendere suum ius vel concedere nisi homini habitanti tantum in Montesscilice, et debent solvere omni anno festo sancti Stefani comuni VJ denarios pro ficto. Penam vero inter se posuerunt si quis eorum vel suorum heredum aut successorum hec que dicta sunt non attenderint vel hoc pactum rumperint, componat pars parti fidem servanti soldos XXVIIIJ°. Pena soluta hic libelus in suo permaneat robore in perpetuum. Et ex inde fuere confessi se accepisse pro comuni XXX soldos. Et si statuta die fictum non solverint, debent dare comuni suprascriptam penam et insuper fictum solvere et solvendo penam non debent se tueri a solucione ficti. Actum supra predictam terram feliciter. Signum suprascriptorum testium: |29v| Aliotus Tebaldi, Melior, Bonus Çeno, Turisendus, Adelgaus rogati testes.

(SN) Ego Clarinbaldinus sacri palacii notarius interfui et iussu parcium scripsi.

(SN) Ego Montagna notarius, existens in officio comunis Padue ad discum Ursi coram discreto viro domino Bartolameo de Borselis iudice et oficiale comunis Padue ad dictum discum in potestaria nobilis militis domini Pini de Vernaciis de Cremona, hoc suprascriptum instrumentum sumptum ex autentico supradicti Clarinbaldi‹ni› notarii iussu et auctoritate dicti iudicis exemplavi curente anno Domini millesimo trecentesimo octavo, indictione sexta, die tercio setembris, presentibus Saceto notario de Campagnola et Laurencio notario quondam Meliorini sociis et notariis ad dictum discum.

a) *nel marg. sn. di mano A* b) *ms:* plantatata

36

Livellus prati positi in contra Pradesoli.[a)]

(SN) Anno Domini millesimo centesimo nonagesimo VIIJ, indictione prima, septimo kalendas decembris. In presentia bonorum hominum quorum nomina sunt inferius libelario nomine in perpetuum Frugerinus Indie et Gumbertinus Aicardi caniparii comunis Montisscilicis pro iamdicto comuni investivere Galianam de uno prato posito in Pradissoli quod fuerat designatum in comuni pro iuratis comunis qui iuraverant discernere comune a diluviis hominum, solum a Walterino et Bundo et Gerardo Braide et Iohanne Altiprandi, eo vero pacto quod predicta Galiana et eius heredes debent habere et tenere predictum pratum cum salicibus supra, et inde facere omnem suam utilitatem; tamen non debent vendere suum ius vel concedere alii nisi homini habitanti tantum in Montesscilice qui solvat fictum comuni, et[b)] debent festo sancti Stefani.[c)]

(SN) Ego Montagna notarius, existens in officio comunis Padue ad discum Ursi coram discreto viro domino Bartolameo de Borselis iudice et oficiale comunis Padue ad dictum discum in potestaria nobilis militis domini Pini de Vernaciis de Cremona, hoc suprascriptum instrumentum sumptum ex autentico supradicti Clarinbaldini notarii iussu et auctoritate dicti iudicis exemplavi curente anno Domini millesimo trecentesimo octavo, indictione sexta, die tercio setembris, presentibus Saceto de Campagnola et Laurencio notario.

a) *nel marg. sn. di mano A* b) *segue* def *depennato* c) *evidente l'incompletezza della frase; omessa anche la 'completio' a cui il notaio* Montagna *fa riferimento nell'autenticazione*

37

Livelus cuiusdam partis terreni.[a)]

(SN) Anno Domini millesimo centesimo nonagesimo viij, indictione prima, octavo kalendas decembris. In presentia bonorum hominum quorum nomina sunt inferius libelario nomine in perpetuum Frugerinus Indie et Gumbertinus Aicardi caniparii comunis Montisscilicis pro ipso comuni investivere Odum Çufeti de eo quod sibi fuerat designatum in vineis quas tenet pro imperatore non longe ab hospitali Sancti Iacobi solum ij perticas ultra fosatum et fuit designatum pro Fossa Broilli, eo pacto quod suprascriptus Odo et eius heredes debent habere et tenere in perpetuum suprascriptas duas perticas intus a fosato, inter ipsum et Mainentem, sicuti tenet testa predicte pecie de terra contra predictum Mainentem et facere inde omnem suam utilitatem; tamen non debent dare vel concedere ad habendum suum ius alicui nisi tantum homini habitanti in Montesscilice qui solvat fictum comuni, et omni anno festo sancti Stefani debent comuni iiijº denarios pro ficto. Penam posuerunt si quis eorum vel suorum heredum hec que dicta sunt non attenderint vel hoc pactum ruperint vel eorum successorum, componat pars parti fidem servanti soldos xxviiijº. Pena soluta hic libelus in suo permaneat robore in perpetuum. Et ex inde fuere confesi se accepisse pro comuni ab eo xxx soldos. Et si statuta die fictum non solverint, debent penam suprascriptam comuni et insuper fictum solvere, neque solvente uno debent se tueri ab altero.

Actum in suprascripto campo feliciter. Signum suprascriptorum testium: Bignoti, Mainerius et Albertinus pro eo et aliis rogatis testibus.

(SN) Ego Clarinbaldinus sacri palacii notarius interfui et iussu parcium scripsi.

(SN) Ego Montagna notarius, existens in officio comunis Padue ad discum Ursi coram discreto viro domino Bartolameo de Borselis iudice et oficiale comunis Padue ad dictum discum in potestaria nobilis militis |30r| domini Pini de Vernaciis de Cremona, hoc suprascriptum instrumentum sumptum ex autentico supradicti Clarinbaldini notarii iussu et auctoritate dicti iudicis exemplavi curente anno Domini millesimo trecentesimo octavo, indicione sexta, die tercio setembris, presentibus Saceto de Campagnola et Laurencio notario.

a) *nel marg. sn. di mano A*

38

Livellus duarum peciarum terre supra Fossa Broili a Carubio Patriarce.[a)]

(SN) Anno Domini millesimo centesimo nonagesimo VIIJ, indictione prima, octavo kalendas decembris. In presentia bonorum hominum quorum nomina sunt inferius libelario nomine in perpetuum Frugerinus Indie et Gumbertinus caniparii comunis Montisscilicis pro ipso comuni investivere Meliorem iudicem de IJ peciis de terra sicuti designatum fuerat a capite vinearum que fuere Petri Boni intus a fosato pro Fossa Brolli, que vinee sunt a Carubio Patriarce, eo pacto quod eius uxor et nepotes ipsorum solum filii domine Rustice et eorum heredes debent predictas duas perticas intus a fosato habere et tenere in perpetuum et facere inde omnem suam utilitatem; tamen non debent dare vel concedere ad habere suum ius alicui nisi tantum homini habitanti in Montesscilice qui solvat fictum comuni, et omni anno festo sancti Stefani debent IJ° denarios pro ficto comuni. Penam inter se posuerunt si quis eorum vel suorum heredum aut successorum pro comuni hec que dicta sunt non attenderint vel hoc pactum rumperint, componat pars parti fidem servanti soldos XXVIIIJ°. Pena soluta hic libelus in suo permaneat robore in perpetuum. Et ex inde fuere confesi se accepisse pro comuni V soldos denariorum. Et si statuta die fictum non solverint, debent penam suprascriptam solvere comuni et insuper fictum, neque uno solvente debent se tueri ab altero. Actum supra predictam terram feliciter. Signum suprascriptorum testium: Mainerius, (Err)eus et Ardengus rogati testes.

(SN) Ego Clarinbaldinus sacri palacii notarius interfui et iussu parcium scripsi.

(SN) Ego Montagna notarius, existens in officio comunis Padue ad discum Ursi coram discreto viro domino Bartolameo de Borselis iudice et oficiale comunis Padue ad dictum discum in potestaria domini

Pini de Vernaciis de Cremona, hoc suprascriptum instrumentum sumptum ex autentico supradicti Clarinbaldini notarii iussu et auctoritate dicti iudicis exemplavi curente anno Domini millesimo trecentesimo octavo, indictione sexta, die tercio setembris, presentibus Saceto notario et Laurencio notario sociis et notariis ad dictum discum.

a) *nel marg. sn. di mano A*

39

Libellus duarum peciarum terre supra fossam Broili a Carubio Patriarche.[a]

(SN) Anno Domini millesimo centesimo nonagesimo viij, indictione prima, octavo kalendas decembris. In presentia bonorum hominum quorum nomina sunt inferius libelario nomine in perpetuum Frugerinus Indie et Gumbertinus Aicardi caniparii comunis Montisscilicis pro iamdicto comune investivere Ardengum Cageti de duabus perticis de terra intus a fosato sicuti tenet testa suarum vinearum et campi supra fosam Broili a Carubio Patriarce, eo pacto quod predictus Ardengus et eius heredes debent predictas ij perticas habere et tenere in perpetuum et inde omnem suam utilitatem facere; tamen non debent vendere vel concedere ad habendum alicui nisi homini tantum habitanti in Montesscilice qui solvat fictum comuni, et debent dare omni anno festo sancti Stefani ij denarios pro ficto comuni. Penam inter se posuerunt si quis eorum vel suorum heredum aut successorum pro comuni hec que dicta sunt non attenderint vel hoc pactum rumperint, componat pars parti fidem servanti soldos xxviiij°. Pena soluta hic libelus in suo permaneat robore in perpetuum. Et ex inde fuere confesi se accepisse pro comuni v soldos denariorum. Et si statuta die non solverint fictum, debent penam suprascriptam solvere comuni et insuper fictum, neque solvente uno debent se tueri ab altero. Actum supra predictam terram feliciter. Signum suprascriptorum testium: Melior, Errus, Mainerius[b] rogati testes.

(SN) Ego Clarinbaldinus sacri palacii notarius interfui et iussu parcium scripsi.

(SN) Ego Montagna notarius, existens in officio comunis Padue ad

discum Ursi coram discreto viro domino Bartolameo de Borselis iudice et oficiale comunis Padue ad dictum discum in potestaria nobilis militis domini Pini |30v| de Vernaciis de Cremona, hoc suprascriptum instrumentum sumptum ex autentico supradicti Clarinbaldini notarii iussu et auctoritate dicti iudicis exemplavi curente anno Domini millesimo trecentesimo octavo, indictione sexta, die tercio setembris, presentibus Saceto notario de Campagnola et Laurencio notario quondam Meliorini sociis et notariis ad dictum discum.

a) *nel marg. sn. di mano A* b) *segue* g *depennata*

40

Livellus de quadam parte terreni in Credario.[a)]

(SN) Anno Domini millesimo centesimo nonagesimo VIIJ°, indictione prima, octavo kalendas decembris. In presentia bonorum hominum quorum nomina sunt inferius libelario nomine in perpetuum Frugerinus Indie et Gumbertinus Aicardi caniparii comunis Montisscilicis pro ipso comune investivere Rolandum domine Berte de toto eo quod sibi pro comune designatum fuerat in vineis[b)] suis de Credaro sicuti in carta designationis pro comuni facte continetur, eo pacto quod predictus Rolandus et eius heredes debent habere et tenere in perpetuum et facere inde omnem suam utilitatem; tamen non debent vendere vel concedere ad habendum suum ius nisi tantum homini habitanti in Montesscilice qui solvat fictum comuni, et omni anno debent dare comuni VJ denarios pro ficto. Penam vero inter se posuerunt si quis eorum vel suorum heredum aut successorum pro comuni hec que dicta sunt non attenderint vel hoc pactum rumperint, componat pars parti fidem servanti soldos XXVIIIJ°. Pena soluta hic libelus in suo permaneat robore in perpetuum. Et ex inde fuere confesi se accepisse ab eo L soldos, et si statuta die fictum non solverint, debent dare comuni suprascriptam penam et insuper fictum solvere, neque solvente uno debent se tueri ab altero. Actum ad vineam suprascriptam. Signum suprascriptorum testium: dominus Bonetus, Mainerius, Melior, rogati testes.

Eo die iidem fecerunt coram Meliore et Mainerio in campo domini Boneti qui tenetur per Henricum Bançum suprascripti caniparii in domino Boneto de eo quod sibi fuerat designatum in campo qui est prope vineam Rolandi et fuit domine Armerine et eius sororis, fictum IJ denariorum, penam et pactum idem qui in Rolando et inde acceperunt v soldos.

(SN) Ego Clarinbaldinus sacri palacii notarius interfui et iussu parcium scripsi.

(SN) Ego Montagna notarius, existens in officio comunis Padue ad discum Ursi coram discreto viro domino Bartolameo de Borselis iudice et oficiale comunis Padue ad dictum discum in potestaria nobilis militis domini Pini de Vernaciis de Cremona, hoc suprascriptum instrumentum sumptum ex autentico supradicti Clarinbaldini notarii iussu et auctoritate dicti iudicis exemplavi curente anno Domini millesimo trecentesimo octavo, indictione sexta, die tercio setembris, presentibus Saceto notario de Campagnola et Laurencio notario sociis et notariis ad dictum discum.

a) *nel marg. sn. di mano A* b) *segue* de *depennato*

41

Livellus de quadam parte terreni in contrata Coretie.[a)]

(SN) Anno Domini millesimo centesimo nonagesimo VIIJ, indictione prima, nono kalendas decembris. In presentia bonorum hominum quorum nomina sunt inferius libelario nomine in perpetuum dominus Aicardinus potestas et rector Montisscilicis investivit Albertinum Raimundi de toto eo quod fuerat designatum in terra que est Lanperge uxoris sue et fuit Benencase posita in Coreça et de toto eo quod designatum fuerat in clausura sua similiter que est in Coreça, eo vero pacto quod suprascriptus Albertinus et eius heredes debent habere suprascriptam terram in suprascriptis locis sicuti fuerat designatum pro comuni et tenere in perpetuum et vendere et donare et pro anima iudicare et omnem suam utilitatem facere; tamen debent dare homini tantum habitanti in Montesscilice et non alii et qui solvat fictum comuni, et omni anno debent solvere Montisscilicis comunis festo sancti Stefani VJ denarios pro ficto. Penam vero inter se posuerunt quis eorum vel suorum heredum aut successorum hec que dicta sunt non attenderint vel hoc pactum rumperint, componat pars parti fidem servanti soldos XX et VIIIJ°. Pena soluta hic libelus in suo permaneat robore in perpetuum. Et si fictum predicta die solutum non fuerit, debent solvere predictam penam et fictum similiter, et ex inde fuit confesus se accepisse pro comuni IIIJ° libras denariorum. Actum in frata, in capite suprascripte clausure, ea die, cum predicta potestas pro comuni ibat descernendo id |31r| quod in comuni designatum fuerat preter illis qui concordiam faciebant cum eo pro comuni vel cum canipariis. Signum suprascriptorum testium: Frugerinus Paltenerie, Gerardus eius frater, Melior, Frugerinus Indie et alii testes.

(SN) Ego Clarinbaldinus sacri palacii notarius interfui et iussu parcium scripsi.

(SN) Ego Montagna notarius, existens in officio comunis Padue ad discum Ursi coram discreto viro domino Bartolameo de Borselis iudice et oficiale comunis Padue ad dictum discum in potestaria nobilis militis domini Pini de Vernaciis de Cremona, hoc suprascriptum instrumentum sumptum ex autentico supradicti Clarinbaldini notarii iussu et auctoritate dicti iudicis exemplavi curente anno Domini millesimo trecentesimo octavo, indictione sexta, die quarto setembris, presentibus Saceto notario de Campagnola et Laurencio sociis et notariis ad dictum discum.

a) *nel marg. sn. di mano A*

42

Livelus IIIJ perticarum terre in contrà Bagnaroli.[a)]

(SN) Anno Domini millesimo centesimo nonagesimo VIIJ°, indictione prima, nono kalendas decembris. In presentia bonorum hominum quorum nomina sunt inferius libelario nomine in perpetuum Frugerinus Indie et Gumbertinus Aicardi caniparii comunis Montisscilicis pro iamdicto comuni presente domino Aicardino et precipiente investivere Rainaldum filium quondam Sovere de IIIJ° perticis de terra intus a fosato sue clausure de Bagnarolo contra flumen iuxta pratum et de fosato iuxta pratum, sicuti continetur in carta designationis facte pro comuni et a capite contra Frugerinus Indie de una pertica, sicut tenet testa campi intus a fosato et de fosato iuxta viam eundo ad Pernumiam. Eo pacto quia ille et eius heredes debent habere et tenere in perpetuum et facere inde omnem suam utilitatem; set non debet dare vel concedere homini nisi habitanti in Montesscilice et qui solvat fictum comuni, et omni anno debent solvere comuni Montisscilicis festo sancti Stefani pro ficto VJ denarios. Penam vero inter se posuerunt quis eorum vel suorum heredum aut successorum hec que dicta sunt non attenderint vel hoc pactum rumperint, componat pars parti fidem servanti soldos XXVIIIJ°. Pena soluta hic libellus in suo permaneat robore in perpetuum. Et inde fuere confesi se accepisse ab eo pro comuni IIIJ° libras et dimidiam denariorum. Actum in eadem clausura. Signum suprascriptorum testium: Arardus iudex, Furgerinus Paltenerie, Albertinus[b] Raimundi, Albertinus Cavorcii rogati testes. Si autem non solverint fictum statuto die, debent solvere penam predictam et fictum similiter.

(SN) Ego Clarinbaldinus sacri palacii notarius interfui et iussu parcium scripsi.

(SN) Ego Montagna notarius, existens in officio comunis Padue ad discum Ursi coram discreto viro domino Bartolameo de Borselis iudice et oficiale comunis Padue ad dictum discum in potestaria nobilis militis domini Pini de Vernaciis de Cremona, hoc suprascriptum instrumentum sumptum ex autentico supradicti Clarinbaldini notarii iussu et auctoritate dicti iudicis exemplavi curente anno Domini millesimo trecentesimo octavo, indicione sexta, die[c] quarto setembris, presentibus Saceto notario de Campagnola et Laurencio sociis et notariis ad dictum discum.

a) *nel marg. sn. di mano A* b) *segue* Paltenerii *depennato* c) *segue* IIIJ *depennato*

43

Livelus comunis de uno campo terre in Fossa de Molendino.[a]

(SN) Anno Domini millesimo centesimo nonagesimo VIIJ°, indictione prima, nono kalendas decembris. In presentia bonorum hominum quorum nomina sunt inferius libelario nomine in perpetuum Frugerinus Indie et Gumbertinus caniparii comunis Montisscilicis presente domino Aicardino potestate et rectore suprascripti comunis investivere Bonifacinum Aitengi de campo uno iuxta suum campo in Fosa de Molendino et Frugerinus Indie habet ab inferiori capite et a superiori via que est inter clausuram suprascripti Frugerini et suprascriptum campum, eo pacto quia predictus Bonifacinus et eius heredes debeant habere et tenere suprascriptum campum contra flumen, sicuti fuerat sibi designatus pro comuni et in carta designacionis continetur, et facere inde omnem suam utilitatem; set non debent alicui vendere vel concedere nisi homini habitanti in Montesscilice qui solvat fictum comuni[b] Montisscilicis, et omni anno festo sancti Stefani debet solvere comuni XIJ denarios pro ficto. Penam vero inter se posuerunt quis eorum vel suorum heredum aut successorum hec que dicta sunt non attenderint vel hoc pactum rumperint, componat pars parti fidem servanti soldos XXVIIIJ°. Pena soluta hic libelus in suo permaneat robore in perpetuum. Et si non solverint fictum die statuto, debent solvere predictam penam et fictum similiter. Actum in suprascripto campo feliciter. Signum suprascriptorum testium: Arardus, Furgerinus Paltenerie, Albertinus Raimundi et alii rogati testes. Et fuere confesi ex inde accepisse pro comuni XVIJ° libras denariorum.

|31v| Et eo die in via que vadit ad Vadum Tigossi idem fecerunt predicti caniparii in domino Aicardino de***[c] de terra in campo qui tenetur per***[d] de Çistino, sicuti continetur in designacione facta pro comuni fictum denariorum IJ, pena eidem uti in suprascriptis cartis; et inde fuere confessi se accepisse XX soldos denariorum venetorum. Testes: Albertinus Raimundi, magister Henricus et Aldrevandinus Scabue rogati testes.

(SN) Ego Clarinbaldinus sacri palacii notarius interfui et iussu parcium scripsi.

(SN) Ego Montagna notarius, existens in officio comunis Padue ad

discum Ursi coram discreto viro domino Bartolameo de Borselis iudice et oficiale comunis Padue ad dictum discum in potestaria nobilis militis domini Pini de Vernaciis de Cremona, hoc suprascriptum instrumentum sumptum ex autentico supradicti Clarinbaldini notarii iussu et auctoritate dicti iudicis exemplavi curente anno Domini millesimo trecentesimo octavo, indictione sexta, die quarto setembris, presentibus Saceto notario de Campagnola et Laurencio sociis et notariis ad dictum discum.

a) *nel marg. sn. di mano A* b) *ms:* comunis *con* s *finale depennata* c) *spazio bianco di 14 mm* d) *spazio bianco di 10 mm*

44

Livelus comunis de medio campo terre in contrà Fratarum.[a]

(SN) Anno Domini millesimo ducentesimo vigessimo nono, indicione secunda, die primo augusti, presentibus Bonofilio notario, magistro Antolino et Açone de Severio et alliis. Dominus Albertus de Episcopello et Oliverius de Iohanne de Berta de Mato et Albertus domine Bonde et Iohanne de Secadenariis locatores bonorum et possesionum comunis Montisscilicis, presente domino Iacobino domine Berte consule Montisscilicis et de eius voluntate, pro soldis quadraginta quos dicti locatores confesi fuerunt quod Çambonus de Çambro solverat canipario Montisscilicis, libelario nomine usque in perpetuum investiverunt dictum Çambonum de Çambro de medio campo de terra in capite sue[b] terre de frata Sancti Danielis versus flumen Vigincònis, dimittendo quatuor perticas a flumine cum ripa fluminis pro argere, tali modo pacto quod dictus Çambonus de Çambro et eius heredes in perpetuum debent habere et tenere dictum medium campum terre et omnem suam utilitatem facere, vendere, et donare, et pro anima iudicare, excepto quod non debent vendere homini habitanti extra Montescilicem, et si vendiderit ipso iure non teneat, tenendo fosatum bene clausum inter se et suos consortes, redendo omni anno in festo sancti Prosdocimi canipario comunis denarios sex parvorum pro aficto et non aliut; proinde predicti locatores pro dicto comuni promiserunt cum obligacione bonorum comunis Montisscilicis predicto Çambono de Çambro suisque heredibus dictum libelum ab omni homine warentare sub pena duplum predicte rei. Penam vero inter se posuerunt quis eorum vel heredes seu successores ipsorum hoc attendere noluerit, componat pars parti fidem servanti nomine pene soldos XXVIIIJ° venetorum. Pena soluta pacto stare. Et dederunt ei verbum intrandi tenutam. Actum in Montesscilice sub porticu domus arimanorum.

Ego Beniaminus qui prenominor Magister Gallus sacri pallacii notarius, interfui et eorum iussu rogatus scripsi.

(SN) Ego Montagna notarius, existens in officio comunis Padue ad discum Ursi coram discreto viro domino Bartolameo de Borselis iudice et oficiale comunis Padue ad dictum discum in potestaria nobilis militis domini Pini de Vernaciis de Cremona, hoc suprascriptum instrumentum sumptum ex autentico supradicti Beniamini notarii iussu et auctoritate dicti iudicis exemplavi curente anno Domini millesimo trecentesimo octavo, indictione sexta, die quarto setembris, presentibus Saceto notario de Campagnola et Laurencio sociis et notariis ad dictum discum.

a) *nel marg. sn. di mano A* b) *segue* frate *depennato*

45

Compromissio comunis Montisscilicis et comunis Consilvis.[a)]

In nomine domini Dei eterni. Anno eiusdem nativitatis millesimo ducentesimo quadragessimo quarto, indictione secunda, die duodecimo exeunte ianuario, Padue in comuni palacio, presentibus dominis Martino de Iane, Gerardo de domino Spinabelo iudice, Sandonio domini Acharixii de Arena, Palmerio notario filio quondam Silvestri fabri e alliis. Cum lis et controversia foret inter comune Montisscilicis ex una parte et comune Capit(e) Silvis ex haltera super facto fosati et cavate pontis scive pontium facti vel factorum in Vimenaria, Palud(is) Vimenarii et terra seu loco qui dicitur Levada, Bonifacius de Braida sindicus et actor comunis Montisscilicis, ut continetur in carta facta per Bignotum notarium, procuratorio nomine pro ipso comuni et Façianus qui dicitur Wercius sindicus et actor comunis Capit(is) Silve procuratorio nomine pro ipso comuni, ut continetur in carta sindicarie facta |32r| per Guilielmum notarium qui fuit de Pedraga, comuniter compromisserunt in dominum Ugonem iudicem de Arena et ipsum arbitrum et arbitratorem et amicabilem compositorrem eligerunt de omnibus predictis, et quod liceat predicto domino Ugoni iudici inter eos de predictis et circa predicta dicere, difinire, arbitrari, interpretare, declarare una vice vel pluribus per notum[b] et amicabilem[c] compositionem et ad eius voluntatem partibus presentibus et asentibus dummodo citatis die feriato et non feriato; et promiserunt partes sibi ad invicem per stipulationem sub pena quingentarum librarum pro parte et cum obligacione bonorum suorum comunium quod attendent et observabunt quicquid super predictis et circa predicta prelibatus dominus Ugo dixerit faciendum, et quod pena tociens comitatur quociens aliqua parcium contra ea que dicta fuerint per dictum[d] dominum Ugonem venire presumpserit, et quicquid dictum fuerit et laudatum per ipsum dominum Ugonem totaliter observabunt.

(SN) Ego Antonius filius Ugeti sacri palacii notarius hoc instrumentum sumptum ex inbreviaturis quondam patris mei Ugeti michi datis et concessis in maiori conscillio ad sonum campane more solito congregato per dominum Egidium iudicem et assessorem nobilis viri domini Widonis de Robertis Padue potestatis quod loco et vice dicte potestatis ibi adherat, nichil adens vel minuens quod sensum nec sentenciam mutet, curente anno Domini millesimo ducentesimo septuagesimo sexto indicione quarta.

(SN) Ego Montagna notarius, existens in officio comunis Padue ad discum Ursi coram discreto viro domino Bartolameo de Borselis iudice et oficiale comunis Padue ad dictum discum in potestaria nobilis militis domini Pini de Vernaciis de Cremona, hoc suprascriptum instrumentum sumptum ex autentico supradicti Antonii notarii iussu et auctoritate dicti iudicis exemplavi curente anno Domini millesimo trecentesimo octavo, indictione sexta, die quinto setembris, presentibus Saceto notario de Campagnola et Laurencio notario.

a) *nel marg. sn. di mano A* b) per notum: *lettura dubbia* c) et amicabilem *ripetuto*
d) *segue* Ugonem *depennato*

46

Sententia arbitraria inter comunis Montisscilicis et comune Consilvis de quodam ponte et quibusdam fossatis.[a)]

In nomine domini Dei eterni. Anno eiusdem nativitatis millesimo ducentesimo quadragessimo quarto, indictione secunda, die undecimo exeunte aprili, Padue in comuni palacio, presentibus Nicolao G(rec)eso notario, Egidio Freca notario, Basta de Causilvie, Pace filio Petri preconis de Durello, Iohanne Polla notario de Causilve et alliis. Dominus Ugo iudex de Arena talem in scriptis protulit sentenciam, sic dicens: « In nomine Domini amen. Ego Ugo iudex de Arena electus arbiter et amicabilis compositor ad cognoscendum de litibus et questionibus que vertebantur inter comune Montisscilicis et Facinum de Braida sindicum ipsius comunis ex una parte, et comune Capitis Silve et Facinum qui dicitur Wercius sindicum prefati comunis ex alia, super facto fosati et cavate pontis sive pontium facti vel factorum in Vimenario, Palud(is) Vimenarii et terra seu loco qui dicitur Levada et super aliis, ut continetur in carta compromissi per Uetum[b)] notarium, qui quidem Facinus Wercius sindicus comunis[c)] Capitis Silve pro ipso comuni petebat a prefacto Facino sindico comunis Montisscilicis quod pons lapideus factus supra Levadam per homines de Montesscilice deberet destrui et quod fosata omnia facta in Vimenario et Palude Vimenarii que fluunt vel fluere possunt in fosatum[d)] domini Ursii atterentur et demoliantur per homines de Montesscilice vel patientiam atterandi vel demoliendi hominibus de Capite Silve prestent. Dicebat etiam et proponebat quod fosatum factum tempore domini Ursii erat elongatum per unam tornam et dimidiam versus Levadam inferius et usque ad pontem predictum factum super Levada et ipsum fosatum versus Montesscilicem esse elongatum per unum milliarium vel circha cum ipsum fosatum esse consueverit tempore sentencie late per dominum Iohannem iudicem infrascriptum circha duas tornas et dimidiam parvum plus vel minus et dictum fosatum magis esse latum et magis profundum, unde petebat quod quicquid factum est contra formam predictam deberet aterrari per homines de Montesscilice et in pistrinam formam reduci vel pacientiam et demolendi hominibus de Causilve dictum fosatum ultra formam iamdictam sibi prestari. Unde super hiis visis et auditis racionibus testibus hinc inde produtis et alegacionibus utriusque partis et viso instrumento sentencie late per dominum Iohannem iudicem domini Otonis de Mandello quondam potestatis Padue et subiectis locis litis propriis oculis et habito quam plurimum sapientum conscillio, cum maxima deliberatione et prefactis sindicis presentibus et ab eis habita parabola iudicandi dico, pronuncio, et arbitror quod pons qui factus est nuper per homines de Montesscilice supra Levadam destruatur per homines de Montesscilice vel patientiam destruendi et aterandi hominibus |32v| de Causilve prestent, et quod fosatum quod est sub ponte predicto et fluit et iungitur fosato domini Alberti de Baone atteretur, et quod ab eodem ponte super Levadam fosatum ateretur per unam tornam versus Montescilicem et per homines de Montesscilice vel pacienciam aterandi et demolendi hominibus de Causilve prestent; ita tamen quod terra sive locus aut via que appellatur Levada ubi est factus modo pons, sit basior medio pede quam terra superior Vimenarii que est a latere Vimenarii versus Montemsilicem; et quod fosata omnia que sunt facta per traversum sive ex latere Vimenario, que fluunt vel fluere possunt in fosatum quondam domini Ursi, atterentur et demolientur per homines de Montesscilice vel pacienciam aterandi et demoliendi hominibus de Causilve prestent. Et ab aliis peticionibus predictum Facinum sindicum comunis Montisscilicis et ipsum comune absolvo. Ita tamen quod hec sentencia sive arbitrium non faciat aliquod preiudicium alicui parcium in ordinario iudicio sive in ordinariis iudiciis, et ut hec attendatur usque ad viginti dies sub pena compromissi precipio, retinendo in me ut possim declarare, interpretari siquid obscuritatis seu dubietatis in isto arbitrio seu lodo esset vel appariret.

(SN) Ego Antonius filius Ugeti olim sacri palacii notarius hoc instrumentum sumptum ex inbreviaturis quondam patris mei Ugeti michi datis et concessis in maiori conscillio ad sonum campane more solito congregato per dominum Egidium iudicem et assessorem nobilis viri domini Guidonis de Robertis Padue potestatis qui loco et vice dicte potestatis ibi adherat, nichil adens vel minuens quod sensum nec sentenciam mutet curente anno Domini millesimo ducentesimo septuagesimo sexto indictione quarta.

(SN) Ego Montagna notarius, existens in officio comunis Padue ad discum Ursi coram discreto viro domino Bartolameo de Borselis iudice et oficiale comunis Padue ad dictum discum in potestaria nobilis militis domini Pini de Vernaciis de Cremona, hoc suprascriptum instrumentum sumptum ex autentico supradicti Antonii notarii iussu et auctoritate dicti iudicis exemplavi curente anno Domini millesimo trecentesimo octavo, indictione sexta, die quinto setembris, presentibus Saceto notario de Campagnola et Laurencio notario sociis et notariis ad dictum discum.

a) *nel marg. sn. di mano A* b) *verosimilmente per* Ugetum c) *segue* pa *depennato*
d) *segue* in *superfluo*

47

Locus in Insula.[a)]

Anno Domini millesimo ducentesimo septuagesimo, indicione tercia decima, die septimo exeunte aprile, in Montesscilice, sub caminata Sancti Pauli, presentibus preacone[b)] Diamante et Albertino Çagaia preconibus et alliis. Ibique dominus Damianus quondam domini Bonçeni et Albertus de Çeno procuratores comunis Montisscilicis de verbo et mandato tocius conscilii ipsius comunis secundum quod reformatum fuit in ipso conscillio, ut in carta reformacionis scripta per Franciscum notarium continetur, investivit[c)] Manfredinum tabernarium de Bocaxo de terra vacua que est iuxta suam domum aput pontem Insule hinc ad ripam fluminis: coheret ab uno latere sponda muri de ponte et ab alio latere terra vacua comunis et ab uno capite flumen comunis et ab allio capite dictus Manfredinus pro dicto comune; tali vero pacto quod dictus Manfredinus et sui heredes et cui dederint dictam terram debeant habere, tenere et possidere et totam suam utilitatem et voluntatem facere usque ad illud tempus quod idem Manfredinum h(abere)t suam domum a dicto comune, et pro eo melioretur et non peioretur, redendo omni anno dicto comuni in festo sancti Stefani tercio die ante vel post soldos quindecim denariorum parvorum et non aliud; namque promiserunt dicti procuratores pro ipso comune et successores ipsius comunis dicto Manfredino et suis heredibus et cui dederint dictam terram vacuam usque ad flumen warentare et defendere usque ad dictum tempus ab omni persona cum racione sub pena boni cambii cum obligacione omnium bonorum dicti comunis salvo hoc in tantum quod si dictus Manfredinus edificasset aliquod edificium super ipsam terram et in capite ipsius sua debeat dare comuni dicto Manfredino[d)] in arbitrio duorum comunum amicorum. Et si comune illud edificium nolluisset, quod dictus Manfredinus possit et debeat accipere et facere suam utilitatem, ut de suam rem, nullo contradicente. Pena vero inter se posuerunt ut quis eorum sive heredes et successores ipsorum non attenderint vel haec pacta[e)] rumperint, componat pars parti fidem servanti soldos viginti nove nomine pene et pena soluta nichilhominus actendere teneatur cum obligacione suorum bonorum et bonorum dicti comunis.

(SN) Ego Arnaldus filius quondam Prosdocimi de Lusca sacri palacii notarius interfui, iussu predictorum hec scripsi.

(SN) Ego Montagna notarius, existens in officio comunis Padue ad discum Ursi coram discreto viro domino Bartolameo de Borselis iudice et oficiale comunis Padue ad dictum discum in potestaria nobilis militis domini Pini de Vernaciis de Cremona, hoc suprascriptum instrumentum sumptum ex autentico supradicti Arnaldi notarii iussu et auctoritate dicti iudicis exemplavi curente anno Domini millesimo trecentesimo octavo, indictione sexta, die |33r| quinto intrante mense setembris, presentibus Saceto notario de Campagnola et Laurencio notario quondam Meliorini sociis et notariis ad dictum discum.

a) *nel marg. sn. di mano A* b) *ms:* pacone *con trattino abbreviativo sulla* p c) *evidentemente per* investiverunt d) *evidentemente per* dictus Manfredinus e) *su* pacta *segno abbreviativo generico superfluo*

48

Emptio comunis de quadam domo murata.[a)]

Anno Domini millesimo ducentesimo septuagessimo secundo, indictione quintadecima, die quinto[b)] decimo exeunte octubri, in Montesscilice, in platea Sancti Pauli, presentibus Rolando de Spala, domino Iacobino quondam Gerardi spetialis, Natale notario de Rubeis, Berto de Alianda, Laurencio de Belono, Manfredo de Çacharia et alliis. Ibique Ognobene filius Iohannini de Amigetis et Guiia e‹i›us uxor verbo ispius dicens et asserens dictus Ognobene se esse emancipatum, prout continetur in carta emancipationis facta per Natalem notarium de Rubeis, pro libris viginti duabus denariorum venetorum quas ipsi ambo guarentaverunt et confessi fuerunt se nomine finiti, certi et conventi precii accepisse a dominis Botacio olim domini Iohannis de Gerardacio et Federico de Menechelo procuratoribus comunis Montisscilicis dantibus et solventibus nomine et vice dicti comunis et eos manualiter in se habere, de quibus denaris et precio clamaverunt se solutos esse et plenam solutionem habere in se, renunc(iantes) exceptionis non numerati, soluti atque traditi sibi precii tempore contratus, facientes eis recipientibus pro dicto comuni per se et suos heredes pactum et promissionem de amplius non petendo, pro ipso namque precio fecerunt datam et vendicionem eisdem ad proprium recipientibus nomine et vice dicti comunis de uno sedimine cum casa murata et copata et cum curte iacent(e) in villa Montisscilicis in hora que dicitur Callis de Ripa, cui coheret ab uno latere Picetus de Amigeto, ab allio latere via comunis, ab uno capite Iohannes a Capris et ab allio capite via comunis; ita quod de cetero ipsi et sui succesores pro dicto comuni aut ipsum comune debeant habere et tenere et possidere et omnem suam voluntatem et utilitatem iure proprii ex eo facere sine dictorum venditorum vel suorum heredum contradictione, una cum accessu, ingressu, introitu et exitu cum superioribus, et inferioribus, et cum omnibus suis adiacenciis et pertinenciis, atque cum omni iure et actione reali et personali ipsi sedimini cum casa murata et cupata et cum curte in integrum pertinenti, dicentes et asserentes dictum sedimen cum casa murata et copata et cum curte nec aliquid[c] ex eo nulli allii foret datum, venditum, traditum, obligatum, alienatum vel aliquo modo obnoxiatum nisi predictis emptoribus recipientibus pro dicto comuni. Et si plus precio predicto valeret id quod ultra precio est nomine pure et inrevochabilis donacionis que dicitur inter vivos et que amplius revocari non possit eisdem emptoribus recipientibus pro dicto comuni donaverunt, concesserunt et remisserunt, dantes, cedentes atque mandantes eisdem recipientibus pro dicto comuni omnia iura omnesque actiones reales et personales utiles et directas que et quas habebant vel habere videbantur in dicto sedimine cum casa murata, copata et curte et eos procuratores ut in rem suam constituerunt ut amodo directe possint agere, placitare,[d] experiri, exceptionem opponere, et se pro dicto sedimine defendere ab omni persona volente ipsos vel dictum comune inpedire vel molestare, promittentes namque predicti venditores per se et suos heredes ita quod uterque eorum teneatur in sollidum; et ipsa mulier certiorata a me notario quid sit Veleianum renuntiavit auxilio senatus consulti Veleiani et iuri ypotecarum et omni mulierum auxilio quo sese tueri posset; dictis venditoribus[e)] stypulantibus suisque successoribus recipientibus pro dicto comuni warentare et defendere dictum sedimen cum casa et curte ab omni persona et parte cum racione suis propriis expensis sub pena dupli dampni et interesse cum obligacione suorum[f)] bonorum, licet si obtinuerit quam si succubuerit in causa postquam inquietati fuerint de parte vel de toto, sicut pro tempore fuerit melioratum vel valuerit in consi‹mi›li loco sub extimatione, et precariis pro eis possidere constituerunt donec tenutam acceperint. Quam precariam possessionem eis recipientibus pro dicto comuni remisserunt et refutaverunt, et dederunt eis parabolam intrandi tenutam et possessionem dicti sediminis cum casa et curte sua auctoritate.

(SN) Ego Rainaldinus Montis barberii domini Federici imperatoris notarius interfui rogatus et eorum iussu predicta scripsi.

(SN) Ego Montagna notarius, existens in officio comunis Padue ad discum Ursi coram discreto viro domino Bartolameo de Borselis iudice et oficiale comunis Padue ad dictum discum in potestaria nobilis militis domini Pini de Vernaciis de Cremona, hoc suprascriptum instrumentum sumptum ex autentico supradicti Rainaldini notarii iussu et auctoritate dicti iudicis exemplavi curente anno Domini millesimo trecentesimo octavo, indictione sexta, die quinto intrante setembri, presentibus Saceto notario et Laurencio.

a) *nel marg. sn. di mano A* b) *segue* exeunte octobri *depennato* c) *corretto su* aliquis d) placitare *ripetuto* e) *corretto su altre lettere non chiare* f) *segue* s *depennata*

49

|33v| *Livellus caxamenti quod tenet Iacobus a Senic[o].*[a)]

Anno Domini millesimo ducentesimo septuagesimo secundo, indicione quinta decima, die sexto intrante novembri, in Montesscilice, in platea Sancti Pauli, presentibus Natale notario de Rubeis, domino Milano de Bignotis, Natale Abulino, Dominico de Pucelis et alliis. Ibique dominus Botacius olim domini Iohannis de Gerardacio et Federicus de Menechelis procuratores comunis Montisscilicis, Molendus domini Iacobini spetialis et Manfredus de Çacaria consules dicti comunis nomine et vice dicti comunis et pro ipso comuni iure liveli perpetualis investiverunt Ognobene filium Iohannini de Amigetis de uno sedimine comuni cum[b] casa murata, copata et curte iac(ente) in confinio Montisscilicis in hora que dicitur Callis de Riva; coheret ab uno latere Picetus de Amigetis, ab allio latere via comunis, ab uno capite Iohannes a Capris et ab allio capite via comunis; quod sedimen cum casa et curte dictus Ognobene et sui heredes debeant habere, tenere et possidere et omnem suam voluntatem et utilitatem iure libeli perpetualis facere sine dictorum procuratorum et consulum et suorum successorum vel dicti comunis contradicione, una cum accessu, ingressu, introitu et exitu, cum superioribus et inferioribus et cum omnibus suis adiacentiis et pertinentiis atque cum omni iure ipsi sedimini sibique pro eo in integrum pertinenti, promittens dictus Ognobene per se et suos heredes dictis procuratoribus et consullibus stipulantibus et suis successoribus solvere eis vel canipario comunis Montisscilicis atque redere et dare omni anno pro afictu[c] dicti sediminis ad festum sancti Prodocimi octo diebus ante vel post soldos triginta denariorum venetorum. Dato et conduto atque soluto hoc afictu,[d] alia super inposita inter eos non fiant. Convenerunt namque inter se et pactum fecerunt quod si qua parcium ius suum vendere voluerit, vendat inter se pro soldis quinque minus quam aliis et pars que vendere voluerit denuntiet alteri parti spatio octo dierum et tunc, si emere noluerit, vendat cui voluerit; et si condutor vendere voluerit, vendat suo pari abitatori Montissilicis qui hoc attendat afictum, promittentes namque predicti procuratores et consules vice et nomine dicti comunis et pro ipso comuni Montisscilicis dicto Ognobene stipulanti et suis heredibus warentare et deffendere dictum sedimen cum casa et curte ab omni persona cum racione sub pena simplici et boni ca‹m›bi expensis comunis, cum obligacione bonorum comunis, promittentes vicisim inter se omnia supradicta attendere et observare sub pe‹n›a et in pena vigintinovem soldos denariorum venetorum pro quolibet capitulo non observato. Pena soluta nichilhominus attendere teneatur, set hic libelus in suo maneat statu. Et iupsserunt duo instrumenta in uno tenore scribi.

(SN) Ego Rainaldinus Montis barberii domini Federici inperatoris notarius interfui rogatus et eorum iussu predicta scripsi.

(SN) Ego Montagna notarius, existens in officio comunis Padue ad discum Ursi coram discreto viro domino Bartolameo de Borselis iudice et oficiale comunis Padue ad dictum discum in potestaria nobilis militis domini Pini de Vernaciis de Cremona, hoc suprascriptum instrumentum sumptum ex autentico supradicti Rainaldini notarii iussu et auctoritate dicti iudicis exemplavi curente anno Domini millesimo trecentesimo octavo, indicione sexta, die quinto setembris, presentibus Saceto notario de Campagnola et Laurencio[e] notario sociis et notariis ad dictum discum.

a) *nel marg. sn. di mano A* b) *segue asta depennata* c) *con segno abbreviativo superfluo sulla* u *finale* d) *con segno abbreviativo superfluo sulla* u *finale* e) *segue* s *depennato*

50

Livellus certe terre vacue.[a]

Anno Domini millesimo ducentesimo septuagesimo tercio, indictione prima, die duodecimo intrante februario, in Montesscilice, sub domo platee Sancti Pauli, presentibus domino Alberto potestate Montisscilicis filio domini Hengelardi de Padua, Petro filio quondam Danii de Poianis notario, Graciano precone, Capucio aperticatore, Bartolomeo dicto Vivolo et alliis. Ibique domini Simon de Bonafante et Iohannes Ab Aqua procuratores comunis Montisscilicis pro ipso comuni iure locationis ad voluntatem conscilli comunis Montisscilicis investiverunt Bonetum calegarium de terra vacua que est ante domum suam in qua habitat ipse Bonetus, que est triginta pedes per latitudinem, incipiendo a latere muri comunis de intus qui erat pro munymine terre Montisscilicis, curendo[b] |34r| triginta pedes versus flumen vetus comunis quantum ipsi capient; coheret ei a latere versus septentrionem Lanfranchus Papiensis pro dicto comuni Montisscilicis, a meridie Laurentius becarius pro dicto comuni, a sero flumen vetus ipsius comunis et a mane domus dicti Boneti; quam terram vacuam ipse Bonetus et sui heredes debeat habere, tenere, possidere et omnem suam utilitatem facere ad voluntatem dicti comunis et conscillii, videlicet tantum quantum capit eius domus per medium se, redendo anuatim in festo sancti Stefani tercio die ante vel post dictis procuratoribus vel suis successoribus pro dicto comuni Montisscilicis recipientibus soldos viginti denariorum venetorum et non aliut; salvo hoc quod si comune dictam terram vacuam ei aliquo tempore[c] accipere voluerit vel aliquid ex ea, tantum caletur[d] de afictu pro rata; et si totam terram comune accipere voluerit, totus afictus dicto Boneto caletur stipulanti et suis heredibus. Promiserunt dicti procuratores pro se et suis successoribus pro dicto comuni dicto Boneto stipulanti et suis heredibus dictam terram vacuam de triginta pedibus versus flumen per latitudinem, ut superius dictum est, ab omni persona warentare ad voluntatem comunis predicti in pena boni cambii. Penam vero inter se posuerunt quod si aliquis eorum vel sui heredes vel sui successores hec que dicta sunt non attenderint vel pactum supradictum rumperint in parte vel in toto, componat pars parti fidem huius locationis servanti soldos vigintinovem denariorum venetorum nomine pene pro quolibet pacto et capitulo non observato. Qua pena soluta in suo hec locatio maneat statu. Et de hoc due carte unius tenoris ex una inbreviatura iuxerunt mihi notario scribi.

(SN) Ego Bartolameus Dominici de Vivilia sacri palacii notarius interfui rogatus et eorum iussu predicta scripsi.

(SN) Ego Montagna notarius, existens in officio comunis ad discum Ursi coram discreto viro domino Bartolameo de Borselis iudice et oficiale comunis Padue ad dictum discum in potestaria nobilis militis domini Pini de Vernaciis de Cremona, hoc suprascriptum instrumentum sumptum ex autentico supradicti Bartolamei notarii iussu et auctoritate dicti iudicis exemplavi curente anno Domini millesimo trecentesimo octavo, indictione sexta, die quinto setembris, presentibus Saceto notario de Campagnola et Laurencio notario quondam Meliorini sociis et notariis ad dictum discum.

a) *nel marg. sn. di mano A* b) *segue* tri *anticipazione di* triginta *del f. successivo* c) *segue* ei *superfluo* d) *segue* paf *depennato*

51

Locatio comunis de terra vacua.[a]

Anno Domini millesimo ducentesimo septuagesimo tercio, indictione prima, die duodecimo intrante februario, in Montesscilice, sub domo platee Sancti Pauli, presentibus domino Alberto potestate Montisscilicis filio domini Hengelardi de Padua, Petro filio quondam Danii de Poianis[b] notario, Graciano precone, Capucio aperticatore, Bartolomeo dicto Wivolo et alliis. Ibique domini Simon de Bonafante et Iohannes Ab Aqua procuratores comunis Montisscilicis, pro ipso comuni iure locationis ad voluntatem conscillii et comunis Montisscilicis investiverunt Laurencium becarium de terra vacua que est ante domum suam in qua habitat[c] ipse Laurencius que est triginta pedes per latitudinem, incipiendo a latere muri comunis de intus qui erat pro monutione terre Montisscilicis, curendo triginta pedes versus flumen vetus comunis quantus ipsi capient; coheret ei a nullora Bonetus calegarius pro dicto comuni, a meridie dictum comune Montisscilicis, a sero etiam flumen vetus comunis et a mane domus dicti Laurencii in qua ipse habitat; quam terram vacuam ipse Laurencius et sui heredes debeat habere, tenere, possidere et omnem suam utilitatem facere ad voluntatem dicti comunis et conscillii, videlicet tantum quantum capit eius domus per medium se, redendo anuatim in festo sancti Stefani tercio die ante vel post dictis procuratoribus vel suis successoribus pro dicto comuni Montisscilicis recipientibus soldos viginti denariorum venetorum et non aliud; salvo hoc quod si comune dictam terram vacuam aliquo tempore ei accipere voluerit, vel aliquid ex ea, tantum caletur de afictu pro rata; et si totam terram comune accipere voluerit, totus afictus dicto Laurencio caletur, promitentes dicti procuratores pro se et suis successoribus pro dicto comuni dicto Laurentio stipulanti et suis heredibus dictam terram vacuam de triginta pedibus versus flumen per latitudinem, ut superius dictum est, ab omni persona warentare |34v| ad voluntatem comunis predicti in pena boni cambii. Penam vero inter se posuerunt quod si aliquis eorum vel suis heredibus vel sui successores hec que dicta sunt non acttenderint vel pactum supradictum rumperint in parte vel in toto, componat pars parti fidem huius locationis servanti soldos vigintinovem denariorum venetorum nomine pene pro quolibet pacto et capitulo non observato. Qua pena soluta hec locatio in suo maneat statu. Et de hoc due carte unius tenoris ex una inbreviatura iubsserunt[d] mihi notario scribi.

(SN) Ego Bartolameus Dominici de Vivilia sacri palacii notarius interfui rogatus et eorum ‹iussu› predicta scripsi.

(SN) Ego Montagna notarius, existens in officio comunis Padue ad discum Ursi coram discreto viro domino Bartolameo de Borselis iudice et oficiale comunis Padue ad dictum discum in potestaria nobilis militis domini Pini de Vernaciis de Cremona, hoc suprascriptum instrumentum sumptum ex autentico supradicti Bartolamei notarii iussu et auctoritate dicti iudicis exemplavi curente anno Domini millesimo trecentesimo octavo, indictione sexta, die quinto setembris, presentibus Saceto notario de Campagnola et Laurencio notario quondam Meliorini sociis et notariis ad dictum discum.

a) *nel marg. sn. di mano A* b) *segue* de Montesscilice *depennato* c) *su* habitat *segno abbreviativo generico superfluo* d) *con* b *forse corretta su altra lettera*

52

|35r| *Compromissum de molendinis de Bagnarolo cum Sancto Iacobo.*[a]

Anno Domini millesimo ducentesimo quinquagessimo septimo, indictione quinta decima, die quarto intrante iunio, in Montesscilice, in claustro Sancti Iacobi, presentibus domino Sulimano iudice quondam domini Leopardi iudicis, domino Blaxio milite domini Conradi de Lendenaria, domino Bartolameo prebitero Sancti Danielis de Montesscilice, Fino notario de Tribano, Benedicto quondam domini Tudixii de Cu‹r›niiana, Sitil(vin)o[b] de Tribanello de Tribano, Ri(ç)ardo precone de Padua et aliis ad hoc rogatis et specialiter convocatis. Dominus Petrus archipresbiter de Lendenaria unicus iudex delegatus domini pape dedit verbum et licentiam et concessit domine Realde abatisse monasterii Sancti Iacobi de Montesscilice et conventui ipsius loci presenti conpromitendi in dominum Conradum de Lendenaria, pro domino marchione in Montesscilice capitaneus, et ad ipsum arbitrum eligendum de questione seu causa quam monasterium Sancti Iacobi de Montesscilice et conventus eiusdem loci movet et movebat vel movere videbatur comuni Montisscilicis coram dicto domino Petro archipresbitero occasione poste molendinorum de Bagnarolo et de ipsis molendinis.

Item eodem die et loco et eisdem testibus presentibus. Cum lis et discordia seu controversia verteretur inter monasterium Sancti Iacobi de Montesscilice ex una parte et comune Montisscilicis ex allia super eo videlicet quod dictum monasterium Sancti Iacobi dicebat et proponebat et alegabat postes molendinorum de Bagnarolo positas non longe a villa Montisscilicis et ipsa molendina ad se pertinere et pertinere debere iure locationis sive inlibelacionis facte inumdem[c] monasterium per memoratum comune, pro afictu dicte poste[d] redere debebat dicto comuni libras centum et quatuordecim denariorum venetorum, ut continetur in carta libeli seu locationis facte per Iohanninum notarium quondam Gumbertini; et contra predictum comune dicebat et proponebat dictam locacionem seu libelationem non tenuisse nec tenere debere quia non fuit facta auctoritate tocius comunis vel maioris partis et rengi seu concionis, set solummodo per conscillium seu conscilliarios minus legiptime, ut in prefacto instrumento apertisime continetur. Super qua etiam questione pars monasterii literas apostolicas inpetravit ad dominum Petrum archiprebsbiterum memmoratum coram quo predicto comune citatum fuit et etiam porectus libelus, sicut ambe partes confitebantur, tenor cuius commissionis talis est:

« Alexander episcopus servus servorum Dei dilecto filio archipresbitero ecclesie[e] de Lendenaria Andriensis diocessis salutem et apostolicam benedicionem. Sua nobis delecta in Christo filia abatisa et conventus monasterii Sancti Iacobi de Montesscilice ordinis sancti Benedicti pe[tit]ione[f] monstraverunt quod, cum[g] potestas et comune Montisscilicis loci eiusdem Paduane diocessis molendina de[h] Bagnarolo ad eosdem potestatem et comune spectantia eisdem abatisse et conventui in perpetuum ad firmam annuam concesisent, predicti potestas et comune molendina ipsa, quibus predicta abatissa et conventus per quondam Federicum olim inperatorem et Ecerinum de Romano dudum spoliate fuerant, contra[i] iusticia occuparunt et ea prefactis abatisse et conventui restituere indebite contradicunt[j] in ipsarum et dicti monasterii preiudicium et gravamen, quamquam parate sicut[k] huiusmodi s(umm)am[l] potestati et comuni solvere supradictis;

ideoque discret[ioni] tue per apostolica scripta mandamus quatenus partibus convocatis audias[m)] causam et, appellacone[n)] remota, debito fine[o)] decidas, facie‹n›s quod decreveris per censuram ecclesiasticam firmiter observari, promisione[p)] in universitate Montisscilicis excommunicationes[q)] vel interdicti sentenciam proferas, ius[r)] super hoc a nobis mandatum receperis spetiale. Testes autem qui fuerunt[s)] nominati si sese gratia,[t)] odio vel timore subtraxerint, ce‹n›sura simili, appellatione cesante, compellas veritati testimonium peribere. Datum Laterani, IIJ kalendas marcii, pontificatus nostri anno tercio».

Tandem utraque pars pro bono pacis et concordie amichabiliter in dominum Conradum de Lendenaria, pro domino marchione in Montesscilice capitaneo, tamquam in arbitrum et arbitratorem et amicabilem compositorem compromissit, videlicet quod domina Realda abatissa dicti monasterii Sancti Iacobi de consensu et voluntate omnium suarum sororum monialium in pleno et magno capitulo more solito congregato so‹ro›rum Mariote, Gisle, Octe, Manelde, Elice, Desiderate, Bonafidei, Cesarie, Anne, Ricentasie, Palmerie, Prudencie, Iacobe, Prime, Columbe, Tranquilie, |35v| Gratie, Firmie, Bilixante, Benevenute, Widote, Navilie, Aike, Iuste, Iuliane, Marine, Caritatis, Pacis, Stele, Marie, Sardene, Çoete, Palme, Grime, Malgarite, Meiorine, Çenoese, Agnetis, Aleaxie, Felicitatis,[u)] Dianbre, D(onn)e, Dianbre,[v)] Benece, Garxendine, Iustine, Moncexlaxane, Ailixie, Oltramarine, Aldegarde, Cecilie, Çacharie, Dianexie, Indie, Saure, Eme, Raimundine, Madalene, Mamibilie, per stipulacionem promissit predicto domino Conrado de Lendenaria, pro domino marchione capitaneo in Montesscilice, in pena ducentarum librarum denariorum venetorum et pena soluta nichilhominus attendere teneatur et observare per se suosque successores sive futuras abatissas quidquid predictus dominus Conradus dixerit, laudaverit, preceperit, definiverit, sententiaverit seu arbitraverit super dicta[w)] controversia et questione et poste molendinorum in predicta sive super ipsis molendinis et hoc cum obligacione bonorum omnium monasterii supradicti. Et versa vice Iacobinus notarius de Gerardo spetiali sindicus et procurator comunis Montisscilicis, ut continetur in carta facta per me notarium, nomine et vice ipsius comunis promissit prefacto domino Conrado stipulanti sub pena ducentarum librarum denariorum venetorum attendere et observare, quod dictum comune attendet et observabit quidquid predictus dominus Conradus dixerit, laudaverit, difinierit, sententiaverit et arbitrabitur super dicta causa, controversia et questione et poste molendinorum sive super ipsis molendinis, et pena soluta nichilhominus dictum comune attendere et observare et teneatur. Et insuper dicta domina Realda abatissa de consensu et voluntate omnium[x)] predictarum suarum sororum et monialium pro dicto monasterio et dictus Iacobinus sindicus pro dicto comuni vicisim inter se expresius acto promiserunt unus alteri per stipulationem sub pena ducentarum librarum denariorum venetorum actendere et observare laudem, arbitrium, sentenciam et difinicionem dicti domini Conradi, dantes et concedentes ei plenam potestatem et licentiam quod possit inter eos dicere,[y)] difinire, sentenciare, laudare, precipere et arbitrari una vice et pluribus vicibus partibus presentibus et non presentibus, dummodo citatis, die feriato et non feriato, et declarare et interpretari si quid videbitur anbiguum vel obscurum prout sibi videbatur expedire. Pro quibus omnibus supradictis et singulis actendendis et observandis dicta domina abatissa de consensu et voluntate omnium suarum sororum et monialium obligavit se et omnia bona predicti monasterii ipsi Iacobino stipulanti pro dicto comuni sub dicta pena librarum ducentarum denariorum venetorum actendere et observare laudem, arbitrium, sentenciam et definicionem prout dominus Conradus laudaverit, difiniverit sive arbitratus fuerit de questione predicta. Et versa vice dictus Iacobinus sindicus comunis Montisscilicis pro ipso comuni promissit et obligavit se et omnia bona predicti comunis dicte abatisse stipulanti pro dicto monasterio sub dicta pena ducentarum librarum attendere et observare laudem, arbitrium et sentenciam et definicionem prout dominus Conradus antedictus laudaverit, difiniverit sive arbitratus fuerit de questione predicta, ita tamen quod pena tociens sit comissa et peti et exigi possit a qualibet parte quociens contraventum fuerit per aliquam parcium predictarum. Et insuper promissit una pars alteri inter se vicisim restituere et reficere omnes expensas quas faceret[z)] pars aliqua pro pena petenda vel erigenda, credendo de expensis soli verbo partis observantis arbitrium sine sacramento vel alia probacione. Ad hec autem dicta domina abatissa de consensu et voluntate omnium predictarum monacarum suarum sororum et dictus Iacobinus sindicus pro dicto comuni et nomine ipsius comunis ad invicem per stipulacionem inter se vicisim unus alteri fecerunt finem, refutacionem, remissionem et recreationem de omni eo quod dictum monasterium posset dicere[aa] vel movere dicto comuni vel dictum comune ipsi monasterio occasione postis de Bagnarolo vel ipsorum molendinorum, promitentes inter se vicisim dictam finem et[bb] refutacionem, remissionem et recreationem perpetuo firmam et ratam habere et tenere et non cotravenire sub pena librarum ducentarum denariorum venetorum que tociens peti |36r|et exigi possit quociens contraventum fuerit per aliquam supradictarum parcium, obligans ipsa abatissa ipsi Iacobino sindico pro dicto comuni stipulanti et recipienti omnia bona predicti monasterii pro predictis [omni]bus et singulis actendendis et observandis. Et versa vice dictus sindicus obligavit dicte abatisse stipulanti et recipienti pro monasterio supradicto omnia bona dicti comunis pro predictis omnibus et singulis attendendis et observandis, constituentes ad invicem unus pro altero possidere, excepto eo quod dominus Conradus de Lendenaria antedictus,[cc] pro domino marcione in Montesscilice capiteneus, dixerit, laudaverit, difinierit, sentenciaverit vel arbitrabitur inter eos de supradictis molendinis et post[e] de Bagnarolo.

(SN) Ego Bignotus domini Federici Romanorum inperatoris notarius omnibus predictis interfui et eorum iussu et predicti domini Conradi predicta scripsi et coroboravi.

(SN) Ego Iohannes filius quondam Ordi inperialis aule notarius hiis interfui et iussu predictarum parcium et predicti domini Conradi scribssi et coroboravi.

(SN) Ego Montagna notarius filius magistri Çeni cerdonis, existens in officio comunis Padue ad discum Ursi coram discreto viro domino Bartolameo de Borselis iudice et oficiale comunis Padue ad dictum discum in potestaria nobilis militis domini Pini de Vernaciis de Cremona, hoc suprascriptum instrumentum sumptum ex autentico supradictorum[dd] Bignoti notarii et Iohannis notarii iussu et auctoritate dicti iudicis exemplavi curente anno Domini millesimo trecentesimo octavo, indictione sexta, die sexto setembris, presentibus Saceto notario de Campagnola et Laurencio notario sociis et notariis ad dictum discum.

a) *nel marg. sn. di mano A* b) *evidentemente per* Patavino, *come si evince dal doc. successivo* c) *evidentemente per* in eumdem d) *segue* de *depennato* e) *segue* Lendinarie *depennato* f) *sulle tre lettere finali, segno abbreviativo generico superfluo* g) *segue* comune *depennato* h) de *ripetuto* i) *la lettura* contra *si evince dal confronto col doc. successivo, in quanto l'abbreviazione è equivoca, assai simile a una* q *con segno abbreviativo superiore* j) *per* contra *di* contradicunt *vedi nota precedente* k) *evidentemente per* sunt *come si evince dal doc. successivo* l) *evidentemente per* firmam *come si evince dal contesto* m) *segue* partium *depennato* n) *ms:* appellacionem o) *ms:* finem p) *evidentemente per* provisso ne *come si evince dal doc. successivo* q) *evidentemente per* excomunicationis *come si evince dal doc. successivo* r) *evidentemente per* nisi *come si evince dal doc. successivo* s) *evidentemente per* fuerint *come si evince dal doc. successivo* t) *per* guerra u) *ms:* Feliciatatis v) *segue* Benece, Grime, Malgarite, Meiorine, Çenoexe, Agnetis, Aleaxie, Felicitatis *depennato* w) *segue* q *depennato* x) *segue* suarum *depennato* y) *segue segno non chiaro* z) *ms:* facerent aa) *segue* m *depennato* bb) *segue* remissionem *depennato* cc) *corretto su* andedictus dd) *segue* instrumentum *depennato*

53

De facto molendinorum.[a)]

Anno Domini millesimo ducentesimo quinquagessimo septimo, indicione quinta decima, die quarto intrante iunio, in Montesscilice, in clausura Sancti Iacobi, presentibus domino Sulimano iudice quondam domini Leopardi iudicis, domino Blaxio milite domini Conradi de Lendenaria, domino Bartolameo prebitero Sancti Danielis de Montesscilice, Fino notario de Tribano, Benedicto quondam domini Tudisii de Cu‹r›niglana, Patavino de Tribanelo de Tribano, Riçardo precone de Padua et aliis ad hoc rogatis et specialiter convocatis. Dominus Petrus archipresbiter de Lendenaria, unicus iudex delegatus domini pape, dedit verbum et licentiam et concessit domine Realde abatisse monasterii Sancti Iacobi de Montesscilice et conventui ipsius loci presenti conpromitendi in dominum Conradum de Lendenaria, pro domino marchione in Montesscilice capitaneum, et ad ipsum arbitrum eligendum de questione seu causa quam monasterium Sancti Iacobi et conventus eiusdem loci movet et movebat vel movere videbatur comuni Montisscilicis coram dicto domino Petro archipresbitero occasione poste molendinorum de Bagnarolo et de ipsis molendinis.

Item eodem die et loco et eisdem testibus presentibus. Cum lis et discordia seu controversia verteretur inter monasterium Sancti Iacobi de Montesscilice ex una parte et comune Montisscilicis ex allia super eo videlicet quod dictum monasterium dicebat et proponebat et alegabat postam molendinorum de Bagnarolo positam non longe a villa

Montisscilicis et ipsa molendina ad se pertinere et pertinere debere iure locationis sive inlibelacionis facte in idem monasterium per memoratum comune, pro afictu dicte poste redere debebat dicto comuni libras centum et quatuordecim denariorum venetorum, ut continetur in carta libeli seu locationis facte per Iohaninum notarium quondam Gumbertini; et contra predictum comune dicebat et proponebat dictam locacionem seu libelationem non tenuisse nec tenere debere quia non fuit facta auctoritate tocius comunis vel maioris partis et rengi seu concionis, set solummodo |36v| per conscilium seu consciliarios minus legiptime, ut in prefacto instrumento apertisime continetur. Super qua etiam questione pars monasterii literas apostolicas inpetravit ad dominum Petrum archipresbiterum memoratum coram[b)] quo predictum comune citatum fuit et etiam poretus libelus, sicut ambe partes confitebantur, tenor cuius commissionis talis est:

« Alexander episcopus servus servorum Dei dilecto filio archipresbitero ecclesie de Lendenaria Adriensis diocesis salutem et apostolicam benedicionem. Sua nobis delecta in Christo filia abatisa et conventus monasterii Sancti Iacobi de Montesscilice ordinis sancti Benedicti peticione[c)] monstraverunt quod, cum potestas et comune Montisscilicis loci eiusdem Paduane diocessis molendina de Bagnarolo ad eosdem potestatem et comune spetantia eisdem abatisse et conventui in perpetuum ad firmam annuam concesisent, predicti potestas et comune molendina ipsa, quibus predicta abatissa et conventus per quondam Federicum olim inperatorem et Ecerinum de Romano dudum spoliate fuerant, contra iusticia occuparunt et ea prefactis abatisse et conventui restituere indebite contradicunt in ipsarum et dicti monasterii preiudicium et gravamen, quamquam parate sunt[d)] huiusmodi su(mm)am[e)] potestati et comuni solvere supradictis; ideoque discretioni tue per apostolica scripta mandamus quatenus partibus convocatis audias causam et, appellacione[f)] remota, debito fine decidas, facie‹n›s quod decreveris per censuram ecclesiasticam firmiter observari, provisso ne in universitate Montisscilicis excommunicationis vel interdicti sentenciam proferas nisi super hoc a nobis mandatum receperis spetiale. Testes autem qui fuerint nominati si se gratia,[g)] odio vel timore subtraxerint censura simili appellatione cesante compellas veritati testimonium perhibere. Datum Laterani, IIJ kalendas marcii, pontificatus nostri anno tercio ».

Tandem utraque pars[h)] pro bono pacis et concordie amiccabiliter in dominum Conradum de Lendenaria, pro domino marcione in Montesscilice capitaneo, tamquam in arbitrum et arbitratorem et amicabilem compositorem compromissit videlicet quod domina Realda abatissa dicti monasterii Sancti Iacobi et de consensu et voluntate omnium suarum sororum et monialium, in pleno et magno capitulo more solito congregato, videlicet sororum Mariote, Gisle, Ote, Mainelde, Elike, Desiderate, Bonafidei, Cesarie, Anne, Ricentasie, Palmerie, Prudencie, Iacobe, Prime, Columbe, Tranquilie, Gratie, Firmie, Bilixante, Benevenute, Widote, Navilie, Aike, Iuste, Iuliane, Marine, Caritatis, Pacis, Stele, Marie, Sardenie, Çoete, Palme, Grime, Malgarite, Meiorine, Çenoexe, Agnetis, Aleaxe, Felicitatis, Dianbre, Done, Dianbre, Benece, Garsendine, Iustine, Moncelexane, Allixie, Oltramarine, Aldegarde, Cecilie, Çacharie, Dianesie, Indie, Saure, Eme, Ramundine, Madalene, Mabilie per stipulacionem promissit dicto domino Conrado de Lendenaria, pro domino marchione capitaneo in Montesscilice, in pena ducentarum librarum denariorum venetorum, et pena soluta nichilhominus actendere teneatur et observare per se suosque successores sive futuras abatissas quicquid predictus dominus Conradus dixerit, laudaverit, preceperit, definiverit, sententiaverit seu arbitrabitur super dicta controversia et questione et poste molendinorum predicta sive super ipsis molendinis, et hoc cum obligacione bonorum omnium monasterii supradicti. Et versa vice Iacobinus notarius de Gerardo spetiali sindicus et procurator comunis Montisscilicis, ut continetur in carta facta per me notarium, nomine et vice ipsius comunis et cum obligacione bonorum omnium ipsius comunis promissit prefacto domino Conrado stipulanti sub pena[i)] ducentarum librarum denariorum venetorum attendere et observare et quod dictum comune attendet et observabit quicquid predictus dominus Conradus dixerit, laudaverit, difinierit, sententiaverit et arbitrabitur super dicta causa, controversia et questione et poste molendinorum sive super ipsis molendinis, et pena soluta nichilhominus dictum comune attendere et observare teneatur. Et insuper dicta domina Realda abatissa de consensu et voluntate omnium predictarum suarum sororum monialium pro dicto monasterio et dictus Iacobinus sindicus pro dicto comuni vicisim inter se expresius acto promiserunt[j)] unus alteri per stipulationem et sub pena ducentarum librarum attendere, observare, laudem, dictum, arbitrium et sentenciam et difinicionem dicti domini Conradi, dantes et concedentes ei plenam potestatem |37r| et licentiam quod possit inter eos dicere, difinire, sentenciare, laudare, precipere et arbitrari una vice et pluribus vicibus partibus presentibus et non presentibus, dummodo citatis, die feriato et non feriato, et declarare et interpretari si quid videretur ambiguum vel obscurum, prout sibi fuerit expedire. Pro quibus omnibus supradictis et singulis acctendendis et observandis dicta domina abatissa de consensu et voluntate omnium suarum sororum monialium obligavit se et omnia sua bona predicti monasterii ipsi Iacobino stipulanti pro dicto comuni sub dicta pena librarum ducentarum denariorum venetorum actendere et observare laudem, arbitrium, sentenciam et definicionem, prout dominus Conradus laudaverit, difiniverit sive arbitratus fuerit de questione predicta. Et versa vice dictus Iacobinus sindicus comunis Montisscilicis pro ipso comuni promissit et obligavit se et omnia bona predicti comunis dicte abatisse stipulanti pro dicto monasterio sub dicta pena ducentarum librarum attendere et observare laudem, arbitrium et sentenciam et definicionem, prout dominus Conradus antedictus laudaverit, difiniverit sive arbitratus fuerit de questione predicta, ita tamen quod pena[k)] tociens sit comissa et peti et exigi possit a qualibet parte, quociens contraventum fuerit per aliquam parcium predictarum. Et insuper promiserunt una pars alteri inter se vicisim restituere et reficere omnes expensas quas facerent pars aliqua pro pena petenda vel erigenda, credendo de expensis soli verbo partis observantis arbitrium sine sacramento vel alia probacione. Ad hec dicta domina Realda abatissa de consensu et voluntate omnium predictarum monacarum suarum sororum et dictus Iacobinus sindicus pro dicto comuni et nomine ipsius comunis ad invicem per stipulacionem inter se vicisim unus alteri fecerunt finem, refutacionem, remissionem et recreationem de omni eo quod dictum monasterium posset dicere vel movere dicto comuni vel dictum comune ipsi monasterio occasione postis de Bagnarolo vel ipsorum molendinorum, promitentes inter se vicisim dictam finem et refutacionem, remissionem et recreationem perpetuo firmam et ratam habere et tenere et non cotravenire sub pena ducentarum librarum denariorum venetorum, que tociens peti et exigi possit, quociens contraventum fuerit per aliquam supradictarum parcium, obligans dicta abatissa ipsi Iacobino sindico pro dicto comuni stipulanti et recipienti omnia bona predicti monasterii pro predictis omnibus et singulis observandis et attendendis. Et versa vice dictus sindicus obligavit dicte abatisse stipulanti et recipienti pro monasterio supradicto omnia bona dicti comunis pro predictis omnibus et singulis actendendis et observandis, constituentes se ad invicem unus pro altero possidere, excepto eo quod dominus Conradus de Lendenaria antedictus, pro domino marchione in Montesscilice capiteneus, dixerit, laudaverit, difinierit, sentenciaverit vel arbitrabitur inter eos de supradictis molendinis et posta de Bagnarolo.

(SN) Ego Bignotus domini Federici Romanorum inperatoris notarius omnibus predictis interfui et eorum iussu et predicti domini Conradi predicta scripsi et coroboravi.

(SN) Ego Iohannes filius quondam Ordi inperialis aule notarius hiis interfui et iussu predictarum parcium et predicti domini Conradi arbitratoris scribssi et coroboravi.

(SN) Ego Montagna notarius, existens in officio comunis Padue ad discum Ursi coram discreto viro domino Bartolameo de Borselis iudice et oficiale comunis Padue ad dictum discum in potestaria nobilis militis domini Pini de Vernaciis de Cremona, hoc suprascriptum instrumentum sumptum ex autentico supradictorum Bignoti notarii et Iohannis notarii iussu et auctoritate dicti iudicis exemplavi curente anno Domini millesimo trecentesimo octavo, indictione sexta, die sexto setembris, presentibus Saceto notario de Campagnola et Laurencio notario quondam Meliorini sociis et notariis ad dictum discum.

a) *nel marg. sn. di mano A* b) *segue* predictum comune *depennato* c) *sulle tre lettere finali, segno abbreviativo generico superfluo* d) *su* sunt *segno abbreviativo superfluo* e) *evidentemente per* firmam *come si evince dal contesto* f) *ms:* appellacionem g) *per* guerra h) *su* pars *segno abbreviativo superfluo* i) *segue* p *depennato* j) *segue* J *depennato* k) *segue* sit *depennato*

54

Sentencia arbitraria mollendinorum de Bagnarolo.[a]

Anno Domini millesimo ducentesimo quinquagessimo septimo, indictione quinta decima, die quarto intrante iunio, in Montescillice, in claustro Sancti Iacobi, presentibus domino Sulimano iudice quondam domini Leopardi iudicis, domino Blaxio milite domini Conradi de Lendenaria, domino Bartolameo prebitero Sancti Danielis, Fino notario de Tribano, Benedicto quondam domini Tudisii de Cu‹r›niglana, Patavino de Tribanelo de Tribano, Riçardo precone de Padua testibus et alliis ad hec specialiter convocatis. Dominus Conradus de Lendenaria, pro domino marchione in Montesscilice capitaneus, arbiter constitutus |37v| et arbitrator et amicabilis compositor de licentia et mandato domini Petri archipresbiteri de Lendenaria iudicis delegati domini pape et in ipsius presentia pro bono pacis et concordie faciende de lite que vertebatur et controversia et questione quam movebat monasterium Sancti Iacobi de Montesscilice contra comune Montisscilicis vel movere intendebat occasione poste molendinorum de Bagnarolo et ipsorum molendinorum, habito quamplurium sapientum conscillio, cum magna deliberacione laudavit et amicabiliter difinivit, dixit, sentenciavit et arbitratus fuit quod comune Montisscilicis libere et expedite et Iacobinus notarius[b)] sindicus pro dicto comuni det et concedet et pace et quiete habere et possidere monasterium supradictum quartam partem poste molendinorum de Bagnarolo et ipsorum molendinorum cum omni augmento et profectu spectante et pertinente ipsi poste molendinorum et ipsis molendinis pro futuro tempore et presenti, et quod dictus Iacobinus sindicus faciat dicto monasterio investituram pro dicto comuni perpetuo ad renovandum semper in capite vigintinovem annorum, redendo dictum monasterium pro afictu soldos viginti denariorum venetorum pro quolibet anno in festo sancti Stefani dicto comuni, solvendo etiam duodecim denarios pro qualibet renovacione ipsi comuni et hoc sub pena ducentarum librarum denariorum venetorum, secundum quod continetur in cartis compromissi[c)] factis per me et per Iohannem de Ordo notarium, que pena tociens peti et exigi possit quociens contraventum fuerit per sindicum supradictum vel per monasterium memoratum sive per suos sucessores utriusque partis, cuius arbitrium, difinicionem, sentenciam, laudum, dicta domina abatissa et eius conventus et predictus sindicus amicabiliter laudaverunt.

(SN) Ego Bignotus domini Federici Romanorum inperatoris notarius interfui et eorum iussu parcium et dicti domini Conradi predicta scripsi et coroboravi.

(SN) Ego Iohannes filius quondam Ordi inperialis aule notarius his interfui et iussu predictarum parcium et predicti domini Conradi scripsi et coroboravi.

(SN) Ego Montagna notarius, existens in officio comunis Padue ad discum Ursi coram discreto viro domino Bartolameo de Borselis iudice et oficiale comunis Padue ad dictum discum in potestaria nobilis militis domini Pini de Vernaciis de Cremona, hoc suprascriptum instrumentum sumptum ex autentico supradictorum Bignoti notarii et Iohannis notarii iussu et auctoritate dicti iudicis exemplavi curente anno Domini millesimo trecentesimo octavo, indictione sexta, die septimo setembris, presentibus Saceto notario de Campagnola et Laurencio notario quondam Meliorini sociis et notariis ad dictum discum.

a) *nel marg. sn. di mano A* b) *segue* pro dicto comuni *depennato* c) *segue* sibi continetur *superfluo*

55

Livellus monasterii Sancti Iacobi.[a)]

Anno Domini millesimo ducentesimo quinquagessimo septimo, indicione quinta decima, die quarto intrante iunio, in Montesscilice, in claustro Sancti Iacobi, presentibus domino Sulimano iudice[b)] quondam domini Leopardi iudicis, domino Blaxio milite domini Conradi de Lendenaria, domino Bartolameo presbitero Sancti Danielis, Fino notario de Tribano, Benedicto quondam domini Tudixii de Cu‹r›niglana, Patavino de Tribanello de Tribano, Riçardo precone de Padua et aliis et ad hoc rogatis et specialiter convocatis. Iacobinus notarius quondam Gerardi spetialis sindicus et actor et procurator comunis Montisscilicis, ut continetur in carta facta per me Bignotum notarium, iure libeli perpetualiter ad renovandum semper in capite vigintinovem annorum dando duodecim denarios venetorum parvorum pro qualibet renovatione comuni Montisscilicis, vice et nomine ipsius comunis ex laudo, arbitrio et definicione domini Conradi de Lendenaria, pro domino marchione in Montesscilice |38r| capitaneo, investivit dominam Realdam abatissam monasterii Sancti Iacobi de Montesscilice et eiusdem monasterii conventum ibi presentem de quarta parte poste molendinorum de Bagnarolo et ipsorum molendinorum cum omni augmento et profectu spectante et pertinente ipsi poste molendinorum et ipsis molendinis pro futuro tempore et presenti, redendo dictum monasterium anuatim in festo sancti Stefani dicto comuni soldos viginti denariorum venetorum parvorum et eos dare et solvere et prestare teneatur canipario dicti comunis; quo afictu dato et soluto alia inter eos non fiant. Et convenerunt inter se si aliqua pars vendere voluerit sua iura dicte quarte partis poste molendinorum et ipsorum molendinorum vendat inter se sua iura pro soldis viginti minus quam alii, et que pars emere noluerit alia vendere possit sua iura hominibus et locis Montisscilicis post quindecim dies facta denunciatione. Penam equidem inter se posuerunt ut si quis dictorum vel suorum sucesorum ea que dicta sunt non actenderit seu observare noluerit, componat parti servanti fidem soldos vigintinovem denariorum venetorum nomine pene, et pena soluta contratus iste in sua permaneat firmitate. Unde predictus sindicus promissit cum obligacione bonorum comunis Montisscilicis dicte domine Realde abatisse stipulanti pro dicto monasterio warentare et defendere et expedire et auctoriçare ab omni persona cum racione sub pena simpli et boni canbii ad expensas dicti comunis, credita quantitate expensarum soli verbo abatisse vel eius sindici[c] qui pro tempore fuerit, dictam quartam partem poste molendinorum sine sacramento vel alia probacione, dicens et asserens dictam quartam partem poste molendinorum predictorum et ipsorum molendinorum nulli alii fore datam, alienatam, venditam vel obligatam vel aliquo modo obnoxiatam vel[d] aliquid dicte poste molendinorum nec de ipsis molendinis nisi predicto[e] monasterio. Et dicta domina abatissa promissit de voluntate et consensu et laudo dicti conventus dicto Iacobino sindico stipulanti pro ipso comuni anuatim dare et solvere dictum afictum masario seu canipario comunis Montisscilicis, obligans ipsi sindico omnia bona dicti monasterii pro dictis omnibus pactis actendendis et observandis et expensas quas fecerit sindicus vel comune qui pro tempore fuerit resarcire sine sacramento vel alia probacione. Et due carte unius tenoris iupxerunt scribi.

(SN) Ego Bignotus domini Federici Romanorum inperatoris notarius interfui et iussu parcium predicta scripsi et coroboravi.

(SN) Ego Montagna notarius, existens in officio comunis Padue ad

discum Ursi coram discreto viro domino Bartolameo de Borselis iudice et oficiali[f] comunis Padue ad dictum discum in potestaria nobilis militis domini Pini de Vernaciis de Cremona, hoc suprascriptum instrumentum sumptum ex autentico supradicti Bignoti notarii iussu et auctoritate dicti iudicis exemplavi curente anno Domini millesimo trecentesimo octavo, indicione sexta, die septimo setembris, presentibus Saceto notario de Campagnola et Laurencio notario quondam Meliorini.

a) *nel marg. sn. di mano A* b) *segue* d *depennato* c) *ms:* sindico d) *evidentemente per* nec, *come si evince dal doc. 57* e) *corretto su* predictum f) *così in ms*

56

Sentencia arbitraria inter comune Montisscilicis et monasterio Sancti Iacobi de quarta parte mollendinorum de Bagnarolo.[a]

Anno Domini millesimo ducentesimo quinquagesimo septimo, indicione quinta decima, die quarto intrante iunio, in Montesscilice, in claustro Sancti Iacobi, presentibus domino Sulimano iudice quondam domini Leopardi iudicis, domino Blaxio milite domini Conradi de Lendenaria, domino Bartolameo presbitero Sancti Danielis, Fino notario de Tribano, Benedicto quondam domini Tudixii de Cu‹r›niglana, Patavino de Tribanelo de Tribano, Riçardo precone de Padua testibus et alliis ad hec specialiter convocatis. Dominus Conradus de Lendenaria, pro domino in Montesscilice capitaneus, arbiter constitutus et arbitrator et amicabilis compositor de |38v| licencia et mandato domini Petri archipresbiteri de Lendenaria iudicis delegati domini pape et in ipsius presentia pro bono pacis et concordie faciende de lite que vertebatur et controversia et questione quam movebat monasterium Sancti Iacobi contra comune Montisscilicis vel movere intendebat occasione poste molendinorum de Bagnarolo et ipsorum molendinorum, habito quamplurium sapentum conscilio cum magna deliberacione laudavit et amicabiliter difinivit, dixit, sentenciavit et arbitratus fuit quod comune Montisscilicis libere et expedite et Iacobinus notarius sindicus pro dicto comuni det et concedet et pace et quiete habere et possidere permitat monasterium supradictum quartam partem poste molendinorum de Bagnarolo et ipsorum molendinorum[b)] cum omni augmento et profectu spectante et pertinente ipsi posti molendinorum et ipsis molendinis pro futuro tempore et presenti, et quod dictus Iacobinus sindicus faciat dicto monasterio investituram pro dicto comuni perpetuo ad renovandum semper in capite vigintinovem annorum, redendo dictum monasterium pro afictu soldos viginti denariorum venetorum pro quolibet anno in festo sancti Stefani dicto comuni solvendo etiam duodecim denarios pro qualibet renovacione ipsi comuni, et hoc sub pena librarum ducentarum denariorum venetorum, secundum quod in cartis compromissi continetur[c)] factis per me et per Iohannem notarium de Ordo, que pena totiens peti et exigi possit quociens contraventum fuerit per sindicum supradictum vel per monasterium memoratum sive per suos successores utriusque partis, cuius arbitrium, definicionem, sentenciam, laudum, dicta domina abatissa et eius conventus et predictus sindicus amicabiliter laudaverunt.

(SN) Ego Bignotus domini Federici Romanorum inperatoris notarius interfui et eorum iussu parcium et dicti domini Conradi predicta scripsi et coroboravi.

(SN) Ego Iohannes filius quondam Ordi inperialis aule notarius hiis interfui et iussu predictarum parcium et predicti domini Conradi scripsi et coroboravi.

(SN) Ego Montagna notarius, existens in officio comunis Padue ad discum Ursi coram discreto viro domino Bartolameo de Borselis iudice et oficiale comunis Padue ad dictum discum in potestaria nobilis militis domini Pini de Vernaciis de Cremona, hoc suprascriptum instrumentum sumptum ex autentico supradictorum Bignoti notarii et Iohannis notarii iussu et auctoritate dicti iudicis bona fide exemplavi curente anno Domini millesimo trecentesimo octavo, indictione sexta, die septimo setembris, presentibus Saceto notario de Campagnola et Laurencio notario sociis et notariis ad dictum discum.

a) *nel marg. sn. di mano A* b) et ipsorum molendinorum *ripetuto* c) *ms:* continetur *ripetuto*

57

Livelus molendinorum de Bagnarolo factus monasterio Sancti Iacobi.[a)]

Anno Domini millesimo ducentesimo quinquagessimo septimo, indictione quinta decima, die quarto intrante iunio, in Montesscilice, in claustro Sancti Iacobi, presentibus domino Sulimano iudice quondam domini Leopardi iudicis, domino Blaxio milite domini Conradi de Lendenaria, domino Bartolameo presbitero Sancti Danielis, Fino notario de Tribano, Benedicto quondam domini Tudisii de Cu‹r›niglana, Patavino de Tribanello de Tribano, Riçardo precone de Padua et aliis ad hoc rogatis et specialiter convocatis. Iacobinus notarius quondam Gerardi spetialis sindicus, actor et procurator comunis Montisscilicis, ut continetur in carta facta per me Bignotum notarium, iure libeli perpetualiter ad renovandum semper in capite vigintinovem annorum, dando denarios duodecim parvos venetos pro qualibet renovatione comuni Montisscilicis, vice et nomine ipsius comunis ex laudo, arbitrio, difinicione domini Conradi de Lendenaria, pro domino marchione in Montesscilice capitanei, investivit dominam Realdam abatissam monasterii Sancti Iacobi de Montesscilice et eiusdem monasterii conventum ibi presentem de quarta parte poste molendinorum de Bagnarolo et ipsorum molendinorum cum omni augmento et profectu spectante et pertinente ipsi poste molendinorum et ipsi molendinis pro futuro tempore et presenti, redendo dictum monasterium anuatim in festo sancti Stefani dicto comuni soldos viginti denariorum venetorum parvorum et eos dare, solvere et prestare teneatur canipario dicti comunis; quo afitu dato et soluto alia inter eos non fiant. Et convenerunt inter se si aliqua pars vendere voluerit sua iura dicte quarte partis poste molendinorum et ipsorum molendinorum vendat inter se sua iura pro soldis |39r| viginti minus quam alii, et que pars emere noluerit alia vendere possit sua iura hominibus et locis Montisscilicis post quindecim dies facta denunciacione. Penam equidem inter se posuerunt ut si quis dictorum vel suorum succesorum ea que dicta sunt non attenderunt seu observare noluerit,[b)] componat parti servanti fidem soldos vigintinovem denariorum venetorum nomine pene, et pena soluta contratus iste in sua permaneat firmitate. Unde predictus sindicus promissit cum obligacione bonorum comunis

Montisscilicis dicte domine Realde abatisse stipulanti pro dicto monasterio warentare et defendere et expedire et auctoriçare ab omni persona cum racione sub pena simpli et boni cambii ad expensas dicti comunis, credita quantitate expensarum soli verbo abatisse vel eius sindici qui pro tempore fuerit, dictam quartam partem et postem molendinorum sine sacramento vel alia probacione, dicens et asserrens dictam quartam partem poste molendinorum predictorum et ipsorum molendinorum nulli allii fore datam, alienatam, venditam vel obligatam seu aliquo modo obnoxiatam nec aliquid dicte poste molendinorum nec de ipsis molendinis nisi predicto monasterio. Et dicta domina abatissa promissit de voluntate et consensu et laudo dicti conventus dicto domino Iacobino sindico stipulanti pro ipso comunis anualiter dare et solvere dictum afictum masario seu canipario comunis Montisscilicis, obligans ipsi sindico omnia bona dicti monasterii pro predictis omnibus pactis attendendis et observandis et expensas quas fecerit sindicus vel comune qui pro tempore fuerit resarcire sine sacramento vel alia probacione. Et due carte unius tenoris iubxerunt scribi.

(SN) Ego Bignotus domini Federici Romanorum inperatoris notarius interfui et iussu parcium predicta scripsi et coroboravi.

(SN) Ego Iohannes filius quondam Ordi inperialis aule notarius hiis interfui et iussu predictarum parcium et predicti domini Conradi scripsi et coroboravi.

(SN) Ego Montagna notarius, existens in officio comunis Padue ad discum Ursi coram discreto viro domino Bartolameo de Borselis iudice et oficiale comunis Padue ad dictum discum in potestaria nobilis militis domini Pini de Vernaciis de Cremona, hoc suprascriptum instrumentum sumptum ex autentico supradictorum Bignoti notarii et Iohannis notarii iussu et auctoritate dicti iudicis bona fide exemplavi curente anno Domini millesimo trecentesimo octavo, indictione sexta, die octavo setembris, presentibus Saceto notario de Campagnola et Laurencio notario.

a) *nel marg. sn. di mano A* b) attenderunt *cosí in ms*

58

Emptio comunis de quadam terra cum domo superius edificata in quarteriio Calis Ripe super platea Sancti Pauli.[a)]

(SN) Anno Domini millesimo ducentesimo quinquagesimo nono, indictione secunda, die quarto exeunte aprili, presentibus magistro Facino de Braida, Iacobino quondam Gerardi spetialis, Millano de Bignoto, Iohanne de Ordo notario et Gulielmo de Savedo notario testibus et aliis. Ibique dominus Simon quondam domini Pissis et dominus Fruçerinus quondam domini Olderici Çuchi de Palteneriis warentaverunt et conffesi fuerunt sese nomine finiti et certi precii accepisse et in se habere libras trigentas et setuagintaquinque denariorum venetorum a domino Amadino quondam domini Gerardi de Benencae sindico, autori et procuratori comunis Montiscillicis et dante et solvente eis dictos denarios pro dicto comune, de quibus denaris clamaverunt sese bene solutos et plenam solucionem in sese habere facientes ei finem et pactum de amplius non petendo, renunc(iantes) super hoc ecceptioni non numerati et non soluti sibi precii tempore contratus omnique allii sui iuri, nomine vendicionis ad proprium dictus dominus Simon et dictus dominus Frugerinus vendiderunt dicto domino Amadino sindico, autori et procuratori comunis Montisscilicis recipienti pro predicto comune unam peciam terre casalinam sive domo ibi edificata, posita[b)] in confinio Montisscilicis in quarterio Callis de Ripa supra platea Sancti Pauli, cui coheret ab uno latere et ab uno capite et ab allio comunis Montisscilicis et ab allio latere dictus dominus Symon; et eam peciam terre casalinam sive domo ibi hedificata ei dederunt atque ipsum investiverunt iure proprii |39v| cum accessu, ingressu, introitu et exitu, cum via et servitutibus, cum superioribus et inferioribus et cum omnibus suis adiacentiis et pertinentiis atque cum omni iure et actione, racione, reales et personales, utiles et directas quod et quas ipsi venditores habebant vel habere videbantur in predicta vendictione et adversus quemlibet personam tenentem, possidentem et inpedientem, dicentes et asserentes ipsam vendicionem nulli allii fore datam, venditam, alienatam seu aliquo modo obnoxiatam nisi dicto emptori pro predicto comune et pro predicto precio. Et si dicta vendicio plus dicto precio valeret, id quod ultra precium foret nomine pure et irevocabilis donacionis titulo que dicitur inter vivos quam amplius revocari non possit ei dederunt, vendiderunt, remiserunt et refutaverunt.[c] Preterea dicti venditores obligaverunt sese quod unusquisque teneatur in solidum et renunciaverunt epistule divi Adriani et nove et veteris constitucionis de duobus reis quod debent warentare unam vendicionem, et dictus dominus Simon renunciavit prescripati[d] fori et omni auxilio legum seu decretali sibi competenti et quod comuni nocere possit. Et promisserunt per se et per suos heredes dicto emptori et eius succesoribus eam vendicionem ab omni persona et parte warentare et defendere cum racione sub pena[e] dupli, tam si obtinuerit in causa quam sive subcubuerit, postquam inquietatus fuerit tam de toto quam de parte ad suis propriis expensis, cum obligacione omnium suorum bonorum presentium et futurorum, et eum procuratorem ut in rem suam constituerunt ut ipse emptor et eius succesores possit agere, placitare, convenire, raciones opponere et se defendere pro predicta vendicione contra unamquamque personam quemadmodum dicti venditores poterant et dederunt ei verbum intrandi tenutam et accipiendi possessionem pro predicto comune de predicta vendicione que in presenti ei dederunt, vendiderunt, remisserunt et refutaverunt. Ad hec dominus Bonafides quondam domini Baldassere iudex in Montesscilice ad racionem faciendam constitutus ibi adpresens suam auctoritatem et suum iudicialem decretum interpossuit. Actum in Montescillice in ecclesia Sancti Pauli.

Ego Odo de Perogna domini Federici inperatoris notarius interfui, eorum iussu rogatus hec scripsi.

(SN) Ego Montagna notarius, existens in officio comunis Padue ad discum Ursi coram discreto viro domino Bartolameo de Borselis iudice et oficiale comunis Padue ad dictum discum in potestaria nobilis militis domini Pini de Vernaciis de Cremona, hoc suprascriptum instrumentum sumptum ex autentico supradicti Odi notarii iussu et auctoritate dicti iudicis exemplavi curente anno Domini millesimo trecentesimo octavo, indicione sexta, die nono settembris, presentibus Saceto notario de Campagnola et Laurencio notario quondam Meliorini sociis et notariis ad dictum discum.

a) *nel marg. sn. di mano A* b) *segue* in mo *depennato* c) *segue* predi *depennato* d) *evidentemente per* prescriptioni, *come in doc. 64* e) *segue* s *depennato*

59

Aprehensio comunis.[a]

(SN) Anno Domini millesimo ducentesimo quinquagessimo nono, indictione secunda, die quarto exeunte aprili, presentibus domino Açone quondam domini Blaxii, Salerno de Galea et Iohanne de Ordo notario testibus et alliis. Ibique dominus Amadinus quondam domini Gerardi de Benecae sindicus, autor et procurator comunis Montisscilicis et pro ipso comune intravit tenutam et corporalem possesionem accepit de una pecia terre casalina sive domo ibi hedificata, posita in confinio Montisscilicis in quarterio Callis de Ripa supra platea Sancti Pauli, cui coheret ab uno latere et ab uno capite et ab allio comunis Montisscilicis, ab allio latere dominus Symon quandam domini Pisis; quam peciam terre casalinam sive domus[b] ibi hedificata ipse dominus Amadinus emit a dominis Symone et Frugerino, secundum quod in carta emptionis et venditionis facta per me Hodonem notarium continetur, et dictis venditoribus presentibus et consencientibus, tollendo et accipiendo de terra sive lapidibus in manu sua auctoritate. Actum in Montesscilice in dicto casamento et sedimine.

Ego Odo de Perogna domini Federici inperatoris notarius interfui, eorum iussu rogatus hec scripsi.

(SN) Ego Montagna notarius, existens in officio comunis Padue ad discum Ursi coram discreto |40r| viro domino Bartolameo de Borselis iudice et oficiale comunis Padue ad dictum discum in potestaria nobilis militis domini Pini de Vernaciis de Cremona, hoc suprascriptum instrumentum sumptum ex autentico supradicti Odonis notarii iussu et auctoritate dicti iudicis exemplavi curente anno Domini millesimo trecentesimo octavo, indictione sexta, die nono intrante setembri, presentibus Saceto notario de Campagnola et Laurencio notario sociis ad dictum discum.

a) *nel marg. sn. di mano A*　　b) *cosí in ms*

60

(SN) Anno Domini millesimo ducentesimo quinquagessimo nono, indicione secunda, die decimo intrante iullio, presentibus domino Alberico Cumano, domino Açone quondam domini Blaxii, Millano de Bignoto et Martinus de Fioto testibus et alliis. Cum dominus Symon quondam domini Pisis ex una parte et dominus Amadinus quondam domini Gerardi de Benencae ex altera sindicus, autor et procurator comunis Montisscilicis et pro ipso comuni compromisisent et arbitros eligisent Climentum Rubeum pro parte dicti domini Symonis et Tolbertum Folem pro parte dicti domini Amadini sindici, auctoris et procuratoris dicti comunis et pro ipso comune ex altera, ad extimandas domos et extaciones[a] quas dictus dominus Symon habebat et possidebat vel habere et possidere videbatur in Montesscilice iuxta plateam Sancti Pauli, cui coheret uni parti dictarum domorum et stationum ab uno capite et ab alio via publica, ab uno latere Deodatus notarius, ab allio comune Montisscilicis, et alii parti stacioni et domorum coheret ab uno latere heredes Walterii de Porto, ab allio latere et uno capite comune Montisscilicis et ab allio capite via publica; qui Tolbertus et Climentus cum non concordasent nec concordare se potuissent ad invicem de extimatione dictarum domorum et[b] stacionum, Widucium de Marco Maiolo de voluntate domini Galvani de Frata potestatis Montisscilicis et predictorum dominorum Symonis et Amadinis iudicem, amicum et arbitrum comunalem eligerunt et cum eo omnes simul concordes fuerunt de exxtimatione facta dictarum domorum et stacionum; et idcircho dictus Widucius de voluntate et consensu et parabola et precepto dictorum arbitrorum Tolberti et Clementi sic dixit, laudavit et sententiavit et dictas domos extimavit et in dictos dominos Simon et Amadinus arbitratus fuit et difinivit sic dicens: « In nomine Domini amen. Ego Widucius tercius amicus et arbiter comunalis electus per dictos Tolbertum et Climentem de voluntate et consensu dictorum dominorum Galvani, Symoni et Amadini dico, laudo, sentencio, arbitro, extimo et difinio scilicet quod dictus dominus Simon debeat facere datam, venditionem et cessionem dictarum domorum et stacionum dicto domino Amadino sindico, auctori et procuratori dicti comunis Montisscilicis et pro ipso comuni recipienti secundum quod superius dixerit et cartam vendicionis manu ceperit pro libris setingentis et sexaginta denariorum venetorum, et quod dictus dominus Amadinus teneatur eam recipere pro dictum comuni et solucionem precii facere predicto domino Simoni sub pena compromissi.» Actum in Montesscilice in platea Sancti Pauli.

Ego Odo de Perogna domini Federici inperatoris notarius interfui, eorum iussu rogatus hec scripsi.

(SN) Ego Montagna notarius, existens in officio comunis Padue ad discum Ursi coram discreto viro domino Bartolameo de Borselis iudice et oficiale comunis Padue ad dictum discum in potestaria nobilis militis domini Pini de Vernaciis de Cremona, hoc suprascriptum instrumentum sumptum ex autentico supradicti Odonis notarii de Perogna iussu et auctoritate dicti iudicis exemplavi curente anno Domini millesimo trecentesimo octavo, indictione sexta, die nono setembris, presentibus Saceto notario de Campagnola et Laurencio notario quondam Meliorini sociis et notariis ad dictum discum.

a) *ms:* exticioes *con segno d'abbreviazione generico sulle tre lettere finali* b) *segue* poss *depennato*

61

Emptio comunis de duabus peciis terre cum domibus et stacionibus in contrata Sancti Pauli in quarterio Callis Ripe, in quarterio Callis Medii.[a)]

(SN) Anno Domini millesimo ducentesimo quinquagesimo nono, indictione secunda, die undecimo intrante iullio, presentibus domino Blaxio iudice, domino Açone quondam domini Blaxii, Millano de Bignoto, domino Iacobo quondam domini Opicini et Petro Randa testibus et alliis. Ibique dominus Simon quondam domini Pissis de Palteneriis warentavit et confesus fuit se nomine finiti et certi precii accepisse et in se habere libras setingentis et sexaginta denariorum venetorum a domino Amadino quondam domini Gerardi de Benencae sindico, autore et procuratore comunis Montisscilicis et pro ipso comune dante et solvente ei dictos denarios, de quibus denaris clamavit se bene solutum et plenam solucionem in se habere, facientes[b)] ei finem et pactum de amplius non petendo, renunc(ians) super hoc exceptioni non numerati et non soluti sibi precii tempore contratus |40v|omnique alii suo iuri, nomine vendicionis ad proprium dictus dominus Simon fecit datam et vendicionem domino Amadino sindico, auctori et procuratori comunis Montisscilicis et recipienti pro dicto comune et ipsum dominum Amadinum ad proprium investivit de duabus peciis terre casaline cum hedificiis domorum et stacionum iac(entibus) in Montesscilice supra platea Sancti Pauli, unam quarum iacet in quarterio Callis de Ripa, cui coheret ab uno latere et uno capite comunis Montisscilicis, ab allio latere Iohannes Artesela pro heredibus quondam Walterii de Porto et ab alio capite via comunis; allia iacet in quarterio Callis de Medio, cui coheret ab ambobus capitibus via comunis, ab uno latere comunis et ab alio Deodatus notarius; et eam vendicionem cum edificiis domorum et stacionum ei dedit atque ipsum investivit iure proprii recipientem pro dicto comuni, cum accesu, ingressu, introitu et exitu, cum viis et servitutibus, cum superioribus et inferioribus et cum omnibus suis adiacentiis et pertinentiis atque cum omni iure et actione, racione reales et personales, utiles et diretas quod et quas ipse dominus Simon habebat vel habere videbatur in predicta vendicione et adversus quemlibet personam tenentem, possidentem et inpedientem, dicens et asserens ipsam vendicionem nulli allii fore datam, venditam, alienatam seu aliquo modo obnoxiatam[c] nisi dicto emptori recipenti pro dicto comune. Et si dicta vendicio plus dicto precio valeret, nomine pure et irevocabilis donacionis titulo que dicitur inter vivos ei donavit, vendidit, remissit et refutavit. Preterea supradictus dominus Symon stipulans promissit per se et suos heredes dicto emptori et eius successoribus eam vendicionem[d] ab omni persona et parte warentare et defendere cum racione sub pena dupli, tam si obtinuerit in causa quam sive succubuerit postquam inquietatus fuerit tam de toto quam de parte ad suis propriis expensis cum obligacione omnium suorum bonorum presentium et futurorum, et renunc(iavit) dictus dominus Symon prescripati[e] fori et omni auxilio legum seu decretalium sibi competentem[f] et que comuni nocere possent, et eum procuratorem ut in rem suam constituens ut ipse emptor possit agere, convenire, raciones opponere et se defendere pro predicta vendictione contra unamquamque personam quemadmodum dictus venditor poterat, et dedit verbum dicto domino Amadino recipienti pro predicto comuni intrandi tenutam et corporalem possessionem sua auctoritate accipiendi de predicta vendicione que in presenti ei vendidit, remissit et refutavit, cuius vendicionis dominus Bonafides quondam domini Baldasere iudex constitutus in Montescillice ad racionem faciendam ibi adpresens suam auctoritatem et suum iudicialem decretum interpossuit. Actum in Montesscilice sub porticali Sancti Pauli.

Ego Odo de Perogna domini Federici inperatoris notarius interfui, eorum iussu rogatus hec scripsi.

(SN) Ego Montagna notarius, existens in officio comunis Padue ad discum Ursi coram discreto viro domino Bartolameo de Borselis iudice et oficiale comunis Padue ad dictum discum in potestaria nobilis militis domini Pini de Vernaciis de Cremona, hoc suprascriptum instrumentum sumptum ex autentico supradicti Odonis notarii iussu et auctoritate dicti iudicis exemplavi curente anno Domini millesimo trecentesimo octavo, indicione sexta, die decimo setembris, presentibus Saceto notario de Campagnola et Laurencio.

a) *nel marg. sn. di mano A* b) *verosimilmente per* faciens c) *segue* d *depennato* d) *segue* eam vendicionem *depennato* e) *evidentemente per* prescriptioni, *come in doc. 64* f) *così in ms*

62

Quedam laudacio facta comuni de domibus et stacionibus positis iuxta plateam Sancti Pauli.[a)]

(SN) Anno Domini millesimo ducentesimo quinquagessimo nono, indictione secunda, die undecimo intrante iullio, presentibus domino Blaxio iudice, domino Iohanne marito domine Melde, Samuele qui fuit de Trivussio[b)] et Stefano de Bullis testibus et alliis. Ibique domina Albertina uxor quondam domini Pantolfi, domina Beatrix et domina Aledaxia eius filie laudaverunt et confirmaverunt illam datam et vendicionem quam fecerat dominum Simonem quondam domini Pissis de Palteneriis domino Amadino quondam domini Geradi de Benencae de illis peciis terre cum domibus et stacionibus que est supra plateam, remitente dicta domina Albertina omne ius quod ipsa habebat vel habere videbatur iure sue dotis vel donacionis propter nuptias in quadam vendicione facta per dominum Symonem quondam domini

Pissis de quibusdam stacionibus positis iuxta plateam Sancti Pauli domino Amadino sindico, auctori et procuratori comunis Montisscilicis recipienti pro dicto comuni,ut continetur in carta vendicionis facta per me Odonem notarium,et predicte domine Beatrix et Aledaxia remiserunt omne ius quod in predicta vendicione occasione subcesione quondam patris sui Pantolfi seu avi sui domini Pissis vel aliqua allia racione |41r| generali vel speciali sibi competenti et auxilio minoris etatis et beneficio restitucionis in integrum renunc(iaverunt), dicentes, aserentes et afirmantes precium dicte vendicionis seu pecuniam receptum sive receptam per dictum dominum Simonem a dicto[c] domino Amadino dante et solvente pro comuni Montisscilicis versum sive versam esse in earum servicium et utilitatem, promittentes omnes supradicte domine Albertine, Beatrix et Aledaxia dicto domino Amadino stipulanti pro dicto comuni non contravenire dicte vendicionis aliqua racione vel occasione seu ingenio sub pena centum librarum pro unaquaque et pro unaquaque vice, qua soluta nichilhominus actendere teneantur, cum obligacione omnium suorum bonorum presentium et futurorum, et iuraverunt dicte Beatrix et Aledaxia corporaliter a sancta Dei evangelia sponte omnia supradicta et singula semper et perpetua ferma et rata[d] habere, tenere et observare et non contravvenire. Et ad hec omnia et singula supradicta dominus Bonafides quondam domini Baldasere iudex in Montesscilice constitutus ad racionem faciendam suam auctoritatem et suum iudicialem decretum interposuit. Actum in Montesscilice in domo domini Symonis quondam domini Pisis que est apud Sanctum Martinum Novum.

Ego Odo de Perogna domini Federici inperatoris notarius interfui, eorum iussu rogatus hec scripsi.

(SN) Ego Montagna notarius, existens in officio comunis Padue ad discum Ursi coram discreto viro domino Bartolameo de Borselis iudice et oficiale comunis Padue ad dictum discum in potestaria nobilis militis domini Pini de Vernaciis de Cremona, hoc suprascriptum instrumentum sumptum ex autentico supradicti Odonis notarii iussu et auctoritate dicti iudicis exemplavi curente anno Domini millesimo trecentesimo octavo, indictione sexta, die decimo setembris, presentibus Saceto notario de Campagnola et Laurencio notario.

a) *nel marg. sn. di mano A* b) *evidentemente per* Trivisio, *come in doc. 63* c) *segue* m *depennato* d) *segue* et observare *depennato*

63

Apprehensio tenute comunis de duobus seminibus.[a)]

(SN) Anno Domini millesimo ducentesimo quinquagessimo nono, indictione secunda, die undecimo intrante iullio, presentibus domino Blaxio iudice, domino Iohanne marito domine Melde, Samuele qui fuit de Trivisio et Stefano de Bullis testibus et alliis. Ibi dominus Amadinus quondam domini Gerardi de Benencae[b)] sindicus, autor et procurator comunis Montisscilicis et pro ipso comune intravit tenutam et corporalem possessionem accepit de duobus sediminis cum hedificiis domorum et stacionum iac(entibus) in Montesscilice supra plateam Sancti Pauli, una quarum iacet in quarterio Callis de Ripa, cui coheret ab uno latere et uno capite comunis Montisscilicis, ab allio latere Iohannes Artesela pro heredibus Walterii de Porto et ab allio capite via comunis; alia iacet in quarterio Callis de Medio, cui coheret ab ambobus capitibus via comunis et ab uno latere comunis Montisscilicis et ab allio Deodatus notarius; quas pecias terre casalinas cum hedificiis domorum et stacionum ipse dominus Amadinus emit a domino Simone quondam domini Pissis secundum quod in carta emptionis et vendicionis facta per me Odonem notarium continetur, et dictus venditor presens et consencientibus[c)] tolendo de terra in manum et aserando et aperiendo ostiis de dictis stacionibus sive domorum sua auctoritate. Actum in Montesscilice sub porticis de dictis stacionibus et domorum.

Ego Odo de Perogna domini Federici inperatoris notarius interfui, eorum iussu rogatus hec scripsi.

(SN) Ego Montagna notarius, existens in officio comunis Padue ad discum Ursi coram discreto viro domino Bartolameo de Borselis iudice et oficiale comunis Padue ad dictum discum in potestaria nobilis militis domini Pini de Vernaciis de Cremona, hoc suprascriptum instrumentum sumptum ex autentico supradicti Odonis notarii iussu et auctoritate dicti iudicis exemplavi curente anno Domini millesimo trecentesimo octavo, indicione sexta, die decimo setembris, presentibus Saceto notario de Campagnola et Laurencio notario quondam Meliorini sociis et notariis ad dictum discum.

a) *nel marg. sn. di mano A* b) quondam domini Gerardi de Benencae *aggiunto a fine documento, prima della 'completio', con segno di richiamo* c) *cosí in ms*

64

(SN) Anno Domini millesimo ducentesimo quinquagessimo nono, indictione secunda, die quinto exeunte iullio, presentibus Widucio quondam Marchi de Widucio, magistro Bonaventura calegario, Iacobo Testario |41v| Octaviano Testario et Samuele de Castelo Franco testibus et alliis. Ibique dominus Symon quondam domini Pissis de Palteneriis warentavit et confesus fuit se acepisse et manualiter in se habere libras setingentis denariorum venetorum a domino Amadino quondam domini[a] Gerardi de Benencae sindico, autore et procuratore comunis Montisscilicis dante et sovente ei dictos denarios occasione precii de illis domibus et stacionibus quam ipse dominus Amadinus emit pro comune Montisscilicis a predicto domino Symone secundum quod in carta emptionis et venditionis facta per me Odonem notarium continetur et de predictis denaris clamavit se bene solutum et plenam solucionem in se habere faciens ei finem et pactum de plus non petendo et renunc(ians) super hoc exceptioni non data et facta sibi solucionem tempore contratus omnique alii sui iuri dicens et asserens ius et act(iones) ex ipsis nemini dedisse et si reperiretur prom(issit) ei indepnem resarcire tocius dampni despendii et interesse cum obligacione omnium suorum bonorum. Et renunc(iavit) dictus dominus Simon prescriptioni fori et omni iuri eclesiastico et auxilio legum seu decretalium sibi competenti et que comuni vel domino Amadino vel suis successoribus nocere poss(ent). Actum in Montesscilice in domo heredum quondam domini Iacobi de Villa.

Ego Odo de Perogna domini Federici inperatoris notarius interfui, eorum iussu rogatus hec scripsi.

(SN) Ego Montagna notarius, existens in officio comunis Padue ad discum Ursi coram discreto viro domino Bartolameo de Borselis iudice et oficiale comunis Padue ad dictum discum in potestaria nobilis militis domini Pini de Vernaciis de Cremona, hoc suprascriptum instrumentum sumptum ex autentico supradicti Odonis notarii iussu et auctoritate dicti iudicis exemplavi curente anno Domini millesimo trecentesimo octavo, indictione[b] sexta, die decimo setembris, presentibus Saceto notario de Campagnola et Laurencio notario.

a) *segue* Amadini *depennato* b) *segue* sept *depennato*

65

Pavexe.[a)]

Loc(acio) comunis de terra que est.[b)]

Anno Domini millesimo ducentesimo septuagessimo tercio, indictione prima, die duodecimo intrante februario, in Montesscilice, sub domo platea Sancti Pauli, presentibus domino Alberto potestate Montisscilicis filio domini Hengelardi de Padua, Petro filio quondam Danii de Poianis not(ario), Graciano precone, Capucio aperticatore, Bartolomeo dicto Viviolo et alliis. Ibique domini Simon de Bonafante et Iohannes Ab Aqua procuratores comunis Montisscilicis pro ipso comuni iure locationis ad voluntatem conscillii et comunis Montisscilicis, investiverunt Lanfrancum Papiensem de terra vacua que est ante domum suam in qua[c)] ipse habitat que est triginta pedes versus flumen vetus comunis incipiendo a latere muri comunis qui erat pro munimine comune Montisscilicis de intus curendo triginta pedes usque quantum capient triginta pedes; coheret ei a latere versus Rivolaram terra vacua comunis, a sero dictum comune, a mane domus dicti condutoris et a meridie Bonetus calegarius pro dicto comuni; quam terram vacuam habeat et teneat[d)] tantum quantum capit eius domus per medium se; et eam habere, tenere et possidere debeat ad voluntatem comunis et conscillii Montisscilicis, redendo anuatim in festo sancti Stefani tercio die ante vel post dictis procuratoribus vel suis successoribus pro dicto comuni[e)] Montisscilicis recipientibus soldos viginti denariorum venetorum et non aliud, salvo hoc quod si comune dictam terram aliquo tempore ei accipere voluerit vel aliquid ex ea tantum caletur de afictu pro rapta et si totam terram comune accipere voluerit totus afictus dicto Lanfranco caletur, promitentes dicti procuratores pro se et suis successoribus pro dicto comuni dicto Lanfranco stipulanti et suis heredibus dictam terram vacuam de triginta pedibus versus flumen per latitudinem, ut superius dictum est, ab omni persona warentare ad voluntatem comunis in pena boni cambii; penam vero interpossuerunt quod si aliquis eorum vel sui heredes vel sui successores hec que dicta sunt non actenderit vel pactum supradictum ruperit in parte vel in toto, componat pars parti fidem servanti soldos viginti novem denariorum venetorum nomine pene pro quolibet pacto vel capitulo non observato; qua pena soluta hec |42r| locatio in suo maneat statu. Et de hoc due carte unius tenoris ex una inbreviatura iupserunt mihi notario scribi.

(SN) Ego Bartolomeus Dominici de Vivilia sacri palacii notarius interfui rogatus et eorum iussu predicta scripsi.

(SN) Ego Montagna notarius, existens in officio comunis Padue ad discum Ursi coram discreto viro domino Bartolameo de Borselis iudice et oficiale comunis Padue ad dictum discum in potestaria nobilis militis domini Pini de Vernaciis de Cremona, hoc suprascriptum instrumentum sumptum ex autentico supradicti Bartolomei notarii iussu et auctoritate dicti iudicis exemplavi curente anno Domini millesimo trecentesimo octavo, indictione sexta, die decimo setembris, presentibus Saceto notario de Campagnola et Laurencio notario sociis et notariis ad dictum discum.

a) *nel marg. sn. forse di altra di mano* b) *nel marg. sn. di mano A* c) *segue* im *depennato* d) *su* teneat *segno abbreviativo generico superfluo* e) *segue* recipientibus *depennato*

66

Locaciones communis de septem stacionibus positis super platea Montisscilicis.[a)]

Anno Domini millesimo ducentesimo septuagessimo quarto, indictione secunda, die quinto exeunte maio, in Montesscilice, sub porticali Sancti Pauli, presentibus Simone notario de Bonafante, Otolino pistore, Wilielmo Masicio, Gerardo de Gratapaia, Graciano, Omnebone et Wicto preconibus et alliis. Pro libris centum et quinquaginta sex denariorum venetorum quas dominus Iohannes de Ordo sindicus communis et hominum Montisscilicis ad infrascripta speciliter constitutus, ut continetur in carta sindicarie facta per me infrascriptum notarium, sindicario nomine pro ipsis hominibus et comune warentavit et confesus fuit se nomine finiti et conventi precii accepisse et in se habere ab Manbrino de Ana et a Iohanne Pelegrino quondam Agoiardi et a Bovetino de Albrigetis et a Bonavolta quondam Manfredi pistoris qui fuit de Padua, de quibus denaris clamavit se bene fore solutum sibi et satisfactum ad plenum, renunc(ians) super hoc exceptioni non numerate, date atque recepte sibique tradite pecunie tempore huius contratus, omnique alii suo iuri, faciens quoque eis finem, remissionem et pactum de amplius non petendo dictos denarios, pro precio dictorum denariorum iure locationis investivit predictos Manbrinum et Iohannem, Bovetinum et Bonavoltam de septem staciones que sunt super plateam Montisscilicis; prima in qua habitat magistrum Viviolum, secunda quam tenet Iohannem Martini Xoli, tercia quam possident Nasi de Bixo frutarolum, quarta in qua habitat Petrum filiastrum Bruti[b] Cochi, quinta qua‹m› tenet et possidet predictum Brutum Cochi, sexta in qua habitat Dominicum Mordegello, septima vero in qua habitat Perfiliaxium merçarium; hinc ad tempus quinque annorum completorum incipiendo de statione que tenet magistrum Viviolum et Iohannem Martini Xoli a die secundo intrante octubri proximi venturi, et de statione que habitat Brutum Cochum et Petrum eius filiastrum a die quarto decimo intrante octubri proximi venturi, et de statione qua tenet et possidet Naxi de Bixo a die sexto decimo intrante novembri, et de statione in qua habitat Perfiliaxium merçarium a die penultimo exeunte setembri, et de statione in qua habitat Dominicum Mordegle a die septimo exeunte setembri proximi venturi; ea racione ut amodo dicti Manbribus, Iohannes Pelegrinus, Bovetinus et Bonavolta et sui heredes et cui dederint dictas stationes et locum ipsius debeant habere, tenere atque possidere omnemque suam utilitatem et voluntatem ex eas facere iure locationis hinc ad predictum tempus quinque annorum completorum incipiendo a predictis terminibus intrandi in tenutam de predictis stationibus, sine contradicione dicti comunis et hominum Montisscilicis suorumque heredum. Preterea dictus sindicus sindicario nomine pro predictis hominibus et comune solempni stipulatione promissit dictis Mambrino, Iohanni, Bovetino et Bonavolta vel suis heredibus aut cui dederint predictis stationibus[c] et locum ipsius, ipsis warentare et defendere ab omni persona seu personis cum racione expensis dicti comunis, sub pena dupli dampni et interesse quod ipsi Manbrinus, Iohannes, Bovetinus et Bonavolta vel sui heredes aut cui dederint dictas stationes, et quod ipsi acciderint per violenciam alicuius dominii extra ius; et omnes expensas quas fecerint in causa sive obtineat sive succumbat, sive finita fuerit |42v| causa sive non, eis rasarcire promissit, credendo de expensis earum quantitate solum suis verbis sine sacramentis et alia probacione, cum obligacione bonorum dicti comunis que pro eis constituit possidere, obligans se dictus sindicus sindicario nomine pro comune predicto et ipsum comune sponte quod liceat predictis Manbrino, Iohanni, Bonetino et Bonavolta vel suis heredibus ex pacto, pro pena et expensis et dampnis recuperandis et exigendis posset ipsum sindicum sindicario nomine pro predicto comune et ipsum comune in libro forbannitorum poni facere comunis Padue et de bonis comunis Montisscilicis tenutam accipere et eam vendere et allienare sine precone et auct(oritate) iud(icis) et facta aliqua denunciatione dicto sindico vel suo successore pro ipso comuni, renunc(ians) per pactum omnibus feriis presentibus et futuris, statutis, reformacionibus conscilii, ordinamentis factis vel facturis spectante tempore, preterito et futuro. Et hoc fecit dictus ‹sindicus› sindicario nomine pro predicto comune et ipsum comune causa solvendi de debitis comunis Montisscilicis. Et duo instrumenta in uno tenore ex una inbreviatura iuserunt scribi.

(SN) Ego Iohanes[d)] filius Henrici becarii inperialis aule notarius interfui rogatus hec scribssi.

(SN) Ego Montagna notarius filius magistri Çeni, existens in officio comunis Padue ad discum Ursi coram discreto viro domino Bartolameo de Borselis iudice et oficiale comunis Padue ad dictum discum in potestaria nobilis militis domini Pini de Vernaciis de Cremona, hoc suprascriptum instrumentum sumptum ex autentico supradicti Iohannis notarii iussu et auctoritate dicti iudicis exemplavi curente anno Domini millesimo trecentesimo octavo, indictione sexta, die decimo setembris, presentibus Saceto notario de Campagnola et Laurencio.

a) *nel marg. sn. di mano A* b) *segue* cal *depennato* c) *si vorrebbe* predictas stationes d) *così in ms*

67

Livelus comunis de uno sedimine intus ambo fulmina.[a)]

Anno Domini millesimo ducentesimo septuagesimo quarto, indictione secunda, die terciodecimo exeunte iunio, in Montesscilice, sub porticali Sancti Pauli, presentibus Blaxio de Prosdocimo procuratore comunis Montisscilicis, Arnaldo notario de Lusca consull(e), Odone de Perogna canipario dicti comunis, Bonaventura Tonba,[b] Gerardo quondam domini Iacobini spetialis, Gerardino Veço, Petro Belo sartore et Martino notario de Villa et alliis. Pro libris tres et soldis septem et denaris tres denariorum venetorum parvorum quas dominus Iohannes de Ordo sindicus comunis et hominibus Montisscilicis ad infrascripta specialiter statutus, ut continetur in carta sindicarie facta per me[c] infrascriptum notarium, sindicario nomine pro ipsis hominibus et comune warentavit et confesus fuit se nomine finiti et conventi precii accepisse et in se habere ab Petro Longo draperio, de quibus denaris clamavit se bene fore solutum sibi et satisfactum ad plenum, renunc(ians) super hoc exceptioni non numerate, date atque recepte pecunie tempore huius contratus, omnique alii suo iuri, faciens ei finem et remissionem et pactum de amplius non petendo dictos denarios, pro precio dictorum denariorum iure liveli perpetualis investivit predictum Petrum Longum de uno vacuo terre iac(ente) in Montesscilice inter ambobus fluminibus, cui coheret ab uno capite via comunis, ab allio flumen vetus, ab uno latere Petrus Belus sartor et ab allio Bonaventura Tonba pro comuni; ea racione ut amodo dictus Petrus et sui heredes et cui dederint dictum vacuum terre debeant habere, tenere atque possidere omnemque suam utilitatem et voluntatem ex eo facere iure liveli perpetualis, illis pactis et condicionibus quibus inferius dicentur, sine contradicione dicti comunis et hominum Montisscilicis suorumque heredum, cum viis et sevitutibus et cum omnibus adiacentiis et pertinentiis atque cum omni iure, actione et racione reali et personali ipsi vacui terre pertinentibus sibique pro eo competentibus, dicens nulli allii fore datum, venditum, alienatum, obligatum seu aliquo modo obnoxiatum, nisi eidem Petro, ut dictum est. Preterea dictus sindicus sindicario nomine pro predictis hominibus et comune Montisscilicis solempni stipulatione promissit dicto Petro et suis heredibus et cui dederint dictum vacuum terre, ipsi warentare et defendere ab omni persona seu personis cum racione expensis dicti comunis, sub pena dupli dampni et interesse quod ipsi livelarii acciderint per violenciam alicuius dominii extra ius, et omnes expensas quas fecerint in causa, sive obtineat sive succumbat, sive finita fuerit causa sive non, ei resarcire promissit, credendo ei de expensis et earum quantitate solo eius verbo sine sacramento et alia probacione, cum obligacione bonorum dicti comunis que pro eo se constituit possidere, salvo tamen quod dictus Petrus et sui heredes et cui dederint non possint nec debeant plantare arbores non frutentes in dicto vacuo terre in pena liveli. Ad hec autem dictus sindicus sindicario nomine pro predictis hominibus et comune dedit, cessit, tradidit atque mandavit dicto Petro omne ius, |43r|actiones et raciones reales et personales utiles et directas, quod et quas dicti homines et comune habebat vel habere videbatur in dicto vacuo terre adversus omnem personam habentem, tenentem seu possidentem vel aliquid ex eo, constituens ipsum procuratorem et sindicum ut in rem suam ut amodo possit agere, placitare, convenire et se et ipsum vacuum terre defendere in omnibus et per omnia quemadmodum dicti homines et comune poterant, dansque ei parabolam ut sua auctoritate intret in tenutam et possessionem dicti vacui terre, ad cuius liveli favorem dictus livelarius solempni stipulacione promissit dicto sindico recipienti pro dicto comuni per se suosque heredes predictum vacuum terre bene laborare, ita quod per ipsum melioretur et non peioretur et dare et redere dicto comuni Montisscilicis omni anno usque in perpetuum ad festum sancti Stefani, tertio die ante vel post, pro afictu er reditu dicti vacui terre denarios vigintinovem venetorum parvorum; quod afictu dato et soluto alia superinposita intra eos non fiant. Verumtamen si dictus levelarius ius suum vendere seu alienare voluerit, debet denuntiare dicto sindico vel comuni Montisscilicis et si emere voluerit, dare debeat ipsi comuni pro soldis quinque minus quam alii, alioquin facta denuntiatione infra quindecim dierum si emere noluerit, tunc libere vendat cui voluerit, tamen non ecclesie sive clerico neque militi neque homini de masnada sed tantum suo pari habitanti in Montesscilice; et si aliter venditio seu alienatio facta fuerit, non valeat nec teneat de iure vel facto, sed iura ipsius livelarii in dictum comune Montisscilicis libere revertantur. Pena vero inter se posuerunt quod si qua pars predicta non actenderit, seu hunc livelum violaret seu rumpere voluerit, componat pars parti fidem liveli observanti soldos vigintinovem nomine pene, qua soluta hoc[d] livelus in suo statu persistat; et omnes expensas quas sindicus comunis predicti qui pro tempore fuerit fecerit[e] pro predicto afictu et penis exigendis ei resarcire promissit, credendo de expensis solo eius verbo sine sacramento et allia probacione cum obligacione suorum bonorum que pro dicto sindico se constituit possidere, obligans se insuper dictus livelarius sponte quod liceat sindico dicti comunis pro ipso comuni ex pacto anuatim in perpetuum preterito termino pro predicto afictu et pena et expensis exigendis posset tenutam de suis bonis accipere et eam vendere et allienare asque alicuius iuris solempnitate sine aliqua questione de eo facto et hoc cum nuncio potestatis et sine suo arbitrio et auctoritate, ren(uncians) per pactum omnibus feriis presentibus et futuris et statutis et ordinamentis factis vel facturis sibi contra predicta competentibus. Et duo instrumenta ex uno tenore ex una inbreviatura iubserunt fieri.

(SN) Ego Iohannes filius Henrici becarii inperialis aule notarius interfui rogatus hec scribssi.

(SN) Ego Montagna notarius[f)] filius magistri Çeni cerdonis, existens in officio comunis Padue ad discum Ursi coram discreto viro domino Bartolameo de Borselis iudice et oficiale comunis Padue ad dictum discum in potestaria nobilis militis domini Pini de Vernaciis de Cremona, hoc suprascriptum instrumentum sumptum ex autentico supradicti Iohannis notarii iussu et auctoritate dicti iudicis exemplavi curente anno Domini millesimo trecentesimo octavo, indictione sexta, die undecimo setembris, presentibus Saceto notario de Campagnola et Laurencio notario quondam Meliorini sociis et notariis ad dictum discum.

a) *nel marg. sn. di mano A* b) b *corretta su altra lettera* c) *segue* not *depennato* d) *su* hoc *segno abbreviativo generico superfluo* e) *su* rit *segno abbreviativo generico superfluo* f) *segue* ex *depennato*

68

Livelus comunis de uno sedimine intus ambo flumina.[a)]

Anno Domini millesimo septuagesimo quarto, indictione secunda, die tercio intrante augusto, in Montesscilice, super domum ubi fiunt conscillia, presentibus domino Albertino quondam Iohannis de Tolomeo de Padua, Petro filio domini Alberti domine Bonde, Bartolameo Clementis a Rubei, Antonio notario de Claricis, Graciano et Guioto preconibus et aliis. Pro libris octo et soldis septem et denaris[b)] tres denariorum venetorum parvorum quas dominus Iohannes de Ordo sindicus comunis et hominum Montisscilicis ad infrascripta specialiter constitutus, ut continetur in carta sindicarie facta per Antonium notarium quondam Polegradi de Claricis, sindacario nomine pro ipsis hominibus et comune warentavit et confesus fuit se nomine finiti et conventi precii accepisse et in se habere ab Turisendo de Algosis, de quibus denaris clamavit se bene fore solutum sibi et satisfactum ad plenum, renunc(ians) super hoc exceptioni non numerate, date atque recepte sibique tradite pecunie tempore huius contratus, omnique alii suo iuri, faciens ei finem et remissionem et pactum de amplius non petendo dictos denarios, pro precio dictorum denariorum investivit predictum Turisendum iure liveli perpetualis de uno vacuo terre iac(ente) in Montesscilice inter ambobus fluminibus, cui coheret ab uno capite via comunis et ab allio flumen vetus, ab uno latere dominus Leo de Malcapellis et ab allio Petrus Bellus sartore; ea racione ut amodo dictus Turisendus et sui heredes et cui |43v| dederint dictum vacuum terre debeant habere, tenere atque possidere omnemque suam utilitatem et voluntatem iure liveli perpetualis ex eo facere, illis pactis et condicionibus quibus inferius dicentur, sine contradicione dicti comunis et hominum Montisscilicis, cum viis et servitutibus et cum omnibus adiacentiis et pertinentiis atque cum omni iure, actione et racione reali et personali ipsi vacui terre pertinetibus sibique pro eo competentibus, dicens nulli allii fore datum, venditum, obligatum seu aliquo modo obnoxiatum, nisi eidem Turisendo, ut dictum est. Preterea dictus sindicus sindacario nomine pro predictis hominibus et comune solempni stipulatione promissit dicto Turisendo et suis heredibus et cui dederit dictum vacuum terre, ipsi warentare et defendere ab omni persona seu personis cum racione expensis dicti comunis, sub pena dupli dampni et interesse, et omnes expensas quas fecerit in causa, sive obtineant sive sucumbant, sive finita fuerit causa sive non, ei resarcire promissit, credendo de expensis earum quantitate solo eius verbo sine sacramento et allia probacione, cum obligacione bonorum dicti comunis que pro eo constituit possidere. Ad hec autem dictus sindicus sindicario nomine pro predictis hominibus et comune dedit, cessit, tradidit atque mandavit dicto Turisendo omne ius, actiones, raciones reales et personales, utiles et directas, quod et quas dicti homines et comune habebat vel habere videbatur in dicto vacuo terre, adversus omnem personam habentem, tenentem seu possidentem, vel aliquid ex eo, constituens ipsum procuratorem ut in rem suam ut amodo possit agere, placitare, convenire et se et dictum vacuum terre defendere in omnibus quemadmodum dicti homines et comune poterat, dansque ei parabolam ut sua auctoritate intret in tenutam et possessionem dicti vacui terre, ad cuius liveli favorem dictus livelarius solempni stipulatione promissit dicto sindico recipienti pro dicto comune per se suosque heredes predictum vacuum terre bene laborare, ita quod per ipsum melioretur et non peioretur, et dare et redere dicto comuni omni anno usque in perpetuum ad festum sancti Stefani, tercio die ante vel post, pro afictu et reditu dicti vacui terre denarios vigintinovem de venetis parvis; quod afictu dato et soluto, alia superinposita inter eos non fiant. Verumtamen si dictus livelarius ius suum vendere seu alienare voluerit, debet denunciare dicto sindico vel comuni Montisscilicis, et si emere voluerit, dare debeat ipsi comuni pro soldis quinque minus quam allii, alioquin facta denunciacione infra quindecim dierum si emere noluerit, tunc libere vendat cui voluerit, tamen non ecclesie sive clerico neque militi neque homini de masnada, set tantum suo pari habitanti in Montesscilice, et si aliter venditio seu alienatio facta fuerit, non valeat nec teneat de iure vel de facto, set iura ipsius livelarii in dictum comune libere revertantur. Pena vero inter se posuerunt quod si qua pars predicta non actenderit, seu hunc livelum violare voluerit, componat pars parti fidem liveli observanti soldos vigintinovem nomine pene, qua soluta hic livelus in suo statu persistat; et omnes expensas quas sindicus comunis qui pro tempore fuerit fecerit pro predicto afictu, pena et expensis exigendis ei resarcire promissit, credendo de expensis solo eius verbo sine sacramento et allia probacione cum obligacione suorum bonorum que pro dicto sindico se constituit possidere, obligans se insuper dictus livelarius sponte quod liceat sindico dicti comunis pro ipso comuni ex pacto anuatim in perpetuum preterito termino pro |44v| predicto afictu et pena et expensis exigendis posset tenutam de suis bonis accipere et eam vendere et allienare absque alicuius iuris solmpnitate sine aliqua questione de eo facto et hoc cum nuncio potestatis et sine suo arbitrio et auctoritate, renunc(ians) per pactum omnibus feriis presentibus et futuris, statutis et ordinamentis factis vel facturis sibi contra predicta competentibus. Et duo instrumenta in uno tenore ex una inbreviatura iusserunt scribi.

(SN)Ego Iohannes filius Henrici becarii inperialis aule notarius interfui rogatus hec scripsi.

(SN) Ego Montagna notarius, existens in officio comunis Padue ad discum Ursi coram discreto viro domino Bartolameo de Borselis iudice et oficiale comunis Padue ad dictum discum in potestaria nobilis militis domini Pini de Vernaciis de Cremona, hoc suprascriptum instrumentum sumptum ex autentico supradicti Iohannis notarii iussu et auctoritate dicti iudicis exemplavi curente anno Domini millesimo trecentesimo octavo, indictione sexta, die undecimo setembris, presentibus Saceto notario de Campagnola et Laurencio notario quondam Meliorini.

a) *nel marg. sn. di mano A* b) *segue* IIJ *depennato*

69

Laurenci Pet[ri] Rande.[a)]

Livelus comunis in Insula.[b)]

Anno Domini millesimo ducentesimo septuagesimo quarto, indictione secunda, die primo intrante octubri, in Montesscilice, |44r| super domum potestatis ubi fiunt conscilia, presentibus domino Amadino quondam Gerardi de Benencà, Petro Mato tabernario, Albertino quondam Iohannis de Tolomeo de Padua, Petro filio Alberti domine Bonde, Alberto de Canipario et Alberto eius nepoti et Wericio quondam Ugolini de Balducio de Padua et aliis. Pro libris centum et triginta quatuor denariorum venetorum parvorum quas dominus Iohannes de Ordo sindicus comunis et hominum Montisscilicis ad infrascripta specialiter constitutus, ut continetur in carta sindicarie facta per Antonium notarium quondam Polegradi de Claricis, sindicario nomine pro ipsis hominibus et comune warentavit et confesus fuit se nomine finiti et conventi precii accepisse et in se habere ab Laurencio filio Petri Rande et a Phylipo filio Brigabenis, de quibus denaris clamavit se bene fore solutum sibi et satisfactum ad plenum, renunc(ians) super hoc exceptioni non numerate, date atque recepte sibique tradite pecunie tempore huius contratus, omnique alii suo iuri, faciens quoque eis finem, remissionem et pactum de amplius non petendo dictos denarios, pro precio dictorum denariorum investivit predictos Laurencium et Phylipum iure liveli perpetualis de uno vacuo terre grebe, quod vacuum dicebatur casamentari, iac(ente) in Montesscilice ultra pontem Insule, curendo pro testa nonagintasex pedes et pro latitudine a latere Bonafidei cerdonis[c)] sexaginta pedes et dimidium et ab alio latere versus pontem Insule quinquaginta et septem pedes, cui coheret ab uno capite via comunis et ab alio destorium comunis, ab uno latere dictus Bonafides et ab allio latere vacuum terre comunis predicti; ea racione ut amodo dicti Laurencius et Phylipus et suis heredes et cui dederint dictum vacuum terre garbe debeant habere, tenere atque possidere omnemque suam utilitatem et voluntatem iure liveli perpetualis ex eo facere, illis pactis et condicionibus quibus inferius dicentur, sine contradictione dicti comunis et hominum Montisscilicis suorumque heredum, cum viis et servitutibus et cum omnibus adiacentiis et pertinentiis atque cum omni iuri, actione et racione reali et personali ipsi vacui terre pertinentibus sibique pro eo competentibus, dicens nulli alii fore datum, venditum, alienatum, obligatum seu aliquo modo obnoxiatum, nisi eidem Laurencio et Phylipo, ut dictum est. Preterea dictus sindicus sindicario nomine pro predictis hominibus et comune Montisscilicis solempni stipulatione promissit dictis Laurencio et Phylipo et suis heredibus et cui dederint dictum vacuum terre ipsis warentare et defendere ab omni persona seu personis cum racione expensis dicti comunis sub pena dupli dapni et interesse quod ipsi Laurencius acciderint per violenciam alicuius dominii extra ius, et omnes expensas quas fecerint in causa, sive obtineant sive succumbant, sive finita fuerit causa sive non, eis resarcire promissit, credendo eis de expensis earum quantitate solis suis verbis, sine sacramento et allia probacione cum obligacione bonorum dicti comunis que pro se constituit possidere. Ad hec autem dictus sindicus sindicario nomine pro predictis hominibus et comune dedit, cessit, tradidit atque mandavit dictis Laurencio et Phylipo omne ius et actiones et raciones reales et personales, utiles et directas quod et quas dicti homines et comune habebant vel habere videbantur in dicto vacuo terre adversus omnem personam habentem, tenentem seu possidentem vel aliquid ex eo, constituens ipsum procuratorem et sindicum ut in rem suam ut amodo possit agere, placitare, convenire et se et ipsum vacuum terre defendere in omnibus et per omnia quemadmodum dicti homines et comune pote[rint], dansque eis parabolam ut sua auctoritate intret in tenutam et possessionem dicti vacui terre, ad cuius liveli favorem dicti livelarii solempni stipulacione promisserunt dicto sindico recipienti pro dicto comuni per se suosque heredes predictum vacuum terre bene laborare, ita quod per ipsos melioretur et non peioretur et dare et redere dicto comuni Montisscilicis omni anno usque in perpetuum ad festum sancti Stefani, tercio die ante vel post, pro afictu et reditu dicti vacui terre libras quatuor denariorum venetorum parvorum, quod afictu dato et soluto alia superinposita inter eos non fiant; verumtamen si dictus libelarius Laurencius ius suum vendere seu alienare voluerit, debet denunciare dicto sindaco vel comuni Montisscilicis et si emere voluerit dare debet ipsi comuni pro soldis quinque minus quam a[lii]; alioquin, facta denunc(iatione) infra quindecim dierum si emere noluerit, tunc libere vendat cui voluerit, tamen non ecclesie sive clerico neque militi neque homini de masnada, set tantum suo pari habitanti in Montesscilice et si aliter vendicio seu alienacio facta fuerit, non valeat nec teneat de [iure] vel de facto, [set] iura ipsius libelarii in dictum comune Montisscilicis libere revertantur. Pena vero inter se posuerunt quod si qua pars predicta non actenderit seu hunc libelum violare voluerit, componat pars parti fidem liveli observanti soldos vigintinovem nomine pena, qua soluta hic livelus in suo statu permaneat; et omnes expensas quas sindicus dicti comunis qui pro tempore fuerit fecerit pro predicto afictu expensis exigendis ei resarcire promissit, credendo de expensis solo suo verbo sine sacramento et allia probacione cum obligacione suorum bonorum que pro dicto sindico sindacario nomine pro comune predicto se constituit possidere, obligans se insuper dictus livelarius sponte quod liceat sindico dicti comunis pro ipso comuni ex pacto anuatim in perpetuum preterito termino pro |44v| predicto afictu et pena et expensis exigendis posset tenutam de suis bonis accipere et eam vendere et allienare, absque alicuius iuris solepnitate, sine aliqua questione de eo facto et hoc cum nuncio potestatis et sine suo arbitrio et auctoritate, renunc(ians) per pactum omnibus feriis presentibus et futuris, statutis et ordinamentis factis vel facturis sibi contra predicta competentibus. Et duo instrumenta in uno tenoris ex una inbreviatura iuserunt scribi.

(SN) Ego Iohannes filius Henrici becarii inperialis aule notarius interfui rogatus, iussu predictorum hec scripsi.

(SN) Ego Montagna notarius, existens in officio comunis Padue ad discum Ursi coram discreto viro domino Bartolameo de Borselis iudice et oficiale comunis Padue ad dictum discum in potestaria nobilis militis domini Pini de Vernaciis de Cremona, hoc suprascriptum instrumentum sumptum ex autentico supradicti Iohannis notarii iussu et auctoritate dicti iudicis exemplavi curente anno Domini millesimo trecentesimo octavo, indictione sexta, die undecimo setembris, presentibus Saceto notario de Campagnola et Laurencio notario.

a) *nel marg. sn. di f. 43v all'altezza dell'ultima riga, di altra mano* b) *nel marg. sn. di f. 44r all'altezza della prima riga, di mano A* c) *ms:* credonis

70

Livelus comunis in contrà Solane.[a]

Vivaldini Romanelli.[b]

Anno Domini millesimo ducentesimo septuagesimo quarto, indictione secunda, die sexto intrante augusto, in Montesscilice, sub porticali Sancti Pauli, presentibus Petro filio[c] Alberti domine Bonde et Bartolameo filio Clementis a Rubei procurator(ibus) comunis Montisscilicis et Alberto de Canipario, Martino quondam Micaelis de Andrea conscilliari(is) predicti comunis, Bonifacio, Omnebone preconibus et aliis. Pro soldis viginti denariorum venetorum parvorum quas dominus Iohannes de Ordo sindicus comunis et hominum Montisscilicis ad infrascripta specialiter constitutus, ut continetur in carta sindicarie facta per Antonium notarium quondam Polegradi de Claricis a me vissa et lecta, sindicario nomine pro ipsis hominibus et comune warentavit et confesus fuit se nomine finiti et conventi precii accepisse et in se habere a Vivaldo de Romanello, de quibus denaris clamavit se bene fore solutum sibi et satisfactum ad plenum, renunc(ians) super hoc exceptioni non numerate, date atque recepte sibique tradite pecunie tempore huius contratus, omnique alii suo iuri, faciens ei finem, remissionem et pactum de amplius non petendo dictos denarios, pro precio dictorum denariorum investivit predictum Vivaldum iure livelli perpetualis de uno campo terre paludis a fosato de terra fosati sex pedes, iac(ente) in hora Solane, cui coheret ab uno capite versus Montem Vinearum dictus livellarius et ab allio comune, ab uno latere Patarinus portitore et ab allio comune; ea racione ut amodo dictus Vivaldinus et sui heredes et cui dederint dictum campum terre, debeant habere, tenere atque possidere omnemque suam utilitatem et voluntatem ex eo facere iure liveli perpetualis, illis pactis et condicionibus quibus inferius dicentur, sine contradictione dicti comunis et hominum Montisscilicis, cum viis et servitutibus et cum omnibus adiacentiis et pertinentiis atque cum omni iure, actione et racione reali et personali ipsi campi terre pertinentibus sibique pro eo competentibus, dicens nulli alii fore datum, venditum, obligatum seu aliquo modo obnoxiatum, nisi eidem Vivaldino, ut dictum est. Preterea dictus sindicus sindicario nomine pro predictis hominibus et comune Montisscilicis solempni stipulatione promissit dicto Vivaldino et suis heredes et cui dederit dictum campum terre ipsi warentare et deffendere ab omni persona seu personis cum racione expensis dicti comunis sub pena dupli dampni et interesse, et omnes expensas quas fecerit in causa, sive obtineant sive succumbant, sive finita fuerit causa sive non, ei resarcire promissit, credendo ei de expensis earum quantitate solo eius verbo, sine sacramento et allia probacione cum obligacione bonorum dicti comunis que pro se constituit possidere. Ad hec autem dictus sindicus sindicario nomine pro predictis hominibus et comune dedit, cessit, tradidit atque mandavit dicto Vivaldino omne ius, omnes actiones et raciones reales et personales, utiles et directas quod et quas dicti homines et comune habebant vel habere videbantur in dicto campo terre adversus omnem personam habentem, tenentem seu possidentem vel aliquid ex eo, constituens ipsum procuratorem ut in rem suam ut amodo possit agere, placitare, convenire et se et dicto campo terre defendere in omnibus et per omnia quemadmodum dicti homines et comune poterant, dansque eis parabolam ut sua auctoritate intret in tenutam et possessionem dicti campi terre, ad cuius liveli favorem dictus livelarius solempni stipulacione promissit dicto sindico recipienti pro dicto comuni per se suosque heredes predictum campum terre bene laborare ita quod per ipsum melioretur et non peioretur et dare et redere dicto comuni Montisscilicis omni anno usque in perpetuum ad festum sancti Stefani, tercio die ante vel post, pro afictu et reditu dicti campi terre soldis quatuor denariorum venetorum parvorum, quod afictu dato et soluto alia superinposita inter eos non fiant; verumtamen si dictus livelarius ius suum vendere seu alienare voluerit, debet denunciare dicto sindaco vel comuni Montisscilicis et si emere voluerit dare debet ipsi comuni pro soldis quinque minus quam a[lii]; alioquin, facta denunc(iatione) infra quindecim dierum si emere noluerit, tunc libere vendat cui voluerit, tamen non ecclesie sive clerico neque militi neque homini de masnada, set tantum suo pari habitanti in Montesscilice et si aliter vendicio seu alienacio facta fuerit, non valeat nec teneat de iure vel de facto, set iura ipsius livelarii in dictum comune libere revertantur. Pena vero inter se posuerunt quod si qua pars predicta non actenderit seu hunc livelum violare voluerit, componat pars parti fidem liveli observanti soldos vigintinovem nomine pena, qua soluta hic livelus in suo statu persistat; et omnes expensas quas sindicus comunis qui pro tempore fuerit fecerit pro predicto afictu et pena exigendis ei resarcire promissit, |45r|credendo de expensis solo eius verbo sine sacramento et allia probacione cum obligacione suorum bonorum que pro dicto sindico se constituit possidere, obligans se insuper dictus livellarius sponte quod liceat sindico dicti comunis pro ipso comuni ex pacto anuatim in perpetuum preterito termino pro predicto afictu et pena et expensis exigendis posset tenutam de suis bonis accipere et eam vendere et allienare, absque alicuius iuris solepnitate, sine aliqua questione de eo facto et hoc cum nuncio potestatis et sine suo arbitrio et auctoritate, renunc(ians) per pactum omnibus feriis presentibus et futuris, statutis et ordinamentis factis vel facturis sibi contra predicta competentibus. Et duo instrumenta in uno tenoris ex una inbreviatura iusserunt scribi.

(SN) Ego Iohannes filius Henrici becarii inperialis aule notarius interfui rogatus hec scripsi.

(SN) Ego Montagna notarius, existens in officio comunis Padue ad discum Ursi coram discreto viro domino Bartolameo de Borselis iudice et oficiale comunis Padue ad dictum discum in potestaria nobilis militis domini Pini de Vernaciis de Cremona, hoc suprascriptum instrumentum sumptum ex autentico supradicti Iohannis notarii iussu et auctoritate dicti iudicis exemplavi curente anno Domini millesimo trecentesimo octavo, indictione sexta, die undecimo setembris, presentibus Saceto notario de Campagnola et Laurencio.

a) *nel marg. sn. di mano A* b) *nel marg. sn. di altra mano* c) *segue* de *depennato*

71

Alchardini Machande.[a)]

Livelus comunis in Insula.[b)]

Anno Domini millesimo ducentesimo septuagesimo quarto, indictione secunda, die ultimo exeunte octubri, in Montesscilice, sub porticali Sancti Pauli, presentibus Patarino portitore, Tebaldo notario filio magistri Chirrdonis, Dominico de Poianis, Petro Mato tabernario, Iuliano quondam Otonelii et alliis. Pro libris octo et soldis decem denariorum venetorum quas dominus Iohannes de Ordo sindicus comunis et hominum Montisscilicis ad infrascripta specialiter constitutus, ut continetur in carta sindicarie facta per Antonium notarium quondam Polegradi de Claricis, sindacario nomine pro ipsis hominibus et comune warentavit et confesus fuit se nomine finiti et conventi precii accepisse et in se habere ab Alcardino Machande, de quibus denaris clamavit sibi bene fore solutum et satisfactum ad plenum, renunc(ians) super hoc exceptioni non numerate, date atque recepte sibique tradite pecunie tempore huius contratus, omnique alii suo iuri, faciens ei finem, remissionem et pactum de amplius non petendo dictos denarios, pro precio dictorum denariorum iure liveli perpetuali investivit predictum Alcardinum de uno vacuo terre iac(ente) in Montesscilice ultra pontem Insule, curendo dictum vacuum pro testa trigintasex pedes et pro latitudine quinquaginta octo pedes, cui coheret ab uno capite via comunis et ab allio destorium comunis, laxando dictum destorium inter Otolinum pistorem et dictum Alcardinum de duodecim pedes, ab uno latere Petrus Longus draperius et ab alio latere[c)] Patarinus portitore pro comuni; ea racione ut amodo dictus Alcardinus et sui heredes et cui dederint dictum vacuum terre debeant habere, tenere atque possidere omnemque suam utilitatem et voluntatem iure liveli perpetualis ex ea facere, illis pactis et ordinamentis quibus inferius dicentur, sine contradicione dicti comunis et hominum Montisscilicis suorumque heredum, cum viis et servitutibus et cum omnibus adiacentiis et pertinentiis atque cum omni iuri, actione et racione reali et personali ipsi vacui terre pertinentibus sibique pro ea competentis, dicens nulli allii fore datum, venditum, alienatum, obligatum seu [aliquo modo] obnoxiatum nisi eidem Alcardino, ut dictum est. Preterea dictus sindicus sindacario nomine pro [predictis hominibus] et comune Montisscilicis solempni stipulatione promissit dicto Alcardino et suis heredes et cui dederint [dictum vacuum terre], ipsi warentare et defendere ab omni persona seu personis cum racione expensis dicti comunis, sub [pena dupli dampni et interesse] quod ipsi livelarii acciderint per violenciam alicuius dominii extra ius, [et omnes expensas quas fecerint] in causa, sive obtineant sive sucumbant, sive finita fuerit causa [sive non, ei resarcire] promissit, credendo ei de expensis earum quantitate solo eius verbo sine sacramento [et allia probacione, cum obligacione bonorum dicti comunis] que pro se constituit possidere, salvo hoc quod dictus Alcardinus et sui her[edes et cui dederint] non possit nec debeat plantare arbores non frutentes in pena liveli in dicto vacuo terre. Ad hec autem dictus sindicus sindicario nomine pro predictis hominibus et comune dedit, cessit, tradidit [atque mandavit dicto Alcardinus] omne ius, actiones atque raciones reales et personales, utiles et directas, quod et quas [dicti homines et comune] habebant vel habere videbantur in dicto vacuo terre, adversus omnem personam habentem, [tenentem] seu possidentem, vel [aliquid ex eo], constituens ipsum procuratorem et sindicum ut in rem suam ut amodo possit agere, placitare, convenire et se et ipsum vacuum terre defendere in omnibus et per omnia quemadmodum dicti [homines et] comune poterant dansque ei parabolam ut sua auctoritate intret in tenutam et possessionem dicti vacui terre, [ad cuius] liveli favorem dictus livelarius solempni stipulatione promissit dicto sindico recipienti pro dicto comuni [per se] suosque heredes predictum [vacuum] terre bene laborare ita quod per ipsum melioretur et non peioretur, [et dare et redere] dicto comuni Montisscilicis omni anno usque in perpetuum ad festum sancti Stefani, |45v| tercio die ante vel post, pro afictu et reditu dicti vacui terre soldos undecim et denarios sex denariorum venetorum parvorum; quod afictu dato et soluto, alia superinposita inter eos non fiant. Verumtamen si dictus livelarius ius suum vendere seu alienare voluerit, debet denunciare dicto sindico vel comuni Montisscilicis, et si emere voluerit, dare debeat ipsi comuni pro soldis quinque minus quam allii, alioquin facta den(unciatione) infra quindecim dierum si emere noluerit, tunc libere vendat cui voluerit, tamen non ecclesie sive clerico neque militi neque homini de masnada, set tantum suo pari habitanti in Montesscilice, et si aliter venditio seu alienatio facta fuerit, non valeat nec teneat de iure vel de facto, set iura ipsius livelarii in dictum comune libere revertantur. Pena inter se posuerunt quod si qua pars predicta non actenderit, seu hunc livelum violare voluerit, componat pars parti fidem liveli observanti soldos vigintinovem nomine pene, qua soluta hic livelus in suo statu persistat; et omnes expensas quas sindicus dicti comunis qui pro tempore fuerit fecerit pro predicto afictu et pena exigendis ei resarcire promissit, credendo de expensis solo eius verbo sine sacramento et alia probacione cum obligacione suorum bonorum que pro dicto sindico se constituit possidere, obligans se insuper dictus livelarius sponte quod liceat sindico dicti comunis pro ipso comuni ex pacto anuatim in perpetuum preterito termino pro predicto afictu et pena et expensis exigendis posset tenutam de suis bonis accipere et eam vendere et allienare absque alicuius iuris solempnitate sine aliqua questione de eo facto et hoc cum nuncio potestatis et sine suo arbitrio et auctoritate, renunc(ians) per pactum omnibus feriis presentibus et futuris, et statutis et ordinamentis factis vel facturis sibi contra predicta competentibus. Et duo instrumenta in uno tenore ex una inbreviatura iubserunt scribi.

(SN)Ego Iohannes filius Henrici becarii inperialis aule notarius interfui rogatus, iussu predictorum hec scripsi.

(SN) Ego Montagna notarius, existens in officio comunis Padue ad discum Ursi coram discreto viro domino Bartolameo de Borselis iudice et oficiale comunis Padue ad dictum discum in potestaria nobilis militis domini Pini de Vernaciis de Cremona, hoc suprascriptum instrumentum sumptum ex autentico supradicti Iohannis notarii iussu et auctoritate dicti iudicis exemplavi curente anno Domini millesimo trecentesimo octavo, indicione sexta, die duodecimo setembris, presentibus Saceto notario[d)] de Campagnola et Laurencio notario.

a) *nel marg. sn. di altra mano* b) *nel marg. sn. di mano A* c) *segue* Petrus *depennato*
d) *segue* quondam Meliorini *depennato*

72

Patarini.[a)]

Livelus comunis in Insula.[b)]

Anno Domini millesimo ducentesimo septuagesimo quinto, indictione tercia, die quarto exeunte iunio, in Montesscilice, sub porticali Sancti Pauli, presentibus Patucio notario de Baldimentis, Arnaldo notario de Lusca, Petro domini Gregorii a Cesso et Çagaria precone et aliis. Pro libris sex denariorum venetorum parvorum quas dominus Iohannes de Ordo sindicus comunis et hominum Montisscilicis ad infrascripta specialiter constitutus, ut continetur in carta sindicarie facta per Antonium notarium quondam Polegradi de Claricis, sindacario nomine pro ipsis hominibus et comune warentavit et confesus fuit se nomine finiti et conventi precii accepisse et in se habere a Çanbono cui dicitur Patarino, de quibus denaris clamavit se bene fore solutum et sibi satisfactum ad plenum, renunc(ians) super hoc exceptioni non numerate, date atque recepte sibique tradite pecunie tempore huius contratus, omnique alii suo iuri, faciens ei finem et remissionem et pactum de amplius non petendo dictos denarios, pro precio dictorum denariorum investivit predictum Çanbonum iure liveli perpetualis de uno vacuo terre iac(ente) in Montesscilice ultra pontem Insule, curendo dictum vacuum pro testa vigintiquatuor pedes et pro latitudine quinquagintaocto pedes, cui coheret ab uno capite via comunis et ab alio destorium comunis, ab uno latere comune Montisscilicis et ab allio dictus livelarius pro comune; ea racione ut amodo dictus Çanbonus et sui heredes et cui dederint dictum vacuum terre debeant habere, tenere atque possidere omnemque suam utilitatem et voluntatem iure liveli perpetualis ex ea facere, illis pactis et ordinamentis quibus inferius dicentur, sine contradicione dicti comunis et hominibus Montisscilicis, cum viis et servitutibus et cum omnibus adiacentiis et pertinentiis atque cum omni iure, actione et racione reali et personali ipsi vacui terre pertinetibus sibique pro eo competentis, dicens nulli allii fore datum, venditum, obligatum seu aliquo modo obnoxiatum nisi eidem Çanbono, ut dictum est. Preterea dictus sindicus sindacario nomine pro predictis hominibus et comune solempni stipulatione promissit dicto Çanbono et suis heredes et cui dederit dictum vacuum |46r| terre, ipsi warentare et defendere ab omni persona seu personis cum racione expensis dicti comunis, sub pena dupli dampni et interesse, et omnes expensas quas fecerint in causa, sive obtineant sive sucumbant, sive finita fuerit causa sive non, ei resarcire promissit, credendo ei de expensis earum quantitate solo eius verbo sine sacramento et allia probacione, cum obligacione bonorum dicti comunis que pro eo constituit possidere. Ad hec autem dictus sindicus sindicario nomine pro predictis hominibus et comune dedit, cessit, tradidit atque mandavit dicto Çanbono omne ius, actiones atque raciones reales et personales, utiles et directas, quod et quas dicti homines et comune habebant vel habere videbantur in dicto vacuo terre, adversus omnem personam habentem, tenentem seu possidentem, vel aliquid ex eo, constituens ipsum procuratorem ut in rem suam ut amodo possit agere, placitare, convenire et se et ipsum vacuum terre defendere in omnibus et per omnia quemadmodum dicti homines et comune poterant dansque ei parabolam ut sua auctoritate intret in tenutam et possessionem dicti vacui terre, ad cuius liveli favorem dictus livelarius solempni stipulatione promissit dicto sindico recipienti pro dicto comune per se suosque heredes predictum vacuum terre bene laborare ita quod per ipsum melioretur et non peioretur, et dare et redere dicto comuni omni anno usque in perpetuum ad festum sancti Stefani, tercio die ante vel post, pro afictu et reditu dicti vacui terre soldos tres denariorum venetorum parvorum; quod afictu dato et soluto, alia superinposita inter eos non fiant. Verumtamen si dictus livelarius ius suum vendere seu alienare voluerit, debet denuntiare dicto comuni Montisscilicis, et si emere voluerit, dare debeat ipsi comuni pro soldis quinque minus quam allii, alioquin facta den(unciatione) infra quindecim dierum si emere noluerit, tunc libere vendat cui voluerit, tamen non ecclesie sive clerico neque militi neque homini de masnada, set tantum suo pari habitanti in Montesscilice, et si aliter venditio seu alienatio facta fuerit, non valeat nec teneat de iure vel de facto, set iura ipsius livelarii in dictum comune libere revertantur. Pena vero inter se posuerunt quod si qua pars predicta non actenderit, seu hunc livelum violare voluerit, componat pars parti fidem liveli observanti soldos vigintinovem nomine pene, qua soluta hic livelus in suo statu persistat; et omnes expensas quas sindicus dicti comunis qui pro tempore fuerit fecerit pro predicto afictu et pena et expensis exigendis ei resarcire promissit, credendo de expensis solo eius verbo sine sacramento et allia probacione cum obligacione suorum bonorum que pro dicto sindico se constituit possidere, obligans se insuper dictus livelarius sponte quod liceat sindico dicti comunis pro ipso comuni ex pacto anuatim in perpetuum preterito termino pro predicto afictu et pena et expensis exigendis posset tenutam de suis bonis accipere et eam vendere et alienare absque alicuius iuris solempnitate sine aliqua questione de eo facto et hoc cum nuncio potestatis et sine suo arbitrio et auctoritate, renunc(ians) per pactum omnibus feriis presentibus et futuris, statutis et ordinamentis factis vel facturis sibi contra predicta competentibus. Et duo instrumenta in uno tenore ex una inbreviatura iubserunt scribi.

(SN)Ego Iohannes filius Henrici becarii inperialis aule notarius interfui rogatus hec scripsi.

(SN) Ego Montagna notarius, existens in officio comunis Padue ad discum Ursi coram discreto viro domino Bartolameo de Borselis iudice et oficiale comunis Padue ad dictum discum in potestaria nobilis militis domini Pini de Vernaciis de Cremona, hoc suprascriptum instrumentum sumptum ex autentico supradicti Iohannis notarii iussu et auctoritate dicti iudicis exemplavi curente anno Domini millesimo trecentesimo octavo, indicione sexta, die duodecimo setembris, presentibus Saceto notario de Campagnola et Laurencio notario.

a) *nel marg. sn. di altra mano* b) *nel marg. sn. di mano A*

73

Livelus comunis a Insula.[a)]

Petri Longi.[b)]

Anno Domini millesimo ducentesimo septuagesimo quarto, indictione secunda, die quarto intrante novembri, in Montesscilice, sub ciminterio Sancti Pauli, presentibus Alberto de Canipario, Bartolameo Climentis a Rubei et magistro Galvano de Boto et aliis. Pro libris decem denariorum venetorum quas dominus Iohannes de Ordo sindicus comunis et hominum Montisscilicis ad infrascripta specialiter constitutus, ut continetur in carta sindicarie facta per Antonium notarium quondam Polegradi de Claricis, sindacario nomine pro ipsis hominibus et comune warentavit et confesus fuit se nomine finiti et conventi precii accepisse et in se habere ab Petro Longo draperio, de quibus denaris clamavit |46v| sibi bene fore solutum et satisfactum ad plenum, renunc(ians) super hoc exceptioni non numerate, date atque recepte sibique tradite pecunie tempore huius contratus, omnique alii suo iuri, faciens ei finem et remissionem et pactum de amplius non petendo dictos denarios, pro precio dictorum denariorum iure liveli perpetualis investivit predictum Petrum Longum de uno vacuo terre iac(ente) in Montesscilice ultra pontem Insule, curendo dictum vacuum pro testa quadraginta et octo pedes et pro latitudine quinquaginta et octo pedes, cui coheret ab uno capite via comunis et ab allio destorium comunis, laxando dictum destorium inter Otolinum pistorem et dictum Petrum Longum de duodecim pedibus, ab uno latere Blancus pistor pro comuni et ab alio latere Alcardinus Macande pro dicto comuni Montisscilicis; ea racione ut amodo dictus Petrus Longus et sui heredes et cui dederint dictum vacuum terre debeant habere, tenere atque possidere omnemque suam utilitatem et voluntatem ex ea facere iure liveli perpetualis, illis pactis et ordinamentis quibus inferius dicentur, sine contradicione dicti comunis et hominibus Montisscilicis suorumque heredum, cum viis et servitutibus et cum omnibus adiacentiis et pertinentiis atque cum omni iure, actione et racione reali et personali ipsi vacui terre pertinetibus sibique pro eo competentis, dicens nulli allii fore datum, venditum, obligatum seu aliquo modo obnoxiatum nisi eidem Petro Longo, ut dictum est. Preterea dictus sindicus sindacario nomine pro predictis hominibus et comune Montisscilicis solempni stipulatione promissit dicto Petro Longo et suis heredes et cui dederit dictum vacuum terre, ipsi warentare et defendere ab omni persona seu personis cum racione expensis dicti comunis, sub pena dupli dampni et interesse quod ipsi livelarii acciderint per violenciam alicuius dominii extra ius, et omnes expensas quas fecerint in causa, sive obtineant sive sucumbant, sive finita fuerit causa sive non, ei resarcire promissit, credendo ei de expensis et earum quantitate solo eius verbo sine sacramento et allia probacione, cum obligacione bonorum dicti comunis que pro se constituit possidere, salvo hoc quod dictus Petrus Longus et sui heredes et cui dederint non possint nec debeant plantare arbores non frutentes in dicto vacuo terre in pena liveli. Ad hec autem dictus sindicus sindicario nomine pro predictis hominibus et comune dedit, cessit, tradidit atque mandavit dicto Petro Longo omne ius, actiones atque raciones reales et personales, utiles et directas, quod et quas dicti homines et comune habebant vel habere videbantur in dicto vacuo terre, adversus omnem personam habentem, tenentem seu possidentem, vel aliquid ex eo; constituens ipsum procuratorem et sindicum ut in rem suam ut amodo possit agere, placitare, convenire et se et ipsum vacuum terre defendere in omnibus et per omnia quemadmodum dicti homines et comune poterant dansque ei parabolam ut sua auctoritate intret in tenutam et possessionem dicti vacui terre, ad cuius liveli favorem dictus livelarius solempni stipulatione promissit dicto sindico recipienti pro dicto comuni per se suosque heredes predictum vacuum terre bene laborare ita quod per ipsum melioretur et non peioretur, et dare et redere dicto comuni Montisscilicis omni anno usque in perpetuum ad festum sancti Stefani, tercio die ante vel post, pro afictu et reditu dicti vacui terre soldos decem denariorum venetorum parvorum; quod afictu dato et soluto, alia superinposita inter eos non fiant. Verumtamen si dictus livelarius ius suum vendere seu alienare voluerit, debet denuntiare dicto sindico vel comuni Montisscilicis, et si emere voluerit, dare debeat ipsi comuni pro soldis quinque minus quam allii, alioquin facta den(unciatione) infra quindecim dierum si emere noluerit, tunc libere vendat cui voluerit, tamen non ecclesie sive clerico neque militi neque homini de masnada, set tantum suo pari habitanti in Montesscilice, et si aliter venditio seu alienatio facta fuerit, non valeat nec teneat de iure vel de facto, set iura ipsius livelarii in dictum comune Montisscilicis libere revertantur. Pena vero inter se posuerunt quod si qua pars predicta non actenderit, seu hunc livelum violare voluerit, componat pars parti fidem liveli observanti soldos vigintinovem nomine pene, qua soluta hic livelus in suo statu persistat; et omnes expensas quas sindicus dicti comunis qui pro tempore fuerit fecerit pro predicto afictu et pena exigendis ei resarcire promissit, credendo de expensis solo eius verbo sine sacramento et allia probacione cum obligacione suorum bonorum que pro dicto sindico se constituit possidere, obligans se insuper dictus livelarius sponte quod liceat sindico dicti comunis pro ipso comuni ex pacto anuatim in perpetuum preterito termino pro predicto afictu et pena et expensis exigendis posset tenutam de suis bonis accipere et eam vendere et allienare et absque alicuius iuris solempnitate sine aliqua questione de eo facto et hoc |47r| cum nuncio potestatis et sine suo arbitrio et auctoritate, renunc(ians) per pactum omnibus feriis presentibus et futuris et statutis et ordinamentis factis vel facturis sibi contra predicta competentibus. Et duo instrumenta in uno tenore ex una inbreviatura iubserunt scribi.

(SN)Ego Iohannes filius Henrici becarii inperialis aule notarius interfui rogatus hec scripsi.

(SN) Ego Montagna notarius, existens in officio comunis Padue ad discum Ursi coram discreto viro domino Bartolameo de Borselis iudice et oficiale comunis Padue ad dictum discum in potestaria nobilis militis domini Pini de Vernaciis de Cremona, hoc suprascriptum instrumentum sumptum ex autentico supradicti Iohannis notarii iussu et auctoritate dicti iudicis exemplavi curente anno Domini millesimo trecentesimo octavo, indicione sexta, die duodecimo sebtembris,[c] presentibus Saceto notario de Campagnola et Laurencio notario sociis et notariis ad dictum discum.

a) *nel marg. sn. di mano A* b) *nel marg. sn. di f. 46v, di altra mano* c) *corretto su altre lettere non chiare*

74

Inquisicio fienda per comune Padue super possessionibus venditis domino Eccelino de Romano.[a]

Absoluc(io) facta comunis de poss(essionibus).[b]

In Christi nomine, anno eiusdem nativitate millesimo ducentesimo sexagesimo quinto, indictione octava, die octavo exeunte iullio. Padue, in comuni palatio, in [camera] ubi fiunt conscilia, in maiori conscilio ad sonum campane more solito congregato, presentibus Henrico de Boaria, Gerardo de Scarabelis, Alioto de Pontelongo notario, Romanato pelipario et alliis. In nomine domini Dei amen. Nos Pax et Martinus de Ianne iud(ice) et Antonius de Leonixio et Oredicus de Vico Argeris iud(ices) constituti per dominum Laurencium Te[upu]lum de Venec(iis) Padue potestatem de voluntate conscilii ad cognoscendum, inquirendum et difiniendum super bonis vend[itis] Ecelino de Romano vel eius procuratoribus pro eo et super restitut(ione) in[strument]orum ad ipsas vendiciones pertinencium secundum formam stat(utorum) comunis Padue et conscilii generalis, cognoscentes super infrascriptis vendicionibus factis per quosdam de Montesscilice dominis Iacobo de Widotis et G[erard]o qui fuit de Trevisio procurat(oribus) domini Ecelini de Romano procuratorio nomine pro eo: primo super vendicione facta domino Iacobo predicto per Prosdocimum Tafanteli et Blaxium eius filium de Montesscilice de una pecia terre trium camporum, decem perticarum et quadragintaduarum tabularum iac(ente) in Montesscilice in hora que dicitur Lovaria prope portam que dicitur Porta a Mezo versus Tribanum, cui coheret a mane et capite et latere via publica, precio librarum centum octuagintaocto et soldorum quatuor denariorum venetorum, ut continetur in carta vendicionis facta per Iohannem notarium Iacobini. Item super vendicione facta dicto domino Iacobo procuratore domini Ecelini de Romano per Martinum de Sanitate de Montescilice de pecia una terre iac(ente) in confinio Montisscilicis in hora que dicitur Casaria, precio librarum centum et duarum et soldorum duorum et denariorum decem, que pecia terre est quatuor camporum et novem pert(icarum); coheret a mane dominus Ecelinus de Romano, a sero via, a nullaora heredes Iohannis Belecalce, a meridie via publica; ut continetur in carta vendicio[nis] facta per dictum Iohannem notarium. Item super vendicione facta domino Iacobo predicto per Rocum clericum de Montesscilice de una pecia terre iac(ente) in Montesscilice in hora que dicitur Caxara, que est camporum quinque, pert(icarum) duarum et tabularum trigintasex; coheret a mane via publica, a sero heredes Iohannis Belecalçe, [a nullaora] Adam de Malfai, a meridie Ecelinus de Romano; precio librarum centum decemocto et soldorum undecim denariorum venetorum, ut in carta vendicionis facta per dictum Iohannem Iacobini notarium continetur. Item super [vendicione] facta domino Iacobo predicto per Naxinbene qui dicitur Rova de Montesscilice de una pecia terre iac(ente) in Caxara que est unus campus et una perticam; coheret a mane et meridie podere Sancti Çacharie, [a sero Vitus] et Robertus preco; precio librarum quatuordecim denariorum venetorum, ut in carta vendicionis facta per dictum [Iohannem] notarium continetur. Item super vendicione facta domino Iacobo predicto per Çordanum et Peregrinus fratres filios olim Iohannis Belecalce pro se et eorum fratre Manfredo de u[na] pecia terre iac(ente) in Montescilice in hora que dicitur Caxara; coheret a sero via et Robertus preco, a nullaora idem Robertus, a meridie Martinus de Sanitate que est trium camporum et una pertica, precio librarum sexagintaquatuor et media denariorum venetorum, ut in carta vendicionis facta per Iohannem notarium Iacobini continetur. Item super vendicione facta dicto domino Iacobo per Maçam ux[orem] |47v| quondam Petri de Fiçante pro se et tutorio nomine pupillorum suorum Dominici et Malgarite de una pecia terre iac(ente) in Montesscilice in eadem ‹contrata›, que est d[uo cam]pi, p[ertice] d[odecim] et tabule trigintatres; coheret a mane ecclesia Sancti Tomei, a sero Guido de Fiçantis, a [nullaora] via, a meridie Rova de Fusculis et Odo Pulcelete; pro libris quinquagintaquatuor et soldis sex et medio denariorum venetorum, ut in carta vendicionis facta per dictum Iohannem notarium continetur. Item super vendicione facta domino Iacobo predicto per Guidonem de Fiçante de Montescillice de una pecia terre iac(ente) in eadem hora, que est unus campus, quinque pertice et vigintiocto tabule; coheret a mane [dicta] Mad[ia], a sero et nullaora via, a meridie Rova predictus; precio librarum vigintiquinque et soldorum qua[tuordecim], ut continetur in carta vendicionis facta per dictum Iohannem notarium. Item super vendicione facta domino Iacobo predicto per Iohannem, Pet[rum], Omnebonum, Emam et Cremondinam filios quondam Ubertini Trepule de Montesscilice de una pecia terre quinque camporum, duarum perticarum et trigintasex tabularum iac(ente) in eadem hora; coheret a mane via publica, a sero heredes Iohannis Belecalce a setentrione Adam de Malfai, a meridie dominus Ecelinus de Romano; pro libris centum decem et octo et soldis undecim denariorum venetorum, ut continetur in carta vendicionis facta per dictum Iohannem notarium. Item super vendicione facta dicto domino Iacobo per Robertum preconem de pecia una terre iac(ente) in eadem hora; coheret a mane heredes Iohannis Belecalce, a meridie et nullaora Rova predictus, a sero via publica; que est duo campi, pertice tresdecim et quadraginta una tabula, pro [libris] sexagintaquinque et media denariorum venetorum, ut continetur in carta facta per dictum Iohannem notarium. Item super vendicione facta per [O]liverium, Çordaninum et Iacobum fratres filios olim Bartolamei de Marada, domino Gerardo qui fuit de Tarvisio de duabus peciis terre iac(entibus) in confiniis Montisscilicis in hora que dicitur Rius Carbo[naris, u]na qu[arum est] tresdecim perticarum et quadragintaunius tabu[le]; coheret a mane via publica, a meridie via publica, a sero uxor quondam Bartolamei, a nullaora via publica; alia pecia terre est unus campus et una pertica et media; coheret a mane Oliverius Mirade, a meridie et nullaora via publica, a sero Henricus B(o)t[...]s; precio librarum nonagintaunius, soldorum undecim et denariorum novem denariorum venetorum, ut continetur in carta facta per Odericum Geremie notarium. Item super vendicione facta per Vivaldinum notarium de Terçacosa de Montesscilice de una pecia terre iac(ente) in confiniis Montisscilicis, in hora que dicitur Savunaria que est trium camporum et tresdecim perticarum et quadragintatrium tabularum; coheret a mane et nullaora via publica, a meridie Maçuchelus; domino Gerardo predicto procuratore domini Ecelini de Romano, pro libris septuagintanovem, soldis undecim et denaris undecim denariorum venetorum, ut continetur in carta facta per Odericum notarium predictum. Item super vendicione facta domino Gerardo predicto per Amavinum clericum, magistrum[c)] Daynex[em], Ubertum Vescevelum filios quondam Oliverii notarii de Prevedello, Dominicum Paçum tutorio nomine pro Oliverio et tutorio nomine Giracii filiorum quondam Parixii de Montesscilice de una pecia terre decem camporum iac(ente) in confinio Montisscilicis in hora que dicitur Puteus Ba(u)dus; coheret a mane et nullaora via publica, a meridie dominus Ecelinus de Romano; pro libris ducentis et octuaginta denariorum venetorum, ut continetur in carta vendicionis facta per dictum Odericum notarium. Item super vendicione facta domino Gerardo predicto per Iohannem Fariseum, Milanum de Bignoti[d)] et Odericum qui dicitur Pullus filius dicti Mila[ni] de una pecia terre vineate iac(ente) in Monte Vinearum in hora que dicitur Terminellus que est tresde[cim] perticarum campi et trigintasex tabularum; coheret ei a mane et nullaora via publica, a meridie et sero Iohannes Discositus; pro libris trigintaocto et soldis decem et septem denariorum venetorum, ut continetur in carta facta per dictum Odericum notarium. Item super vendicione facta dicto Gerardo[e)] per Martinum de Sygo et Iohannem de Sygo de Montesscilice de una pecia terre iac(ente) in hora que dicitur Savonaria que est duorum camporum et decem perticarum et trigintaocto tabularum; coheret a mane [via] p[ublica], a nullaora dominus Ecelinus de Rom[ano]; pro podere quod fuit Sancti Petri, a sero Çustina uxor quondam Ugonis, ut continetur in carta vendicionis facta per dictum [Oredicum no]tarium. Item super vendicione facta dicto Gerardo procuratorio [nomin]e domini Ecelini de [Romano] procuratorio nomine pro eo per Iohannem Discositus de |48r| una pecia vineate iac(ente) in Monte Vinearum in hora que dicitur Terminelus que est novem perticarum campi et septem tabularum; coheret a mane Iohannes Fariseus, a sero et meridie dictus dominus Ecelinus, a nullaora via publica; pro libris trigintaduobus, soldis undecim et duobus denaris, ut continetur in carta facta per dictum Odericum notarium. Item super vendicione facta domino Iacobo de Guidotis procuratori domini Ecelini de Romano procuratorio nomine pro eo, per Henricum filium quondam Çamboni et Ricentaxem eius uxorem et tutorio nomine Arulfi eius nepotis de una pecia terre cum vineis et olivis quatuor camporum et decem perticarum iac(ente) in Monterico in hora que dicitur Costaldulum; coheret a mane Iohannes Descositus, a sero plebs Sancte Iustine de Montesscilice, a septentrione via; precio librarum centum et octuagintaocto, soldorum undecim et medio denariorum venetorum, ut continetur in carta facta per Iohannem notarium Iacobini. Item super vendicione facta dicto domino Iacobo per Begnoti notarium de Montesscilice de pecia una terre sex camporum et trium perticarum iac(ente) in Calpasxo; coheret a mane curia Montisscilicis et via publica, a sero dominus Iohannes Boneti, a meridie Frugerius de Bullis; pro libris centum et viginti quatuor, soldis quinque et denaris novem denariorum venetorum, ut continetur in carta facta per dictum Iohannem notarium. Item super vendicione facta domino Iacobo predicto procuratore domini Ecelini de Romano porcuratorio nomine pro eo de una pecia terre in Montesscilice in hora que dicitur Savonara trium camporum, novem perticarum et vigintisex tabularum; coheret a mane Blaxius Cavaça, a sero via; pro libris septuagintaquinque denariorum venetorum et soldis tredecim, ut continetur in carta facta per dictum Iohannem notarium. Unde cum constet dominum Bonacursium de Montebeluna procuratorem domini Ecelini de Romano procuratorio nomine pro eo permutacionem fecisse sive cambium de supradictis possessionibus cum priore et conventu monasterii Montis Vinearum de possessionibus omnibus quas idem prior, monasterium [et] conventus ipsius monasterii Montis Vinearum habebant in ipso monte, ut continetur in carta permutacionis sive cambii facta per Rainaldinum notarium de Grimaldo, que posesiones site in Monte Vinearum predicto nunc habentur et tenentur et possidentur per comune Padue; et cum constet etiam nobis comune et homines Montiscilicis habere cartam absolucionis a cataveribus comunis Padue de suprascriptis posesionibus, ut scriptum est per Beldemundum notarium Henrigeti calderarii; unde super hoc visis racionibus comunis Padue et racionibus comunis et hominis Montisscilicis et super hoc habito conscillio sapientum, dicimus et pronunciamus comune et homines Montisscilicis et habentes causam a comuni Montisscilicis absolvendos a peticione comunis Padue, et eos absolvimus.

(SN) Ego Odericus Fredi de Prando sacri palacii notarius existens in oficio cum dictis dominis hiis interfui et eorum iussu hec scripsi.

(SN) Ego Montagna notarius, existens in officio comunis Padue ad discum Ursi coram discreto viro domino Bartolameo de Borselis iudice et oficiale comunis Padue ad dictum discum in potestaria nobilis militis domini Pini de Vernaciis de Cremona, hoc suprascriptum instrumentum sumptum ex autentico supradicti Oderici notarii iussu et auctoritate dicti iudicis exemplavi curente anno Domini millesimo trecentesimo octavo, indictione sexta, die duodecimo setembris, presentibus Saceto notario de Campagnola et Laurencio, sociis et notariis ad dictum discum.

a) *nel marg. sn. di mano A* b) *aggiunto da mano A nel marg. sn. di f. 50r* c) *segue* m *depennato* d) Bignoti *ripetuto* e) *segue* notario *depennato*

75

Item placuit omnibus exceptos vigintiseptem quod partitum fieret de dictis arengatorum super facto libris de possessionibus Montiscilicis, set iterum facto partito de dicto unius arengatoris contra aliud secundum formam statutorum placuit omnibus finaliter exceptis sexagintaduobus quod procedatur super facto libri et possesionum Montisscilicis secundum provisionem sapientum hoc modo, quod liber possessionum comunis Padue in Montescilice sitarum in ipsis tantum et cum illa contrata habeatur et servetur in comuni Padue pro comunis utilitate et quod exemplerii et quod exemplum remaneat in cançelaria; item quod ei qui dedit domino potestati et ar(en)g(atori) dictum librum dentur soldi decem grossorum et de denaris comunis pro presentacione et dacione ipsius libri |48v| in[a)] quo sunt undecim quaterni et duo folia, qui liber scriptus fuit et sumptus ex quodam autentico veteri, ut in quadam cedula posita in ipso libro continetur, mandato quondam domini presbiteri Gerardi tunc existentis in Montescillice pro quondam Ecelino de Romano; videtur etiam secundum continentiam dicti libri quod debeant pervenire in comune Padue anuatim libras octiginte denarios sex parvorum de reditibus possessionum contentarum in ipso libro, et nunc perveniunt anuatim solummodo libre quadrigente et quod pro comunis utilitate ponentur et eligantur per dominum potestatem duo boni homines et legales civitatis Padue literati non de consortibus Montisscilicis ipsi vel uxores, cum uno bono et literato notario et duobus preconibus qui vadant et examinent ad Montesscilicem et inquirant et toto posse inveniant bona, possessiones et res contentas in ipso libro, et si pro comuni Padue teneantur vel non, et si tenentes de dictis possessionibus huchusque rediderunt comuni Padue ea que redere debuerunt, et qui eas possessiones tenent et possident, et si de dictis possessionibus aliquid esse alienatum vel non vel quomodo usurpatum vel occupatum vel invasum cui alcupatum vel aliquo modo [a]ceptum et generalem habeant iurisdictionem, inquisicionem et etiam bayliam per comunem Padue dicendi et faciendi in predictis et circha predicta quicquid utile putaverunt pro comuni Padue, dum tamen nichil de predictis rebus pertinenbus comuni Padue possint minuere vel de iuribus comunis Padue remitere ullo modo; et ut diligenter faciant supradicta iurent ad sancta Dei evangelia et faciant securitatem ad canipam comunis Padue de libris quingentis pro quolibet et not(arii) de trecentis et precones de centum bona fide et fideliter in predictis et circha predicta facere quicquid utile putaverunt pro comuni, et in scriptis reducant ea que fecerunt in predictis et portent secum dictum librum autenticatum.

(SN) Ego Bonaventura sacri palacii notarius quondam Horedici Santi filius, predictam reformacionem scriptam vivam et non cancelatam per me repertam in libro reformationum maioris conscilii Padue factam in potestaria domini Berti de Frescobaldis, die vigessimo sexto ianuarii, ex libro predicto exemplavi et scribsi millesimo ducentesimo octuagesimo tercio, indictione decima,[b] die quinto intrante maio, Padue, in comuni palatio, presentibus Antonio notario olim Gumbertini de Amiçis, Guillielmo notario filio magistri Bonacursii, Cocarii, quam reformationem ex dicto libro exemplatam et scriptam iterum scribsi et exemplavi ex instrumento meo, millesimo predicto, et die vigessimo tercio maii, in Montesscilice, in domo Sancti Çacharie, presentibus dominis Iacobo iudice Caliçene, Antonio Capoçola.

(SN) Ego Montagna notarius, existens in officio comunis Padue ad discum Ursi coram discreto viro domino Bartolameo de Borselis iudice et oficiale comunis Padue ad dictum discum in potestaria nobilis militis domini Pini de Vernaciis de Cremona, hoc suprascriptum instrumentum sumptum ex autentico supradicti Bonaventure notario iussu et auctoritate dicti iudicis exemplavi curente anno Domini millesimo trecentesimo octavo, indictione sexta, die duodecimo setembris, presentibus Saceto notario de Campagnola et Laurencio notario quondam Meliorini et Iohanne notario filio magistri Guiçardi negociatoris, sociis et not(ariis) ad dictum discum.

a) *segue* hi *depennato* b) *l'indizione non è esatta: probabilmente sta per* undecima

76

Super facto molendinorum de Bagnarolo libellus ad defensionem comunis contra comune Padue.[a]

In nomine domini Dei eterni, anno eiusdem nativitatis millesimo ducentesimo octuagessimo tercio, indictione undecima, die tercio intrante iunio, Montiscilici, presentibus dominis Gaçaro filio domini Pisis de Montesscilice, Bernardino de Piçacomino de eodem loco, coram dominis Iacobo Caliçene iudice et Antonio Capoçola existentibus Montiscilici in monasterio Sancti Çacharie, oficialibus comunis Padue ad inquirendum de bonis et possessionibus comunis Padue sitis in terratorio Montisscilicis secundum continenciam reformacionis cuiusdam conscilii generalis Padue, potestate domino Veri de Cuchlis,[b] dominus Iacobus Belandus sindicus comunis et hominum de

Montescilice ad defensionem ipsorum hominum et comunis ab inquisicione contra ipsos facta super molendinis infrascriptis, sindicario nomine pro ipso comune et hominibus infrascripta capitula porrexerunt continencia, sic |49r| intendit et vult probare et fidem inde facere, scilicet domino Iacobo Caliçene iud(ice) et domino Antonio Capoçole officialibus comunis Padue super inquisicione et examinacione bonorum et possessionum comunis Padue sitarum in Montescilice. Iacobus de Belando sindicus comunis et hominum de Montescilice sindicario nomine pro ipso comuni ad defensionem ipsius comunis, respondit: comune et homines Montisscilicis tempore ante dominium inperatoris et perfidi Ecelini de Romano habuerunt, tenuerunt et possiderunt molendina Bagnaroli de Montescilice, ipsa molendina tamquam propria locando et posidendo donec dicto comuni et hominibus acepta fuerint dicta molendina per dominum Ruçerium de da Nicastro, tunc capitaneum in Montescilice per dominum inperatorem per decem, vigenti, triginta annos et per tantum tempus cuius non extat memoria. Item quod dictum comune et homines Montiscilicis habuerunt dicta molendina, tenuerunt et possiderunt a tempore quo civitas Padue rediit ad mandata Eclesie huchusque. Item quod si quo tempore dicta molendina reperirentur posessa per dominum inperatorem et dominum Ecerinum de Romano vel eius nuncios, possidebantur tamquam comunis per Montesscilicem quemadmodum alia bona et possessiones dicti comunis per predictos. Item quod de predictis et singulis est publica vox et fama.

Die eodem, loco, et testibus. Coram predicto domino Iacobo, Maçuchelus quondam Iohannis Maçuchi, Gerardus quondam Andree Banççi et Vicencius qui dicitur Straçaura iuraverunt attendere[c] precepta domini potestatis et dicere veritatem super capitulus[d] prescriptis remotis amore, timore, odio, precio et precibus et omni animi afectione.

Testis ad probacionem molendinorum comunis.[e]

Maçukelus supradictus quondam Iohannis Maçuchi de Montescilice, delato ei sacramento, ut patet, interogatusque super capitulis suprascriptis ei lectis per ordinem, super primo continentem quod comune et homines Montisscilicis habuerunt, tenuerunt et possiderunt etcetera, respondit se recordari quod comune Montiscilicis ante adventum domini inperatoris per decemocto annos et plures habuit et tenuit molendina de quibus fit mentio in predicto capitulo tamquam propria et locabat ipsa molendina. Interrogatus autem quomodo et qualiter sciebat, respondit quod pater ipsius testis et Albertinus Iohannis de Valle fuerunt consocii et conduxerunt dicta molendina a comuni Montiscillicis infra predictos decemocto annos. Interrogatus si quis alius sive alii a comuni predicto Montisscilicis sive quod predictum comune Montiscilicis posiderunt predicta molendina, respondit non nisi posedissent pro comuni Montisscilicis. Interrogatus si ex quo civitas Padue venit ad mandata Eclesie, aliquis posedit dicta molendina nisi comune predictum Montisscilicis, respondit non. Super secundo capitulo continente quod dictum comune et homines Montisscilicis etcetera, interrogatus quomodo et qualiter sciebat, respondit quod vidit predictum comune et homines Montisscilicis predicta molendina locare et recipere afictus tamquam de re propria. Interrogatus quibus predictum comune et homines Montisscilicis locavit dicto tempore, respondit quod vidit hoc anno nuper preterito predictum comune locare ipsa molendina Iohanni de Picello et Albertino Smortio et aliis pluribus. Interrogatus quibus locata fuerunt ipsa molendina preteritis temporibus, respondit non recordari. Interrogatus si predicta molendina tempore sue memorie fuerunt posessa per aliquos alios, respondit quod dominus inperator possedit dicta molendina et Ecelino de Romano, set comune Padue nequaquam. Interrogatus quanto tempore posiderunt, respondit non recordari. Super tercio capitulo interrogatus quomodo et qualiter sciebat, respondit quod vidit nuncios domini inperatoris tractare possessiones et negotia comunis Montisscilicis et ipsa molendina possidere pro ipso domino inperatore. Super quarto et ultimo capitulo interrogatus, respondit id verum esse. Interrogatus autem quomodo et qualiter sciebat, respondit quod audivit dici omnia predicta et vidit ea que dixit oculata fide. Interrogatus quid est publica vox et fama, respondit oculis videre et auribus audire. Iterrogatus predicta molendina et proprietas eorum posent esse comunis Padue ipso ignorante, respondit quia numquam audivit, set semper audivit dici quod sunt et fuerunt comunis Montisscilicis. Interrogatus quot annorum est ipse testis, respondit circha septuaginta. Interogatus si ipse testis est habitator comunis Montisscilicis et facit faciones cum comuni predicto, respondit sic. Interrogatus si ad eum spectat comodum vel incomodum, respondit non. Interrogatus si vellet predicta molendina devenire debere in comune Padue, respondit sic,[f] si de iure deberent.

Testis ad probacionem molendinorum comunis.[g]

Gerardus Andree Bançi de Montiscilice, delato ei sacramento lectisque sibi capitulis per ordinem ac interrogatus super eis et eorum qualibet, respondit ea omnia[h] esse vera. Interrogatus itaque super primo capitulo |49v| continentem[i] quod comune et homines Montisscilicis tempore ante dominium inperatoris etcetera, respondit quod recordatur se vidisse locasse dictum comune Montisscilicis ipsa molendina pluribus annis ante dominium predictorum dominorum inperatoris et Ecelini de Romano et ea possidebat et tenebat tamquam propria usque tempus domini Ruçerii da Nicastro, tunc capitaneus Montisscilicis pro domino inperatore predicto. Interrogatus quanto tempore comune predictum ante dominium predictorum possiderunt predicta molendina, respondit quod recordatur ipsum comune possedisse ipsa molendina pluribus quam sex annis. Interrogatus quibus locata fuerunt predicta molendina per dictum comune Montisscilicis, respondit quod ill(e) sex annis recordatur, quod ipsum comune Montisscilicis locavit ipsa molendina domino Bono et Clarelo et Iacobino eius filiis et percepit afictus ab eisdem tamquam de re propria. Interrogatus si aliis locata fuerunt ipsa molendina per dictum comune, respondit non recordari. Super secundo capitulo continentem quod dictum comune Montisscilicis habuerunt dicta molendina a tempore quo civitas Padue venit ad mandata Ecclesie, interrogatus quomodo et qualiter sciebat, respondit quod a dicto tempore citra vidit dictum comune Montisscilicis ea molendina locare et percipere afictus tamquam de re propria. Interrogatus quibus ipsa molendina locata fuerunt per ipsum comune Montisscilicis, respondit non recordari nisi de anno presenti in quo sunt locata Iohanni de Picello et Dominico Smortio. Interrogatus si predicta molendina aliquo tempore fuerunt posesa per comune Padue, respondit non tempore sue memorie. Interrogatus si potuisent possidere per ipsum comune Padue aliquo tempore ipso ignorante, respondit non. Interrogatus quanto tempore posiderunt ipsi dominus inperator et Ecelinus de Romano, respondit nescire. Interrogatus si comune Montisscilicis tenet, nec aliquo tempore tenuit predicta molendina a comuni Padue, respondit non, auditu suo. Super tercio capitulo interrogatus quomodo et qualiter sciebat, respondit quod predicti dominus inperator et Ecelinus tenebat et tenuerunt predicta molendina tamquam multas et infinitas alias possessiones comunis Montisscilicis violenter et contra eorum voluntatem et dicti comunis. Interrogatus si aliquo tempore dictum comune[j] Montisscilicis desiit possidere dicta molendina, respondit non nisi quando dictus dominus inperator et Ecelinus eis et comuni predicto abstulerunt. Super quarto et ultimo capitulo de fama interrogatus quomodo et qualiter sciebat, respondit quod semper vidit et videt continuis annis preter quam predictis quibus tenuerunt predicti dominus inperator et Ecelinus, dictus comune Montisscilicis possidere et locare dicta molendina. Interrogatus quic est publica vox et fama, respondit nescire. Interrogatus si predicta molendina potuisent esse alterius et posset ipso teste ignorante, et maxime comunis Padue, respondit non, cum semper audiverit quod sunt et fuerunt comunis Montisscilicis et non Padue. Interrogatus quanti temporis est ipse testis, respondit circha sexaginta. Interrogatus si est habitator comunis Montisscilicis et facit faciones ipsius comunis, respondit sic. Interrogatus si ad ipsum spectaret comodum vel incomodum si molendina predicta devenirent in comune Padue, respondit incomodum. Interrogatus si vellet quod ipsa molendina divenirent in comune Padue, respondit sic, si de iure diberent.

Testis super probacione molendinorum comunis.[k]

Vicencius quondam Maynardi masarius plebis de Montescilice qui fuit de Vice‹n›cia, delato sibi corporaliter iuramento lectisque ipsis capitulis per ordinem productis per supradictum sindicum Montisscilicis, super primo capitulo interrogatus et ut[l] super ipse rederet racionem, respondit se nescire aliam redere racionem preter quam intantum quod recordatur se habitasse in Montesscilice a quinquagintaseptem annis circa, qui dum primo veniset ad habitandum ad ipsam terram Montisscilicis vidit illo primo tempore Bonfilium de Montescilice qui dicebatur tenere a comuni predicto Montisscilicis molendina predicta et redere afictum eidem comuni. Interrogatus quantum redebat dicto comuni, respondit nescire. Interrogatus si vidit dictum[m]

Bonfilium redendem dicto comuni, respondit non, set ipse Bonfilius tenuit ipsa molendina pro dicto comuni Montisscilicis, ut dicebatur, tunc temporis usque quod devenerunt ad manum domini Donclerego qui postea tenuit a comuni predicto et redebat afictum usque ad aventum nunciorum ipsius dominis inperatoris, qui per dominum eis invitis et comuni predicto Montisscilicis abstulerunt molendina predicta. Super secundo capitulo continentem[n)] quod per dictum comunem a tempore captionis Padue etcetera, interrogatus, respondit id verum esse. Interrogatus autem quomodo et qualiter sciebat, respondit quod comuniter fertur per homines de Montescilice. Interrogatus qui tenuerunt et possiderunt predicto tempore quo civitas Padue venit ad mandata Eclesie, respondit comune Montisscilicis. Interrogatus si ipsum comune Montisscilicis habebat afictus |50r| ipsorum molendinorum, respondit sic, set interrogatus quomodo et qualiter sciebat, respondit quod audivit dici. Interrogatus si comune Padue aliquo tempore possedit ipsa molendina, respondit non. Interrogatus siquando audivit dici quod pertinerent ad comune Padue, respondit non. Interrogatus si aliquis alius vel alii a predictis comuni Montisscilicis et specialiter comune Padue potuisset posedisse suo tempore ipsa molendina ipso teste ignorante, respondit non. Super tercio capitulo continente quod si quo tempore molendina reperirentur posessa etcetera, interrogatus, respondit id verum esse. Interrogatus quomodo et qualiter sciebat, respondit quod[o)] nuncii domini inperatoris ipsa molendina et quamplures alias possessiones abstulerunt dominio. Interrogatus quomodo predicta molendina postea devenerunt in comune Montisscilicis, respondit quod comune Montisscilicis statim ingressum fuit tenutam predictorum molendinorum post captionem civitatis Padue. Interrogatus cuius auctoritate ingressum fuit ipsum comune, sive aprehendidit tenutam et possessionem ipsorum molendinorum, respondit auctoritate propria. Super quarto et ultimo capitulo de fama interrogatus, respondit id verum esse. Interrogatus quid est publica vox et fama, respondit quando comuniter omnes homines alicuius loci siunt[p)] sive audiunt aliqua dici, tunc illa appellatur fama. Interrogatus quanti temporis est ipse testis, respondit quod est de circa sexaginta annos. Interrogatus si est habitator comunis Montisscilicis, respondit sic. Interrogatus si facit faciones et subit honera comunis Montisscilicis, respondit non a tempore quo asumpsit masariam sive gastaldiam plebis

Montisscilicis, antea vero sic. Interrogatus si ad ipsum testem aliquid dampni vel incomodi spectat, respondit neutrum. Interrogatus si hec omnia dicit auditu, visu aut credencia, respondit quod dicit auditu, visu et credendia et sciencia. Interrogatus si est doctus, rogatus hoc testimonium perhibere, respondit non. Interrogatus utrum vellet quod pocius ipsa molendina devenirent ad comune Montisscilicis quam ad comune Padue, vel e converso, respondit se optare quod devenirent ad comune cui magis favet vigor iusticie ac racionis.

Albertus infrascriptus iuravit, die decimo intrante iunio.

Testis super probacione molendinorum.[q]

Albertus Mascarelus de Montescilice, delato sibi sacramento interrogatusque super capitulis introductis per comune Montisscilicis et ei lectis per ordinem, respondit ea omnia esse vera. Super primo autem continente quod comune et homines Montisscilicis etcetera, interrogatus quomodo et qualiter sciebat, respondit quod stetit dicto tempore contento in primo capitulo, scilicet ante dominium inperatoris et Ecelini de Romano in tera Montisscilicis et fuit et est nacione ipsius tere, et ideo videre potuit et vidit dicto tempore ipsa molendina possideri per dictum comune Montisscilicis, in poste[r] quorum molendinorum non erat nisi una rota et una parva domus de palea et ante tempus dictorum domini inperatoris et Ecelini de Romano diu dictum comune Montisscilicis investivit monasterium et conventum Sancti Iacobi de Montesscilice et per ipsum monasterium facte fuerunt postea tres rote molendinorum. Interrogatus quibus locata fuerant ipsa molendina, respondit quod eo tempore cridabatur in plateis comunis Montisscilicis quod venirent quilibet volens molendina ad afictum et tunc exponebantur ad incantum et plus dare volentibus offerebantur. Interrogatus quibus[s] locata fuerunt ipsa molendina, respondit quod locata fuerunt cuidam qui dicitur Botus cuius nomen ignorat. Super secundo capitulo interrogatus quomodo et qualiter sciebat, respondit quod vulgariter et comuniter fertur per[t] homines dicte contrate Montisscilicis. Interrogatus de possessoribus qui possiderunt ea molendina a tempore quo civitas rediit ad mandata Eclesie, respondit comune Montisscilicis ea possedit. Interrogatus si aliquo tempore ipsum comune Padue potuisset ea molendina posedisse ipso teste ignorante, respondit non, nec unquam audivit dici quod pertinerent ad comune Padue. Super tercio capitulo interrogatus quomodo et qualiter sciebat, respondit nuncii predictorum domini inperatoris et Ecelini de Romano ipsas abstulerunt possessiones et ipsa molendina suo tempore et postea devenerunt in comune Montisscilicis et post recessum inperatoris et Ecelini de Romano predictum comune Montisscilicis intravit tenutam predictorum molendinorum sua autoritate et non aliena. Super quarto et ultimo capitulo de fama, interrogatus quomodo et qualiter sciebat, respondit quod semper audivit dici quod ipsa molendina erant comunis Montisscilicis. Interrogatus quid erat publica vos et fama, respondit quod comuniter dicitur. Interrogatus quanti temporis est ipse testis, responidit sexaginta annorum ultra. Interrogatus si est habitator Montisscilicis, respondit sic, et faciens factiones in eodem comuni. Interrogatus si ad eum spectat comodum vel non, respondit neutrum. Interrogatus si vellet quod ipsa molendina devenirent in comune Padue aut in comune Montisscilicis, respondit in comune cui magis fa[cie]t racio. Interrogatus dixit |50v| se non esse doctum nec rogatum hoc testimonium perhibere.

(SN) Ego Bonaventura sacri palacii notarius quondam Horedici Sancti filius notarius predictorum dominorum Iacobi iudicis de Caliçene et Antonii Capoçole officialium comunis Padue super inquisicione bonorum et possesionum comunis Padue in terra Montisscilicis mandato et auctoritate ipsorum scribsi.

(SN) Ego Montagna notarius filius magistri Çeni, existens in officio comunis Padue ad discum Ursi coram discreto viro domino Bartolameo de Borselis iudice et oficiale comunis Padue ad dictum discum in potestaria nobilis militis domini Pini de Vernaciis de Cremona, hoc suprascriptum instrumentum sumptum ex autentico supradicti Bonaventure notarii iussu et auctoritate dicti iudicis exemplavi curente anno Domini millesimo trecentesimo octavo, indictione sexta, die duodecimo intrante mense setembris, presentibus Saceto notario de Campagnola et Laurencio notario quondam Meliorini sociis et notariis ad dictum discum.

a) *nel marg. sn. di mano A* b) *evidentemente per* Circlis *(vedi doc. 77)* c) *ms:* a.tendere d) *cosí in ms* e) *nel marg. sn. di mano A* f) *segue* de *depennato* g) *nel marg. sn. di mano A* h) *segue* vera *depennato* i) *cosí in ms* j) *segue* desiit *depennato* k) *nel marg. sn. di mano A* l) ut *ripetuto* m) *segue* s *depennato* n) *cosí in ms* o) *se-*

gue domini *depennato* p) *evidentemente per* sciunt q) *nel marg. sn. di mano A* r) *probabilmente per* in postis *(o* in posta*); occorrenza presente anche del doc.* 77 *(e non piú segnalata in nota)* s) *segue* fu *depennato* t) *corretto su* et

77

Libellus comunis ad defensionem mollendinorum comunis de Bagnarolo contra comune Padue.[a)]

In nomine domini Dei eternum, anno eiusdem nativitatis millesimo ducentesimo octuagesimo tercio, indictione undecima, die decimo intrante iunio, in Montescilice, presentibus Phylipo de Belando, Gerardo de Corsalibus, Arnaldo notario quondam Prosdocimi, coram dominis Iacobo Caliçene iudice et Antonio Capoçola officialibus comunis Padue super inquisicione bonorum et possessionum comunis Padue sitarum in terra Montisscilicis ex vigore reformacionis maioris conscilii Padue facto tempore domini Veri de Circlis Padue potestatis presentis, infrascripti Guido de Fiçante et Albertinus Biçator iuraverunt actendere precepta domini potestatis Padue et dicere veritatem super capitulis introductis ex parte comunis Montisscilicis remotis amore, timore, odio, prece vel precibus et omni animi afectione, quorum forma et tenor talis est. Intendit et vult probare et fidem facere dominis Iacobo Caliçene et Antonio Capoçole officialibus comunis Padue super inquisicione bonorum et possessionum comuni Padue sitarum in Montescilice, Iacobus de Belando sindicus comunis et hominum Montiscilicis sindicario nomine pro ipso comuni ad defensionem ipsius comunis, quod comune et homines Montisscilicis tempore ante dominium inperatoris et perfidi Ecelini de Romano habuerunt, tenuerunt et possiderunt molendina Bagnaroli de Montesscilice, ipsa molendina tamquam propria locando et possidendo donec dicto comuni et hominibus acepta fuerunt dicta molendina per dominum Ruçerium da Nicastro tunc capitaneum in Montesscilice per dictum inperatorem per decem, viginti et triginti annos et per tantum tempus cuius non extat memoria. Item quod dictum comune et homines Montisscilicis habuerunt dicta molendina, tenuerunt et possiderunt a tempore quo civitas Padue rediit ad mandata Eclesie hucusque. Item quod si quo tempore dicta molendina reperirentur posesa per inperatorem et Ecerinum de Romano vel eius nuncios possidebantur tamquam comunis Montisscilicis quemadmodum alia bona et posessa dicti comunis per predictos. Item quod de predictis et singulis est publica vox et fama.

Testis super libelo dictorum molendinorum.[b)]

Guido de Fiçante de Montescilice, delato sibi sacramento, interrogatus super capitulis predictis et lectis ei per ordinem, respondit quod ea omnia capitula esse vera. Interrogatus autem et examinatus super primo capitulo quomodo sci‹e›bat et qualiter sciebat, respondit quod vidit dictum comune posidere ipsa molendina et locare et percipere afictum. Interrogatus si dictum comune Montiscillicis suo nomine vel nomine alieno locabat ipsa molendina, respondit suo nomine et non alieno, et ante tempus inperatoris et Ecelini de Romano et post semper continue possiderunt. Recordatur autem quod ante tempus ipsius domini inperatoris scilicet antequam dominaretur in Montescilice, ipsum comune investivit monasterium Sancti Iacobi de dictis molendinis pro certo precio. Interrogatus autem ante cui vel quibus locabantur ipsa molendina, respondit quod exponebantur ad incantum et plus dare volentibus locabantur. Super secundo capitulo interrogatus quomodo et qualiter sciebat, respondit quod ita fertur per homines Montisscilicis. Interrogatus qui possiderunt ea molendina a dicto tempore citra, respondit comune Montisscilicis. Interrogatus si comune Padue possedit, nec aliquis alius posedit. |51r| Interrogatus si quo tempore post captionem civitatis Padue dictum comune Padue potuisset ea molendina posedisse, ipso teste ignorante, respondit non. Interrogatus siquando audivit dici quod comune Padue posederit ipsa molendina, respondit non. Super tercio capitulo continente quod si quo tempore, etcetera, respondit quod vidit nuncios domini inperatoris et Ecelini de Romano tunc temporis ante captionem civitatis, qui abstulerunt et occupaverunt possessiones comunis Montisscilicis. Interrogatus quas[c)] fuerunt predicta molendina tempore procedente: capta fuit civitas Padue et receserunt nuncii predicti Ecelini et comune Montisscilicis apprehendit dicta molendina et eorum tenutam sicut rei proprie, nullius auctoritatis vigore, set propria industria et iurisdicione. Super quarto et ultimo capitulo interrogatus quid erat plubica vox et fama, respondit quod illud in quo comunis concordat opinio est publica vox et fama. Interrogatus quanti temporis est ipse testis, respondit de circha sexagintaquique annos. Interrogatus si est habitator comunis Montisscilicis et facit faciones cum comuni eiusdem[d] terre, respondit sic. Interrogatus si de hac re ad eum spectat comodum vel incomodum, respondit neutrum. Interrogatus si vellet ipsa molendina devenirent in comune Padue aut in comune Montisscilicis, respondit in id cui de iure devenire debent. Interrogatus si est doctus, rogatus hoc testimonium perhibere, respondit non.

Testis super libello dictorum molendinorum.[e]

Albertinus Biçator de Montescilice, iuramento corporaliter sibi prestito lectisque ipsi capitulis per hordinem, interrogatus respondit ea omnia vera esse. Super primo autem capitulo interrogatus quomodo et qualiter sciebat, respondit quod ante dominium inperatoris et Ecelini de Romano comune Montisscilicis pacifice possidebat molendina Bagnaroli, verumtamen recordatur quod tempore in poste[f] ubi est situs illorum molendinorum erat una sola rota et una domus parva paleata, quo tempore ipsum comune locavit ipsa molendina domino Dominoclerico pro certa pensione, postmodum locata fuerunt ipsa molendina monasterio et conventu de Montescilice et in ipsa poste fecerunt fieri tres rotas molendinorum apud primam et ipsa molendina locabant et dislocabant quibuscumque ad libitum sine alicuius contradicione et plus ofrire volentes investiebant ad incantum. Interrogatus quibus locata fuerunt ipsa molendina eo tempore, respondit multis personis quorum nomina retinere memorie non curavit. Super secundo capitulo interrogatus quomodo et qualiter sciebat, respondit dum ipsum comune esset in possessionem dictorum molendinorum nuncii domini inperatoris et domini Ecelini de Romano dicta molendina eis aceperunt, et plures allias suas possessiones quas habebant, demum capta fuit civitas Padue et rediit ad mandata Ecclesie, sic que receserunt predicti nuncii inperatoris et domini Ecelini de Romano, et statim comune Montisscilicis aprehendit tenutam predictorum molendinorum et ea incepit interum[g] posidere et locare et afictus percipere quemadmodum antea faciebant, et hoc faciebant et fecerunt dicto tempore continue usque nunc et numquam fuit eis aliqua questio mota per aliquem, nec unquam audivit dici quod comune Padue vel aliqui[h)] pertinerent preter quam ad comune Montisscilicis. Super tercio capitulo interrogatus quomodo et qualiter sciebat, respondit quod comuniter fertur per homines Montisscilicis qui sciunt et ipse testis se[i)] scire dixit quod vidit quod dicti nuncii posidebant dicta molendina non sicut propria set sicut de possessionibus dicti comunis Montisscilicis cui abstulerunt dominio et retinuerunt usque captionem predictam, quo tempore recesserunt, ut poredixit.[j)] Super quarto et ultimo capitulo de fama interrogatus quid erat publica vox et fama, respondit quando aliquid per multos divulgatur. Interrogatus si[k)] comune Padue aliquo tempore posedit predicta molendina seu posidere potuisset eo ignorante, respondit non. Interrogatus quanti temporis est ispe testis, respondit de circha sexaginta annos. Interrogatus si est habitator comunis sive terre Montisscilicis, respondit sic. Interrogatus si facit faciones cum ipso comuni, respondit sic. Interrogatus si ad eum spectat comodum vel incomodum de hoc, respondit neutrum. Interrogatus si vellet quod ea molendina pocius devenirent ad comune Montisscilicis quam ad comune Padue, respondit ad id cui de iure debent devenire. Interrogatus si est dotus, rogatus hoc testimonium perhibere, respondit non.

Testis super dicto libello molendinorum.[l)]

Dominus Albertus de Tafentello, delato ei sacramento et lectis ei capitulis per ordinem et diligenter examinatis et inquisitis, super ipsis capitulis respondit ea capitula vera esse. Super primo autem capitulo interrogatus quomodo et qualiter sciebat, respondit quod ante dominium inperatoris et Ecelini de Romano semper et post vidit dicta molendina possideri per comune Montiscillicis in poste quorum non erat nisi una rota et una domus paleata parva, quam rotam dictum comune Montiscilicis locavit Boto et Albertino de Valle pro centum quatuordecim libris solvendis pro uno anno et pluribus aliis de quibus non recordatur; postea ipsum comune locavit ea molendina Domnoclerico pro certo precio, et tunc facte fuerunt tres rote. Interrogatus si dictum comune locabat suo nomine aut nomine comunis Padue, respondit suo nomine. Interrogatus quomodo locabantur ipsa molendina, respondit quod locabantur ad incantum. Super secundo capitulo continente quod dictum comune et homines Montiscilicis habuerunt dicta molendina, etcetera, interrogatus quomodo et qualiter sciebat, respondit quod ante tempus captionis et post continue ipsum comune Montiscilicis possiderunt predicta molendina et locaverunt ad suam voluntatem et perceperunt fructus sive afictus certis terminis quasi de re propria. Interrogatus quibus locata fuerunt ipsa molendina, respondit quod locata fuerunt ad presens Iohanni de Picello et cuidam alicui, ut dicitur. Interrogatus si ipsa molendina fuerunt aliquo tempore possesa per comune Padue, respondit non tempore sue memorie. Interrogatus si ipsa molendina potuissent possideri per comune Padue |51v| ipso teste ignorante, respondit non. Interrogatus si comune Montiscilicis aliquo tempore tenuit ipsa molendina a comuni Padue, respondit non. Super tercio capitulo continente quod si quo tempore ipsa molendina posessa fuerunt etcetera, respondit quod vidit nuncios domini inperatoris in terra Montisscilicis qui asstumerunt[m)] sibi molendina predicta et plures alias possessiones comunis Montisscilicis et tenebant et possidebant fruges et reditus eorum et nuncii domini Ecelini de Romano et tenuerunt et posiderunt eis involuntariis quasi per violenciam usque captionem civitatis Padue et statim post ipsam captionem, ipsis nunciis inperatoris et Ecelini de Romano descendentibus a dicto castro Montisscilicis, comune et officiales Montisscilicis aprehenderunt tenutam dictorum molendinorum et ab eo tempore citra usque presentem diem posiderunt pacifice ipsa molendina. Super quarto et ultimo capitulo de fama, interrogatus quid erat publica fama, respondit id quod plures persone divulgant. Interrogatus qui faciunt illam famam, respondit homines Montisscilicis. Interrogatus quanti temporis est ipse dominus Albertus, respondit quod est octuaginta annorum. Interrogatus si est habitator terre Montisscilicis et facit faciones cum ipsa terra, respondit sic. Interrogatus si ad ipsum testem aliquod spectat comodum vel incomodum, respondit non. Interrogatus ad quod predictorum comunium vellet ea molendina devenire, respondit cui magis racionaliter devenire debeant et dixit se non esse dotum, rogatum hoc testimonium perhibere.

Testis super libello molendinorum.[n)]

Dominicus Conte de Montescilice, prestito sibi corporaliter iuramento et diligenter examinatus super omnibus et singulis capitulorum productorum per comune Montisscilicis et interrogatus quid ex ipsis capitulis sciebat, respondit omnia ipsa capitula et in ipsis capitulis contenta sunt vera. Super primo capitulo requisitus ut de dicto suo rederet racionem, respondit quod ante tempus in ipso capitulo nominatum et post presens tempus dicta molendina posesa fuerunt per comune Montisscilicis et per aliquam aliam personam nequamquam, verumtamen quia ante captionem civitatis Padue pluribus annis ipsa molendina et plures alie possessiones Montisscilicis ablata fuerunt per nuncios dominorum inperatoris et Ecelini de Romano et retinuerunt ea pluribus annis; de numero rotarum non retulit; vidit autem dicta molendina esse locata Donoclerico et monasterio Sancti Iacobi per ipsum comune Montisscilicis et pluribus aliis personis ad incantum. Super secundo capitulo continentem quod ipsum comune et homines Montisscilicis habuerunt dicta molendina etcetera, interrogatus quomodo et qualiter sciebat, respondit quod vidit a dicto tempore captionis civitatis circha continue comune Montisscilicis possidere molendina predicta et locare plus offerre volentibus, ut predixit, et vidit ipsa esse locata cuidam de Montesscilice qui vocatus fuit Bonfilius a quo et ab aliis quibus erant locata et locabantur per ipsum comune Montisscilicis pro ipsum comune Montisscilicis et hodie sunt locata, percipiebat ipsum comune Montisscilicis anuas pensiones quemadmodum suarum rerum et possessionum consueverunt percipere possesores. Super tercio capitulo continentem quod si quo tempore ipsa molendina etcetera, interrogatus et examinatus quomodo et qualiter sciebat, respondit quod ipsa molendina possesa fuerunt post ipsam captionem civitatis Padue per comune Montiscilicis quia statim post ipsam captionem receserunt predicti nuncii predictorum domini inperatoris et Ecelini de Romano et comune Montisscilicis statim resunsit tenutam ipsorum molendinorum et ipsa molendina tenuit et posedit continue a dicto tempore citra et numquam inquietatum fuit ipsum comune per comune Padue nec aliquam aliam personam. Super quarto et ultimo capitulo de fama, interrogatus quid erat publica vox et fama, respondit illud quod per magnam partem gencium in locis habitancium dicitur. Interrogatus si predicta molendina tempore aliquo potuisset posideri per aliquos alios et maxime per comune Padue quam per comune Montisscilicis ipso teste ignorante, respondit non. Interrogatus quanti temporis est ipse testis, respondit septuaginta annorum. Interrogatus si est habitator terre Montisscilicis, respondit sic et facit faciones cum ipsa terra. Interrogatus si ad eum spectat comodum vel incomodum de dicto negotio, respondit neutrum. Interrogatus ad quod ipsorum comunium vellet dicta molendina devenire, respondit ad id comune quod melius habet ius. Interrogatus si est dotus, rogatus hoc testimonium perhibere, respondit non.

Testis super libello molendinorum.[o)]

Gualterius notarius qui dicitur Biscacerius, delato ei sacramento lectisque ipsis capitulis per ordinem, diligenter examinatus et inquisitus quid sciebat de predictis, respondit ea que in dictis capitulis esse vera continebantur. Set primo examinatus super primo eorum quomodo et qualiter sciebat, respondit quod ante tempus quo dominatus fuisset inperator in Montescilice vidit dicta molendina possideri per comune Montisscilicis et ea locari per ipsum comune et percipi afictus, set ex quo nuncii domini inperatoris venerunt, ipsa molendina abstulerunt comuni Montisscilicis et ea tenuerunt et alias quamplures possessiones comunis eiusdem usque captionem civitatis Padue et retolit[p)] in poste ipsorum molendinorum esse unam solam rotam et unam parvam domum de palea; set ex quo ipsum comune Montisscilicis ea locavit domino Domnoclerico et locata fuerunt monasterio Sancti Iacobi de Montesscilice facte fuerunt ibi tres rote molendinorum. Super secundo capitulo continente quod dictum comune et homines Montisscilicis habuerunt dicta molendina etcetera, interrogatus quomodo et qualiter sciebat, respondit quod recordatur tempore captionis civitatis Padue |52r| nuncios domini inperatoris et Ecelini de Romano dominari in terra Montisscilicis, ut predixit, et tenere predicta molendina, set statim capta ipsa civitate recesserunt et comune predictum Montisscilicis aprehendit tenutam predictorum molendinorum et ea locavit et percepit afictus. Interrogatus quibus ipsa molendina locata fuerunt, respondit quod locata fuerunt per ipsum comunem Montisscilicis Clementi Rubeo, Iacobo de Upicino, Caracose et pluribus aliis, set hodie habent ea a comuni Montisscilicis Iohannes de Picello. Super tercio capitulo interrogatus quomodo qualiter sciebat, respondit quod ipsum comune[q)] Montisscilicis ea possidebat tamquam propria, nec aliquo tempore ipsum comune occasione ipsorum molendinorum aliquibus respondit in aliquo nec unquam ab aliquo intelexit.[r] Interrogatus si predictum comune locabat suo nomine vel nomine alieno, respondit nomine suo et non alieno. Interrogatus si comune Padue unquam posedit molendina predicta, nec unquam audivit ab aliquibus referentibus quod ipsa molendina possiderentur a comuni predicto, respondit non. Super quarto et ultimo capitulo de fama interrogatus quid erat publica vox et fama, respondit quod divulgatur inter plures. Interrogatus ubi est illa fama, respondit in terra Montisscilicis. Interrogatus si aliquo tempore potuissent possideri per aliquos ipso teste ingorante, et maxime per comune Padue, respondit non. Interrogatus quanti temporis est ipse testis, respondit septuaginta[s] annorum. Interrogatus si est habitator[t] terre Montisscilicis et facit faciones cum ipso comuni, respondit sic. Interrogatus si ad ipsum testem de hoc spectat comodum vel incomodum, respondit neutrum. Interrogatus ad quod ipsorum comunium pocius vellet quod ipsa molendina devenirent, respondit ei comuni quod maius in eis ius habet. Interrogatus si est dotus, rogatus hoc testimonium perhibere, respondit non.

Testis super libello molendinorum.[u]

Dominus Albertus de Fole de Montescilice et prestito prius corporaliter sacramento lectisque ipsi capitulis per ordinem super ipsis que diligenter examinatus et interrogatus de veritate ipsorum, respondit ea que in ipsis capitulis continebantur esse vera totaliter, set super primo eorum continente quod comune et homines Montisscilicis ante dominium inperatoris etcetera, interrogatus ubi rederet rac(ionem), respondit quod ante adventum nunciorum domini inperatoris et Ecelini de Romano molendina Bagnaroli de quibus fit in capitulis mentio tenebantur et posidebantur per comune predictum Montisscilicis et hoc scit tamquam qui a dicto comuni conduxit ea molendina, quo tempore in poste loci dictorum molendinorum erat una sola rota et una domus paleata parva, set postea ex quo comune Montisscilicis ea molendina locavit Domnoclerico et monasterio Sancti Iacobi, facte fuerunt tres rote apud primam, qui nuncii domini inperatoris scilicet dominus Ruçerius da Nicastro capitaneus pro domino inperatore in castro Montisscilicis cum suis sequacibus tenuerunt ipsa molendina usque dictam captionem. Super secundo capitulo continente quod dictum comune et homines Montisscilicis habuerunt dicta molendina etcetera, interrogatus quomodo et qualiter sciebat, respondit quod vidit suo tempore dicta molendina locari per comune Montisscilicis pluribus de Montescilice ad incantum a dicta captione citra et usque nunc, nam capta civitate Padue statim comune Montisscilicis aprehendit tenutam predictorum molendinorum et nuncii predicti inperatoris receserunt. Interogatus quorum vel cuius auctoritate aprehendit dictam tenutam, respondit auctoritate propria quemadmodum de re propria. Super tercio capitulo continente quod si quo tempore dicta molendina etcetera, interrogatus quomodo et qualiter sciebat, respondit quod numquam vidit nec audivit dici quod ipse dominus inperator nec eius nuncii haberent aliquod ius in predictis molendinis set si tenebat et quando tenuit ipse capitaneus domini inperatoris tenebat tamquam de rebus et possessionibus comunis Montisscilicis quas quasi violenter occupavit. Interrogatus si ipsum comune potuisset posedisse predicta molendina eo teste ignorante, respondit non. Super quarto et ultimo capitulo de fama, interrogatus quid erat publica vox et fama, respondit illud quod per multas divulgatur personas. Interrogatus ubi est illa fama, respondit in terra Montisscilicis. Interrogatus quanti temporis est ipse testis, respondit septuaginta annorum. Interrogatus si est habitator terre Montisscilicis, respondit non. Interrogatus si facit faciones cum dicto comuni, respondit non. Interrogatus si ad ipsum spectat comodum vel incomodum de hoc negocio, respondit neutrum. Interrogatus ad quod ipsorum comunium vellet quod ea molendina devenirent, respondit ad id quod habet ampliorem racionem. Interrogatus si est dotus, rogatus hoc testimonium perhibere, respondit non.

(SN) Ego Bonaventura sacri palacii notarius quondam Horedici Santi filius coram dictis cognitoribus existens in officio auctoritate reformacionis supranominate, predicta omnia ipsorum auctoritate et mandato expresse scribsi.

(SN) Ego Montagna notarius, existens in officio comunis Padue ad discum Ursi coram discreto viro domino Bartolameo de Borselis iudice et oficiale comunis Padue ad dictum discum in potestaria nobilis militis domini Pini de Vernaciis |52v| de Cremona, hoc suprascriptum instrumentum sumptum ex autentico supradicti Bonaventure notarii iussu et auctoritate dicti iudicis exemplavi curente anno Domini millesimo trecentesimo octavo, indictione sexta, die terciodecimo setembris, presentibus Saceto notario de Campagnola et Laurencio notario quondam Meliorini sociis et notariis ad dictum discum.

a) *nel marg. sn. di mano A* b) *nel marg. sn. di mano A* c) *cosí in ms* d) *segue* ville *depennato* e) *nel marg. sn. di mano A* f) *ms:* poste *con segno d'abbreviazione superfluo* g) *cosí in ms* h) aliqui *ripetuto* i) *ms:* sed *con* d *depennata* j) *cosí in ms* k) *ms:* siq *con* q *depennata* l) *nel marg. sn. di mano A* m) *forse per* assumerunt, *a sua volta per* assumpserunt, *o meglio per* abstulerunt, *come in analogo passo di altre testimonianze contenute in questo documento* n) *nel marg. sn. di mano A* o) *nel marg. sn. di mano A* p) *probabilmente per* retulit, *come in analogo passo della testimonianza precedente* q) comune *ripetuto* r) *da* nec aliquo ... *oscurità del passo verosimilmente per omissioni testuali da parte dell'estensore* s) *segue* novem *depennato* t) *segue segno non chiaro depennato* u) *nel marg. sn. di mano A*

78

1279[a)]

Livelus comunis in Insula domine Gisle de Gaiardis.[b)]

Anno Domini millesimo ducentesimo septuagesimo quinto, indictione tercia, die penultimo exeunte decembri, in Montescilice, sub porticali caminate Sancti Pauli, presentibus Petro filio Alberti domine Bonde, Gerardo Corsale, Laurencio de Belone et Alberto de Canipario et aliis. Pro libris vigintisex denariorum venetorum parvorum quas dominus Iohannes de Ordo sindicus comunis et hominum Montiscilicis ad infrascripta specialiter constitutus, ut continetur in carta sindicarie facta per Antonium quondam Polegradi de Claricis, sindicario nomine pro ipsis hominibus et comune warentavit et confesus fuit se nomine finiti et conventi precii accepisse et in se habere ab Bartolameo notario quondam Dominici de Vivilia dante et solvente pro domina Gisla uxore quondam Petri Gaiardi, de quibus denaris clamavit sibi bene fore solutum et satisfactum ad plenum, renunc(ians) super hoc exceptioni non numerate, date atque recepte sibique tradite pecunie tempore huius contratus omnique alii suo iuri, faciens ei finem, remissionem et pactum de amplius non petendo dictos denarios, pro precio dictorum denariorum iure liveli perpetualis investivit predictum Bartolameum recipientem pro ipsa domina Gisla de uno vacuo terre iacent(e) in Montesscilice ultra pontem Insule, currendo dictum vacuum terre pro testa vigintiquatuor pedes et pro latitudine sexaginta pedes, cui coheret ab uno capite et ab alio iura comunis Montisscilicis, ab uno latere Naticherius tabernarius pro comune et ab alio latere iura comunis predictus; ea racione ut amodo dictus Bartolameus recipiens pro dicta domina Gisla et sui heredes et cui dederit dictum vacuum terre debeant habere, tenere atque possidere omnemque suam utilitatem et voluntatem ex eo facere iure liveli perpetualis, illis pactis et condicionibus quibus inferius dicentur, sine contradicione dicti comunis et hominum Montisscilicis suorumque heredum, cum viis et servitutibus, cum[c)] omnibus adiacentiis et pertinentiis atque cum omni iure et actione et racione reali et personali ipsi vacui terre pertinetibus sibique pro eo competentibus, dicens nulli allii fore datum, venditum, alienatum, obligatum, aliquo modo obnoxiatum, nisi eidem Bartolameo recipienti pro dicta domina Gisla, ut dictum est. Preterea dictus sindicus sindicario nomine pro predictis hominibus et comune Montisscilicis, solepni stiplulacione promissit dicto Bartolameo recipienti pro dicta domina Gisla et sui‹s› heredibus et cui dederint dictum vacuum terre, ipsi warentare et defendere ab omni persona seu personis cum racione expensis dicti comunis, sub pena dupli dmpni et interesse quod ipsi livelarii acciderint per violenciam alicuius dominii extra ius, et omnes expensas quas fecerint in causa, sive obtineant sive sucumbat, sive finita fuerit tam sive non, ei resarcire promissit, credendo ei de expensis earum quantitate solo eius verbo sine sacramento et allia probacione, cum obligacione bonorum dicti comunis que pro eo se constituit possidere. Ad hec autem dictus sindicus sindicario nomine pro dictis hominibus et comune dedit, cessit, tradidit, atque mandavit dicto Bartolameo recipienti pro dicta domina Gisla omne ius, actiones et raciones reales et personales, utiles et directas, quod et quas dicti[d)] homines et comune habebat vel habere videbatur in dicto vacuo terre, adversus omnem personam habentem, tenentem seu possidentem vel aliquid ex eo, constituens ipsum recipientem, ut dictum est, procuratorem et sindicum ut in rem suam, ut amodo possit agere, placitare, convenire et se et ipsum vacuum terre defendere in omnibus et per omnia quemadmodum dicti homines et comune poterant dansque ei parabolam ut sua auctoritate intret in tenutam et possessionem dicti vacui terre, ad cuius liveli favorem dictus livelarius solepni stipulacione promissit dicto sindico recipienti pro dicto comuni per se suosque heredibus predictum vacuum terre bene laborare, ita quod per ipsum melioretur et non peioretur, et dare et redere dicto comuni Montisscilicis omni anno usque in perpetuum ad festum sancti Stefani, tercio die ante vel post pro afictu et reditu dicti vacui terre soldos viginti denariorum parvorum, quod afictu dato et soluto, alia superinposita inter eos non fiant. Verumtamen si dictus livelarius ius suum vendere seu alienare voluerit, debet denunciare dicto sindico vel comuni Montisscilicis, et si emere voluerit, dare debeat ipsi comuni pro soldis quinque minus quam alii, alioquin facta denunciatione infra quindecim dierum si emere noluerit, tunc libere vendat cui voluerit, tamen non eclesie sive clerico neque militi neque homini de masnada, set tantum suo pari habitanti in Montescilice, et si aliter vendicio seu alienacio facta fuerit non valeat nec teneat de iure vel de[e] facto sed iura ipsius livelarii in dictum comune Montisscilicis[f] libere revertantur. Pena vero inter se posuerunt quod si qua pars[g] predicta non actenderit seu hunc livelum violare voluerit, componat pars[h] parti fidem liveli observanti soldos vigintinovem nomine pene, qua soluta hic livelus in suo statu persistat;[i] et omnes expensas quas sindicus dicti comunis qui pro tempore fuerit fecerit pro dicto afictu et pena exigendis ei resarcire promissit, credendo de expensis solo eius verbo sine sacramento et allia probacione cum obligacione suorum bonorum que pro dicto sindico se constituit possidere, obligans se insuper dictus livelarius sponte quod liceat sindico dicti comunis pro ipso comuni ex pacto anuatim in perpetuum preterito termino pro predicto afitu et pena et expensis exigendis posset tenutam de suis bonis accipere et eam vendere et allienare, absque alicuius iuris solepnitate sine aliqua questione de eo facto et hoc cum nuncio potestatis et sine suo arbitrio et auctoritate, renunc(ians) per pactum omnibus feriis presentibus et futuris et ordinamentis factis vel facturis sibi contra predicta competentibus. Et duo instrumenta in uno tenore ex una inbreviatura iusserunt fieri.

(SN) Ego Iohannes filius Henrici becarii inperialis aule notarius interfui rogatus hec scripsi.

(SN) Ego Montagna notarius filius magistri |53r| Çeni cerdonis, existens in officio comunis Padue ad discum Ursi coram discreto viro domino Bartolameo de Borselis iudice et oficiale comunis Padue ad dictum discum in potestaria nobilis militis domini Pini de Vernaciis de

Cremona, hoc suprascriptum instrumentum sumptum ex autentico supradicti Iohannis notarii iussu et auctoritate dicti iudicis exemplavi curente anno Domini millesimo trecentesimo octavo, indictione sexta, die terciodecimo setembris, presentibus Saceto notario de Campagnola et Laurencio notario quondam Meliorini sociis et notariis ad dictum discum.

a) *nel marg. superiore, forse di mano A* b) *nel marg. sn. di mano A* c) *segue* ob *depennato* d) *segue* Iohannes et comune *depennato* e) *segue* s *depennata* f) *segue* lin *depennato* g) *su* pars *segno abbreviativo superfluo per* r h) *su* pars *segno abbreviativo superfluo per* r i) *su* stat *segno abbreviativo generico superfluo*

79

1279[a)]

Livellus comunis in Insula.[b)]

Anno Domini millesimo ducentesimo septuagesimo quinto, indictione tercia, die quarto exeunte iunio, in Montesscilice, sub porticali Sancti Pauli, presentibus Patucio notario de Baldimentis, Arnaldo notario de Lusca, Petro domini Gregorii a Cesso et Çaxaia precone et alliis. Pro libris decem et soldis decem denariorum venetorum parvorum quas dominus Iohannes de Ordo sindicus comunis et hominun Montisscilicis ad infrascripta specialiter constitutus, ut continetur in carta sindicarie facta per Antonium notarium quondam Polegradi de Claricis, sindacario nomine pro ipsis hominibus et comune Montisscilicis warentavit et confesi fuerunt[c)] se nomine finiti et conventi precii accepisse et in se habere a Çanbono cui dicitur Patarino, de quibus denaris clamavit sibi bene fore solutum et satisfatum ad plenum, renunc(ians) super hoc exceptioni non numerate, date atque recepte sibique tradite pecunie tempore huius contrati omnique alii suo iuri, faciens ei finem, remissionem et pactum de amplius non petendo dictos denarios, pro precio dictorum denariorum investivit predictum Çanbonum iure liveli perpetualis de uno vacuo terre iac(ente) in Montescilice ultra pontem Insule, curendo dictum vacuum pro testa triginta sex pedes et pro latitudine septuagintaduo pedes, cui coheret ab uno capite via comunis, ab alio destorium comunis, ab uno latere Alcardinus de Marcada et ab allio dictus livelarius; ea racione ut amodo dictus livelarius Çanbonus et sui heredes et cui dederit dictum vacuum terre, debeant habere, tenere atque possidere omnemque suam utilitatem et voluntatem iure liveli perpetualis ex eo facere, illis pactis et condicionibus quibus[d] inferius dicentur, sine contradictione dicti comunis et hominum Montisscilicis, cum viis et servitutibus, cum omnibus adiacentiis et pertinentiis atque omni iure, actione et racione reali et personali ipsi vacui terre pertinentibus sibique pro eo conpetentibus, dicens nulli allii fore datum, venditum, obligatum seu aliquo modo obnoxiatum nisi idem Çanbono, ut dictum est. Preterea dominus sindicus sindicario nomine pro predictis hominibus et comune solmpni stipulacione promissit dicto Çanbono et suis heredibus et cui dederit dictum vacuum terre, ipsi warentare et defendere ab omni persona seu personis cum racione expensis dicti comunis, sub pena dupli dampni et interesse. Et omnes expensas quas fecerit in causa, sive obtineat sive sucumbat, sive finita fuerit sive non, ei resarcire promissit, credendo ei de expensis earum quantitate solo eius verbo sine sacramento et allia probacione, cum obligacione bonorum dicti comunis que pro eo constituit possidere. Ad hec autem dictus sindicus sindicario nomine pro predictis hominibus et comune dedit, cessit, tradidit atque mandavit dicto Çanbono omne ius, actiones et raciones reales et personales, utiles et directas, quod et quas dicti homines et comune habebant vel habere videbantur in dicto vacuo terre adversus omnem personam habentem, tenentem seu possidentem vel aliquod ex eo, constituens ipsum procuratorem ut in rem suam, ut amodo possit agere, placitare, convenire et se et ipsum vacuum terre deffendere in omnibus et per omnia quemadmodum dicti homines et comune poterant dansque ei parabolam ut sua auctoritate intret in tenutam et possessionem dicti vacui terre, ad cuius liveli favorem dictus livelarius solempni stipulacione promissit dicto sindico recipiente pro dicto comuni per se suosque heredes predictum vacuum terre bene laborare ita quod per ipsum melioretur et non peioretur, et dare et redere dicto comuni omni anno usque in perpetuum ad festum sancti Stefani, tercio die ante vel post pro afictu et reditu dicto vacui terre soldos quindecim venetorum parvorum, quod afictu dato et soluto, alia superinposita inter eos non fiant. Verumtamen si dictus livellarius ius suum vendere seu voluerit alienare, debet denunciare dicto sindico vel comuni Montisscilicis et si emere voluerit, dare debeat ipsi comuni pro soldis quinque minus quam alii, alioquin facta denunciatione infra quindecim dierum si emere noluerit, tunc libere vendat cui voluerit, tamen non ecclesie sive clerico neque militi neque homini de masnada, set tantum suo pari habitanti in Montesscilice, et si aliter vendicio seu alienatio facta fuerit non valeat nec teneat de iure vel de[e] facto set iura ipsius livelarii in dictum comune libere revertantur. Pena vero inter se posuerunt quod si qua pars predicta non actenderit seu hunc livelum violare voluerit, componat pars parti fidem liveli observanti soldos vigintinovem nomine pene, qua soluta hic livelus in suo statu persistat; et omnes expensis quas sindicus qui pro tempore fuerit fecerit pro predicto afictu et pena exigendis ei resarcire promissit, credendo de expensis solo eius verbo sine sacramento et allia probacione cum obligacione suorum bonorum que pro dicto sindico se constituit possidere, obligans se insuper dictus livelarius sponte quod liceat sindico dicti comunis pro ipso comuni ex pacto anuatim in perpetuum preterito termino pro predicto afictu et pena exigendis et expensis posse tenutam de suis benis accipere et eam vendere et alienare absque alicuius iuris solempnitate sine aliqua questione de eo facto et hoc cum nuncio potestatis et sine suo arbitrio et auctoritate, renunc(ians) per pactum omnibus feriis presentibus et futuris, statutis et ordinamentis factis vel facturis sibi contra predicta conpetentibus. Et duo instrumenta in uno tenore ex una inbrevitura iusserunt scribi.

(SN) Ego Iohannes filius Henrici becari[f] inperialis aule notarius interfui rogatus hec scripsi.

(SN) Ego Montagna notarius, existens in officio comunis Padue ad discum Ursi coram discreto viro domino Bartolameo de Borselis iudice et oficiale comunis Padue ad dictum discum in potestaria nobilis militis domini Pini de Vernaciis de Cremona, hoc suprascriptum instrumentum sumptum ex autentico supradicti Iohannis notarii iussu et auctoritate dicti iudicis exemplavi curente anno Domini millesimo trecentesimo octavo, |53v| indictione sexta, die terciodecimo setembris, presentibus Saceto notario de Campagnola et Laurencio notario quondam Meliorini sociis et notariis ad dictum discum.

a) *nel marg. superiore, forse di mano A* b) *nel marg. sn. di mano A* c) *cosí in ms* d) quibus *ripetuto* e) *segue* s *depennata* f) *corretto su altre lettere non chiare*

80

1274[a)]

Livelus comunis in Insula. Memoria illorum de Braido, illorum de Piçacomino.[b)]

Anno Domini millesimo ducentesimo septuagesimo quinto, indictione tercia, die terciodecimo intrante octubri, in Montescilice, in platea Sancti Pauli, presentibus Martino filio domini Rolandi de Braida, Manfredo de Çacharia, Iacobo filio quondam Iohannis de Piçacomino, Çapucio aperticatore et alliis. Ibique dominus Iohannes de Ordo sindiccus, auctor et procurator comunis et hominum Montisscilicis ad afictandum bona et possessiones comunis, ut continetur in carta sindicarie facta per Antonium notarium quandam Polegradi de Claricis, ut dixit idem dominus Iohannes sindicario nomine pro ipso comune et hominibus Montisscilicis, iure liveli perpetualis investivit Nixium Tuscanum filium quondam Duode de Florençia qui nunc stat in Montesscilice de uno vacuo et terra garba posita extra pontem Insule et est in Lisola, que est pertica una et tabule quatuordecim; coheret ei a meridie et a sero comune predictum Montisscilicis et a nulora[c)] destorium comunis et a mane Çanbonus Patarinus pro ipso comune; quod vacuum et terram garbam idem Nixius et sui heredes et cui dederit iure liveli perpetualis debeat habere, tenere possessionem omnemque suam utilitatem et voluntatem facere, ita quod per ipsum melioretur et non peioretur, redendo omni anno in festo sancti Stefani, tercio die ante vel post, canipario comunis Montisscilicis recipienti pro ipso comune, soldos quinque et denarios septem denariorum venetorum parvorum pro afictu et pensione dicti vacui et terre garbe et non aliud; dato et soluto anuatim predicto afictu dicto comuni vel canipario ipsius comunis, alia superinposita inter eos non fiant. Pactum inter se posuerunt quod si comune proprietatem suam et dictus Nixius ius suum vendere voluerint[d)] inter se vendere debeat unus alteri pro soldis quinque denariorum venetorum minus quam alii, facta sindico et procuratori dicti comunis aut in magno conscilio primo denunciatione infra octo dies et dicto comune[e)] nolente emere, tunc dictus Nixius ius suum vendat conscilio sindici et procuratoris et comunis predicti

Montisscilicis cui voluerit salvis omnibus iuribus et racionibus ipsius comunis suo pari habitanti in Montesscilice, non homini de civitate, militi, eclesie et monasterii, homini de masnada, nec servo, set persone que bene actendat, et anuatim predictum solvat afictum; et si vendiderit inter dictis personis vel aliusmodo alienaverit absque parabola comunis, non teneat vendicio, alienacio de iure nec de facto, set libere ius suum reverti debeat in comune. Promixit idem dominus Iohannes sindicario nomine pro ipso comune de Montescilice pro se et suis sucesoribus dicto Nixio stipulanti et suis heredibus predictum vacuum et terram garbam cum racione ab omni persona, universitate et loco et colegio et dominio warentare et defendere in pena boni cambii expensis et obligacione omnium bonorum dicti comunis constituens se pro eo possidere tam si obtinuerit quam succubuerit in causa, et sicut pro tempore melioratum fuerit aut plus valuerit sub extimatione in consi‹mi›li loco; penam vero inter se posuerunt quod quis eorum vel sui heredum et successorum hec que dicta sunt vel aliquid quorum dicta siunt non actenderit vel pactum supradictum runperit in toto vel in parte, componat pars parti [fidem livelli] observanti soldos vigintinovem denariorum venetorum nomine pene, pro quolibet pacto et capitulo non actendito et observato; qua soluta vel non hic livelus in suo maneat statu. Insuper dictus dominus Iohannes sindicario nomine pro ipso comuni et hominibus warentavit et confesus fuit se pro investicione dicti libellii sive acatatura accepisse a dicto Nixio libras undecim et soldos quinque denariorum et eos in se warentavit habere, renunc(ians) exceptioni non numerate et habite pecunie tempore contratus omnique alii suo iuri. Et de hoc due carte unius tenoris ex una inbreviature iuserunt scribi.

(SN) Ego Bartolameus quondam Dominici de Vivilia sacri palacii notarius interfui rogatus et eorum iussu predicta scripsi.

(SN) Ego Montagna notarius, existens in officio comunis Padue ad discum Ursi coram discreto viro domino Bartolameo de Borselis iudice et oficiale comunis Padue ad dictum discum in potestaria nobilis militis domini Pini de Vernaciis de Cremona, hoc suprascriptum instrumentum sumptum ex autentico supradicti Bartolamei notarii iussu et auctoritate dicti iudicis exemplavi curente anno Domini millesimo trecentesimo octavo, indictione sexta, die terciodecimo setembris, presentibus Saceto notario de Campagnola et Laurencio notario, sociis et notariis ad dictum discum.

a) *nel marg. superiore, forse di mano A* b) *nel marg. sn. di mano A* c) *interpreto così:* nuolã d) *in* voluerint n *corretta da* t e) *segue* emere *depennato*

81

1269[a)]

Sindicaria comunis ad accipiendum mutuo libras mille parvorum.[b)]

Memoria illorum de Maçucho, illorum de Ravolatis, illorum de Fontana, illorum de Gratapaia, illorum de Bullis, illorum de Conatis, illorum de Menechelis, illorum de Prohençale, illorum de Braida et Gravoceiis, illorum de Corsalibus.[c)]

Anno Domini millesimo ducentesimo sexagesimo octavo, indictione undecima, die undecimo intrante marcio, in Montesscilice, in domo comunis ubi fiunt conscilia, presentibus Natale notario Çagaia et Patone preconibus et alliis. Ibique in pleno et magno conscilio Montisscilicis voce preconia more solito ad sonum campane congregato, Tealdus de Megno, Maçuchelus Iohannis Maçuchi, Petrus de Ravolais, dominus Malexarte et Gerardus Gratapaie, Vascevellus a Fontana, Iacobinus Gerardi spetialis, Albertus de Çeno, Iohannes Artesela, Gumbertus de Fusaria, Petrus Çuchis, Gerardus Nicolai, Henginolfus de Bignoto, Naticlerius tabernarius, dominus Amadinus, Iohannes de Ordo, dominus Holdericus domini Bonifatii, Bonifatius de Aventura, Milanus de Bignoto, Petrus Lecus, Stefanus de Bullis, Odo Çonatus, Pridor de Segatoribus, Fedencius de Menechelo, Climentus Rubeus, Albertinus Proehençalis, Dominicus de Picellis et Widucius Marchi Maioli, Alexander Petri Rande, Deodatus notarius, Albertus de Canipario, Galvanus de Bote, Aventura de Tresca, Iohannes eius nepos, Petrus Gregorii, dominus Leo de Malcapellis, Prosdocimus Senus, Albertus Mascarelus, Belavere magistri Bertine, |54r| Iohannes de Mabele, Episcopellus de Pinidello, Salernus de Galea, dominus Damianus, Nicolaus Iohannis Cervi, Albricus de Pencio, Çambonus de Grimaldis, Martinus de Berga, Gerardinus Otolini, Gumpertus de Braida,

Artuicus Gravancellus, Rolandus de Braida, Petrus domini Alberti, Gerardinus de Braida, Artuicus de Aitengis, Lonardus de fabro, Parixius Rove, Micael Stalçera, Henricus Petri Gaiardi, Manfredus Çaçarie, Wido de Fiçante, Vivaldus de Corsalibus. Omnes predicti homines de conscilio Montisscilicis omnes fecerunt, constituerunt atque ordinaverunt dominum Iacobum de Villa presentem, recipientem, suum nuncium et procuratorem comunis Montisscilicis specialiter ad accipiendum mutuo pro comuni Montisscilicis libras mille denariorum venetorum et mercedem que lucrabantur cum quinque denaris librarum usque ad novem menses, promitentes quicquid dictus dominus Iacobus procurator et sindicus fecerit seu dixerit in predictis et circha predicta semper firmum et ratum habere et tenere et non contravenire aliqua racione vel occasione, cum obligacione omnium suorum bonorum et cum obligacione bonorum comunis Montisscilicis que pro constit(utione) possidere venirent cum iure sibi contra hec conpetenti.

(SN) Ego Franciscus filius Polegradi de Claricis inperialis aule notarius interfui rogatus hec scripsi.

(SN) Ego Montagna notarius, existens in officio comunis Padue ad discum Ursi coram discreto viro domino Bartolameo de Borselis iudice et oficiale comunis Padue ad dictum discum in potestaria nobilis militis domini Pini de Vernaciis de Cremona, hoc suprascriptum instrumentum sumptum ex autentico supradicti Francisci notarii iussu et auctoritate dicti iudicis exemplavi curente anno Domini millesimo trecentesimo octavo, indictione sexta, die quartodecimo setembris, presentibus Saceto notario et Laurencio notario.

a) *nel marg. sn. nell'interspazio tra la fine del doc. 80 e l'inizio del doc. 81, forse di mano A* b) *nel marg. sn. di mano A* c) Memoria illorum ... Corsalibus *in calce al f. 53v, di mano A*?

82

Emptio comunis de libris CLI *solidis* V *de quibusdam stacionibus.*[a]

Anno Domini millesimo ducentesimo sexagesimo octavo, indictione undecima, die quarto exeunte aprili, in Montescilice, ante stationem Albertini de Riverio, presentibus domino presbitero Bartolomeo Sancti Danielis, Guiducio Marchi Maioli, Nicolao notario de Saverio, Petro Gregorii a Cesso et predicto Albertino de Riverio et aliis. Dominus Franciscus domini Widonis de Bene de Florença cum libris centum et quinquagintauna denariorum venetorum et soldis quinque quas warentavit et confessus fuit se nomine finiti et conventi precii accepisse et recepisse et in se habere a domino Milano de Bignoti procuratore comunis Montisscilicis dante et solvente pro ipso comuni, renunc(ians) exceptioni non numerati et soluti sibi precii tempore contratus, omnique alii suo iuri, de quibus denaris clamavit se solutum et plenam solutionem in se habere a dicto domino Milano procuratore, dante et solvente pro dicto comuni Montisscilicis, et fecit ei pactum per se et per suos heredes dicto domino Milano procuratori comunis pro dicto comuni et suis successoribus dictos denarios et precium de amplius non petendo, pro quibus denaris et pro quo precio eidem domino Milano procuratori supradicti comunis et pro ipso comuni recipienti, dedit, vendidit, cessit, tradidit atque mandavit et ipsum ad proprium investivit pro ipso comuni de omnibus stacionibus comunis Montisscilicis que sunt super platea ubi consueverat esse domus magna apud Sanctum Paulum; item coheret eis ab uno latere et a duobus capitibus via et platea comunis et ab alio latere Deodatus notarius. Et de predictis stacionibus ipsum dominum Milanum procuratorem dicti comunis et pro ipso comuni recipientem ad proprium investivit cum accessu, ingressu, introitu et exitu et cum via, cum superioribus et inferioribus stilodiis et aquis et aqueductibus, cum omnibus suis adiacentiis et pertinentiis atque cum omni iure, actione et racione reali et personali ipsis stacionibus sibique pro eis similiter pertinentibus ut amodo dictus dominus Milanus procurator dicti comunis Montisscilicis et pro ipso comuni et nomine et vice ipsius comunis [recipiat], et dictum comune pro se et suis successoribus debeat habere, tenere et possidere et omnemque suam voluntatem et utilitatem iure proprii ex eis facere sine contradicione dicti domini Francisci nec suorum heredum, dicens et asserens nemini alii fore datas, venditas, alienatas, obligatas nec aliquo modo obnoxiatas nisi dicto domino Milano pro dicto comuni et ipsi comuni, et si plus dicto precio valuerint nomine pure et irevocabilis donacionis titulo que dicitur inter vivos, ei pro dicto comuni donavit et remissit. Preterea dictus dominus Franciscus dedit, cessit, tradidit atque mandavit eidem domino Milano procuratori pro ipso comuni recipienti omne ius omnesque actiones et rationes reales et personales, utiles et directas quod et quas ipse habebat vel habere videbatur in dictis stacionibus contra unamquamque personam tenentem vel inpedientem, et eum procuratorem pro iamdicto comuni Montisscilicis et nomine ipsius comunis ut in rem suam constituit, ut possit agere, placitare, pe[tere] et exigere et se defendere ipsas staciones et pro ipsis stacionibus adversus omnem personam habentem, tenentem, possidentem seu inpedientem dictas staciones vel aliquid ex eis, secundum quod dictus Franciscus facere poterat, promitens per stipulacionem stipulando per se et suos heredes dicto domino Milano procuratori comunis et pro ipso comuni et ipsi comuni et suis successoribus dictas staciones ab omni homine et persona cum racione warentare et defendere sub pena dupli dampni et interesse cum suorum bonorum obligacione, secundum quod pro tempore fuerint meliorate, aut in consimili loco valuerint sub extimacione quantum pro suo facto, et iussit ei pro ipso comuni et nomine et vice ipsius comunis ut ipse intret tenutam et precariam possessionem sua auctoritate constituens eum precario possidere de dictis stacionibus donec tenutam et corporalem possessionem acceperit pro iamdicto comuni Montisscilicis et nomine et vice ipsius comunis.

|54v| Ego Natalis de Rubeis pro domino inperatore Federico notarius interfui et iussu eorum hec scripsi.

(SN) Ego Montagna notarius, existens in officio comunis Padue ad discum Ursi coram discreto viro domino Bartolameo de Borselis iudice et oficiale comunis Padue ad dictum discum in potestaria nobilis militis domini Pini de Vernaciis de Cremona, hoc suprascriptum instrumentum sumptum ex autentico supradicti Natalis notarii iussu et auctoritate dicti iudicis exemplavi curente anno Domini millesimo trecentesimo octavo, indictione sexta, die quintodecimo setembris, presentibus Saceto notario de Campagnola et Laurencio notario quondam Meliorini sociis et notariis ad dictum discum.

a) *nel marg. sn. di mano A*

83

1279[a)]

Quedam permutacio facta cum monasterio Sancti Çacharie. Memoria illorum de Grimaldis, illorum de Cesso.[b)]

Anno Domini millesimo ducentesimo septuagesimo nono, indictione septima, die undecimo intrante madio, in Montescilice, sub porticu domus comunis in qua Bartolameus Ferarius habitat, presentibus ipso Bartolameo Ferario, Vainancio de Grimaldis, Martino filio quondam Micaelis de Andrea, Aicardino de Macanda et aliis. Ibique domini Turisendis de Algesis et Petrus domini Gregorii de Cesso procuratores comunis Montisscilicis ad afictandum bona et possessiones ipsius comunis iure permutacionis sive nomine cambii et iure proprii dederunt, cesserunt, tradiderunt, mandaverunt fratri Litolfo sindico et masario monasterii Sancti Çacharie de Veneciis in Montescilice constituto, prout continetur in carta sindicarie facta per Pelegrini notarii, recipenti nomine et vice ipsius monasterii Sancti Çacharie, de una pecia terre de proprietate dicti comunis que est tabule quadraginta iac(ente) in confinio Montisscilicis in hora que dicitur Nogarole supra Montem Vitum; coheret ei ab uno capite via comunis, ab alio quidam ingressus consortum, ab anbobus lateribus iura dicti monasterii. Ex averso eadem causa nomine permutacionis sive nomine cambii et iure proprii idem frater Litolfus sindicario nomine pro ipso monasterio dedit, cessit, tradidit et mandavit predictis dominis Turisendo et Petro procuratoribus dicti comunis recipientibus nomine et vice ipsius comunis de una pecia terre que est tabule quadragintaquatuor et dimidia de propritate dicti monasterii iac(ente) in eodem confinio et hora; coheret ei a tribus partibus via comunis et a quarta parte via dicti monasterii. Et de predictis peciis terre ad invicem inter se investiverunt ita ut amodo predictus frater Litolfus pro dicto monasterio habeat, teneat et possideat illam peciam terre que fuit dicti comunis, et ipsi procuratores nomine et vice dicti comunis habeant, teneant et possideant illam peciam terre que fuit dicti monasterii, et ipsi et eorum successores et cui dederunt, vendiderunt vel permutati fuerint predictas pecias terre debeant habere, tenere, possidere omnemque suam utilitatem et voluntatem facere cum accessibus, ingressibus, introitibus et exitibus suis et cum omnibus suis adiacentiis et pertinentiis, viis et servitutibus, aque conductibus et cum omnibus iuribus, actionibus et rationibus realibus et personalibus ipsis peciis terre sibique in integrum pertinentibus pro eis et eorum permutatione pro ipsis peciis terre habeant, teneant et possideant et omnem suam utilitatem et voluntatem ex eis peciis terre faciant iure proprii nomine permutationis sive[c] nomine cambii secundum quod inter se permutaverunt et cambiti fuerunt, ut superius[d] dictum est, dicentes et aserentes ad invicem inter se una pars alteri pre[d]ictas pecias terre nec aliquid ex eis nulli alii esse datas, venditas, traditas, alienatas, obligatas seu aliquo modo obnoxiatas, nisi ad invicem inter se permutatas, promitentes ad invicem inter se una pars alteri stipultione in[sorta] per se et suos succesores predictas pecias terre warentare et defendere et suis successoribus et cui dederint, vendiderint seu donaverint vel cambiti fuerint ab omni persona cum racione sub pena dupli dapni et interesse cum obligacione omnium bonorum dictorum comunis et monasterii, et secundum quod pro tempore fuerint meliorate aut in consimili loco valuerint sub extimacione, ita vero quod si comune vel monasterium vel successores eorum caderent aliquo tempore a sua posesione quod habebant regresum contra suam primam possessionem, dantes et cedentes ad invicem inter se una pars alteri omne ius omnesque actiones et rationes realles et personales, utilles et directas quod et quas habebant vel habere videbantur in predictis peciis terre, contra quascumque personas inpedientes ipsas pecias terre in eis et pro eis. Et si aliquis eorum ipsorum supercepisset de predictis peciis terre ad invicem, dederunt inter se liberam et ab omnibus expeditam parabolam et se in vacuam inducent posesionem et ipsos ad invicem inter se procuratores ut in rem suam constituerunt ut amodo quilibet ipsorum et sui successores possint agere, placitare, certiorare, exceptiones opponere et se defendere pro ipsis peciis terre quemadmodum dictum comune et monasterium pro se et sua pecia terre facere poterant. Et si contingerint quod aliquis ipsorum vel sui successores de sua pecia terre inter se permutata convenirent in causa et in ipsa causa fecerit[e] expensas ad invicem inter se una pars alteri resarcire promissit sive obtinuerit sive succubuerit in causa cui vel quibus terra vel pars terre fuerit evicta, credita quantitate expensarum, dampni et interesse soli verbo illius cui facta fuerit evictio sive impedimentum, cum obligacione omnium bonorum dictorum comunis et monasterii constituens se ad invicem una pars pro altera precaria possessione, dantes et cedentes inter se ad invicem una pars alteri parabolam intrandi tenutam et possessionem dictarum peciarum terre inter se permutatarum quilibet sua auctoritate, quas tenutam et possessionem ad invicem inter se in presenti refutaverunt, remisserunt atque inter se investiverunt renunc(iantes) omni iuri sibi contra hec competenti et iuri eclesiastico et omni privilegio.

(SN)Ego Bartolameus quondam Dominici de Vivilia sacri palacii notarius interfui rogatus et eorum iussu predicta scripsi.

(SN) Ego Montagna notarius, existens in officio comunis Padue ad discum Ursi |55r| coram discreto viro domino Bartolameo de Borselis iudice et oficiale comunis Padue ad dictum discum in potestaria nobilis militis domini Pini de Vernaciis de Cremona, hoc suprascriptum instrumentum sumptum ex autentico supradicti Bartolamei notarii iussu et auctoritate dicti iudicis exemplavi curente anno Domini millesimo trecentesimo octavo, indictione sexta, die quintodecimo setembris, presentibus Saceto notario de Campagnola et Laurencio notario quondam Meliorini sociis et notariis ad dictum discum.

a) *nel marg. superiore, forse di mano A* b) *nel marg. sn. di mano A* c) *segue* cambii *depennato* d) *ms:* superius *con doppio segno di abbreviazione* e) convenirent ... fecerit*: così in ms*

84

1269[a)]

Emptio comunis de libris mille ducentis de duobus seminibus cum stacionibus in contrata Sancti Pauli.[b)]

Anno Domini millesimo ducentesimo sexagesimo nono, indictione duodecima, die undecimo exeunte marcio, in Montesscilice, sub porticali caminate Sancti Pauli, presentibus domino Episcopello de Preveello, Odone de Prosdocimo, Gutifredo de Faxolo, Damiano çavaterio et Alberto çavaterio et alliis. Ibique Bonifacius de Aventura de Presbitero warentavit et confesus fuit se nomine finiti et conventi precii se recepisse et manualiter in se habere a Salerno de Galea, sindico communis Montisscilicis dante et solvente pro ipso comuni, libras mille et ducentas denariorum venetorum, de quibus denaris se solutum clamavit et plenam solucionem in se habere, renunc(ians) exceptioni non numerate et recepte pecunie tempore contratus omnique alii suo iuri, pro quibus denaris et quo precio dedit, cessit, vendidit, tradidit atque mandavit et ipsum Salernum recipientem pro dicto comuni investivit de duobus sediminibus cum stationibus iac(entibus) in Montesscilice in hora Sancti Pauli; coheret sedimini superiori a tribus partibus via et ab uno latere Deodatus notarius; et aliud iac(ens) in dicta hora ab allio latere vie, coheret ab uno latere et uno capite via, ab allio latere heredes quondam Walterii de Porto, ab alio capite domus comunis Montisscilicis; tali pacto quod dictus sindico sindicario nomine pro dicto comune iure proprii debeat habere, tenere e possidere et omnem suam voluntatem et utilitatem dicti comunis facere cum ingressu, introitu et exitu, cum via, cum superioribus et inferioribus, cum stilicidiis, stilariis, aquis,[c] aqueductibus atque cum omni iure ipsis sediminibus cum stacionibus pertinentibus sine contradictione dicti venditoris vel suorumque heredum, dicens et asserens nulli allii forent data, alienata, obligata nec aliquo modo obnoxiata nisi dicto sindico pro dicto comuni, promitens quantum pro suo facto ab omni persona warentare et defendere cum racione sub pena dupli, secundum quod pro tempore fuerint meliorat(e) vel valuerint in consimili loco[d] sive obtinuerit in causa sive succubuerit, quantum si fuisset ipse vel comune Montisscilicis inquietatus suis expensis, sive obtinuerit in causa sive succubuerit, et cum obligacione suorum bonorum; et si plus dicto precio valuerit nomine prime et irevocabilis donacionis que dicitur inter vivos ei donavit et remissit, dans, cedens atque mandans dicti sindico recipienti sindicario nomine pro dicto comune, omne ius et actiones et rationes quod et quas habebat vel habere videbatur in dictis sediminibus et contra quemlibet personam tenentem, possidentem vel inpedientem in parte vel in toto ut sindicario nomine pro supradicto comuni possit agere et placitare, experiri carri, ceptiones opponere et dicta sedimina defendere quemadmodum ipse poterat, procuratorem in rem suam constituit pro supradicto comuni et dedit ei verbum dicto sindico sindicario nomine pro ipso comuni intrandi tenutam et possessionem dictorum sediminum cum stacionibus se pro eo precario possidere constituit donec tenutam pro supradicto comune intrabit;[e] que sedimina cum stacionibus olim fuere dominorum Olderici Çuchi, Pulli Ansii et Nicolai de Paltineriis.

(SN)Ego Wilielmus quondam Widonis de Savedo a domino inperatore notarius interfui, iussu eorum rogatus scibssi.

(SN) Ego Montagna notarius, existens in oficio comunis Padue ad[f] discum Ursi coram discreto viro domino Bartolameo de Borselis iudice et oficiale comunis Padue ad dictum discum in potestaria nobilis militis domini Pini de Vernaciis de Cremona, hoc suprascriptum instrumentum sumptum ex autentico supradicti Wilielmi notarii iussu et auctoritate dicti iudicis exemplavi curente anno Domini millesimo trecentesimo octavo, indictione sexta, die quintodecimo setembris, presentibus Saceto notario de Campagnola et Laurencio notario quondam Meliorini.

a) *nel marg. superiore, forse di mano A* b) *nel marg. sn. di mano A* c) *segue* a *e asta discendente depennati* d) *segue* valuerint *superfluo* e) *segue* que se *depennato* f) *segue* dictum *depennato*

85

Atyxeti de Bignotis.[a)]

Livelus comunis de campis IJ terre in contrata Sancti Iacobi.[b)]

Anno Domini millesimo ducentesimo octuagessimo, indictione octava, die ultimo exeunte decembri, in Montescilice, in domo comunis ubi fiunt conscilia, presentibus[c)] Natale notarius de Rubeis, Egidio notario filio Graciani de Ansaldo, Aldrigo quondam Grogni, Dominico dicto Muscai preconibus Montissilicis et alliis. In pleno et magno Montiscilicis ‹conscilio›, voce preconia exclamat(o) et ad sonum campane modo solito congregato, Otolinus pistor de Montescilice, sindicus comunis et hominum Montiscilicis ad infrascripta specialiter constitutus, ut continetur in carta sindicarie facta per Albertum quondam Martini Scanberani not(arium) per me notarium infrascriptum vissa et lecta in presenti conscilio, sindicario nomine pro ipsis hominibus et comune warentavit et confesus fuit se nomine finiti et conventi precii accepisse et in se habere ab Enginolfo dicto Atixeto quondam Ugonis de Bignoti libras trigintaduas denariorum venetorum de quibus denaris et precio clamavit sibi bene esse solutum et sibi satifactum ad plenum, renunc(ians) super hoc exceptioni non numerate, date atque recepte |55v| sibi pecunie tempore contratus omnique alii suo iuri faciens ei finem, remissionem et pactum de amplius non petendo dictos denarios et precio dictorum denariorum investivit dictum Henginolfum iure libelli prepetualis de una pecia terre garbe vacua sine aliqua que est campi duo, iac(ente) in Montesscilice in hora Sancti[d] Iacobi; coheret ei a sero flumen comunis, a mane via comuns, a meridie***[e]; ea racione ut amodo dictus Enginolfus et sui heredes et cui dederit dictam peciam terre debeat habere, tenere atque possidere omnemque suam utilitatem et voluntatem facere iure libelli perpetualis, illis pactis et condicionibus quibus inferius dicetur sine contradictione dicti comunis et hominum Montisscilicis cum viis et servitutibus et cum omnibus adiacentiis et pertinentiis atque cum causa, iure, actione et ratione reali et personali ipsi terre pertinenti, sibique pro eo pertinentibus dicens nulli alii fore data, vendita, alienata, obligata seu aliquo modo obnoxiata nisi eidem Enginolfo, ut dictum est. Preterea dictus sindicus sindicario nomine pro dictis hominibus et comune Montisscilicis solempni stipulatione promissit dicto Henginolfo et suis heredibus et cui dederint dictam terram ipsi warentare et defendere ab omni persona seu personis cum ratione expensis dicti comunis sub pena dipli dampni et interesse, quod ipsi livellario acciderit per violentiam alicuius dominii extra ius, et omnes expensas quas fecerit in causa sive obtinuerit sive succubuerit, sive finita fuerit causa sive non, ei resarcire promissit, credendo ei de expensis quantitate earum solo eius verbo sine sacramento et allia probatione, cum obligacione bonorum dicti comunis que pro eo constituit possidere. Ad hec autem dictus sindicus sindicario nomine pro dictis hominibus et comune dedit, cessit, tradidit atque mandavit dicto Enginolfo omne ius omnesque actiones et rationes reales et personales, utiles et directas, quod et quas dicti homines et comune habebant vel habere videbantur in dicta terra adversus omnem personam habentem, tenentem seu possidentem vel aliquid ex ea, constituens ipsum procuratorem et sindicum ut in rem suam, ut amodo possit agere, placitare, convenire, se et ipsam terram defendere in omnibus et per omnia quemadmodum dicti homines et comune poterant, dansque ei parabolam ut sua auctoritate intret in tenutam et possessionem dicte terre; ad cuius libelli favorem dictus libellarius solempni stipulatione promissit dicto sindico recipienti pro dicto comune per suosque heredes dictam terram plantare, fosadare et bene tractare, ita quod per ipsum melioretur et non peioretur, reddere et dare dicto comuni Montisscilicis omni anno usque in perpetuum ad festum sancti Stefani, tercio die ante vel post, pro afficto et redditu dicte terre pro quolibet[f] campo et in ratione campi soldos decem denariorum venetorum; quo afictu et reditu dato et soluto alia superimposita inter eos non fiant. Verumtamen si dictus libelarius ius suum vendere voluerit, seu alienare, debeat denuntiare sindico dicti comunis qui pro tempore fuerit vel in comuni conscillio, per publicum instrumentum monstrando quod denuntiaverit. Et si emere voluerit, dare debeat ipsi comuni pro soldis quinque denariorum venetorum minus quan alii. Alioquin facta denuntiatione infra quindecim si emere noluerit, tunc libere vendat cui voluerit, tamen non eclesie, clerico neque militi nec homini de masnada, set tantum suo pari habitanti Montisscilicis, salvis comunis predictis racionibus. Et si aliter vendicio seu alienacio facta fuerit, non valeat nec teneat de iure nec de facto, set libere iura ipsius Henginolfi in dictum comune revertantur. Penam vero inter se possuerunt, quod si qua pars predicta non actenderit, seu hunc libelum violare voluerit, componat pars parti fidem huius libeli sevanti soldos viginti novem nomine pene; qua soluta hic libellus in suo statu persistat. Et omnes expensas quas sindicus comunis qui pro tempore fuerit fecerit pro predicto affictu et pena exigendis ei resarcire promissit, credendo de expensis solo suo verbo sine sacramento et allia probacione, cum obligacione omnium suorum bonorum, que pro dicto sindico se constituit possidere, obligans se insuper dictus libelarius sponte, quod liceat sindico dicti comunis pro ipso comune ex pacto anuatim in perpetuum preterito termino pro dicto fictu et pena exigendis possit tenutam de suis bonis accipere et eam vendere et alienare absque alicuius iuris solempnitate sine aliqua questione de eo facto, et hoc cum nunciis potestatis et sine suo arbitrio et auctoritate, renunc(ians) per pactum omnibus feriis presentibus et futuris et statutis et ordinamentis factis et facturis sibi contra predicta competentibus. Et duo instrumenta in uno tenore ex una inbreviatura iusserunt scribi.

(SN) Ego Bartolameus quondam Dominici de Vivilia sacri palacii notarius interfui rogatus et eorum iussu predicta scripsi.

(SN) Ego Montagna notarius filius magistri Çeni, existens in officio comunis Padue ad discum Ursi coram discreto viro domino Bartolameo de Borselis iudice et oficiale comunis Padue ad dictum discum in potestaria nobilis militis domini Pini de Vernaciis de Cremona Padue hon(orabilis) potestatis, hoc suprascriptum instrumentum sumptum ex autentico supradicti Bartolamei notarii iussu et auctoritate dicti iudicis exemplavi curente anno Domini millesimo trecentesimo octavo, indictione sexta, die quintodecimo intrante mense setembris, presentibus Saceto notario de Campagnola et Laurencio notario quondam Meliorini sociis et notariis ad dictum discum.

a) *nel marg. sn. di altra mano* b) *nel marg. sn. di mano A* c) *segue* m *depennato* d) *segue* Pauli *depennato* e) *spazio bianco di 20 mm* f) *segue* capitulo *depennato*

86

|56r| *1281*[a)]

Feudum comunis cum magistro Bartholomeo medico de Savacis.[b)]

Anno Domini millesimo ducentesimo octuagesimo primo, indictione nona, die undecimo exeunte aprile, in Montescilice, sub domo platee[c)] Sancti Pauli ubi fiunt conciones et erengi, presentibus Gandulfo de Cagaris, Aldrigo de Grogno, Andriolo filio Leonardi dicti Apruiri quondam Martini Staycini, Gerardo quondam Petri de Giraudo, Diamante quondam Iohannis de Valerio preconibus comunis Montisscilicis et alliis. In plena et magna concione sive erenga voce preconia excalmata et ad sonum canpane more solito congregata Albertinus Proençalis filius quondam Petriblei sindicus comunis et hominum Montisscilicis, ut continetur in carta sindicarie facta per me notarium specialiter ad hoc constitutus et generaliter ad omnia alia facta comunis facienda, sindicario nomine pro ipso comuni iure feudi investivit magistrum Bartolameum medicum filium quondam domini Alberti medici de quinque peciis terre arat(ive) et paluive, quatuor pecie sunt arati(ive) et una paluiva, iacent(ibus) in confinio et fundo Montiscilicis:

prima quarum iacet in hora que dicitur Caracedi; coheret ei ab uno capite heredes Iohannis de Todesca, ab uno latere destorium comunis et ab allio latere via comunis: et sunt campi tresdecim et dimidium. Secunda vero pecia iacet in hora que dicitur Fosabonaldulus; coheret ei ab uno capite Iohannes de Mabele, ab uno latere via comunis et ab alio destorium comunis et ab allio latere via comunis: et sunt campi octo. Tercia vero pecia iacet in hora que dicitur Runchi de Bagnolo; coheret ei ab uno latere via comunis, ab allio destorium Rumpe: et est circha unum campum. Quarta vero pecia iacet in hora que dicitur Auneda; coheret ei ab uno capite via comunis, ab uno latere Iacobus de Villa, ab allio latere Soverius Rubeus: et sunt campi quatuor. Quinta vero pecia iacet in hora que dicitur Solana seu Valmarinus; coheret ei ab uno latere palus comunis, ab allio***[d)]: et sunt campi duodecim terre paluine. Et in feudum dictus Albertinus Prohençalis sindicus dicti comunis Montiscilicis sindicario nomine pro ipso comunis dedit ipsi magistro Bartolameo predictas pecias terre arat(ive) et paluive ut amodo predictus magister Bartolameus tamquam vasallus predicti comunis et iure vasalatico debeat habere, tenere et possidere predictas pecias terre pro dicto comuni. Qui dictus magister Bartolameus iuravit fidelitatem dicto Albertino Prohençali sindico comunis et hominum Montisscilicis sindicario nomine pro ipso comuni et hominibus Montisscilicis et tocius universitatis Montisscillicis recipienti et eum osculatus per hoc fuit. Et ipsum comune et universitatem Montissillicis custodire, salvare et defendere iuravit contra unamquamque personam preterquam contra inperatorem et priores dominos, si quos haberet. Predictus dominus Albertinus Prohençalis sindicus comunis et hominum Montisscilicis sindicario nomine pro ipso comuni et universitate Montiscilicis dedit predicta in feudum dicto magistro Bartolameo his pactis et condicionibus: quod dictus magister Bartolameus medicus debeat operari et exercere artem medicarie de roturis osorum et non se dividere de terra Montiscilicis et si exiverit de terra Montiscilicis et in aliam teram iverit ad habitandum, hoc feudum libere remaneat in dicto comuni et universitate Montisscilicis, et esse debeat et comparire in curia vasallorum predicti comunis quotienscumque esset vocatus ad curiam vasalorum per literas vel nuncios predicti comunis. Et predictus Albertinus Prohençalis sindicus dicti comunis sindicario nomine pro ipso comune et universitate Montisscilicis promissit predicta warentare et defendere sub extimacione predictarum rerum vel boni cambii, ut amodo predictus magister Bartolameus et sui heredes masculi tantum, qui predictam artem medicarie de ropturis osorum[e] habitantes in terra Montiscilicis et eam artem operantes,[f] predicta habeant, teneant et possideant iure feudi; insuper predictus Albertinus sindicus predicti comunis sindicario nomine pro ipso comuni dedit parabolam et licenciam intrandi tenutam et possessionem de predictis terris dicto magistro Bartolameo, sua auctoritate costituit se pro eodem precario possidere donec intraverit tenutam et possessionem.

(SN) Ego Bartolameus quondam Dominici de Vivilia, sacri palacii notarius interfui rogatus et eorum iussu predicta scripsi.

(SN) Ego Montagna notarius, existens in officio comunis Padue ad discum Ursi coram discreto viro domino Bartolameo de Borselis iudice et oficiale comunis Padue ad dictum discum in potestaria nobilis militis domini Pini de Vernaciis de Cremona, hoc suprascriptum instrumentum sumptum ex autentico supradicti Bartolamei notarii iussu et auctoritate dicti iudicis exemplavi curente anno Domini millesimo trecentesimo octavo, indictione sexta, die quintodecimo setembris, presentibus Saceto notario de Campagnola et Laurencio notario quondam Meliorini sociis et notariis ad dictum discum.

a) *nel marg. superiore, forse di mano A* b) *nel marg. sn. di mano A* c) *ms:* plateee d) *spazio bianco di 45 mm* e) qui predictam... osorum*: probabile omissione di un verbo (come exercuerint) da parte dell'estensore* f) *ms:* operarantes

87

Livellus domine Braçaliane de medietate unius domus Post Castrum.[a]

Anno Domini millesimo ducentesimo octuagesimo primo, indictione nona, die undecimo exeunte aprili, in Montescilice, in eclesia Sancti Pauli, presentibus domino Hendrico Becho potestate Montiscilicis,[b] dominis Simone notario de Bonafante, Iacobo Belando, procurator(ibus) comunis Montisscilicis, Rainaldo dicto Macafava quondam Martini de Berga et Natale notario de Rubeis et aliis. Ibique |56v| Albertinus Prohençalis filius quondam Petriblei, sindicus comunis et hominum Montiscilicis, ut continetur in carta sindicarie facta per me notarium, iure libelli perpetuali investivit dominam Braçalianam recipientem pro se et filio suo Floravante uxorem quondam domini Acordi qui fuit de Verona et nunc stabat Padue in contrata Sancte Marie de Porcilia, de medietate unius domus murate et copate, de qua medietate domus reduntur denarii tres parvorum comuni Montiscilicis omni anno, et de tertia parte unius ripe ortalive, de qua tercia parte reduntur denari duodecim parvorum omni anno dicto comuni in festo sancti Stefani. Que medietas domus et tercia parte ripe predicte est de proprietate dicti comunis iacent(es) in Montescilice in hora que dicitur Dreo Castelo; coheret ei a mane et sero Iacobus qui dicitur Canapa filius quondam domini Bonifacii de domino Meiore pro comune Montiscilicis, a meridie via[c] comunis et a setentrione iura eclesie Sancti Petri de Montesscilice; ita ut amodo dicta domina Braçaliana pro se et dicto filio suo Floravante et sui heredes et cui dederint dictam medietatem domus et terciam partem ripe predicte, debeant habere, tenere, possidere omnemque suam utilitatem facere dummodo per ipsam et filium suum predictum et suos heredes melioretur et non peioretur iure liveli perpetuali, ut dictum est; promitens ipsa domina Braçaliana per se et dictum filium suum Floravantem, et si pro dicto filio suo valeret non posset, valeat et teneat suo nomine proprio per se suosque heredes, dicto Albertino sindicario nomine pro dicto comuni recipienti vel suo sucesori aut canipario comunis qui pro tempore fuerit recipienti pro dicto comuni, denarios quindecim denariorum venetorum parvorum, videlicet denarios tres pro afictu medietatis dicte domus et denarios duodecim pro afictu dicte tercie partis ripe predicte, dare et solvere omni anno in festo sancti Stefani tercio die ante vel post et ad canipam dicti comunis conducere et portare predictos denarios quindecim denariorum venetorum pro afictu dicte medietatis domus et tercie partis ripe predicte, suis expensis et obligacione omnium suorum bonorum constituit se pro dicto sindico sindicario nomine pro dicto comuni et hominibus Montiscilicis possidere; hoc vero afictu anuatim dato, soluto et conduto ad domum comunis sive canipam per dictam dominam Braçalianam vel suos heredes, alia autem superinposita inter eos non fiant preter quod convenerunt inter se ut si qua parcium ius suum vendere voluerit, vendant inter se pro soldis quinque minus quam alii, facta autem domino prius denunciacione spacio quindecim dierum et sindicus qui pro tempore fuerit emere nolens, tunc dicta domina Barçaliana et sui heredes ius suum vendere possint cui voluerint, conscilio et parabola sindici qui pro tempore fuerit, salvis iuribus dicti comunis, sui pari habitanti Montiscilicis, non homini de civitate, militi, eclesie, monasterio[d] nec servo, set tali persone que bene atendat et solvat predictum afictum. Et si aliter facta fuerit vendicio, alienatio non teneat de iure nec de facto, set libere ius suum remaneat in comuni sine aliqua solucione. Insuper promissit dictus Albertinus sindicus comunis Montisscilicis sindicario nomine pro ipso comuni et hominibus Montisscilicis tantum pro suo et dicti comunis facto dicte domine Braçaliane stipulanti et recipienti pro se et dicto filio suo Floravante et suis heredibus predictam medietatem domus et terciam partem ripe predicte warentare et defendere ab omni persona cum racione suis expensis et obligacione bonorum dicti comunis; que omnia predicta et quodlibet predictorum predicta domina Braçaliana et dictus sindicus sindicario nomine pro dicto comuni et hominibus Montisscilicis pro se et dicto filio suo Floravante, vicisim inter se actendere et observare promisserunt unius alteri et non contravenire aliqua racione vel causa sub pena soldorum vigintinovem denariorum venetorum nomine pene pro quolibet pacto et capitulo non actendito et observato, que pena tociens comitatur et exigi possit quociens contrafactum fuerit per aliquem ipsorum in toto vel in parte; pena vero soluta hic libelus in suo permaneat statu. Et iubsserunt mihi notario infrascripto duo intrumenta unius tenoris ex una inbreviatura iuserunt scribi.

(SN) Ego Bartolameus quondam Dominici de Vivilia sacri palacii notarius interfui rogatus et eorum iussu predicta scripsi.

(SN) Ego Montagna notarius, existens in officio comunis Padue ad discum Ursi coram discreto viro domino Bartolameo de Borselis iudice et oficiale comunis Padue ad dictum discum in potestaria nobilis militis domini Pini de Vernaciis de Cremona, hoc suprascriptum instrumentum sumptum ex autentico supradicti Bartolamei notarii iussu et auctoritate dicti iudicis exemplavi curente anno Domini millesimo trecentesimo octavo, indicione sexta, die sextodecimo intrante mense setembris, presentibus Saceto notario de Campagnola et Laurencio notario quondam Meliorini.

a) *nel marg. sn. di mano A* b) *ms:* Montiscililicis c) via *ripetuto* d) *segue* asta discendente depennata

88

1284[a)]

Sindicaria comunis de Salafo, de Ravolatis, de Raemundo, de Mastellis, de Gaialdiis; de Conatis, de Fussaria, de Menechelis, de Hertio, de Abo, de Amerusso, de Baldimento, de Torpole, de Vivilia, de Martina, de Claricis, de Pagnino, de Butola; et ad affictandum decimas comunis in districtu Montiscilicis.[b)]

Anno Domini millesimo ducentesimo octuagesimo quarto, indictione duodecima, die quinto exeunte marcio, in Montesscilice, super domum comunis ubi fiunt conscilia, presentibus Damiano quondam Simeonis, Andrea dicto Baxino, Prosdocimo dicto Scanagallo, Mucio de Damiana, Iohanne quondam Rainerii de Salafo preconibus comunis Montisscilicis |57r| et aliis. Ibique dominus Albertus Veçatus de Padua potestas Montiscilicis, Albertinus Smortitus, Gerardinus Aucatus procurat(ores) dicti comunis, Odo notarius de Perogna, Antonius Maçukeli, Phylipus frater Iacobi Belandi et Riçardus de Marcho consules predicti comunis, Iohannes Petri Çuchi, Henginolfus de Megno, Coradus Beati becarii, Arnaldus notarius, Iohannes de Picellis, dominus Petrus de Ravolatis, Petrus quondam Antonii Maxeli, Blancus pistor, Bonavolta pistor, Bonaventura[c)] Tomba, Gerardus de Raimundo, dominus Leo de Malcapellis, Pilon Severii Rubei, Iacobinus domine Fumie, Rolandus Spala, Pullus quondam Milani de Bignoto, dominus Antonius quondam domini Alberti clerici, Naxi de Bixo, Iacobinus Gerardelus, Vivaldinus Romaneli, Iacobus domine Cesarie, Dominicus Odonis Conati, Bovetinus de Albrigetis, Grassus de Segatoribus, Petrus de Fusaria, Fedentius de Menechelis, Iohannes de Ercio, Gerardus de Abone, Natalis notarius de Rubeis, Adam de Boxo, Benaia de Baldimento, Patucius notarius de Baldimento, Pegorinus de Severino, Petrus domini Gregorii, Iacobus Belandus, Patavinus Çuche, Iohannes Pelegrinus, Albertus de Secadenariis, Odo quondam Prosdocimi, Iohannes Ab Aqua, Iacobus Belaveris, Tinella de Corsalibus, Crixi Micaelis Scaçete, Gerardus Corsalis, Alexandrinus de Marco, Renaldinus notarius, dominus Petrus domini Alberti, Bartolameus notarius de Vivilia, Guido de Fiçante, Petrus de Martina, Iohannes de Baldimento, Antonius de Ysenardo, Iuncius de[d)] Laboratore, Maçukelus de Baldimentis, Iacobinus piscator, Alexander quondam Viviani Panigii, Henricus becarius, Dominicus Comes, Alberinus de Rabuelis, Soldanus de Çenone, Facius Tomei, Savinus quondam Gutifredi de Faxolo, Blaxius quondam Bartolamei de Gairducio, Tixius de Ricarda, Iohannes Berti de Alianda, Albertinus de Belina, Valerius de Casa, Tealdus de Alfione, Blaxius usarolus, Petrus de Scacetis, Marcus Ab Aqua, Mirabelus de Mabele, Iohanninus de Claricis, Gerardelus de Pagninis, Tealdus de Butola, Colla de Sgaiaina, Freidus Tomei de Fredo: omnes supradicti una fecerunt constitucionem et ordinaverunt dominum Simonem de Bonafante presentem et volentem eorum et dicti comunis Montiscilicis sindicum, actorem, procuratorem et missum specialiter ad livelandum bona et possessiones comunis Montiscilicis, et ad afictandum decimas bonorum et possessionum hominum habitancium in Montescilice et eius districtu, et faciendum[e)] faciones cum comuni et hominibus Montiscilicis et qui facere tenentur et illorum qui sunt obligati in debitis comunis Montiscilicis, et generaliter in omnibus aliis suis casibus, litibus, questionibus et discordiis quas ipsum comune vel ipsi homines haberent vel habere sperant cum aliquibus hominibus vel aliqui homines cum ipsis tam in aiendo quam in defendendo coram quocumque iudice tam eclesiastico quam civili, et ad recipiendum securitatem de afictu solvendo de illis posessio‹ni›bus et bonis et decimis quas afitabit nomine et vice dicti comunis, et ad omnia alia et singula facienda qui in predictis et circha predicta fuerint neccesaria facienda, promittentes omnes supradicti se firmum et ratum habere et tenere quicquid dictus sindicus, missus, actor et procurator fecerit in predictis et circha qualibet predictorum et volentes ipsum suum sindicum et procuratorem ab omni honere satis dacionis relavare, promisserunt autem mihi notario infrascripto stipulanti vice et nomine illius vel illorum, cuius vel quorum interest vel interesse posset iudicatum solvi sub ypotecha rerum et bonorum dicti comunis.

(SN) Ego Albertus quondam Martini Scarbarani inperiali auctoritate notarius hiis omnibus interfui et eorum iussu hec scribssii.

(SN) Ego Montagna notarius filius magistri Çeni, existens in officio comunis Padue ad discum Ursi coram discreto viro domino Bartolameo de Borselis iudice et oficiale comunis Padue ad dictum discum in potestaria nobilis militis domini Pini de Vernaciis de Cremona, hoc suprascriptum instrumentum sumptum ex autentico supradicti Alberti notarii iussu et auctoritate dicti iudicis exemplavi curente anno Domini millesimo trecentesimo octavo, indicione sexta, die sextodecimo setembris, presentibus Saceto notario de Campagnola et Laurencio notario.

a) *nel marg. superiore di f. 57r, forse di mano A* b) *nel marg. sn di mano A; da* de Ravolatis,... *nel marg. sn. di f. 57r* c) *segue* pistor *depennato* d) *segue* ba *depennato* e) *segue* staciones *depennato*

89

1289[a]

Monasterium Sancti Prosdocimi de Padua.[b]

Domini Viniciani.[c]

Anno Domini millesimo ducentesimo octuagessimo nono, indictione secunda, die terciodecimo exeunte decembri, in Montescilice in platea Sancti Pauli, presentibus Bonaventura sartore quondam Gutifredi piscatoris, Albertino biçatore, Albertino filio quondam Marchi Çoti, Alberto filio Viti de Contecaro et aliis. Ibique Iohannes filius[d] Blaxii Ceste[e] procurator comunis Montiscilicis ad bona et possessiones dicti comunis procuranda et afitanda nomine et vice dicti comunis, iure libeli hinc usque ad vigintinovem annos et[f] semper ad renovandum omni capite vigintinovem annorum, dando pro qualibet renovatura denarios duodecim procuratori et oficiali comunis Montisscilicis, et si ille qui fuerit procurator sive |57v| oficialis dicti comunis pro tempore hunc libelum renovare voluerit tantum valeat et teneat hic libelus quantum si esset renovatus, investivit Frugeretum quondam Micaelis de Bonafante recipientem pro domino Viniciano Merçarie qui fuit de Porto et nunc stat in Este de uno campo terre paluive iacent(e) in confinio Montiscilicis in contrata Paludis quod est ultra flumen Bagnaroli; coheret ei a sero dictus dominus Vinicianus, a mane palus comunis Montisscilicis et a meridie dicta palus comunis, a setentrione una frata salicum monasterii Sancti Çacharie et Martinus notarius quondam Blaxii de Senicis; ita ut amodo dictus dominus Vinicianus et sui heredes et filii libere dictum campum terre paluive iure libeli, ut dictum est, debeat habere, tenere, possidere, fosadare, plantare, meliorare et non deteriorare; promissit dictus Frugeretus pro dicto domino Viniciano et suis heredibus dare et solvere et portare omni anno in festo sancti Stefani tercio die ante vel post in Montesscilice soldos quinque denariorum venetorum et ipsos dare et asignare oficialibus comunis Montiscilicis qui pro tempore fuerint secundum quod modo dictus Iohannes est, sub pena soldorum viginti; pena soluta nichilhominus attendere teneatur; suis expensis et obligacione omnium suorum bonorum constituit se pro dicto comuni possidere; dato, soluto et conduto dicto afictu per dictum dominum Vinicianum vel suos heredes in Montescilice et oficialibus, ut dictum est, asignato, alia autem superinposita inter eos non fiant preter quod convenerunt inter se quod si comune proprietatem suam et dictus dominus Vinicianus ius suum vendere voluerit inter se, vendant unus alteri pro soldis quinque minus quam alii, facta autem oficialibus qui fuerunt pro tempore dicti comunis primo denunciacione, habito spacio octo dierum; elapsis octo diebus comune emere nolente, tunc dictus libelarius ius suum vendat, conscilio domini et parabola, salvis dicti comunis semper racionibus, dum vendat suo pari habitatori Montiscilicis, non homini de civitate, militi, eclesie, monasterio, servo, homini de masnada, set tali persone que bene actendat et solvat predicta. Et si aliter facta fuerit vendicio, donacio, alienatio, non teneat de iure nec de facto set libere ius suum remaneat in comuni sine aliqua solucione; promissit dictus Iohannes nomine et vice dicti comunis per se et suos successores dicto Frugereto stipulanti et recipienti pro dicto domino Viniciano et suis heredibus dictum campum terre paluive cum racione warentare et defendere ab omni persona in pena boni cambii expensarum et obligacione bonorum dicti comunis. Pena equidem inter se posuerunt quod quis eorum vel heredum aut sucessorum hec que dicta sunt non actendet vel aliquid supradictorum rumperet in toto aut in parte, conponat pars parti fidem huius libeli sevanti soldos vigintinovem nomine pene pro quolibet pacto, capitulo et termino non actendicto et observato. Pena soluta et non hic libellus in suo maneat statu; ad cuius libeli favorem et pacatare dicti libelli dictus Iohannes nomine et vice dicti comunis warentavit et confessus fuit se acepisse a dicto Frugereto dante et solvente pro dicto domino Viniciano libras quatuor et meçam denariorum venetorum et eas in se habere, renunc(ians) exceptioni non numerate et habite sibi pecunie tempore contratus omnique suo iuri. Et de hoc due carte unius tenoris ex una inbreviatura iuserunt scribi.

(SN) Ego Bartolameus quondam Dominici de Vivilia sacri palacii notarius interfui rogatus et eorum iussu predicta scripsi.

(SN) Ego Montagna notarius, existens in officio comunis Padue ad discum Ursi coram discreto viro domino Bartolameo de Borselis iudice et oficiale comunis Padue ad dictum discum in potestaria nobilis militis domini Pini de Vernaciis de Cremona, hoc suprascriptum instrumentum sumptum ex autentico supradicti Bartolamei notarii iussu et auctoritate dicti iudicis exemplavi curente anno Domini millesimo trecentesimo octavo, indictione sexta, die sextodecimo setembris,[g] presentibus Saceto notario de Campagnola et Laurencio notario quondam Meliorini sociis et notariis ad dictum discum.

a) *nell'interlinea tra la fine del doc. 88 e l'inizio del doc. 89, forse di mano A* b) *nel marg. sn. di mano A* c) *nel marg. sn. di altra mano* d) *segue* Iohannis *depennato* e) *cosí nel ms, da confrontare con* Blaxius Cessce *in doc. 387* f) *segue* semb *depennato* g) *segue* p Saceto *depennato*

90

Livellus comunis in palude comunis.[a]

(SN) Anno Domini millesimo centesimo nonagesimo nono, indictione secunda, quarto idus ianuarii. In presentia testium quorum nomina sunt inferius, libelario nomine in perpetuum Frugerinus Indie et Gombertinus Aicardi caniparii comunis Montisscilicis pro ipso comuni investivere Buçelam et Nordillum eius fratrem de medietate unius campi de terra[b] paludis iuxta suam clausuram in Prois de Monte posita, eo pacto quod predicti fratres et eorum heredes debent predictam terram habere et tenere in perpetuum et facere inde omnem suam utilitatem, vendere et donare et pro anima iudicare cui voluerint tamen non debent alicui dare suum ius nisi tantum homini habitanti in Montesscilice qui solvat fictum comuni, et debent dare omni anno festo sancti Stefani IIJ denarios pro ficto supra|58r|scripto comuni Montiscilicis et si ea die non solverint debent XXVIIIJ° soldos comuni et fictum insuper solvere; dato suprascripto ficto comuni Montiscilicis alia inposita eis non fiant. Pena vero inter se posuerunt quis eorum vel suorum heredum aut sucessorum pro comuni hec que dicta sunt non actenderint vel hoc pactum rumperint, conponat pars parti fidem servanti soldos XXVIIIJ°; pena soluta, hic libelus in suo permaneat robore. Et inde fuere confesi se acepisse a suprascriptis fratribus pro comuni IIJ libras denariorum venetorum. Actum in platea Sancti Pauli, in Montescilice, feliciter. Signum suprascriptorum testium Frugerius Iuliani, Megnus, rogati testes.

(SN) Ego Clarinbaldinus sacri palacii notarium interfui et iussu parcium scripsi.

(SN) Ego Montagna notarius, existens in officio comunis Padue ad discum Ursi coram discreto viro domino Bartolameo de Borselis iudice et oficiale comunis Padue ad dictum discum in potestaria nobilis militis domini Pini de Vernaciis de Cremona, hoc suprascriptum instrumentum sumptum ex autentico supradicti Clarinbaldini notarii iussu et auctoritate dicti iudicis exemplavi curente anno Domini millesimo trecentesimo octavo, indictione sexta, die sextodecimo intrante setembri, presentibus Saceto notario de Campagnola et Laurencio.

a) *nel marg. sn. di mano A* b) *segue* palub *depennato*

91

Livellus in palude comunis.[a)]

(SN) Anno Domini millesimo centesimo nonagesimo nono, indictione secunda, octavo kalendas februarii. In presentia bonorum hominum quorum nomina sunt inferius, libelario nomine in perpetuum Frugerinus Indie et Gumbertinus caniparii comunis Montisscilicis investivere Sigiprandum Bulli recipientem pro se et Dulçe et Henrico Burele et aliis suis sociis de uno campo de terra paludis in Prois Sancti Viti inter fosatum et vineas illas, eo pacto quod predictus Sigiprandus et Dulçe et Henricus et Martinus fratres suprascripti Sigiprandi et Bonifacinus Carboncelli et Petrus Bonus Gerardi de Aço et eorum heredes debent habere predictum campum de terra paludicia et facere inde omnem suam utilitatem et tenere in perpetuum, tamen non debent vendere vel dare suum ius nisi homini habitanti in Montescilice tantum qui solvat fictum comuni, et omni anno festo sancti Stefani debent VJ denarios pro ficto comuni Montisscilicis. Pena vero inter se posuerunt quis eorum vel suorum heredum aut sucessorum hec que dicta sunt non actenderint vel hoc pactum rumperint, componat pars parti fidem servanti soldos XXVIIIJ°; pena soluta, pacto stare. Et si statuta die fictum non solverint, debent predictam penam et fictum solvere. Et ex inde fuere confesi se accepisse pro comuni ab eo Sigiprando et aliis VJ libras denariorum. Actum ad domum Sancti Çacharie, in Montesscilice, feliciter. Signum suprascriptorum testium Bonus Çeno, Colom(m)anus et Çetus, rogati testes.

(SN) Ego Clarinbaldinus sacri palacii notarium interfui et iussu parcium scripsi.

(SN) Ego Montagna notarius, existens in officio comunis Padue ad discum Ursi coram discreto viro domino Bartolameo de Borselis iudice et oficiale comunis Padue ad dictum discum in potestaria nobilis militis domini Pini de Vernaciis de Cremona, hoc suprascriptum instrumentum sumptum ex autentico supradicti Clarinbaldini notarii iussu et auctoritate dicti iudicis exemplavi curente anno Domini millesimo trecentesimo octavo, indictione sexta, die sextodecimo setembris, presentibus Saceto notario de Campagnola et Laurencio notario quondam Meliorini.

a) *nel marg. sn. di mano A*

92

Livellus comunis in palude comunis.[a)]

(SN) Anno Domini millesimo centesimo nonagessimo nono, indictione secunda, quarto non(as) februarii. In presentia bonorum hominum quorum nomina sunt inferius, libelario nomine in perpetuum Frugerinus Indie et Gumbertinus Aycardi Montisscilicis, qui iuraverunt bona fide vendicionem pro comuni Montisscilicis facere, investivere Albertum Roberti de medietate unius campi de terra paludis in hora

Sancti Viti iuxta clausuram uxoris sue, eo vero pacto quod suprascriptus Albertus et eius heredes debent habere et tenere suprascriptam[b] peciam de terra paludis que est medietas campi in perpetuum, et facere inde omnem suam utilitatem, solvere, vendere et donare et pro anima iudicare cui voluerit homini tamen habitanti in Montesscilice et non alteri, qui solvat fictum comuni et pactum suprascriptum, et debent solvere omni anno festo sancti Stefani iij denarios pro ficto canipariis aut alii misso comunis Montisscilicis pro comuni. Et si ea die fictum non solverint, debent dare comuni pro pena |58v| xxviiij° soldos et insuper fictum solvere, et solvendo penam nichilominus teneatur dare pensionem. Convenerunt etiam ad invicem quis eorum vel suorum heredum hec que dicta sunt non actenderint vel eorum successorum hoc pactum rumperint, ut superius legitur, conponat pars parti fidem servanti soldos xxviiij°; pena soluta, pacto stare. Et ex inde fuere confesi se accepisse pro comuni ab eo v libras denariorum venetorum. Actum in curia Iacobini domine Berte, in Montesscilice, feliciter, presente domino Aicardino potestate Montisscilicis. Signum suprascriptorum testium Henricus Burelle et Paulus gr(ossator),[b] rogati testes.

(SN) Ego Clarinbaldinus sacri palacii notarium interfui et iussu parcium scripsi.

(SN) Ego Montagna notarius filius magistri Çeni, existens in officio comunis Padue ad discum ursi coram discreto viro domino Bartolameo de Borselis iudice et oficiali comunis Padue ad dictum discum in potestaria nobilis militis domini Pini de Vernaciis de Cremona hoc suprascriptum instrumentum sumptum ex autentico supradicti Clarinbaldini notarii iussu et auctoritate dicti iudicis exemplavi curente anno Domini millesimo trecentesimo octavo, indictione sexta, die sextodecimo intrante mense setembris, presentibus Saceto notario et Laurencio notario.

a) *nel marg. sn. di mano A* b) *in ms omissione di segno abbreviativo sulla* a *finale* c) *lettura preferenziale rispetto a* Gr(ossus)

93

De palude comunis.[a]

(SN) Et eo die in platea Sancti Pauli coram Gerardo Çopo et Dominico de Susinella, testes predicti, caniparii fecerunt idem in Bertaldo Vialardi de tribus peciis[b] de terra paludis et IJ pedes per testam et nonaginta per longum, iuxta terram quam tenet sumiliter pro comuni in clausura sua posita a Fontana Bataiola[c] et predicto die sancti Stefani IJ denarios pro ficto, et pactum et penam ut in aliis suprascriptis cartis legitur. Et fuere confessi se accepisse ab eo pro comuni L soldos denariorum venetorum.

(SN) Ego Clarinbaldinus sacri palacii notarium interfui et iussu parcium scripsi.

(SN) Ego Montagna notarius, existens in officio comunis Padue ad discum Ursi coram discreto viro domino Bartolameo de Borselis iudice et oficiale comunis Padue ad dictum discum in potestaria nobilis militis domini Pini de Vernaciis de Cremona, hoc suprascriptum instrumentum sumptum ex autentico supradicti Clarinbaldini notarii iussu et auctoritate dicti iudicis exemplavi curente anno Domini millesimo trecentesimo octavo, indictione sexta, die sextodecimo setembris, presentibus Saceto notario et Laurencio notario.

a) *nel marg. sn. di mano A* b) *in* peciis c *corretta su altra lettera non chiara* c) *su* Bataiola *segno d'abbreviazione per* us *sopra* i

94

1289[a]

Quodam depositum sive promissio de solidis LVIIJ° *et denaris* VJ *denariorum grossorum. Memoria illorum de Vivilia, illorum de Baldimento, illorum de Claro, illorum de Martina.*[b]

In nomine domini Dei eterni. Anno eiusdem nativitate millesimo ducentesimo octuagesimo nono, indictione secunda, die quarto exeunte aprili, Padue, in comuni palatio, subtus staciones sartorum, ante stacionem habitacionis infrascripti magistri Paduani sartoris, presentibus magistro Paduano sartore quondam Benencase, magistro Mantoano sartore quondam Pantaline, magistro Buçacharino sartore quondam Benexe. Ibique Bartolameus[c] notarius quondam Dominici de Vivilia principalis, Iohannes quondam Blaxii de Baldimento, Filipus dictus Clarus quondam Petri, Artuichus filius Iohannis de Çoia et Petrus filius Alberti de Martina fideiussores omnes habitatores de terra Montiscilicis, qui predicti Artuicus et Petrus habita licencia et parabola a patri suo se obligandi in predicta quantitate pecunie, ut in carta licencie et parabole plenius continetur scripta per Bartolameum notarium quondam Dominici de Vivilia, ut ipsemet Bartolameus confesus fuit coram me notarium et testibus supradictis, promisserunt per solepnem stipulacionem cum obligacione omnium suorum bonorum dare et solvere per se et suos heredes domino Petrobono notario quondam Aicardini et suis heredibus soldos quinquaginta octo et denarios sex denariorum venetorum grossorum de bono argento plenos et completos usque ad duos menses proximos venturos, in pena librarum viginti denariorum pro cent(enario) anni et mense, quos denarios confesi fuerunt se a dicto creditori mutuo accepisse, renunc(iando) exceptioni non date, tradite, recepte, numerate pecunie tempore contratus omnique alii suo iuri sibi contra hec competenti et epistule divi Adriani et beneficio nove et veteri constitucionis de duobus vel pluribus reis debendi, ita quod quilibet eorum in solidum teneatur et illi stat(uerunt), quod loquitur, quod prius conveniatur princ(ipalis) deb(itor) quam fideiuss(ores), ita quod dictus creditor prius possit convenire quem voluerit, ut creditor petere et exigere possit sortem et penam si termino statuto[d] sors non solverit solepniter et credendo de dampno, interesse et de expensis solo eius verbo sine sacramento et allia probacione. Quod huius debiti solutio, finis, remisio aut aliquid nocens dicto creditori probari non possit nisi per hanc cartam cançelatam et per aliam in concordia parcium factam coram quinque testibus presentibus et a notario factam, et quod non petent nec petere possint hoc exemplum huius instrumenti, nec per libelum,[e] nec dilacionem decem dierum, nec aliquam aliam dilacionem. Insuper predictus principalis et predicti fideiussores per pactum speciale sponte se obligaverunt[f] quod licitum sit dicto creditori ubique eos convenire, forbanire et forbaniri facere et in libro forbanitorum comuni poni una vice et pluribus, ante tenutam aceptam et post, hac si recepisent precepta per notarium existent(em) in oficio comunis, et tenutam de suis bonis accipere una vice[g] et pluribus cum nuncio |59r| potestatis et sine, illam vel illas tenutas vendere vel alienare oblig(averunt) sine questione et querela, tam si ius non fecerit quam si fecerit, per pactum speciale renunc(iando) omnibus feriis solempnibus et repentinis et statutis comunis, constitucionibus consciliorum omnibus contra hec factis vel faciendis omnique alii suo iuri.

(SN) Ego Antonius quondam Çanfragnini sacri palacii notarius hiis interfui et eorum iussu hec scripsi.

(SN) Ego Montagna notarius filius magistri Çeni, existens in officio comunis Padue ad discum Ursi coram discreto viro domino Bartolameo de Borselis iudice et oficiale comunis Padue ad dictum discum in potestaria nobilis militis domini Pini de Vernaciis de Cremona, hoc suprascriptum instrumentum incisum in undecim locis et non unum, sumptum ex autentico supradicti Antonii notarii iussu et auctoritate dicti iudicis exemplavi curente anno Domini millesimo trecentesimo octavo, indictione sexta, die decimo octavo sebtembris, presentibus Saceto notario de Campagnola et Laurencio notario quondam Meliorini sociis et notarii ad dictum discum.

a) *nell'interlinea tra la fine del doc. 93 e l'inizio del doc. 94, forse di mano A* b) *nel marg. sn. di mano A* c) *segue* q *depennata* d) *corretto su* statuta *(con segno d'abbreviazione sovrapposto alle ultime tre lettere)* e) *segue* d *depennata* f) *ms:* obligamerint *(la* e *corretta su* t*)* g) *segue asta discendente depennata*

95

1280[a)]

Cessio contra comune facta per dominum Oldericum iudicem Iohanni de Baldimento de solidis L *denariorum venetorum grossorum occasione cuiusdam incendii. In testibus fit memoria illorum Dal Dente, illorum de Lemiciis.*[b)]

Anno Domini millesimo ducentesimo octuagesimo nono, indictione secunda, die tercio exeunte aprili, Padue, sub porticu domus infrascripti domini Olderici iudicis, presentibus his testibus rogatis et ad hoc specialiter convocatis videlicet domino Dente quondam domini Alberti Dente, domino Antonio de Lemiçis, domino Antonio de Sancto Çenone Veron(ensis) dioc(esis) de Padua habitat(ori) Strate, Honore notario filio domini Hoiobene[c)] de Vacharino, Iohanne precone comunis Padue qui fuit de Montesscilice et aliis. Ibique dominus

Oldericus iudex quondam[d] domini Pauli de Padua de contrata Strate, ante solucionem sibi factam dedit, cessit, tradidit atque mandavit et vendidit Iohanni de Baldimento de Montescilice omnia iura omnesque actiones et raciones reales et personales, utiles et directas, tacitas et expressas, et mixtas que et quas ipse habet et habebat et habere videbatur et poterat contra comune et homines Montisscilicis in una sentencia sive condempnacionis vel debiti soldorum quinquaginta denariorum venetorum grossorum de sorte et pena et expensas, que quiddam[e] sentencia condemnacionis vel debiti lata fuit per dominum Rafaelem iudicem et assesorem domini Otolini de Mandello Padue potestatis, ocasione cuiusdam incendii orti in una sua domo posita in terra Montisscilicis contra Bartolameum notarium Dominici de Vivilia sindicum comunis et hominum Montisscilicis et ipsum comune, sicut continetur in carta sententie sive condepnacionis vel debiti facta per Honorem notarium filium domini Hoiobene[f] de Vacarino per me notarium vissa et lecta; et eum procuratorem ut in rem suam constit(uit) ut amodo ipse Iohannes et sui heredes et cui dederint dicta iura sic directe possint agere, placitare, causari, experiri, conveniri, certare et exceptiones opponere et se ipsos denarios petere et exigere cum pena et expensis ad predictum comune et hominibus et a quibusqunque aliis personis habentibus, tenentibus et possidentibus de suis bonis et ipsum comune convenire modis omnibus quibus in carta sententie, condepnacionis et debiti predicte plenius continetur et quemadmodum ipse dominus Oldericus facere poterat, dicens et asserens semet dedisse, cess(isse) iura et act(iones) in predicta sententia et si reperiretur promissit per se et suos heredes ipsum Iohannem et suos heredes indempnem servare promissit sub pena dupli dampni et interesse suis propriis expensis et cum obligacione suorum bonorum ‹que› const(ituit) se pro eo possidere credendo de dampno et de expensis solo eius verbo sine sacramento et allia probacione. Et hoc fecit que confesus fuit se ab ipso Iohanne foret plene de ipsa condepnacione et sentencia satisfactum, renunc(ians) exceptioni non numerate sibi pecunie tempore contratus omnique alii suo iuri.

(SN) Ego Artuichus filius Iohannis de Guigla sacri palacii notarius interfui rogatus et eorum iussu predicta scripsi.

(SN) Ego Montagna notarius, existens in officio comunis Padue ad discum Ursi coram discreto viro domino Bartolameo de Borselis iudice et oficiale comunis Padue ad dictum discum in potestaria nobilis militis domini Pini de Vernaciis de Cremona, hoc suprascriptum instrumentum incisum in undecim locis et non unum, sumptum ex autentico supradicti[g] Artuichi notarii iussu et auctoritate dicti iudicis exemplavi curente anno Domini millesimo trecentesimo octavo, indicione sexta, die decimo octavo setembris, presentibus Saceto notario de Campagnola quondam domini Iacobi et Laurencio notario quondam Meliorini sociis et notarii ad dictum discum.

a) *nell'interlinea tra la fine del doc. 94 e l'inizio del doc. 95, forse di mano A* b) *nel marg. sn. di mano A* c) *ms:* Hoiobn *con un unico segno d'abbreviazione generico sulla* n *finale* d) *segue* quo *depennato* e) *cosí in ms* f) *ms:* Hoiobn *con un unico segno d'abbreviazione generico sulla* n *finale* g) *segue* Antonius *depennato*

96

|59v| *1290*[a)]

Solucio comunis facta sibi de solidis LV *denariorum venetorum grossorum.*[b)]

Anno Domini millesimo ducentesimo nonagesimo, indictione tertia, die decimo septimo intrante decembri, in Montescilice, super domum comunis ubi fiunt conscilia, presentibus his testibus rogatis et ad hoc specialiter convocatis videlicet Francisco notario quondam Nastice,[c)] Arnaldo notario de Lusca, Blaxio Daniore,[d)] Natale notario de Rubeis, Iacobo notario Belaveris et Petro notario Alberti de Marcuia et alliis. Ibique Iohannes de Baldimento ex iure sibi cesso ab infrascripto domino[e)] Henrico iudice clamavit se solutum et plenam solutionem in se habere ab Antonio domini Gregorii colectore unius dacie inposite causa solvendi debitum comunis dante et solvente nomine et vice dicti comunis et pro ipso comuni et ab ipso comuni de denaris dicti comunis de soldis quinquagintaquinque denariorum venetorum grossorum de sorte et pena et expensis, quos denarios ipse habere debebat a comune Montisscilicis pro dicto iure sibi cesso ab eodem domino Henrico ex forma unius sententie late per infrascripum dominum Rafaelem iudicem et assessorem domini Odolini de Mandello potestatis Padue infrascripti, secundum quod continetur in carta sententie sive condempnationis vel debiti late per dominum Rafaelem iudicem et assessorem domini Otolini de Mandello Padue potestatis contra Bartolameum sindicum sindicario nomine dicti comunis et ipsum comune domino Henrico iudici quondam domini Pauli facta per Honorem notarium domini Hoiobene[f] de Vacharino, in qua quidem sentencia sive condempnacione habebat iura cessa ab ipso domino Henrico iudice, ut continetur in carta iur(ium) et act(ionum) facta per me notarium, ren(uncians) exceptioni non numerate sibi pecunie tempore contratus omnique alii suo iuri, dicens et asserens semet dedisse iura et act(iones) contra dictum comune in dicta sentencia in toto vel in parte et si reperiretur promissit per se et suos heredes ipsum comune indempnem conservare sub pena dupli dampni et interesse suis expensis et cum obligacione omnium suorum bonorum que pro ipso comune constituit possidere, credendo de dampno et interesse et expensis solo eius verbo vel ‹qui› pro tempore administraverit dictum comune, sine sacramento et allia probatione.

(SN) Ego Artuichus filius Iohannis de Guigla sacri palacii notarius interfui rogatus et eorum iussu predicta scripsi.

(SN) Ego Montagna notarius, existens in officio comunis Padue ad discum Ursi coram discreto viro domino Bartolameo de Borselis iudice et oficiale comunis Padue ad dictum discum in potestaria nobilis militis domini Pini de Vernaciis de Cremona, hoc suprascriptum instrumentum incisum in undecim locis et non unum, sumptum ex autentico supradicti Artuichi notarii iussu et auctoritate dicti iudicis exemplavi curente anno Domini millesimo trecentesimo octavo, indicione sexta, die decimo octavo setembris, presentibus Saceto notario de Campagnola et Laurencio notario quondam Meliorini, sociis et notarii ad dictum discum.

a) *nel marg. superiore, forse di mano A* b) *nel marg. sn. di mano A* c) *lettura dubbia* d) *lettura dubbia* e) *segue* fra *depennato* f) *ms:* Hoiobn *con un unico segno d'abbreviazione generico sulla* n *finale*

97

1292[a)]

Quedam determinacio aliquorum confinium inter comune et dominum Guilielmum de Cumanis super monte castri.[b)]

Anno Domini millesimo ducentesimo nonagessimo secundo, indicione quinta, die quartodecimo exeunte aprile, in Montesscilice, iuxta sedimen infrascriptum, presentibus domino Petro quondam domini Gregorii, domino Gerardo quondam domini Ottolini de Fontana, Çibeloto eius fratre, Fedencio de Alianda, magistro Merlino murario, Gerardo notario quondam Abi testibus rogatis et ad hec specialiter convocatis. Iohannes quondam Blaxii de Baldimentis, Dominicus de Albrigetis et magister Franciscus sartor quondam Danesii masarii iurati preconi et hominibus terre Montisscilicis specialiter contituti ad confinandum, cognoscendum et terminandum confinia sive confines tam inter comunia alliarum villarum et dictuṃ comune, quam inter homines et personas habentes et poss(identes) poss(essiones) in confinio et terratorio Montisscilicis et de voluntate et consensu et mandato domini Otonis a Lança potestatis terre Montisscilicis et Iohannis de Wariento, Bovetini de Albrigetis consculi dicti comunis et domini Wilielmi iudicis quondam domini Blaxii iudicis de Cumanis |60r| et ad eius instanciam requisiti, visis insuper et auditis ac diligenter congnitis racionibus comunis et dicti domini Guilielmi cum deliberatione, habito etiam conscilio quam plurium sapient(um), presentibus omnibus suprascriptis, pro bono concordie et amore terminaverunt, confinaverunt et consignaverunt inter ipsum comune et quodam sedimen dicti domini Wilielmi positum super montem Montisscilicis prope ecclesiam plebis, cui coheret ab uno latere versus mane Nicolaus quondam domini Antonii Salvaroba, sive Simon quondam Walterii becarii et ab alio latere et uno capite mons comunis et ab alio latere versus nonam via publica; percurunt ponentes et desigantes unam crucem pro termino in saxo vivo qui est apud viam per quam itur ad Sanctum Gregorium; item posuerunt unum terminum lapidum pro termino fixum in monte iuxta buxa prospicientem crucem predictam longe ab ipsa cruce pertice quinque ad mensuram sex pedum pro quolibet confinantes intra dictum comune et sedimen dicti Wilielmi quod olim fuit domino Açonis; item posuerunt et designaverunt pro termino[c] crucem unam in saxo inter montem comunis et sedimen domini Wilielmi et sedimen predictorum Nicolai sive Symonis longe a predicto termino pertice septem et pedes quinque et longe a via publica inter circha octo recta linea prospicientes per ianuam que est infra predicta sedimina. Que omnia et singula sic confinata et terminata promissit dictus dominus Guilielmus per se et suos heredes firma et rata habere et tenere et nullo modo contrafacere vel venire aliqua racione vel causa de iure vel de facto sub pena dupli dampni et interesse et refecione dampnorum et expensis, litis et extra, cum obligacione omnium suorum bonorum que se pro comuni constituit possidere.

(SN) Ego Montescelus quondam Athonis Bellapena sacri palatii ‹notarius› hiis interfui vocatus, iussu dictorum masariorum hec scripsi.

(SN) Ego Montagna notarius filius magistri Çeni cerdonis, existens in officio comunis Padue ad discum Ursi coram discreto viro domino Bartolameo de Borselis iudice et oficiale comunis Padue ad dictum discum in potestaria nobilis militis domini Pini de Vernaciis de Cremona, hoc suprascriptum instrumentum incisum in undecim locis et non unum, sumptum ex autentico supradicti Montisselli notarii iussu et auctoritate dicti iudicis exemplavi curente anno Domini millesimo trecentesimo octavo, indicione sexta, die decimo septimo septembris, presentibus Saceto notario de Campagnola et Laurencio notario quondam Meliorini sociis et notarii ad dictum discum.

a) *nell'interlinea tra la fine del doc. 96 e l'inizio del doc. 97, forse di mano A* b) *nel marg. sn. di mano A* c) *segue* u *depennato*

98

Quedam determinacio inter comune et Nicolaum Salvaroba supra montem castri.[a]

Anno Domini millesimo ducentesimo nonagessimo secundo, indicione quinta, die quartodecimo exeunte aprile, in Montesscilice, in contrata plebis Sancte Iustine, presentibus domino Petro domini Gregorii, domino Gerardo quondam domini Otolini de Fontana, Çibelloto eius fratre, Fedencio de Alianda, magistro Merlino murario, Gerardo notario quondam Abii testibus rogatis et ad hec spetialiter convocatis et aliis. Ibique Iohannes quondam Blaxii de Baldimentis, Dominicus de Albrigetis et magister Franciscus sartor quondam Daenexii masarii iurati pro comuni et hominibus terre Montisscilicis specialiter contituti ad confinandum, cognoscendum et terminandum confinia sive confines tam inter comune predictum et comunia aliarum villarum, quam inter homines et personas habentes possessiones et in confinio et terratorio Montisscilicis et de voluntate et consensu et speciali mandato domini Ottonis a Lança[b] de Padua potestatis terre Montissillicis |60v| et Iohannis de Wariento, Bonceni de Albrigetis consulibus dicti comunis ad pet(itionem) domini Guilielmi iudicis quondam domini Blaxii iudicis de Cumanis et ad eius instanciam, visis et examinatis ac diligenter congnitis racionibus comunis predicto[c] et domini Wilielmi predicti cum deliberacione solempne, habito etiam conscilio quam pluribus sapient(um), presentibus omnibus suprascriptis, pro bono concordie et amore terminaverunt, confinaverunt et consignaverunt inter ipsum comune ex una parte et quodam sedimen[d] Nicolai quondam domini Antonii Salvaroba sive Simonis quondam Valteri[e] becarii ex altera positum in Montesscilice in contrà Plebis; coheret ei ab uno latere et uno capite mons comunis et ab alio latere via publica percurrit et ab alio capite predictus dominus Wilielmus; ponentes unum lapidem pro termino signo crucis in capite signatum in confinibus dictorum sediminum et montem comunis prospicientem crucem positam in saxo et lapidem qui est apud viam predictam et est longe ab ipsa cruce pertice quinque et unus pes; item posuerunt unum alium terminum lapideum simili modo et forma que distat ab alio termino pertice circha octo et longe ab ipsa domo Nicolai et Simonis pertica una; que omnia et singula supradicta promisserunt vicisim solempni stipulacione hinc inde intervenientibus propria firma et rata habere et tenere et nullo modo contrafacere vel venire per se vel per alium aliqua racione vel causa iure vel facto sub pena duppli dampni et interesse et reficione dampni et expensis, litis et extra, cum obligacione omnium suorum bonorum que se una pro altera parte constituit possidere.

(SN) Ego Montesellus quondam Athonis Bellapena sacri palatii notarius hiis interfui et iussu dictorum parcium hec scripsi.

(SN) Ego Montagna notarius, existens in officio comunis Padue ad discum Ursi coram discreto viro domino Bartolameo de Borselis iudice et oficiale comunis Padue ad dictum discum in potestaria nobilis militis domini Pini de Vernaciis de Cremona, hoc suprascriptum instrumentum incisum in undecim locis et non unum, sumptum ex autentico supradicti Monteselli notarii iussu et auctoritate dicti iudicis exemplavi curente anno Domini millesimo trecentesimo octavo, indicione sexta, die decimo octavo setembris, presentibus Saceto notario de Campagnola et Laurencio notario quondam Meliorini sociis et notarii ad dictum discum.

a) *nel marg. sn. di mano A* b) *ms:* Bonça c) *si vorrebbe* predicti d) *segue* Antonii *depennato* e) *ms:* Valerii

99

|61r| *Quedam promissio facta per comune Padue comuni Montissilicis de florenis* VIIJ[c] *auri dandis et restituendis dicto comuni Montissilicis et dandi pro utilitate dictorum florenorum dicto comuni Montissilicis denarios* IIJ *pro libra. Fit memoria illorum de Mascarelo, illorum de Rova. Pro honorando dominum imperatorem.*[a)]

In nomine domini Dei eterni. Anno eiusdem nativitatis millesimo tricentessimo duodecimo, indicione decima, die quartodecimo mensis ianuarii, Padue, in contrata Pontis Corbi, in domo mei notarii infrascripti, presentibus Iohanne Merlino condam Petri de Montaone, Bertholomeo cerdone condam Iohanini et Gerardo draparolo condam Antonii ambobus de contrata Pontis Corbi et aliis. Prosdocimus notarius condam domini Nicolay a Rio de contrata Pontis Corbi exactor[b)] pro comuni Padue impositionis mutui florinorum auri impositi comunibus villarum Paduani districtus pro honorando dominum imperatorem, ac sindicus comunis Padue habens ad hoc generale mandatum, ut continetur in carta sindicatus scripta per[c)] Dionisium notarium a Prato notarium sigilli, syndicario nomine pro ipso comuni Padue per stipulationem cum obligatione omnium bonorum comunis Padue promissit per se tanquam officiali comunis Padue et subcessoribus suis in officio ipsius comunis dominis Petro Mascarello condam Alberti, Felisio condam domini Cabrielis et Francisco condam domini Rolandi de Rova omnibus de Montessilice stipulantibus et recipientibus pro comuni et hominibus terre Montissilicis, dare et solvere e‹i›sdem seu alicui eorum, ita quod, uni solvendo ab aliis comune Padue liberetur sive comuni et hominibus terre Montissilicis de pecunia et avere comunis Padue, otingentos florenos auri iusti ponderis cum acessione trium denariorum parvorum pro libra et in racione libre menses et anni eius temporis quo comune Padue tenuerit dictam pecunie quantitatem. Quos otingentos florenos auri ipse exactor et syndicus supradictus guerentavit et confessus fuit habuisse et recepisse pro comuni Padue in pecunia argentea ex causa mutui sive per se sive per personam interpositam particulariter in diversis receptionibus et diversis diebus et a diversis personis per modum infrascriptum videlicet: die quarto mensis decembris proxime preteriti florenos tricentos et sexagintaquatuor a domino Aychardino de Villa Comitis tunc potestate ipsius terre Montissilicis numeratos ipsi exactori[d] predicto; die vigessimo septimo decembris florenos ducentos quinquagintaocto a domino Felisio supradicto numeratos ipsi exactori met ipso; die primo ianuarii florenos octuagintaocto a domino Millano et Benaia numeratos michi notario infrascripto recipienti pro ipso exactore sive ipsius nomine; et die quinto mensis ianuarii florenos nonaginta a Bertholomeo domini Vitalis numeratos michi notario nomine predicto recipienti; omnibus supradictis dantibus, solventibus et mutuantibus nomine et vice comunis et hominum terre Montissilicis et pro ipso comuni et de propria pecunia ipsius comunis pro solucione imposicionis mutui florinorum auri facta dicto comuni terre Montissilicis per comune Padue. Et pro solucione et restitucione supradictorum sortis et accessionis ipsi comuni Montissilicis fienda per comune Padue, ut dictum est, idem syndicus sindicario nomine comunis Padue supradictis pro comuni Montissilicis recipientibus, ut dictus est, sive ipso comuni et hominibus terre Montissilicis omnia bona comunis Padue presentia et futura et omnia dacia et pedagia imposita, imponenda et locanda per comune Padue secundum promissiones factas per dictos sapientes a credencia civitatis Padue et fiendas per comune pro restitucione et solucione predictorum fienda per pactum iure pignoris obliga(vi)t, renunc(iando) exceptioni et probacioni non habite et numerate pecunie predicte temporibus et personis predictis pro comuni Padue recipientibus, ut dictum est, et per personas supranominatas sindicario nomine dicti comunis Padue, et omnibus feriis et statutis comunis Padue factis et que fient, et omni iuri quo comune Padue posset contrafacere.

(SN) Ego Iohannes condam domini Nicolay de Rio sacri[e)] palatii notarius hiis interfui et contrahencium rogatu[f)] hec scripsci.

(SN) Ego Dominicus olim filius Bonaventure de Patucio imperiali autoritate notarius hunc exemplum sumtum ex autenticho supradicti Iohannis notarii nichil in eo addens vel minuens quod sensum mutet et sentenciam variet,[g)] nisi forse in literis, silabis et compositionibus literarum, bona fide scripssci et exemplavi curente anno Domini millesimo trecentessimo duodecimo, indicione decima, die vigessimo sexto intrante mense ianuarii, in Montessilice, in domo habitacionis domini potestatis, coram ipso domino potestate, presentibus Millano notario filio Oliverii de Perogna, Prosdocimo notario de Martina et Otolino notario de Fontana, atque aliis pluribus.

a) *nel marg. sn. di mano A* b) *corretto su* exaptor c) *segue* d *depennato* d) *corretto su* exaptori e) *segue* not *depennato* f) *con* s *finale depennata* g) *segue* va *depennato*

100

|61v| *Livellus comunis in Insula. Memoria illorum de Baldimentis, illorum de Luscha, illorum a Cesso.*[a)]

Anno Domini millesimo ducentessimo septuagessimo quinto, indicione tercia, die quarto exeunte iunio, in Montessilice, sub porticali Sancti Pauli, presentibus Patucio notario de Baldimentis, Arnaldo notario de Lussca, Petro domini Gregorii a Ceso et Çagaia precone et aliis. Pro libris decem et soldis decem denariorum venetorum parvorum quos denarios Iohannes de Ordo sindicus comunis et hominum Montissilicis ad infrascriptam specialiter constitutus, ut continetur in carta sindicaria facta per Antonium notarium condam Polegradi de Claricis, sindicario nomine pro ipsis hominibus et comune Montissilicis guarentavit et confessus fuit se nomine finiti et conventi precii accepisse et in se habere a Çambono cui dicitur Patarino de quibus denaris clamavit se bene fore solutum et satisfactum ad plenum, renunc(ians) super hoc exceptioni non numerate, date atque integre soluteque sibique tradite pecunie tempore huius contratus omnique alii suo iuri, faciens ei finem, remissionem et pactum de anplius non petendo dictos denarios, pro precio dictorum denariorum investivit predictum Çambonum iure livelli perpetualis de uno vacuo terre iacente in Montessilice ultra pontem Insule curendo dictum vacuum per tessta trigintasex pedes, et pro latitudine setuagintaduo pedes, cui choeret ab uno capite via comunis, ab alio destorium comunis, ab uno latere Alcardinus de Macanda et ab alio dictus livellarius; ea vero racione quod amodo dictus Çanbonus et sui heredes et cui dederint dictus vacuum terre debeant habere tenere atque possidere omnemque suam utilitatem et voluntatem iure livelli perpetualis ex eo facere, illis pactis et condicionibus quibus inferius dicentur sine contraditione dicti comunis et hominum Montissilicis cum viis et servitutibus, cum omnibus aiecenciis et pertinenciis atque cum omni iure et actione reali et personali ipsi vacuo terre pertinentibus sibique pro eo conpetentibus dicens nuli alii fore datum, venditum, obligatum seu aliquo modo obnoxiatum nisi eidem Çambono, ut dictum est. Preterea dictus sindicus sindicario nomine pro predictis hominibus et comune solepne stipulatione promissit dicto Çambono et suis heredibus et cui dederint dictum vacuum terre ipsi guarentare et defendere ab omni persona seu personis cum racione expensis dicti comunis sub pena dupli dapni et interesse et omnes expensas quas fecerint in causa, sive obtineant sive sucumbant, sive finita fuerit sive non, ei resarcire promissit, credendo ei de expensis earum quantitate soli eius verbo sine sacramento et allia probacione, cum obligacione bonorum dicti comunis que pro eo constituit possidere. Ad hec autem dictus sindicus sindicario nomine pro predictis hominibus et comune dedit, cessit, tradidit atque mandavit dicto Çanbono omne ius, actiones et raciones reales et personales, utiles et directas, tacitas et expressas quod et quas dicti homines et comune habebant vel habere videbantur in dicto vacuo terre adversus omnem personam habentem, tenentem seu possidentem vel aliquid ex eo constituens ipsum procuratorem ut in rem suam, ut amodo possit agere, placitare, convenire et se et ipsum vacuum terre defendere in omnibus et per omnia quemadmodum dicti homines et comune poterant dansque ei parabolam ut sua auctoritate intret in tenutam et possessionem dicti vacui terre; ad cuius livelli favorem dictus livellarius promissit solempni stipulacione dicto sindico recipienti pro dicto comuni per se suosque heredes predictum vacuum terre bene laborare ita quod per ipsum melioretur et non peioretur, et dare et redere dicto comuni omni anno usque in perpetuum ad festum sancti Stefani, tercio die ante vel post, pro afictu et reditu dicti vacui terre soldos quindecim denariorum parvorum, quod affitu dato et soluto, alia superinposita inter eos non fiant. Verumtamen si dictus livellarius ius suum vendere seu alienare voluerit, debet denunciare dicto sindico vel comuni Montissilicis et si emere voluerit, dare debeat ipsi comuni pro soldis quinque minus quam alii, alioquin fuerit denunciatum infra quindecim dierum si emere noluerit, tunc libere vendat cui voluerit, tamen non ecclesie, sive clerico neque militi neque homini de masnada, sed tantum suo pari habitanti in Montessilice, et si aliter vendicio seu alienacio facta fuerit non valeat nec teneat de iure vel de facto sed iura ipsius livellarii dictum comune libere revertantur. Pena vero inter se posuerunt quod si qua pars predicta non atenderit seu hunc livellum violare voluerit, componat pars parti fidem livelli observanti soldos vigintinovem nomine pene, qua soluta hic livellus in suo statu persistat; et omnes expensas quas sindicus qui pro tempore fuerit fecerit pro predicto affictu et pena exigendis ei resarcire promissit, credendo de expensis soli eius verbo sine sacramento et alia probatione cum obligatione suorum bonorum que pro dicto sindico se constituit possidere, obligans se insuper dictus livellarius sponte quod liceat sindico dicti comunis pro ipso comuni ex pacto anuatim in perpetuum preterito termino pro predictu affictu et pena et expensis exigendis posset tenutam de suis bonis acipere et eam vendere et alienare asque alicuius iuris solempnitate sine aliqua questione de eo facta; et hoc cum nuncio potestatis et sine suo arbitrio et auctoritate, renunc(ians) per pactum omnibus feriis presentibus et futuris, statutis et ordinamentis factis vel facturis sibi contra predicta conpetentibus. Et duo instrumenta uno tenore ex una inbrevitura iusserunt scripbi.

(SN) Ego Iohannes filius Henrici becarii imperiali[b)] aule notarius interfui rogatus, hec scripsi.

(SN) Ego Bellavere notarius filius domini Petri de Montessilice qui habito in contrata Coste, existens in officio comunis Montissilicis coram domino Rolando iudice de Placiola potestate Montissilicis, hoc exemplum sumtum ex autentico dicti Iohannis bona fide scripsi et exemplavi nichil in eo adens vel minuens quod sensum mutet vel sententiam variet, nisi forte in silabis, literis et in corpore literarum, curente anno Domini millesimo trecentesimo decimoseptimo, indicione quintadecima, die undecimo mensis februarii, in Montessilice, in domo comunis Montissilicis in qua habitat dictus dominus potestas, presentibus Gulielmo notario condam Filipi, Gerardo notario condam Petri de Gregorio et aliis.

a) *nel marg. sn. di mano A* b) *cosí in ms*

101

|62r| Anno Domini millesimo trecentessimo sextodecimo, inditione quartadecima, die decimoseptimo intrante februario, in Montessilice, in domo habitationis infrascripti domini Tani, presentibus Petro notario filio magistri Monteselli notarii, Micaele condam domini Petri de Ravolatis, Federico filio magistri Ubertini medici, Antonio condam Bartholomei de Lusca, omnibus de Montessilice et aliis. Ibique Iohannes condam domini Gerardi de Abone tamquam sindicus comunis et hominum Montissilicis specialiter ad infrascripta facienda constitutus, ut continetur in carta sindicarie facta per Prosdocimum notarium condam Antonii de Martina, nomine permutationis et boni cambii iuri proprio in perpetuum sindicario nomine supradicti comunis et hominum Montissilicis dedit, cessit, tradidit atque mandavit domino Tano dicto Guercio condam domini Loti de Montagnana qui stat Padue in contrata Sancte Margarite pro se et suis heredibus recipienti unam petiam terre prative duorum camporum vel circa que solebat teneri per Gumpertum dictum Gatum preconem iac(entem) in confinio Montissilicis in contracta Gurgi Somarii sive Vie Alte, cui choeret ab una parte flumen, ab omnibus aliis partibus via publica; item unam petiam terre prative et frative trium camporum vel circha iac(entem) in confinio Montissilicis in contracta Choreçe, cui choeret ab uno latere via publica, ab alia Viginçonus comunis, ab ambobus capitibus dictus dominus Tanus et forte alie sunt choer(entie); ad haben-

dum, tenendum et possidendum omnemque suam voluntatem et utilitatem et quidquid sibi suisque heredibus deinceps placuerit iure proprio perpetuo faciendum cum omnibus et singulis adiacenciis et pertineciis et cum omnibus suis accessibus et egressibus usque in viam publicam omnique iure et actione, usu, seu requisitione sibi ex ea re vel pro ea re aud ipsis petiis terre modo aliquo pertinentibus et cum omnibus et singulis que dicte pecie terre habent supra seu intra se in integrum. Et hoc nominatim pro una petia terre arative plantate de vitibus, arboribus et pergulis unius campi et octo perticarum et decemetocto tabularum[a] iac(entis) in campanea Montissilicis in contracta Vallis de Carexina seu Ageris Manurdi, cui choeret ab uno latere et uno capite via publica, ab alio latere heredes Meioris de Baldimentis, ab alio capite Stefanus dictus Taxellus quandam Boneti.

a) *segue* all *depennato*

|62v| |63r| |63v|

[Sezione ii]

102

|64r| *Sub regimine potestarie domini Palamidexii de Vitalianis.*[a]

Anno Domini millesimo trecentessimo quarto, indicione secunda, die vigeximosecundo intrante[b] februario, in Montesilice, sub lauça Sancti Pauli, presentibus domino Blaxio iudice de Sarçanis iudice et vicario domini Palamides de Vitalianis tunc potestatis terre Montissilicis, domino fratre Leonardo Bocaleca pridore Domus Dei de Padua, domino Çanbono notario de Andrea, domino Benevenuto Bixato becario, domino Priçivalle notario condam domini Thebaldi de Guariento, omnibus de Padua consortibus comunis Montissilicis et aliis. Ibique nobilis vir dominus Palamides de Vitalianis potestas terre Montissilicis volens de cons‹en›su et voluntate infrascriptorum et suprascriptorum consorcium dicte terre exechucioni mandare infrascriptam reformacionem factam in maiori consilio comunis Montissilicis in primis duobus mensibus sue potestarie super facto alivelandi certam quantitatem[c] de Palude Insulle per comune Montissilicis et ipsam dividendi inter infrascriptos consortes de Padua, scriptam per Iacobum notarium condam domini Belaveris sub die vigeximo nono intrante ianuario in suprascripto millesimo, tenor cuius reformacionis talis est.

Reformacio comunis facta quod palus comunis detur consortibus ad livelum.[d]

In reformacione pleni et magni consilii comunis Montissilicis ad sonum canpane voce preconia more solito congregati, facto partito per nobilem et sapientem virum dominum Palamides de Vitalianis potestatem terre Montissilicis inter consiliarios et homines de extra consilium qui fuerunt numero centum et septuaginta, placuit omnibus de dicto consilio exceptis viginti quatuor quod Palus Insule detur consortibus ab argere novo versus flumen usque ad fosatum Canpi Marcii, dando et solvendo comuni Montissilicis pro acatatura seu investitura dicte paludis solidos quinquaginta parvorum pro canpo et in racione canpi, et dando et solvendo annuatim nomine afictus comuni Montissilicis denarios duodecim parvorum pro canpo et in racione canpi, his pactis et condicionibus: quod per comune Montissilicis et homines dicte terre reater(retur) ager novus dicte paludis et frauda ubi sunt vel reperta fuerint in dicto argere similiter fiant et reater(rentur) per dictum comune, et fiant apud dictum argerem unum barbachanem de quatuor pedibus latum secundum quod placuerit domino fratri Bocalecha et duobus aliis de consortibus, et fiat similiter arger qui venire debet ad fratas versus nonam per comune et homines Montissilicis, et viam Constalduli versus nuioram dicte paludis et versus Montem Richum usque ad argerem novum nuper factum predicte paludis. Et hoc facto, dicti consortes qui habuerint et habebunt dictam paludem deinceps perpetuo suis expenssis teneantur manutenere dictos argeres, salvo quod consortes qui fuerint nacione terre Montissilicis et venerunt cives Padue a viginti annis citra non possint nec debeant habere de dicta palude; et hoc salvo, quod denarii pervenerint in comune occasione dicte paludis, deponantur penes[e] unum bonum hominem electum per dominum potestatem et per officialem Montissilicis qui faciat bonam et ydoneam securitatem in manibus caniparii |64v| comunis

Montissilicis de dictis denariis salvandis et de ipsis racione redenda, et dicti denarii aliquo modo vel ingenio non possint expendi nec in aliquo usu converti nixi solummmodo in debito domini Meiorini de Abo, domini Çanboni notarii de Andrea et domini Florii de Ravolatis. Et fiat primo solucio domino Meiorino de suo debito et subsequenter subcesive. Et quod unus syndichus legitimus et suficiens per comune Montissilicis constituatur ad locacionem predictam faciendam[f] de dicta palude; modo infrascripto divissa fuit dicta quantitas dicte paludis per sortem ad brevia de consenssu et voluntate dictorum consorcium videlicet:

Memoria illorum de Palteneriis, illorum de Scrovegnis.[g]

In primis dominus Henginolfus Chucho de Palteneriis.
Dominus Guilielmus Novellus de Palteneriis.
Dominus Petrus Scrovegnus condam domini Beloti.
Dominus Priçivalle notarius condam domini Tebaldi de Guariento.
Suprascripti quatuor habere debent primum manssum dicte paludis et solvere pro investitura libras quinque parvorum pro canpo, et pro afictu annuatim solvere comuni Montissilicis denarios duodecim parvorum pro canpo et in racione campi.

Dominus frater Leonardus Bocaleca de Padua habere debet sechundum manssum vigintitrium canporum de dicta palude et solvere debet pro acatatura libras quatuor denariorum parvorum pro canpo, et solvere annuatim comuni Montissilicis pro afictu dicte terre denarios duodecim parvorum pro canpo et in racione canpi.

Dominus Guido de Sarçanis.
Dominus Iohannes de Raxone de Titullo.
Magister Finille dictus Scalça sartor.
Nicolaus condam domini Çanonis draperii.
Magister Dominichus notarius condam Prosdoçimi.
Suprascripti habent et habere debent tercium manssum viginti canporum de dicta palude et solvere pro investitura seu acatatura libras tres denariorum parvorum pro canpo, et solvere eciam dicto comuni omni anno pro afictu dicti manssi denarios duodecim parvorum pro quolibet canpo ipsius manssi.

|65r| *De Capoçolis, de Anbroxino, de Topis.*[h)]

Dominus Anthonius Capoçolla.
Dominus Henregetus notarius de Anbroxino.
Dominus Iacobus notarius condam Raynerii a Prato.
Dominus Palmerius notarius a Sancta Cruce.
Dominus Leonardus Topa de Padua.
Suprascripti quinque habent et habere debent quartum manssum viginti canporum de dicta palude et solvere pro acatatura solidos quinquaginta parvorum pro canpo, et denarios duodecim parvorum omni anno pro canpo pro afictu dicto comuni.

Magister Bernardus sartor de Padua
Dominus Schalchus eius frater.
Dominus Michael eorum frater.
Magister Silvester aurifex.
Magister Iohannes medicus condam magistri Çilii.
Suprascripti quinque habuerunt quintum manssum viginti canporum et solvere debent solidos L parvorum pro canpo et in racione canpi pro investitura dicti manssi, et reddere omni anno dicto comuni denarios XIJ parvorum pro campo et in racione canpi ipsius manssi.

Magister Bonusalbergus aurifex investitus fuit pro se et fratre suo magistro Silvestro aurifice de toto sexto mansso viginti canporum de ipsa palude, et reddere debent omni anno pro afictu dicto comuni denarios XIJ parvorum pro canpo et in racione canpi ipsius manssi.

De Trotis.[i)]

Dominus Piscis condam domini Iacopini de Trotis.
Dominus Çanbonus notarius de Andrea.
Dominus Paduanus filius domini Comitis de Gurgo.
Dominus Prosdocimus notarius filius magistri Guidonis pro duabus partibus scilicet pro domino Çiraldo Crosna et Carderolla.
Suprascripti habent septimum manssum viginti canporum de ipsa palude et solvere debent solidos L pro quolibet canpo ipsius manssi, et reddere de ipso dicto comuni omni anno denarios XIJ parvorum pro canpo.

|65v| *Illorum a Flumine de Padua.*[j)]

Dominus Petrus condam domini Belangeri a Flumine de Padua investitus fuit de toto octavo mansso viginti canporum de dicta palude de voluntate suprascriptorum sociorum suorum videlicet domini Francisci de Cona, domini Stancharoçini, domini Simeonis condam domini Francisci, Guilielmi domini Blaxii iudicis, et solvere debet solidos[k)] quinquaginta parvorum pro canpo pro investitura dicti manssi, et solvere omni anno dicto comuni debet pro afictu ipsius denarios duodecim parvorum pro canpo et in racione canpi.[l)]

Illorum de Guariento.[m)]

Dominus Priçivalle notarius condam domini Thebaldi de Guariento investitus fuit de nono mansso viginti canporum de voluntate infrascriptorum consorcium eius sociorum qui ipsum habuerunt per sortem videlicet de consensu domini Sulimani de Rubeis, domini Gerardi notarii a Sancto, magistri Yvani piliçarii et magistri Natalis cartolarii, solvendo dicto comuni soldos quinquaginta parvorum pro quolibet canpo pro acatatura, et reddere debet de ipso mansso denarios duodecim parvorum pro canpo dicto comuni Montissilicis.

Illorum de Garaldelis.[n)]

Dominus Leaçarius[o)] iudex condam domini Amadini.
Dominus Odericus eius frater.
Dominus Bixatus becarius de Padua.
Dominus Iohannes eius filius.
Dominus Malatesta filius Garaldelli.
Suprascripti quinque habuerunt ad brevia et habere debent decimum manssum viginti canporum de dicta palude, solvendo solidos L parvorum dicto comuni pro investitura ipsius, et solvere debent omni anno dicto comuni pro afictu ipsius denarios XIJ parvorum pro quolibet canpo ipsius.

|66r| *De Maliciis.*[p)]

Dominus Fredus de Maliciis.
Dominus Alcardinus de Maliciis.

Dominus Leaçarius domini Hengelerii de Maliciis.
Dominus Malgaretus condam domini Menegi Gregi.
Dominus Iohannes Çusatus condam domini Bonafidei.
Suprascripti quinque habuerunt ad brevia et habere debent undecimum manssum viginti canporum de dicta palude et solvere solidos L parvorum pro investitura dicti manssi pro canpo, et reddere omni anno dicto comuni pro afictu ipsius manssi denarios duodecim parvorum pro canpo.

*De Grimaldis.*q)

Magister Silvester aurifex pro domino Aldregeto.
Dominus Anthonius iudex de Lio.
Dominus Martinus notarius de Senicis.
Dominus Patavinus condam domini Henrici de Vancio.
Dominus Conradus notarius de Grimaldis.
Dominus Melius iudex de Segnoretis.
Suprascripti sex habuerunt per sortem ad brevia duodecimum manssum viginti canporum de dicta palude solvendo solidos L parvorum pro acatatura pro canpo, et reddere omni anno dicto comuni pro afictu ipsius mansi denarios XIJ parvorum pro quolibet canpo et in racione canpi.

(SN) Ego Guilielmus filius Phylipi de Belando imperialli auctoritate notarius his interfui et iubssu dicti potestatis et de voluntate et consensu plurium consorciumr) suprascriptorum hec scripssi.

a) *nel marg. sn. di mano A* b) *segue* b *depennata* c) *in ms omissione di segno abbreviativo sull'ultima lettera* d) *nel marg. sn. di mano A* e) *ms:* penes *con segno d'abbreviazione superfluo* f) *in ms omissione di segno abbreviativo sull'ultima lettera* g) *nel marg. sn. di mano A* h) *nel marg. sn. di mano A* i) *nel marg. sn. di mano A* j) *nel marg. sn. di mano A* k) *segue* s *depennata* l) *segue* Dominus Sulimanus de Rubeis *espunto* m) *nel marg. sn. di mano A* n) *nel marg. sn. di mano A* o) *segue* co *depennato* p) *nel marg. sn. di mano A* q) *nel marg. sn. di mano A* r) *segue* hec *depennato*

103

|66v| Libellus comunis Montissilicis et domini Çiraldi Crosne iudicis de terra Paludis Insule.a)

Et red(dit) solidos IIIJ*or. Comune vendidit pro libris* x *parvorum et postea sibi livelavit, et red(dit) solidos* IIIJ*o pro livelo. Hic fit memoria illorum de Abis.*[b)]

Anno Domini millesimo trecenteximo quarto, indicione secunda, die quintodecimo marcii, in Montesilice, in domo habitacionis domini Palamides de Vitalianis tunc potestatis terre Montissilicis, presentibus ipso domino potestate, domino Blaxio de Sarçanis eius vicario, Iacobo notario condam Belaveris de Montesilice, Petro eius fratre, domino Petro a Flumine, domino Çanbono notario de Andrea de Padua et aliis. Ibique dominus Gerardus notarius condam Abi tanquam syndicus et procurator comunis et hominum terre Montissilicis specialis specialiter ad omnia infrascripta facienda constitutus, ut continetur in carta syndicarie scripta per Iacobum notarium a me notario infrascripto vissa et lecta, pro precio et nomine precii librarum decem denariorum parvorum quos denarios syndicario nomine dicti comunis recipienti fuit contentus et confesus se manualiter habuisse et recepisse a domino Çiraldo Crosna iudice filio condam domini Anthonii de Padua de quibus denariis et precio clamavit sibi solutum renunc(ians) super hoc excepcioni non numerate et non recepte sibi pecunie tempore contractus omnique alii suo iuri, faciens ei finem et remissionem et pactum de anplius non petendo precium predictum, pro iam dicto precio dictus Gerardus syndicus syndicario nomine dicti comunis et nomine et vice ipsius comunis iure libelli perpetualis secundum formam et tenorem unius reformacionis facte in pleno consilio dicti comunis super facto alivelandi certam quantitatem de Palude Insule certis civibus de Padua consortibus dicti comunis Montissilicis scripte per Iacobum notarium condam Belaveris in suprascripto millesimo, in potestaria dicti domini Palamides, sub die vigeximonono ianuarii, illis pactis et condicionibus quibus in ipsa reformacione continetur, dedit, concessit et investivit predictum dominum Çiraldum iudicem de quatuor canpis terre paludive iacent(ibus) in confinio Montissilicis in Palude Insulle in septimo mansso viginti canporum dicte paludis pro indivisso cum dominis Pisce de Trotis, Çanbono notario de Andrea, Paduano filio domini Comitis de[c)] Gurgo et Prosdocimo notario filio magistri Guidonis sartoris pro domino Nicolao Calderolla, cui mansso choeret ab uno latere iura octavi manssi, ab alio latere sextus mansus dicte paludis, ab uno capite via nova dicte paludis et forte alii choerent; ita ut amodo dictus dominus Çiraldus et sui heredes et cui dederit debeat habere, tenere, possidere et omnem suam utilitate et voluntatem facere de dictis quatuor canpis terre paludive iure predicto libelli prepetualis, absque contradicione dicti syndici dicti comunis seu alicuius syngularis persone, una cum acessu, ingressu et introytu, viis, servitutibus, honoribus et districtu cuiuscumque omni iure, racione et actione utili et directa ipsi terre paludive sive dicto comuni pro ea in integrum pertinente, dicens et asserens dictus syndicus dictam terram nulli alii fore datam, venditam, traditam, obligatam seu modo aliquo obnoxiatam, et si reperiretur promissit ipse syndicus |67r| syndicario nomine iam dicto eidem domino Çiraldo et eius heredibus stipulanti guarentare, defendere, auctoriçare et expedire dictam terram modo predicto concessam dicto domino Çiraldo et eius heredibus et cui ipsam dederit, ab omnibus et contra omnes, ab omni persona, parte,[d)] universitate, colegio et comuni, sub pena dupli valoris dicte terre paludive secundum quod hec meliorata fuerit aud plus valuerit sub extimacione in consimili loco pena predicti stipulanti promissa. Ad favorem cuius livelli seu locacionis predictus dominus Çiraldus promissit per se et suos heredes predicto Gerardo syndico stipulanti et recipienti syndicario nomine dicti comunis dare, reddere et solvere predicto comuni Montissilicis vel canipario ipsius comunis pro ipso comuni recipienti omni anno in festo sancti Stefani de mense decenbris, tercio die ante vel post, solidos quatuor denariorum parvorum pro pensione sive afictu dicte pecie terre paludive. Pacto inter ipsos aposito et stipulanti firmato quod si dictus dominus Çiraldus vel sui heredes vendere aliquando voluerit ius suum dicte pecie terre, vendat ipsum dicto comuni Montissilicis pro solidis quinque denariorum parvorum minus quam alii, denunciando primo per se vel eius nuncium potestati vel officialibus dicte terre Montissilicis qui pro tempore essent. Et elapsis quindecim diebus a denunciacione predicta, possit ipse dominus Çiraldus seu heredes ipsius vendere ius suum cui voluerit, non tamen ecclesie, non militi, magnati, nec regulari persone, non servo seu ancille. Et si aliter vendicio facta fuerit non valeat et non teneat de iure nec de facto. Et e converso si dictum comune vendere aliquando voluerit ius suum dicti libelli, vendat ipsum dicto domino Çiraldo vel eius heredibus pro solidis quinque denariorum parvorum minus quam alii, modo et forma supradictis. Penam inter se possuerunt partes predicte vigintinovem soldorum denariorum parvorum pro quoli‹be›t termino et capitullo non observato; qua pena comissa vel non comissa, soluta vel non soluta, libellus iste in sua maneat firmitate. Et duo instrumenta iubsserunt scribi uno tenore ex una embreviatura videlicet unum unicuique parti dandum.

(SN) Ego Guilielmus filius Phylipi de Belando imperiali auctoritate notarius his interfui et iussu parcium hec scripssi.

a) *nel marg. sn.* b) *nel marg. sn. di mano A* c) *segue* gr *espunto* d) *segue* co *espunto*

104

|67v| Carta libelli comunis Montissilicis et domini Çanboni notarii de Andrea de quatuor canpos terre paludive.[a]

Et red(dit) solidos IIIJ[or].[b]

Comune vendidit sibi pro libris X parvorum et postea sibi livelavit; red(dit) solidos IIIJ[o] *pro livelo. Hic fit memoria illorum de Abis.*[c]

Anno Domini millesimo trecenteximo quarto, indicione secunda, die quintodecimo marcii, in Montesilice, in domo habitacionis domini Palamides de Vitalianis tunc potestatis terre Montissilicis, presentibus ipso domino Palamides, domino Blaxio de Sarçanis eius iudice et assessore, Iacobo notario condam[d] Belaveris, Petro eius fratre, Iohanne de Butolla, omnibus tunc habitantibus in Montesilice, et aliis. Ibique Gerardus notarius condam Abi tanquam syndicus et procurator comunis et hominum terre Montissilicis specialis specialiter ad omnia infrascripta facienda constitutus, ut continetur in carta syndicarie et parcium scripta per Iacobum notarium condam domini Belaveris a me notario infrascripto vissa et lecta, pro precio librarum decem denariorum venecialium parvorum quas nomine finiti, certi et conventi precii syndicario nomine dicti comunis recipienti guarentavit et fuit confessus se manualiter habuisse et recepisse a domino Çanbono notario de Andrea de Padua[e] de quibus denariis et precio sibi solutum clamavit et plenam solucionem in se habere dixit ab eodem domino Çanbono, renunc(ians) excepcioni non numerati, non recepti atque sibi traditi precii predicti tempore contractus omnique alii suo iuri, faciens ei finem et remissionem et pactum de anplius non petendo precium antedictum, pro iam dicto precio dictus Gerardus syndichus syndicario nomine et vice et nomine dicti comunis et hominum dicte terre iure[f)] libelli perpetualis secundum formam et tenorem unius reformacionis maioris consilii dicti comunis Montissilicis facte super facto alivelandi certam quantitatem de Palude Insulle certis civibus de Padue consortibus dicti comunis scripte per Iacobum notarium condam domini Belaveris in suprascripto millesimo, sub die vigeximonono[g)] ianuarii, in potestaria et regimine suprascripti domini Palamides potestatis terre Montissilicis, illis pactis et condicionibus quibus in dicta reformacione continetur, dedit, concessit et investivit predictum dominum Çanbonum notarium de Andrea de quatuor canpis terre paludive iacent(ibus) in confinio Montissilicis in Palude Insule in septimo mansso viginti canporum dicte paludis pro indivisso cum dominis Piscis de Trotis de Montesilice, domino Çiraldo Crosna iudice, Prosdocimo notario filio Guid[onis] sartoris et Paduano filio Comitis de Gurgo, cui mansso choeret ab uno latere [oc]tavus mansus dicte paludis, ab alio latere versus septentrionem sextus manssus dicte paludis, ab uno capite ager novus et ab alio via publica; ita ut amodo dictus dominus Çanbonus et sui heredes et cui dederit debeat habere, tenere, possidere et omnem suam utilitatem et voluntatem facere de dictis quatuor canpis terre paludive iure predicto libelli prepetualis, absque contradicione dicti syndici et dicti comunis seu alicuius syngularis persone, una cum acessu, ingressu et introytu, viis, servitutibus, |68r|honoribus et districtu cuiuscumque omni iure, racione et actione utili et directa ipsi terre paludive sive dicto comuni pro ea in integrum pertinente, dicens et asserens dictus syndicus dictam terram nulli alii fore datam, venditam, traditam, obligata‹m› seu modo aliquo obnoxiatam, et si reperiretur promissit ipse syndicus syndicario nomine dicto eidem domino Çanbono stipulanti servare ipsum et eius heredes indepnes[h)] et ipsum in vachuam, liberam et expeditam possesionem ponere expensis dicti comunis Montissilicis et promissit insuper dictus syndicus syndicario nomine quo supra eidem domino Çanbono stipulanti et suis heredibus guarentare, defendere, auctoriçare et expedire dictam terram modo predicto concessam dicto domino Çanbono et eius heredibus et cui ipsam dederit, ab omnibus et contra omnes, ab omni parte, persona, universitate, colegio et comuni, sub pena dupli valoris dicte terre secundum quod hec meliorata fuerit aut plus valuerit sub extimacione in consimili loco pena predicta stipulanti promissa. Ad favorem cuius libelli seu locacionis predictus dominus dominus Çanbonus promissit per se et suos heredes supradicto syndico stipulanti et recipienti pro dicto comuni dare, reddere et solvere predicto comuni vel eius canipario pro ipso comuni recipienti omni anno in festo sancti Stefani de mense decenbris, tercia die ante vel post, solidos quatuor denariorum venecialium parvorum pro afictu seu pensione dicte terre paludive et non aliud. Pacto inter ipsos aposito et stipulanti firmato quod si dictus dominus Çanbonus vel eius heredes aliquando vendere voluerit ius suum dictorum quatuor camporum terre, vendat dicto comuni pro solidis quinque denariorum parvorum minus quam alii, denunciando primo per se vel per alium suum nuncium potestati seu officialibus dicte terre Montissilicis qui pro tempore essent. Et elapssis quindecim diebus a denunciacione predicta, tunc possit ipse dominus Çanbonus vel eius heredes vendere dictum ius suum cui voluerint senper salvis racionibus dicti comunis dicti libelli dicte terre, non tamen ecclesie, non militi, magnati, nec regulari persone, non servo seu ancille. Et si aliter vendicio facta fuerit non teneat nec valeat de iure nec de facto. Et e converso si dictum comune vendere aliquando voluerit ius suum dicti libelli, vendat ipsum dicto domino Çanbono vel eius heredibus pro solidis quinque denariorum parvorum minus quam alii, modo et forma supradictis. Penam inter se posuerunt partes predicte soldorum vigintinovem parvorum pro quolibet termino et capitulo non observato; qua pena comissa vel non comissa, soluta vel non soluta, libelus iste in sua maneat firmitate. Et duo instrumenta uno tenore ex una embreviatura iubsserunt scribi videlicet unum unicuique parti dandum.

(SN) Ego Guilielmus filius domini Filipi de Bellando imperiali auctoritate notarius his interfui et iussu parcium hec scripsi.

a) *nel marg. sn.* b) *nel marg. sn. di mano A* c) *nel marg. sn. di mano A* d) condam *ripetuto* e) *segue* pro *depennato* f) *segue* loca *espunto* g) *tra* vigeximo *e* nono*:* primo *depennato ed espunto* h) *ms:* indepnes *con segno d'abbreviazione generico su* nes

105

|68v| Carta domini Bartholamei Xavache et comunis Montissilicis de tribus canpis terre paludive in contracta Pantherie.[a)]

Livelus magistri Bartholamei Savache.[b)]

Et red(dit) solidos ııȷ.[c)]

Pro libris vıȷ, solidis x, comune vendidit et postea sibi livelavit.[d)]

Anno Domini millesimo trecenteximo quarto, indicione secunda, die sextodecimo intrante marcio, in Montesilice, in domo habitacionis domini Palamides de Vitalianis tunc potestatis terre Montissilicis, presentibus ipso domino Palamides, domino Blaxio de Sarçanis eius iudice et assessore, domino Bernardino de Piçacomino, domino Çanbono notario de Andrea, domino Antonio condam domini Gregorii, Vivaldino de Butola, omnibus tunc habitantibus in Montesilice, et aliis. Ibique dominus Gerardus notarius Abi syndicus comunis et hominum Montissilicis specialis specialiter ad omnia infrascripta facienda constitutus, ut continetur in carta syndicarie scripta per Iacobum notarium condam Belaveris a me notario infrascripto vissa et lecta,[e)] pro precio librarum septem et soldorum deçem denariorum venecialium parvorum quos denarios syndicario nomine dicti comunis recipienti fuit contenptus et confessus se manualiter habuisse et recepisse a magistro Bartholameo Savacha medico condam magistri Alberti medici de Montesilice de quibus denariis et precio clamavit sibi solutum et plenam solucionem in se habere[f)] dixit, renunc(ians) excepcioni non numerate sibi pecunie tempore contractus omnique suo iuri, faciens ei finem et remissionem et pactum de ulterius non pectendo precium antedictum, pro quibus denariis et precio dictus Gerardus syndichus syndicario nomine dicti comunis et vice et nomine dicti comunis Montissilicis iure libelli perpetualis secundum modum et formam unius reformacionis maioris consilii comunis Montissilicis facte super facto alivelandi certam quantitatem de Palude Insule scripte per Iacobum notarium condam Belaveris in supradicto millesimo, sub die vigeximonono ianuarii, in potestaria dicti domini Palamides, illis pactis et condicionibus quibus in dicta reformacione continetur, dedit, concessit et investivit dictum magistrum Bartholameum Savacha de tribus canpis terre paludive iacent(ibus) in confinio Montissilicis apud Paludem Insule in contracta ubi dicitur Panthera dicti magistri Bartholamei positis in duabus peciis; prime pecie choeret ab uno capite et uno latere dictus magister Bartholameus conductor, ab alio capite frater Bocaleca pridor Domus Dei de Padua et ab alio latere via publica; choeret secunde pecie dicte terre ab uno capite et uno latere dictus magister Bartholameus conductor, ab alio capite supradictus frater Bocalecha et ab alio latere dictus frater Bocaleca partim et forte alie sunt confines; ita ut amodo dictus magister Bartholameus et sui heredes et cui dederit debeant habere, tenere, possidere et omnem suam utilitatem et voluntatem facere de dictis tribus canpis terre paludive iure predicto libelli prepetualis,[g] |69r| ut dictum est, absque contradicione dicti syndici et dicti comunis seu alicuius syngularis persone, una cum acessu, ingressu et introytu, viis, servitutibus, honoribus et districtu cuiuscumque omni iure, racione et actione utili et directa, tacita et expressa ipsi terre paludive sive dicto comuni pro ea in integrum pertinente, dicens et aserens dictus syndicus syndicario nomine quo supra dictam terram nulli alii fore datam, venditam, traditam, obligatam seu modo aliquo obnoxiatam, et si reperiretur promixit ipse syndicus syndicario nomine quo supra eidem magistro Bartholameo pro se et suis heredibus stipulanti servare ipsum et eius heredes indepnes[h] et ipsum in vachuam, liberam, expedictam possessionem ponere expensis dicti comunis sub pena dupli dampni et interesse cum obligacione bonorum dicti comunis; promissit insuper predictus syndicus syndicario nomine predicto eidem magistro Bartholameo stipulanti guarentare, defendere, auctoriçare et expedire dictam terram modo predicto concessam dicto magistro Bartholameo et eius heredibus et cui ipsam dederit, ab omnibus et contra omnes, ab omni persona, parte,[i] universitate, colegio et comuni, sub pena dupli valoris dicte terre secundum quod pro tempore hec meliorata fuerit aut plus valuerit sub extimacione in consimili loco pena predicta stipulanti promissa. Ad favorem cuius libeli seu locacionis predictus magister Bartholameus promixit per se et suos heredes predicto Gerardo syndico stipulanti et recipienti syndicario nomine dicti comunis dare, reddere et solvere predicto comuni Montissilicis vel eius canipario recipienti pro ipso comuni omni anno in festo sancti Stefani de mense decenbris solidos tres[j] denariorum venecialium parvorum pro afictu dicte terre videlicet denarios duodecim parvorum pro quolibet canpo. Pacto inter ipsos aposito et stipulanti firmato quod si dictus magister Bartholameus vel eius heredes aliquando vendere voluerit ius suum dicti libelli, vendat dicto comuni Montissilicis dictum ius suum pro solidis quinque denariorum parvorum minus quam alii, denunciando primo per se vel suum nuncium potestati seu officialibus dicte terre qui pro tempore essent in Montesilice. Et elapsis quindecim diebus a denunciacione predicta, tunc possit dictus conductor vel eius heredes vendere dictum ius suum cui voluerit senper salvis racionibus dicti comunis dicti libelli, non tamen ecclesie, non militi, magnati, nec regulari persone, non servo seu ancile. Et si aliter vendicio facta fuerit non teneat et non valeat de iure nec de facto. Et e converso si dictum comune vendere aliquando voluerit ius suum dicti libelli, vendat ipsum dicto magistro Bartholameo vel eius heredibus pro solidis quinque parvorum minus quam alii, |69v| modo et forma supradictis. Penam inter se posuerunt partes predicte vigintinovem soldorum denariorum parvorum pro quolibet termino et capitulo non observato; qua pena comissa vel non comissa, soluta vel non soluta, libelus iste in sua maneat firmitate. Et duo instrumenta uno tenore ex una embreviatura iusserunt scribi unum unicuique parti.

(SN) Ego Guilielmus filius domini Phylipi de Belando imperiali auctoritate notarius his interfui et iussu parcium hec scripssi.

a) *nel marg. sn.* b) *nel margine superiore, forse di altra mano* c) *nel marg. sn. di mano A* d) *nel marg. sn. di mano A* e) *segue* continetur *superfluo* f) *segue* d *depennata* g) *segue* cum *depennato* h) *ms:* indepnes *con segno d'abbreviazione generico su* nes i) *segue* co *depennato* j) tres *sovrascritto nell'interlinea su* quatuor *depennato ed espunto*

106

Carta libelli comunis Montissilicis et fratris Leonardi pridoris Domus Dei de Padua de secundo manso Paludis de Insule.[a)]

Comune vendidit pro precio librarum LVIJ, *solidorum* X *et postea eum condutorem investivit et red(dit) solidos* XXIIJ.[b)]

Anno Domini[c)] millesimo trecentexime quarto, indicione secunda, die sextodecimo marcii, in Montesilice, in domo habitacionis domini

Palamides de Vitalianis tunc potestatis terre Montissilicis, presentibus ipso domino Palamides, domino Blaxio iudice de Sarçanis iudice et assessore dicti potestatis, domino Bernardino de Piçacomino, domino Çanbono notario de Andrea de Padua, domino Antonio de Gregoriis de Montesilice et aliis. Ibique dominus Gerardus notarius condam Abi tanquam syndicus et procurator comunis et hominum terre Montissilicis specialiter ad omnia infrascripta facienda, ut continetur in carta syndicarie scripta per Iacobum notarium condam Belaveris a me notario infrascripto visa et lecta, pro libris quinquaginta septem denariorum parvorum[d)] et solidis decem quos denarios syndicario nomine predicto recipienti fuit contentus et confessus se manualiter habuisse et recepisse a domino Leonardo condam domini Gerardi Çiçe de Padua de contracta Domus Dei, de quibus denariis et precio sibi solutum clamavit et plenam solucionem in se habere dixit ab eodem domino Leonardo,[e)] renunc(ians) excepcioni non numerati et recepti sibi precii predicti tempore contractus omnique suo iuri, faciens ei finem, remissionem et pactum de anplius non petendo precium antedictum, pro iam dicto precio dictus syndichus nomine et vice dicti comunis Montissilicis iure libelli perpetualis secundum formam et tenorem unius reformacionis facte in maiori consilio comunis Montissilicis super |70r| facto alivelandi certam quantitatem de Palude Insule certis civibus de Padua consortibus comunis Montissilicis scripte per Iacobum notarium condam Belaveris in suprascripto millesimo, sub die vigeximonono ianuarii, in potestaria suprascripti domini Palamides tunc potestatis Montissilicis, illis pactis quibus in ipsa reformacione[f)] continetur,[g)] dedit, concessit et investivit dictum dominum Leonardum condam domini Gerardi Çiçe de Padua pro se et suis heredibus recipienti de viginti tribus canpis terre paludive iacent(ibus) in confinio Montissilicis in Paludem Insule in secundo mansso dicte paludis, cui manso choeret a mane publica Canpi Marcii et a nuiora dicta publica, a meridie magister Xavacha medicus partim et iura tercii mansi dicte paludis partim, a serro ager novus dicte paludis et forte alie sunt confines; ita ut amodo dictus dominus Leonardus et sui heredes et cui dederit debeat habere, tenere, possidere et omnem suam voluntatem et utilitatem facere de dictis[h)] canpis terre paludive, absque contradicione dicti syndici et dicti comunis seu alicuius syngularis persone, una cum acessu, ingressu et introytu, viis, servitutibus, honoribus et districtu cuiuscumque omni iure, racione et actione utili et directa ipsi terre paludive seu dicto comuni pro ea in integrum pertinente, dicens et asserens dictus syndicus dictam terram nulli alii fore datam, venditam, traditam, obligatam seu modo aliquo obnoxiatam, et si reperiretur promissit ipse syndicus syndicario nomine iam dicto eidem domino Leonardo stipulanti servare ipsum et suos heredes indempnes et ipsum in vachuam, liberam, expedictam possesionem ponere omnibus expensis dicti comunis; et promissit eciam dictus syndicus syndicario nomine quo supra eidem domino Leonardo et eius heredibus stipulanti guarentare, defendere, auctoriçare et disbrigare et expedire dictam terram modo predicto concessam dicto domino Leonardo et eius heredibus et cui ipsam dederit, ab omnibus et contra omnes, ab omni parte, persona, universitate, colegio et comuni, sub pena dupli valoris dicte terre secundum quod hec meliorata fuerit aut plus valuerit sub extimacione in consimili loco pena predicta stipulanti promissa. Ad favorem cuius libelli seu locacionis supradictus dominus Leonardus promissit per se et suos heredes predicto syndico stipulanti et recipienti syndicario nomine predicto da‹re›, reddere et solvere predicto comuni Montissilicis vel eius canipario pro ipso comuni recipienti omni anno in festo sancti Stefani de mense decenbris, tercia die ante vel post, |70v| solidos vigintitres denariorum venecialium parvorum pro afictu sive pensione dicte terre paludive. Pacto inter ipsos aposito et stipulanti firmato quod si dictus dominus Leonardus vel eius heredes vendere voluerit aliquando ius suum dicte pecie terre, vendat dictum ius suum dicto comuni Montissilicis pro solidis quinque denariorum parvorum minus quam alii, denunciando primo per se vel suum nuncium potestati seu officialibus terre Montissilicis qui pro tempore essent in Montesilice. Et elapssis quindecim diebus a denunciacione predicta, tunc possit ipse dominus Leonardus et sui heredes vendere dictum ius suum cui voluerit, non tamen ecclesie, non militi, magnati, nec regulari persone, non servo seu ancile. Et[i] si aliter vendicio facta fuerit non valeat et non teneat de iure nec de facto. Et e converso si dictum comune Montissilicis vendere aliquando voluerit ius suum dicti libelli, vendat ipsum dicto domino Leonardo vel eius heredibus pro solidis quinque denariorum parvorum minus quam alii, modo et forma supradictis, senper salvis racionibus dicti comunis dicti libelli.[j] Penam inter se possuerunt partes predicte vigintinovem soldorum denariorum parvorum pro quolibet termino et capitulo non observato; qua pena comissa vel non comissa, soluta vel non soluta, libelus iste in sua maneat firmitate. Et duo instrumenta uno tenore ex una embreviatura iubsserunt scribi videlicet unum unicuique parti dandum.

(SN) Ego Guilielmus filius domini Filipi de Belando imperialli auctoritate notarius his interfui et iussu parcium hec scripssi.

a) *nel marg. sn.* b) *nel marg. sn. di mano A* c) *segue* dn *depennato* d) *segue* quo *depennato* e) *segue* s *depennata* f) *ms:* reformacionee *con e finale espunta* g) con *di* continetur *corretto da* et h) *segue* quatuor *depennato* i) *segue* sil *depennato* j) *segue* pacto *depennato*

107

Carta libelli dicti comunis et domini Priçivalis notarii de Guariento de quatuor canpis terre paludive in primo manso.[a]

Comune vendidit pro libris x *parvorum et postea livelavit sibi et red(dit) solidos* IIIJ° *pro livello.*[b]

Anno Domini millesimo trecentexîmo quarto, indicione secunda, die sextodecimo marcii, in Montesilice, in domo habitacionis domini Palamides de Vitalianis tunc potestatis terre Montissilicis, presentibus ipso domino Palamides, domino Blaxio iudice de Sarçanis vicario ipsius potestatis, domino Bernardino de Piçacomino, domino Çanbono notario de Andrea de Padua, domino Antonio condam domini Gregorii de Montesilice, Vivaldino de Butola de dicta terra et aliis. Ibique dominus Gerardus notarius condam Abi tanquam syndicus et procurator comunis |71r| et hominum terre Montissilicis specialiter ad omnia infrascripta facienda constitutus, ut continetur in carta syndicarie scripta per Iacobum notarium condam domini Belaveris a me notario infrascripto vissa et lecta, pro precio librarum decem denariorum parvorum quos denarios syndicario et procuratorio nomine recipienti fuit contentus et confessus se manualiter habuisse et recepisse a domino Priçivalle notario filio condam domini Thebaldi de Guariento de Padua, de quibus denariis et precio clamavit sibi solutum, renunc(ians) excepcioni non numerate sibi pecunie tempore contractus omnique suo iuri, faciens ei finem, remissionem et pactum de ulterius non pectendo precium antedictum, pro iam dicto precio dictus Gerardus syndichus syndicario et procuratorio nomine dicti comunis Montissilicis iure libelli perpetualis secundum formam et tenorem unius reformacionis maioris consilii comunis Montissilicis facte super facto alivelandi pro dicto comuni certam quantitatem de Palude Insulle certis civibus de Padua consortibus comunis Montissilicis scripte per Iacobum notarium condam Belaveris in suprascripto millesimo, sub die vigeximonono ianuarii, in potestaria suprascripti domini Palamides tunc potestatis terre Montissilicis, illis pactis et condicionibus quibus in ipsa reformacione continetur, dedit, concessit et investivit predictum dominum Priçivallem notarium condam domini Thebaldi pro se et suis heredibus stipulantem de quatuor canpis terre paludive positis in confinio Montissilicis in Palude Insulle in primo mansso dicte paludis pro indivisso cum dominis Chucho de Palteneriis, Guillielmo Novello, Petro Scrovegno, cui choeret ab uno capite ager novus dicte paludis, ab alio capite destorium comunis et ab uno latere via seu ager qua itur[c] versus Costaldolum et forte alie sunt confines; ita ut amodo dictus dominus Pricivalle et eius heredes et cui dederit debeant habere, tenere, possidere et omnem suam utilitatem et voluntatem facere de dictis quatuor canpis terre paludive iure predicto libelli perpetualis, absque contradicione dicti syndici et dicti comunis seu alicuius syngularis persone, una cum acessu, ingressu et introytu, viis, servitutibus, honoribus et districtu cuiuscumque omni iure, racione et actione utili et directa ipsi terre paludive sive dicto comuni pro ea in integrum pertinente, dicens et asserens dictus syndicus syndicario nomine quo supra dictam terram nulli alii fore datam, venditam, traditam, obligatam seu modo aliquo obnoxiatam, et si reperiretur promissit ipse syndicus eidem domino Priçivalle notario et eius heredibus stipulanti servare ipsum et eius heredes indempnes et ipsum in |71v| vachuam, liberam, expedictam ponere possesionem expensis dicti comunis; et promissit insuper dictus syndicus syndicario nomine iam dicto eidem domino Priçivalle et eius heredibus stipulanti guarentare, defendere, auctoriçare et expedire dictam terram modo predicto concessam dicto domino Priçivalle notario et eius heredibus et cui ipsam dederit, ab omnibus et contra omnes, ab omni parte, persona, universitate, colegio et comuni, sub pena dupli valoris dicte terre secundum quod meliorata fuerit pro tempore aud plus valuerit sub extimacione in consimili loco pena predicta stipulanti promissa. Ad favorem cuius libelli seu locacionis predictus dominus Priçivalle notarius promissit per se et suos heredes predicto Gerardo syndico stipulanti et recipienti syndicario nomine dicti comunis dare, reddere et solvere predicto comuni Montissilicis vel eius canipario pro dicto comuni recipienti omni anno in festo sancti Stefani de mense decenbris, tercio die ante vel post, solidos quatuor denariorum parvorum pro afictu et pensione dictorum quatuor canporum terre paludive et non aliud. Pacto inter ipsos aposito et stipulanti firmato quod si dictus dominus Priçivalle vel eius heredes vendere voluerit aliquando ius suum dicte terre, vendat dictum suum ius dicto comuni Montissilicis pro solidis quinque denariorum parvorum minus quam alii, non tamen ecclesie, non militi, magnati, nec regulari persone, non servo seu ançile, et si aliter vendicio facta fuerit non valeat nec teneat de iure nec de facto, denunciando primo per se vel suum nuncium potestati vel officialibus terre Montissilicis qui pro tempore essent in Montesilice. Et elapssis quindecim diebus a denunciacione predicta, tunc possit ipse conductor vendere dictum ius suum cui voluerit modo supradicto, senper salvis racionibus dicti comunis dicti libelli. Et e converso si dictum comune vendere aliquando voluerit ius suum dicti libelli, vendat ipsum dicto domino Priçivalle vel eius heredibus pro solidis quinque denariorum parvorum minus quam alii, modo et forma supradictis. Penam inter se possuerunt partes predicte vigintinovem soldorum denariorum parvorum pro quolibet termino et capitullo non observato; qua pena comissa vel non comissa, soluta vel non soluta, libellus iste in sua maneat firmitate. Et duo instrumenta uno tenore ex una embreviatura iubsserunt scribi videlicet unum unicuique parti dandum.

(SN) Ego Guilielmus filius Phylipi de Bellando imperiali auctoritate notarius his interfui et iupssu parcium hec scripssi.

a) *nel marg. sn.* b) *nel marg. sn. di mano A* c) *ms:* itur *con segno d'abbreviazione superfluo*

108

|72r| M° III^c quarto, indicione secunda.[a]

Carta libelli comunis Montissilicis et domini Priçivalle notarii de quatuor canpis de Palude Insulle in quarto mansso.[b]

Comune vendidit pro libris x parvorum et postea sibi livelavit redendo solidos IIII^or parvorum.[c]

Anno Domini millesimo trecenteximo quarto, indicione secunda, die sextodecimo marcii, in Montesilice, in domo habitacionis domini Palamides de Vitalianis tunc potestatis terre Montissilicis, presentibus ipso domino potestate, domino Blaxio de Sarçanis eius iudice et assessore, domino Bernardino de Piçacomino,[d] domino Çanbono notario de Andrea de Padua, domino Anthonio condam domini Gregorii de Montesilice, Vivaldino de Butolla eiusdem loci et aliis. Ibique dominus Gerardus notarius condam Abi tanquam syndicus et procurator comunis et hominum terre Montissilicis specialiter ad omnia infrascripta facienda constitutus, ut continetur in carta syndicarie scripta per Iacobum notarium condam Belaveris a me notario infrascripto vissa et lecta, pro precio librarum decem denariorum venecialium parvorum quos denarios fuit contentus et confessus se manualiter habuisse et recepisse nomine dicti comunis recipienti a domino Priçivalle notario filio condam domini Thebaldi de Guariento de Padua, de quibus denariis et precio sibi clamavit solutum, renunc(ians) excepcioni non numerati, non recepti atque sibi traditi predicti tempore contractus omnique alii suo iuri, faciens ei finem et remissionem et pactum de anplius non pectendo precium predictum, pro iam dicto precio dictus Gerardus syndichus syndicario nomine dicti comunis iure libelli perpetualis secundum formam et tenorem unius reformacionis maioris consilii comunis Montissilicis facte super facto alivelandi per dictum comune Montissilicis certam quantitatem de Palude Insule certis civibus de Padua consortibus comunis Montissilicis scripte per Iacobum notarium condam Belaveris in suprascripto millesimo, sub die vigeximonono ianuarii, in regimine suprascripti domini Palamides tunc potestatis dicti comunis, illis pactis et condicionibus quibus in ipsa reformacione continetur, dedit, concessit et investivit predictum dominum Priçivallem notarium condam domini Thebaldi de Padua de quatuor canpis terre paludive iacent(ibus) in confinio Montissilicis in Palude Insulle in quarto mansso dicte paludis pro indivisso cum domino Anthonio Capoçolla, Palmerio notario de Sancta Cruce, domino Iacobo notario condam Raynerii, Henrigeto notario de Anbroxino, cui mansso choeret ab una parte ager novus dicte paludis, ab alia parte via nova dicte paludis, a tercia parte iura quinti mansi dicte paludis et forte alie sunt confines; ita ut amodo predictus dominus Priçivalle et heredes ipsius et cui dederit debeant habere, tenere, possidere et omnem suam utilitatem et voluntatem facere de dictis quatuor canpis terre paludive iure predicto libelli perpetualis, absque contradicione dicti syndici et dicti comunis seu alicuius syngularis persone, una cum acessu, ingressu et introytu, viis, servitutibus, honoribus et districtu cuiuscumque omni iure, racione et actione utili et directa ipsi terre paludive in integrum pertinente, dicens et asserens dictus syndicus syndicario nomine quo supra dictam terram nulli alii fore datam, venditam, traditam, obligatam seu modo aliquo obnoxiatam, et si reperiretur promissit ipse syndicus syndicario nomine quo supra eidem domino Priçivalle stipulanti servare ipsum et suos heredes in|72v|depnes et ipsum in vachuam, liberam, expedictam ponere possesionem expensis dicti comunis; et promixit eciam dictus syndicus syndicario nomine iam dicto eidem domino Priçivalle et eius heredibus stipulanti guarentare, defendere, auctoriçare et expedire dictam terram modo predicto concessam eidem domino Priçivalle et eius heredibus et cui ipsam dederit, ab omnibus et contra omnes, ab omni parte, persona, universitate, colegio et comuni, sub pena dupli valoris dicte terre secundum quod hec meliorata fuerit pro tempore aud plus valuerit sub extimacione in consimili loco pena predicta stipulanti promissa. Ad favorem cuius libelli seu locacionis predictus dominus Priçivalle promissit per se et suos heredes dicto syndico stipulanti et recipienti syndicario nomine predicto dare, reddere et solvere dicto comuni vel eius canipario pro ipso comuni recipienti omni anno in festo sancti Stefani de mense decenbris, tercio die ante vel post, solidos quatuor denariorum parvorum pro afictu sive pensione dicte terre paludive et non aliud. Pacto inter ipsos aposito et stipulanti firmato quod si dictus dominus Priçivalle vel eius heredes aliquando vendere voluerit dictum ius suum dicte pecie terre, vendat dictum ius suum dicto comuni

Montissilicis pro solidis quinque denariorum parvorum minus quam alii,[e] denunciando primo per se vel suum nuncium potestati vel officialibus Montissilicis qui pro tempore essent. Et elapssis quindecim diebus a denunciacione predicta, tunc possit ipse conductor vendere dictum ius suum cui voluerit non tamen ecclesie, non militi, magnati, nec regulari persone, non servo seu ancille, senper salvis racionibus dicti comunis dicti libelli. Et si aliter vendicio facta fuerit non valeat nec teneat de iure nec de facto. Et e converso si dictum comune aliquando vendere voluerit ius suum dicti libelli, vendat ipsum dicto domino Priçivalle notario vel eius heredibus pro solidis quinque denariorum parvorum minus quam alii, modo et forma supradictis. Penam possuerunt inter se partes predicte vigintinovem soldorum denariorum parvorum pro quolibet termino et capitulo non observato; qua pena comissa vel non comissa, soluta vel non soluta, libellus iste in sua maneat firmitate. Et duo instrumenta unius tenoris ex una embreviatura iubsserunt scribi videlicet unum unicuique parti dandum.

(SN) Ego Guilielmus filius domini Phylipi de Belando imperialli auctoritate notarius his interfui et iussu parcium hec scripssi.

a) *nel margine superiore, al centro* b) *nel marg. sn.* c) *nel marg. sn. di mano A* d) *segue* eius *depennato* e) *segue* facta *depennato*

109

|73r| Carta libelli comunis dicti et domini Priçivalle de Guariento de uno manso terre paludive in Insula.[a]

Comune vendidit ‹pro› libr(is) L[b] *et postea livelavit sibi redendo pro livelo solidos* XX *parvorum.*[c]

Anno Domini millesimo trecentexímo quarto, indicione secunda, die sextodecimo marcii, in Montesilice, in domo habitacionis domini Palamides de Vitalianis tunc potestatis terre Montissilicis, presentibus ipso domino Palamides, domino Blaxio de Sarçanis iudice et assessore dicti potestatis, domino Bernardino de Piçacomino, domino Çanbono notario de Andrea de Padua, domino Anthonio condam domini Gregorii, domino Vivaldino de Butola de Montesilice et aliis. Ibique dominus Gerardus notarius condam Abi tanquam syndichus et procurator comunis et hominum terre Montissilicis specialiter ad omnia infrascripta facienda constitutus, ut continetur in carta syndicarie scripta per Iacobum notarium condam Belaveris a me notario infrascripto vissa et lecta, pro precio librarum quinquaginta denariorum venecialium parvorum quos denarios syndicario nomine dicti comunis recipienti fuit contentus et confessus se manualiter habuisse et recepisse a domino Priçivalle notario filio condam domini Thebaldi de Guariento de Padua, de quibus denariis et precio clamavit sibi solutum, renunc(ians) excepcioni non numerate et non recepte sibi pecunie tempore contractus omnique alii suo iuri, faciens ei finem, remissionem et pactum de ulterius non pectendo precium antedictum, pro iam dicto precio dictus syndicus syndicario nomine et vice dicti comunis iure libelli perpetualis secundum formam et tenorem unius reformacionis maioris consilii dicti comunis facte super facto alivelandi per dictum comune certam quantitatem de Palude Insule certis civibus de Padua consortibus dicti comunis scripte per Iacobum notarium condam Belaveris in suprascripto millesimo, sub die vigeximonono ianuarii, in regimine et potestaria dicti domini Palamides tunc potestatis terre Montissilicis, illis pactis et condicionibus quibus in dicta reformacione continetur, dedit, concessit et investivit predictum dominum Priçivallem notarium de viginti canpis terre paludive iacent(ibus) in confinio Montissilicis in Palude Insule in nono mansso dicte paludis viginti canporum, cui manso choeret ab uno capite ager novus dicte paludis, ab alio capite via publica, ab uno latere iura decimi manssi dicte paludis et forte alie sunt confines; ita ut amodo dictus dominus Priçivalle notarius et eius heredes et cui dederit debeant habere, tenere, possidere et omnem suam voluntatem et utilitatem facere de dictis viginti canpis terre paludive iure predicto libelli perpetualis, absque contradicione dicti syndici et dicti comunis seu alicuius syngularis persone, una cum acessu, ingressu et introytu, viis, servitutibus, honoribus et districtu cuiuscumque omni iure, racione et actione utili et directa ipsi terre paludive sive dicto comuni pro ea in integrum pertinente, dicens et asserens predictus syndicus syndicario nomine[d)] predicto |73v| dictam terram nulli alii fore datam, venditam, obligatam seu modo aliquo obnosiatam, et si reperiretur promixit eidem domino Priçivalle stipulanti servare ipsum et eius heredes indepnes et ipsum in vachuam, liberam, expedictam ponere possesionem expensis dicti comunis; et promissit eciam dictus syndicus eidem domino Priçivalle stipulanti guarentare, defendere, auctoriçare et expedire dictam terram modo predicto concessam dicto domino Priçivalle et suis heredibus et cui ipsam dederit, ab omnibus et contra omnes, ab omni parte, persona, universitate, colegio et comuni, sub pena dupli valoris dicte terre secundum quod meliorata fuerit pro tempore aud plus valuerit sub extimacione in consimili loco pena predicta stipulanti promissa. Ad favorem cuius libelli sive locacionis predictus dominus Priçivalle condutor promissit per se et suos heredes dicto syndico stipulanti et recipienti syndicario nomine predicto dare, reddere et solvere dicto comuni Montissilicis vel eius canipario pro ipso comuni recipienti omni anno in festo sancti Stefani de mense decenbris solidos viginti denariorum parvorum pro afictu et pensione dicte terre paludive. Pacto inter ipsos aposito et stipulanti firmato quod si dictus dominus Priçivalle condutor vel eius heredes vendere aliquando voluerit ius suum dicte pecie terre, vendat ipsum dicto comuni Montissilicis pro solidis quinque denariorum parvorum minus quam alii, denunciando primo per se vel suum nuncium potestati vel officialibus qui pro tempore essent in Montesilice. Et elapssis quindecim diebus a denunciacione predicta, tunc possit ipse condutor et sui heredes vendere dictum ius suum cui voluerit, senper salvis racionibus dicti comunis dicti libelli, non tamen ecclesie, non militi, magnati, non servo seu ancille, nec regulari persone. Et si aliter vendicio facta fuerit non valeat nec teneat de iure nec de facto. Et e converso si dictum comune vendere aliquando voluerit ius suum dicti libelli, vendat ipsum dicto domino Priçivalle notario vel eius heredibus pro solidis quinque denariorum parvorum minus quam alii, modo et forma supradictis. Penam inter se posuerunt partes predicte soldorum vigintinovem denariorum parvorum pro quolibet termino et capitullo non observato; qua pena comissa vel non comissa, soluta vel non soluta, libellus iste in sua maneat firmitate. Et duo instrumenta uno tenore ex una embreviatura iusserunt scribi videlicet unum unicuique parti dandum.

(SN) Ego Guilielmus filius domini Phylipi de Belando imperialli auctoritate notarius his interfui et iussu parcium hec scripssi.

a) *nel marg. sn.* b) libr(is) L *aggiunto sopra la riga con segno di richiamo* c) *nel marg. sn. di mano A* d) nomine *ripetuto*

110

|74r| Carta libelli comunis Montissilicis et domini Petri de Flumine.[a)]

Comune vendidi[t pro] libris L *et postea sibi livelavit et red(dit) solidos* XX *parvorum.*[b)]

Anno Domini millesimo trecenteximo quarto, indicione secunda, die sextodecimo marcii, in Montesilice, in domo habitacionis domini Palamides de Vitalianis tunc potestatis terre Montissilicis, presentibus ipso domino Palamides potestate Montissilicis, domino Blaxio de Sarçanis eius vicario, domino Bernardino de Piçacomino, domino Çanbono notario de Andrea de Padua, domino Antonio condam domini Gregorii, Vivaldino de Butola de Montesilice et aliis. Ibique dominus Gerardus notarius Abi tanquam syndicus et procurator comunis et hominum terre Montissilicis specialiter ad omnia infrascripta facienda constitutus, ut continetur in carta syndicarie scripta per Iacobum notarium condam Belaveris a me notario infrascripto vissa et lecta, pro precio librarum quinquaginta denariorum parvorum quos denarios nomine finiti precio syndicario nomine dicti comunis recipienti fuit contentus et confesus se manualiter habuisse et recepisse a domino Petro filio condam domini Belengerii de Flumine de Padua, de quibus denariis et precio clamavit sibi solutum et plenam solucionem in se habere dixit, renunc(ians) excepcioni non numerate et non recepte pecunie tempore contractus omnique suo iuri, faciens ei finem, remissionem et pactum de anplius non pectendo precium antedictum, pro iam dicto precio dictus syndichus syndicario nomine et nomine et vice dicti comunis iure libelli perpetualis secundum formam et tenorem unius reformacionis facte super facto alivelandi per dictum comune Montissilicis certam quantitatem de Palude Insule certis civibus de Padua consortibus comunis Montissilicis scripte per Iacobum notarium condam Belaveris in suprascripto millesimo, sub die vigeximonono ianuarii, in potestaria dicti domini Palamides tunc potestatis Montissilicis, illis pactis et condicionibus quibus in ipsa reformacione continetur, dedit, concessit et investivit dictum dominum Petrum condam domini Belengerii de Flumine de Padua de viginti canpis terre paludive[c] iacent(ibus) in confinio Montissilicis in Palude Insule in octavo mansso viginti canporum dicte paludis, cui mansso choeret ab uno capite ager novus dicte paludis, ab alio capite dominus Priçivalle notarius de Guariento, et a duobus lateribus via nova dicte paludis et forte alii choerent; ita ut amodo predictus dominus Petrus et sui heredes et cui dederit[d] debeant habere, tenere, possidere et omnem suam utilitatem et voluntatem facere de dictis viginti canpis terre paludive iure predicto libelli perpetualis, cum acessu, ingressu et introytu, viis, servitutibus, honoribus et districtu cuiuscumque omni iure, racione et actione utili et directa ipsi terre paludive sive dicto comuni pro ea in integrum pertinente, dicens et asserens dictus syndicus syndicario nomine iam dicto dictam terram nulli alii fore datam, venditam, traditam, obligatam seu modo aliquo obnosiatam, et si reperiretur promissit ipse syndicus syndicario nomine predicto eidem domino Petro stipulanti servare ipsum et suos heredes indepnes et ipsum in vachuam, liberam, expeditam ponere possesionem expenssis dicti comunis; et promissit eciam dictus syndicus syndicario nomine |74v| iam dicto eidem domino Petro et eius heredibus stipulanti guarentare, defendere, auctoriçare et expedire dictam terram modo predicto concessam dicto domino Petro et eius heredibus et cui ipsam dederit, ab omnibus et contra omnes, ab omni parte, persona, universitate, colegio et comuni, sub pena dupli valoris dicte terre secundum quod meliorata fuerit pro tempore aud plus valuerit sub extimacione in consimili loco pena predicta stipulanti promissa. Ad favorem cuius libelli dictus[e] dominus Petrus promissit per se et suos heredes dicto syndico stipulanti et recipienti syndicario nomine dicti comunis dare, reddere et solvere dicto comuni Montissilicis vel eius canipario pro dicto comuni recipienti omni anno in festo sancti Stefani de mense decenbris, tercia die ante vel post, solidos viginti denariorum venecialium parvorum pro pensione seu afictu dicte terre paludive et non aliud. Pacto inter ipsos aposito et stipulanti valato quod si dictus dominus Petrus conductor vel eius heredes vendere voluerit aliquando ius suum dicte terre paludive, vendat ipsum dicto comuni Montissilicis pro solidis quinque denariorum parvorum minus quam alii, denunciando primo per se vel suum nuncium potestati vel officialibus dicti comunis qui pro tempore essent. Et elapssis quindecim diebus a denunciacione predicta, tunc possit ipse dominus Petrus et sui heredes vendere dictum ius suum cui voluerit, senper salvis racionibus dicti comunis dicti sui libelli, non tamen ecclesie, non militi, magnati, nec regulari persone, non servo seu ancille. Et si aliter vendicio facta fuerit non valeat nec teneat de iure nec de facto. Et e converso si dictum comune Montissilicis vendere voluerit aliquando ius suum dicti libelli, vendat ipsum dicto domino Petro vel eius heredibus pro solidis quinque denariorum parvorum minus quam alii, modo et forma supradictis. Penam inter se possuerunt partes predicte vigintinovem soldorum denariorum parvorum pro quolibet termino et capitulo non observato; qua pena comissa vel non comissa, soluta vel non soluta, rata maneant omnia et syngula suprascripta. Et duo instrumenta unius tenoris ex una embreviatura iubsserunt scribi videlicet unum unicuique parti dandum.

(S) Ego Guilielmus filius domini Phylipi de Belando imperialli auctoritate notarius his interfui et iussu parcium hec scripssi.

a) *nel marg. sn.* b) *nel marg. sn. di mano A* c) *ms:* pauludive *con la prima* u *espunta* d) dederit *ripetuto* e) *segue* s *depennata*

111

|75r| Libellus comunis Montissilicis et domini Piscis.[a)]

Anno Domini millesimo trecentesimo quarto, indicione sechunda, die decimooctavo marcii, in Montesilice, sub lauça Sancti Paulli, presentibus ipso domino Palamides de Vitalianis tunc potestatis terre Montissilicis, domino Nicholao Calderoia condam domini Tonbolee, Bartholameo dicto Blanco precone comunis Montissilicis, Iohanne filio domini Thealdi de Buthola et aliis. Ibique dominus Gerardus notarius condam Abi tanquam syndicus et procurator comunis et hominum terre Montissilicis specialis specialiter ad omnia infrascripta facienda constitutus, ut continetur in carta syndicarie scripta per Iacobum notarium condam domini Belaveris, pro precio librarum decem denariorum parvorum quos denarios syndicario nomine dicti comunis recipienti guarentavit et fuit contentus se habuisse et recepisse a domino Pisce filio condam domini Iacopini qui habitat in Montesilice, de quibus denariis et precio clamavit sibi solutum, renunc(ians) exceptioni non habiti, non numerati atque recepti sibi precii tempore contractus omnique alii suo iuri, faciens ei finem, remissionem et pactum de ulterius non pectendo precium antedictum, pro iam dicto precio dictus syndichus syndicario nomine et vice et nomine dicti comunis iure libelli perpetualis secundum formam et tenorem unius reformacionis maioris consilii comunis Montissilicis facte super facto alivelandi per dictum comune certam quantitatem de Palude Insulle certis civibus de Padua consortibus dicti comunis scripte per Iacobum notarium condam Belaveris in suprascripto millesimo, sub die vigeximonono ianuarii, in potestaria et regimine domini Palamides tunc potestatis terre Montissilicis, illis pactis et condicionibus quibus in dicta reformacione continetur, dedit, concessit et investivit predictum dominum Piscem pro se et suis heredibus recipientem de quatuor canpis terre paludive iacent(ibus) in confinio Montissilicis in Palude Insule in septimo manso viginti canporum dicte paludis pro indivisso cum dominis Çiraldo Crosna, domino Çanbono notario de Andrea, Nicolao Calderolla et Paduano filio Comitis de Gurgo, cui mansso choeret ab una parte ager novus, ab alia parte via nova, a tercia parte iura sexti mansi dicte paludis et forte alii choerent; ita ut amodo dictus Piscis et eius heredes et cui dederit debeat habere, tenere, possidere et omnem suam utilitatem et voluntatem facere de dictis quatuor canpis terre paludive iure predicto libelli perpetualis, absque contradicione dicti syndici et dicti comunis seu alicuius syngularis persone, una cum acessu, ingresu et introytu, viis, servitutibus, honoribus et districtu cuiuscumque omni iure, racione et acione utili et directa ipsi terre paludive sive dicto comuni pro ea in integrum pertinente, dicens et asserens dictus syndicus dictam terram nulli alii fore datam, venditam, traditam, obligatam seu modo aliquo obnosiatam, et si reperiretur promissit syndicus syndicario nomine iam dicto eidem domino Pisci stipulanti servare ipsum et eius heredes indep[nes] et ipsum in vachuam, liberam, expeditam ponere possesionem |75v| expensis dicti comunis Montissilicis; et promissit eciam dictus syndicus nomine predicto eidem domino Pissci stipulanti guarentare, defendere, auctoriçare et expedire dictam terram modo iamdicto concessam eidem domino Pisci et eius heredibus et cui ipsam dederit, ab omnibus et contra omnes, ab omni parte, persona, universitate, colegio et comuni, sub pena dupli valoris dicte terre secundum quod hec meliorata fuerit aud plus valuerit sub extimacione in consimili loco pena predicta stipulanti promissa. Ad favorem cuius libelli sive locacionis predictus dominus Piscis promissit per se et suos heredes dicto syndico stipulanti et recipienti syndicario nomine predicto dare, reddere et solvere dicto comuni Montissilicis vel canipario ipsius comunis pro ipso comuni recipienti omni anno in festo sancti Stefani de mense decenbris, tercio die ante vel post, solidos quatuor denariorum parvorum pro afictu et pensione dicte terre paludive et non aliud. Pacto inter ipsos aposito et stipulanti firmato quod si dictus dominus Piscis vel eius heredes vendere voluerit aliquando ius suum dicte pecie terre paludive, vendat dictum ius suum dicto comuni pro solidis quinque denariorum parvorum minus quam alii, denunciando primo per se vel suum nuncium potestati vel officialibus qui pro tempore essent in Montesilice. Et elapsis quindecim diebus a denunciacione predicta, tunc possit ipse dominus Piscis et sui heredes vendere dictum ius suum cui voluerit, senper salvis racionibus dicti comunis dicti libelli, non tamen ecclesie, non militi, magnati, nec regulari persone, non servo seu ancille. Et si aliter vendicio facta fuerit non valeat nec teneat de iure nec de facto. Et e converso si dictum comune vendere voluerit aliquando ius suum dicti libelli, vendat ipsum dicto domino Pisci vel suis heredibus pro solidis quinque denariorum parvorum minus quam alii, modo et forma supradictis. Penam possuerunt inter se partes predicte soldorum vigintinovem denariorum parvorum pro quolibet termino et capitulo non observato; qua pena comissa vel non comissa, soluta vel non soluta, rata maneant omnia et syngula suprascripta. Et duo instrumenta unius tenoris ex una embreviatura iusserunt scribi, etcetera.

(S) Ego Guilielmus filius domini Phylipi de Belando imperialli auctoritate notarius his interfui et iussu parcium hec scripssi.

a) *nel marg. sn.*

112

|76r| Libellus comunis Montissilicis et filii Prosdoçimi notarii filii domini Guidonis sartoris.[a]

Anno Domini millesimo trecenteximo quarto, indicione secunda, die decimooctavo marcii, in Montesilice, sub lauça Sancti Paulli, presentibus domino Palamides iudice de Vitalianis tunc potestatis terre Montissilicis, domino Blaxio de Sarçanis eius vicario et iudice, domino Pisce de Trotis, domino Nicolao dicto Calderolla condam domini Furgerii et aliis. Ibique Gerardus notarius condam Abi tanquam syndicus et procurator comunis Montissilicis specialiter ad omnia infrascripta facienda, ut continetur in carta syndicarie scripta per Iacobum notarium condam domini Belaveris a me notario infrascripto vissa et lecta, pro libris decem denariorum parvorum quos syndicario nomine dicti comunis recipienti fuit confesus se habuisse a Prosdocimo notario filio magistri Guidonis sartoris de Padua de contracta Sancti Urbani, de quibus denariis sibi solutum clamavit, renunc(ians) excepcioni non numerate sibi pecunie tempore contractus omnique alii suo iuri, pro iam dicto precio dictus syndichus syndicario nomine et vice dicti comunis iure libelli perpetualis secundum tenorem unius reformacionis maioris consilii dicti comunis scripte per Iacobum notarium condam Belaveris in suprascripto millesimo, sub die vigeximonono ianuarii, in potestaria domini Palamides de Vitalianis tunc potestatis terre Montissilicis, facte super facto alivelandi per dictum comune Montissilicis certam quantitatem de Palude Insulle certis civibus de Padua consortibus dicti comunis Montissilicis, illis pactis et condicionibus quibus in dicta reformacione continetur, dedit, concessit et investivit supradictum Prosdocimum notarium pro se et suis heredibus recipienti de quatuor canpis terre paludive positis in confinio Montissilicis in Palude Insule in septimo manso viginti canporum dicte paludis pro indivisso cum dominis Pisce, Çiraldo Crosna, Çanbono notario de Andrea et Paduano filio Comitis de Gurgo, cui mansso choeret ab uno capite ager novus dicte paludis, ab alio capite via nova dicte paludis et uno latere iura sexti manssi dicte paludis et forte alii choerent; ita ut amodo dictus Prosdocimus et sui heredes et cui dederit debeat habere, tenere, possidere et omnem suam utilitatem et voluntatem facere de dictis quatuor canpis terre paludive iure predicto libelli perpetualis, absque contradicione dicti syndici et dicti comunis seu alicuius syngularis persone, una cum acessu, ingressu et introytu, viis, servitutibus, honoribus et districtu cuiuscumque omni iure, racione et actione ipsi terre paludive in integrum pertinente, dicens et asserens dictus syndicus syndicario nomine predicto dictam terram nulli alii fore datam, venditam, traditam, obligatam seu modo aliquo obnosiatam, et si reperiretur promissit ipse syndicus syndicario nomine predicto eidem Prosdocimo notario stipulanti servare ipsum et eius heredes indempnes et ipsum in vachuam, liberam, expeditam ponere possesionem expensis dicti comunis; et promissit insuper dictus syndicus eidem Prosdocimo notario stipulanti guarentare, defendere, auctoriçare, defendere et expedire dictam terram modo predicto concessam dicto Prosdocimo notario et eius heredibus ab omnibus et contra omnes, ab omni parte, persona, universitate, colegio et comuni, sub pena dupli valoris dicte terre secundum quod hec meliorata fuerit aud plus valuerit sub extimacione in consimili loco pena predicta stipulanti promissa. Ad favorem cuius libelli sive locacionis suprascriptus Prosdoçimus notarius |76v| promissit per se et suos heredes dicto syndico stipulanti et recipienti syndicario nomine iam dicto dare, reddere et solvere dicto comuni Montissilicis vel canipario ipsius comunis pro ipso comuni recipienti omni anno in festo sancti Stefani de mense decenbris, tercio die ante vel tercio die post, solidos quatuor denariorum venecialium parvorum nominatim pro afictu et pensione dicte terre paludive et non aliud. Pacto inter ipsos aposito et stipulanti firmato quod si dictus Prosdocimus conductor vel eius heredes vendere voluerit aliquando ius suum dicte pecie terre, vendat ipsum dicto comuni Montissilicis pro solidis quinque denariorum parvorum minus quam alii, denunciando primo per se vel suum nuncium potestati vel officialibus dicti comunis[b)] qui pro tempore essent. Et elapsis quindecim diebus a denunciacione predicta, tunc possit ipse conductor vel eius heredes vendere dictum ius suum cui voluerit, senper salvis racionibus dicti comunis dicti libelli, non tamen ecclesie, non militi, magnati, nec regulari persone, non servo seu ancille. Et si aliter vendicio facta fuerit non valeat nec teneat de iure nec de facto. Et e converso si dictum comune aliquando vendere voluerit ius suum dicti libelli, vendat ipsum dicto conductori vel eius heredibus pro solidis quinque denariorum parvorum minus quam alii, modo et forma superius exceptatis. Penam inter se posuerunt[c)] partes predicte vigintinovem soldorum denariorum parvorum pro quolibet termino et capitulo non observato; qua pena comissa vel non comissa, soluta vel non soluta, libellus iste in sua permaneat firmitate. Et duo instrumenta unius tenoris ex una embreviatura iusserunt scribi videlicet unum unicuique parti dandum.

(S) Ego Guilielmus filius Phylipi de Belando imperialli auctoritate[d] notarius his interfui et iupssu parcium hec scripssi.

a) *nel marg. sn.* b) comunis *ripetuto* c) *ms:* pusuerunt d) *ms:* aucte *senza segno di abbreviazione*

113

|77r| Libellus comunis Montissilicis et Scalçe sartoris de Padua.[a]

Anno Domini millesimo trecenteximo quarto, indicione secunda, die tercio aprilis, in Montesilice, in domo habitacionis domini Palamides de Vitalianis potestatis terre Montissilicis, presentibus ipso domino potestate, domino Anthonio condam domini Gregorii, Viviano piliçario condam Bonafacii, Ade condam Boxii, Iohanne Pelegrino condam Agognardi, Iohanne de Romeo condam Viviani, omnibus tunc habitantibus in Montesilice, et aliis. Ibique dominus Gerardus notarius condam Abi tanquam syndicus comunis et hominum terre Montissilicis specialiter ad omnia infrascripta facienda constitutus, ut continetur in carta syndicarie scripta per Iacobum notarium condam Belaveris a me notario infrascripto vissa et lecta, pro precio librarum decem denariorum parvorum quos denarios nomine finiti precii, syndicario et procuratorio nomine recipienti fuit contenptus et confesus se nomine finiti precii habuisse et recepisse a domino Finile dicto Scalça sartore filio condam Mathei de Padua de contracta Sancti Petri, de quibus denariis et precio clamavit sibi solutum, renunc(ians) excepcioni non numerate et habite sibi pecunie predicte tempore contractus omnique alii suo iuri, pro quibus denariis et precio predictus Gerardus syndichus syndicario nomine et vice dicti comunis iure libelli perpetualis secundum formam et tenorem unius reformacionis maioris consilii dicti comunis Montissilicis scripte per Iacobum notarium condam Belaveris in suprascripto millesimo, sub die vigeximonono ianuarii, in potestaria suprascripti domini Palamides, facte super facto alivelandi certam quantitatem de Palude Insule certis civibus de Padua consortibus dicti comunis Montissilicis, illis pactis et condicionibus quibus in dicta reformacione continetur, dedit, concessit et investivit dictum dominum Finillem dictum Scalçam condam Mathei de Padua de quatuor canpis terre paludive positis in confinio Montissilicis in Palude Insulle in tercio mansso viginti canporum dicte paludis pro indivisso ab argere novo versus mane pro indivisso cum dominis Guidone de Sarçanis, Iohanne Raxone, magistro Dominico notario et Nicholao sp(eti)ale condam Çanonis, cui choeret a latere versus mane magister Dominichus notarius condam Prosdocimi, ab alio Nicolaus sp(eti)alis predictus et ab uno capite dominus frater Leonardus Bocalecha, ab alio via publica; ita ut amodo ut dictus dominus Finille Scalça et sui heredes et cui dederit debeat habere, tenere, possidere et omnem suam utilitatem et voluntatem facere de dictis quatuor canpis terre paludive iure predicto libelli perpetualis, absque contradicione dicti syndici et dicti comunis seu alicuius syngularis persone, una cum acessu, ingressu et introytu, viis, servitutibus, honoribus et districtu cuiuscumque omni iure, racione et actione utili et directa ipsi terre paludive sive dicto comuni pro ea in integrum pertinente, dicens et asserens predictus syndicus syndicario nomine predicto dictam terram nulli alii fore datam, venditam, tradictam, obligatam seu modo aliquo obnosiatam, et si reperiretur promixit ipse syndicus syndicario nomine predicto eidem domino Finille dicto Scalça stipulanti servare ipsum et suos heredes indempnes et ipsum in vachuam, liberam, expeditam ponere possesionem expensis dicti comunis; et promixit insuper dictus syndichus syndicario nomine predicto eidem conductori stipulanti guarentare, deffendere, auctoriçare et expedire dictam terram modo predicto concessam |77v| dicto domino Finilli Scalçe et eius heredibus et cui ipsam dederit ab omnibus et contra omnes, ab omni parte, persona, colegio, universitate et comuni, sub pena dupli valoris dicte terre secundum quod hec meliorata fuerit pro tempore aud plus valuerit sub estimacione in consimili loco pena predicta stipulanti promissa. Ad favorem cuius libelli dictus conductor promissit per se et suos heredes dicto syndico stipulanti et recipienti syndicario nomine predicto dare, reddere et solvere dicto comuni Montissilicis vel eius canipario pro dicto comuni Montissilicis recipienti omni anno in festo sancti Stefani de mense decenbris, tercio die ante vel tercio die post, solidos quatuor denariorum venecialium ro afictu et pensione dicte terre paludive et non aliud. Pacto inter ipsos aposito et stipulanti firmato quod si dictus dominus Finille Scalça vel eius heredes vendere voluerit aliquando ius suum dicte pecie terre, vendat ipsum dicto comuni emere volenti pro solidis quinque denariorum parvorum minus quam alii, denunciando primo per se vel suum nuncium potestati vel officialibus dicti comunis qui pro tempore essent. Et elapsis quindecim diebus a denunciacione predicta, tunc possit ipse conductor vel sui heredes vendere dictum ius suum cui voluerit, senper salvis racionibus dicti comunis dicti libelli, non tamen ecclesie, non militi, magnati, nec regulari persone, non servo seu ancille. Et si aliter vendicio facta fuerit non valeat nec teneat de iure nec de facto. Et e converso si dictum comune vendere voluerit aliquando ius suum dicti libelli, vendat ipsum dicto conductori vel eius heredibus pro solidis quinque denariorum parvorum minus quam alii, modo et forma supradictis. Penam possuerunt inter se partes predicte soldorum vigintinovem denariorum parvorum[b)] pro quolibet termino et capitullo non observato; qua pena comissa vel non comissa, soluta vel non soluta, libellus iste in sua maneat firmitate. Et duo instrumenta unius tenoris ex una embreviatura iubsserunt scribi videlicet unum unicuique parti dandum, etcetera.

(S) Ego Guilielmus filius Phylipi de Belando imperialli auctoritate notarius his interfui et iussu parcium hec scripssi.

a) *nel marg. sn.* b) *segue segno non chiaro depennato*

114

|78r| Libellus comunis Montissilicis et domini Iacobi notarii condam Raynerii a Prato.[a)]

Anno Domini millesimo trecenteximo quarto, indicione secunda, die sexto aprilis, in Montesilice, in domo habitacionis domini Palamides de Vitalianis potestatis terre Montissilicis, presentibus ipso domino potestate, domino Blaxio de Sarçanis eius iudice et vicario, magistro Alberto notario condam Martini Scambarani, Iacobo condam Iohannis Pongeti, omnibus tunc habitantibus in Montesilice, et aliis. Ibique dominus Gerardus notarius condam Abi tanquam syndicus et procurator comunis et hominum terre Montissilicis specialiter ad omnia infrascripta facienda constitutus, ut continetur in carta syndicarie scripta per Iacobum notarium condam Belaveris a me notario infrascripto vissa et lecta, pro precio librarum decem denariorum parvorum quos denarios syndicario nomine dicti comunis Montissilicis recipienti nomine finiti precii fuit contenptus et confessus se manualiter habuisse et recepisse a domino Iacobo[b)] notario condam domini Raynerii a Prato de Padua, de quibus denariis et precio clamavit sibi solutum, renunc(ians) excepcioni non numerati et non recepti atque tradicti sibi precii predicti tempore contractus omnique alii suo iuri, pro iam dicto precio dictus Gerardus syndichus syndicario nomine iam dicto et nomine et vice dicti comunis iure libelli perpetualis secundum formam et tenorem unius reformacionis maioris consilii dicti comunis Montissilicis scripte per Iacobum notarium condam domini Belaveris in suprascripto millesimo, sub die vigeximonono ianuarii, in potestaria dicti domini Palamides, facte super facto alibelandi per dictum comune Montissilicis certam quantitatem de Palude Insulle certis civibus de Padua consortibus dicti comunis Montissilicis, illis pactis et condicionibus quibus in dicta reformacione continetur, dedit, concessit et investivit supradictum Iacobum notarium condam domini Raynerii a Prato pro se et suis haredibus recipientem de quatuor canpis terre paludive iacent(ibus) in confinio Montissilicis in Palude Insulle in quarto mansso viginti canporum dicte paludis pro indivisso cum dominis Anthonio Capoçolla, Henregeto notario de Anbroxino, Palmerio notario de Sancta Cruce, cui choeret a mane via publica, a sero ager novus dicte paludis, a nuiora iura tercii mansi dicte paludis et forte alii choerent; ita ut amodo ipse dominus Iacobus et eius heredes et cui dederit debeat habere, tenere, possidere et omnem suam utilitatem et voluntatem facere de dictis quatuor canpis terre paludive iure predicto libelli perpetualis,[c)] absque contradicione dicti syndici et dicti comunis cum acessu, ingressu et introytu, viis, servitutibus, honoribus et districtu cuiuscumque omni iure, racione et actione utili et directa ipsi terre paludive sive dicto comuni pro ea in integrum pertinente, dicens et asserens predictus syndicus dictam terram nulli alii fore datam, venditam, traditam, obligatam seu modo aliquo obnoxiatam, et si reperiretur promissit ipse syndicus syndicario nomine predicto eidem domino Iacobo stipulanti conservare ipsum et suos heredes indempnes et ipsum in vachuam, liberam, expeditam ponere possesionem expensis dicti comunis; et promissit eciam dictus syndichus eidem domino Iacobo stipulanti guarentare, defendere, auctoriçare et expedire dictam terram modo predicto concessam dicto domino Iacobo et eius heredibus et cui ipsam dederit ab omnibus et contra omnes, ab omni persona, parte, universitate, colegio et comuni, sub pena dupli valoris dicte terre secundum quod hec meliorata fuerit |78v| aud plus valuerit pro tempore sub estimacione in consimili loco pena predicta stipulanti promissa. Ad favorem cuius libelli seu locacionis supradictus dominus Iacobus conductor promissit per se et suos heredes dicto syndico stipulanti et recipienti syndicario nomine predicto dare, reddere et solvere dicto comuni Montissilicis vel eius canipario pro dicto comuni Montissilicis recipienti omni anno in festo sancti Stefani de mense decenbris, tercio die ante vel post, solidos quatuor denariorum parvorum pro afictu et pensione dicte pecie terre paludive et non aliud. Pacto inter ipsos aposito et stipulanti firmato quod si dictus dominus Iacobus conductor vel eius heredes vendere aliquando voluerit ius suum dicte pecie terre paludive, vendat dictum ius suum dicto comuni Montissilicis pro solidis quinque denariorum parvorum minus quam alii, denunciando primo per se vel suum nuncium potestati vel officialibus dicti comunis qui pro tempore essent in Montesilice. Et elapssis quindecim diebus a denunciacione predicta, tunc possit ipse conductor vel heredes vendere dictum ius suum cui voluerit, senper salvis racionibus dicti comunis dicti libelli, non tamen ecclesie, non militi, magnati, nec regulari persone, non servo seu ancille. Et si aliter vendicio facta fuerit non teneat et non valeat de iure nec de facto. Et e converso si dictum comune vendere voluerit aliquando ius suum dicti libelli, vendat ipsum dicto domino Iacobo conductori vel eius heredibus pro solidis quinque denariorum parvorum minus quam alii, modo et forma supradictis. Penam possuerunt inter se partes predicte vigintinovem soldorum denariorum parvorum pro quolibet termino et capitulo non observato; qua pena comissa vel non comissa, soluta vel non soluta, libellus iste in sua maneat firmitate. Et duo instrumenta uno tenore ex una embreviatura iusserunt scribi, unum unicuique parti dandum.

(S) Ego Guilielmus filius Phylipi de Belando imperialli auctoritate notarius his interfui et iupssu parcium hec scripssi.

a) *nel marg. sn.* b) *segue* condam *depennato* c) *segue* un *depennato ed espunto*

115

|79r| Libellus comunis Montissilicis et domini Palmerii notarii de Sancta Cruce.[a)]

Anno Domini millesimo trecenteximo quarto, indicione secunda, die sexto aprilis, in Montesilice, in domo domini Palamides de Vitalianis tunc potestatis terre Montissilicis, presentibus ipso domino Palamides potestate, domino Blaxio de Sarçanis eius iudice et assessore, magistro Alberto Scanbarano notario condam Martini, Iacobo condam Iohannis Pongeti, omnibus tunc habitantibus in Montesilice, et aliis. Ibique dominus Gerardus notarius condam Abi tanquam syndicus et procurator comunis et hominum terre Montissilicis specialiter ad omnia infrascripta facienda constitutus, ut in carta syndicarie scripta per Iacobum notarium condam Belaveris continetur, pro precio librarum decem denariorum venecialium quos denarios syndicario nomine dicti comunis recipienti fuit contentus et confessus se manualiter habuisse et recepisse a domino Palmerio notario filio condam Guidonis de Padua de Sancta Cruce, de quibus denariis et precio clamavit sibi solutum et plenam solucionem in se habere dixit, renunc(ians) excepcioni non numerati, non recepti atque sibi traditi precii predicti tempore contractus omnique alii suo iuri, pro quibus denariis et precio predictus Gerardus syndicus syndicario nomine dicti comunis et nomine et vice ipsius comunis iure libelli perpetualis secundum formam et tenorem unius reformacionis maioris consilii dicti comunis scripte per Iacobum notarium condam domini Belaveris in suprascripto millesimo, sub die vigeximonono ianuarii, in potestaria domini Palamides de Vitalianis tunc potestatis Montissilicis, facte super facto alivelandi per dictum comune Montissilicis certam quantitatem de Palude Insule certis civibus de Padua consortibus dicti comunis, illis pactis et condicionibus quibus in ipsa reformacione continetur, dedit, concessit et investivit supradictum dominum Palmerium notarium condam Guidonis de quatuor canpis terre paludive positis in confinio Montissilicis in Palude Insule in quarto mansso dicte paludis pro indivisso cum dominis Anthonio Capoçola, Henregeto no‹tario› de Anbroxino, Iacobo notario condam Rainerii, cui choeret a mane via publica, assero ager novus dicte paludis, a nuiora iura tercii mansi dicte paludis et forte alii choerent; ita ut amodo dictus dominus Palmerius et sui heredes et cui dederit debeat habere, tenere, possidere et omnem suam utilitatem et voluntatem facere de dictis quatuor canpis terre paludive iure predicto libelli perpetualis, absque contradicione dicti syndici et dicti comunis seu alicuis syngularis persone, una cum accessu, ingressu et introytu, viis, servitutibus, honoribus et districtu cuiuscumque omni iure, racione et actione utili et directa ipsi terre paludive sive dicto comuni pro ea in integrum pertinente, dicens et asserens dictus syndicus dictam terram |79v| nulli alii fore datam, venditam, traditam, obligatam seu modo aliquo obnoxiatam, et si reperiretur promissit ipse syndicus syndicario nomine iam dicto eidem domino Palmerio stipulanti servare ipsum et suos heredes indepnes et ipsum in vachuam, liberam, expedictam ponere possesionem expensis dicti comunis; et promissit insuper dictus syndichus syndicario nomine quo supra eidem domino Palmerio stipulanti guarentare, defendere, auctoriçare et expedire dictam terram modo predicto concessam dicto domino Palmerio et eius heredibus et cui ipsam dederit ab omnibus et contra omnes, ab omni parte, persona, universitate, colegio et comuni, sub pena dupli valoris dicte terre secundum quod hec meliorata fuerit aud plus valuerit sub estimacione in consimili loco pena predicta stipulanti promissa. Ad favorem cuius libelli seu locacionis dictus dominus Palmerius promissit per se et suos heredes dicto syndico stipulanti et recipienti syndicario nomine predicto dare, reddere et solvere dicto comuni Montissilicis vel eius canipario pro ipso comuni recipienti omni anno in festo sancti Stefani, tercio die ante vel post, de mensse decenbris, solidos quatuor denariorum parvorum pro afictu seu pensione dicte terre paludive et non aliud. Pacto inter ipsos aposito et stipulanti firmato quod si dictus dominus Palmerius vel eius heredes vendere voluerit aliquando ius suum dicte terre paludive, vendat ipsum ius suum dicto comuni Montissilicis pro solidis quinque denariorum parvorum minus quam alii, denunciando primo per se vel suum nuncium potestati vel officialibus dicti comunis Montissilicis qui pro tempore essent. Et elapsis quindecim diebus a denunciacione predicta, tunc possit ipse conductor vel eius heredes vendere dictum ius suum cui voluerit, senper salvis racionibus dicti comunis dicti libelli, non tamen ecclesie, non militi, magnati, nec regulari persone, non servo seu ancille. Et si aliter vendicio facta fuerit non valeat nec teneat de iure nec de facto. Et e converso si dictum comune vendere voluerit aliquando ius suum dicti libelli, vendat[b] ipsum dicto domino Palmerio vel eius heredibus pro solidis quinque denariorum parvorum minus quam alii, modo et forma supradictis. Penam inter se possuerunt partes predicte soldorum vigintinovem denariorum parvorum pro quolibet termino et capitulo non observato; qua pena comissa vel non comissa, soluta vel non soluta, libellus iste in sua maneat firmitate. Et duo instrumenta unius tenoris ex una embreviatura iubsserunt scribi videlicet unum unicuique parti.

(S) Ego Guilielmus filius Phylipi de Belando inperialli auctoritate notarius his interfui et iussu parcium hec scripssi.

a) *nel marg. sn.* b) *ms:* vendaat

116

|80r| Libellus comunis Montissilicis et domini Guidonis de Sarçanis de quatuor canpis terre paludive.[a]

Anno Domini millesimo trecenteximo quarto, indicione secunda, die penultimo madii, in Montesilice, in domo habitacionis domini Palamides de Vitalianis tunc potestatis terre Montissilicis, presentibus ipso domino Palamides, Patavino notario filio Oderici, Marchexino condam Dominici, Bartholame‹o› condam Rolandi de Rova, Prosdocimo filio Arnaldi notarii, omnibus tunc habitantibus in Montesilice, et aliis. Ibique Gerardus notarius condam Abi tanquam syndicus et procurator comunis et hominum terre Montissilicis specialiter ad omnia infrascripta facienda, ut continetur in carta syndicarie scripta per Iacobum notarium condam Belaveris a me notario infrascripto vissa et lecta, pro precio librarum decem denariorum parvorum quos denarios nomine finiti precii syndicario nomine dicti comunis recipienti fuit contentus et confessus se manualiter habuisse et recepisse a domino Blaxio iudice[b] filio domini Guidonis de Sarçanis de Padua dante et solvente nomine et vice dicti domini Guidonis eius patris, de quibus denariis et precio clamavit sibi solutum, renunc(ians) excepcioni habiti et non numerati sibi precii predicti tempore huius contractus omnique alii suo iuri, faciens ei finem et remissionem de anplius non petendo precium antedictum, pro iam dicto precio predictus Gerardus syndicus syndicario nomine predicto et nomine et vice dicti comunis Montissilicis iure libelli perpetualis secundum formam et tenorem unius reformacionis maioris consilii dicti comunis scripte per Iacobum notarium condam Belaveris in suprascripto millesimo, sub die vigeximonono ianuarii, in potestaria supradicti domini Palamides facte super facto alivelandi certam quantitatem de Palude Insule certis civibus Padue consortibus dicti comunis Montissilicis per dictum comune, illis pactis et condicionibus quibus in ipsa reformacione continetur, dedit, concessit et investivit supradictum dominum Blaxium iudicem recipientem nomine et vice dicti domini Guidonis de Sarçanis eius patris, de quatuor canpis terre paludive positis in confinio Montissilicis in Palude Insule dicti comunis in tercio manso dicte paludis pro indivisso cum dominis Scalça sartore, magistro Dominico notario de Padua, Nicolao sp(eti)ale et Antonio filio condam Iohannis Rasone, quibus choeret ab uno latere predictus magister Dominicus notarius, ab alio latere heredes condam Iohannis Raxone, ab uno capite via publica et ab alio capite pridor Domus Dei de Padua et forte alii choerent; ita ut amodo dictus dominus Guido et sui heredes et cui dederint debeant habere, tenere, possidere et omnem suam utilitatem et voluntatem facere de dictis quatuor canpis terre paludive iure predicto libelli perpetualis, una cum accessu, ingressu et introytu, viis, servitutibus, honoribus et districtu cuiuscumque omni iure, racione et actione utili et directa ipsi terre paludive sive dicto comuni pro ea in integrum pertinente, dicens et asserens dictus syndicus syndicario nomine iam dicto dictam terram nulli alii fore datam, venditam, traditam, obligatam seu modo aliquo obnoxiatam, et si reperiretur promissit ipse syndicus syndicario nomine predicto eidem domino Blaxio pro dicto domino Guidone eius patre stipulanti et recipienti servare ipsum et suos heredes indempnes et ipsum in vachuam, liberam, expedictam ponere possesionem expenssis dicti comunis; et promissit eciam dictus syndicus syndicario nomine predicto eidem domino Blaxio predicto |80v| domino Guidone eius patre recipienti stipulanti guarentare, defendere, auctoriçare et expedire dictam terram modo predicto concessam dicto domino Guidoni et eius heredibus et cui ipsam dederit ab omnibus et contra omnes, ab omni parte, persona, universitate, colegio et comuni, sub pena dupli valoris dicte terre secundum quod hec meliorata fuerit pro tempore aut plus valuerit sub extimacione in consimili loco pena predicta stipulanti promissa. Ad favorem cuius libelli sive locacionis promissit dictus dominus Blaxius pro dicto patre suo et per se et suos heredes dicto syndico stipulanti et recipienti syndicario nomine predicto dare, reddere et solvere dicto comuni Montissilicis vel eius canipario pro ipso comuni recipienti omni anno in festo sancti Stefani de mense decenbris, tercio die ante vel post, solidos quatuor denariorum parvorum pro afictu seu pensione dicte terre paludive et non aliud. Pacto hoc inter ipsos apposito et stipulanti firmato quod si dictus dominus Guido conductor vel eius heredes vendere voluerint aliquando ius suum dicte terre, vendat ipsum dicto comuni Montissilicis pro solidis quinque denariorum parvorum minus quam alii, denunciando primo per se vel suum nuncium potestati vel officialibus dicti comunis qui pro tempore essent in Montesilice, spacio quindecim dierum, et elapsis quindecim diebus a denunciacione predicta, tunc possit ipse conductor vel eius heredes vendere dictum ius suum dicte terre cui voluerit, senper salvis racionibus dicti comunis dicti libelli, non tamen ecclesie, non militi, magnati, nec regulari persone, non servo seu ancille. Et si aliter vendicio facta fuerit non valeat nec teneat de iure[c)] nec de facto. Et e converso si dictum comune Montissilicis vendere voluerit aliquando ius suum dicti libelli, vendat ipsum dicto conductori vel eius heredibus pro solidis quinque denariorum parvorum minus quam alii, modo et forma supradictis. Penam posuerunt inter se partes predicte soldorum vigintinovem denariorum parvorum pro quolibet termino et capitulo non observato; qua pena comissa vel non comissa, soluta vel non soluta, libelus iste in sua maneat firmitate. Et duo instrumenta unius tenoris ex una embreviatura iusserunt scribi videlicet unum unicuique parti dandum, etcetera.

(SN) Ego Guilielmus filius Phylipi de Belando imperialli auctoritate notarius his omnibus interfui et iussu parcium hec scripssi.

a) *nel marg. sn.* b) *segue* d *depennata* c) *segue* d *depennata*

117

|81r| Libellus comunis Montissilicis et magistri Bonalbergi aurificis et magistri Silvestri.[a)]

Anno Domini millesimo trecentexìmo quarto, indicione secunda, die penultimo madii, in Montesilice, sub lauça Sancti Pauli, presentibus Iacobo notario condam domini Belaveris, domino Bixato becario di Padua, Benevenuto condam Viçencii Gastaldi, Henrico condam Guidonis de Ferro de Montesilice et aliis. Ibique dominus Gerardus notarius condam Abi tanquam syndicus et procurator comunis et hominum terre Montissilicis specialiter ad omnia infrascripta facienda constitutus, ut continetur in carta syndicarie scripta per Iacobum notarium condam Belaveris a me notario infrascripto vissa et lecta, pro precio librarum decem denariorum parvorum quas nomine finiti precii syndicario nomine dicti comunis recipienti fuit contentus et confessus se manualiter habuisse et recepisse a magistro Bonalbergo aurifici filio condam magistri Tuyxii de Padua de contracta Sancti Laurencii dante et solvente pro se et magistro Sivestro eius fratre, de quibus denariis et precio sibi solutum clamavit, renunc(ians) excepcioni non numerate et non recepte sibi pecunie tempore contractus omnique alii[b)] suo iuri, pro iam dicto precio dictus Gerardus syndicus syndicario nomine dicti comunis iure libelli perpetualis secundum formam et tenorem unius reformacionis maioris consilii dicti comunis Montissilicis scripte per Iacobum notarium condam Belaveris in suprascripto millesimo, sub die vigeximonono ianuarii, in potestaria domini Palamides de Vitalianis tunc potestatis dicte terre Montissilicis facte super facto alibelandi per dictum comune Montissilicis certam quantitatem de Palude Insule certis civibus Padue consortibus dicti comunis, illis pactis et condicionibus quibus in dicta reformacione continetur, dedit, concessit et investivit predictum magistrum Bonumalbergum pro se et magistro Silvestro eius fratre recipienti de quatuor canpis terre paludive positis in confinio Montissilicis in Palude Insule in quinto manso viginti canporum dicte paludis pro indivisso cum dominis Scalco, Bernardo sartore et Micaele fratribus et[c)] magistro Iohanne medico condam magistri Çilii, cui manso choeret ab una parte iura sexti mansi dicte paludis, ab alia parte iura quarti mansi et a tercia parte ager novus paludis predicte et forte alii choerent; ita ut amodo predicti Bonalbergus et magister Silvester eius frater et sui heredes et cui dederint debeant habere, tenere, possidere et omnem suam utilitatem et voluntatem facere de dictis quatuor canpis terre paludive iure predicto libelli perpetualis, absque contradicione dicti sindici seu dicti comunis seu alicuius syngularis persone, una cum accessu, ingressu et introytu, viis, servitutibus, honoribus et districtu cuiuscumque omni iure, racione et actione utili et directa ipsi terre paludive sive dicto comuni pro ea in integrum pertinente, dicens et aserens dictus syndicus syndicario nomine predicto dictam terram nulli alii fore datam, venditam, traditam, obligatam seu modo aliquo obnoxiatam, et si reperiretur promissit ipse syndicus syndicario nomine predicto eidem magistro Bonoalbergo pro se |81v| et dicto magistro Sivestro eius fratre recipienti stipulanti servare ipsos et suos heredes indepnes[d] et ipsos in vachuam, liberam, expedictam ponere possesionem expensis dicti comunis; et promissit dictus syndicus syndicario nomine quo supra eidem magistro Bonaalbergo stipullanti guarentare, defendere, auctoriçare et expedire dictam terram modo predicto concessam predictis magistris Bonaalbergo et Silvestro et suis heredibus et cui ipsam dederint ab omnibus et contra omnes, ab omni persona, parte, universitate, colegio et comuni, sub pena dupli valoris dicte terre secundum quod hec meliorata fuerit pro tempore aud plus valuerit sub extimacione in consimili loco pena predicta stipulanti promissa. Ad favorem cuius libelli seu locacionis supradictus magister magister Bonusalbergus promissit per se et suos heredes dicto syndico syndicario nomine pro dicto comuni recipienti dare, reddere et solvere dicto comuni Montissilicis vel eius canipario pro ipso comuni recipienti omni anno in festo sancti Stefani de mense decenbris, tercio die ante vel post, solidos quatuor denariorum venecialium pro afictu seu pensione dicte pecie terre paludive et non aliud. Pacto hoc inter ipsos apposito et stipulanti firmato quod si dicti conductores vel eorum heredes vendere aliquando voluerit ius suum dicte terre, vendant ipsum suum ius dicto comuni Montissilicis pro solidis quinque denariorum parvorum minus quam alii, denunciando primo per se vel suum nuncium potestati vel officialibus dicti comunis qui pro tempore essent, spacio quindecim dierum, et elapssis quindecim diebus a denunciacione predicta, tunc possint ipsi conductores vel sui heredes vendere dictum ius suum cui voluerint, senper salvis racionibus dicti comunis dicti libelli, non tamen ecclesie, non militi, magnati, nec regulari persone, non servo seu ancille. Et si aliter vendicio facta fuerit non valeat nec teneat de iure nec de facto. Et e converso si dictum comune vendere voluerit aliquando ius suum dicti libelli, vendat ipsum dictis conductoribus pro solidis quinque denariorum parvorum minus quam alii, modo et forma supradictis. Penam possuerunt inter se partes predicte vigintinovem soldorum denariorum parvorum pro quolibet termino et capitullo non observato; qua pena comissa vel non comissa, soluta vel non soluta, libellus iste in sua maneat firmitate. Et duo instrumenta uno tenore ex una embreviatura iubsserunt scribi videlicet unum unicuique parti dandum, etcetera.

(SN) Ego Guilielmus filius Filipi de Belando imperialli auctoritate notarius his interfui et iubssu parcium hec predicta scripssi.

a) *nel marg. sn.* b) *corretto su* alio c) *segue* I *depennata* d) *ms:* indepnes *con segno d'abbreviazione superfluo su* nes

118

|82r| Carta libelli comunis Montissilicis et magistri Bonalbergi aurificis et magistri Silvestri.[a]

Anno Domini millesimo trecenteximo quarto, indicione secunda, die penultimo madii, in Montesilice, sub lauça Sancti Pauli, presentibus domino Bixato becario de Padua, Iacobo notario condam Belaveris, Benevenuto condam Vicencii Gastaldi, Henrico condam Guidonis de Ferro de Montesilice et aliis. Ibique dominus Gerardus notarius condam Abi tanquam syndicus et procurator comunis et hominum terre Montissilicis specialiter ad omnia infrascripta facienda constitutus, ut continetur in carta syndicarie scripta per Iacobum notarium condam Belaveris a me notario infrascripto vissa et lecta, pro precio librarum decem denariorum parvorum quas syndicario nomine dicti comunis recipienti fuit contentus et confesus se accepisse et habuisse a magistro Bonaalbergo aurifici condam magistri Tuyxii de Padue de contracta Sancti Laurencii dante pro se et magistro Sivestro aurifici eius fratre, de quibus denariis sibi clamavit solutum et plenam solucionem in se habere dixit ab eodem magistro Bonalbergo, renunc(ians) excepcioni non numerati et non recepti sibi precii predicti tempore huius contractus omnique alii suo iuri, pro iam dicto precio dictus syndicus syndicario nomine dicti comunis iure libelli perpetualis secundum formam et tenorem unius reformacionis maioris consilii comunis Montissilicis scripte per Iacobum notarium condam Belaveris in suprascripto mileximo, sub die vigeximonono ianuarii, in potestaria domini Palamides de Vitalianis tunc potestatis dicte terre Montissilicis super facto alibelandi certam quantitatem de Palude Insule per dictum comune Montissilicis certis civibus de Padua consortibus dicti comunis Montissilicis, illis pactis et condicionibus quibus in ipsa reformacione plenius continetur, dedit, concessit et investivit predictum magistrum Bonumalbergum recipientem pro se et magistro Silvestro aurifice eius fratre supradicto de quatuor canpis terre paludive positis in confinio Montissilicis in Palude Insulle in duodecimo manso dicte paludis pro indivisso cum dominis Anthonio de Lio iudice, Melio de Segnoretis, Conrado notario de Grimaldis, Martino notario de Senicis, Patavino de Vancio, cui manso choeret ab una parte via nova[b] dicte paludis, ab alia parte iura undecimi mansi dicte paludis, a tercia parte ager novus et forte alii choerent; ita ut amodo predicti magistri Silvester et Bonusalbergus et sui heredes debeant habere, tenere, possidere et omnem suam utilitatem et voluntatem facere de dictis quatuor canpis terre iure predicto libelli perpetualis, absque contradicione dicti sindici et dicti comunis vel alicuius syngularis persone, una cum accessu, ingressu et introytu, viis, servitutibus, honoribus et districtu cuiuscumque omni iure, racione et actione utili et directa ipsi terre paludive sive dicto comuni pro ea in integrum pertinente, dicens et asserens dictus syndicus syndicario nomine predicto dictam terram nulli alii fore datam, venditam, traditam, obligatam seu modo aliquo obnosiatam, et si reperiretur promissit ipse syndicus syndicario nomine predicto eidem magistro Bonalbergo pro se et fratre suo magistro Sivestro antedicto recipienti stipulanti servare ipsos et suos heredes indepnes[c] et ipsos in vachuam, liberam, expedictam ponere possesionem omnibus expensis dicti comunis; et promissit eciam dictus Gerardus syndicus syndicario nomine quo supra eidem magistro Bonalbergo stipulanti |82v| guarentare, defendere, auctoriçare et disbrigare dictam terram modo predicto concessam dictis magistris Bonalbergo et Silvestro et eorum heredibus et cui ipsam dederint ab omnibus et contra omnes, ab omni persona, parte, universitate, colegio et comuni, sub pena dupli valoris dicte terre secundum quod hec meliorata fuerit pro tempore aud plus valuerit sub extimacione in consimili loco pena predicta stipulanti promissa. Ad favorem cuius libelli sive locacionis predictus magister Bonusalbergus promissit per se et suos heredes pro se et fratre suo predicto, dicto syndico recipienti syndicario nomine predicto dare, reddere et solvere dicto comuni Montissilicis vel canipario ipsius comunis pro dicto comuni recipienti omni anno in festo sancti Stefani de mense decenbris, tercio die ante vel tercia die post, solidos quatuor denariorum venecialium pro afictu seu pensione dicte terre paludive et non aliud. Pacto hoc inter ipsos apposito et stipulanti firmato quod si predicti conductores vel[d)] heredes eorum vendere voluerint aliquando ius suum dicte terre paludive, vendant ipsum suum ius dicto comuni pro solidis quinque denariorum parvorum minus quam alii, denunciando primo per se vel per suum nuncium potestati vel officialibus dicti comunis qui pro tempore essent in Montesilice, spacio quindecim dierum, et elapssis quindecim diebus a denunciacione predicta, tunc possint ipsi conductores vel eorum heredes vendere dictum ius suum dicte terre cui voluerint, senper salvis racionibus dicti comunis dicti libelli, non tamen ecclesie, non militi, magnati, nec regulari persone, non servo seu ancille. Et si aliter dicta vendicio facta fuerit non valeat et non teneat de iure nec de facto. Et e converso si dictum comune vendere voluerit ius suum dicti libelli, vendat ipsum ius vendere dictis conductoribus vel suis heredibus pro solidis quinque denariorum parvorum minus quam alii, modo et forma supradictis. Penam possuerunt inter se partes predicte vigintinovem soldorum denariorum parvorum pro quolibet termino et capitullo non observato; qua pena comissa vel non comissa, soluta vel non soluta, libellus iste in sua maneat firmitate. Et duo instrumenta unius tenoris iusserunt scribi videlicet unum unicuique parti dandum, etcetera.

(SN) Ego Guilielmus filius Phylipi de Belando imperialli auctoritate notarius his interfui et eorum rogatus hec scripssi.

a) *nel marg. sn.* b) *segue* de *depennato* c) *ms:* indepnes *con segno d'abbreviazione generico su* nes d) *segue* suo *depennato*

119

|83r| Carta libelli comunis Montissilicis et magistrorum Silvestri et Bonaalbergi fratrum.[a)]

Anno Domini millesimo trecentexìmo quarto, indicione secunda, die penultimo madii, in Montesilice, sub lauça Sancti Pauli, presentibus domino Bixato becario condam Iohannis de Padua, Iacobo notario condam Belaveris, Benevenuto condam Vicencii Gastaldi, Henrico condam Guidonis de Fero de Montesilice et aliis. Ibique dominus Gerardus notarius condam Abi syndicus et procurator comunis et hominum terre Montissilicis specialiter ad omnia infrascripta facienda constitutus, ut continetur in carta syndicarie scripta per Iacobum notarium condam Belaveris a me notario infrascripto vissa et lecta, pro precio librarum viginti denariorum parvorum quos denarios syndicario nomine dicti comunis recipienti fuit contentus et confesus se manualiter habuisse et recepisse a magistro Bonalbergo aurifici filio condam magistri Tuxii de Padue de contracta Sancti Laurencii dante et solvente pro se et magistro Sivestro aurifici eius fratre, de quibus denariis et precio clamavit sibi solutum, renunc(ians) excepcioni non habiti et non recepti et numerati sibi precii predicti tempore huius contractus omnique alii suo iuri, pro iam dicto precio dictus syndicus syndicario nomine predicto et nomine et vice dicti comunis iure libelli perpetualis secundum formam et tenorem unius reformacionis maioris consilii dicti comunis Montissilicis scripte per Iacobum notarium condam Belaveris in suprascripto millesimo et indicione, sub die vigeximonono ianuarii, in potestaria domini Palamides de Vitalianis tunc potestatis dicti comunis facte super facto alibelandi certam quantitatem de Palude Insule per dictum comune Montissilicis certis civibus Padue consortibus dicti comunis Montissilicis, illis pactis et condicionibus quibus in ipsa reformacione continetur, dedit, concessit et investivit predictum magistrum Bonumalbergum pro se et dicto magistro Silvestro eius fratre recipientem de octo canpis terre paludive positis in confinio Montissilicis in Palude Insule in sexto mansso dicte paludis viginti canporum, cui manso choeret ab una parte via nova dicte paludis, ab alia parte ager novus dicte paludis, a tercia parte iura quinti manssi dicte paludis et forte alii choerent; ita ut amodo predicti magistri Bonaalbergus et Silvester et sui heredes et cui dederint debeant habere, tenere, possidere et omnem suam utilitatem et voluntatem facere de dictis octo canpis terre paludive iure predicto libelli perpetualis, absque contradicione dicti sindici et dicti comunis seu alicuius syngularis persone, una cum accessu, ingressu et introytu, viis, servitutibus, honoribus et districtu cuiuscumque omni iure, racione et actione utili et directa ipsi terre paludive sive dicto comuni pro ea in integrum pertinente, dicens et asserens dictus syndicus syndicario nomine iam dicto dictam terram nulli alii fore datam, venditam, traditam, obligatam seu modo aliquo obnosiatam, et si reperiretur promissit ipse syndicus syndicario nomine predicto eidem magistro Bonaalbergo pro se et fratre suo predicto recipienti stipulanti servare ipsos et suos heredes indepnes et ipsos in vachuam, liberam, expedictam ponere possesionem expensis dicti comunis; et promissit eciam dictus syndicus syndicario nomine predicto eidem magistro |83v| Bonalbergo stipulanti guarentare, defendere, auctoriçare et disbrigare dictam terram modo predicto concessam predictis magistris Bonalbergo et Silvestro fratribus et suis heredibus et cui ipsam dederint ab omnibus et contra omnes, ab omni persona, parte, universitate, colegio et comuni, sub pena dupli valoris dicte terre secundum quod hec meliorata fuerit pro tempore aut plus valuerit sub extimacione in consimili loco pena predicta stipulanti promissa. Ad favorem cuius libelli seu locacionis predictus magister Bonusalbergus pro se et fratre suo magistro Silvestro et per se et suos heredes stipulanti promissit predicto syndico stipulanti et recipienti syndicario nomine predicto dare, reddere et solvere dicto comuni Montissilicis vel canipario ipsius comunis pro ipso comuni recipienti omni anno in festo sancti Stefani de mense decenbris, tercio die ante vel post, solidos octo denariorum venecialium pro afictu seu pensione dictorum octo canporum terre paludive et non aliud. Pacto hoc inter ipsos apposito et stipulanti firmato quod si dicti conductores aliquando vendere voluerint iura sua dicte terre, vendant dicto comuni dictum ius suum pro solidis quinque denariorum parvorum minus quam alii, denunciando primo per se vel per suum nuncium potestati vel officialibus dicti comunis qui pro tempore essent in Montesilice, spacio quindecim dierum, et elapssis quindecim diebus a denunciacione predicta, tunc possit ipsi conductores vel eorum heredes vendere dictum ius suum cui voluerint, senper salvis iuribus dicti comunis dicti libelli, non tamen ecclesie, non militi, magnati, nec regulari persone, non servo seu ancille. Et si aliter vendicio facta fuerit non valeat et non teneat de iure nec de facto. Et e converso si dictum comune vendere voluerit aliquando ius suum dicti libelli, vendat ipsum ius dictis conductoribus vel suis heredibus pro solidis quinque denariorum parvorum minus quam alii, modo et forma supradictis. Penam possuerunt inter se partes predicte soldorum vigintinovem denariorum parvorum pro quolibet termino et capitullo non observato; qua pena comissa vel non comissa, soluta vel non soluta, libellus iste in sua maneat firmitate. Et duo instrumenta unius tenoris ex una embreviatura iubsserunt scribi videlicet unum unicuique parti dandum.

(SN) Ego Guilielmus filius Phylipi de Belando imperialli auctoritate[b)] notarius his omnibus interfui et eorum rogatus hec predicta scripssi.

a) *nel marg. sn.* b) *ms:* aucte *senza segno d'abbreviazione*

120

|84r| Carta libelli comunis Montissilicis et magistri Silvestri aurificis et Bonalbergi eius fratris.[a)]

Anno Domini millesimo trecentexímo quinto, indicione tercia, die terciodecimo marcii, in Montesilice, in ecclesia Sancti Pauli, presentibus domino Blanco pistore, Tolberto Çenarino de Segatoribus, domino Çuchello condam domini Ade de Bulis, Tederico condam Guidoti, omnibus de Montesilice, et aliis. Ibique Gerardus notarius condam Abi syndicus comunis Montissilicis specialiter ad infrascripta facienda constitutus, ut continetur in carta syndicarie scripta per Iacobum notarium condam Belaveris, pro precio librarum viginti denariorum parvorum quas nomine finiti precii syndicario nomine dicti comunis recipienti fuit contentus et confesus se manualiter habuisse et recepisse a magistro Silvestro aurifici filio condam magistri Tuyxii de Padua de contracta Sancti Laurencii dante et solvente pro se et fratre suo magistro Bonalbergo, de quibus denariis et precio sibi solutum clamavit, renunc(ians) excepcioni non habiti et non numerati sibi precii predicti tempore huius contractus omnique alii suo iuri, pro iam dicto precio dictus syndicus syndicario nomine dicti comunis iure libelli perpetualis secundum formam et tenorem unius reformacionis maioris consilii dicti comunis scripte per Iacobum notarium condam Belaveris in millesimo trecentexìmo quarto, indicione secunda, sub die vigeximonono ianuarii, in potestaria domini Palamides tunc potestatis Montissilicis facte super facto alibelandi certam quantitatem de Palude Insulle per dictum comune certis civibus Padue consortibus dicti comunis, illis pactis et condicionibus quibus in ipsa reformacione plenius continetur, dedit, concessit et investivit predictum magistrum Silvestrum pro se et fratre suo supradicto recipienti de quatuor canpis terre paludive positis in Palude Insule in quinto mansso viginti canporum dicte paludis,[b] qui quatuor canpi venerant in parte[c] dicto magistro Silvestro pro indivisso cum dominis Scalco, Bernardo et Micaele fratribus. Item de aliis quatuor canpis terre paludive positis in dicta palude in sexto mansso dicte paludis viginti canporum, qui quatuor canpi venerant in parte domino Petro iudici de Parixio pro indivisso cum dominis Paullo de Titullo, Guilielmo de Fineto et aliis suis sociis,[d] cui sexto mansso choeret uno latere iura septimi mansi dicte paludis, ab alio latere iura quinti manssi et uno capite ager novus et forte alii coherent; ita ut amodo predicti magistri Silvester et Bonaalbergus fratres et sui heredes et cui dederint debeant habere, tenere, possidere et omnem suam utilitatem et voluntatem facere de dictis octo canpis terre paludive iure predicto libelli perpetualis, absque contradicione dicti sindici et dicti comunis seu alicuius syngularis persone, una cum accessu, ingressu, introytu et exitu, viis, servitutibus, honoribus et districtu cuiuscumque omni iure, racione et actione utili et directa ipsi terre paludive sive dicto comuni pro ea in integrum pertinente, dicens et asserens dictus syndichus syndicario nomine dicti comunis dictam terram nulli alii fore datam, venditam, traditam, obligatam seu modo aliquo obnoxiatam, et si reperiretur promissit ipse syndichus syndicario nomine dicti comunis et hominum eidem magistro Silvestro aurifici pro se et dicto magistro Bonaalbergo eius fratre recipienti stipulanti servare ipsos et suos heredes indepnes et ipsos in vachuam, liberam, expedictam ponere possesionem omnibus propiis expenssis dicti comunis Montissillicis;[e] et[f] promissit eciam predictus Gerardus syndichus syndicario nomine quo supra eidem magistro |84v| Silvestro[g] stipulanti guarentare, defendere, auctoriçare et expedire dictam terram modo predicto concessam predictis magistris Bonalbergo et Silvestro et suis heredibus et cui ipsam dederint ab omnibus et contra omnes, ab omni persona, parte, universitate, colegio et comuni, sub pena dupli valoris dicte terre secundum quod hec meliorata fuerit pro tempore aud plus valuerit sub extimacione in consimili loco pena predicta stipulanti promissa. Ad favorem cuius libelli seu locacionis predictus magister Silvester[h)] pro se et dicto magistro Bonalbergo fratre suo promissit per se et suos heredes dicto syndico stipulanti et recipienti syndicario nomine dicti comunis dare, reddere et solvere dicto comuni Montissilicis vel canipario ipsius comunis pro ipso comuni recipienti omni anno in festo sancti Stefani de mensse decenbris, tercio die ante vel post, solidos octo denariorum venecialium parvorum pro afictu seu pensione dictorum octo canporum terre paludive et non aliud. Pacto hoc inter ipsos apposito et stipulanti firmato quod si predicti conductores vel sui heredes vendere aliquando voluerint ius suum dicte terre, vendant ipsum ius dicto comuni Montissilicis pro solidis quinque denariorum parvorum minus quam alii, denunciando primo per se vel per suum nuncium potestati vel officialibus dicti comunis qui pro tempore essent in Montesilice, spacio quindecim dierum, et elapssis quindecim diebus a denunciacione predicta, tunc possi‹n›t ipsi conductores et sui heredes vendere dictum ius suum cui voluerint,[i)] senper salvis iuribus dicti comunis dicti libelli, non tamen ecclesie, non militi, magnati, nec regulari persone, non servo seu ancille. Et si aliter vendicio facta fuerit non valeat nec teneat de iure nec de facto. Et e converso si dictum comune vendere aliquando voluerit ius suum dicti libelli, vendat ipsum dictis conductoribus pro solidis quinque denariorum parvorum minus quam alii, modo et forma supradictis. Penam possuerunt inter se partes predicte vigintinovem soldorum denariorum parvorum pro quolibet termino et capitulo non observato; qua pena comissa vel non comissa, soluta vel non soluta, libellus iste in sua maneat firmitate. Et duo instrumenta unius tenoris ex una embreviatura iubsserunt scribi videlicet unum unicuique parti dandum, etcetera.

(SN) Ego Guilielmus filius Phylipi de Belando imperialli auctoritate[j)] notarius his interfui et iussu parcium hec scripssi.

a) *nel marg. sn.* b) *segue asta discendente depennata* c) *segue* domino Petro iudici de

Parixio *depennato* d) *segue* it *depennato* e) *ms:* Montissill *con segno d'abbreviazione sotto la doppia* s *e con trattino orizzontale che taglia le due* l f) et *ripetuto* g) Silvestro *sovrascritto nell'interlinea su* Bonalbergo *depennato* h) Silvester *sovrascritto nell'interlinea su* Bonusalbergus *espunto* i) *segue* n *depennata* j) *ms:* aucte *senza segno d'abbreviazione*

121

|85r| Carta libelli comunis Montissilicis et magistrorum Bonialbergi et Silve‹st›ri fratrum.[a]

Anno Domini millesimo[b] trecentexímo quarto, indicione secunda, die quarto iunii, in Montesilice, in domo habitacionis domini Palamides de Vitalianis tunc potestatis terre Montissilicis, presentibus domino Blaxio de Sarçanis vicario dicti potestatis, Petro condam Alberti Mascarelli, domino Antonio condam domini Gregorii, Vivaldino de Butolla, Iacobo notario condam Belaveris de Montesilice et aliis. Ibique Gerardus notarius condam Abi tanquam syndicus et procurator comunis et hominum terre Montissilicis specialiter ad omnia infrascripta facienda constitutus, ut continetur in carta syndicarie scripta per Iacobum notarium condam Belaveris a me notario infrascripto vissa, pro precio librarum decem denariorum parvorum quas nomine finiti et conventi precii syndicario nomine dicti comunis recipienti fuit contemptus et confessus se manualiter accepisse et habuisse a magistro Bonalbergo aurifici filio condam magistri Tuxii de Padua de contracta Sancti Laurencii dante et solvente pro se et magistro Silvestro eius fratre, de quibus denariis et precio clamavit sibi solutum et plenam solucionem in se habere dixit ab eodem, renunc(ians) excepcioni non numerati et recepti atque sibi traditi precii predicti tempore huius contractus et omnique alii suo iuri, pro iam dicto precio dictus syndicus syndicario nomine predicto et nomine et vice dicti comunis iure libelli perpetualis secundum formam et tenorem unius reformacionis maioris consilii dicti comunis scripte per Iacobum notarium condam Belaveris in suprascripto millesimo, sub die vigeximonono ianuarii, in potestaria suprascripti domini Palamides tunc potestatis Montissilicis facte super facto alivelandi per dictum comune Montissilicis certam quantitatem de Palude Insulle certis civibus Padue consortibus dicti comunis Montissilicis, illis pactis et condicionibus quibus in dicta reformacione continetur, dedit, concessit et investivit predictum magistrum Bonalbergum recipientem pro se et dicto magistro Silvestro eius fratre de quatuor canpis terre paludive positis in confinio Montissilicis in Palude Insulle in sexto mansso viginti canporum dicte paludis, cui mansso choeret ab una parte iura septimi manssi dicte paludis, ab alia parte iura quinti manssi dicte paludis, a tercia parte ager novus et forte alii choerent; ita ut amodo[c] predicti magistri Bonalbergus et Silvester et sui heredes et cui dederint debeant habere, tenere, possidere et omnem suam utilitatem et voluntatem facere de dictis quatuor canpis terre paludive iure predicto libelli perpetualis, una cum accessu, ingressu et introytu, viis, servitutibus,[d] honoribus et districtu cuiuscumque omni iure, racione et actione utili et directa ipsi terre paludive sive dicto comuni pro ea in integrum pertinente, dicens et asserens dictus syndicus syndicario nomine predicto dictam terram nulli alii fore datam, venditam, traditam, obligatam seu modo aliquo obnoxiatam, et si reperiretur promissit ipse syndicus syndicario nomine iam dicto eidem magistro Bonalbergo pro se et dicto fratre suo recipienti stipulanti servare ipsos et suos heredes indepnes et ipsos in vachuam, liberam, expedictam ponere possesionem omnibus expenssis dicti comunis; et promissit insuper dictus syndicus syndicario nomine quo supra eidem magistro |85v| Bonalbergo stipulanti guarentare, defendere, auctoriçare et expedire dictam terram modo predicto concessam predictis magistris Bonalbergo et Silvestro fratribus et suis heredibus et cui ipsam dederint ab omnibus et contra omnes, ab omni persona, parte, universitate, colegio et comuni, sub pena dupli valoris dicte terre secundum quod hec meliorata fuerit pro tempore aud plus valuerit sub extimacione in consimili loco pena predicta stipulanti promissa. Ad favorem cuius libelli seu locacionis predictus magister Bonusalbergus pro se et fratre suo predicto promissit per se et suos heredes dicto syndico stipulanti et recipienti syndicario nomine predicto dare, reddere et solvere dicto comuni Montissilicis vel canipario dicti comunis pro ipso comuni recipienti omni anno in festo sancti Stefani de mense decenbris, tercio die[e] ante vel tercio die post, solidos quatuor denariorum venecialium pro afictu seu pensione dictorum quatuor canporum terre paludive et non aliud. Pacto hoc inter ipsos apposito et stipulanti firmato quod si predicti conductores vel eorum heredes vendere voluerint aliquando ius suum dicte terre, vendat ipsum ius dicto comuni

Montissilicis pro solidis quinque denariorum parvorum minus quam alii, denunciando primo per se vel suum nuncium potestati vel officialibus dicte terre qui pro tempore essent in Montesilice, spacio quindecim dierum, et elapssis quindecim diebus a denunciacione predicta, tunc possint ipsi conductores vel eorum heredes vendere dictum ius suum cui voluerint, senper salvis racionibus dicti comunis dicti libelli, non tamen ecclesie, non militi, magnati, nec regulari persone, non servo seu ancille. Et si aliter vendicio facta fuerit non valeat nec[f] teneat de iure nec de facto. Et e converso si dictum comune vendere aliquando voluerit ius suum dicti libelli, vendat ipsum ius dictis conductoribus vel suis heredibus pro solidis quinque denariorum parvorum minus quam alii, modo et forma supradictis. Penam inter se possuerunt partes predicte soldorum vigintinovem denariorum parvorum pro quolibet termino et capitulo non observato; qua pena comissa vel non comissa, soluta vel non soluta, libellus iste in sua maneat firmitate. Et duo instrumenta unius tenoris ex una embreviatura iubsserunt scribi videlicet unum unicuique parti dandum.

(SN) Ego Guilielmus filius Phylipi de Belando imperialli auctoritate notarius his omnibus interfui et eorum iubssu hec predicta scripssi.

a) *nel marg. sn.* b) *segue* Domini *espunto* c) *segue* dcu *depennato* d) *segue* et *depennato* e) *corretto su* dee f) *segue* d *depennata*

122

|86r| Carta libelli comunis Montissilicis et dominorum Michaellis, Bernardi sartoris et Scalchi de Padua.[a]

Anno Domini millesimo trecentexímo quarto, indicione secunda, die quarto iunii, in Montesilice, in domo habitacionis domini Palamides de Vitalianis tunc potestatis terre Montissilicis, presentibus ipso domino Palamides, domino Blaxio de Sarçanis eius vicario, Ugolino notario filio condam domini Grexendini de Montesilice, Albertino condam Carli precone comunis Montissilicis et aliis. Ibique dominus Gerardus notarius condam Abi tanquam syndicus et procurator comunis et hominum terre Montissilicis specialiter ad omnia infrascripta facienda constitutus, ut continetur in carta syndicarie scripta per Iacobum notarium condam domini Belaveris a me notario infrascripto vissa et lecta, pro precio librarum triginta denariorum venecialium parvorum quas syndicario nomine dicti comunis recipienti nomine finiti precii fuit contentus et confesus se manualiter habuisse et recepisse a domino Michaelle notario filio condam domini Otonelli de Padua de contracta Parencie dante et solvente pro se et fratribus suis dominis Scalcho et magistro Bernardo sartore, de quibus denariis et precio clamavit sibi solutum et plenam solucionem in se habere dixit, renunc(ians) excepcioni non habiti, non recepti atque numerati sibi precii predicti tempore contractus omnique alii suo iuri, pro iam dicto precio dictus Gerardus syndicus syndicario nomine predicto et nomine et vice dicti comunis Montissilicis iure libelli perpetualis secundum formam et tenorem unius reformacionis maioris consilii dicti comunis scripte per Iacobum notarium condam Belaveris in suprascripto millesimo, sub die vigeximonono ianuarii, in potestaria supradicti domini Palamides facte super facto alibelandi per dictum comune Montissilicis certam quantitatem de Palude Insulle certis civibus de Padua consortibus dicti comunis Montissilicis, illis pactis et condicionibus quibus in ipsa reformacione continetur, dedit, concessit et investivit predictum dominum Michaelem notarium condam domini Otonelli recipientem pro se et fratribus suis dominis Scalch‹o› et Bernardo antedictis de duodecim canpis terre paludive positis in confinio Montissilicis in Palude Insulle in quinto mansso viginti canporum dicte paludis pro indivisso cum magistro Silvestro aurifici et magistro Iohanne medico, cui mansso choeret ab una parte iura sexti manssi dicte paludis, ab alia parte iura quarti manssi dicte paludis, a tercia parte ager novus et forte alii choerent; ita ut amodo predicti domini Michael, Scalchus et Bernardus fratres et sui heredes et cui dederint debeant habere, tenere, possidere et omnem suam utilitatem et voluntatem facere de dictis quatuor canpis terre paludive iure predicto libelli perpetualis, una cum accessu, ingressu et introytu, viis, servitutibus, honoribus et districtu cuiuscumque omni iure, racione et actione utili et directa ipsi terre paludive sive dicto comuni pro ea in integrum pertinente, absque contradicione dicti syndici et dicti comunis, dicens et asserens dictus syndicus syndicario nomine predicto dictam terram nulli alii fore datam, venditam, traditam, obligatam seu modo aliquo obnoxiatam, et si reperiretur promissit ipse syndichus syndicario nomine iam dicto eidem domino Michaelli recipienti pro se et fratribus suis supradictis stipulanti servare ipsos et suos heredes indepnes et ipsos in vachuam, liberam, expedictam ponere possesionem expenssis dicti comunis; et promissit eciam dictus syndicus syndicario nomine predicto eidem domino Michaeli |86v| notario recipienti nomine antedicto stipulanti guarentare, defendere, auctoriçare et expedire dictam terram modo predicto concessam predictis dominis Michaeli, Scalco et Bernardo fratribus et suis heredibus et cui ipsam dederint ab omnibus et contra omnes, ab omni persona, parte, universitate, colegio et comuni, sub pena dupli valoris dicte terre secundum quod hec meliorata fuerit pro tempore aud plus valuerit sub extimacione in consimili loco pena predicta stipulanti promissa. Ad favorem cuius libelli seu locacionis predictus dominus Michael notarius promissit pro se et fratribus suis predictis per se et suos heredes dicto syndico stipulanti et recipienti syndicario nomine predicto dare, reddere et solvere[b)] dicto comuni Montissilicis vel canipario dicti comunis pro dicto comuni recipienti omni anno in festo sancti Stefani de mense decenbris, tercio die ante vel post, solidos duodecim denariorum venecialium parvorum pro afictu seu pensione dictorum duodecim canporum terre paludive et non aliud. Pacto hoc inter ipsos apposito et stipulanti firmato quod si dicti conductores vel eorum heredes vendere aliquando voluerint ius suum dicte terre, vendant ipsum ius dicto comuni pro solidis quinque denariorum parvorum minus quam alii, denunciando primo per se vel per suum nuncium potestati vel officialibus dicti comunis qui pro tempore essent in Montesilice, spacio quindecim dierum, et elapssis quindecim diebus a denunciacione predicta, tunc possint ipsi conductores vel eorum heredes vendere dictum ius suum cui voluerint, senper salvis iuribus dicti comunis dicti libelli, non tamen ecclesie, non militi, magnati, nec regulari persone, non servo seu ancille. Et si aliter vendicio facta fuerit non valeat et non teneat de iure nec de facto. Et e converso si dictum comune vendere aliquando voluerit ius suum dicti libelli, vendat ipsum ius dictis conductoribus vel suis heredibus pro solidis quinque denariorum parvorum minus quam alii, modo et forma supradictis. Penam possuerunt inter se partes predicte vigintinovem soldorum denariorum parvorum pro quolibet termino et capitullo non observato; qua pena comissa vel non comissa, soluta vel non soluta, libellus iste in sua maneat firmitate. Et duo instrumenta unius tenoris iubsserunt scribi videlicet unum unicuique parti dandum, et-cetera.

(SN) Ego Guilielmus filius Filipi de Belando imperialli auctoritate[c] notarius his interfui et eorum rogatus hec predicta scripssi.

a) *nel marg. sn.* b) *segue* omni *depennato* c) *ms:* aucte *senza segno d'abbreviazione*

123

|87r| Carta libelli comunis Montissilicis et domini Guilielmi Novelli de quatuor canpis terre in Paludis Insulle.[a]

Domini Guilielmi Noveli de Paltenerii.[b]

Anno Domini millesimo trecentexímo quarto, indicione secunda, die tercio intrante augusto, in Montesilice, in domo habitacionis domini Alexii de Rogatis tunc potestatis terre Montissilicis, presentibus ipso domino Alexio potestate, Arnaldo notario de Lusca, Dominico notario condam Lucii, Iacobo notario condam Belaverii de Montesilice et aliis. Ibique dominus Gerardus notarius condam Abi tanquam syndicus et procurator comunis et hominum terre Montissilicis specialiter ad omnia infrascripta facienda constitutus, ut continetur in carta syndicarie scripta per Iacobum notarium condam domini Belaveris a me notario infrascripto vissa et lecta, pro precio librarum decem denariorum venecialiumparvorum quas syndicario nomine dicti comunis recipienti fuit contentus et confesus se manualiter habuisse et recepisse a domino Guilielmo Novello filio condam domini Furçerini de Paltenerii, de quibus denariis et precio clamavit sibi solutum et plenam solucionem in se habere dixit ab eodem domino Guilielmo, renunc(ians) excepcioni non numerate et non recepte sibi pecunie tempore huius contractus omnique alii suo iuri, pro iam dicto precio dictus Gerardus syndicus syndicario nomine predicto et nomine et vice dicti comunis iure libelli perpetualis secundum modum et formam et tenorem unius reformacionis maioris consilii dicti comunis Montissilicis scripte per Iacobum notarium condam Belaveris in suprascripto millesimo, sub die vigeximonono ianuarii, in potestaria et regimine domini Palamides de Vitalianis tunc potestatis terre Montissilicis facte super facto alibelandi per dictum comune certam quantitatem de Palude Insulle certis civibus de Padua consortibus dicti comunis Montissilicis, illis pactis et condicionibus quibus in ipsa reformacione plenius continetur, dedit, concessit et investivit predictum dominum Guilielmum Novellum pro se et suis heredibus recipientem de quatuor canpis terre paludive positis in confinio Montissilicis in Palude Insulle in primo manso dicte paludis pro indivisso cum dominis Chuchone, Petro Scrovegno et Priçivalle notario, cui mansso choeret ab uno capite ager novus dicte paludis, ab alio capite fossatum comunis, ab uno latere ager seu via per quam itur versus Costaldolum; ita ut amodo predictus dominus Guilielmus et eius heredes et cui dederit debeant habere, tenere, possidere et omnem suam utilitatem et voluntatem facere de dictis quatuor canpis terre paludive iure predicto libelli perpetualis, una cum accessu, ingressu et introytu, viis, servitutibus, honoribus et districtu cuiuscumque omni iure, racione et actione utili et directa ipsi terre paludive sive dicto comuni pro ea in integrum pertinente, dicens et asserens dictus syndicus syndicario nomine predicto dictam terram nulli alii fore datam, venditam, traditam, obligatam seu modo aliquo obnoxiatam, et si reperiretur promissit ipse syndicus syndicario nomine predicto eidem domino Guilielmo stipulanti servare ipsum et suos heredes indepnes et ipsum in vachuam, liberam, expedictam ponere possesionem expenssis dicti comunis; et promissit insuper eciam dictus syndicus eidem domino Guilielmo Novello stipulanti guarentare, defendere, auctoriçare et expe|87v|dire dictam terram modo predicto concessam eidem domino Guilielmus et eius heredibus et cui ipsam dederit ab omnibus et contra omnes, ab omni persona, parte, colegio, universitate, colegio et comuni, sub pena dupli valoris dicte terre secundum quod hec meliorata fuerit pro tempore aud plus valuerit sub extimacione in consimili loco pena predicta stipulanti promissa. Ad favorem cuius libelli seu locacionis predictus dominus Guilielmus Novellus promissit per se et suos heredes dicto syndico stipulanti et recipienti syndicario nomine predicto dare, reddere et solvere dicto comuni Montissilicis vel canipario ipsius comunis pro ipso comuni recipienti omni anno in festo sancti Stefani de mense decenbris, tercio die ante vel post, solidos quatuor denariorum venecialium parvorum pro afictu seu pensione dicte terre paludive et non aliud. Pacto hoc inter ipsos aposito et stipulanti firmato quod si dictus dominus Guilielmus vel eius heredes aliquando vendere voluerit ius suum dicte terre, vendat ipsum suum ius dicto comuni pro solidis quinque denariorum parvorum minus quam alii, denunciando primo per se vel suum nuncium potestati vel officialibus dicti comunis qui pro tempore essent in Montesilice, spacio quindecim dierum, et elapssis quindecim diebus a denunciacione predicta, tunc possit ipse vel eius heredes vendere dictum ius cui voluerit, senper salvis iuribus dicti comunis dicti libelli, non tamen ecclesie, non militi, magnati, nec regulari persone, non servo seu ancille. Et si aliter vendicio facta fuerit non valeat nec teneat de iure nec de facto. Et e converso si dictum comune vendere voluerit aliquando ius suum dicti libelli, vendat ipsum dicto domino Guilielmo conductori vel eius heredibus pro solidis quinque denariorum parvorum minus quam alii, modo et forma supradictis. Penam inter se possuerunt partes predicte vigintinovem soldorum denariorum parvorum pro quolibet termino et capitullo non observato; qua pena comissa vel non comissa, soluta vel non soluta, libelus iste in sua maneat firmitate. Et duo instrumenta unius tenoris ex una embreviatura iubsserunt scribi videlicet unum unicuique parti dandum, etcetera.

(SN) Ego Guilielmus filius domini Phylipi de Belando imperialli auctoritate notarius his interfui et eorum iubssu hec predicta scripssi.

a) *nel marg. sn.* b) *nel marg. sn. di mano A*

124

|88r| Libellus comunis Montissilicis et Paduani de Gurgo de terra Insulle.[a)]

Anno Domini millesimo trecentexímo quarto, indicione secunda, die decimo aprilis, in Montesilice, sub portichu domus Petri condam domini Belandi, presentibus Petro Iohanne dicto Çusato condam domini Bonafidei iudicis, Iacobino eius fratre, Norbio condam Henrici, omnibus de Montesilice, et aliis. Ibique Gerardus notarius condam Abi tanquam syndicus comunis et hominum terre Montissilicis specialiter ad omnia infrascripta facienda constitutus, ut continetur in carta syndicarie scripta per Iacobum notarium condam Belaveris, pro libris decem denariorum parvorum quos denarios syndicario nomine dicti comunis recipienti fuit contentus et confesus se manualiter habuisse et recepisse a domino Paduano filio domini Comitis de Gurgo, de quibus denariis et precio clamavit sibi solutum et plenam solucionem in se habere dixit ab eodem, renunc(ians) excepcioni non numerati et non habiti atque recepti sibi precii tempore contractus omnique alii suo iuri faciens ei finem et remissionem et pactum de anplius non petendo precium antedictum, pro iam dicto precio predictus syndicus syndicario nomine quo supra et nomine et vice dicti comunis iure libelli perpetualis secundum formam et tenorem unius reformacionis scripte per Iacobum notarium condam Belaveris in suprascripto millesimo, sub die vigeximonono ianuarii, facte in potestaria domini Palamides de Vitalianis tunc potestatis Montissilicis in maiori consilio dicti comunis, super facto alivelandi per dictum comune Montissilicis certam quantitatem de Palude Insulle certis civibus de Padua consortibus dicti comunis, illis pactis et condicionibus quibus in dicta reformacione continetur, dedit, concessit et investivit dictum dominum Paduanum pro se et suis heredibus stipulanti de quatuor canpis terre paludive positis in confinio Montissilicis in Palude Insule in septimo mansso viginti canporum dicte paludis pro indivisso cum dominis Pisce, Çanbono notario de Andrea et Prosdocimo notario filio magistri Guidonis sartoris de Padua, cui mansso choeret ab uno latere iura octavi mansi dicte paludis, ab alio latere iura sexti manssi dicte paludis, ab uno capite via publica dicte paludis, ab alio ager novus et forte alii choerent; ita ut amodo dictus Paduanus et sui heredes et cui dederit debeant habere, tenere, possidere et omnem suam utilitatem et voluntatem facere de dictis quatuor canpis terre paludive iure predicto libelli perpetualis, una cum accessu, ingressu et introytu, viis, servitutibus, honoribus et districtu cuiuscumque omni iure, racione et actione utili et directa ipsi terre paludive sive dicto comuni pro ea in integrum pertinente, dicens et asserens dictus syndichus dictam terram nulli alii fore datam, venditam, obligatam seu modo aliquo obnoxiatam, et si reperiretur promissit ipse syndicus syndicario nomine predicto eidem Paduano stipulanti servare ipsum et suos heredes indempnes et ipsum in vachuam, liberam, expedictam ponere possesionem expensis dicti comunis; et promissit |88v| eciam dictus syndicus syndicario nomine iam dicto eidem domino Paduano stipulanti guarentare, defendere, auctoriçare et expedire dictam terram modo predicto concessam dicto Paduano et eius heredibus et cui ipsam dederit ab omnibus et contra omnes, ab omni parte, persona, universitate, colegio et comuni, sub pena dupli valoris dicte terre secundum quod hec meliorata fuerit pro tempore aud plus valuerit sub extimacione in consimili loco pena predicta stipulanti promissa. Ad favorem cuius libelli sive locacionis promissit dictus dominus Paduanus per se et suos heredes dicto syndico stipulanti et recipienti syndicario nomine predicto dare, reddere et solvere dicto comuni Montissilicis vel canipario dicti comunis pro ipso comuni recipienti omni anno in festo sancti Stefani de mense decenbris, tercio die ante vel post, solidos quatuor denariorum parvorum pro afictu dicte terre paludive et non aliud. Pacto inter ipsos aposito et stipulanti firmato quod si dictus dominus Paduanus conductor vel eius heredes vendere voluerit aliquando ius suum dicte terre, vendat ipsum dicto comuni Montissilicis pro solidis quinque denariorum parvorum minus quam alii, denunciando primo per se vel per suum nuncium potestati vel officialibus qui pro tempore essent in Montesilice, spacio quindecim dierum, et elapssis quindecim diebus a denunciacione predicta, tunc possit ipse conductor vel eius heredes vendere dictum ius suum cui voluerit, senper salvis racionibus dicti comunis dicti libelli, non tamen ecclesie, non militi, magnati, nec regulari persone, non servo seu ancille. Et si aliter vendicio facta fuerit non valeat et non teneat de iure et non de facto. Et e converso si dictum comune Montissilicis vendere voluerit aliquando ius suum dicti libelli, vendat dictum ius suum dicto Paduano conductori vel eius heredibus pro solidis quinque denariorum parvorum minus quam alii, modo et forma supradictis. Penam possuerunt inter se partes predicte vigintinovem soldorum denariorum parvorum pro quolibet termino et capitulo non observato; qua pena comissa vel non comissa, soluta vel non soluta, libellus iste in sua maneat firmitate. Et duo instrumenta unius tenoris ex una embreviatura iubsserunt scribi videlicet unum unicuique parti dandum.

(SN) Ego Guilielmus filius Filipi de Belando imperiali auctoritate notarius his omnibus interfui et iussu parcium hec scripssi.

a) *nel marg. sn.*

125

|89r| Carta libelli comunis Montissilicis et domini Chuchi de IIIJ[or] canpis terre de Insula.[a)]

Comune vendidit domino Henginolfo Chucho de Palteneriis pro libris x *et postea eum investivit et reddit solidos* IIIJ[or].[b)]

Anno Domini millesimo trecenteximo quarto, indicione secunda, die decimonono aprilis, in Montesilice, in domo habitacionis domini Palamides de Vitalianis tunc potestatis terre Montissilicis, presentibus Iacobo notario condam domini Belaveris, Guidone condam Iohannis Corsalis, Petro Mascarello condam Alberti, Iohanne filio Tealdi de Butolla et aliis. Ibique Gerardus notarius condam Abi tanquam syndicus et procurator comunis et hominum terre Montissilicis specialiter ad omnia infrascripta facienda constitutus, pro precio librarum decem denariorum parvorum quos denarios syndicario nomine dicti comunis recipienti fuit contentus et confessus se manualiter habuisse et recepisse a domino Henginulfo Chucho de Palteneris de Montesilice, de quibus denariis et precio clamavit sibi solutum, renunc(ians) excepcioni non numerate et non recepte sibi pecunie tempore contractus omnique suo iuri, pro iam dicto precio dictus syndicus syndicario nomine iam dicto nomine dicti comunis iure libelli perpetualis secundum formam et tenorem unius reformacionis maioris consilii dicti comunis scripte per Iacobum notarium condam domini Belaveris in suprascripto millesimo, sub die vigeximonono ianuarii, facte in potestaria suprascripti domini Palamides super facto alivelandi certam quantitatem de Palude Insulle certis civibus de Padua consortibus dicti comunis, illis pactis et condicionibus quibus in dicta reformacione continetur, dedit, concessit et investivit predictum dominum Henginolfum Chuchum pro se et suis heredibus recipientem de quatuor canpis terre paludive positis in confinio Montissilicis in Palude Insule in primo mansso dicte paludis pro indivisso cum dominis Guilielmo Novello, Petro Scrovegno et Priçivalle notario de Guariento, cui choeret ab uno capite ager novus dicte paludis, ab alio capite fosatum comunis, ab uno latere dominus Guilielmus[c)] Novellus et forte alii choerent; ita ut amodo dictus dominus Henginolfus Chucho et sui heredes et cui dederit debeant habere, tenere, possidere et omnem suam utilitatem et voluntatem facere de dictis quatuor canpis terre paludive iure predicto libelli perpetualis, absque contradicione dicti syndici et dicti comunis seu alicuius singularis persone una cum accessu, ingressu et introytu, viis, servitutibus, honoribus et districtu cuiuscumque omni iure, racione et actione utili et directa ipsi terre paludive sive dicto comuni pro ea in integrum pertinente, dicens et asserens dictus syndichus syndicario nomine predicto dictam terram nulli alii fore datam, venditam, traditam et obligatam seu modo aliquo obnosiatam, et si reperiretur promissit ipse syndicus syndicario nomine predicto eidem domino Henginolfo stipulanti servare ipsum et suos heredes indepnes[d] et ipsum in vachuam, liberam, expedictam ponere possesionem expensis dicti comunis; et promissit[e] eciam dictus syndichus syndicario nomine iam dicto eidem domino Henginolfo et suis heredibus stipulanti guarentare, defendere, auctoriçare et expedire dictam terram modo predicto concessam dicto domino Henginolfo et suis heredibus et cui ipsam dederit ab omnibus et contra omnes, ab omni parte, persona, universitate, colegio et comuni, sub pena dupli valoris dicte terre |89v| secundum quod hec meliorata fuerit pro tempore aud plus valuerit pro tempore sub estimacione in consimili loco pena predicta stipulanti promissa. Ad favorem cuius libelli sive locacionis predictus dominus Henginolfus Chucho promissit per se et suos heredes dicto syndico stipulanti et recipienti pro dicto comuni dare, reddere et solvere dicto comuni Montissilicis vel eius canipario pro ipso comuni recipienti omni anno in festo sancti Stefani de mense decenbris, tercio die ante vel post, solidos quatuor denariorum venecialium parvorum pro afictu seu pensione dicte terre paludive et non aliud. Pacto inter ipsos aposito et stipulanti firmato quod si dictus dominus Henginolfus conductor vel eius heredes vendere voluerit aliquando ius suum dicte terre, vendat ipsum dicto comuni pro solidis quinque denariorum parvorum minus quam alii, denunciando primo per se vel suum nuncium potestati vel officialibus dicti comunis qui pro tempore essent, spacio quindecim dierum, et elapssis quindecim diebus a denunciacione predicta, tunc possit ipse conductor vel eius heredes vendere dictum ius suum cui voluerit, senper salvis racionibus dicti comunis dicti libelli, non tamen ecclesie, non militi, magnati, nec regulari persone, non servo seu ancille. Et si aliter vendicio facta fuerit non valeat et non teneat de iure nec de facto. Et e converso si dictum comune vendere aliquando voluerit ius suum dicti libelli, vendat ipsum dicto domino Henginolfo vel eius heredibus pro solidis quinque denariorum parvorum minus quam alii, modo et forma supradictis. Penam possuerunt inter se partes predicte vigintinovem soldorum denariorum parvorum pro quolibet termino et capitulo non observato; qua pena soluta vel non soluta, comissa vel non comissa, libellus iste in sua maneat firmitate. Et duo instrumenta unius tenoris ex una embreviatura iusserunt scribi videlicet unum unicuique parti dandum, etcetera.

(SN) Ego Guilielmus filius Phylipi de Belando imperiali auctoritate notarius his interfui et iussu parcium hec scripssi.

a) *nel marg. sn.* b) *nel marg. sn. di mano A* c) *segue* Guil *depennato* d) *ms:* indepnes *con segno d'abbreviazione generico su* es e) *seguono tre lettere non chiare depennate*

126

|90r| Libellus comunis Montissilicis et Johannis Çusati condam domini Bonafidei iudicis.[a)]

Anno Domini millesimo trecentexímo quarto, indicione secunda, die quinto iunii, in Montesilice, in domo habitacionis domini Palamides de Vitalianis potestatis terre Montissilicis, presentibus ipso domino Palamides, domino Blaxio de Sarçanis eius vicario et iudice, domino Arnaldo notario dela Lusca, Iacobo notario condam Belaveris et aliis. Ibique dominus Gerardus notarius condam Abi tanquam syndichus et procurator comunis et hominum terre Montissilicis specialis specialiter ad omnia infrascripta facienda constitutus, ut continetur in carta syndicarie scripta per Iacobum notarium condam domini Belaveris a me notario infrascripto vissa et lecta, pro precio librarum decem denariorum parvorum quos denarios syndicario nomine dicti comunis recipienti fuit contentus et confessus se manualiter habuisse et recepisse a Iohanne dicto Çusato filio condam domini Bonafidei iudic(is) qui habitat in Montesilice, de quibus denariis et precio clamavit sibi solutum et plenam solucionem in se habere dixit a predicto Iohanne, renunc(ians) excepcioni non numerati, non habiti et recepti sibi precii predicti tempore contractus omnique suo iuri, pro iam dicto precio predictus Gerardus syndicus syndicario nomine dicti comunis iure libelli perpetualis secundum formam et tenorem unius reformacionis maioris consilii dicti comunis Montissilicis scripte per Iacobum notarium condam Belaveris in suprascripto millesimo, sub die vigeximonono ianuarii, facte in potestaria suprascripti domini Palamides tunc potestatis Montissilicis super facto alibelandi per dictum comune certam quantitatem de Palude Insulle certis civibus de Padua consortibus dicti comunis, illis pactis et condicionibus quibus in dicta reformacione continetur, dedit, concessit et investivit predictum Iohannem Çusatum de quatuor canpis terre paludive positis in confinio Montissilicis in Palude Insule in undecimo mansso viginti canporum dicte paludis pro indivisso cum dominis Fredo de Maliciis, Aycardino de Maliciis, Liaçario de Maliciis et Malgareto notario, cui manso choeret ab una parte iura duodecimi manssi dicte paludis, ab alia parte iura decimi mansi, a tercia parte ager novus dicte paludis et forte alii choerent; ita ut amodo dictus Iohannes et sui heredes et cui dederit debeant habere, tenere, possidere et omnem suam utilitatem et voluntatem facere de dictis quatuor canpis terre iure predicto libelli perpetualis, absque contradicione dicti syndici et dicti comunis seu alicuius singularis persone una cum accessu, ingressu et introytu, viis, servitutibus, honoribus et districtu cuiuscumque omni iure, racione et actione utili et directa ipsi terre paludive sive dicto comuni pro ea in integrum pertinente, dicens et asserens dictus syndicus dictam terram nulli alii fore datam, venditam, obligatam seu modo aliquo obnosiatam, et si reperiretur promissit ipse syndicus syndicario nomine predicto eidem Iohanni stipulanti servare ipsum et suos heredes indempnes et ipsum in vachuam, liberam, expedictam ponere possesionem expensis dicti comunis; et promissit eciam dictus syndicus syndicario nomine iam dicto eidem Iohanni stipulanti gua|90v|rentare, defendere, auctoriçare et expedire dictam terram modo predicto concessam dicto Iohanni et suis heredibus et cui ipsam dederit ab omnibus et contra omnes, ab omni parte, persona,[b)] universitate, colegio et comuni, sub pena dupli valoris dicte terre secundum quod hec meliorata fuerit pro tempore aud plus valuerit pro tempore sub extimacione in consimili loco pena predicta stipulanti promissa. Ad favorem cuius libelli seu locacionis suprascriptus Iohannes Çusatus conductor promissit per se et suos heredes dicto syndico stipulanti et recipienti syndicario nomine predicto dare, reddere et solvere dicto comuni Montissilicis vel eius canipario pro dicto comuni recipienti omni anno in festo sancti Stefani de mense decenbris, tercio die ante vel post, solidos quatuor denariorum venecialium parvorum pro afictu seu pensione dicte terre paludive et non aliud. Pacto inter ipsos aposito et stipulanti firmato quod si dictus Iohannes Çusatus vel eius heredes vendere aliquando voluerit ius suum dicte terre, vendat ipsum ius suum dicto comuni Montissilicis pro solidis quinque denariorum parvorum minus quam alii, denunciando primo per se vel suum nuncium potestati vel officialibus dicti comunis qui pro tempore essent, spacio quindecim dierum, et elapssis quindecim diebus a denunciacione predicta, tunc possit ipse Iohannes conductor vel eius heredes vendere dictum ius suum cui voluerit, non tamen ecclesie, non militi, magnati, non regulari persone, non servo seu ancille, senper salvis racionibus dicti comunis dicti libelli. Et si aliter vendicio facta fuerit non valeat nec teneat de iure nec de facto. Et e converso si dictum comune vendere aliquando voluerit ius suum dicte terre seu dicti libelli, vendat ipsum dicto Iohanni vel eius heredibus pro solidis quinque denariorum parvorum minus quam alii, modo et forma supradictis. Penam possuerunt inter se partes predicte vigintinovem soldorum denariorum parvorum pro quolibet termino et capitulo non observato; qua pena comissa vel non comissa, soluta vel non soluta, libellus iste in sua maneat firmitate. Et duo instrumenta unius tenoris iubsserunt scribi videlicet unum unicuique parti dandum, etcetera.

(SN) Ego Guilielmus filius Filipi de Belando imperialli auctoritate notarius his omnibus interfui et iubssu parcium hec scripssi.

a) *nel marg. sn.* b) *segue* co *depennato*

127

|91r| Carta libelli comunis Montissilicis et domini Beldemandi de quatuor canpis terre paludive in Palude Insulle.[a)]

Anno Domini millesimo trecentexímo quarto, indicione secunda, die septimo iunii, in Montesilice, in domo habitacionis domini Palamides de Vitalianis tunc potestatis terre Montissilicis, presentibus domino Blaxio de Sarçanis vicario dicti potestatis, Petro notario condam Francisco de Claricis, Iacobo notario condam Belaveris, Michaelle filio Laurencii de Martina, omnibus habitantibus tunc in Montesilice, et aliis. Ibique Gerardus notarius condam Abi tanquam syndichus et procurator comunis et hominum terre Montissilicis specialis specialiter ad omnia infrascripta facienda constitutus, ut in carta syndicarie scripta per Iacobum notarium condam Belaveris a me notario infrascripto vissa et lecta plenius continetur, pro precio librarum decem denariorum parvorum quos denarios nomine finiti precii fuit contenptus et confessus syndicario nomine dicti comunis recipienti se habuisse et recepisse a domino Albertino filio domini Beldemandi de Padua dante et solvente nomine et vice dicti patris sui de quibus denariis et precio clamavit sibi solutum et plenam solucionem in se habere, renunc(ians) excepcioni non habite et numerate sibi pecunie tempore contractus omnique alii suo iuri, pro iam dicto precio predictus syndichus nomi‹ne› et vice dicti comunis iure libelli perpetualis secundum formam et tenorem unius reformacionis maioris consilii dicti comunis scripte per Iacobum notarium condam Belaveris in suprascripto millesimo, sub die vigeximonono ianuarii, in regimine domini Palamides de Vitalianis tunc potestatis Montissilicis facte super facto alivelandi certam quantitatem de Palude Insulle certis civibus de Padua consortibus dicti comunis Montissilicis, illis pactis et condicionibus quibus in dicta reformacione continetur, dedit, concessit et investivit dictum dominum Albertinum recipientem nomine et vice dicti domini Beldemandi eius patris de quatuor canpis terre paludive positis in confinio Montissilicis in Palude Insule in sexto manso viginti canporum dicte paludis pro indivisso cum dominis Paulo de Titullo, Guilielmo de Fineto, Petro iudice de Parixio et Bernardino, cui manso choeret ab una parte iura quinti manssi dicte paludis, ab alia parte iura septimi mansi, a tercia parte via nova dicte paludis et forte alii choerent; ita ut amodo dictus dominus Beldemandus et sui heredes et cui dederit debeant habere, tenere, possidere et omnem suam utilitatem et voluntatem facere de dictis quatuor canpis terre paludive iure predicto libelli perpetualis, absque contradicione dicti syndici et dicti comunis seu alicuius singularis persone una cum accessu, ingressu et introytu, viis, servitutibus, honoribus et districtu cuiuscumque omni iure, racione et actione utili et directa ipsi terre paludive sive dicto comuni pro ea in integrum pertinente, dicens et asserens dictus syndicus dictam terram nulli alii fore datam, venditam, obligatam seu modo aliquo obnoxiatam, et si reperiretur promissit ipse syndicus syndicario nomine iam dicto ipsum dominum Beldemandum et suos heredes indepnes servare et ipsum in vachuam, liberam, expedictam |91v| ponere possesionem expensis dicti comunis; et promissit eciam dictus syndichus syndicario nomine iam dicto eidem domino Albertino pro dicto domino Beldemando recipienti stipulanti guarentare, defendere, auctoriçare et expedire dictam terram modo predicto concessam eidem domino Beldemando et eius heredibus et cui ipsam dederit ab omnibus et contra omnes, ab omni parte, persona, universitate, colegio et comuni, sub pena dupli valoris dicte terre secundum quod hec meliorata fuerit pro tempore aud plus valuerit pro tempore sub extimacione in consimili loco pena predicta stipulanti promissa. Ad favorem cuius libelli seu locacionis predictus dominus Albertinus promissit per se et suos heredes nomine et vice dicti domini Beldemandi patris sui predicto syndico stipulanti et recipienti syndicario nomine predicto dare, reddere et solvere dicto comuni Montissilicis vel eius canipario pro dicto comuni recipienti omni anno in festo sancti Stefani de mense decenbris, tercio die ante vel post, solidos quatuor denariorum parvorum pro afictu dicte terre paludive et non aliud. Pacto inter ipsos aposito et stipulanti firmato quod si dictus dominus Beldemandus vel eius heredes vendere voluerit aliquando ius suum dicte terre, vendat ipsum dicto comuni Montissilicis pro solidis quinque denariorum parvorum minus quam alii, denunciando primo per se vel per alium suum nuncium potestati vel officialibus dicti comunis qui pro tempore essent, spacio quindecim dierum, et elapssis quindecim diebus a denunciacione predicta, tunc possit ipse conductor et sui heredes vendere dictum ius suum cui voluerit, senper salvis racionibus dicti comunis dicti libelli, non tamen ecclesie, non militi, magnati, nec regulari persone, non servo seu ancille. Et si aliter vendicio facta fuerit non valeat nec teneat de iure nec de facto. Et e converso si dictum comune vendere voluerit aliquando ius suum dicti libelli, vendat ipsum dicto domino Beldemando vel eius heredibus pro solidis quinque denariorum parvorum minus quam alii, modo et forma supradictis. Penam possuerunt inter se partes predicte soldorum vigintinovem denariorum parvorum pro quolibet termino et capitulo non observato; qua pena comissa vel non comissa, soluta vel non soluta, libellus iste in sua maneat firmitate. Et duo instrumenta unius tenoris iubsserunt scribi videlicet unum unicuique parti dandum, etcetera.

(SN) Ego Guilielmus filius Filipi de Belando imperialli auctoritate notarius his interfui et iubssu parcium hec scripssi.

a) *nel marg. sn.*

128

|92r| Carta libelli comunis Montissilicis et domini Antonii condam Iohannis Raxone de quatuor canpis terre Paludis Insulle.[a)]

Anno Domini millesimo trecentexímo quarto, indicione secunda, die septimo iunii, in Montesilice,[b)] in domo habitacionis domini Palamides de Vitalianis tunc potestatis terre Montissilicis, presentibus domino Blaxio de Sarçanis vicario dicti potestatis, Iacobo notario condam domini Belaveris, Patavino notario filio magistri Hoderici, Norbio condam Henrici, omnibus tunc habitantibus in Montesilice, et aliis. Ibique Gerardus notarius condam Abi tanquam syndichus et procurator comunis et hominum terre Montissilicis specialis specialiter ad omnia infrascripta facienda constitutus, ut continetur in carta syndicarie scripta per Iacobum notarium condam Belaveris a me notario infrascripto vissa et lecta, pro precio librarum decem denariorum parvorum quos denarios nomine finiti et certi precii fuit contenptus et confessus se manualiter habuisse syndicario nomine dicti comunis recipienti a domino Antonio filio condam domini Iohannis Raxone de Titullo qui habitat Padue, dante et solvente pro se et Iacobo, Paduano et Stefano eius fratribus de quibus denariis et precio sibi solutum clamavit, renunc(ians) excepcioni non numerate et recepte sibi pecunie tempore contractus et omnique alii suo iuri, pro quibus denariis et precio dictus syndicus syndicario nomine predicto et nomine et vice dicti comunis Montissilicis secundum formam et tenorem unius reformacionis maioris consilii dicti comunis scripte per Iacobum notarium condam Belaveris in suprascripto millesimo, sub die vigeximonono ianuarii, in potestaria supradicti domini Palamides tunc potestatis terre Montissilicis facte super facto alivelandi per dictum comune Montissilicis certam quantitatem de Palude Insule certis civibus de Padua consortibus dicti comunis, illis pactis et condicionibus quibus in ipsa reformacione continetur, dedit, concessit et investivit predictum dominum Anthonium pro se et fratribus suis Iacobo et Paduano et Stefano antedictis recipientem de quatuor canpis terre paludive positis in confinio Montissilicis in Palude Insulle in tercio manso viginti canporum dicte paludis pro indivisso cum dominis Guidone de Sarçanis, Scalça sartore, Nicolao sp(eti)ale et magistro Dominico notario de Padua, cui choeret ab uno latere supradictus dominus Guido de Sarçanis, ab alio latere magister Bartholameus Savacha, ab uno capite frater Bochaleca pridor Domus Dei de Padua, ab alio capite via publica et forte alii choerent; ita ut amodo predictus dominus Antonius et fratres sui supradicti et sui heredes debeant habere, tenere, possidere et omnem suam utilitatem et voluntatem facere de dictis quatuor canpis terre iure predicto libelli perpetualis, una cum acessu, ingressu et introytu, viis, servitutibus, honoribus et districtu cuiuscumque omni iure, racione et actione utili et directa ipsi terre paludive sive dicto comuni pro ea in integrum pertinente, dicens et asserens dictus syndicus syndicario nomine predicto dictam terram nulli alii fore datam, venditam, traditam, obligatam se‹u› aliquo modo obnoxiatam, et si reperiretur promissit ipse syndicus syndicario nomine iam dicto eidem domino Anthonio recipienti pro se et fratribus suis antedictis stipulanti servare ipsos et suos heredes indepnes et ipsos in vachuam, liberam, expedictam ponere possesionem expensis dicti comunis; et promissit similiter dictus syndicus eidem domino Anthonio stipulanti guarentare, defendere, auctoriçare et expedire dictam terram modo predicto concessam dicto domino Anthonio et fratribus suis antedictis et eius heredibus et cui ipsam dederit ab omnibus et contra omnes, ab omni parte, persona, uni|92v|versitate, colegio et comuni, sub pena dupli valoris dicte terre secundum quod hec meliorata fuerit pro tempore aud plus valuerit sub extimacione in consimili loco pena predicta stipulanti promissa. Ad favorem cuius libelli sive locacionis predictus dominus Anthonius conductor promissit per se et fratres suos antedictos et suos heredes dicto Gerardo syndico stipulanti et recipienti syndicario nomine iam dicto dare, reddere et solvere dicto comuni Montissilicis vel eius canipario ipso comuni recipienti omni anno in festo sancti Stefani de mense decenbris, tercio die ante vel post, solidos quatuor denariorum parvorum pro afictu seu pensione dicte terre paludive et non aliud. Pacto inter ipsos aposito et stipulanti firmato quod si dictus dominus Antonius et fratres sui predicti vel eorum heredes vendere aliquando voluerit ius suum dicte terre, vendat ipsum dicto comuni pro solidis quinque parvorum minus quam alii, denunciando primo per se vel suum nuncium potestati vel officialibus dicti comunis qui pro tempore essent in Montesilice. Et elapssis quindecim diebus a denunciacione predicta, tunc possint vendere ipsi conductores vel eorum heredes vendere dictum ius suum cui voluerint,[c] salvis senper racionibus dicti comunis dicti libelli, non tamen ecclesie, non militi, magnati, nec regulari persone, non servo seu ancille. Et si aliter vendicio facta fuerit non valeat nec teneat de iure nec de facto. Et e converso si dictum comune vendere aliquando voluerit ius suum dicti libelli, vendat ipsum predictis conductoribus vel heredibus eorum pro solidis quinque denariorum parvorum minus quam alii, modo et forma supradictis. Penam possuerunt inter se partes predicte vigintinovem soldorum denariorum parvorum pro quolibet termino et capitulo non observato; qua pena comissa vel non comissa, soluta vel non soluta, libellus iste in sua maneat firmitate. Et duo instrumenta unius tenoris[d] ex una embreviatura iubsserunt scribi videlicet unum unicuique parti dandum, etcetera.

(SN) Ego Guilielmus filius Filipi de Belando imperialli auctoritate notarius his interfui et iussu parcium hec predicta scripssi.

a) *nel marg. sn.* b) *segue* presentibus *depennato* c) *segue* non *depennato* d) *segue* in *depennato*

129

|93r| Libellus comunis Montissilicis et domini Benevenuti Bixati de quatuor canpis terre.[a]

Anno Domini millesimo trecentexímo quarto, indicione secunda, die vigeximooctavo iunii, in Montesilice, in domo habitacionis domini Palamides de Vitalianis tunc potestatis terre Montissilicis, presentibus domino Blaxio de Sarçanis iudice et vicario dicti potestatis, Iacobo notario condam domini Belaveris, Iacobo condam Iohannini Mascarelli, Antonio notario condam Pegorini, omnibus tunc habitantibus in Montesilice, et aliis. Ibique Gerardus notarius condam Abi tanquam syndicus et procurator comunis et hominum terre Montissilicis specialis specialiter ad omnia infrascripta facienda constitutus, ut continetur in carta syndicarie scripta per Iacobum notarium condam domini Belaveris,[b)] a me notario infrascripto vissa et lecta, pro precio librarum decem denariorum parvorum quos denarios syndicario nomine dicti comunis recipienti fuit contentus et confessus se manualiter habuisse et recepisse a domino Benevenuto dicto Bixato becario de Padua de quibus denariis et precio clamavit sibi solutum et plenam solucionem in se habere dixit, renunc(ians) excepcioni non numerate et non recepte sibi pecunie tempore contractus omnique suo iuri, pro iam dicto precio dictus syndicus syndicario nomine predicto et nomine et vice dicti comunis iure libelli perpetualis secundum formam et tenorem unius reformacionis maioris consilii dicti comunis scripte per Iacobum notarium condam Belaveris in suprascripto millesimo, sub die vigeximonono ianuarii, in potestaria suprascripti domini Palamides facte super facto alivelandi certam quantitatem de Palude Insulle predictum comune Montissilicis certis civibus de Padua consortibus dicti comunis, illis pactis et condicionibus quibus in ipsa reformacione continetur, dedit, concessit et investivit predictum dominum Benevenutum Bixatum pro se et suis heredibus recipientem de quatuor canpis terre paludive positis in confinio Montissilicis in Palude Insule in decimo manso viginti canporum dicte paludis pro indivisso cum dominis Liaçario iudice, Hoderico eius fratre, Malatesta filio domini Garaldelli et Iohanne filio dicti Bixati, cui mansso choeret ab una parte iura undecimi manssi dicte paludis, ab alia parte iura noni manssi dicte paludis, a tercia parte via nova dicte paludis et forte alii choerent; ita ut amodo dictus dominus Benevenutus Bixatus et sui heredes et cui dederit debeant habere, tenere, possidere et omnem suam utilitatem et voluntatem facere de dictis quatuor canpis terre paludive iure predicto libelli perpetualis, una cum acessu, ingressu et introytu, viis, servitutibus, honoribus et districtu cuiuscumque omni iure, racione et actione utili et directa ipsi terre paludive sive dicto comuni pro ea in integrum pertinente, dicens et asserens dictus syndicus dictam terram nulli alii fore datam, venditam, traditam, obligatam seu modo aliquo obnoxiatam, et si reperiretur promissit ipse syndicus syndicario nomine predicto eidem domino Benevenuto stipulanti |93v| servare[c] ipsum et suos heredes indempnes et ipsum in vachuam, liberam, expedictam ponere possesionem expenssis dicti comunis; et promixit eciam dictus syndichus eidem domino Benevenuto stipulanti guarentare, defendere, auctoriçare et expedire dictam terram modo predicto concessam dicto domino Benevenuto et suis heredibus et cui ipsam dederit ab omnibus et contra omnes, ab omni parte, persona, universitate, colegio et comuni, sub pena dupli valoris dicte terre secundum quod hec meliorata fuerit pro tempore aud plus valuerit sub extimacione in consimili loco pena predicta stipulanti promissa. Ad favorem cuius libelli seu locacionis predictus dominus Benevenutus Bixatus promissit per se et suos heredes predicto Gerardo sindico stipulanti et recipienti syndicario nomine predicto dare, reddere et solvere dicto comuni Montissilicis vel eius canipario pro dicto comuni recipienti omni anno in festo sancti Stefani de mense decenbris, tercio die ante vel tercio die post, solidos quatuor denariorum venecialium parvorum pro afictu seu pensione dicte terre paludive. Pacto inter ipsos aposito et stipulanti firmato quod si dictus dominus Benevenutus vel eius heredes vendere aliquando voluerit ius suum dicte terre, vendat ipsum suum ius dicto comuni Montissilicis pro solidis quinque denariorum parvorum minus quam alii, denunciando primo per se vel suum nuncium potestati vel officialibus dicti comunis qui pro tempore essent, spacio quindecim dierum, et elapssis quindecim diebus a denunciacione predicta, tunc possit ipse conductor et sui heredes vendere dictum ius suum cui voluerit, salvis senper iuribus dicti comunis dicti libelli, non tamen ecclesie, non militi, magnati, nec regulari persone, non servo seu ancille. Et si aliter vendicio facta fuerit non valeat nec teneat de iure nec de facto. Et e converso si dictum comune vendere aliquando voluerit ius suum dicti libelli, vendat ipsum dicto domino Benevenuto vel eius heredibus pro solidis quinque denariorum parvorum minus quam alii, modo et forma supradictis. Penam possuerunt inter se partes predicte soldorum vigintinovem denariorum parvorum pro quolibet termino et capitulo non observato; qua pena comissa vel non comissa, soluta vel non soluta, libellus iste in sua maneat firmitate. Et duo instrumenta unius tenoris ex una embreviatura iusserunt scribi videlicet unum unicuique parti dandum, etcetera.

(SN) Ego Guilielmus filius Filipi de Belando inperialli auctoritate notarius his interfui et iubssu parcium hec scripssi.

a) *nel marg. sn.* b) *segue* p *depennato* c) *segue* in *depennato*

130

|94r| Carta domini Bixati becari de Padua et comunis Montissilicis unius libelli de uno canpo terre paludive.[a)]

Anno Domini millesimo trecentesimo quarto, indicione sechunda, die vigeximooctavo iunii, in Montesilice, in domo habitacionis domini Palamides de Vitalianis tunc potestatis terre Montissilicis, presentibus ipso domino Palamides, domino Blaxio de Sarçanis iudice ipsius potestatis, Iacobo notario condam Belaveris, Iacobo condam Peonis, Antonio notario condam Pegorini, omnibus tunc habitantibus in Montesilice, et aliis. Ibique Gerardus notarius condam Abi tanquam syndicus et procurator comunis et hominum terre Montissilicis specialis specialiter ad omnia infrascripta facienda constitutus, ut continetur in carta syndicarie scripta per Iacobum notarium condam domini Belaveris a me notario infrascripto vissa et lecta, pro precio soldorum quinquaginta denariorum parvorum quos denarios syndicario nomine dicti comunis recipienti fuit contentus et confesus se manualiter habuisse et recepisse a domino[b)] Benevenuto dicto Bixato becario condam Iohannis de Padua de quibus denariis et precio clamavit sibi solutum et plenam solucionem in se habere dixit, renunc(ians) excepcioni non numerati, non recepti atque sibi traditi precii predicti tempore contractus omnique alii suo iuri, pro iam dicto precio predictus Gerardus syndicus syndicario nomine predicto dicti comunis et vice et nomine dicti comunis et hominum dicte terre iure libelli perpetualis secundum formam et tenorem unius reformacionis maioris consilii dicti comunis scripte per Iacobum notarium condam Belaveris in suprascripto millesimo, sub die vigeximonono ianuarii, in potestaria suprascripti domini Palamides tunc potestatis Montissilicis facte super facto alibelandi predictum comune Montissilicis certam quantitatem de Palude Insule certis civibus de Padua consortibus dicti comunis, illis pactis et condicionibus quibus in ipsa reformacione continetur, dedit, concessit et investivit predictum dominum Benevenutum Bixatum de uno canpo terre paludive posito in primo mansso dicte paludis, cui choeret ab uno latere dominus Henregetus notarius de Anbroxino, ab alio latere et uno capite dominus Priçavallis notarius condam Thebaldi de Padua, ab alio capite fosatum Butis; ita ut amodo dictus dominus Benevenutus et sui heredes et cui dederit debeant habere, tenere, possidere et omnem suam utilitatem et voluntatem facere de[c)] dicto canpo terre iure predicto libelli perpetualis, absque contradicione dicti syndici et dicti comunis seu alicuius syngularis persone, una cum acessu, ingressu, introytu et exitu, viis, servitutibus, honoribus et districtu cuiuscumque omni iure, racione et actione utili et directa ipsi terre in[d)] integrum pertinente, dicens et asserens dictus syndichus syndicario nomine iam dicto dictam terram nulli alii fore datam, venditam, traditam, obligatam seu modo aliquo obnoxiatam, et si reperiretur promissit ipse syndicus syndicario nomine iam dicto eidem domino Benevenuto stipulanti servare ipsum et suos heredes indempnes[e)] et ipsum in vachuam, liberam, expedictam ponere possesionem expenssis dicti comunis; et promissit eciam dictus syndicus syndicario nomine quo supra eidem domino Benevenuto stipulanti guarentare, defendere, auctoriçare et expedire dictam terram modo predicto concessam dicto domino Benevenuto et suis heredibus et cui ipsam dederit ab omnibus et contra omnes, ab omni parte, persona, universitate, colegio et comuni, sub pena dupli valoris |94v| dicte terre secundum quod hec meliorata fuerit pro tempore aud plus valuerit sub extimacione in consimili loco pena predicta stipulanti promissa. Ad favorem cuius libelli seu locacionis predictus dominus Benevenutus Bixatus conductor promissit per se et suos heredes dicto syndico stipulanti et recipienti syndicario nomine predicto dare, redere et solvere dicto comuni Montissilicis vel eius canipario pro dicto comuni recipienti omni anno in festo sancti Stefani de mense decenbris, tercio die ante vel tercio die post, denarios duodecim parvorum pro afictu seu pensione dicti canpi terre paludive et non aliud. Pacto inter ipsos aposito et stipulanti firmato quod si dictus dominus Benevenutus vel eius heredes vendere aliquando voluerit ius suum dicte terre, vendat ipsum ius suum dicto comuni pro solidis quinque denariorum minus quam alii, denunciando primo per se vel suum nuncium potestati vel officialibus dicti comunis qui pro tempore essent in Montesilice, spacio quindecim dierum, et elapssis quindecim diebus a denunciacione predicta, tunc possit ipse conductor vel eius heredes vendere dictum ius suum cui voluerit,[f] senper salvis racionibus dicti comunis dicti libelli, non tamen ecclesie, non militi, magnati, nec regulari persone, non servo seu ancille. Et si aliter vendicio facta fuerit non valeat nec teneat de iure nec de facto. Et e converso si dictum comune aliquando vendere voluerit ius suum dicti libelli, vendat ipsum dicto domino Benevenuto vel eius heredibus pro solidis quinque denariorum parvorum minus quam alii, modo et forma supradictis. Penam possuerunt inter se partes predicte soldorum vigintinovem denariorum parvorum pro quolibet termino et capitulo non observato, pena possuerunt inter se partes predicte[g] ut dictum est; qua pena comissa vel non comissa, soluta vel non soluta, libellus iste in sua maneat firmitate. Et duo instrumenta unius tenoris ex una embreviatura iubsserunt scribi videlicet unum unicuique parti, etcetera.

(SN) Ego Guilielmus filius Phylipi de Belando imperiali auctoritate notarius his omnibus interfui et iupssu parcium hec scripssi.

a) *nel marg. sn.* b) *segue* Iohanne *depennato* c) *segue* dictis *depennato* d) *ms:* im e) *ms:* indepnes *con segni generici d'abbreviazione su* ep *e su* es f) *segue* non *depennato* g) *segue* sol *depennato*

131

|95r| Libelus comunis Montissilicis et Iohannis filii domini Bixati becarii de quatuor campis de palude Insulle.[a]

Anno Domini millesimo trecentesimo quarto, indicione sechunda, die vigeximooctavo iunii, in Montesilice, in domo habitacionis domini Palamides de Vitalianis tunc potestatis terre Montissilicis, presentibus ipso domino Palamides potestate, domino Blaxio de Sarçanis vicario ipsius potestatis, Iacobo notario condam Belaveris, Iacobo condam Peonis, Anthonio notario condam Pegorini, omnibus tunc habitantibus in Montesilice, et aliis. Ibique dominus Gerardus notarius condam Abi tanquam syndicus et procurator comunis et hominum terre

Montissilicis specialis specialiter ad omnia infrascripta facienda constitutus, ut continetur in carta syndicarie scripta per Iacobum notarium condam Belaveris, pro precio librarum decem denariorum parvorum quos denarios nomine finiti precii syndicario nomine dicti comunis recipienti fuit contentus et confesus se manualiter habuisse et recepisse a Iohanne filio domini Benevenuti dicti Bixati de Padua de quibus denariis et precio sibi clamavit solutum et plenam solucionem in se habere dixit a predicto Iohanne renunc(ians) excepcioni non numerati, non habiti atque recepti sibi precii predicti tempore contractus omnique alii suo iuri, pro iam dicto precio dictus syndicus syndicario nomine predicto et nomine et vice dicti comunis iure libelli perpetualis secundum modum et formam et tenorem unius reformacionis maioris consilii dicti comunis scripte per Iacobum notarium condam Belaveris in suprascripto millesimo, sub die vigeximonono ianuarii, in potestaria suprascripti domini Palamides facte super facto alibelandi predictum comune Montissilicis certam quantitatem de Palude Insulle certis civibus de Padua consortibus dicti comunis, illis pactis et condicionibus quibus in dicta reformacione continetur, dedit, concessit et investivit dictum Iohannem filium predictum Benevenuti pro se et suis heredibus recipienti de quatuor canpis terre paludive positis in Palude Insule districtus Montissilicis in decimo mansso viginti canporum dicte paludis pro indiviso cum dominis Liaçario iudice condam domini Amadini, Hoderico eius fratre, Benevenuto Bixato et Malatesta condam Garaldelli, cui manso choeret ab una parte iura noni[b)] mansi dicte paludis, ab alia parte iura undecimi manssi, a tercia parte ager novus dicte paludis et forte alii chorent; ita ut amodo dictus Ioahnnes et sui heredes et cui dederit debeant habere, tenere, possidere et omnem suam utilitatem et voluntatem facere de dictis quatuor canpis terre paludive iure predicto libelli perpetualis absque contradicione dicti syndici et dicti comunis seu alicuius syngularis persona una cum acessu, ingressu, introytu et exitu, viis, servitutibus, honoribus et districtu cuiuscumque omni iure, racione et actione utili et directa ipsi terre seu dicto comuni pro ea in integrum pertinente, dicens et asserens dictus syndicus dictam terram nulli alii fore |95v| datam, venditam, traditam, obligatam seu modo aliquo obnoxiatam, et si reperiretur promissit ipse syndicus syndicario nomine iam dicto eidem Iohanni stipulanti servare ipsum et suos heredes indempnes et ipsum in vachuam, liberam, expedictam ponere possesionem expensis dicti comunis; et promissit eciam dictus syndichus syndicario nomine quo supra eidem Iohanni stipulanti guarentare, defendere, auctoriçare et expedire dictam terram modo predicto concessam dicto Iohanni et suis heredibus et cui ipsam dederit ab omnibus et contra omnes, ab omni parte, persona, colegio, universitate et comuni,[c] sub pena dupli valoris dicte terre secundum quod hec meliorata fuerit pro tempore aud plus valuerit sub extimacione in consimili loco pena predicta stipulanti promissa. Ad favorem cuius libelli seu locacionis promissit supradictus Iohannes per se et suos heredes predicto Gerardo syndico stipulanti et recipienti syndicario nomine predicto dare, reddere et solvere dicto comuni Montissilicis vel eius canipario pro ipso comuni recipienti omni anno in festo sancti Stefani de mense decenbris, tercio die ante vel post, solidos quatuor denariorum parvorum pro afictu seu pensione dicte terre paludive sibi locate et non aliud. Pacto inter ipsos aposito et stipulanti firmato quod si dictus Iohannes vel eius heredes vendere aliquando voluerit ius suum dicte terre, vendat ipsum ius dicto comuni pro solidis quinque denariorum parvorum minus quam alii, denunciando primo per se vel suum nuncium potestati vel officialibus dicti comunis qui pro tempore essent, spacio quindecim dierum, et elapssis quindecim diebus a denunciacione predicta, tunc possit ipse conductor vel eius heredes vendere dictum ius suum cui voluerit, senper salvis racionibus dicti comunis dicti libelli, non tamen ecclesie, non militi, magnati, nec regulari persone, non servo seu ancille. Et si aliter vendicio facta fuerit non valeat nec teneat de iure nec de facto. Et e converso si dictum comune vendere voluerit aliquando ius suum dicti libelli, vendat ipsum dicto Iohanni vel eius heredibus pro solidis quinque denariorum parvorum minus quam alii, modo et forma supradictis. Penam possuerunt inter se partes predicte vigintinovem soldorum denariorum parvorum pro quolibet termino et capitulo non observato; qua pena comissa vel non comissa, soluta vel non soluta, libellus iste in sua maneat firmitate. Et duo instrumenta unius tenoris iubsserunt scribi videlicet unum unicuique parti dandum, etcetera.

(SN) Ego Guilielmus filius Filipi de Belando imperialli auctoritate notarius his interfui et iussu parcium hec scripssi.

a) *nel marg. sn.* b) *su* no *segno d'abbreviazione generico superfluo* c) *segue* cuiuscumque *depennato*

132

|96r| Carta libelli comunis Montissilicis et domini Bernardini de Piçacomnino pro uno campo de Palude Insule.[a)]

Anno Domini millesimo trecentexirno quarto, indicione secunda, die quintodecimo menssis marcii, in Montesilice, in domo habitacionis domini Palamides de Vitalianis tunc potestatis terre Montissilicis, presentibus ipso domino potestate, domino Blaxio de Sarçanis eius vicario, Iacobo notario condam Belaveris, Petro eius fratre et aliis. Ibique dominus Gerardus notarius condam Abi tanquam syndicus et procurator comunis et hominum terre Montissilicis specialiter ad omnia infrascripta facienda constitutus, ut continetur in carta syndicarie scripta per Iacobum notarium condam Belaveris a me notario infrascripto vissa et lecta, pro precio soldorum quinquaginta denariorum parvorum quos denarios syndicario nomine dicti comunis[b)] recipienti fuit contentus et confesus se manualiter habuisse et recepisse a domino Bernardino condam Iohannis Piçacomini de quibus denariis et precio clamavit sibi solutum renunc(ians) excepcioni non habiti et non numerati sibi precii predicti tempore huius contractus omnique alii suo iuri, pro iam dicto precio dictus syndicus syndicario nomine dicti comunis et pro ipso comuni iure libeli perpetualis secundum modum et formam et tenorem unius reformacionis maioris consilii dicti comunis scripte per Iacobum notarium condam Belaveris in suprascripto millesimo, in potestaria dicti potestatis, sub die vigeximonono ianuarii, facte super facto alivelandi certam quantitatem de Palude Insulle certis civibus Padue consortibus dicti comunis, illis pactis et condicionibus quibus in ipsa reformacione plenius continetur, dedit, concessit et investivit supradictum dominum Bernardinum pro se et suis heredibus recipienti de uno canpo terre paludive posito in confinio Montissilicis in Palude Insule in primo mansso dicte paludis pro indivisso cum dominis Bixato, Hengereto de Anbroxino et aliis; ita ut amodo dictus dominus Bernardinus et sui heredes et cui dederit debeat habere, tenere, possidere et omnem suam utilitatem et voluntatem facere de dicto canpo terre paludive iure predicto libelli perpetualis absque contradicione dicti syndici et dicti comunis seu alicuius syngularis persone una cum accessu, ingressu et introytu, viis, servitutibus, honoribus et districtu cuiuscumque omni iure, racione et actione utili et directa ipsi terre paludive sive dicto comuni pro ea in integrum pertinente, dicens et asserens dictus syndicus dictam terram nulli alii fore datam, venditam, traditam, obligatam seu modo aliquo obnoxiatam, et si reperiretur promissit ipse syndicus syndicario nomine predicto eidem Bernardino stipulanti servare ipsum et suos heredes indepnes et ipsum in vachuam, liberam, expedictam ponere possesionem expensis dicti comunis; et insuper promissit eciam dictus syndicus syndicario nomine iam dicto eidem domino Bernardino stipulanti guarentare, defendere, auctoriçare et expedire dictam terram modo predicto concessam dicto domino Bernardino et suis heredibus et cui ipsam dederit ab omnibus et contra omnes, ab omni persona, parte, universitate, colegio et comuni, sub pena dupli valoris dicte terre secundum quod hec meliorata fuerit pro tempore aud plus valuerit sub extimacione in consimili loco pena predicta stipulanti promissa. Ad favorem cuius libelli sive locacionis dictus dominus Bernardinus promissit per se et suos heredes dicto syndico stipulanti et recipienti syndicario nomine dicti comunis dare, reddere et solvere dicto comuni Montissilicis vel canipario ipsius comunis pro ipso comuni recipienti omni anno in festo sancti Stefani de mense decenbris, tercio die ante vel tercio die post, denarios duodecim parvorum pro afictu dicte terre et non aliud. Pacto inter ipsos aposito et stipulanti firmato quod si dictus dominus Bernardinus vel eius heredes vendere aliquando voluerit ius suum dicte terre, vendat ipsum ius dicto comuni |96v| pro solidis quinque denariorum parvorum minus quam alii, denunciando primo per se vel suum nuncium potestati vel officialibus dicti comunis qui pro tempore essent in Montesilice, spacio quindecim dierum, et elapssis quindecim diebus a denunciacione predicta, tunc possit ipse dominus Bernardinus vel eius heredes vendere ius suum cui voluerit, senper salvis racionibus dicti comunis dicti libelli, non tamen ecclesie, non militi, magnati, nec regulari persone, non servo seu ancille. Et si aliter vendicio facta fuerit non valeat nec teneat de iure nec de facto. Et e converso si dictum comune vendere voluerit aliquando ius suum dicti libelli, vendat ipsum dicto domino Bernardino conductori vel eius heredibus pro solidis quinque denariorum parvorum minus quam alii, modo et forma supradictis. Penam possuerunt inter se partes predicte vigintinovem soldorum denariorum parvorum pro quolibet termino et capitullo non observato; qua pena comissa vel non comissa, soluta vel non soluta, libellus iste in sua maneat firmitate. Et duo instrumenta unius tenoris ex una embreviatura iubsserunt[c] scribi videlicet unum unicuique parti dandum, etcetera.

(SN) Ego Guilielmus filius Phylipi de Belando inperialli auctoritate notarius his interfui et eorum rogatus hec scripssi.

a) *nel marg. sn.* b) *segue* f *depennata* c) *segue* sq *depennato*

133

|97r| Libellus comunis Montissilicis et domini Petri Scrovegni de IIIJ^or campis terre de Palude Insule.[a]

1304[b]

Comune vendidit pro libris x et affictavit eidem et red(dit) solidos IIIJ^or. Memoria illorum de Scrovegnis.[c]

Anno Domini millesimo trecenteximo quarto, indicione secunda, die terciodecimo decenbris, in Montesilice, in domo habitacionis domini Alexii iudicis de Rogatis tunc potestatis terre Montissilicis, presentibus ipso domino potestate, domino Antonio condam domini Gregorii, Vivaldino condam Gualterii de Butola, Norbio condam Henrici, omnibus tunc habitantibus in Montesilice, et aliis. Ibique dominus Gerardus notarius condam Abi tanquam syndicus et procurator comunis et hominum terre Montissilicis specialiter ad omnia infrascripta facienda constitutus, ut continetur in carta syndicarie scripta per Iacobum notarium condam Belaveris a me notario infrascripto vissa et lecta, pro precio librarum decem denariorum parvorum quas syndicario nomine dicti comunis recipienti fuit contentus et confessus se manualiter habuisse et recepisse a domino Petro Scrovegno filio condam domini Beloti de Scrovegnis de Padua de quibus denariis et precio sibi clamavit solutum renunc(ians) excepcioni non habiti et non recepti atque non numerati precii dicti tempore huius contractus omnique alii suo iuri, faciens ei finem et remissionem et pactum de ulterius non petendo precium antedictum, pro iam dicto precio dictus Gerardus syndicus, syndicario et procuratorio nomine dicti comunis et pro ipso comuni iure libelli perpetualis secundum modum et formam et tenorem unius reformacionis maioris consilii dicti comunis scripte per Iacobum notarium condam Belaveris in suprascripto millesimo, sub die vigeximonono ianuarii, in potestaria domini Palamides tunc potestatis dicte terre Montissilicis, facte super facto alivelandi per dictum comune certam quantitatem de Palude Insulle certis civibus Padue consortibus dicti comunis Montissilicis, illis pactis et condicionibus quibus in ipsa reformacione plenius continetur, dedit, concessit et investivit predictum dominum Petrum Scrovegnum pro se et suis heredibus recipiente de quatuor canpis terre paludive positis in confinio Montissilicis in primo mansso dicte paludis pro indivisso cum dominis Chuchone de Palteneriis, Guilielmo Novello et Priçivalle notario, cui mansso choeret ab uno capite fosatum Canpi Marcii dicti comunis, ab alio ager novus dicte paludis et ab uno latere via per quam itur versus Costaldollum et forte alii choerent; ita ut amodo dictus dominus Petrus et sui heredes et cui dederit debeat habere, tenere, possidere et omnem suam utilitatem et voluntatem facere de dictis quatuor canpis terre paludive iure predicto libelli perpetualis absque contradicione dicti syndici et dicti comunis[d] seu alicuius syngularis persone una cum accessu, ingressu et introytu, viis, servitutibus, honoribus et districtu cuiuscumque omni iure, racione et actione utili et directa ipsi terre paludive sive dicto comuni pro ea in integrum pertinente, dicens et asserens dictus syndicus dictam terram nulli alii fore datam, venditam, traditam, obligatam seu modo aliquo obnosiatam, et si reperiretur promissit ipse syndicus syndicario nomine iam dicto eidem domino Petro stipulanti servare ipsum et suos heredes indepnes et ipsum in vachuam, liberam, expedictam ponere possesionem expenssis dicti comunis; et insuper promissit etiam dictus syndicus syndicario nomine predicto eidem domino Petro |97v| Scrovegno stipulanti guarentare, defendere, auctoriçare et expedire dictam terram modo predicto concessam dicto domino Petro et eius heredibus et cui ipsam dederit ab omnibus et contra omnes, ab omni persona, parte, universitate, colegio et comuni, sub pena dupli dampni et interesse[e] expensis et obligacione bonorum dicti comunis secundum quod hec meliorata fuerit pro tempore aud plus valuerit sub extimacione in consimili loco pena predicta stipulanti promissa. Ad favorem cuius libelli seu locacionis predictus dominus Petrus Scrovegnus promixit per se et suos heredes dicto syndico stipulanti et recipienti syndicario nomine dicti comunis dare, reddere et solvere dicto comuni Montissilicis vel canipario dicti comunis pro ipso comuni recipienti omni anno in festo sancti Stefani de mense decenbris, tercio die ante vel post, solidos quatuor denariorum parvorum pro afictu seu pensione dicte terre paludive et non aliud. Pacto inter ipsos aposito et stipulanti firmato quod si dictus dominus Petrus conductor vel eius heredes vendere voluerit aliquando ius suum dicte terre, vendat dicto comunis Montissilicis pro solidis quinque denariorum parvorum minus quam alii, denunciando primo per se vel suum nuncium potestati vel officialibus dicti comunis qui pro tempore essent in Montesilice, spacio quindecim dierum, et elapssis quindecim diebus a denunciacione predicta, tunc possit ipse conductor vel eius heredes vendere dictum ius suum cui voluerit, senper salvis iuribus dicti comunis dicti libelli, non tamen ecclesie, non militi, magnati, nec regulari persone, non servo seu ancille. Et si aliter vendicio facta fuerit non valeat nec teneat de iure nec de facto. Et e converso si dictum comune vendere voluerit aliquando ius suum dicti libelli, vendat ipsum ius dicto conductori vel eius heredibus pro solidis quinque denariorum parvorum minus quam alii, modo et forma supradictis. Penam possuerunt inter se partes predicte vigintinovem soldorum denariorum parvorum pro quolibet termino et capitullo non observato; qua pena comissa vel non comissa, soluta vel non soluta, libellus iste in sua maneat firmitate. Et duo instrumenta unius tenoris ex una embreviatura iubsserunt scribi, etcetera.

(SN) Ego Guilielmus filius Phylipi de Belando imperialli auctoritate notarius his interfui et eorum iussu hec scripssi.

a) *nel marg. sn.* b) *nel margine superiore, forse di altra mano* c) *nel marg. sn. di mano A*
d) *segue* un *depennato* e) *segue* suis *depennato*

134

|98r| Libelus magistri Dominici notarii de Padua et comunis Montissilicis de quatuor canpis terre paludive in Palude Insule positis.[a)]

Anno Domini millesimo trecenteximo quarto, indicione secunda, die quinto iunii, in Montesilice, super salam domus habitacionis domini Palamides de Vitalianis tunc potestatis Montissilicis, presentibus domino Blaxio de Sarçanis eius vicario, Iacobo condam Belaveris, Norbio condam Henrici, Vasallo precone, omnibus tunc habitantibus in Montesilice, et aliis. Ibique dominus Gerardus condam Abi tanquam syndicus et procurator comunis Montissilicis specialiter ad omnia infrascripta facienda constitutus, ut continetur in carta syndicarie scripta per Iacobum notarium condam Belaveris a me notario infrascripto vissa et lecta, pro precio librarum decem denariorum parvorum quas nomine finiti et conventi precii syndicario nomine dicti comunis recipienti fuit contentus et confesus se manualiter habuisse et recepisse a Gerardo de Romeo condam Viviani de Montesilice procuratori magistri Dominici notarii condam domini Prosdocimi de Padua de contracta Strate Maioris dante et solvente nomine et vice dicti magistri Dominici notarii de quibus denariis et precio clamavit sibi solutum et plenam solucionem in se habere, renunc(ians) excepcioni non numerati et non recepti sibi precii predicti tempore contractus omnique alii suo iuri, pro iam dicto precio dictus syndicus syndicario nomine et vice dicti comunis iure libelli perpetualis secundum formam et tenorem unius reformacionis maioris consilii dicti comunis scripte per Iacobum notarium condam Belaveris in suprascripto millesimo, sub die vigeximonono ianuarii, in regimine dicti domini Palamides, facte super facto alivelandi per dictum comune Montissilicis certam quantitatem de Palude Insule certis civibus Padue consortibus comunis Montissilicis, illis pactis et condicionibus quibus in ipsa reformacione plenius continetur, dedit, concessit et investivit dictum Gerardum recipientem nomine et vice supradicti magistri Dominici notarii de quatuor canpis terre paludive positis in confinio Montissilicis in Palude Insule in tercio mansso dicte paludis pro indivisso cum dominis Guidone de Sarçanis, Scalça sartore, Iohanne Raxone et Nicolao sp(eti)ale, cui manso choeret[b)] uno latere iura secundi manssi dicte paludis, ab alio latere iura quarti manssi dicte paludis, ab uno capite ager novus et forte alii choerent; ita ut amodo dictus magister Dominichus notarius condam Prosdocimi debeat habere, tenere, possidere dictam terram et omnem suam utilitatem et voluntatem facere de dictis quatuor canpis terre iure predicto libelli perpetualis una cum accessu, ingressu et introytu, viis, servitutibus, honoribus et districtu cuiuscumque omni iure, racione et actione utili et directa ipsi terre paludive sive dicto comuni pro ea in integrum pertinente, absque contradicione dicti syndici et dicti comunis dicens et asserens dictus syndicus dictam terram nulli alii fore datam, venditam, traditam, obligatam seu modo aliquo obnoxiatam, et si reperiretur promissit ipse syndicus sindicario nomine quo supra eidem Gerardo pro dicto magistro Dominico notario recipienti stipulanti servare |98v| ipsum magistrum Dominichum notarium et eius heredes indepnes et ipsum in vachuam, liberam, expedictam ponere possesionem expensis dicti comunis; et promissit insuper dictus sindichus eidem Gerardo pro dicto magistro Dominico recipienti stipulanti guarentare, defendere, auctoriçare et[c)] expedire dictam terram modo predicto concessam dicto magistro Dominico et eius heredibus et cui ipsam dederit ab omnibus et contra omnes, ab omni persona, parte, universitate, colegio et comuni, sub pena dupli valoris dicte terre secundum quod hec meliorata fuerit pro tempore aud plus valuerit sub extimacione in consimili loco pena predicta stipulanti promissa. Ad favorem cuius libelli dictus Gerardus de Romeo tanquam procurator dicti magistri Dominici notarii et nomine et vice ipsius magistri Dominici procuratorio nomine pro ipso promissit eidem syndico stipulanti et recipienti syndicario nomine dicti comunis dare, reddere et solvere dicto comuni vel canipario dicti comunis pro ipso comuni recipienti omni anno in festo sancti Stefani de mense decenbris, tercio die ante vel post, solidos quatuor denariorum parvorum pro afictu seu pensione dicte terre paludive et non aliud. Pacto inter ipsos aposito et stipulanti firmato quod si dictus magister Dominichus vel eius heredes vendere aliquando voluerit ius suum dicte terre, vendat ipsum dicto comuni pro solidis quinque denariorum parvorum minus quam alii, denunciando primo per se vel suum nuncium potestati vel officialibus dicti comunis qui pro tempore essent in Montesilice, spacio quindecim dierum, et elapssis quindecim diebus a denunciacione predicta, tunc possit ipse conductor et eius heredes vendere ius suum cui voluerit, senper salvis iuribus dicti comunis dicti libelli, non tamen ecclesie, non militi, magnati, nec regulari persone, non servo seu ancille. Et si aliter vendicio facta fuerit non teneat et nec valeat de iure nec de facto. Et e converso si dictum comune vendere voluerit aliquando ius suum dicti libelli, vendat ipsum dicto conductori vel eius heredibus pro solidis quinque denariorum parvorum minus quam alii, modo et forma supradictis. Penam possuerunt inter se partes predicte vigintinovem soldorum denariorum parvorum pro quolibet termino et capitulo non observato; qua pena comissa vel non comissa, soluta vel non soluta, libellus iste in sua maneat firmitate. Et duo instrumenta unius tenoris ex una embreviatura iubsserunt scribi, etcetera.

(SN) Ego Guilielmus filius Filipi de Belando inperialli auctoritate[d)] notarius his interfui et eorum rogatus hec scripssi.

a) *nel marg. sn.* b) *ms:* chor *senza segno d'abbreviazione* c) *segue* disi *depennato* d) *ms:* aucte *senza segno d'abbreviazione*

135

|99r| Libellus comunis Montissilicis et magistri Iohannis medici de terra Paludis Insulle.[a)]

Anno Domini millesimo trecenteximo quinto, indicione tercia, die vigeximosexto ianuarii, in Montesilice, in domo habitacionis potestatis Montissilicis, presentibus Arnaldo notario de la Lusca, Iacobo notario condam domini Belaveris, Gerardo notario condam Petri de Gregorio, Antonio condam Pegorini, Francisco condam Roduli, omnibus de Montesilice, et aliis. Ibique dominus Gerardus notarius condam Abi syndicus et procurator comunis et hominum terre Montissilicis specialiter ad omnia infrascripta facienda et conplenda constitutus, ut continetur in carta syndicarie et procuratorie scripta per Iacobum notarium condam Belaveris a me notario infrascripto vissa et lecta, pro precio librarum decem denariorum parvorum quas dictus syndicus syndicario nomine dicti comunis recipienti fuit contentus et confessus se manualiter habuisse et recepisse a magistro Iohanne medico filio condam magistri Çilii de Padua de quibus denariis et precio clamavit sibi solutum et plenam solucionem in se habere dixit ab eodem magistro Iohanne, renunc(ians) excepcioni non habiti et non numerati sibi precii predicti tempore huius contractus omnique alii suo iuri, pro iam dicto precio dictus syndichus syndicario nomine dicti comunis et nomine et vice ipsi comunis iure libeli perpetualis secundum modum et formam unius reformacionis[b)] maioris consilii dicti comunis scripte per Iacobum notarium condam Belaveris in millesimo trecenteximo quarto, indiccione secunda, sub die vigeximo nonoianuarii, in potestaria domini Palamides de Vitalianis tunc potestatis dicte terre, facte super facto alivelandi per dictum comune Montissilicis certam quantitatem de Palude Insule certis civibus de Padua consortibus dicti comunis Montissilicis, illis pactis et condicionibus quibus in ipsa reformacione plenius continetur, dedit, concessit et investivit supradictum magistrum Iohannem medicum de quatuor canpis terre paludive positis in confinio Montissilicis in Palude Insulle in quinto mansso viginti canporum dicte paludis pro indivisso cum dominis Bernardo sartore, Michaele et Scalco fratribus et magistro Silvestro aurifici, cui manso choeret ab una parte iura sexti manssi et ab alia parte iura quarti mansi dicte paludis et a tercia parte ager novus et forte alii choerent; ita ut amodo dictus magister Iohannes et sui heredes et cui dederit debeant habere, tenere, possidere et omnem suam utilitatem et voluntatem facere de dictis quatuor canpis terre paludive iure predicto libelli perpetualis absque contradicione dicti syndici et dicti comunis seu alicuius syngularis persone una cum accessu, ingressu et introytu, viis, servitutibus, honoribus et districtu cuiuscumque omni iure, racione et actione utili et directa ipsi terre paludive sive dicto comuni pro ea in integrum pertinente, dicens et asserens dictus syndicus dictam terram nulli alii fore datam, venditam, traditam, obligatam seu modo aliquo obnoxiatam, et si reperiretur promixit ipse syndicus syndicario nomine predicto eidem magistro Iohanni stipulanti servare ipsum et suos heredes |99v| indepnes et ipsum in vachuam, liberam, expeditam ponere possesionem expensis dicti comunis; et promissit eciam dictus syndicus syndicario nomine predicto eidem magistro Iohanni stipulanti guarentare, defendere, auctoriçare et expedire dictam terram modo predicto concessam dicto magistro Iohanni et eius heredibus et cui ipsam dederit ab omnibus et contra omnes, ab omni persona, parte, universitate, colegio et comuni, sub pena dupli valoris dicte terre secundum quod hec meliorata fuerit pro tempore aud plus valuerit sub extimacione in consimili loco pena predicta stipulanti promissa. Ad favorem cuius libelli sive locacionis dictus magister Iohannes promissit per se et suos heredes dicto syndico stipulanti et recipienti syndicario nomine predicto, dare, reddere et solvere dicto comuni Montissilicis vel canipario ipsius comunis pro ipso comuni recipienti omni anno in festo sancti Stefani de mense decenbris, tercio die ante vel post, solidos quatuor denariorum parvorum pro afictu seu pensione dicte terre paludive et non aliud. Pacto inter ipsos apposito et stipulanti firmato quod si dictus magister Iohannes vel eius heredes aliquando vendere voluerit ius suum dicte terre, vendat ipsum ius suum dicto comuni pro solidis quinque denariorum parvorum minus quam alii, denunciando primo per se vel suum nuncium potestati vel officialibus dicti comunis qui pro tempore essent in Montesilice; et elapssis quindecim diebus a denunciacione predicta, tunc possit ipse conductor vel eius heredes vendere dictum ius suum cui voluerit, senper salvis racionibus dicti comunis dicti libelli, non tamen ecclesie, non militi, magnati, nec regulari persone, non servo seu ancille. Et si aliter facta fuerit vendicio non valeat nec teneat de iure nec de facto. Et e converso si dictum comune vendere aliquando voluerit ius suum dicti libelli, vendat ipsum dicto conductori vel eius heredibus pro solidis quinque parvorum minus quam alii, modo et forma supradictis. Penam possuerunt inter se partes predicte vigintinovem soldorum denariorum parvorum pro quolibet termino et capitullo non observato; qua pena comissa vel non comissa, soluta vel non soluta, libellus iste in sua maneat firmitate. Et duo instrumenta unius tenoris ex una embreviatura iubsserunt scribi videlicet unum unicuique parti dandum.

(SN) Ego Guilielmus filius Filipi de Belando imperialli auctoritate notarius his interfui et iubssu parcium hec scripssi.

a) *nel marg. sn.* b) *segue asta depennata*

136

|100r| Libellus comunis Montissilicis et domini Leaçarii iudicis.[a]

Anno Domini millesimo trecentexìmo sexto, indicione quarta, die tercio intrante novenbri, in Montesilice, in domo habitacionis domini Çilioli de Sancto Vito tunc potestatis Montissilicis, presentibus domino Sauro condam domini Francisci vicario dicti potestatis, Milano condam Bonçenelli, Vaenancio de Rabuello condam Albertini consulibus et officialibus dicti comunis Montissilicis, Alberto notario filio magistri Monteselli de dicta terra et Henrico notario filio Iohannis pistoris qui habitat Padue et aliis. Ibique dominus Gerardus notarius condam Abi tanquam syndicus et procurator comunis et hominum terre Montissilicis specialiter ad infrascripta facienda pro dicto comuni constitutus, ut continetur in carta syndicarie scripta per Iacobum notarium condam Belaveris a me notario infrascripto vissa et lecta, syndicario et procuratorio nomine dicti comunis et hominum dicte terre Montissilicis et pro ipso comuni iure libelli perpetualis secundum formam et tenorem unius reformacionis maioris consilii dicti comunis scripte per Iacobum notarium condam Belaveris in millesimo trecenteximo quarto, indicione secunda, sub die vigeximonono ianuarii, in potestaria domini Palamides de Vitalianis tunc potestatis dicte terre, facte super facto alibelandi per dictum comune certam quantitatem de Palude Insule certis civibus de Padua consortibus dicti comunis, illis pactis et condicionibus quibus in ipsa reformacione plenius continetur, dedit, concessit et investivit dominum Leaçarium iudicem filium condam domini Amayni qui fuit de Montesilice et nunc habitat Padue pro se et suis heredibus recipienti de octo canpis terre paludive positis in confinio Montissilicis in Palude Insule in decimo mansso viginti canporum dicte paludis pro indivisso cum heredibus olim domini Bixati et Malatesta filio Garaldelli, cui manso choeret ab una parte iura noni manssi dicta paludis, ab alia parte iura undecimi mansi dicte paludis, a tercia parte ager novus dicte paludis et forte alii sunt confines; ita ut amodo dictus dominus Leaçarius et sui heredes et cui dederit debeant habere, tenere, possidere dictam terram et omnem suam utilitatem et voluntatem facere de dictis octo canpis terre paludive iure predicto libelli perpetualis absque contradicione dicti syndici et dicti comunis seu alicuius syngularis persone una cum accessu, ingressu et introytu, viis, servitutibus, honoribus et districtu cuiuscumque omni iure, racione et actione utili et directa ipsi terre paludive sive dicto comuni pro ea in integrum pertinente, dicens et asserens dictus syndicus syndicario nomine predicto dictam terram nulli alii fore datam, venditam, traditam, obligatam seu modo aliquo obnoxiatam, et si reperiretur promissit ipse syndicus syndicario nomine dicti comunis eidem domino Leaçario iudice stipulanti servare ipsum et suos heredes indepnes et ipsum in vachuam, liberam, expeditam ponere possesionem expensis dicti comunis; et promissit eciam dictus syndicus syndicario nomine iam dicto eidem |100v| domino Leaçario stipulanti guarentare, defendere, auctoriçare et expedire dictam terram modo predicto concessam dicto domino Leaçario et eius heredibus et cui ipsam dederit ab omnibus et contra omnes, ab omni persona, parte, universitate, colegio et comuni, sub pena dupli valoris dicte terre secundum quod meliorata fuerit pro tempore aud plus valuerit sub extimacione in consimili loco pena predicta stipulanti promissa. Ad favorem cuius libelli predictus dominus Leaçarius promissit per se et suos heredes dicto Gerardo syndico stipulanti et recipienti syndicario nomine dicti comunis, dare, reddere et solvere dicto comuni Montissilicis vel canipario dicti comunis pro ipso comuni recipienti omni anno in festo sancti Stefani de mense decenbris, tercio die ante vel post, solidos octo denariorum venecialium parvorum pro afictu seu pensione dicte pecie terre et non aliud. Pacto inter ipsos apposito et stipulanti firmato quod si dictus dominus Leaçarius vel eius heredes aliquando vendere voluerit ius suum dicte terre, vendat ipsum ius dicto comuni pro solidis quinque denariorum parvorum minus quam alii, denunciando primo per se vel suum nuncium potestati vel officialibus dicti comunis qui pro tempore essent in Montesilice, spacio quindecim dierum; et elapssis quindecim diebus a denunciacione predicta, tunc possit ipse dominus Leaçarius conductor vel eius heredes vendere dictum ius suum cui voluerit, senper salvis racionibus dicti comunis dicti libelli, non tamen ecclesie, non militi, magnati, non regulari persone, non servo seu ancille. Et si aliter vendicio facta fuerit non valeat nec teneat de iure nec de facto. Et e converso si dictum comune vendere voluerit aliquando ius suum dicti libelli, vendat ipsum ius dicto conductori vel eius heredibus pro solidis quinque denariorum parvorum minus quam alii, modo et forma supradictis. Penam possuerunt inter se partes predicte vigintinovem soldorum denariorum parvorum pro quolibet termino et capitulo non servato; qua pena comissa vel non comissa, soluta vel non soluta, libellus iste in sua maneat firmitate. Et duo instrumenta unius tenoris ex una embreviatura iubsserunt scribi videlicet unum unicuique parti dandum, etcetera.

(SN) Ego Guilielmus filius Phylipi de Bellando imperiali auctoritate notarius his interfui eorum rogatus hec predicta scripssi.

a) *nel marg. sn.*

|101r| |101v|

137

|102r| Hoc [est] exemplum decreti facti per dominos Padue comuni et hominibus terre Montissilicis sigilatum suo sigillo in quo est scultus unus curus cuius litere leguntur: «Secretum[a] domus de Carraria» et scripti in carta menbrana.

Nos Iacobinus et Franciscus de Carraria, pro regia maiestate Romanorum civitatis Padue et districtus vicarii generalles, vollumus et pres(entium) tenor(e) mandamus nostro potestati Montisscilicis quod, non obstante alliquo mandato per nos allias tibi facto, per nostros officialles sine prolacione allicuius sentencie cogere debeas omnes et singullos substinere onera et faciones cum comuni Montissilicis, qui dicta onera et faciones cum dicto comuni Montisscilicis substinebant tempore bone memorie domini Ubertini. Data Padue, sexto februarii, VIIJ[a] indicione, sub (nostri) impressione sigilli.

a) *così in ms, probabilmente per* sigillum

|102v| |103r| |103v|

[Sezione III]

138

|104r| *Quedam cessio facta in possessionibus domibus, stacionibus, balneis, vallibus Insule et Savalonis et in vallibus Xoldrigi comunis Montisscilicis de libris decemmillibus parvorum et de predictis omnibus facta fuit quedam donacio, in qua quasi in fine continetur quod post mortem domini Henginolfi Chuchi iura et possessiones predicte remanere deberent comuni et hominibus Montisscilicis.*[a]

Anno Domini millesimo tricentesimo tercio, indicione prima, die decimo intrante iunio, in Montesscilice, in domo habitacionis domini potestatis, presentibus domino Antonio condam domini Gregorii, Milano condam Alberti de Martina, Dominico condam Ade Rubei, Tolberto Çenarino de Segatoribus, Bertholameo condam Realdi Maschapelli, Çambono Rodulo de Grimaldis, Adam de Boxo, Thomasio condam Boni spetialis, Francischo condam Rolandi de Rova de Montesscilice et domino Çiliolo iudice de Sancto Vito et aliis. Ibique dominus Iohannes notarius condam domini Petrecini de Hostilia ex iure sibi cesso a Stefano Taxello condam Boneti de Montesscilice in quadam sentencia lata contra comune et homines Montisscilicis in libris decemmilibus denariorum parvorum, in qua sentencia comune et homines Montisscilicis condempnati fuerunt dicto Stefano, ut continetur in carta sentencie facta per Petrum filium magistri Monteselli notarium de Montesscilice, et secundum quod continentur in carta iuris et actionis facta per Gerardinum notarium filium Ugonis, a me notario visis et letis, post tenutam et possessionem acceptam per dictum dominum Iohannem de infrascriptis sediminibus, bonis, terris et possessionibus, tytulo et nomine pure, mere et inrevocabilis donacionis que dicitur inter vivos que amplius revocari non possit seu corrumpi aliqua ingratitudine, ingenio vel affensa aut culpa magna vel parva, neque ob hoc quod foret inmensa licet actis non foret legitime[b] insinuata, set perinde voluit quod valeat et teneat ipsa donacio ac si foret actis legitime insinuata, renuncians ex certa sciencia illi iuri quod dicit donacionem inter vivos ultra quingentos aureos factam asque actorum insinuacione in eo quod excedat non valere et illi legi « Codice de donacionibus. Si quis argentum », intendens predictus dominus Iohannes per se suosque heredes facere plures donaciones in singulis quingentis aureis in eo quod excederet summam quingentorum aureorum, per se suosque heredes dedit, cessit, tradidit et donavit atque mandavit domino Henginolfo Cucho condam domini Pulli de Palteneriis omne ius omnesque actiones et raciones reales et personales, utiles et directas, tacitas et expressas, competentes et conpetituras et mixtas quod et quas habet vel habere posset in dicta sentencia contra dictum comune et homines Montisscilicis quacunque racione vel causa et in infrascriptis sediminibus, terris et possesionibus et cum suis iuribus acceptis in tenutam per dictum dominum Iohannem ex vigore dicte sentencie videlicet: in primis de septem stacionibus iacentibus in Montescilice in contrata Sancti Pauli simul se tenentibus, quibus coherent a tribus lateribus plathea Sancti Pauli et a quarto Iacobinus Giraldellus. Item de quinque aliis stacionibus iacentibus in Montesscilice in dicta contrata simul se tenentibus, quibus choerent a duobus lateribus plathea Sancti Pauli, a tercio heredes magistri Virgili et a quarto iura comunis. Item de una stacione cum domo in qua habitat magister Frugerinus faber iusta predictas staciones; choerent eis ab uno latere plathea Sancti Pauli et ab anbobus capitibus iura comunis. Item de quadam domo magna posita supra platheam Sancti Pauli versus beccharias iusta supradictum magistrum Frugerinum; coherent ei a duobus lateribus dicta plathea Sancti Pauli. Item de domo bassa in qua habitat domina Iacoba uxor condam Nordegli iac(ente) in Montesscilice in dicta contrata; choerent ei ab uno latere plathea Sancti Pauli, ab alio latere flumen comunis, ab uno capite Petrus condam Bellandi pro comuni et ab alio domus becariarum. Item de becariis et domo becariarum comunis Montisscilicis iac(ente) in dicta contrata; choerent eis ab uno latere plathea Sancti Pauli seu via comunis, ab alio latere iura comunis et ab uno capite dominus Bixatus et ab alio domina Iacoba supradicta. Item de domo quam tenet supradictus dominus Bixatus iusta predictam domum becariarum; choerent ei ab uno latere via comunis et ab alio iura comunis predicti, ab uno capite domus becariarum et ab alio Francischus Puia pro comuni. Item de una domo quam tenet Francischus Puia iusta predictam; choeret ei ab uno capite et uno latere via comunis et ab alio latere seu capite dictus dominus Bixatus. Item de quadam domo quam tenet magister Bertholameus |104v| selerius filius condam Laurencii de Briciolis iac(ente) in Montesscilice in contrata Çoethe inter amba flumina et de quinque cassis domorum penes dictum Bertolameum in dicta contrata Çoethe; coherent eis ab uno latere et uno capite via comunis et ab alio capite flumen comunis. Item de quadam domo cum sedimine quam tenent et possident heredes Bonacursi fabri pro comuni, posita in dicta contrata supra ripam fluminis, et de tribus cassis positis iusta predictam in dicta contrata inter amba flumina. Item de uno sedimine cum domo, curte et orto quod tenet Blanchus pistor in dicta contrata supra ripam fluminis[c] circundato de iuribus comunis Montisscilicis. Item de una domo copata quam tenet Petrus condam domini Bellandi pro comuni Montisscilicis, iac(ente) in Montesscilice prope pontem Insule; coherent ei ab uno capite et uno latere plathea Sancti Pauli et ab alio latere[d] domina Iacoba supradicta et ab alio capite flumen comunis. Item de peschariis et domo pischarie posita ultra pontem Insule; coherent ei ab unoquoque latere iura comunis Montisscilicis. Item de domo una murata et copata quam tenet dominus Antonius de Verdina ad libellum a comuni Montisscilicis, que est ultra pontem Insule in qua moratur domina Domenegolda uxor condam Andree de Nasicha; coherent ei ab uno latere et uno capite via comunis et ab alio latere Milanus de Anglare pro comuni Montisscilicis et ab alio capite quoddam destorium comunis Montisscilicis. Item de una domo murata et copata quam tenet Milanus supradictus de Anglare ad libellum; coh[erent] ei ab uno latere dictus dominus Antonius et a capite via comunis. Item de duabus domibus iacentibus in dicta contrata iusta pradictam domum Milani, quas possidet dominus Bixatus et redit comuni. Item de una alia domo posita iusta pradictas domos domini Bixati quam tenet dominus Martinus de Mariota et redit comuni. Item de quadam alia domo quam tenet Blanchus pistor posita iusta dictam domum domini Martini. Item de una domo iac(ente) in dicta contrata iusta predictam domum dicti Blanchi pistoris quam tenet magister Frugerinus faber. Item [de quadam][e] alia domo posita iusta predictam domum magistri Frugerini quam tenet Francischus Puia. Item de quadam domo posita iusta predictam domum dicti Francisci Puie que olim consueverat possideri per Aychardinum de Manchandis. Item de quadam pecia terre ortalive iac(ente) iusta domum supradictam in dicta contrata et omnes redunt comuni Montisscilicis; coheret domibus supradictis et orto ab uno latere via comunis per quam itur ad Insulam et ab alio quoddam destorium comunis et ab uno capite Milanus de Anglare pro comuni. Item de tota valle et palude Insule cum omnibus suis iuribus iac(ente) prope villam Montisscilicis; choeret ei ab uno latere Mons Ricus, a secundo latere mons Merendule et a tercio latere frate et flumen comunis. Item de una dom‹o› paleata posita in contrata Insule quam tenent heredes domini Iohannis Petri Rande et redunt comuni. Item de una alia domo posita in dicta contrata Insule quam tenet domina Domenegolda; coheret ei ab unoquoque latere iura comunis. Item de alata seu domus alate que est supra lapidem iac(ente) supra platheam Sancti Pauli; coheret ei ab uno capite et uno latere plathea Sancti Pauli et ab aliis iura ecclesie Sancti Pauli. Item de una alia domo murata et copata posita in Montesscilice supra platheam apud ciminterium Sancti Pauli in qua consueverat habitare potestas Montisscilicis: coheret ei ab uno capite et uno latere iura ecclesie |105r| Sancti Pauli et ab alio capite via comunis. Item de valle Scoldregi cum omnibus suis iuribus pertinentibus ad ipsam vallem iac(ente) in confinio Montisscilicis prope Fossam Mane. Item de omnibus pratis et valle Savellonis cum omnibus suis iuribus positis prope Montem Richum; coherent ei ab uno latere Mons Richus et ab alio flumen Bagnaroli pro quo itur Paduam seu Reveria. Item de balneis Sancte Elene cum stupis, domibus, cameris, ecclesiis, [monte] et vallibus cum omnibus suis iuribus pertinentibus eisdem iac(entibus) inter valles comunis Padue [prope Reveriam. Item] de molendinis et domo molendinorum positis in confinio Montisscilicis in contrata Bagnaroli iusta pontem cum omnibus suis iuribus pertinentibus dictis molendinis et domo molendinorum; [coheret eis ab uno] latere et uno capite via comunis et ab alio latere iura monasterii Sancti Çacharie et forte alie sunt [cohe]rencie. Cum viis et servitutibus atque [ductibus aquarum, usibus, cesis,] fossatis, marigancia, consorcia, capulo, [pasculo, ve]nacione, pischacione, saltuariçacione, alluvionibus, ingressibus cum superioribus et inferioribus [suis et generaliter] cum omnibus et singulis aliis adiacenciis et pertinenciis adiacentibus et pertinentibus [predictorum sediminum] terrarum et possessionum cum suis iuribus contra unanquamque personam, collegium et [universitatem et in conveniendo] et reconveniendo, agendo et defendendo; ita quod amodo possit agere, placitare, petere, [exigere,] causari, experiri, consequi et se tueri et omnia et singula facere quemadmodum dictus dominus [Iohannes fa]cere poterat circha predicta usque nunc, constituens eum procuratorem tanquam [in rem suam] et ponens ipsum in locum suum dans, tradens et concedens eidem domino Henginolfo Cucho licenciam et [parabo]lam intrandi tenutam et corporalem possessionem predictorum sediminum, terrarum et possessionum cum suis iuribus sua propria autoritate sive per se sive per interpositam personam secundum quod ei melius visum fuerit expedire, et constituens se pro eo possidere donec ipsam possesionem intrabit dictorum sediminum, terrarum et possessionum cum suis iuribus et iurium dicte sentencie et in dicta sentencia, dicens et asserens dictus dominus Iohannes nemini[f] alii cessisse iura et actiones nec per eum fore datas, venditas, obligatas, alienatas seu aliquo modo obnoxiatas nisi dicto domino Henginolfo Cucho modo prefacto et pactis et condicionibus infrascriptis. Promisit dictus dominus Iohannes eidem domino Henginolfo per vinculum stipulacionis solempne per se suosque heredes dicta iura cessa et tenutam, sedimina, terras et possesiones cum suis iuribus quantum pro suo facto proprio et non aliter legitime guarentare, deffendere, autoriçare et disbrigare ab omni et homine et ab omni persona, loco, universitate et collegio quocunque et quandocunque quantum pro suo facto proprio tantum, necnon dictum dominum Henginolfum in vacuam, pacificam et quietam possessionem predictorum inducere et inductum defendere et manutenere quantum pro suo facto proprio tantum, ut dictum est, in pena dupli dampni et interesse et expensarum secundum quod pro tempore plus valuerint aut fuerint meliorate. Promisit quoque predictus dominus Iohannes per se suosque heredes predicto domino Henginolfo Cucho reficere et restituere omne dampnum, interesse et espensas quod vel quas faceret vel sustineret occasione guarentandi, defendendi seu manutenendi predictam donacionem cum suis iuribus modo et forma supradicta si eidem domino Henginolfo Cucho occasione dicti domini Iohannis et pro dicto domino Iohanne vel per suos heredes aut per aliquem habentem iura cessa ab ipso domino Iohanne mota fuerit lis vel questio de predictis, de iure et non aliter, cum obligacione omnium suorum bonorum, constituens se pro eo pos|105v|sidere; pro qua donacione cum suis iuribus guarentanda, deffendenda et manutenenda modo predicto pro pena prestanda necnon dapno et interesse et expensis reficiendis et pro omnibus supradictis et infrascriptis attendendis et adinplendis et inviolabiliter observandis, ut dictus est, predictus dominus Iohannes obligavit eidem domino Henginolfo Cucho se et omnia sua bona mobilia et inmobilia, presencia et futura, ita quod licitum sit dicto domino Henginolfo Cucho dictum dominum Iohannem et eius heredes realiter et personaliter convenire diebus feriatis et non feriatis non obstantibus aliquibus feriis vel statutis seu reformacionibus consciliorum comunis Padue factis vel fiendis, quibus expresse renunciavit, et exceptioni doli mali et in factum et cum conditioni, sine causa vel ex iniusta causa et cuicunque conditioni, apellationi, simulationi et suplicationi et quibuscunque aliis beneficiis remediis et auxiliis propter que posset contra predicta vel aliqua de predictis facere, vel venire, vel ipsa infringere, vel ab ipsis se tueri, vel defendere de iure vel de facto, omnibus supradictis auxiliis et beneficiis renuncians et expresse ex certa sciencia remitens. Hoc pacto aposito et per solepnem stipulacionem firmato inter dictum dominum Iohannem et dictum dominum Henginolfum contrahentes ante dictum contractum et post dictum contractum et in ipso contractu quod occasione dictorum iurium et cessionum factarum per dictum dominum Iohannem dicto domino Henginolfo Cucho, nullum ius aquiratur heredibus ipsius domini Henginolfi Cuchi vel eius creditoribus nec allicui alii persone nisi predicto domino Henginolfo Cucho et sue persone tantum; et quod post mortem dicti domini Cuchi dicta iura et actiones libere et expedicte sine aliqua contradicione heredum eius vel alicuius persone deveniant et devenire debeant in comune Montisscilicis; et quod comune Montisscilicis ipso iure inteligatur post mortem ipsius domini Henginolfi Cuchi esse in tenutam et possessionem dictorum iurium et habeat manus eiectionem; et quod dictus dominus Henginolfus Cuchus quocienscunque et quandocumque requisitum fuerit eidem per comune Montisscilicis iura et actiones predicta infra unum mensem dicto comuni cedet, tradet et restituet vel cui voluerit dictum comune iura predicta. Que omnia et singula suprascripta et infrascripta contrahentes predicti per se et suos heredes viciscim unus alteri promiserunt et eciam michi notario stipulanti et recipienti nomine et vice illius vel illorum cuius vel quorum interest vel interesse posset, firma, rata et grata habere et tenere, observare et adimplere et non contrafacere vel venire aliqua ratione vel causa de iure vel de facto per se vel per alios sub pena librarum mille denariorum parvorum; que pena totiens comiti et exigi possit cum efectu quociens contrafactum fuerit, et pena solupta vel non, nichilominus atendere teneatur et observare et omnia et singula suprascripta et infrascripta firma et rata perdurent. Hec quidem fecit dictus dominus Iohannes quia in ipsa cessione et hanc cessionem cessam dicto domino Henginolfo Cucho, dictus dominus Henginolfus Cuchus dictam cessionem et donacionem gratam et gratisimam acceptavit, renucians pactis et condicionibus suprascriptis.

(SN) Ego Otolinus notarius Gerardini de Fontana sacri palacii interfui vocatus et rogatus et eorum iussu hec scripsi.

a) *nel margine superiore, di mano A* b) legitime *ripetuto* c) *ms:* flumininis d) latere *sovrascritto nell'interlinea* e) *questo e i passi del f. 105r tra [ ] sono reintegrazioni, operate da mano cinquecentesca, del testo originario verosimilmente stinto* f) *segue* a *superflua*

139

|106r| *Quedam consignacio librorum caniparie et racionum comunis Montisscilicis.*[a)]

Anno Domini millesimo trecentessimo octavo, indicione sexta, die vigesimoprimo mensis decembris, in Montesscilice in sala domus habitacionis domini Antonii de Lyo potestatis Montisscilicis, presentibus Iohanne condam Marchi Stransiti, Prosdocimo notario filio Antonii de Martina, Stefano Taxelo condam Boneti, Matheo de Saviolis officialibus terre Montisscilicis, Otolino notario de Fontana, Blaxio Zorla precone dicti comunis, Gerardo condam domini Petri de Gregoriis, Guiducio condam Francisci, Nicolao condam Adameti de Maçalevore, Adam condam Bossii, Gerardino Rovassio, Petro condam Dominici de Martina, Monçelexe condam Laurencii, Voio de Perinis et multis aliis. Ibique dominus Horedicus iudex de Baldaserra assessor et vicarius domini Antonii de Lyo potestatis terre Montisscilicis volens iura dicti comunis custodiri et salvari iuxta posse pro bono dicti comunis ac evidentissima utilitate comunis eiusdem, nomine et vice dicti comunis, consignavit in presencia dictorum testium et mey notarii et infrascripti, dominis Tederico condam[b)] Guidoti cançelerio dicti comunis et Gerardo notario condam Aby ac Ugoni condam Pulli notariis dicti cançelerii electis in dicto regimine domini Antonii, sponte volentibus et recipientibus infrascriptos libros omnes et singulos et infrascriptas scripturas omnes et singulas infrascripte condicionis. In primis unum librum caniparie Viviani condam Dominici Ade Rubei caniparii dicti comunis Montisscilicis in potestaria olim domini Alesii de Rogatis cum uno quaterno de receptionibus et cum quatuor cartis incisis de expensis in una cohoperta. Item unum alium librum caniparie dicti Viviani in dicto regimine domini Alesii cum duobus quaternis et duobus foleis recepcionum et cum uno quaterno de expensis in una cohoperta et fuerunt in millesimo trecentessimo quarto. Item unum librum caniparie Patavini condam magistri Horedici caniparii dicti comunis in dicto regimine domini Alesii cum uno quaterno receptionum et duabus cartis incisis et cum uno quaterno expensarum in una cohoperta in dicto millesimo trecentessimo quarto. Item unum alium librum caniparie Nicolay de Goyta caniparii dicti comunis in potestaria olim domini Francisci de Capite Vace cum uno quaterno, uno foleo et tribus cartis incisis de receptionibus et cum duobus quaternis expensarum in una cohoperta, currente millesimo trecentessimo primo. Item unum librum caniparie Blasii de Baldimentis in eadem potestaria domini Francisci et currente eodem millesimo, cum uno quaterno receptionum et cum uno quaterno expensarum in una cohoperta. Item unum librum caniparie Iohannis de Guariento in potestaria olim domini Pynogre cum uno quaterno receptionum et uno expensarum in una cohoperta. Item unum librum caniparie Iacobi de Pongeto in eadem potestaria domini Pynogre cum uno quaterno receptionum et cum duobus foleis et duabus cartis scriptis de receptionibus et duabus non scriptis et cum uno quaterno et uno foleo expensarum in una cohoperta,[c] in millesimo tercentessimo sexto. Item unum librum caniparie Antonii Dominici de Berga in potestaria olim domini Arriberti Galmarele cum duobus quaternis receptionum et uno expensarum in una cohoperta, currente millesimo ducentessimo nonagesimo nono. Item in eodem millesimo et in eadem potestaria unum librum caniparie Alberti Segale cum uno quaterno et sex cartis receptionum et cum uno quaterno et uno foleo expensarum in una cohoperta. Item unum librum caniparie Zamboni condam Aby in potestaria domini Iohannis de Cortusis cum quaterno et quatuor foleys divisis de receptionibus et cum duobus quaternis expensarum in una cohoperta, currente millesimo trecentessimo. Item unum librum caniparie Mathei filii domini Tinele in eodem millesimo et eadem potestaria cum uno quaterno, tribus foleis et una carta receptionum et cum duobus quaternis expensarum in una cohoperta. Item unum librum caniparie Francisci Puie in proxime dicto millesimo et in potestaria domini Iohannis Leonis cum uno quaterno receptionum et uno expensarum in una cohoperta. Item unum quaternum illorum qui iverunt in servicio comunis in potestaria domini Antonii de Lyo qui est totus cançelatus eo quia omnibus fuit solutum in dicta potestaria de eo qui iverunt in servicio comunis |106v| cohoperta.[d] Item unum librum caniparie Iacobi condam Bellaveris in potestaria dicti domini Iohannis Leonis, in millesimo trecentessimo cum uno quaterno receptionum et duabus quaternis et sex cartis expensarum in una cohoperta. Item unum librum receptionum affictuum Leonardi de Menechelis in dicta potestaria et in dicto millesimo cum tribus quaternis et una cohoperta. Item unum librum caniparie Ati condam Patucii in potestaria domini Iohannis de Bigoncia, in millesimo trecentessimo primo cum uno quaterno receptionum et medio et cum uno quaterno et sex cartis divisis de expensis in una cohoperta. Item unum librum caniparie Dominici Ade Rubey eodem millesimo et eadem potestaria cum uno quaterno receptionum et uno expensarum in una cohoperta. Item unum librum caniparie Marchi scrignarii in millesimo trecentessimo secondo, in potestaria domini Pauli domini Albrigeti cum duobus quaternis receptionum et uno foleo et duobus quaternis et uno foleo expensarum in una cohoperta. Item unum librum caniparie Iacobi de Pongeto in millesimo trecentessimo secondo, in potestaria predicti domini Pauli cum duobus foleys et duabus cartis incisis de receptionibus et cum quatuor cartis incisis de expensis in una cohoperta. Item unum librum caniparie Gerardi condam Aby in proxime dicto millesimo et in potestaria domini Lemici de Chyçonibus cum uno quaterno, tribus foleys et una carta incisa de receptionibus et uno quaterno et duabus cartis incisis de expensis in una cohoperta. Item unum librum caniparie Danielis de Scaçetis in dicto millesimo et in dicta potestaria cum tribus quaternis et duabus cartis receptionum et cum uno quaterno, duabus foleys et duabus cartis incisis de expensis in una cohoperta. Item unum librum caniparie Petri notarii de Martina in millesimo trecentessimo tercio, in potestaria domini Antonii de Caudalonga[e] cum duobus quaternis et uno foleo et tribus cartis incisis receptionum et cun uno quaterno, duobus foleys et duabus cartis incisis expensarum in una cohoperta. Item unum librum caniparie domini Benaie de Baldimentis in dictis millesimo et potestaria cum tribus foleys receptionum et cum quatuor cartis incisis de expensis in una cohoperta. Item unum librum caniparie dicti domini Benaie in dictis millesimo et potestaria cum quatuor cartis receptionum incisis et cum uno quaterno[f] et duobus foleys expensarum in una cohoperta. Item unum quaternum de illis qui adpropriaverunt in dicta cohoperta. Item unum librum caniparie Dominici notarii domini Lucii in millesimo trecentessimo quarto, in potestaria domini Palamidex de Vitalianis cum tribus foleys et una carta incisa de recepcionibus et cum uno quaterno expensarum in una cohoperta. Item unum librum caniparie Andree condam Petri Carrerii in millesimo trecentessimo quinto, in potestaria domini Guidonis de Manfredis cum uno quaterno receptionum et uno expensarum in una cohoperta. Item unum librum caniparie Dominici de Tomba, in millesimo trecentessimo quarto in potestaria domini Palamides cum uno quaterno et sex cartis receptionum et cum uno quaterno et quatuor cartis divisis et duabus incisis de expensis in una cohoperta. Item unum librum caniparie Iacobi condam Peonis in millesimo trecentessimo quinto, in potestaria dicti domini Guidonis in duobus foleys et duabus cartis receptionum incisis et cum quatuor cartis expensarum incisis. Item unum librum caniparie Petri de Careto in dicto millesimo, in potestaria domini[g] Iacobi Malicie cum tribus quaternis receptionum et duobus quaternis et tribus foleys expensarum in una cohoperta. Item unum librum caniparie Iacobi quandam Peonis in millesimo trecentessimo tercio, in potestaria domini Marsilii de Pedeligno cum uno quaterno receptionum et uno quaterno et tribus foleys expensarum in una cohoperta. Item unum librum caniparie Vivaldini de Butola in millesimo ducentessimo nonagesimo nono, in potestaria |107r| domini Iacobi de Guarnerinis cum uno quaterno receptionum et uno expensarum in una cohoperta. Item unum[h] librum caniparie Vivaldini de Butola in millesimo trecentessimo sexto, in potestaria domini Zilioli a Sancto Vito cum duobus quaternis et duobus foleys receptionum et cum duobus quaternis expensarum in una cohoperta. Item unum librum caniparie Stefani Taxeli in dictis millesimo et potestaria cum tribus quaternis receptionum et duobus expensarum in una cohoperta. Item unum librum caniparie Petri notarii de Martina in millesimo trecentessimo septimo, in potestaria domini Schinele cum uno quaterno receptionum et uno expensarum in una cohoperta. Item unum[i] librum caniparie Arnaldi de Lusca in dictis millesimo et potestaria cum duobus quaternis receptionum et duobus expensarum in una cohoperta. Item unum librum caniparie Gerardi condam Aby in millesimo predicto et in potestaria domini Zamboni de Pollafrixana cum duobus quaternis receptionum et uno expensarum in una cohoperta. Item unum librum caniparie Dominici quandam Iohannis de Guigla in dictis millesimo et potestaria cum uno quaterno receptionum et uno expensarum in una cohoperta. Item unum librum Aldrovandini Pive in millesimo trecentessimo octavo, in potestaria domini Pantaleonis de Tadis, cum duobus quaternis et uno foleo receptionum et uno quaterno expensarum in una cohoperta. Item unum librum caniparie dicti Aldrovandini in dictis millesimo et potestaria cum[j] quaternis receptionum quinque, et uno quaterno et uno foleo expensarum in una cohoperta. Item unum librum[k] caniparie Francisci Puie in millesimo ducentesimo nonagesimo quinto, in potestaria domini Henregeti de Ponte Corvo cum uno foleo et duabus cartis incisis de receptionibus et cum tribus foleys et una carta de expensis in una cohoperta. Item unum librum caniparie Iohannis Butole cum[l] quaternis receptionum et duobus quaternis et tribus cartis cum quaterno incisis expensarum in una cohoperta. Item unum librum caniparie Gerardi condam Aby in millesimo trecentessimo octavo, in potestaria domini Antonii de Lyo in primis tribus mensibus cum septem quaternis receptionum et cum duabus expensarum bullatis in una cohoperta. Item unum librum[m] caniparie Tolberti Zenarini in millesimo trecentessimo tercio, in potestaria domini Marsilii de Pedeligno cum duobus quaternis receptionum et uno quaterno et dimidio expensarum. Item unum librum[n] factarum tempore domini Arriberti Galmarele cum duobus quaternis et duobus incisis et unum cum duobus foleys et duabus cartis incisis et alium cum uno foleo et tribus cartis incisis sine cohoperta. Item unum librum reformationum in millesimo ducentessimo nonagessimo nono, inditione duodecima, in potestaria domini Iacobi de Guarnerinis cum tribus quaternis et uno foleo et tribus cartis incisis in una cohoperta. Item unum librum reformationum in potestaria domini Iohannis de Vigoncia, in millesimo trecentessimo primo cum uno quaterno et tribus foleys et una carta incisa sine cohoperta. Item unum librum reformationum in millesimo trecentessimo secondo, in potestaria domini Lemici de Chyçonibus cum duobus quaternis et uno foleo et una carta incisa in una cohoperta. Item unum librum[o] reformationum in dicto millesimo, in potestaria domini Pauli de Albrigetis cum duobus quaternis sine cohoperta. Item unum librum reformationum in millesimo trecentessimo primo, in potestaria domini Francisci de Capite Vace cum quatuor quaternis sine cohoperta. Item unum librum caniparie Fuscoli condam Iacobini in potestaria domini Antonii de Lyo cum duodecim quaternis. Item[p] tres libros processuum factorum in potestaria domini Antonii de Lyo de quindecim quaternis in tribus cohopertis. Item unum librum processuum factorum in potestaria olim domini Pantaleonis de sex quaternis in una cohoperta. |107v| Item unum librum reformationum in millesimo trecentessimo quarto in potestaria domini Alesii de Rogatis in quatuor quaternis in una cohoperta. Item unum librum reformationum in millesimo trecentessimo quinto in potestaria domini Guidonis de Manfredis cum tribus quaternis in una cohoperta. Item unum librum reformationum in dicto millesimo in potestaria domini Iacobi de[q] Maliciis cum quinque quaternis in una cohoperta. Item unum librum reformationum in millesimo trecentessimo sexto in potestaria domini Pynogre cum duobus quaternis duobus foleys et una carta incisa in una cohoperta. Item unum librum reformationum in dicto millesimo in potestaria domini Zilioli de Sancto Vito cum quatuor quaternis in una cohoperta. Item unum librum reformationum in millesimo trecentessimo septimo in potestaria domini Schinele de Docto cum quatuor quaternis et duobus foleys in una cohoperta. Item unum librum reformationum in millesimo trecentessimo septimo in potestaria domini Zamboni de Pollafrixana cum tribus quaternis et duobus foleys in una cohoperta. Item unum librum reformationum in millesimo trecentessimo octavo in potestaria domini Pantaleonis cum quatuor quaternis in una cohoperta. Item unum librum reformationum in millesimo ducentessimo nonagessimo sexto in potestaria olim domini Floriani cum duobus quaternis in una cohoperta. Item unum librum reformationum in millesimo trecentessimo tercio in potestaria domini Marsilii de Pedeligno cum sex quaternis in una chohoperta.[r] Item unum librum reformationum in dicto millesimo in potestaria domini Antonii de Caudalonga cum tribus quaternis et sex cartis incisis in una cohoperta. Item unum librum reformationum et condepnationum in dicto millesimo et potestaria predicta cum tribus quaternis reformationum et quinque condepnationum in una cohoperta. Item unum librum reformationum in millesimo trecentessimo quarto in potestaria domini Palamides de Vitalianis cum tribus quaternis et tribus cartis incisis in una cohoperta. Item unum librum reformationum in millesimo trecentessimo octavo in potestaria domini Antonii de Lyo cum sex quaternis bullatis in una cohoperta. Item unum librum condempnationum et absolutionum in millesimo ducentessimo nonagessimo nono in potestaria domini Arriberti Galmarele cum uno foleo absolutionum et octo quaternis et quatuor foliis divisis et duabus cartis incisis in una cohoperta. Item unum librum condempnationum in millesimo trecentessimo in potestaria domini Iohannis de Cortusis cum quatuor quaternis et tribus foleys et una carta incisa in una cohoperta. Item unum librum condempnationum in millesimo trecentessimo primo in potestaria domini Francisci de Capite Vace cum sex quaternis in una cohoperta. Item unum librum condempnationum in millesimo trecentessimo secundo in potestaria domini Pauli de Albrigetis cum tribus quaternis et tribus foleys in una cohoperta. Item unum librum condepnationum in dicto millesimo in potestaria domini Lemici cum quatuor quaternis in una cohoperta. Item unum librum condepnationum in millesimo trecentessimo tercio in potestaria domini Marsilii de Pedeligno cum duobus quaternis in una cohoperta. Item unum librum condempnationum in dicto millesimo in potestaria domini Antonii de Caudalonga cum quinque quaternis et tribus foleys et una carta incisa in una cohoperta. Item unum librum condempnationum[s)] in millesimo trecentessimo quarto, in potestaria domini Palamides de Vitalianis cum duobus quaternis, uno foleo et duabus cartis incisis in una cohoperta. Item unum librum condempnationum in dicto millesimo, in potestaria domini Alesii de Rogatis cum septem quaternis et duobus foleys in una cohoperta. Item unum librum condempnationum in millesimo trecentessimo quinto, in potestaria domini Guidonis de Manfredis cum duobus quaternis et duobus foleys et duabus cartis incisis in una cohoperta. Item unum librum condempnacionum in dicto millesimo, in potestaria domini Iacobi de Maliciis cum novem quaternis in una cohoperta. Item unum librum condepnationum in millesimo trecentessimo sexto, in potestaria domini Pynogre cum quatuor quaternis in una cohoperta. |108r| Item unum librum condepnationum in millesimo trecentessimo septimo, in potestaria domini Zilioli a Sancto Vito cum octo quaternis in una cohoperta. Item unum librum condepnationum in dicto millesimo, in potestaria domini Çamboni de Pollafrixana cum quinque quaternis et duobus foleys in una cohoperta. Item unum librum condempnationum in dicto millesimo, in potestaria domini Schynele de Docto cum quatuor quaternis in una cohoperta. Item unum librum condempnationum in millesimo trecentessimo octavo, in potestaria domini Pantaleonis cum octo quaternis in una cohoperta. Item unum librum condempnationum in millesimo ‹trecentessimo› septimo exemplatum per Dominicum notarium domini Lucii de vigintisex quaternis condempnationum veterum in una cohoperta. Item unum librum condempnationum in millesimo trecentessimo octavo, in potestaria domini Antonii de Lyo cum sedecim quaternis bullatis in una cohoperta. Item unum librum colectarum sive daciarum plurium regiminum qui incipit: « Millesimo ducentessimo nonagesimo sexto, inditione nona », cum pluribus quaternis receptionum, qui quaterni sunt trigintaduo in una cohoperta. Item unum librum[t)] daciarum sive colectarum plurium regiminum qui incipit: « Dacia comunis et hominum Montisscilicis, in millesimo trecentessimo quinto », cum uno quaterno in una cohoperta. Item unum librum plurium daciarum plurium regiminum registratarum in potestaria domini Antonii de Lyo cum tresdecim quaternis et uno foleo in una cohoperta et cum quatuor quaternis papiri bullatis. Item unum librum adfictuum in millesimo ducentessimo septuagessimo octavo qui incipit: « Raynaldinus becarius », cum quinque quaternis et sex cartis et uno folio divisis cum una cohoperta, bullatum. Item unum librum adfictuum comunis qui incipit: « Marinum ab uno capite » etcetera, cum undecim quaternis, duobus foleys et duabus cartis incisis in millesimo ducentessimo quinquagessimo, indictione octava, die vj° exeunte aprili, duos foleos et unam cartam incisam in una cohoperta, bullatum, et quatuor cartis[u)] minoris voluminis. Item unum[v)] librum in millesimo ducentessimo[w)] septuagessimo quinto de afictibus qui incipit: « In dicto millesimo », cum pluribus millesimis, cum quatuor quaternis et duobus foleys in una cohoperta, bullatum. Item unum librum adfictuum qui incipit: « Librum affictuum comunis Montisscilicis de quarterio Sancti Pauli; primus quaternus, secundus », etcetera. Item unum alium quaternum qui incipit: « Pro uno campo », etcetera. Item unum quaternum qui incipit: « Dominus Lambertinus », etcetera, in duabus asseribus et non ligatis. Item unum librum bullatum qui incipit: « Die quarto mensis iunii »,[x)] etcetera, in millesimo trecentessimo quarto, in potestaria domini Palamidex de Vitalianis et fuit de Palude Insule cum uno quaterno in una cohoperta. Item unum librum registratum in carta[y)] papiri de libro adfictuum qui incipit: « Item pro uno campo qui fuit magistri Angeli », etcetera, cum sex quaternis in una cohoperta, bullatum. Item unum librum extimorum comunis in millesimo trecentessimo tercio et in millesimo trecentessimo quinto, in potestaria dominorum Iacobi de Maliciis et Marsilii de Pedeligno cum decem et novem quaternis et cum uno quaterno de impositione militum et baroderiorum et cum quatuor quaternis extimorum in potestaria domini Zamboni Pollafrixana[z)] in una cohoperta. Item unum quaternum solucionum factarum per dictum comune in potestaria domini Arriberti Galmarele. Item unum quaternum cum septem cartis in quo est scriptum modus imponendi dacias. Item duos quaternos de officialibus qui fuerunt temporibus preteritis in officio comunis. Item tres quaternos in quibus scripta[aa)] sunt nomina aliorum officialium. Item duo statuta cum asseribus, unum cum octo quaternis et alium cum decem. Item unum librum daciarum plurium regiminum pars in carta papiri[bb)] et pars in cartis pecudis, qui sunt septem quaterni.[cc)] Quos libros suprascriptos et quas scripturas, ut dictum est, sponte confessi fuerunt se habuisse et recepisse in custodia et salvamento predicti domini Tedericus, Gerardus et Ugo cancelerii dicti comunis, et renunciaverunt exceptioni non habitorum et receptorum ac sibi datorum et consignatorum dictorum librorum et scripturarum tempore contractus omnique alii suo iuri.

(SN) Ego Dominicus filius olim Lucii de Gualdino imperiali auctoritate notarius interfui et eorum iubsu hec scripsi.

a) *nel marg. sn. di mano A* b) condam *ripetuto* c) *segue* Item *depennato* d) *evidenti omissioni da parte dell'estensore* e) *segue* du *con segno d'abbreviazione sovrapposto, depennato* f) *segue* de o *depennato* g) *segue* Guidonis de Manfredis *depennato* h) *segue* quaternum *depennato* i) *segue* quaternum *depennato* j) *segue* tribus *depennato* k) *segue un segno a forma di* [*non depennato* l) *omessa l'indicazione numerica dei quaderni* m) *segue* Tolb *depennato* n) *evidente omissione forse di* receptionum *o* expensarum o) *segue* caniparie *depennato* p) *segue* un *depennato* q) *segue* Guarnerinis *depennato* r) *cosí in ms* s) condempnationum *sovrascritto nell'interlinea su* reformationum *depennato* t) *segue* cond *depennato* u) *segue segno (forse* i*) depennato* v) *segue* quaternum *depennato* w) *segue* nonag *depennato* x) *segue segno (forse* i*) depennato* y) *segue* b *depennata* z) et cum quatuor quaternis extimorum in potestaria domini Zamboni Pollafrixana *aggiunto a fine documento, prima della 'completio', con segno di richiamo* aa) *segue* no *depennato* bb) *sulla prima* p *di* papiri *c'è una* i cc) *segue* Item *depennato*

140

|108v| *Quedam solucio facta comuni Padue de libris* IJ^c^ XX *parvorum pro una dacia imposita comuni Montisscilicis pro focis* VIIJ^c^ LXXX *in racione solidorum* V *pro foco.*[a)]

Millesimo trecentessimo duodecimo, indicione decima, die undecimo mensis februarii. Recepit dominus Vivarotus iudes condam domini Açonis de Pernumia massarius dominorum exactorum per sapientes ellectos ad exigendum ad habere comunis Padue a quibuscumque debentibus dicto comuni ex quacumque de caussa, libras ducentas et viginti denariorum venetorum parvorum in denariis argenteis a domino Dominico quondam Iohannis de Guiia de Montesscilice canipario comunis Montisscilicis, dante et solvente pro comuni et hominibus terre Montisscilicis pro solucione unius dacie eiecte comunibus vilarum de soldis quinque pro foco tempore domini Alberti de Castelo olim potestatis Padue pro focis octingentis et octuaginta.

(SN) Ego Perfiliaxius quondam domini Henrigeti notarius dictorum sapientum scripsi.

(SN) Ego Milanus filius Oliverius de Montesscilice imperiali autoritate notarius hoc instrumentum sumptum ex autentico dicti Perfiliaxii notarii bona fide exemplavi in presencia Belaveris notarii et Gandulfi notarii, nil adens vel minuens quod sentencia mutet.

a) *nel margine superiore, di mano A*

141

Imposicio militum, baroderiorum, peditum a panceria et a lameria, plaustorum et guastatorum facta per comune Padue comuni Montisscilicis.[a)]

In nomine domini Dey eterni. Anno eiusdem nativitatis millesimo trecentessimo duodecimo, indicione decima, die quartodecimo mensis ianuarii, Padue, in cançellaria comunis Padue, presentibus Bonafante notario filio domini Iohannis, Badone notario condam domini Iohannis et aliis. Reperio ego notarius infrascriptus in libro[b)] imposicionum militum, baroderiorum, peditum, balestrariorum, guastatorum et plaustrorum villarum Paduani disstrictus de quarterio Turrisellarum et centenario Sancti Martini facto et composito[c)] per disscretos et sapientes viros dominos Laurencium iudicem de Radicibus, Ivanum piliparium de Grimaldis et Iacobum notarium de Riverio[d)] electos per comune et ancianos secundum formam reformacionis maioris consilii facta in potestaria domini Montani de Marino de Ianua curente[e] ani[f] Domini millesimo trecentessimo quarto, indicione secunda, unam scripturam vivam et non cançellatam in hunc modum scriptam. « Comune et homines Montisscilicis quindecim milites[g] ab uno equo pro quolibet. Item vigintiquinque beroderii cum singulis equabus. Item centum pedites, quinquaginta a panceriis et quinquaginta a lameriis. Item vigintiquinque balesterii. Item quinquaginta guastatores. Item vigintiquinque plaustra. Item quinque ad portandum panum ».

(SN) Ego Bonacursius notarius filius domini Branchaleonis notarii, ut in dicto libro reperi bona fide scripsi.

(SN) Ego Petrus Bonus[h] quondam domini Çacharie sacri palacii notarius, existens in officio comunis Padue pro comuni Padue ad disscum Strambechi coram disscreto et sapiente viro domino Schinella de Doto iudice et officiale ad dictum disscum in regimine domini Gerardi de Inçola vicarii Padue, hoc instrumentum sumbtum ex autentico dicti Bonacursi supradicti, auctoritate dicti iudicis, bona fide exemplavi curente ani Domini millesimo trecentessimo duodecimo, indicione decima, die quartodecimo ianuarii, presentibus Nicolao et Iacobo notariis et sociis ad dictum disscum et aliis.

a) *nel marg. sn. di mano A* b) in libro *ripetuto* c) *segue* in *depennato* d) *si vorrebbe* Riveria e) *segue* millesimo *depennato* f) *cosí in ms qui e nell'autenticazione, forse per attrazione di* Domini g) milites *sovrascritto nell'interlinea su* eq *depennato* h) *segue* notarius *depennato*

142

|109r| *1312*[a]

Quedam provisio comunis Padue facta comuni Montisscilicis de certa quantitate florenorum. Hic dominus Clarelus de Bullis fuit capitaneus Montisscilicis pro comuni Padue.[b]

Millesimo trecentessimo duodecimo, indicione decima, die penulltimo menssis iulii, Padue, in camera domini potestatis. Providerunt, decreverunt, statuerunt et ordinaverunt domini octo sapientes a credencia seu maior pars eorum vigore et auctoritate baylie eis per comune Padue concesse et omni iure et modo quibus melius facere potuerunt, quod cum homines habitatores terre Montisscilicis secundum quod ceteris est manifestum, sint debitis multis et variis agravati tam racione exercitus et cavalcatarum factarum per comune Padue, quam etia‹m› per[c] tenendis militibus et beroderiis, peditibus, balisteriis et guastatoribus ad terram Montagnane, ad terram Lucii et ad terram Camixani in defenssione et pro deffenssione dictorum locorum, quam etiam in salaris que oportuit ipsos homines a longo tempore citra solvere capitaneis et potestatibus, et nunc nuper imposicio florenorum sit facta eisdem in tam gravi quantitate et intollerabili quod ipsam quantitatem nullatenus possent comuni Padue resignare, imo iam quamplures ocaxione dicti mutui florenorum de dicta terra Montisscilicis exularunt; quod numero florenorum impositorum eisdem de presenti mensse iulii detrahantur et remittantur eisdem ducenti[d] floreni aurei et quod residuum tocius imposicionis solvi debeant vel per comune et homines dicte terre Montisscilicis vel per singulares personas, secundum quod per consilium hominum dicte terre Montisscilicis extiterit ordinatum ac reformatum, dummodo penitus predicti floreni, detratis ducentis, ut superius dictum est, solvi debeant usque ad decem dies proxime futuros. Qua vero solucione facta non possint comune et singulares persone habitantes in dicta terra Montisscilicis modo aliquo molestari vel inquietari seu constringi per dictum potestatem Padue seu per officiales de comuno[e] seu per aliquos alios presentes vel futuros officiales ad solvendum iam dictos ducentos florenos sibi remissos secundum quod superius est expressum; et quod dominus Clarelus de Bullis capitaneus per comune Padue constitutus in dicta terra Montisscilicis teneatur et debeat secundum imposicionem determinandam per consilium dicte terre Montisscilicis cogere realiter et personaliter quoscumque ad solvendum quantitates sibi imponendas modo predicto in pena librarum ducentarum de suis bonis propriis. Et valeat presens decretum sive provixio et inviolabiliter observetur statuto, decreto vel provissione aliquibus non obstantibus et specialiter decreto facto de quinque millibus florenorum auri imponendis comunibus villarum nec aliquo alio decreto vel provixione de cetero fiendis.

(SN) Ego Albricus notarius condam Gerardi ut reperi in libro omnium processuum, actorum, dacciorum, provissionum, decretorum et ordinamentorum factorum per sapientes a credencie vigore baylie ei per comune Padue concesse in millesimo trecentessimo duodecimo, de mensse iulii et ab inde ultra scripto per Henginolfum notarium dictum Çanchanolam notarium et officialem dictorum octo sapientum, bona fide scripsi.

(SN) Ego Milanus filius Oliverii de Montesscilice imperiali auctoritate notarium hoc instrumentum scriptum et exemplum sumptum ex autentico supradicti Albrici, nichil in eo adens vel minuens quod sensum mutet et sentenciam varie‹t› nisi forte in literis vel sillabis, bona fide scripsi et exemplavi curente millesimo trecentessimo duodecimo, indicione decima, die primo intrante mensse augusti, super domum comunis Montisscilicis ubi fiunt consilia, presentibus Fidencio notario de Claricis et Dominico notario quondam Bonaventure et aliis.

a) *nel margine superiore, forse di altra mano; la data è riscritta anche nel marg. ds.* b) *nel marg. sn. di mano A* c) *ms:* p *con abbreviazione di* per; *il contesto vorrebbe* pro d) *segue* fll *depennato.* e) *lettura dubbia*

|109v|

[Sezione iv]

|110r| Instrumenta debitorum comunis Montisscilicis.

143

Libre IIJ, soldi X denariorum grossorum.[a)]

In primis unum instrumentum confectum sub millesimo ducentessimo nonagessimo quinto, indictione octava, die tertio decimo intrante martio, in quo quidem instrumento dominus Realdus Masscarellus est principalis debitor obligatus penes Bartholomeum de Briciollis in libris tribus et soldis decem denariorum grossorum et factum per Petrum condam Francisci.

a) *nel marg. sn. di mano A*

144

Cessio.[a]

Item unum aliud instrumentum iurium et actionum conffectum per Albertum notarium Bonisegnoris tabernarii sub dicto millesimo.

a) *nel marg. sn. di mano A*

145

Libre CLJ, soldi V parvorum.[a]

Item unum aliud instrumentum debiti confectum per Franciscum notarium de Claricis sub millesimo ducentessimo sexagessimo octavo, indictione undecima, die quarto exeunte ianuario, in quo quidem debito dominus Millanus de Bignotis procurator comunis erat obligatus penes domino Francissco condam domini Guidonis de Bene de Florentia in libris centum et quinquagintaunam et soldis quinque denariorum parvorum.

a) *nel marg. sn. di mano A*

146

Libre IIJ^C LX parvorum.[a]

Item unum aliud instrumentum debiti confectum per Raynaldinum notarium Montis barberii sub millesimo ducentessimo setuagessimo secundo, indictione quintadecima, die penultimo exeunte iullio, in quo quidem debito Allexander Petri Rande erat principalis et obligatus penes dominum Chessium Tusscum mutuantem pro Raynuto filio Guidoti de Florentia in libris trecentis et sexaginta denariorum parvorum.

a) *nel marg. sn. di mano A*

147

Libre cv parvorum.[a)]

Item unum aliud instrumentum debiti confectum per Antonium condam Pollegradi de Claricis sub millesimo ducentessimo septuagessimo[b)] quinto, indictione tertia, die octavo exeunte septembri, in quo quidem debito Gerardinus Ocatus calegarius consul comunis erat obligatus penes dominum Antonium Petri de Aceia mutuantem pro Manfredo condam Manfredi in libris centum et quinque denariorum parvorum.

a) *nel marg. sn. di mano A* b) *ms:* sexagessimo*; correzione suggerita dall'indizione e da riscontri con altri* instrumenta

148

Libre vj^c^xxv parvorum.[a)]

Item unum aliud instrumentum debiti confectum[b)] per Walterium qui dicitur Bisscaçerus sub millesimo ducentessimo quinquagessimo sexto, indictione quartadecima, die lune quartodecimo exeunte decembri, in quo quidem debito dominus Clarellus de Bullis cum pluribus aliis erant obligati in libris sexcentum et vigintiquinque denariorum parvorum penes dominos Martinum de Bolçano et Albertum Coaçanum.

a) *nel marg. sn. di mano A* b) *ms:* confefctum

149

Item unum aliud instrumentum debiti confectum per Bellengerium domini Gunterii de Causilve sub millesimo ducentessimo septuagessimo sexto, indictione quarta, die decimo intrante iunio, in quo quidem instrumento dicitur consilium dominorum Salioni doctoris legum et domini Laurencii et aliorum plurium.

150

|110v| *Libre xvıȷ, soldi v parvorum.*a)

Item unum aliud instrumentum confectum per Francisscum notarium condam Pollegradi sub millesimo ducentessimo sexagessimo quinto, indictione octava, die tertiodecimo intrante decembri,b) in quo quidem debito Albertus de Canipario erat obligatus penes Bonum Baldinoti mutuantem pro domino Francissco de Florentia in libris decem et septem et soldis quinque denariorum parvorum.

a) *nel marg. sn. di mano A* b) *in* decembri, d *corretta su altra lettera*

151

*Libre x, soldus ȷ denariorum grossorum.*a)

Item unum aliud instrumentum confectum per Antonium condam Pegorini sub millesimo ducentessimo ‹octuagessimo›b) secundo, indictione decima, die octavo intrante aprilli, in quo quidem Tolbertus qui dicitur Grassus condam Bonafidei de Segatoribus principalis debitor erat obligatus penes dominum Francisscum Guidonis de Bene mutuantem pro Andrea Forçeti de Florentia libras decem et denarios duodecim denariorum venetorum grossorum.

a) *nel marg. sn. di mano A* b) *integrazione operata sulla base dell'indizione e di riscontri con altri* instrumenta

152

*Libre ııȷ°, soldi vııȷ denariorum grossorum.*a)

Item unum aliud instrumentum confectum per Francisscum notarium condam Pollegradi Claricis sub millesimo ducentessimo octuagessimo secundo, indictione decima, die tertiodecimo exeunte februario, in quo quidem Gutifredus de Bullis sicut principalis debitor erat obligatus penes Çordanum condam Petri Mati mutuantem pro Andrea fratre Gallene de Florentia in libris quatuor, soldis octo denariorum venetorum grossorum.

a) *nel marg. sn. di mano A*

153

Libre IIIJ, *soldis* V, *denarii* IJ *grossorum.*[a)]

Item unum alliud instrumentum confectum per Petrum condam Francissci not(arii) de Claricis sub millesimo ducentessimo octuagessimo quinto, indictone terciadecima, die penultimo decembris, in quo quidem debito dominus Petrus condam domini Alberti de Bunda sicut principalis erat obligatus penes Çerum filium Lamberti de Florentia mutuantem pro Guidone filio Amoreti de Florentia in libris quatuor et soldis quinque et denariis duobus denariorum venetorum grossorum.

a) *nel marg. sn. di mano A*

154

Libre CXLIJ *parvorum.*[a)]

Item unum aliud instrumentum confectum per Albertum filium condam Martini Scambarani sub millesimo ducentessimo octuagessimo quarto, indictione duodecima, die quinto intrante aprili, in quo quidem debito Petrus de Fuss(ar)a sicut principalis debitor erat obligatus penes Guidonem filium Amoreti de Florentia in libris centum et quadraginta duabus denariorum venetorum parvorum.

a) *nel marg. sn. di mano A*

155

Soldi XLIIJ *grossorum.*[a)]

Item unum aliud instrumentum confectum per Petrum filium Francissci de Claricis sub millesimo ducentessimo octuagessimo tercio, indictione undecima, die penultimo martii, in quo quidem debito dominus Grassus condam Bonafidei de Segatoribus sicut principalis debitor erat obligatus penes dominum Francisscum condam Guidonis de Bene de Florentia[b)] mutuantem pro Andrea Forçati de Florentia in soldis quadragintatribus denariorum venetorum grossorum.

a) *nel marg. sn. di mano A* b) *ms:* Fol *con segno d'abbreviazione, in luogo di* Flor

156

Libre X, *soldi* VIJ *grossorum.*[a)]

Item unum aliud instrumentum confectum per Bartholomeum condam Dominici de Vivilla sub millesimo ducentessimo octuagessimo sexto, indictione quartadecima, die quartodecimo iunii, in quo quidem debito dominus Petrus condam domini Alberti de Bunda sicut principalis erat obligatus penes Francisscum condam Guidonis de Bene de Florentia mutuantem pro Forçato condam Baline de Bentacorda de Florentia in libris decem et soldis septem denariorum venetorum grossorum.

a) *nel marg. sn. di mano A*

157

Libre IIIJ, *soldi* V, *denarii* IIIJ *denariorum grossorum.*[a)]

Item unum aliud instrumentum confectum per Petrum condam Francissci de Claricis sub millesimo ducentessimo octuagessimo quarto, indictione duodecima, die quintodecimo exeunte novembri, in quo quidem debito Bonaventura dictus Bordonus condam Rainaldi Machaffava sicut principalis debitor erat obligatus penes Grassum condam Griberti Carissimi de Florentia mutuantem pro Tanucio condam Guidonis Bene de Florentia in libris quatuor et soldis quinque et denariis quatuor denariorum venetorum grossorum.

a) *nel marg. sn. di mano A*

158

|111r| *Libre xxvj, soldi vij parvorum.*[a)]

Item unum aliud instrumentum confectum[b)] per Francisscum condam Pollegrati sub millesimo ducentessimo septuagessimo, indictione terciadecima, die undecimo intrante decembri, in quo quidem debito Ricardus condam Millani de Marco erat obligatus penes domini Canti Sciti de Florentia mutuantem pro Filipo patre suo in libris vigintisex et soldis septem denariorum venetorum parvorum.

a) *nel marg. sn. di mano A* b) *ms:* confestum

159

Libre LXXX parvorum.[a)]

Item unum aliud instrumentum confectum per Dominicum filium Lucii de Gualdino sub millesimo trecentessimo primo, indictione quartadecima, die nono intrante menssis novembris, in quo quidem debito Gylbertus condam Benfati tanquam sindicus comunis erat obligatus penes dominum Camelinum preconem comunis Padue mutuantem pro Petro condam magistri Bondí piliparii de Padua in libris octuaginta denariorum venetorum parvorum.

a) *nel marg. sn. di mano A*

160

Libre LXXX *parvorum.*[a]

Item unum aliud instrumentum confectum[b] per dictum Dominicum et sub dicto millesimo et indictione et die, in quo quidem instrumento continetur quomodo Gylbertus condam Benfati fuit constitutus sindicus comunis causa accipiendi mutuo a Petro condam magistri Bondí librarum octuaginta denariorum parvorum.

a) *nel marg. sn. di mano A* b) *ms:* confestum

161

Conservacio indempn(itatis) de libris LXXX *parvorum.*[a]

Item unum aliud instrumentum confectum per dictum Dominicum sub dicto millesimo et indictione et die in quo quidem instrumento continetur quomodo Gylbertus condam Benfati tanquam sindicus comunis cum pluribus aliis promissit conservare indempnem dominum Benevenutum dictum Bixatum: erat obligatus penes Camelinum[b] precibus dicti Gilberti in libris octuaginta denariorum parvorum.

a) *nel marg. sn. di mano A* b) *lettura dubbia: forse* Cancelinum

162

Libre CIIJ, *soldi* VJ, *denarii* VIIJ *parvorum.*[a]

Item unum aliud instrumentum confectum per Petrum filium magistri Montesselli sub millesimo ducentessimo nonagessimo tertio, indictione sexta, die decimoseptimo intrante octubri, in quo quidem instrumento continetur quod dominus Natalis ab Ulmo constitutus fuit sindicus comunis ad accipiendum mutuo et obligatus erat penes Iacobinum de Fuscolis in libris centum et tribus et soldis sex et denariis octo denariorum parvorum.

a) *nel marg. sn. di mano A*

163

Conservacio indemnitatis.[a)]

Item unum aliud instrumentum confectum per Patavinum notarium filium[b)] condam Oderici cerdonis sub millesimo ducentessimo nonagessimo sexto, indictione nona, die quintodecimo intrante iullio, in quo quidem continetur quomodo Bartolomeus dictus Cleregatius filius Henrici becari dedit iura et actiones Francissco dicto Poia contra dominum Natalem ab Ulmo, tanquam sindicum comunis, in libris centum et tribus et soldis sex et denariis octo parvorum.

a) *nel marg. sn. di mano A* b) filium *sovrascritto nell'interlinea*

164

Licencia accipiendi mutuo librarum v^c^ *XIIIJ*^or^ *parvorum.*[a)]

Item unum aliud instrumentum confectum per Patavinum notarium[b)] filium Oderici cerdonis sub millesimo ducentessimo nonagessimo sexto, indictione nona, die quintodecimo intrante iullio, in quo quidem continetur quod dominus dominus Natalis ab Ulmo tanquam sindicus comunis accepit mutuo a Çambono Rodulo deponente pro domina Aveçua uxorem Henrici becarii in libris quingentis et quatuordecim denariorum venetorum parvorum.

a) *nel marg. sn. di mano A* b) *in* notarium n *corretto su* t

165

|111v| *Libre* L *parvorum.*[a]

Item unum aliud instrumentum confectum per Iacobum notarium condam domini Bellaveris sub millesimo trecentessimo quinto, indictione tertia, die octavo februarii, in quo quidem continetur quod Iohannes condam Pauli Saraceni tanquam sindicus comunis sicut principalis debitor erat obligatus penes dominum Tomassium notarium condam domini Pitignini de Causilve qui stat Padue in libris quinquaginta denariorum parvorum.

a) *nel marg. sn. di mano A*

166

Sindicaria ad accip(iendas) dictas libras L *mutuo.*[a]

Item unum aliud instrumentum sindicarie[b] confectum per dictum Iacobum in dicto millesimo et die, in quo quidem continetur quod Iohannes condam Pauli Saraceni constitutus fuit sindicus specialiter ad faciendum securitatem domino Tomassio notario condam domini Pitignini de Caussilve de libris quinquaginta parvorum.

a) *nel marg. sn. di mano A* b) sindicarie *sovrascritto nell'interlinea*

167

Libre IJ[c] XL *parvorum.*[a]

Item unum aliud instrumentum confectum per Petrum condam Francissci not(arii) de Claricis sub millesimo trecentessimo tertio, indictione prima, die octavo maii, in quo quidem continetur quod Dominicus de Tomba tanquam sindicus comunis sicut principalis erat obligatus penes Petrum condam Bondí de Padua in libris ducentis et quadraginta denariorum parvorum.

a) *nel marg. sn. di mano A*

168

Solucio comunis facta de libris LXXXX *parvorum.*[a)]

Item unum aliud de solutione confectum per Willielmum condam G‹u›idonis de Sagueo sub millesimo ducentessimo sexagessimo nono, indictione duodecima, die undecimo intrante marcio, in quo quidem continetur quod Iacobinus de Gerardo speciali vocavit sibi solutum a Salerno de Galea sindico comunis solvente pro ipso comuni de libris nonaginta denariorum venetorum.

a) *nel marg. sn. di mano A*

169

Solucio comunis facta de libris L *parvorum.*[a)]

Item unum aliud instrumentum de solutione confectum per Natalem de Rubeis sub millesimo ducentessimo septuagessimo primo, indictione quartadecima, die secundo intrante iunio, in quo quidem continetur quod magister Virgilius medicus vocavit sibi solutum a Bellavere canipario comunis de libris quinquaginta denariorum parvorum quas debebat habere.

a) *nel marg. sn. di mano A*

170

Libre XIJ, *soldi* XIJ *parvorum.*[a)]

Item unum aliud instrumentum confectum per Walterium qui dicitur Bisscacerius sub millesimo ducentessimo sexagessimo quarto, indictione septima, die quintodecimo intrante ianuario, in quo quidem continetur quod[b)] Vivaldinus notarius de Tercaçoxa erat obligatus penes Francisscum domine Mellodie in libris duodecim et soldis duodecim parvorum.

a) *nel marg. sn. di mano A* b) *sulla* q *oltre al segno d'abbreviazione per* quod, *altro segno non chiaro*

171

Libre v^c^xxxvij, soldi x parvorum.[a]

Item unum aliud instrumentum confectum per Iohannem qui nominatur Pillius sub millesimo ducentessimo sexagessimo tercio, indictione sexta, die tercio intrante iunio, in quo quidem continetur quod dominus Clarellus de Bullis cum pluribus aliis erant obligati penes dominum Speram filium domini Mathei de Villa Comitis in libris quingentis et octuagintaseptem et soldis decem parvorum.

a) *nel marg. sn. di mano A*

172

Quedam solucio facta per comune in duabus partibus de libris v^c^ parvorum.[a]

Item unum aliud instrumentum[b] solutionis confectum per Dominicum filium Lucii de Gualdino sub millesimo trecentessimo secundo, indictione quintadecima, die vigessimo primo mensis novembris, in quo quidem continetur quod dominus Lemiçus Chiçonus [olim] potestas Montisscilicis confessus fuit habuisse ab infrascriptis dominis Gerardo condam Abi et Danielle condam Petri de Scaçetis canipariis comunis Montiscilicis videlicet libras centum et sexaginta duas denariorum parvorum a predicto Gerardo et libras trecentas et triginta octo denariorum parvorum a predicto Danielle.

a) *nel marg. sn. di mano A* b) *segue* confectum *depennato*

173

Solucio comunis facta de soldis xx grossorum.[a)]

Item unum aliud instrumentum de solutione confectum per Guillielmum Philipi de Bellando sub millesimo supradicto et indictione, die,***[b)] in quo quidem continetur quod domini[c)] magistri Leonardi notarii Hençegnerati condam magistri Facii de Padua et magister Antonius Ençigneratus condam magistri Benvenuti fuerunt confessi habuisse a Danielle condam Petri Scaçeti canipario comunis de soldis viginti denariorum venetorum grossorum.

a) *nel marg. sn. di mano A* b) *spazio bianco di 60 mm* c) domini *sovrascritto nell'interlinea*

174

|112r| *Quedam electio facta per comune Montisscilicis de quisdam questionibus dicti comunis, etcetera.*[a)]

Item unum aliud instrumentum reformatum fuit in conscilio comunis Montisscilicis in potestaria domini Lemici Chiçonis, confectum per Dominicum filium Lucii de Gualdino in millesimo trecentessimo secundo, indictione quintadecima, die undecimo intrante mensse decembris, in quo quidem continetur quod certi sapientes elligantur per officiales comunis ad providendum super facto Iohannis Laurentii becarii et Laurentii de Gallea de omnibus questionibus quas habebant cum comunis Montisscilicis.

a) *nel marg. sn. di mano A*

175

Libre CL *parvorum.*[a)]

Item unum aliud instrumentum confectum per Iacobum condam

domini Bellaveris sub millesimo trecentessimo quinto, indictione tercia, die quinto iullii, in quo quidem continetur quod dominus Antonius de Gregoriis tanquam sindicus comunis confessus fuit se habuisse a Tolberto dicto Çenarino libras centum et quinquaginta parvorum.

a) *nel marg. sn. di mano A*

176

Sindicaria ad accip(iendos) dictos denarios.[a)]

Item unum aliud instrumentum sindicarie confectum per supradictum Iacobum condam domini Bellaveris sub dicto millesimo et indictione et die, in quo quidem instrumento continetur quod dominus Antonius constitutus fuit sindicus comunis ad accipiendum mutuo a Tolberto dicto Çenarino librarum centum et quinquaginta denariorum parvorum.

a) *nel marg. sn. di mano A*

177

Libre IJ^{c}*IJ, soldi IJ parvorum.*[a)]

Item unum aliud instrumentum confectum per Patavinum notarium filium Oderici cerdonis sub millesimo trecentessimo quarto, indictione secunda, die vigessimo intrante mense augusti, in quo quidem continetur quod Millanus condam domini Alberti de Martina tanquam sindicus erat obligatus penes Petrum filium Bondí[b)] dante et deponente pro Bernardo filio Iohannis Spoalorii de Plebe Sachi in libris ducentis[c)] et duabus et soldis duobus denariorum venetorum parvorum.

a) *nel marg. sn. di mano A* b) *ms:* Bindí c) *corretto su* ducentas

178

Libre IJ^c^IJ, soldi IJ parvorum.[a)]

Item unum aliud instrumentum confectum per supradictum Patavinum notarium sub dicto millesimo et indictione et die, in quo quidem continetur quod supradictus Millanus tanquam sindicus erat obligatus penes supradictum Petrum in libris ducentis et duabus et soldis duobus denariorum parvorum.

a) *nel marg. sn. di mano A*

179

Libre XV, soldi IIIJ parvorum.[a)]

Item unum aliud instrumentum confectum per Ugonem notarium sub millesimo trecentessimo quinto, indictione quinta,[b)] die penultimo exeunte iullio, in quo quidem continetur quod Iohannes filius Tealdi de Butola sicut principalis erat obligatus penes Henricum filium Pive in libris quidecim et soldis quatuor parvorum.

a) *nel marg. sn. di mano A* b) *l'indizione non è esatta: probabilmente sta per* tercia

180

Soldi XXIIJ grossorum.[a)]

Item unum aliud instrumentum confectum per Phacium filium Federici de Bognolis sub millesimo trecentessimo quarto, indictione secunda, die septimo intrante decembri, in quo quidem magister Petrus sartor condam Phylipi Segatoris tanquam sindicus comunis erat obligatus penes Gerardum notarium condam Guillielmi de Nigris in soldis vigintitribus denariorum venetorum grossorum.

a) *nel marg. sn. di mano A*

181

Libre IJ^c^IJ, soldi IJ.

Item unum aliud instrumentum confectum per Patavinum notarium filium magistri Oderici cerdonis sub millesimo trecentessimo quarto, indictione secunda, die vigessimo intrante mensse augusti, in quo quidem continetur quod dominus Millanus condam Alberti de Martina tanquam sindicus comunis erat obligatus penes Petrum filium Bondí mutuante pro Massino in libris duecentis et duabus et soldis duabus denariorum parvorum.

|112v| Instrumenta non incisa nec scarsata.

182

Electio arbitrorum.[a)]

In primis unum istrumentum non incissum confectum per Petrum condam Alberti de Martina confectum sub millesimo ducentessimo nonagessimo tercio, indictione sexta, die decimo intrante martio, in quo quidem instrumento continetur quod magister Virgilius filius magistri Galvani de Boto ex una parte et Artuicum notarium filium Iohannis de Guigla sindicum comunis ex altera, compromisserunt sese in dominos Iohannem de Rachanati legum doctorem et Lovatum condam domini Rolandi de Lovato iudicem tanquam in arbitros.

a) *nel marg. sn. di mano A*

183

Qualiter dominus Florianus tabernarius potestas vocavit sibi solutum de libris CXXVIIJ parvorum.[a)]

Item unum aliud instrumentum solutionis[b)] confectum per Blassium fiulium domini Benaie sub millesimo ducentessimo nonagessimo octavo, indictione undecima, die sextodecimo augusti, in quo quidem continetur quod dominus Florianus tabernarius olim potestas Montisscilicis et Bonaventura eius filius pro se et Bartolomeo filio dicti domini Floriani warentavit se habuisse a Petro condam Francissci not(arii) solvente pro Albertino condam Bertaldi de denariis comunis libras centum et vigintiocto denariorum parvorum.

a) *nel marg. sn. di mano A* b) solutionis *sovrascritto nell'interlinea*

184

Qualiter dominus Iohannes de Caliçinis potestas vocavit sibi solutum de libris IJ^C^LVJ *parvorum.*[a)]

Item unum aliud instrumentum de solutione confectum per supradictum Blassium in dicto millesimo et indictione, die vigessimo augusti, in quo quidem continetur quod dominus Iohannes de Calicinis iudex olin potestas Montisscilicis pro se et domino Allexio condam domini Thebaldi de Padua guarentavit se habuisse a supradicto Petro solvente pro Albertino supradicto de denariis comunis libras ducentas et quinquagintasex denariorum parvorum.

a) *nel marg. sn. di mano A*

185

Solucio soldorum XL *grossorum.*[a)]

Item unum aliud instrumentum de solutione confectum per Petrum condam Francisci not(arii) de Claricis sub dicto millesimo et indictione, die sexto intrante maio, in quo quidem continetur quod dominus Petrus de Altichino iudex guarentavit habuisse ab Albertino condam Bertaldi coletoris comunis dante pro ipso comuni soldos quadraginta denariorum venetorum grossorum.

a) *nel marg. sn. di mano A*

186

Solucio soldorum XL *grossorum.*[a]

Item unum aliud instrumentum de solutione confectum per supradictum Petrum sub dicto millesimo et indictione et die, in quo quidem continetur quod dominus Petrus Pigna iudex de Ungarellis guarentavit habuisse a supradicto Albertino coletore dante pro ipso comuni soldos quadraginta denariorum venetorum grossorum.

a) *nel marg. sn. di mano A*

187

Solucio soldorum XL *grossorum.*[a]

Item unum aliud instrumentum de solutione confectum per supradictum Petrum sub dicto millesimo et indictione et die, in quo quidem continetur quod dominus Bartholomeus A Solis iudex guarentavit habuisse a supradicto Albertino colectore dante pro ipso comuni Montisscilicis soldos quadraginta denariorum venetorum grossorum.

a) *nel marg. sn. di mano A*

188

Solucio soldorum XL *grossorum.*[a]

Item unum aliud instrumentum de solutione confectum per supradictum Petrum sub dicto millesimo et indictione et die, in quo quidem continetur quod dominus Bartholomeus A Solis iudex tanquam sindicus et procurator domini Pacis iudicis de Roxano guarentavit habuisse a supradicto Albertino coletore dante pro comuni Montisscilicis soldos quadraginta denariorum venetorum grossorum.

a) *nel marg. sn. di mano A*

189

|113r| *Sindicaria comunis.*[a)]

Item unum aliud instrumentum sindicarie confectum per Bartolomeum condam Dominici de Vivilia sub millesimo ducentessimo octuagessimo sexto, indictione quartadecima, die quinto intrante maio, in quo quidem continetur quod Gerardus condam Abi constitutus fuit sindicus comunis Montisscilicis ad faciendum compromissum unum et plura de omnibus questionis et caussis quas comune habet.

a) *nel marg. sn. di mano A*

190

Compromissum comunis.[a)]

Item unum aliud instrumentum compromissci confectum per supradictum Bartolomeum sub dicto millesimo et indictione, die vigessimoseptimo maii, in quo quidem continetur quod Gerardus condam Abi de Alchenda tanquam sindicus comunis ex una parte et Feli‹xi›us condam Gabrielis de Cereda cum suis sociis ex altera compromisserunt sese in dominos Petrum Lechum de Bullis et Iacobum condam domini Iohannis de Piçacomino licet abssentes tanquam in arbitros de causa que erat inter comune et dictum Felixium cum sociis suis.

a) *nel marg. sn. di mano A*

191

Sentencia arbitraria contra comune de libris pluribus grossorum.[a)]

Item unum aliud instrumentum condenationis late per dominos Petrum Lechum de Bullis et Iacobum de Piçacomino contra comune Montisscilicis propter compromissum factum in supradictos dominos inter dictum Gerardum et Felixium confetum per supradictum Bartolomeum sub dicto millesimo et indictione, die decimo iunii, in quo quidem continetur quod supradicti arbitri preceperunt dicto Gerardo sindico quod det et solvat Fellixio soldos decem et octo denariorum venetorum grossorum et totidem cuilibet eius sociis.

a) *nel marg. sn. di mano A*

192

Quedam vendicio iurium facta contra comune de soldis XVIIIJ^or *grossorum.*[a]

Item unum aliud instrumentum venditionis confectum per Iohannem condam Petrecini de Villaturta sub millesimo trecentessimo, indictione tertia decima, die vigessimooctavo novembris, in quo quidem continetur quod Iacobinus dictus N(iger) domine Fomie pro precio soldorum decem et novem denariorum venetorum grossorum guarentavit habuisse a domino Martino notario condam Blassii de Senicis pro quibus denariis et precio vendidit eidem Martino[b] omnia iura et actiones que vel quas habebat contra Gerardum condam Abi sindicus comunis Montisscilicis.

a) *nel marg. sn. di mano A* b) *in* Martino o *corretta su altra lettera non chiara; segue* i *(con l'inchiostro stinto) superfluo*

193

Quedam cessio contra comune de soldis XXIIJ *grossorum.*[a]

Item unum aliud instrumentum venditionis iuris et actionis confectum per Iacobum condam domini Maçuchi de Bullis sub millesimo trecentessimo primo, indictione quartadecima, die vigessimosecundo augusti, in quo quidem instrumento continetur quod dominus Martinus condam Blasii de Senicis ex iure sibi cesso ex certa venditione a Iacobino dicto Nigro domine Fomie pro precio soldorum vigintitrium denariorum venetorum grossorum et soldorum duodecim parvorum quos guarentavit habuisse a Rolandino condam Ade de Bullis vendidit eidem omnia iura que habebat contra Gerardum condam Abi sindicum comunis Montisscilicis.

a) *nel marg. sn. di mano A*

194

Cessio contra comune de libris XIJ, *soldis* IJ *parvorum.*[a]

Item unum aliud instrumentum venditionis iuris et actionis confectum per supradictum Iacobum sub dicto millesimo et indictione et die, in quo quidem continetur quod Tomassius filius condam Boni[b] domini Iacobini specialis pro precio librarum duodecim et soldorum duorum denariorum parvorum quas guarentavit habuisse a Rolandino condam Ade de Bullis vendidit eidem omnia iura que habebat contra Gerardum condam Abi de Alchenda sindicum de comunis Montisscilicis.

a) *nel marg. sn. di mano A* b) *segue* s *depennata*

195

|113v| *Solucio comunis de libris* XVJ *parvorum.*[a]

Item unum aliud instrumentum de solutione confectum per Artuicum filium Iohannis Guigla sub M° ducentessimo nonagessimo, indictione tertia, die tertio exeunte novembri, in quo quidem continetur quod domini Phylipus de Bellando et Caracossa de Gregoriis cum pluribus aliis guarentaverunt se habuisse a domino Antonio de Gregoriis colletore comunis solvente pro ipso comuni pro quadam sentencia lata contra comune per dominos Bonaventuram Tombam et Petrum condam Alberti de Verona et plures alios in libris sexdecim denariorum venetorum parvorum.

a) *nel marg. sn. di mano A*

196

Solucio facta de libris C *parvorum domino Nicolao iudice de Plebe potestati Montisscilicis.*[a)]

Item unum aliud instrumentum de solutione confectum per supradictum Artuicum sub dicto millesimo et indictione, die septimo exeunte novembri, in quo quidem continetur quod dominus Nicolaus iudex de Plebe et potestas Montisscilicis guarentavit habuisse ab Arnaldo notario de Lusca colectore comunis solvente pro ipso comuni pro suo salario libras centum denariorum parvorum.

a) *nel marg. sn. di mano A*

197

Solucio librarum C *parvorum facta domino Albertino speciali potestati Montisscilicis.*[a)]

Item unum aliud instrumentum de solutione confectum per supradictum Artuicum sub millesimo ducentessimo nonagessimo, indictione tertia, die ultimo novembris, in quo quidem continetur quod dominus Albertinus specialis potestas Montisscilicis guarentavit habuisse a domino Antonio colectore comunis solvente pro ipso comuni pro suo salario sue potestarie libras centum denariorum parvorum.

a) *nel marg. sn. di mano A*

198

Solucio librarum XVJ *denariorum venetorum grossorum.*[a)]

Item unum aliud instrumentum de solutione confectum per supradictum Artuicum sub dicto millesimo et indictione, die primo decembris, in quo quidem continetur quod Martinus notarius de Senicis clamavit sibi solutum ab Arnaldo notario de Lusca coletore comunis solvente pro ipso comuni pro suo salario sue sindicarie de soldis sexdecim et denariis octo denariorum venetorum grossorum.

a) *nel marg. sn. di mano A*

199

Solucio librarum x *parvorum pro custodia montis et plani.*[a]

Item unum aliud instrumentum de solutione confectum per supradictum Artuicum sub dicto millesimo et indictione, die quarto intrante decembri, in quo quidem continetur quod Grassus de Segatoribus clamavit sibi solutum a Dominico condam Ade Rubei et ab Antonio notario procuratoribus comunis solventibus pro comuni Montisscilicis de omni eo quod petere posset ocassione custodie montis et plani de libris decem denariorum parvorum.

a) *nel marg. sn. di mano A*

200

Solucio de soldis[a] LVIIIJ[or], *denariis* VJ *parvorum.*[a]

Item unum aliud instrumentum de solutione confectum per supradictum Artuicum sub dicto millesimo et indictione, die quinto intrante decembri, in quo quidem continetur quod Catanius notarius condam domini Aventure Faxoli clamavit sibi solutum a Iohanne de Piçello solvente pro comuni soldos quinquagintanovem et denarios sex parvorum secundum formam unius instrumenti.

a) *segue* x *depennato* b) *nel marg. sn. di mano A*

201

Solucio soldorum LVIIIJ^{or}, *denariorum* VJ *parvorum.*[a]

Item unum aliud instrumentum condenationis late contra Petrum notarium sindicum comunis Montisscilicis per disscretum virum dominum Rafaelem de Roncho iudicem et absessorem domini Octolini de Mandello potestatis Padue confectum per Iohannem Bellum domini Martinelli ab Olleo sub millesimo ducentessimo octuagessimo nono, indictione secunda, die octavo iunii, in soldis quinquagintanovem et denariis sex denariorum parvorum.

a) *nel marg. sn. di mano A*

202

Procuratoria.[a]

Item unum aliud instrumentum procuratorie confectum per Petrum notarium condam domini Ordani Faxoli sub millesimo ducentessimo nonagessimo, indictione tertia, die quartodecimo intrante novembri, in quo quidem continetur quod Cathanius notarius condam domini Aventure Faxoli de contrata Vignalium fecit Albertum notarium filium domini Açonis de Sageriis[b] suum procuratorem contra Galianum notarium specialiter et generaliter contra unamquamque personam.

a) *nel marg. sn. di mano A* b) *evidentemente per* Salgerii, *come da riscontri storici*

203

|114r| *Solucio comunis facta de libris* LXXXIIJ, *denariis* VIIIJ^{o} *grossorum.*[a]

Item unum aliud instrumentum de solutione confectum per Francisscum condam Pollegradi de Claricis sub millesimo ducentessimo septuagessimo sexto, indictione quarta, die septimo exeunte ianuario, in quo quidem ‹continetur› quod dominus Petrus Borsatinus filius domini Petri Borsati de Citaella qui stat Padue in hora Sancti Mathei vocavit sibi solutum ab Albertino Proençalle canipario comunis Montisscilicis solvente pro ipso comuni de libris octuagintatribus et denariis novem denariorum venetorum grossorum quas tenebant ei dare dictum comune et homines Montisscilicis, in tribus cartis factis per Albertinum notarium condam Iohannis de Tolomeo.

a) *nel marg. sn. di mano A*

204

Compromissum.[a)]

Item unum aliud instrumentum compromissi confectum per Bartolomeum condam Dominici de Vivillia sub millesimo ducentessimo octuagessimo sexto, indictione quartadecima, die tertio exeunte martio, in quo quidem continetur quod dominus Petrus de Ravollatis ex una parte et dominus Simeon de Bonafante tanquam sindicus comunis compromisserunt sese in dominos Fulconem doctorem legum et Miclaelem A Salem[b)] iudicem licet absentes tanquam in arbitros.

a) *nel marg. sn. di mano A* b) *per* A Sale*; ms:* asalem

205

Solucio comunis de soldis XX *grossorum.*[a)]

Item unum aliud instrumentum de solutione confectum per Petrum condam Iohannis Artessele sub millesimo ducentessimo nonagessimo octavo, indictione undecima, die quintodecimo intrante novembri, in quo quidem continetur quod dominus Petrus iudex condam domini Alteclini clamavit sibi solutum ab Albertino Tridentino colletori dacie comunis de soldis viginti denariorum venetorum grossorum, quos debebat habere a comuni Montisscilicis pro patrocinio sive avocatione dicti comunis dante pro dicto comunis Montisscilicis.

a) *nel marg. sn. di mano A*

206

Solucio comunis facta de libris C parvorum pro potestate Montisscilicis.[a]

Item unum aliud instrumentum de solutione confectum per Raynaldinum Montis barberii sub millesimo ducentessimo setuagessimo secundo, indictione quintadecima, die septimo intrante decembri, in quo quidem continetur quod magister Albertinus doctor gramatice et Aycardus filius olim domini Henrici de Casale procuratores Iohannis filii domini Henrici de Casale clamaverunt sibi solutos a Viviano olim Petri Masteli canipario comunis Montisscilicis solvente pro ipso comunis de libris centum denariorum parvorum quos predictus dominus Iohannes debebat habere a comuni pro salario sue potestarie.

a) *nel marg. sn. di mano A*

207

Solucio de libris XXV parvorum pro quodam damno dato.[a]

Item unum aliud instrumentum de solutione confectum per supradictum Raynaldinum sub dicto millesimo et indictione et die, in quo quidem continetur quod dominus Amadinus de Benencà clamavit sibi solutum a Viviano condam Petri Masteli canipario comunis Montisscilicis solvente pro dicto comuni de libris vigintiquinque denariorum parvorum quos debebat habere pro mendo e dampno sibi dato in suis domibus.

a) *nel marg. sn. di mano A*

208

Solucio soldorum xx grossorum.[a)]

Item unum aliud instrumentum de solutione confectum per Barholomeum condam Dominici de Vivilia sub millesimo ducentessimo octuagessimo sexto, indictione quartadecima, die octavo intrante maio, in quo quidem continetur quod Ricardus condam Millani de Marco clamavit sibi solutum a Çambono dicto Rodullo de Grimaldis procuratore comunis Montisscilicis dante pro ipso comuni soldos viginti denariorum venetorum grossorum quos debebat habere a comuni pro expensis et facturis in carçeribus comunis Padue et pro dano habito.

a) *nel marg. sn. di mano A*

209

|114v| *Solucio librarum c parvorum datarum domino Bonaventure Cartolario potestati Montisscilicis.*[a)]

Item unum aliud instrumentum de solutione confectum per Vivianum condam Antonii de Petro Mastello sub millesimo ducentessimo septuagessimo nono, indictione septima, die tertio exeunte marcio, in quo quidem continetur quod dominus Bonaventura Cartolarius de Padua clamavit sibi solutum a dominis Turesendo de Algosis e a Petro filio domini Gregorii procuratoribus comunis solventibus pro ipso comuni de libris centum denariorum parvorum quas habere debebat pro salario sue potestarie.

a) *nel marg. sn. di mano A*

210

Solucio librarum IJcLVJ parvorum facta domino Francisco condam domini Ungareli de Padue potestati Montisscilicis.[a)]

Item unum aliud instrumentum de solutione confectum per Francisscum condam Albertini Nasiche sub millesimo ducentessimo nonagessimo octavo, indictione undecima, die decimooctavo intrante augusto, in quo quidem continetur quod dominus Francisscus filius condam domini Ungarelli de Padua clamavit sibi solutum a Iohanne filio Iacobini Dexemini tanquam consul comunis solvente pro ipso comuni libras ducentas et quinquagintasex denariorum parvorum quas habere debebat a comuni pro suo salario sue potestarie de sex menssibus et pro expensis factis.

a) *nel marg. sn. di mano A*

211

Solucio librarum XIIJ, soldi J, denariorum VJ parvorum pro salario sindici comunis.[a)]

Item unum aliud instrumentum de solutione confectum per Bartolomeum de Vivilia sub millesimo ducentessimo octuagessimo sexto, indictione quartadecima, die sexto intrante maio, in quo quidem continetur quod Phylipus frater Iacobi Bellandi clamavit sibi solutum a Çambono dicto Rodullo de Grimaldis procuratore comunis solvente pro dicto comuni libras tresdecim et denarios decem et octo denariorum parvorum quas debebat habere a comuni pro salario sue sindicarie.

a) *nel marg. sn. di mano A*

212

Solucio librarum LXXXX VIIJ° *pro publico aggeris de Vescovana.*[a]

Item unum aliud instrumentum de solutione confectum per Petrum condam David de Pulanis sub millesimo ducentessimo septuagessimo sexto, indictione quarta, die septimo exeunte martio, in quo quidem continetur quod Dominicus de Galea tanquam principalis debitor et Formentus de Çetro cum pluribus aliis guarentaverunt se habuisse a dominis Salerno de Gallea et Nixio procuratoribus comunis libras nonagintaocto denariorum parvorum pro quatuor tornis et quadranginta perticis ageris Episcopane.

a) *nel marg. sn. di mano A*

213

Solucio librarum XL *parvorum pro quodam incendio comisso in domo cuiusdam Gresendi.*[a]

Item unum aliud instrumentum de solutione confectum per Antonium olim Pollegradi de Claricis sub millesimo ducentessimo septuagessimo nono, indictione septima, die decimo intrante aprili, in quo quidem continetur quod dominus Cresscencius iudex de[b] Bignotis clamavit sibi solutum a Petro domini Gregorii et a Turisendo linarollo procuratoribus comunis dante pro dicto comuni libras quadraginta denariorum parvorum quas debebat habere a comuni ocassione unius incendii sue domus.

a) *nel marg. sn. di mano A* b) de *ripetuto*

214

Solucio comunis de libris CVIJ *parvorum.*[a]

Item unum aliud instrumentum de solutione confectum per Benedictum filium Guarnerii cartolarii sub millesimo ducentessimo octuagessimo primo, indictione nona, die octavo exeunte octubri, in quo quidem continetur quod dominus Henreginus sartor condam Accionis de voluntate et consenssu et precepto Ugolini notarii de Clareta[b] clamavit sibi solutum ab Albertino Proençali sindico comunis solvente pro ipso comuni de libris centum et septem denariorum parvorum de uno debito in quo dictus Albertinus erat principaliter obligatus penes dicto[c] Ugolino.

a) *nel marg. sn. di mano A* b) *sulla* e *di* Clareta *segno d'abbrevazione generico superfluo*
c) dicto *ripetuto*

215

|115r| *Solucio comunis de soldis* xx *grossorum.*[a]

Item unum aliud instrumentum de solutione confectum per Guilielmum filium Phylipi sub millesimo ducentessimo octuagessimo quarto, indictione duodecima, die quinto exeunte septembri, in quo quidem continetur quod dominus Martinus condam Blassii de Senicis clamavit sibi solutum a dominis Petro condam domini Alberti de Bunda et a Natale notario de Rubeis procuratoribus comunis solvente pro ipso comuni soldos viginti denariorum venetorum grossorum.

a) *nel marg. sn. di mano A*

216

Creditum comunis de libris XIIJ*, soldis* IIJ*, denariis* VJ *parvorum.*[a]

Item unum aliud instrumentum confectum per Petrum filium Alberti de Martina sub millesimo ducentessimo octuagessimo tercio, indictione undecima, die primo intrante iullio, in quo quidem continetur quod domina Maria uxor Benencae filii Iohannis Ab Aqua sicut principalis guarentavit se habuisse in depositum et salvamentum a

Nasi de Bixo procuratore comunis dante et deponente pro ipso comuni libras tresdecim et soldos tres et denarios sex denariorum parvorum.

a) *nel marg. sn. di mano A*

217

Solucio comunis de libris xxIJ parvorum.[a)]

Item unum aliud instrumentum de solutione confectum per Antonium filium Pegorini sub millesimo ducentessimo nonagessimo tertio, indictione sexta, die penultimo ianuarii, in quo quidem continetur quod Bonushomo draperius clamavit sibi solutum a Iacobo notario filio Bellavere et a Tomassio de Ugoloto procuratoribus comunis solvente pro ipso comuni de libris vigintiduabus denariorum parvorum.

a) *nel marg. sn. di mano A*

218

Solucio comunis de libris xxv.[a)]

Item unum aliud instrumentum de solutione confectum per Francisscum filium Bartolomei fabri sub millesimo ducentessimo septuagessimo septimo, indictione quinta, die quinto intrante februario, in quo quidem continetur quod Nascimbene qui fuit de Prexana et nunc habitat Padue pro se et suis sociis clamavit sibi solutum a Petro condam Alberti Mani canipario comunis solvente pro ipso comuni de libris vigintiquinque denariorum parvorum.

a) *nel marg. sn. di mano A*

219

Solucio comunis facta domino Gerardo Floreti potestati Montisscilicis de libris LVIIJ *parvorum pro parte sui salarii.*[a]

Item unum aliud instrumentum de solutione confectum per Petrum condam Alberti de Martina sub millesimo ducentessimo nonagessimo sexto, indictione nona, die decimo intrante februario, in quo quidem continetur quod dominus Gerardus de Floriti olim potestas Montisscilicis guarentavit habuisse a Dominico Ade Rubei canipario comunis solvente pro ipso comuni libras quinquagintaocto denariorum parvorum pro parte solutionis sui salarii.

a) *nel marg. sn. di mano A*

220

Solucio comunis de libris XL *parvorum.*[a]

Item unum aliud instrumentum de solutione confectum per Albertum filium Martini de Fineto sub millesimo ducentessimo nonagessimo septimo, indictione decima, die primo octubris, in quo quidem continetur quod dominus Antonius condam domini Guidonis de Padua clamavit sibi solutum ab Albertino linarollo et a Martino de Lusse procuratoribus comunis solventibus pro ipso comuni de libris quadraginta denariorum parvorum.

a) *nel marg. sn. di mano A*

221

Solucio comuni facta domino Petro Zucha potestati Montisscilicis de libris C *parvorum pro suo salario.*[a]

Item unum aliud instrumentum de solutione confectum per Albertum condam Martini Scambarani sub millesimo ducentessimo octuagessimo quarto, indictione duodecima, die penultimo decembris, in quo quidem continetur quod Petrus Çucha potestas Montisscilicis clamavit sibi solutum a Francissco notario de Claricis canipario comunis solvente pro ipso comuni de libris centum denariorum parvorum pro suo salario.

a) *nel marg. sn. di mano A*

222

|115v| *Creditum comunis de libris* VIIIJ°, *soldis* VIIIJ, *denariis* X *parvorum.*[a)]

Item unum aliud instrumentum debiti confectum per Artuicum filium Iohannis de Guigla sub millesimo ducentessimo nonagessimo, indictione tercia, die sexto exeunte octubri, in quo quidem continetur quod domina Aldegarda uxor Guidonis de Ficante[b)] principalis erat obligata penes dominum Nicolaum iudicem de Plebe potestatem Montisscilicis recipienti pro dicto comuni in libris novem et soldis novem et denariis decem denariorum parvorum.

a) *nel marg. sn. di mano A* b) *probabilmente per* Fiçante

223

Solucio comunis de soldis LVIIIJ[or], *denariis* VJ *pro quadam condenacione.*[a)]

Item unum aliud instrumentum de solutione confectum per Novellum filium domini Nicolai iudicis de Plebe sub millesimo ducentessimo nonagessimo secundo, indictione quinta, die undecimo intrante octubri, in quo quidem continetur quod Petrus filius Iohannis Artesele clamavit sibi solutum a Tura A Peliolatis de contrata Ruine recipienti vice et nomine Artuici notarii sindici comunis Montisscilicis solvente pro ipso comune pro duabus sentenciis latis contra comune de soldis quinquagintanovem et denariis sex parvorum.

a) *nel marg. sn. di mano A*

224

Solucio comunis facta de libris CXV *parvorum.*[a)]

Item unum aliud instrumentum de solutione confectum per Natalem de Rubeis sub millesimo ducentessimo septuagessimo primo, indictione quartadecima, die quarto intrante marcio, in quo quidem continetur quod dominus Francisscus Widonis de Florentia pro se et Spina clamavit sibi solutum a Bertelle condam Iohannis Venetici procuratore comunis solvente pro ipso comuni de libris centum et quindecim denariorum parvorum de sorte et pena et expenssis.

a) *nel marg. sn. di mano A*

225

Solucio comunis facta pro quadam condenacione contra comune de libris IJ[c] *parvorum.*[a)]

Item unum aliud instrumentum de solutione confectum per Artuicum filium Iohannis de Guilgla sub millesimo ducentessimo septuagessimo septimo, indictione quinta, die nono intrante ianuario, in quo quidem continetur quod dominus Bonaensegna de Capite Pontis de Padue caniparius comunis Padue, nomine dicti comunis clamavit sibi solutum a Petro condam Alberti Mani caniparii comunis Montisscilicis solvente pro ipso comuni pro quadam condenatione facta contra dictum comune per dominum Guidonem de Rubertis Padue potestatem de libris ducentis denariorum venetorum.

a) *nel marg. sn. di mano A*

226

Solucio comunis facta de libris XXXVIIJ, *soldis* X.[a)]

Item unum aliud instrumentum de solutione confectum per Albertum condam Martini Scanbarani sub millesimo ducentessimo octuagessimo quinto, indictione terciadecima, die undecimo intrante iunio, in quo quidem continetur quod dominus Petrus Çuchus de Çeno de Montesscilice et Adam de Bossio clamaverunt sibi solutos a dominis Gerardino Aucato et Albertino Smortito solventibus pro dicto comuni[b)] tamquam procuratoribus de libris trigintasex et soldis duabus de sorte et de soldis quadragintaocto de esspenssis.

a) *nel marg. sn. di mano A* b) *segue* de *depennato*

227

Pro custodia belfredi et murorum quedam solucio facta de libris XLV, *soldis* VIIJ, *denariis* x *parvorum*.[a)]

Item unum aliud instrumentum de solutione confetum per Cambonum[b)] notarium domini Iacobi sub millesimo ducentessimo septuagessimo nono, indictione septima, die tertiodecimo exeunte februario, in quo quidem continetur quod dominus Iohannes Gastaldo de Montagnana recepit et confessus fuit in se habere a Iohanne de Griento[c)] et ab Arnaldo de Lussca condam Prosdocimi de Montesscilice pro custodia belfredi et murorum libras quadragintaquinque et soldos octo et denarios decem denariorum parvorum.

a) *nel marg. sn. di mano A* b) *probabilmente* per Çambonum c) *per* Guariento?

228

|116r| *Solucio comunis de soldis* x *grossorum*.[a)]

Item unum aliud instrumentum de solutione confectum per Daniellem de Montagnana sub millesimo ducentessimo septuagessimo sexto, indictione quarta, die septimo exeunte novembri, in quo quidem continetur quod dominus Nascimbene de Prexana et stat in Montagnana guarentavit se habuisse a domino Iohanne Ab Aqua consule

Montisscilicis solvente pro ipso comuni soldos decem denariorum venetorum grossorum pro parte solutionis unius debiti soldorum vigintitrium et denariorum quatuor denariorum venetorum grossorum.

a) *nel marg. sn. di mano A*

229

Solucio comunis de libris CXXXIJ, *soldo* J, *denariis* V *parvorum.*[a)]

Item unum aliud instrumentum de solutione confectum per Natalem de Rubeis sub millesimo ducentessimo octuagessimo quarto, indictione duodecima, die quinto intrante aprili in quo quidem continetur quod dominus Michael capitanius cavalcatorum clamavit sibi solutum pro se et suis sociis a Rolando de Spalla canipario comunis Montisscilicis solvente pro dicto comuni de libris centum et triginta duabus et denariis decem et septem denariorum venetorum pro suo salario de tribus menssibus.

a) *nel marg. sn. di mano A*

230

Pro quadam condenatione facta comuni solucionis de libris CLX *parvorum.*[a)]

Item unum aliud instrumentum de solutione confectum per Raynaldinum Montis barberii sub millesimo ‹ducentessimo›[b)] septuagessimo septimo, indictione quinta, die quarto exeunte octubri, in quo quidem continetur quod Blassius notarius filius Daynissii linarolli a Prato procurator Iohannini de Soldano clamavit sibi solutum a Petro condam Alberti Mani solvente pro ipso comuni Montisscilicis de libris centum et sexaginta denariorum venetorum in quibus comune predictum condenatum fuit dicto Iohannino.

a) *nel marg. sn. di mano A* b) *integrazione operata sulla base dell'indizione*

231

Qualiter dominus Iohannes de Episcopana potestas Montisscilicis clamavit sibi solutum de libris c *parvorum pro suo salario.*[a)]

Item unum aliud instrumentum de solutione confectum per Iohannem filium Dominici de Picello sub millesimo ducentessimo octuagessimo tertio, indictione undecima, die quarto exeunte ianuario, in quo quidem continetur quod dominus Iohannes de Episscopana tunc potestas Montisscilicis clamavit sibi solutum a Bonavolta canipario comunis solvente ipso comuni de libris centum denariorum parvorum quas habere debebat pro suo salario.

a) *nel marg. sn. di mano A*

232

Qualiter dominus Coradus de Verariis potestas Montisscilicis clamavit sibi solutum de libris cxij, *soldis* x *parvorum pro suo salario.*[a)]

Item unum aliud instrumentum de solutione confectum per Bartolomeum condam Dominici de Vivillia sub millesimo ducentessimo octuagessimo sexto, indictione quartadecima, die quinto intrante maio, in quo quidem continetur quod dominus Coradus condam domini Viviani de Verariis potestas Montisscilicis clamavit sibi solutum a domino Octolino pistore solvente pro ipso comuni de libris centum et duodecim et soldis decem denariorum parvorum.

a) *nel marg. sn. di mano A*

233

Qualiter dominus Petrus Pigna de Ungarello iudex habuit pro patrocinio suo sive avocacione soldos xx *grossorum.*[a)]

Item unum aliud instrumentum de solutione confectum per Petrum condam Iohannis Artessele sub millesimo ducentessimo nonagessimo octavo, indictione undecima, die quintodecimo intrante novembri, in quo quidem continetur quod dominus Petrus Pigna iudex de Ungarelis clamavit sibi solutum ab Albertino Tridentino collectori comunis Montisscilicis solvente pro ipso comuni de soldis viginti denariorum venetorum grossorum quos debebat habere pro patrocinio sive avocatione dicti comunis.

a) *nel marg. sn. di mano A*

234

Solucio comunis de libris LXXXXV.[a)]

Item unum aliud instrumentum de solutione confectum per Bartolomeum de Vivillia sub millesimo ducentessimo octuagessimo sexto, indictione quartadecima, die sesto intrante maio in quo quidem continetur quod Forte condam Vaynancii de Arianis qui fuit de Feraria et stat in Montesscilice clamavit sibi solutum a Çambono dicto Rolo de Grimaldis procuratore comunis dante et solvente pro dicto comuni de libris nonagintaquinque denariorum venetorum parvorum quas habere debebat a comuni pro factura rotarum terratorii.

a) *nel marg. sn. di mano A*

235

|116v| *Libre IJ*[M] *parvorum quas solvit comune comuni Padue pro una collecta imposita dicto comuni Montisscilicis.*[a)]

Item unum aliud instrumentum de solutione confectum per Antonium condam Andree sub millesimo ducentessimo septuagessimo nono, indictione septima, die ultimo ianuarii, in quo quidem continetur quod Octus draparolus filius condam Mercadantis colector comunis Padue de quarterio Turisselarum habuit et recepit a Bovetino condam Iacobini de Albrigetis sindico comunis Montisscilicis dante et solvente pro ipso comuni libras duo millia denariorum venetorum quo dacia inposita dicto comuni in potestaria domini Marini Vallaressii potestatis Padue.

a) *nel marg. sn. di mano A*

236

Solucio comunis de soldis xx *grossorum.*[a]

Item unum aliud instrumentum de solutione confectum per Bartolomeum de Vivillia sub millesimo ducentessimo octuagessimo sexto, indictione quartadecima, die sexto intrante maio, in quo quidem continetur quod dominus Iacobus de Piçaco‹mi›nis[b] guarentavit habuisse a Çambono dicto Rolo de Grimaldis procuratore comunis Montisscilicis dante et solvente pro ipso comunis soldos viginti denariorum venetorum grossorum nominatim pro expenssis quas fecit in carceribus comunis Padue.

a) *nel marg. sn. di mano A* b) *integrazione suggerita da altre occorrenze del nome nel ms*

237

Libre IJ[c] *in quibus comune fuit condenatus, et solvit.*[a]

Item unum aliud instrumentum extratum de libris canipe comunis Padue confectum per Iacobum notarium filium Çulliani fabri sub millesimo ducentessimo septuagessimo quinto, indictione tercia, die sabati decimo intrante augusto, in quo quidem continetur: « Reperi ego notarius in libro domini Gu‹n›terii de Casali canipario[b] comunis Padue in primis quatuor mensium potestarie domini Roberti de Robertis potestatis Padue unam scripturam vivam », etcetera. In capitulo denariorum receptorum per dictum caniparium de condenationibus novss[c] libras centum denariorum parvorum a Tebaldo notario sindico comunis Montisscilicis solvente pro ipso comuni cui[d] guarentavit habuisse. Item guarentavit habuisse a dicto Tebaldo sindico libras centum denariorum parvorum pro una alia condenatione.

a) *nel marg. sn. di mano A* b) *cosí in ms* c) *forse per* novis d) *lettura dubbia*

238

Solucio comunis de libris L *parvorum et denariis* XVIIJ.[a]

Item unum aliud instrumentum de solutione confectum per Açonem notarium condam Iohannis de Artinisio sub millesimo ducentessimo septuagessimo nono, indictione sexta, die secundo intrante novembri, in quo quidem continetur quod dominus Iohannes condam domini Pascalis et Aço notarius infrascriptus guarentaverunt se habuisse ab Antonio filio Henginolfi becarii caniparii comunis solvente pro ipso comuni libras quinquaginta denariorum venetorum et denarios decem et octo parvorum pro miris.[b]

a) *nel marg. sn. di mano A* b) *lettura probabile: da* mira *(= torre di vedetta, specola), preferita a* nuris *o* muris

239

Dominus Fantinus de Sancto Victo potestas Montisscilicis pro suo salario habuit libras C *parvorum.*[a]

Item unum aliud instrumentum de solutione confectum per Artuicum filium Iohannis de Guigla sub millesimo ducentessimo octuagessimo, indictione octava, die penultimo marcii, in quo quidem continetur quod dominus Fantinus a Sancto Vito de Padua potestas comunis clamavit sibi solutum a domino Odone condam Prosdocimi de Tafantello canipario comunis solvente pro ipso comuni de libris centum parvorum pro suo salario.

a) *nel marg. sn. di mano A*

240

Solucio de libris VJ parvorum.[a)]

Item unum aliud instrumentum de solutione confectum per supradictum Artuicum sub millesimo ducentessimo ‹octuagessimoquarto›,[b)] indictione duodecima, die secundo intrante iullio, in quo quidem continetur quod Petrus de Acareto clamavit sibi solutum a Gerardino et ab Albertino Smortito procuratoribus comunis solventibus pro ipso comuni libras sex denariorum parvorum.

a) *nel marg. sn. di mano A* b) *integrazione operata sulla base dell'indizione e di riscontri con altri* instrumenta

241

Solucio de libris C.[a)]

Item unum aliud instrumentum de solutione confectum per Tebaldum filium Iacobini Chechedone sub millesimo ducentessimo septuagessimo quinto, indictione tercia, die primo ianuarii, in quo quidem continetur quod dominus Iohannes Albus procurator domini Michaelis de Montagnana clamavit sibi solutum a Petro filio domini Alberti de Bunda solvente pro comuni libras centum denariorum parvorum.

a) *nel marg. sn. di mano A*

242

|117r| *Solucio de libris LXXXXVIIIJ, soldis XVJ.*[a)]

Item unum aliud instrumentum de solutione confectum per Iohannem condam Dominici de Piçelo sub millesimo ducentessimo octuagessimo sexto, indictione quartadecima, die decimo exeunte iullio, in quo quidem continetur quod magister Petrus straçarolus filio condam Guarenti habuisse a domino Iohachino de Mantua solvente pro dominis Iacobo de Piçacomino et alliis libras nonagintanovem et soldos sexdecim denariorum parvorum.

a) *nel marg. sn. di mano A*

243

Solucio de soldis XXXIIJ *grossorum.*[a]

Item unum aliud instrumentum de solutione confectum per dictum Iohannem sub dicto millesimo et indictione et die, in quo quidem continetur quod magister Petrus supradictus guarentavit habuisse ab Augustino notario de Grimis dante et solvente pro supradictis dominis Iacobo et Bernardino soldos trigintatres denariorum grossorum.

a) *nel marg. sn. di mano A*

244

Quedam refformatio ad constituendum procuratorem ad se compromittendum.[a]

Item unum aliud instrumentum de reformatione confectum per per Petrum filium magistri Monteselli sub millesimo ducentessimo nonagessimo nono, indictione duodecima, die vigessimooctavo intrante iulio, in quo quidem continetur in reformatione maioris conscilii comunis Montisscilicis inter consciliarios qui fuerunt numero sexagintaocto, placuit omnibus exceptis vigintiquinque quod procedatur ad faciendum procuratorem de dictis arengatoribus; demum ordinatum fuit quod unus sindicus constituatur pro comuni ad se compromitendum vice dicti comunis cum Felixio condam Gabrielis de Cereda causa habendi concordium.

a) *nel marg. sn. di mano A*

245

Sindicaria comunis.[a]

Item unum aliud in‹strumentum› sindicarie confectum per supradictum Petrum sub dicto millesimo et indictione et die, in quo quidem continetur: « Congregatis et convenientibus omnibus infrascriptis in generali consilio super domum comunis, dominus Guido de Gravoncelo et Leonardus de Meechelle et plures alii fecerunt, constituerunt dominum Phylipum de Bellando ibi presentem suum sindicum et procuratorem specialiter ad compromittendum se vice et nomine comunis cum Felixio condam Gabrielis de Cereda ».

a) *nel marg. sn. di mano A*

246

Compromissum comunis.[a]

Item unum aliud instrumentum de compromisso confectum per Blassium filium domini Benaie sub dicto millesimo et indictione, die quarto augusti, in quo quidem continetur quod dominus Philipus de Bellando tanquam sindicus comunis ex una parte et Felixius condam Gabrielis ex altera compromiserunt sese in dominos Albertum Segalam et Petrum condam domini Alberti Masscarelli et Gerardum condam Abi pro tercio.

a) *nel marg. sn. di mano A*

247

Sentientia arbitraria lata contra comune Montisscilicis de libris IIIᶜ *parvorum.*[a]

Item unum aliud instrumentum de sententia lata contra comune confectum per supradictum Blassium sub dicto millesimo et indictione, die secundo intrante septembri, in quo quidem continetur quod:

« Nos Albertus Segala condam Pascalis, Petrus Masscarelus condam Alberti Mascarelli et Gerardus condam Abi de Alchenda, arbitri et arbitratores, condemnamus, dicimus et pronuntiamus quod supradictus sindicus det et solvat dicto Felixio pro tercia parte sibi contingente de libris noningentis, libras tricentas », etcetera.

a) *nel marg. sn. di mano A*

|117v| |118r| Debita comunis Montisscilicis

248

Quoddam debitum de libris XVIIJ, *soldis* V *parvorum.*[a]

Item unum alium[b] instrumentum confectum per Natalem notarium de Rubeis sub millesimo ducentessimo septuagessimo secundo, indictione quartadecima, die terciodecimo exeunte setembri, in quo quidem debito continetur quod Martinus filius domini Rolandi de Braida emancipatus a patre sicut principalis erat obligatus penes Spinellum Tuscum recipentem pro Spinello condam domini Rainerii de Florentia in libris centum et decem et octo et soldis quinque parvorum.

a) *nel marg. sn. di mano A* b) alium *per* aliud *nel ms, e così fino al doc. 350*

249

Quoddam debitum de libris XIJ *parvorum.*[a]

Item unum alium instrumentum confectum per Villielmum condam Guidonis de Saguedo sub millesimo ducentessimo sexagessimo quinto, indictione octava, die quarto intrante iunio, in quo quidem debito continetur quod Tolbertus Folle consul comunis Montisscilicis erat principalis obligatus penes dominum Franciscum condam Guidonis de Florentia in libris duodecim denariorum venetorum parvorum.

a) *nel marg. sn. di mano A*

250

Debitum librarum LX *parvorum.*[a)]

Item unum alium instrumentum confectum per Villielmum notarium condam Guidonis de Saguedo sub millesimo ducentessimo sexagessimo quinto, indictione octava, die penultimo iunii, in quo continetur quod Albertus Mascarelus consul Montisscilicis erat obligatus penes Rainucio filio Guidoti in libris sexaginta denariorum venetorum parvorum.

a) *nel marg. sn. di mano A*

251

Debitum soldorum XLVJ *grossorum.*[a)]

Item unum alium instrumentum confectum per Franciscum condam Polegradi de Claricis sub millesimo ducentessimo septuagessimo primo, indictione quartadecima, die septimo exeunte aprili, in quo quidem debito continetur quod Iacobus de Villa vice et nomine comunis Montisscilicis erat obligatus pro principal(i) penes Viducium fratrem Francisci Tuscani condam Vidonis de Bene de Florentia in soldis quadragintasex denariorum venetorum grossorum.

a) *nel marg. sn. di mano A*

252

Debitum librarum CXV *parvorum.*[a)]

Item unum alium instrumentum confectum per Franciscum filium condam Polegradi de Claricis sub millesimo ducentessimo septuagessimo, indictione terciadecima, die nono exeunte setembri, in quo quidem debito continetur quod Salernus de Galea loco et vice comunis

Montisscilicis et pro ipso comune erat obligatus pro principal(i) penes dominum Franciscum condam Vidonis de Bene Florentia, in libris centum et quindecim denariorum venetorum parvorum.

a) *nel marg. sn. di mano A*

253

Debitum librarum XXXVJ *parvorum.*[a)]

Item unum alium instrumentum confectum per Bartholomeum Dominici de Vivilia sub millesimo ducentessimo sexagessimo quinto, indictione octava, die septimo intrante madio, in quo quidem debito continetur quod Albertus Mascarellus de Montesscilice qui moratur in hora Coste erat obligatus penes Rainucium filium domini Rubei de Paganello de Florentia in libris trigintasex deniariorum venetorum parvorum.

a) *nel marg. sn. di mano A*

254

Debitum librarum IIIJ^C^LXVIIIJ^o^ *parvorum.*[a)]

Item unum alium instrumentum confectum per Villielmum condam Guidonis de Seguedo sub millesimo duecentessimo quinquagessimo nono, indictione secunda, die quartodecimo exeunte madio, in quo quidem debito dominus Furgerius de Palteneria erat principalis obligatus penes Albertus Coaçanus in libris quadrigentas et sexaginta novem denariorum parvorum.

a) *nel marg. sn. di mano A*

|118v| Debita comunis

255

Debitum soldorum xx grossorum.[a)]

Item unum alium instrumentum confectum per Oredicum notarium Fredi de Prando sub millesimo ducentessimo sexagessimo quinto, indictione octava, die quintodecimo intrante decembri, in quo quidem debito dominus Albertus domine Bunde de Montesscilice sindicus comunis et hominum Montisscilicis, ut continetur in carta sindicaria facta per Guillielmum notarium de Seguedo, erat obligatus pro principal(i) penes Rolandum fratrem magistri Obici procuratorem ipsius Obici, ut continetur in carta procurationis facta per Oldericum notarium de Çanboneto, in soldis viginti denariorum venetorum grossorum.

a) *nel marg. sn. di mano A*

256

*Debitum librarum v*c *parvorum.*[a)]

Item unum alium instrumentum confectum per Uçerium notarium sub millesimo ducentessimo quarto, indictione septima, die ultimo novembris, in quo quidem debito continetur quod dominus Arardus iudex et Amadinus filius condam Odonis de Comanello consules Montisscilicis erant obligati penes dominum Gerardum condam filium domini Gerardi de Calaone in libris quingentas denariorum venetorum parvorum.

a) *nel marg. sn. di mano A*

257

Debitum soldorum x grossorum.[a)]

Item unum alium instrumentum confectum per Tebaldum filium Iacobini Chechedopne sub millesimo ducentessimo septuagessimo quinto, indictione tercia, die quartodecimo intrante novembri, in quo quidem debito continetur quod Manfredus de Çacharia procurator dicti comunis Montisscilicis erat obligatus pro principal(i) penes dominum Episcopellum de Preveello in soldis decem venetorum grossorum.

a) *nel marg. sn. di mano A*

258

Item unum alium instrumentum confectum per Bellengerium filium domini Gunterii de Causilve sub millesimo ducentessimo septuagessimo sexto, indictione quarta, die nono intrante iunio, in quo quidem debito continetur[a)]

a) *evidente l'incompletezza del periodo*

259

Debitum librarum CXX *parvorum.*[a)]

Item unum alium instrumentum confectum per Iacobinum de Hengellerio sub millesimo ducentessimo quinto, indictione octava, die septimo intrante ianuario, in quod[b)] quidem continetur quod dominus Araldus iudex et Canonicus cum multi alii erant obligati penes Canpanum filium Ricii in libris centum et viginti parvorum.

a) *nel marg. sn. di mano A* b) *cosí nel ms erroneamente per* quo, *forse per attrazione di* quidem, *anomalia che si ripete frequentemente fino al doc. 350*

260

Debitum librarum IJ^c^XX *parvorum.*[a)]

Item unum alium instrumentum confectum per Franciscum filium condam Polegradi de Claricis sub millesimo ducentessimo sexagessimo nono, indictione duodecima,[b] die decimo exeunte februario, in quo quidem continetur quod Petrus Matus tabernarius de Montesscilice erat obligatus penes dominum Antonium de Bocamaioribus de Mantua recipientem pro Bonaventurino eius filio in libris ducentas et viginti denariorum venetorum parvorum.

a) *nel marg. sn. di mano A* b) *in* duodecima ma *corretto su altre lettere non chiare*

261

Debitum librarum LVIJ, soldorum X parvorum.[a]

Item unum alium instrumentum confectum per Franciscum filium condam Polegradi de Claricis sub millesimo ducentessimo septuagessimo, indictione terciadecima, die quinto exeunte setembri, in quo continetur quod Filipus frater Bellandi erat obligatus penes Guidotum filium condam Martini de Bolçano, in libris quinquagintaseptem et dimidia parvorum.

a) *nel marg. sn. di mano A*

|119r| Debita comunis

262

Debitum librarum IJ^c parvorum.[a]

Item unum alium instrumentum confectum per Ubertum filium Gerardi Pavari sub millesimo ducentessimo trigessimo septimo, indictione decima, die secundo exeunte augusto, in quo quidem continetur quod Odo de Amavino canipario comunis Montisscilicis vice et nomine dicti comunis verbo domini Michaelis de Villa potestatis dicti comunis erat obligatus penes Aventuram filium Petri Nicholai in libris ducentas denariorum venetorum parvorum.

a) *nel marg. sn. di mano A*

263

Debitum librarum IJ^C^LXVIIIJ^o^ *parvorum.*[a)]

Item unum alium instrumentum confectum per Villielmum condam Guidonis de Seguedo sub millesimo ducentessimo sexagessimo quarto, indictione septima, die sexto intrante iullio, in quo continetur quod Artuicus qui dicitur Gravo‹n›cellus procurator comunis Montisscilicis erat obligatus penes Franciscum condam Guidonis de Florentia in libris ducentas et sexagintanovem denariorum venetorum parvorum.

a) *nel marg. sn. di mano A*

264

Debitum librarum CLIJ, *soldorum* X *parvorum.*[a)]

Item unum alium instrumentum confectum per Francischum filium condam Polegradi de Claricis sub millesimo ducentessimo septuagessimo secundo, indictione quintadecima, die quartodecimo exeunte ianuario, in quo continetur quod dominus Damianus ab Arsico consul comunis Montisscilicis nomine et vice dicti comunis erat obligatus principalis penes dominum Chexem Caniçani de Florentia recipientem pro domina Cuniça eius uxore in libris centum et quinquagintaduas et dimidia denariorum venetorum parvorum.

a) *nel marg. sn. di mano A*

265

Debitum librarum XX, *soldorum* X *parvorum.*[a)]

Item unum alium instrumentum confectum per Bartholomeum Dominici de Vivilia sub millesimo ducentessimo septuagessimo secundo, indictione quintadecima, die quartodecimo exeunte madio, in quo quidem continetur quod Guiducius condam Marchi Maioli caniparius comunis Montisscilicis pro ipso comune erat principalis obligatus penes dominum Chexem Caniçani filium condam Caniçani recipientem pro domina Cuniça eius uxore in libris viginti et soldis decem venetorum parvorum.

a) *nel marg. sn. di mano A*

266

Debitum soldorum VIIJ, denariorum IIJ grossorum.[a)]

Item unum alium instrumentum confectum per Franciscum filium condam Polegradi de Claricis sub millesimo ducentessimo septuagessimo secundo, indictione quintadecima, die terciodecimo exeunte madio, in quo continetur quod Petrus Matus tabernarius erat principalis obligatus penes Chexem Caniçanum de Floretia recipientem pro domina Cuniça eius uxore in soldis octo et denariis tres venetorum grossorum.

a) *nel marg. sn. di mano A*

267

Debitum librarum CX parvorum.[a)]

Item unum alium instrumentum confectum per Franciscum notarium de Claricis sub millesimo ducentessimo septuagessimo primo, indictione quartadecima, die undecimo intrante novembri in quo continetur quod Iohannes de Ordo consul comunis Montisscilicis erat principalis obligatus penes Chexem Caniçanum de Florentia recipentem pro domina Cuniça eius uxore in libris centum et decem denariorum venetorum parvorum.

a) *nel marg. sn. di mano A*

268

|119v| *Cessio contra comune de libris cxx, soldis vj parvorum.*[a)]

Item unum instrumentum cessionis confectum per Rolandinum notarium sub millesimo ducentessimo undecimo, indictione quartadecima, die octavo exeunte mensse augusti, in quo continetur quod Rolandinus Gastaldis[b)] de Bursigana cesserat iura et acciones magistro Ugucioni texatori contra dominum Meliorem iudicem et Blaxium de Bonifacio consules in centum libris de sorte et in libris viginti de pena et in soldis sex parvorum.

a) *nel marg. sn. di mano A* b) *incertezza sulla* s

269

Solucio librarum vj[c] *parvorum facta comuni.*[a)]

Item unum instrumentum solutionis confectum per Natalem notarium de Rubeis sub[b)] millesimo ducentessimo sexagessimo octavo, indictione undecima, dei quinto exeunte augusto, in quo continetur quod dominus Anthonius de Bocamaiori de Mantua et Bonaventurinus eius filius clamaverunt se solutos esse a dominis Millano de Bignotis et a Rainaldino notario procuratoribus comunis Montisscilicis etcetera, de libris sexcentis denariorum venetorum parvorum, dantibus et solventibus pro comune Montisscilicis tamquam sindicis comunis, ut continetur in carta sindicaria facta per Tebaldum notarium et carta debiti facta per Villielmum notarium de Saguedo, de libris ducentis et quinquagintatribus et dimidia et de libris ducentis et octuaginta, carta debiti facta per Franciscum notarium de Claricis.

a) *nel marg. sn. di mano A* b) *segue asta discendente depennata*

270

Solucio comunis facta da libris XXIJ, *soldis* XJ, *denariis* VJ *grossorum.*[a)]

Item unum alium instrumentum solucionis confectum per Anthonium condam Polegradi de Claricis sub millesimo ducentessimo septuagessimo quarto, indictione secunda, die quinto exeunte novembri, in quo quidem continetur quod Copus filius condam Guidonis de Florentia clamavit se solutum a Natale notario condam Iohannis de Rubeis sindico et procuratore comunis, dante pro comune Montisscilicis de libris vigintiduarum soldis undecim et denariis sex venetorum grossorum, carta debiti facta per Mateum filium Prosdocimi de Tisis.

a) *nel marg. sn. di mano A*

271

Solucio librarum IIJ[c] LX *parvorum; solucio librarum* CLXJ; *solucio soldorum* XXVIJ, *denarii* J *grossorum.*[a)]

Item unum alium instrumentum solucionis confectum per Bartholameum notarium Dominici de Vivilia sub millesimo ducentessimo septuagessimo tercio, indictione prima, die terciodecimo exeunte iunio, in quo continetur quod Neri filius condam B(o)rroma[b)] de Florentia procurator Rainucii dicti Nucii filii condam Guidoti de Paganello de Florentia, ut continetur in carta proc(ure) facta per Recevutum Cognoscentem notarium predicto Rainucio, clamavit se bene solutum et pagatum a Iohanne Ab Aqua de Montesscilice procuratore comunis Montisscilicis primo de uno debito librarum tricentarum et sexaginta denariorum venetorum parvorum, carta debiti facta per Rainaldinum Montis barberii in quod Alexander Petri Rande erat principalis obligatus; item de uno alio debito librarum centum et septuagintauna in quod Dominicus filius olim Gumberti de Fusaria erat principalis obligatus, carta per eundem notarium; item de uno alio debito soldorum vigintiseptem et denarium unum venetorum grossorum in quod erat Artuicus Gravoncellus principalis, carta per Bartolameum Diminici de Vivilia.

a) *nel marg. sn. di mano A* b) *con segno abbrevitivo generico sopra la* m

272

Solucio librarum XX, *soldorum* XIJ *parvorum.*[a)]

Item unum alium instrumentum solutionis confectum per Natalem notarium de Rubeis sub millesimo ducentessimo septuagessimo primo, indictione quartadecima, die quarto intrante martio, in quo continetur quod Betus Tuscus clamavit se solutum a Bonaventura Tonba procuratore comunis Montisscilicis dante et solvente pro dicto comune de libris viginti et soldis duodecim parvorum quos denarios dictus Betus habere debebat a dicto comune in quo debito Gracius de Parixio erat principalis obligatus, ut continetur in carta facta per Franciscum notarium.

a) *nel marg. sn. di mano A*

273

|120r| *Debitum librarum* LXXXXV, *soldorum* XIJ, *denariorum* VJ *parvorum.*[a)]

Item unum alium instrumentum confectum per Rainaldinum Montis barberii sub millesimo ducentessimo sexagessimo nono, indictione duodecima, die quartodecimo exeunte iunio, in quod continetur quod Stefanus de Bullis loco et vice comunis erat principalis obligatus penes Nixi[b)] Tuscanum in libris nonagintaquinque, soldis duodecim et denariis sex parvorum.

a) *nel marg. sn. di mano A* b) *potrebbe essere per* Naxi, *nel caso ci sarebbe riscontro con il doc. 435*

274

Solucio librarum XXXVIIIJ[o], *soldorum* VIJ, *denariorum* VJ *parvorum.*[a)]

Item unum alium instrumentum confectum per Franciscum filium condam Polegradi de Claricis sub millesimo ducentessimo septuagessimo, indictione terciadecima, die sexto intrante aprili, in quo continetur quod Albertinus Prohençalis loco et vice comunis erat principalis obligatus penes Spinellum Rainerii de Florentia in libris trigintanovem et soldis septem et dimidium parvorum.

a) *nel marg. sn. di mano A*

275

Solucio librarum C *parvorum pro uno debito modiorum* IJ[c]L *frumenti.*[a)]

Item unum alium instrumentum confectum per Ma‹n›fredinus olim Grimaldi de Millano sub millesimo ducentessimo sexagessimo primo, indictione quarta, die duodecimo exeunte ianuario, in quo continetur quod dominus Bonus Franciscus de Guarnerinis pro se et tutorio nomen pro nepotibus suis filiis olim domini Marchi et heredes olim domini Rolandi de Guarnerino vocavit se solutum et plenam in se habere solucionem a Vivaldino notario de Montesscilice consul[b)] Montisscilicis, dante et solvente pro ipso comune de libris centum denariorum parvorum de uno debito ducentorum et quinquaginta modiorum furmenti.

a) *nel marg. sn. di mano A* b) *così in ms*

276

Debitum librarum XL *parvorum.*[a)]

Item unum alium instrumentum confectum per Franciscum filium

Polegradi de Claricis sub milesimo ducentessimo sexagessimo septimo, indictione decima, die quartodecimo exeunte otubri, in quo continetur quod dominus Albricus de Pinello de Padua de hora Sancti Nicolai, erat obligatus principalis penes dominum Franciscum Vidonis de Florentia in libris quadraginta denariorum parvorum.

a) *nel marg. sn. di mano A*

277

Debitum librarum xxxiij, soldorum vj, denariorum viij parvorum.[a)]

Item unum alium instrumentum confectum per Gerardum filium condam Abi sub millesimo ducentessimo septuagessimo sexto, indictione quarta, die quarto intrante octubri, in quo continetur quod Guido filius condam Gumberti de Fusaria erat principalis obligatus penes dominum Vanetum in libris trigintatribus, soldis sex et denariis octo parvorum.

a) *nel marg. sn. di mano A*

278

Solucio librarum iiij[or]*, soldorum xj parvorum.*[a)]

Item unum alium instrumentum confectum per Tebaldum notarium Iacobini Chechedopne sub millesimo ducentessimo septuagessimo sexto, indictione quarta, die secundo exeunte iullio, in quod continetur quod Ricardus dictus Masarius de Costa de Montesscilice era obligatus principalis penes Spinellum domini Lapi recipientem pro Gaçam eius fratrem in libris quatuor et soldis undecim venetorum parvorum.

a) *nel marg. sn. di mano A*

279

Solucio librarum LXXXXVIIIJ[or], *soldorum* XIIJ *pro lignamine misso ad Piçonem.*[a)]

Item unum alium instrumentum confectum per Iacobum filium condam domini Bellaveris sub millesimo ducentessimo nonagessimo nono, indictione duodecima, die decimo iunii, in quo continetur quod magister Marchus scrignarius clamavit sibi solutum ab Anthonio condam Dominici de Berga canipario comunis Montisscilicis dante et solvente pro ipso comuni de denariis dicti comunis de libris nonaginta novem et soldis tresdecim denariorum venetorum parvorum, quos denarios dictus magister Marchus debebat habere a dicto comuni pro trabibus missis a laborerium Piçonis.

a) *nel marg. sn. di mano A*

280

|120v| *Preceptum factum comuni de modiis* CL *frumenti.*[a)]

Item unum alium instrumentum confectum per Petrum de Cagoto sub millesimo ducentessimo trigessimo primo, indictione quarta, die quarto exeunte setembri, in quo continetur quod dominus Albertinus iudex[b)] Petri de Baialardo existens in officio comunis Padue precepisse domino Iohanni de Girardacio et multi alii[c)] quod dare deberet domino Rolando iudici domini Varnerini ducenta et quinquaginta modia paduana frumenti boni, mundi, sici et conçati cum capitibus modiorum culminibus pro unoquoque anno in mense augusti et hec suo nomine et vice et nomine comunis Montisscilicis.

a) *nel marg. sn. di mano A* b) *ms:* iudc *con segno abbreviativo sulla* d c) *segue* inpm frib *con segno abbrevitivo generico su* pm *e su* b, *non risolvibile con espressione di senso compiuto*

281

Solucio comunis de soldis XLVIIJ *grossorum et soldis* C *parvorum pro expensis.*[a)]

Item unum alium instrumentum confectum per Rainaldinum Montis barberii sub millesimo ducentessimo septuagessimo secundo, indictione quintadecima, die decimo exeunte augusto, in quo continetur quod dominus Aventura de Todescha varentavit et confessus fuit habuisse et recepisse a Vivaldo Corsale canipario comunis Montisscilicis dante et solvente pro dicto comune Montisscilicis soldos quadragintaocto denariorum venetorum grossorum et soldos centum venetorum parvorum quos comune Montisscilicis condepnatum fuit eidem pro expensis duplicatis.

a) *nel marg. sn. di mano A*

282

Solucio pro salario domini potestatis Montisscilicis de libris C *parvorum.*[a)]

Item unum alium instrumentum confectum per Bartholameum Dominici de Vivilia sub millesimo ducentessimo sexagessimo nono, indictione duodecima, die ultimo exeunte madio, in quo continetur quod dominus Petrus filius condam domini Lemiceti de Cagariento de Padua potestas comunis et hominum Montisscilicis clamavit se bene solutum a Villielmo de Saguedo et a Veschevello de Preveello procuratoribus comunis Montisscilicis dantibus et solventibus nomine et vice comunis Montisscilicis de libris centum denariorum venetorum parvorum quos comune tenebat pro suo salario.

a) *nel marg. sn. di mano A*

283

Debitum librarum XLIIJ *parvorum.*[a]

Item unum alium instrumentum confectum per Iohannem filium Petri Rande sub millesimo ducentessimo sexagessimo[b] septimo, indictione decima, die nono exeunte octubri, in quo continetur quod Iohannes notarius de Ordo erat principalis obligatus penes Rainucium filium domini Widoti Paganelli de Florentia in libris quadragintatrium denariorum venetorum parvorum.

a) *nel marg. sn. di mano A* b) *ms:* septuagessimo*, correzione suggerita dall'indizione e da riscontri con altri* instrumenta

284

Debitum librarum XX*, soldorum* XIJ *parvorum.*[a]

Item unum alium instrumentum confectum per Franciscum filium condam Polegradi de Claricis sub millesimo ducentessimo septuagessimo, indictione terciadecima, die quartodecimo exeunte decembri, in quo continetur quod Gracius condam Parixii loco et vice comunis Montisscilicis erat principalis obligatus penes Betum Baldinati recipientem pro Otaviano Ruçerii de Florentia in libris viginti et soldis duodecim venetorum parvorum.

a) *nel marg. sn. di mano A*

285

Debitum librarum VIJ[c] L *parvorum.*[a]

Item unum alium instrumentum confectum per Finum notarium sub millesimo ducentessimo quartodecimo, indictione secunda, die terciodecimo intrante februario, in quo continetur quod dominus Varnerinus de Petrobono pro comuni Montisscilicis, ut dicebat, erat principalis obligatus penes dominum Henricum de Cuifaldo[b] in libris septencentum et quinquaginta denarorum venetorum parvorum.

a) *nel marg. sn. di mano A* b) *lettura dubbia, forse per* Rafaldo *o* Raifaldo

286

Debitum soldorum x, denariorum IIIJ° grossorum.[a]

Item unum alium instrumentum confectum per Antonium Polegradi de Claricis sub millesimo ducentessimo septuagessimo quinto, indictione tercia, die quartodecimo novenbris, in quo quidem continetur quod dominus Iohannes de Ordo procurator comunis Montisscilicis pro dicto comune erat principalis obligatus penes Martinum notarium de Senicis in soldis decem et denariis quatuor venetorum grossorum.

a) *nel marg. sn. di mano A*

287

|121r| *1272: pro redificatione plebis Montisscilicis qualiter comune dedit libras IJ^c parvorum.*[a]

Fit mentio de Mastelis.[b]

Item unum alium instrumentum confectum per Rainaldinum Montis barberii sub millesimo ducentessimo septuagessimo secundo, indictione quintadecima, die terciodecimo intrante augusto, in quo quidem continetur quod dompnus Gerardus archipresbiter plebis Montisscilicis loco et vice dicte plebis et pro ipsa plebe guarentavit et confessus fuit habuisse et recepisse a Viviano condam Petri Mastelli canipario comunis Montisscilicis dante et solvente pro ipso comuni libras ducentas denariorum venetorum parvorum pro redificatione dicte eclesie plebis.

a) *nel marg. sn. di mano A* b) *nel marg. sn. di altra mano*

288

Debitum librarum xx, soldorum xiiij^or parvorum.[a)]

Item unum alium instrumentum confectum per Franciscum filium Polegradi de Claricis sub millesimo ducentessimo septuagessimo, indictione terciadecima, die undecimo intrante madio, in quo quidem continetur quod Gerardinus Veçius loco et vice comunis Montisscilicis erat principalis obligatus penes Spinellum Lapi de Florentia recipientem pro Spinello Rainerii de Florentia in libris viginti et soldis quatuordecim venetorum parvorum.

a) *nel marg. sn. di mano A*

289

Debitum soldorum x grossorum et soldorum xl parvorum.[a)]

Item unum alium instrumentum confectum per Gumber(tinum) Naticherii sub millesimo ducentessimo septuagessimo quinto, indictione tercia, die septimo exeunte augusto, in quo quidem continetur quod Tebaldus notarius filius Iacobini Chechedopne sindicus comunis Montisscilicis erat principalis obligatus penes Henricum notarium condam Petrecini de Hostilia recipientem pro domina Alchenda in soldis decem venetorum grossorum et in soldis quadraginta denariorum venetorum parvorum.

a) *nel marg. sn. di mano A*

290

Solucio comunis de libris xxv, soldis vij parvorum.[a)]

Item unum alium instrumentum confectum per Natalem notarium de Rubeis sub millesimo ducentessimo septuagessimo primo, indictione quartadecima, die quarto intrante marcio, in quo quidem continetur quod Canti filius Filipi de Si[t]is de Florentia clamavit se solutum et plenam solutionem in se habere a Bonaventura Tonba et a Bertelle Iohannis Venetici procuratoribus comunis Montisscilicis dantibus et solventibus pro ipso comune de libris vigintiquinque et soldis septem parvorum, carta debiti facta per Franciscum Polegradi.

a) *nel marg. sn. di mano A*

291

Dominus Chucho de Palteneriis habuit mutuo pro comuni soldorum XLJ *grossorum.*[a]

Item unum alium instrumentum confectum per Dominicum Lucii sub[b] millesimo tricentessimo octavo, indictione sexta, die vigesimo secundo augusti, in quo quidem continetur quod dominus Henginolfus dictus Chucho condam domini Pulli de Palteneriis de Montesscilice erat principalis obligatus penes Arnaldum condam Masi Arnaldi recipientem pro Gumberto condam Andree Bassini in soldis quadraginta unum denariorum venetorum grossorum.

a) *nel marg. sn. di mano A* b) *segue asta depennata*

292

Cessio contra comune de libris CXXXVJ, *soldis* XIJ, *denariis* VJ.[a]

Item unum alium instrumentum confectum per Iacobum condam Petri not(arium) sub millesimo ducentessimo octuagessimo octavo, indictione prima, in quod quidem continetur quod dominus Blasius notarius de Çensano capitaneus cavalcatorum dederat iure et actione domino Alberto condam Gerardini Petri de Çeno contra comune et homines Montisscilicis in libris centumtrigintasex et soldis duodecim parvorum et denariis sex parvorum, die quintodecimo[b] iulii.

a) *nel marg. sn. di mano A* b) quintodecimo *corretto su* quartodecimo

293

Pro quodam damno dato in quadam domo domini Ziraldi de soldis X *grossorum.*[a)]

Item unum alium instrumentum confectum per Guilielmum filium Filipi sub millesimo trecentessimo quarto, in dicta,[b)] in quod continetur quod dominus Çiraldus Crosna debebat habere a comune Montisscilicis soldos decem venetorum grossorum pro emendatione unius dampni sibi dati in quadam sua domo de hora Valdecaresina, die vigessimoquarto marcii.

a) *nel marg. sn. di mano A* b) *cosí nel ms, probabilmente in luogo di* indictione secunda

294

|121v| *Pro salario domini Ivani potestatis Montisscilicis comune solvit sibi libras* C *parvorum.*[a)]

Item unum alium instrumentum confectum per Gerardum dictum Personam sub millesimo ducentessimo septuagessimo primo, indictione quartadecima, die ultimo exeunte marcio, in quod quidem debitum continetur quod dominus Yvanus potestatis Montisscilicis vocavit se solutum a domino Adam de Bullis canipario comunis Montisscilicis solvente pro dicto comune de libris centum parvorum pro suo salario potestarie.

a) *nel marg. sn. di mano A*

295

1271: solucio librarum IIJ[c] *parvorum facta comuni per dominum archipresbiterum plebis Montisscilicis quando dicta plebs facta fuit.*[a)]

Item unum alium instrumentum confectum per dictum Gerardum

Personam sub millesimo ducentessimo septuagessimo primo, indictione quartadecima, die undecimo exeunte aprilli, in quod quidem continetur quod dominus Gerardus archipresbiter plebis Sancte Iustine de Montesscilice et pro dicta ecclesia clamavit se solutum a domino Adam de Bullis canipario comunis Montisscilicis de libris tricentis denariorum parvorum.

a) *nel marg. sn. di mano A*

296

Debitum comunis librarum CVIIJ° *parvorum.*[a]

Item unum alium instrumentum[b] confectum per Giselbertum notarium sub millesimo ducentessimo undecimo, indictione quartadecima, die decimo intrante iunio, in quod quidem continetur quod Vitalis caniparius comunis Montisscilicis erat principalis obligatus penes dominum Mançium[c] de Andrea de Ronco procuratorem in libris centum et octo denariorum parvorum.

a) *nel marg. sn. di mano A* b) *segue* confess *depennato* c) *sulla* a *due segni d'abbreviazione sovrapposti: un trattino orizzontale e uno ondulato*

297

Debitum librarum LX *parvorum.*[a]

Item unum alium instrumentum confectum per Villielmum Guidonis de Saguedo sub millesimo ducentessimo sexagessimo quinto, indictione octava, die tercio intrante madio, in quod quidem continetur quod dominus Henginulfus Malaxorte pro comune erat obligatus penes Clementum Rubeum in libris quinquaginta denariorum parvorum.

a) *nel marg. sn. di mano A*

298

Cessio facta contra comune de libris cxxxvj, *soldis* xij, *denariis* vj.[a)]

Item unum alium instrumentum confectum per Bartholameum Dominici de Vivilia sub millesimo ducentessimo octuagessimo octavo, indictione prima, die septimo exeunte iullio, in quod quidem continetur quod Albertus condam Gerardini Petri de Çeno ex iure sibi cesso a domino Blaxio notario de Censano capitaneo cavalcatorum dederat iura et actiones Millano filio Alberti Patucii contra[b)] comune Montisscilicis in libris centum trigintasex, soldis duodecim et denariis sex parvorum.

a) *nel marg. sn. di mano A* b) *segue* coes *depennato*

299

Item unum alium instrumentum confectum per Tebaldum filium Iacobini Chechedopne sub millesimo ducentessimo sexagessimo octavo, indictione undecima, die quinto exeunte novembri, in quod quidem continetur quod Leonardus de Fabro sindicus et procurator comunis Montisscilicis pro libris mille et ducentas venetorum parvorum fecit datam et venditam Bonifacio condam magistri Aventure de uno sedimine cum s‹t›ationibus que olim fuit dominorum Olderici Çuchi et Pulli Atisii et Nicolai de Palteneriis et de aliis sediminibus cum stationibus que sunt a parte inferiori.

300

Item unum alium instrumentum confectum per Valterium qui dicitur Biscacerium sub millesimo ducentessimo sexagessimo secundo, indictione quinta, die sexto intrante otubri, in quod quidem continetur quod dominus Aldus Caçonus vocavit se bene solutum a domino Millano de Bignoto procuratore comunis Montisscilicis solvente pro ipso comune de libris quadrigentis et sexagintanovem denariorum parvorum.

301

|122r| Item unum alium instrumentum confectum per Bartolameum condam Dominici de Vivilia sub millesimo ducentessimo octuagessimo sexto, indictione quartadecima, die octavo aprilis, in quod quidem continetur quod dominus Iacobus condam domini Rodulfi Malicie de Padua capitaneus cavalchatorum varentavit et confessus fuit habuisse et recepisse pro se et sociis suis a Iohanne Petri Çuchi canipario comunis Montisscilicis dante pro ipso[a)] comune libras centumtrigintasex, soldis duodecim et dimidio venetorum parvorum pro suo salario.

a) *segue* c *superflua, forse per attrazione dalla parola seguente*

302

Item unum alium instrumentum confectum per dictum Bartolameum de Vivilia sub millesimo ducentessimo otugessimo sexto, indictione quartadecima, die sexto intrante madio, in quod quidem continetur quod Antonius filius Tinelle de Corsalibus clamavit se solutum a domino Otholino pistore dante pro comune Montisscilicis de libris trigintaseptem et soldis decem et[a)] novem et denariis septem parvorum.

a) *segue* s *depennata*

303

Item unum alium instrumentum confectum per Franciscum notarium condam Anthonii de Claricis sub millesimo ducentessimo nonagessimo quinto, indictione octava, die quinto intrante octubri, in quod quidem continetur quod Petrus condam Gumberti de Fusaria sindicus comunis et hominum Montisscilicis erat principalis obligatus penes Baxanum filium domini Canti Siti de Florentia in libris decem et septem et soldis quindecim et denariis sex venetorum grossorum.

304

Item unum alium instrumentum confectum per Franciscum olim Polegradi de Claricis sub millesimo ducentessimo sexagessimo octavo, indictione undecima, die octavo intrante februario, in quod quidem continetur quod dominus Petrus iudex de Antolinis de Mantua vocavit se[a] solutum a Millano de Bignoto et a Rainaldino notario procuratoribus comuni solvente pro dicto comune de libris centumsex et soldis quinque denariorum venetorum parvorum.

a) *corretto su altre lettere non chiare*

305

Item unum alium instrumentum confectum per Blaxium filium domini Benaie sub millesimo ducentessimo nonagessimo sexto, indictione nona, die decimo exeunte otubri, in quod quidem continetur quod dominus Gerardus de Floretis de Padua olim potestas Montisscilicis fuit confessus manualiter habuisse et recepisse a domino Dominico Ade Rubei canipario comunis Montisscilicis dante pro ipso comune libras decem denariorum venetorum parvorum.

306

Item unum alium instrumentum confectum per Açonem notarium filium Thomasini sub millesimo ducentessimo octuagessimo primo, indictione nona, die undecimo intrante otubri, in quod quidem continetur quod dominus Albertinus Prohençalis sindicus comunis Montisscilicis pro dicto comune erat principalis obligatus penes dominum Ugolinum de Clareta in libris centum et septem denariorum venetorum parvorum.

307

Item unum alium instrumentum confectum de solutione per Natalem notarium de Rubeis sub millesimo ducentessimo septuagessimo octavo, indictione sexta, die quartodecimo exeunte ianuario, in quod quidem continetur quod Iohannes de Wirixio de Episcopana et Vivianus condam Perache de Episcopana clamaverunt sese solutos et plenam in se habere solutionem a Liaçario de Ysone pro comune Montisscilicis solvente de libris octuagintauno parvorum pro laborerio Rute Traturi.

308

|122v| Item unum alium instrumentum confectum per Dominicum notarium Lucii sub millesimo tricentessimo tercio, indictione prima, die vigessimo sexto octubri, in quod quidem continetur quod dominus Nascinbene de Fantelis recepisse a domino Benaia de Baldimentis canipario comunis dante et solvente pro dicto comune de soldis decem[a)] denariorum venetorum grossorum pro una tenuta accepta de bonis comunis Montisscilicis remissa dicto domino Benaia pro dicto comune recipiente.

a) *corretto su altre lettere non chiare*

309

Item unum alium instrumentum confectum per Guillielmum filium Philipi sub millesimo ducentessimo octuagessimo quarto, indictione duodecima, die quinto exeunte setembri, in quod quidem continetur quod dominus Anthonius notarius condam Guidonis de Padua capitaneus dicti comunis Montisscilicis specialiter ad extimationem bonorum et possessionum hominum Montisscilicis faciendam et corigendam, clamavit se solutum a dominis Petro condam domini Alberti de Bunda et a Natale notario de Rubeis etcetera, de libris tricentis denariorum venetorum parvorum.

310

Item unum alium instrumentum confectum per Blaxium domini Benaie sub millesimo ducentessimo nonagessimo primo, indictione quarta, die decimo intrante ianuario, in quod quidem continetur quod dominus Bonaventura qui dicitur Tonba sicut cap(ut) colmeli Sancti Pauli, pro libris ducentis et quinquaginta parvorum quas confessus fuit habuisse et recepisse a Iohanne notario de Picellis et a Felixio condam Gabrielis de Cereda[a)] fecit locationem predictis de afictibus comunis Montisscilicis scriptis in libro novo comunis predicti hinc ad duos annos.

a) *lettura dubbia*

311

Item unum alium instrumentum confectum per Blaxium Benaie sub millesimo ducentessimo nonagessimo sexto, indictione nona, die ultimo februarii, in quod quidem continetur quod dominus Gerardus de Floretis de Padua de contrata Sancte Crucis guarentavit et confessus fuit habuisse a Prando condam Peregrini de Prando canipario comunis Montisscilicis solvente pro dicto comune libras septuagintaquinque parvorum pro parte sui salarii.

312

Item unum alium instrumentum confectum per dictum Blaxium sub dicto millesimo et indictione, die vigessimo sexto intrante marcio, in quod quidem continetur quod dominus Gerardus de Floretis de Padua supradictus fuit confessus habuisse a Prando condam Peregrini de Prando canipario comunis Montisscilicis solvente pro dicto comune libras vigintiquinque parvorum pro complimento sui salarii.

313

Item unum alium instrumentum solutionis confectum per Bartholameum Dominici de Vivili‹a› sub millesimo ducentessimo octuagessimo nono, indictione secunda, die vigessimo quarto iullii, in quod quidem continetur quod dominus Iacobinus a Baudis capitaneus cavalchatorum fuit confessus habuisse a Leonardo filio domini Fidencii de Menechelo canipario comunis Montisscilicis solvente pro dicto comune pro paga cavalchatorum de trium menssium libras nanagintaseptem denariorum parvorum.

314

|123r| Item unum alium instrumentum solutionis confectum per dictum Bartholameum de Vivilia sub dicto millesimo et indictione, die duodecimo intrante octubri, in quod quidem continetur quod dominus Anthonius condam domine Fine de Padua capitaneus cavalchatorum pro comuni Padue fuit confessus habuisse et recepisse pro suo salario ad Leonardo filio domini Fedencii de Menechelis canipario comunis Montisscilicis dante et solvente pro dicto comune libras nonagintaseptem et dimidia parvorum et pro expensis factis libras quatuor denariorum parvorum.

315

Item unum alium instrumentum confectum per Iacobum notarium filium condam domini Bellaveris de Bertrame sub millesimo ducentessimo nonagessimo nono, indictione duodecima, die decimo intrante augusto, in quod quidem continetur quod Vivianus piliparius qui stat in Montesscilice tamquam sindicus comunis Montisscilicis erat principalis obligatus penes Petrum filium magistri Monteselli recipientem pro domina Blanca filia domini Galvani de Boto in libris tribus denariorum venetorum grossorum completis boni argenti.

316

Item unum alium instrumentum cessonis[a] confectum per Franciscum condam Antonii de Claricis sub millesimo duecentessimo nonagessimo nono, indictione duodecima, die terciodecimo intrante setembri, in quod quidem continetur quod domina Blançi filia condam Galvani de Boto cesserat iura et actiones contra Vivianum piliparium qui stat in Montesscilice sindicum comunis Montisscilicis in uno debito librarum trium denariorum venetorum grossorum completorum boni argenti.

a) *segue* confessum *depennato*

317

Item unum alium instrumentum solutionis confectum per Iohannem notarium condam magistri Simeonis mastelarii sub millesimo tricentessimo quarto, indictione secunda, die***[a], in quod quidem continetur quod dominus Henricus iudex condam domini Laurencii de Terrarsa, masarius quatuor sapientum electorum per dominos ançianos comunis Padue et aprobatus per sapientes a credencia ad exigendum datias et mutua inposita tempore domini Rubei de Castello tunc potestatis Padue in dicto millesimo et indictione; recepit dictus dominus Henricus a Patavino notario magistri Hoderici cerdonis, canipario comunis et hominum terre Montisscilicis dante et solvente pro dicto comune et hominibus, de denariis dicti comunis pro focis octingentis et octuaginta in ratione soldorum duorum pro quolibet foco in libro Fra(nc)ixi notarii libras octuagintaocto parvorum.

a) *spazio bianco di 10 mm*

318

Item recepit dictus dominus Henricus a dicto Patavino canipario dicti comunis Montisscilicis dante et solvente pro dicto comune Montisscilicis de denariis dicti comunis eadem causa libras octuagintaocto denariorum parvorum scripta in libro Francisci de Guarnerinis.

319

Item in dicto millesimo et indictione recepit dictus dominus Henricus a dicto Patavino notario canipario comunis Montisscilicis solvente pro dicto comune de denariis dicti comunis occasione predicta libras octuagintaocto denariorum venetorum parvorum scripta in libro dicti Francisci.

320

|123v| Item in dicto millesimo et indictione recepit dominus Henricus ultrascriptus iudex de Terarsa pro comune Padue a Patavino notario filio magistri Hoderici cerdonis de Montesscilice canipario comunis Montisscilicis dante et sovente pro dicto comune de denariis dicti comunis Montisscilicis occasione[a)] ultrascripta scripta in libro antedicti Francisci libras ducentas et viginti parvorum.

a) *segue* us *depennato*

321

Item in dicto millesimo et indictione recepit dictus dominus Henricus pro comune Padue a Patavino notario filio magistri Hoderici cerdonis de Montesscilice dante et solvente pro dicto comune de denariis dicti comunis pro sua datia scripta in libro Franchi becarii libras ducentas et viginti denariorum parvorum.

322

Item unum alium instrumentum solutionis confectum per Meneginum de Soldanis sub dicto millesimo et indictione in quod continetur quod dominus Henricus iudex de Terrarsa masarius constitutus per sapientes ad salvandum denarios datiarum inpossitarum tempore dominorum Rubei de Castello et Montano de Marinis Padue potestatum; recepit dictus dominus Henricus iudex de Terrarsa a Patavino notario filio magistri Hoderici cerdonis de Montesscilice canipario comunis Montisscilicis dante et solvente pro dicto comune de denariis dicti comunis Montisscilicis libras ducentas et viginti denariorum parvorum, scripta dicta datia in libro domini Nicolai de Plebe.

323

Item unum alium instrumentum petitionis porrete per dominum Meiorinum notarium condam domini Artuxii de A B C de Padua confectum per Palamidesium notarium filium domini Hengeneri notarii sub millesimo tricentessimo primo, indictione quartadecima, die vigessimo quarto iunii, in quod quidem continetur quod dominus Meiorinus notarius condam Artuxii de A B C civis Padue legaliter fecit citare Gumbertum notarium condam Blaxii de Çensano tanquam[a)] sindicus comunis et hominum terre Montisscilicis quod deberet comparere coram dominum Iohannem iudicem e assessorem domini potestatis a discum Unicornii deputato, dicimus et condepnamus dictum Gumbertum sindicum et[b)] comune et homines Montisscilicis ad dandum et solvendum domino Meiorino pro suo dampno libras quadrigentis parvorum.

a) *su* tan *di* tanquam, *trattino orizzontale superfluo* b) *segue* coei *depennato*

324

Item unum alium instrumentum sentencie lacte per dominum Bernardinum de Piçacomino et Petrum Francisci et per Spinellum condam domini Henregeti inter comune Montisscilicis et dominum Meiorinum condam Artuxii de A B C et Artuxii eius filii confectum per Franciscum notarium condam Antonii de Claricis sub millesimo tricentessimo, indictione terciadecima, die primo mensis novembris.

325

|124r| Item unum alium instrumentum confectum per Ugetum notarium sub millesimo ducentessimo octuagessimo quarto, indictione duodecima, die quartodecimo intrante novembri, in quod quidem continetur quod dominus Otholinus pistor de Montesscilice erat principalis obligatus penes Pellatonem Tuscum in soldis viginti et denariis octo venetorum grossorum.

326

Item unum alium instrumentum confectum per Franciscum condam Polegradi de Claricis sub millesimo ducentessimo octuagessimo primo, indictione nona, die ultimo exeunte novembri in quod quidem continetur quod Albertinus Prohençalis sindicus comunis et hominum Montisscilicis pro ipso comune erat principalis obligatus penes Iohannem Spina de Florentia recipientem pro Andrea fratre Galine de Florentia in libris quinque et dimidia denariorum venetorum grossorum completorum boni argenti.

327

Item unum alium instrumentum confectum per Iacobum condam domini Bellaveris sub millesimo ducentessimo nonagessimo quinto, indictione otava, die decimonono intrante decembri in quod quidem continetur quod Adam de Boxo erat obligatus pro principali penes Baxanum filium domini Canti in libris vigintiduas et denariis duodecim venetorum grossorum boni argenti.

328

Item unum alium instrumentum confectum per Petrum notarium condam Francisci de Claricis sub millesimo ducentessimo octuagessimo tercio, indictione undecima, die septimo exeunte februario, in quod quidem continetur quod dominus Iacobus Bellandus sindicus comunis ex una parte et dominus Gracianus de Ansaldo ex parte altera conpromisserunt sese in dominos Simone de Bonafante et Petrum condam Alberti de Bunda.

329

Item unum alium instrumentum confectum per Petrum filium Alberti de Martina sub millesimo ducentessimo septuagessimo octavo, indictione sexta, die iovis penultimo exeunte setembri, in quod quidem continetur quod dominus Ubertus de Urbana erat principalis obligatus penes dominum Ubertum pro torna et in ratione torne spinate seu sepes de corgnorum que su‹n›t ad fodendum in fovea frate.

330

Item unum alium instrumentum confectum per dictum Petrum notarium sub millesimo predicto et indictione, die penultimo exeunte setembri, in quod quiden continetur quod dominus Ubertus de Urbana erat principalis obligatus penes dominum Ubertum in libris undecim parvorum pro torna et in ratione turne spinate vel sepis de coragniorum ad fodendum in fovea frate.

331

Item unum alium instrumentum confectum per Iohannem filium condam Henrici de Casale sub millesimo ducentessimo octuagessimo octavo, indictione prima, die ultimo iulii, in quod continetur quod dominus Ubertus ‹de› Cumis[a] iudex et assesor nobilis viri domini Otolini de Mandelo condemnavit a discum Unicornii[b] Tomasium sindicum comunis Montisscilicis dando et solvendo in soldis quinquagintanove et denariis sex parvorum pro uno dampno sibi dato.

a) ‹de› Cumis*: soluzione giustificata anche dal luogo d'origine del podestà* Otolinus de Mandelo b) *segue* condemnavit, *ripetuto qui*

332

|124v| Item unum alium instrumentum confectum per Gerardum filium condam Abonis sub millesimo[a] ducentessimo septuagessimo sexto, indictione quarta, die septimo decembris, in quod quidem continetur quod Albertinus Çagaia erat principalis obligatus penes Ricardum condam Millani de Marcho de Montesscilice in soldis quinquaginta denariorum venetorum grossorum.

a) *segue* ducent *non depennato*

333

Item unum alium instrumentum confectum per Tebaldinum filium Filipi sub millesimo ducentessimo septuagessimo septimo, indictione quinta, die secundo intrante setembri, in quod quidem continetur quod płacuit maiori parti dicti consilii quod Petrus condam Alberti Mani hinc retro caniparius comunis Montisscilicis debeat satisfacere in parte de debito sue caniparie in arbitrio officialium et de superfluo debeat esse satisfatum de primis denariis in comune perveniente.[a]

a) *così in ms, forse per attrazione di* comune

334

Item unum alium instrumentum confectum per Franceschinum magistri Bartholamei sub millesimo ducentessimo septuagessimo septimo, indictione quinta, die quartodecimo intrante iullio, in quod quidem continetur quod, facta racione Petri condam Alberti Mani canipario comunis Montisscilicis de duobus quaternis, quod comune teneatur dare dicto Petro libras centum et septem et soldos duos venetorum parvorum.

335

Item unum alium instrumentum confectum per Franciscum Polegradi de Claricis sub millesimo ducentessimo septuagessimo septimo, inditione quinta, die quartodecimo intrante aprili, in quod quidem continetur quod Çordanus condam Bertramis iudex de Padua erat principalis obligatus penes domino Francisco Vidonis de Florentia in soldis viginti denariorum venetorum grossorum.

336

Item unum alium instrumentum[a)] ‹confectum› per Anthonium Polegradi sub millesimo ducentessimo septuagessimo septimo, indictione quinta, die primo intrante martio, in quod quidem continetur quod dominus Henginolfus Cuchus de Palteneriis erat principalis obligatus penes Bonum Baldinoti de Florentia in libris septem et soldis tresdecim denariorum parvorum.

a) *segue* fi *depennato*

337

Item unum alium instrumentum confectum per Albertinum notarium de Griçola sub millesimo ducentessimo septuagessimo se‹p›timo, indictione quinta, die nono exeunte ianuario, in quod quidem continetur quod Blancus pistor de Montesscilice erat principalis obligatus penes dominum Gerardum de Gratapalea condam domini Henginolfi de Montesscilice in libris septuaginta septem denariorum venetorum parvorum.

338

Item unum alium instrumentum confectum per Çenusium condam Iohannis de Ordo sub millesimo ducentessimo septuagessimo septimo, indictione quinta, die duodecimo exeunte augusto, in quod quidem continetur quod Galvanus condam Petri de Axa erat principalis obligatus penes Abeto Tuscano recipiente pro Bono eius fratre in libris duodecim et soldis octo parvorum.

339

|125r| Item unum alium instrumentum confectum per Dominicum notarium Prosdocimi de Padua sub millesimo ducentessimo octuagessimo quinto, indictione terciadecima, die iovis terciodecimo intrante decembri, in quo quidem continetur quod dominus Thomaxius condam Ugoloti sindicus comunis et hominum Montisscilicis pro dicto comune erat principalis obligatus penes dominum Henricum filium domini Rainaldi Scrovegni de Padua in libris duo millia sexagintaduas et soldis quatuor et denariis quinque venetorum parvorum.

340

Item unum alium instrumentum confectum per Patavinum notarium filium magistri Hoderici cerdonis sub millesimo ducentessimo nonagessimo sexto, indictione nona, die tertio exeunte iullio, in quod quidem continetur quod dominus Natalis condam Bartholomei ab Ulmo tamquam sindicus comunis Montisscilicis pro dicto comune erat principalis obligatus penes Bartholomeum dictum Cleregatium filium domini Henrici becarii qui fuit de Montesscilice in libris quingentas et trigintaquatuor denariorum parvorum.

341

Item unum alium instrumentum confectum per dictum Patavinum notarium sub dicto millesimo et indictione, die quarto exeunte augusto, in quod quidem continetur quod Bartholomeus dictus Cleregatius cesserat iura et actiones Felixio condam Gabrielis de Cereda qui habitat in Montesscilice contra dominum Natalem condam Bartolomei ab Ulmo sindicus comunis predicti in libris quingentas et trigintaquatuor parvorum.

342

Item unum alium instrumentum confectum per dictum Patavinum sub millesimo ducentessimo nonagessimo septimo, indictione decima, die decimonono intrante ma‹r›cio, in quod quidem continetur quod Felixius condam Gabrielis de Cereda qui habitat in Montesscilice nomine, titulo donationis dederat Tomasie filie sue omne ius quod habebat contra dominum Natalem condam Bartolomei ab Ulmo sindicus comunis principalis in libris quingentas et trigintaquatuor parvorum.

343

Item unum alium instrumentum confectum per Franciscum condam Polegradi de Claricis sub millesimo ducentessimo septuagessimo secundo, indictione decima, die quarto exeunte decembri, in quod quidem continetur quod Iohannes condam Andree de Erço nomine et vice comunis Montisscilicis erat principalis obligatus penes Amoretum Guidonis Bene de Florentia recipientem pro Andrea fratre Galine de Florentia in libris sex et soldis sex venetorum grossorum.

344

Item unum alium instrumentum per dictum Franciscum notarium sub millesimo ducentessimo octuagessimo secundo, indictione decima, die quartodecimo intrante februario, in quod quidem continetur quod Simon notarius de Bonafante erat principalis obligatus penes Bertaldum Petri Rande recipientem pro Andrea fratre Galine de Florentia in soldis quadragintaquinque et denariis decem venetorum grossorum.

345

Item unum alium instrumentum confectum per Antonium Polegradi de Claricis sub millesimo ducentessimo octuagessimo secundo, indictione decima, die tertiodecimo intrante iullio, in quod quidem continetur quod Albertus de Martina erat principalis obligatus penes Orsachinum[a] Tuschanum recipientem pro Canti Filipi et Spinello Rainerii de Florentia in soldis vigintiquatuor denariorum venetorum grossorum.

a) *lettura dubbia*

346

|125v| Item unum alium instrumentum confectum per Franciscum Polegradi de Claricis sub millesimo ducentessimo setuagessimo secundo, indictione decima, die quarto exeunt(is) aprilis, in quod continetur quod Moretus Guidonis Bene de Florentia procurator Andre fratre Galine de Florentia dederat iure[a] et actiones Francisco Guidonis Bene de Florentia condam Simonis notarii de Bonafante principalis in soldis quadragintaquinque et denariis decem venetorum grossorum.

a) *verosimilmente per* iura

347

Item unum alium instrumentum confectum per Petrum filium Alberti de Martina sub millesimo ducentessimo octuagessimo quinto, indictione terciadecima, die nono intrante decembri, in quod quidem continetur quod dominus Henregetus a Boaria de Padua potestas terre Montisscilicis et comune Montisscilicis constituerunt dominum Thomasium de Ugoloto sindicum et procuratorem ad obligandum se tamquam sindicum comunis penes dominum Rainaldum Scrovegnum et Manfredum et Henricum eius filios ipsius domini Rainaldi.

348

Item unum alium instrumentum confectum per Baxilium condam Duonixii liniroli sub millesimo ducentessimo nonagessimo secundo, indictione quinta, die vigesimo primo, in potestaria domini Lanbertucii de Frescobaldis in quod quidem continetur quod Felixius condam Gabrielis de Cereda et Iohannes notarius condam Dominici de Piçello fuerant confirmati in tenutam de bonis comunis et hominum Montisscilicis ex formam decreti et Iohannes Rainerii poss(idebat) eos in tenutam pro libris nonigentis parvorum.

349

Item unum alium instrumentum confectum per Dominicum notarium condam Prosdocimi sub millesimo ducentessimo octuagessimo nono, indictione secunda, die sabati tertiodecimo intrante augusto, in quod quidem continetur quod dominus Manfredus filius condam domini Rainaldi Scrovegni habuerat et sibi contigenrat in parte sua factam divisionem inter eum et dominum Henricum eius fratrem et Dominicum condam domini Belloti eius nepotem inter cetera venit in parte dicti domini Manfredi unum instrumentum debiti librarum duorum millium sexagintaduarum, soldorum quatuor et denariorum quinque parvorum, in quo Thomaxius de Uguloto sindicus comunis et hominum terre Montisscilicis erat principalis obligatus penes dominum Rainaldum Scrovegnum, carta debiti facta per Dominicum notarium Prosdocimi.

a) *così in ms*

350

Item unum alium instrumentum confectum per Blaxium condam Fantini becarii sub millesimo ducentessimo nonagessimo, indictione[a)] tertia, die nono exeunte ianuario, in quod quidem continetur quod dominus Manfredus filius condam domini Rainaldi Scrovegni cesserat iura et actiones domino Gerardo condam Nicolai de Raimundo contra Thomasium condam Uguloti qui moratur in Montesscilice, sindicum comunis Montisscilicis, in libris noningentis parvorum ex uno debito librarum duorum millium sexagintaduorum, soldorum quatuor et denariorum quinque parvorum.

a) *segue* indictione *depennato*

351

|126r| Item unum instrumentum confectum per Iohannem filium Petri Rande sub anno Domini millesimo ducentessimo ‹sexagessimo›[a)] septimo, inditione decima, die duodecimo exeunte iunio, in quo Thealdus de Megno erat obligatus penes Raynutium filium domini Guidoti Paganeli in libris quadragintaocto et soldos decem parvorum.

a) *integrazione operata sulla base di riscontri con altri* instrumenta

352

Item unum instrumentum confectum per Tebaldum filium Iacobini sub anno Domini M ducentessimo septuagessimo primo, inditione quartadecima, die quinto exeunte aprili, in quo Bertelus condam Iohannis Venoti erat[a)] obligatus penes Spinelum filium Lapi mutuantem pro Spinelo condam Raynerii in soldis vigintitres venetorum grossorum.

a) *su* erat *segno d'abbreviazione superfluo*

353

Item unum instrumentum confectum per Bartholameum condam Dominici de Vivilia actum sub anno Domini M ducentessimo septuagessimo secundo, inditione quintadecima, die decimo intrante madio, in quo quidem instrumento Guiducius condam Marchi Maioli caniparius comunis Montisscilicis promixit per se et suos heredes dare et solvere domino Agolanti de Roncone vel suis heredibus libras C denariorum venetorum parvorum usque per totum mensem marcii.

354

Item unum instrumentum confectum per Petrum de Cartoto[a)] sub anno Domini M ‹ducentessimo›[b)] trigessimo quinto, inditione octava, in quo instrumento dominus Huselmus[c)] iudex domini potestatis Padue protulit sententiam questionis que erat[d] inter Iacobinum Berteli ex una parte et Bartholameum syndicum[e] comunis Montisscilicis et Este syndicum et Baonis ex alia super eo quod dictus Iacobinus petebat dictis syndicis pro ipsorum comunibus libras quinquaginta denariorum venetorum et libras quinque pro ext(imatione) unius mançoli.

a) *verosimilmente per* Cagoto, *come nel doc. 280* b) *integrazione operata sulla base dell'indizione e di riscontri con altri* instrumenta c) *trascrizione erronea dell'estensore per* Henselmus d) *su* erat *segno d'abbreviazione superfluo* e) *in ms omissione di segno abbreviativo sull'ultima lettera*

355

Item unum instrumentum confectum per Thebaldum filium Iacobini sub anno Domini M ducentessimo sexagessimo octavo, inditione undecima, die quinto exeunte novembri, in quo instrumento Petrum Randa dedisse iura et actiones omnes[a] que et quas videbatur habere contra comune[b] Iohanni et Alexandro eius filiis[c] et in expensis et in libris centum denariorum venetorum parvorum de pena et etiam dupli, ut continebatur in carta facta per Millanum condam Gerardi et etiam in carta propositionis facta per ipsum Petrum Randam.

a) *segue un segno non chiaro, probabilmente depennato col prolungamento del trattino abbreviativo su* omnes b) *segue* et *depennato* c) Iohanni et Alexandro eius filiis *aggiunto con richiamo da fine rubrica*

356

Item unum instrumentum confectum per Iohannem filium Marescati sub anno Domini M‹CC›LX[a] primo, inditione quarta, die quintodecimo exeunte iunio, in quo continetur quod Amaedinus condam domini Gerardi, Aventura de Todesca, Millanus de Bignotis,[b] Petrus de Ravolatiis, Thealdus Mignanus,[c] Salion de Tansalgardo, Niger Carerius, Albertus de Buleis, Clarelus de Buleis, Gerardinus de Braia, Vivaldinus Terçacoxa, Parixius de Rova, Guiducius de Marcho, Albertus domine Bunde, Prosdocimus de Tafantelo, omnes de Montesscilice errant obligati nomine mutui penes[d] Letum notarium et Beri fratribus filiis condam Scemagii[e)] de Florentia in libris C et XVIJ denariorum venetorum parvorum.

a) *integrazione operata sulla base dell'indizione* b) Bignotis *preceduto da un segno depennato* c) *La* g *di* Mignanus *presenta un ulteriore segno non chiaro* d) *segue* et *depennato* e) *lettura dubbia*

357

|126v| Item unum instrumentum confectum per Albertum notarium condam Coradini sub anno Domini M‹CC›LXXIIJ[a)], inditione prima, die quintodecimo exeunte ianuario, in quo continetur quod dominus Malexarto de Montesscilice suo nomine et comunis et hominum Montisscilicis, p(resentavit) se coram domino Alberto de Buschetis de Fu(rlin)o iudice domini potestatis Padue et consignavit eidem Odonem qui fuit de Vincentia et nunc moratur Este.

a) *integrazione operata sulla base dell'indizione*

358

Item unum instrumentum confectum per Monteselum notarium filium Atonis sub anno Domini M ducentessimo LXXIIIJ[or], inditione secunda, die nono exeunte setembri, in quo continetur quod Atexetus de Bignotis principalis et dominus Gerardus de Gratapaia, Gerardus condam Criscinbene, Prohençalis, Pullus filius Milani, Natiolerius tabernarius, dominus Henricus de Vancio, Molendus condam Iacobini spetialis et Bonus eius frater fideiussores per stipulationem promisserunt domino Iohanni Blanco vicario domini Michaelis de Montagnana potestatis Montisscilicis, Martino condam Michaelis Andree et Alberto de Canipario [con]sules eiusdem terre pro dicto comuni recipientibus Eçexi(num) nepotem predicti Millani existentem in carceribus comunis predicti salvum facere et illum presentare usque ad tertium diem coram potestate Padue.

359

Item unum instrumentum confectum per Franciscum filium Polegradi sub anno domini M ducentessimo LXVIIJ, inditione undecima, die sexto intrante martio, in ‹quo›[a] continetur Stefanum de Bullis de Montesscilice condam Ade fore obligatum penes Antonium de Bocamaioribus de Mantua equi(ter)[b] vice et nomine Bonaventurini eius filii libras ducentas et otuaginta denariorum parvorum.

a) quo *omesso dall'estensore, integrato per analogia con le altre rubriche; il caso si ripete anche in seguito (non piú segnalato in nota)* b) *lettura dubbia*

360

Item unum instrumentum confectum per Gulielmum condam Guidonis de Saguedo sub anno Domini M ducentessimo LXVJ°, inditione nona, die decimo intrante aprili, in ‹quo› continetur Aventuram de Todescha syndicum comunis Montisscilicis fore obligatum causa mutui penes Antonium de Bocamaioribus de Mantua equi(ter)[a] nomine Aventurini eius filii in libris sexigentis denariorum venetorum parvorum.

a) *lettura dubbia*

361

Item unum instrumentum confectum per Tebaldum filium Iacobini sub anno Domini M ducentessimo LXVJ°, inditione nona, die decimo intrante aprili, in quo continetur dominum Aventuram de Toescha fore syndicum comunis ad acipiendum mutuum pro ipso comuni librarum mille denariorum venetorum parvorum.

362

Item J instrumentum confectum per Bartholameum de Vivilia sub anno Domini M ducentessimo septuagessimo tertio, inditione prima, die undecimo exeunte novembri, in ‹quo› continetur Guidonem de

Fiçante et Salernum de Galea guarentasse et confessos fuisse habere penes se unam tenutam aceptam per Segalam preconem comunis Padue Çambono de Grimaldis ad petitionem domini Agolantis de Padua datam et consignatam per ipsum preconem Iohanni Peleg(rin)o consuli comunis Montisscilicis.

363

|127r| Item unum instrumentum confectum per Bartholameum de Vivilia confectum sub anno Domini M ducentessimo LXV°, inditione terci‹a›, die octavo exeunte decembri in quo continetur quod dominus Çulianus faber de Padua potestas Montisscilicis, clamavit sibi bene solutum a Iacobo condam Iohannis Piçaçomini de Montesscilice canipario comunis Montisscilicis dante pro ipso comuni de libris C denariorum venetorum parvorum.

364

Item unum instrumentum confectum per Franciscum condam Polegradi sub anno Domini M ducentessimo septuagessimo primo, inditione quartadecima, die tercio intrante iunio in quo continetur quod Adam de Bullis principalis erat obligatus penes dominum Franciscum condam Guidonis de Bene de Florentia nomine mutui in soldis tresdecim denariorum venetorum[a)] grossorum.

a) *segue* parvorum *depennato*

365

Item unum instrumentum confectum per Antonium condam Polegradi sub anno Domini millesimo ducentessimo septuagessimo quinto, inditione tercia, die quarto intrante otubri, in quo continetur quod Albertus de Canipario principalis nomine mutui erat obligatus penes dominum Antonium Petri de Aceia in libris otuagintasex et soldos sex denariorum venetorum parvorum.

366

Item unum instrumentum confectum per Franciscum Polegradi sub anno Domini millesimo ducentessimo sexagessimo septimo, inditione decima, die quinto intrante otubri, in quo instrumento continetur quod Artuycus de Aytengis errat obligatus penes dominum Spinam Falconem causa mutui[a] pro Iacobino de Pepis de Florentia in libris viginti et soldis decem[b] denariorum venetorum parvorum.

a) mutui *ripetuto* b) *preceduto da asta discendente, forse per un'unità*

367

Item unum instrumentum confectum per Audum sub anno Domini M ducentessimo terciodecimo, inditione prima, die nono intrante februario, in instrumento continetur quod Albertinus condam Benencase errat obligatus penes Armericum filium domini Alcardini causa mutui in libris centum et quinquaginta denariorum venetorum parvorum.

368

Item unum instrumentum confectum per Natalem de Rubeis sub anno Domini millesimo ducentessimo septuagessimo primo, inditione quartadecima, die quinto exeunte iunio, in quo continetur quod Spinelus condam Lapi clamavit sibi bene solutum a Bonaventura de Tomba procuratore comunis Montisscilicis dante nomine dicti comunis et pro illis qui sunt obligati in debitis infrascriptis factis per Franciscum et Tebaldum notarios de soldis trigintatribus[a] denariorum venetorum grossorum.

a) tri *all'inizio di* trigintatribus, *corretto su altre lettere non chiare*

369

|127v| Item unum instrumentum confectum per Franciscum nota-

rium condam Antonii de Claricis sub anno Domini millesimo ducentessimo nonagessimo quarto, inditione septima, die vigessimo intrante decembri, in quo continetur[a)] quod Iacobinus de Fuscolis pro libris centum et trigintauna parvorum quas guarentavit se habuisse a Bartholameo dicto Cleregacio dederat eidem ex causa venditionis omnia iura et actiones que vel quas videbatur habere contra Natalem ab Ulmo principalem et infrascriptos fideussores in libris centum et tres et soldos sex denariorum venetorum parvorum et in libris viginti denariorum venetorum parvorum de pena et in libris octo de expenssis, ut continetur in carta debiti facta per Petrum notarium filium magistri Monteseli.

a) *segue* in *depennato*

370

Item unum instrumentum confectum per Blaxium filium domini Benaie sub anno Domini millesimo ducentessimo nonagessimo sexto, inditione nona, die vigessimo sexto intrante novembri, in ‹quo› continetur quod dominus Benaia de Baldim‹en›tis ex iure sibi cesso a Bono condam Alberti de Verona, secundum quod continetur in carta cessionis facta per Monteselum notarium condam Athonis, pro libris centum et soldos quindecim denariorum venetorum parvorum quos dictus dominus Benaia dare tenebatur Troluxio notario condam domini Petri de Padua, dedit, vendidit, cessit et mandavit eidem Troluxio omnia iura et actiones que videbatur habere contra Iohannem condam Berti de Alianda principalem et infrascriptos fideiussores in uno debito soldorum septuaginta parvorum et soldorum x[a)] de sorte et pena et in libris vigintinovem et soldos quinque denariorum venetorum parvorum de expenssis.

a) et soldorum x *sovrascritto nell'interlinea*

371

Item unum instrumentum confectum per Thomaxium condam Martineli not(arii), anno Domini millesimo ducentessimo nonagessimo quarto, inditione septima, die duodecimo[a] intrante ianuario, in quo continetur quod Guetetus[b] de Gasdia principalis et infrascripti***[c] fideiussores errant obligati penes Ubertum condam Donati, dantem et vendentem nomine Spineli condam Raynerii de Gerolimis, in emendo a dicto Uberto viginti plaustra vini montis pro precio librarum centum et unam et soldorum sexdecim denariorum venetorum parvorum.

In hoc instrumento Clarus[d] Tuscanus tamquam procurator Spineli dedit iura et actiones Baxano filio Ca‹n›ti Syti, ut continetur in carta[e] iuris et actionum facta per Bonum Matheum condam Alcardi.

a) *segue* ins *depennato* b) *per un probabile* Gueretus, *e cfr. con doc.* 372 c) *serie di 5 punti al posto di nomi tralasciati intenzionalmente o per mancata comprensione dell'originale dal copista* d) *ms:* Clani, *lettura suggerita dal riscontro con la rubrica successiva* e) *ms:* carti

372

Item unum instrumentum confectum per dictum Thomaxium sub eisdem millesimo, inditione et die, in quo continetur quod Baxanus condam Canti erat obligatus penes Ubertum condam Donati recipientem nomine Spineli in libris centum et unam et soldis sexdecum denariorum venetorum parvorum fideiussorio nomine Gerepti[a] de Gasdia condam Arduini de Montesscilice principalis, quem quidem Baxanum Clarus condam Camaçani[b] de Florentia, dominus Tysus murarius de Acarda etcetera, promisserunt pro stipulatione servare indepnem.

a) *vedi rubrica precedente* b) *probabilmente per* Caneçani

373

Item unum instrumentum confectum per Patavinum notarium condam Horedici, sub anno Domini millesimo ducentessimo nonagessimo septimo, inditione decima, die secundo aprilis, in ‹quo› continetur quod Spinelus condam Henrigeti et Gaçarus condam Lapi fecerunt et constituerunt Nigrum notarium condam Bonaventure et Iohannem notarium de Campagnolo procuratores contra Filipum de Belando.

Quod instrumentum Matheus filius Egidii notarius exemplavit existens in officio comunis Padue ad discum Leopardi.

374

|128r| Item unum instrumentum ‹confectum› per Aldrigum filium Bonsegnoris sub anno Domini M ducentessimo nonagessimo primo, inditione quarta, die nono intrante decembri, in quo continetur quod Oliverius filius domini Iohannis de Ambroxo ante solutionem sibi factam dedit, cessit et tradidit domino Benevenuto dicto Bixato omnia iura omnesque actiones quas habebat contra dominum Realdum de Petenariis principalis et Iohannem de Baldimentis et Thomaxium de Patucio et Albertinum condam Andree de Hercio fideiussores in uno debito librarum quinque, soldorum tresdecim et denariorum quatuor grossorum.

375

Item unum instrumentum confectum per Martinelum condam Meneti sub anno Domini millesimo ducentessimo nonagesimo tercio, inditione sexta, die quintodecimo intrante decembri, in quo continetur quod Iohannes condam Blaxii de Prosdocimo principalis et infrascripti***[a] fideiussores errant obligati penes Bernardum naturalem v‹e›ndentem nomine Spinelis Raynerii[b] in emendo et acipiendo viginti plaustra boni vini albi sclavi de monte pro precio librarum ducentarum et sesagintauna et soldorum septem denariorum venetorum parvorum.

In quo quidem debito Spinelus predictus et Bernardus superius dictus dederunt iura et actiones domino Iohanni condam Spealarii qui stat Padue in contrata Sancti Urbani,[c] ut continetur in instrumento iuris et actionum facto per eundem Martinelum.

a) *serie di 6 punti al posto di nomi tralasciati intenzionalmente o per mancata comprensione dell'originale dal copista* b) v‹e›ndentem nomine Spineli *aggiunto, con richiamo, nel margine destro* c) *segue* ut in *depennato*

376

Item unum instrumentum confectum per Aldrigum condam Bonsegnoris, sub anno Domini M ducentessimo nonagessimo primo, inditione quarta, die primo decembris, in quo continetur quod dominus Realdus condam Iohannis de Petenariis principalis et infrascripti***[a)] fideiussores errant obligati causa mutui penes Nigrum condam domini Iohannis qui moratur Padue cum domino Alexandro mutuante nomine Oliverii condam domini Iohannis de Ambroxo in libris quinque et soldos tresdecim et denarios IIIJ^{or} grossorum.

a) *serie di 4 punti al posto di nomi tralasciati intenzionalmente o per mancata comprensione dell'originale dal copista*

377

Item unum instrumentum confectum per Petrum filium magistri Monteseli sub anno Domini millesimo ducentessimo nonagessimo tercio, inditione sexta, die sextodecimo intrante otubri, in quo continetur quod dominus Natalis ab Ulmo fuit constitutus syndicus in conscilio comunis Montisscilicis ad acipiendum mutuum librarum ducentas denariorum venetorum parvorum.

378

Item unum instrumentum confectum per Spinabelum condam domini Iacobi sub anno Domini millesimo ducentessimo nonagessimo sexto, inditione nona, die primo decembris, in quo continetur quod Orolus notarius condam domini Petri de Padua ex iure sibi cesso a domino Benaia de Baldimentis, ut continetur in carta cessionis facta per Blaxium eius filium, qui Benaia habebat dicta iura a Bono condam Alberti de Verona, ut continetur in ‹carta› cessionis facta per Monteselum notarium condam Atonis, pro libris centum et soldis quindecim denariorum venetorum parvorum quos confessus ‹fuit› habuisse a supradicto Blaxio pro ipso[a)] pretio idem Orolus dedit et cessit dicto Blaxio omnia iura et actiones que habere videbatur contra Iohannem dictum Nurum condam Berti de Alianda principalem et infrascriptos***[b] fideiussores in uno debito librarum septuaginta parvorum et soldorum decem parvorum de sorte et in libris vigintinovem parvorum et soldis quinque parvorum de expenssis.

a) *segue* pro *depennato* b) *serie di 5 punti al posto di nomi tralasciati intenzionalmente o per mancata comprensione dell'originale dal copista*

379

Item unum instrumentum confectum per Franciscum condam Antonii de Clariçis sub anno Domini M ducentessimo nonagessimo octavo, inditione undecima die[a] decimooctavo intrante marcio, in ‹quo› continetur quod Baxanus condam Canti ante solutionem sibi factam dedit et tradidit Lamberto condam Marcii, Botexe, Gafaro condam Iohannis, Calese, etcetera, omnia iura et actiones que habere videbatur contra Iohannem condam Blaxii de Prosdocimo principalem et Filipum de Belando, Blaxium de Cerato et Iohannem condam Michalis de Benda fideiussores in uno debito librarum quadrigentarum et sexagintanovem denariorum venetorum parvorum de sorte, ut continetur in carta debiti facta per dictum Franciscum.

a) die *ripetuto*

380

|128v| Item unum instrumentum confectum per Antonium notarium filium Polegradi sub anno Domini M ducentessimo nonagessimo tercio, inditione sexta, die undecimo intrante madio, in quo continetur quod Realdus Mascarelus condam Iohannis principalis et Thomaxius condam Patucii, Albertinus condam Andree de Hercio, Iohannes condam Blaxii de Baldim‹en›tis et dominus Benevenutus qui dicitur Bixatus de Padua fideiussores errant obligati penes Spinabelum condam Parixii mutuantem nomine et vice Oliverii condam do-

mini Iohannis de Ambroxio in soldis viginti et denariis quinque denariorum venetorum grossorum.

In quo quidem debito predictus Oliverius dederat iura et actiones domino Benevenuto supradicto, ut[a] continetur in instrumento iuris et actionis facto per Henselmum filium Antonii de Argere.

a) *segue* q *depennata*

381

Item unum instrumentum confectum per Franciscum notarium filium Henrici de Hostilia sub anno Domini millesimo ducentessimo nonagessimo quarto, inditione septima, die sextodecimo intrante februario,[a] in quo continetur quod[b] Realdus Mascarelus condam Iohannis principalis, Thomaxius condam Patucii de Baldimentis, Albertinus condam Andree de Hercio et Iohannes condam Blaxii de Baldimentis fideiussores reperiebantur scriptos in possessione procure comunis Padue in libro for(banitorum) de debitis generalibus.

a) *seguono due lettere e segno d'abbreviazione depennati* b) quod *ripetuto*

382

Item unum instrumentum confectum per Antonium condam Polegradi[a] sub anno Domini M ducentessimo nonagessimo nono, inditione secunda,[b] die quartodecimo intrante setembri, in quo continetur quod Thomaxius[c] condam Patucii principalis et magister Bonaventura sartor condam Gutefredi, Iacobinus condam Raynaldi Machafave, Gualpertus condam Salerni et Iohannes condam Spine de Florentia errant obligati penes Baxanum filium Canti causa mutui in soldis vigintiquatuor et denariis duos denariorum venetorum grossorum.

In quo quidem debito dictus Baxanus dederat iura et actiones Iohanni condam Spine ut continetur in carta iuris et actionis facta per Petrum condam Francisci.

Qui quidem Iohannes cessit idem ius dominis Canti Sciti et Spinelo, ut continetur in instrumento cessionis confecto per dictum Petrum notarium.

a) *la* i *finale non è chiara, per un evidente intervento correttivo non ben riuscito* b) *l'indizione non è esatta: probabilmente sta per* decimasecunda c) *ms:* Cholaxius *con l'iniziale corretta su altra lettera non chiara; la lettura proposta è suggerita da cfr. con le rubriche precedenti*

383

Item unum instrumentum confectum per Patavinum notarium condam magistri Oderici sub anno Domini M ducentessimo nonagessimo sexto, inditione nona, die tercio exeunte iulio, in Montesscilice, in quo continetur quod Bartholameus Cleregacius condam domini Henrici promixit per stipulationem solepnem Çambono Rodulo de Grimaldis recipienti pro se et nomine infrasciptorum***[a] quod curabit toto suo posse et quod faciet intrare ad expensas[b] omnium supradictorum omnes infrascriptos videlicet***[c] in quodam instrumento librarum quingentarum et trigintaquatuor denariorum venetorum parvorum et hoc in pena librarum centum denariorum venetorum parvorum.

a) *serie di 7 punti al posto di nomi tralasciati intenzionalmente o per mancata comprensione dell'originale dal copista* b) *segue* omnes *depennato* c) *serie di 9 punti al posto di nomi tralasciati intenzionalmente o per mancata comprensione dell'originale dal copista*

384

Item unum instrumentum confectum per Dominicum condam Bartholamey sub anno Domini M ducentessimo nonagessimo septimo, inditione decima, die tercio iunii, in quo continetur quod Gerardus filius domini Vivaldini tamquam syn‹di›cus comunis et hominum Montisscilicis promixit dare et solvere Blaxio filio domini Benaie vel suis heredibus soldos triginta denariorum venetorum grossorum usque ad festum sancti Petri prox(ime) vent(urum).

385

Item unum instrumentum confectum per Franciscum condam Polegradi sub anno Domini millesimo ducentessimo nonagessimo sexto, inditione nona, die vigessimo sexto intrante februario, in ‹quo› continetur quod Realdus Mascarelus principalis et Iohannes de Baldimentis et Thomaxius de Patucio, Albertinus condam Andree de Hercio et Benevenutus dictus Bixatus fideiussores errant obligati penes Bartholameum condam Guarienti causa mutui mutuantem pro Oliverio condam Iohannis de Ambroxo in quinquaginta denariorum venetorum grossorum.

Quem quidem Benevenutum supradictum predicti principalis et fideiussores promisserunt conservare indepnem a debito predicto et suos heredes ut continetur in carta promixionis facta per Franciscum supradictum.

In quo quidem debito Oliverius predictus dedit iura et actiones dicto Benevenuto, ut continetur in carta debiti facta per Aldrigum condam B(oni)segnoris.

386

|129r| Item unum instrumentum confectum per Millanum notarium condam Federici sub anno Domini millesimo ducentessimo nonagessimo nono, inditione secunda,[a] die otavo exeunte novembri, in quo continetur quod Susinelus et Faymudinus[b] nucii et procuratores Caracini condam Coradi de Lendenaria et domine Beatrix uxor dicti Coradi tutricis filiorum suorum Caracini et[c] Guilielmi confessi fuerun se procuratorio nomine predictorum habuisse a Blaxio[d] Cessce[e] canipario comunis Montisscilicis solvente pro ipso comune libras centum denariorum venetorum parvorum et denarios vigintisex.

a) *l'indizione non è esatta: probabilmente sta per* decimasecunda b) *forse per* Raymundinus c) *segue un segno non chiaro, depennato* d) *segue* ab *espunto* e) *cosí nel ms, da confrontare con* Blaxius Ceste *in doc.* 89

387

Item unum instrumentum confectum per dominum Franciscum condam Antonii de Clariçis sub anno Domini millesimo ducentessimo nonagessimo sexto, inditione nona, die penultimo aprillis, in quo continetur quod Iohannes condam Blaxii de Prosdocimo principalis et infrascripti fideiussores***[a] erant obligati penes[b] Moçum condam Raynerii in uno debito librarum quadrigentarum et sexagintanovem denarium venetorum.

a) *serie di 7 punti al posto di nomi tralasciati intenzionalmente o per mancata comprensione dell'originale dal copista* b) *segue* Baxanum filium Canti *depennato*

388

Item unum instrumentum confectum per Bartholameum condam Dominici de Vivilia sub anno Domini millesimo ducentessimo sexagessimo septimo, inditione decima, die tercio exeunte decembri, in quo continetur quod[a] Symeon de Bonafante consul comunis Montisscilicis pro ipso comuni errat obligatus penes Fra‹n›ciscum filium Guidonis de Bene de Florentia in libris vigintiseptem et soldis octo denarorum venetorum parvorum.

a) *segue* Bonfantes *espunto*

389

Item unum instrumentum confectum per Natalem de Rubeis sub anno Domini millesimo ducentessimo sexagessimo octavo, inditione undecima, die primo marcii, in quo continetur quod dominus Petrus Bonus iudex de Anteli(ni)s de Mantua clamavit sibi bene solutum a Guiducio Marchi Maioli canipario comunis Montisscilicis de libris quadringentis denariorum venetorum parvorum de sorte et pena et expenssis, ut continetur in carta debiti facta per Tebaldum.

390

Item unum instrumentum confectum per Albertum condam Martini Scambarani sub anno Domini millesimo ducentessimo nonagessimo tercio, inditione sexta, in quo continetur quod Iohanninus de Clariçis principalis et infrascripti***[a] fideiussores erant obligati penes Gerardum notarium condam Aby dantem et deponentem pro Ficia uxore sua in libris centum denariorum venetorum parvorum.

a) *serie di 3 punti al posto di nomi tralasciati intenzionalmente o per mancata comprensione dell'originale dal copista*

391

Item unum instrumentum confectum per Bonaventuram de Albrigetis sub anno Domini millesimo ducentessimo septuagessimo quinto, inditione secunda,[a] die penultimo iulii, in quo continetur quod Malexarto condam Palmerii de Paltaneriis principalis et infrascripti fineiussores***[b] erant obligati penes[c] Benevenutum condam Gulielmi de Villa Comitis causa mutui in libris ducentis et otuagintasex denariorum venetorum parvorum.

a) *l'indizione non è esatta: probabilmente sta per* tercia b) *serie di 5 punti al posto di nomi tralasciati intenzionalmente o per mancata comprensione dell'originale dal copista* c) *segue* G *depennata*

392

|127v| Item unum instrumentum confectum per Antonium condam Marchi cerdonis sub anno Domini millesimo tricentessimo[a] quarto, inditione secunda, die vigessimoseptimo novembris, in quo continetur quod Petrus sartor condam Filipi syndicus comunis, ut continetur in carta syndicaria facta per Dominicum condam Lucii de Gualdino, sicut principalis et infrascripti fideiussores promisserant dare Antonio condam Petri de Vicoargeris recipienti vice domini Antonii condam domini Henrici de Vicoargeris libras quatuordecim, soldos tresdecim et denarios quatuor denariorum venetorum grossorum.

a) *ms:* ducentessimo; *correzione suggerita dall'indizione e da riscontri con altri instrumenta*

393

Item unum instrumentum confectum per Manfredinum condam Blundi sub anno Domini millesimo[a] tricentessimo quinto, inditione tercia, die decimo ianuarii, in quo continetur quod Antonius condam domini Henrici de Vicoargeris ante solutionem sibi factam dederat iura et actiones Belengerio notario condam domini Gerardi de Grandonia[b] contra dictum Petrum[c] sartorem condam Filipi.

a) *segue* ducentessimo *depennato* b) *lettura dubbia: alcune lettere non chiare per sbavature d'inchiostro* c) Petrum *ripetuto*

394

Item unum instrumentum confectum per Bartholameum condam Dominici de Vivilia sub anno Domini millesimo ducentessimo otuagessimo ‹sexto›,[a] inditione quartadecima, die vigessimoseptimo madii, in quo continetur quod Gerardus condam Aby syn‹di›cus comunis Montisscilicis ex una parte et Felixius condam Gabrielis de Cereda pro se, Iacobino dicto Nigro, domine Fomye, Laurentio dicto Moraxo condam Petri Rande, Zacharia condam Atonis, Thealdi de[b] Megno et Clarus condam Caneçani pro Thomaxio condam Boni specialis ex altera compromisserunt se in dominos Petrum Lichum de Bullis et Iacobinum condam Iohannis Piçacomini.

a) *integrazione operata sulla base dell'indizione e di riscontri con i doc.* 189 *e* 190 b) *segue* Nigro *depennato*

395

Item unum instrumentum confectum per Natalem de Rubeis sub anno Domini millesimo ducentessimo septuagessimo primo, inditione quartadecima, die quarto intrante martio, in quo continetur quod Guidotus condam domini Martini de Bolçano clamavit sibi solutum a Bonaventura de Tomba et ab Alberto eius socio procuratoribus comunis Montisscilicis dantibus pro ipso comuni de libris quinquagintaseptem denariorum venetorum parvorum.

396

Item unum instrumentum confectum per Aleardum condam Bartholamey coreçarii sub anno Domini millesimo ducentessimo sexagessimo secundo, inditione quinta,[a] die quintodecimo exeunte ianuario, in quo continetur quod Guiducius condam Marchi Maioli et Iohannes Cursarius, etcetera, promisserunt pro stipulationem dare et solvere Iacobino dicto Bocanegra libras[b] ducentas et vigintiquatuor denariorum venetorum parvorum hic ad quatuor menses prox(ime) vent(uros).

a) *segue segno non chiaro* b) *segue* libr *depennato*

397

Item unum instrumentum confectum per Guililemum condam Guidonis de Saguedo sub anno Domini millesimo sexagessimo quinto, inditione octava, die undecimo exeunte iunio, in quo continetur quod Albertus Mascarelus consul comunis Montisscilicis erat obligatus penes Raynucium filium Guidoti de Florentia in libris centum et viginti denariorum venetorum.

398

Item unum instrumentum confectum per Bartholameum condam Dominici de Vivilia sub annis Domini millesimo ducentessimo sexagessimo septimo, inditione decima, die decimo intrante augusto, in quo continetur quod Gerardus condam Nicolay de Raymundo procurator comunis Montisscilicis et pro ipso comuni erat obligatus penes Franciscum filium domine Miludie causa mutui in libris centum et quadragi‹n›tatres denariorum venetorum parvorum.

399

|130r| Item unum instrumentum confectum per Guilielmum condam Filipi sub anno Domini millesimo tricentessimo secundo, indi-

tione quintadecima, die vigessimotertio intrante novembri, in quidem instrumento continetur quod Iacobus condam Pedonis et Raynaldus condam Iohannis de Secadenariis pro libris centum et sexaginta et soldis sex denariorum venetorum parvorum quos confessi fuerunt habuisse a Daniele condam Petri de Scaçetis canipario comunis Montisscilicis in regimine domini Lemicy de Chiçonibus, clamaverunt sibi solutum a Daniele supradicto de duabus partibus contigentibus pro indivisso cum Raynaldo condam Benevenuti[a] de Machafava de Montesscilice de omnibus iuribus que videbatur habere contra dictum comune Montisscilicis in quibusdam (condemnapcionibus).

a) *ms:* Bnvenuti *senza segni abbreviativi*

400

Item unum instrumentum confectum per eundem Guilielmum sub eisdem millesimo et inditione, die undecimo intrante decembri, in quo continetur quod Bartholameus qui fuit de Tomba et Dominicus eius filius pro libris quadragintaquatuor denariorum venetorum parvorum quos confessi fuerunt habuisse a supradicto Danyele canipario comunis Montisscilicis, clamaverunt sibi solutum a dicto Daniele specialiter[a] de libris quadragintaquatuor denariorum venetorum parvorum quos ipsi Bartholameus et Dominicus deposuerant penes ipsum Danielem occasione cuiusdam questionis quam dictus Dominicus videbatur habere cum dicto comuni.

a) *segue* d *depennata*

401

Item unum instrumentum confectum per Petrum filium Francisci de Claricis sub anno Domini millesimo ducentessimo nonagessimo quarto, inditione septima, die sexto exeunte iulio, in quo continetur quod Blaxius filius domini Benaie de Baldimentis tamquam syndicus comunis et hominum Montisscilicis, ut continetur in carta syndicaria facta per Albertum filium Martini de Fineto, principalis et Tisus de

Ricarda et Arnaldus de Lusca fideiussores erant obligati penes causa mutui[a] Armanum de Uguçonis de Tribano in libris quinque et soldis decem denariorum venetorum parvorum.

a) *segue asta discendente depennata*

402

Item unum instrumentum confectum per Benedictum condam domini Rolandi sub anno Domini millesimo ducentessimo nonagessimo, inditione tercia, die secundo ianuarii, in quo continetur quod Realdus Mascarelus principalis erat obligatus causa mutui penes Benevenutum dictum Bixatum condam Ambroxyi in libris tribus, soldis undecim et denariis quinque denariorum venetorum grossorum.

403

Item unum instrumentum confectum per Antonium filium Pegorini sub anno Domini millesimo ducentessimo nonagessimo quinto, die decimo intrante setembri, in quo continetur quod Iohannes condam Berti de Alianda principalis et infrascripti fideiussores erant obligati penes Bonum condam Alberti de Verona in libris[a] quinquagintaquinque denariorum venetorum parvorum.

a) in libris *ripetuto*

404

Item unum instrumentum confectum per Patavinum notarium magistri Oderici sub anno Domini millesimo ducentessimo nonagessimo secundo, inditione quinta, die nono intrante marcio, in quo continetur quod Bonafides condam Gumberti principalis debitor etcetera, erat obligatus causa mutui penes Baxanum filium Canti mutuantem nomine Savii filii Fey de Florentia in soldis vigintitribus denariorum venetorum grossorum.

405

|130v| Item unum instrumentum confectum per Gualfredinum filium Federici sub anno Domini millesimo c[a] otuagintessimooctavo, inditione sexta, die duodecimo exeunte marcio, in quo continetur quod Gerardus domine Paltanerie, Marchus iudex, Bonifacius domine Anelle et Albertinus de Benencasa consules comunis Montisscilicis et pro ipso comuni erant obligati causa mutui penes Gerardinum de Vicoargeris in libris ccc et quinquaginta denariorum venetorum parvorum.

a) *segue* otu *depennato*

406

Item unum instrumentum confectum per Franciscum de Clariçis sub anno Domini millesimo ducentessimo nonagessimo quinto, inditione octava, die ultimo novembris, in quo continetur quod[a] Petrus notarius condam Alberti de Martina principalis etcetera, erant obligati causa mutui penes Baxanum filium Canti Syti libris quinquagintasex denariorum venetorum parvorum.

a) quod *ripetuto*

407

Item unum instrumentum confectum per Thebaldum filium Iacobi[a] Chechedone sub anno Domini millesimo ducentessimo sexagessimo sexto, inditione nona, die decimo intrante aprilli, in quo continetur quod[b] Raynucius[c] et Spinelus fratres filii condam domini Guidoti Paganeli clamaverunt sibi bene solutum ab Aventura de Todesca syndico comunis Montisscilicis ut continetur in carta syndicarie facta per eundem notarium de uno debito librarum centum et viginti de sorte, pena et expenssis in quo erat obligatus Albertus Mascarelus principalis, ut continetur in carta debiti facta per Guillielmum notarium de Sanguedo. Item de uno debito de soldos quadragintaquatuor grossorum a vigintiseptem, in quo debito erat obligatus Petrus Randa. Item de uno debito librarum vigintisex parvorum, de uno debito de libris sexginta denariorum venetorum parvorum in quo debito erat obligatus Albertus Mascarelus.

a) *seguono tre lettere parzialmente abrase* b) quod *ripetuto* c) *segue* q *depennata*

408

Item unum instrumentum confectum per eundem notarium sub eisdem millesimo, inditione et die, in quo continetur quod Franciscus condam Guidonis de Bene de Florentia clamavit sibi solutum esse ab Aventura predicto syndico, ut dictum est supra, de uno debito soldorum quinquagintaunum et denariorum[a] quatuor grossorum in quo erat obligatus Albertus de Canipario et de uno debito librarum quinquagintaquinque parvorum in quo erat obligatus Veschevelus. Item de uno debito librarum centum in quo erat obligatus Marmoxetus. Item de uno debito librarum decem et septem in quo erat et soldorum quinque in quo erat obligatus Albertus de Canipario.

a) *seguono due lettere depennate*

409

Item instrumentum confectum per Franciscum condam Polegradi sub anno Domini M ducentessimo septuagessimo, inditione terciadecima, die primo madii, in quo continetur quod Millanus de Bignoto erat obligatus pro comune Montisscilicis penes Franciscum filium Guidonis de Bene de Florentia in soldis vigintitribus denariorum venetorum grossorum.

410

|131r| Item unum alium instrumentum confectum per Iacobum filium Bellaveris sub annis Domini M ducentessimo octuagessimo tercio, indictione undecima, die primo intrante ianuario, in quo quidem debito dominus Iacobus Bellandus sicut principalis debitor erat obligatus penes dominum Egidiolum filium domini Antonii Bonese in libris centum denariorum venetorum parvorum.

411

Item unum alium instrumentum confectum per Caxotum condam Pauli preconis sub annis Domini M ducentessimo octuagessimo ‹tercio›,[a] intictione undecima, die nono intrante ianuario, in quo quidem debito dominus Iacobus Belandus sicut principalis debitor erat obligatus penes Lapum filium domini Loti in libris decem et octo et soldis sex et denariis octo denariorum venetorum parvorum.

a) *integrazione di riscontri col doc.* 410 *dell'indizione e operata sulla base*

412

Item unum alium instrumentum confectum per Franciscum filium[a] condam Gerardi de Tudisio sub annis Domini M ducentessimo septuagessimo quarto, indictione secunda, die octavo mensis iulii, in quo quidem debito Natalis notarius de Rubeis sindicus comunis et hominum Montisscilicis sicut principalis debitor erat obligatus penes dominum Alexandrum iudicem filium domini Iohannis de Mancio in libris quinquagintaduas et soldis decem denariorum venetorum parvorum.

a) *segue* domini Tu *depennato*

413

Item unum alium instrumentum confectum per Danielem de Montagnana sub annis Domini M ducentessimo septuagessimo sexto, indicione quarta, die secundo intrante septembri, in quo quidem debito dominus Iohannes Ab Aqua sicut principalis debitor erat obligatus penes dominum Çeri Tuscanum qui stat in Montagnana in libris trigintaunam et soldis decem denariorum venetorum.

414

Item unum alium instrumentum confectum per Bartholomeum condam Dominici de Vivilia sub annis domini M ducentessimo octuagessimo primo, indictione nona, die tercio intrante ianuario, in quo quidem debitor Bonus pistor filius condam Manfredi pistoris sicut principalis debitor erat obligatus penes dominum Franciscum condam domini Guidonis de Bene de Florentia in libris viginti denariorum venetorum grossi.

415

Item unum aliud instrumentum cançelatum confectum per Petrum condam Francissci not(arii) sub millesimo ducentessimo[a)] octuagessimo nono, indictione secunda, die undecimo intrante iullio, in quo quidem debito continetur quod Çambonus[b)] Rodolus[c)] de Grimaldis sicut principalis debitor erat obligatus penes Baxanum filium domini Canti Sciti de Florentia in soldis viginti denariorum venetorum grossorum.

a) *segue lettera parzialmente abrasa* b) *segue lettera parzialmente abrasa* c) *corretto da* Roduliis

416

Item unum aliud instrumentum cançellatum confectum per Artuicum filium Iohannis de Guigla sub millesimo ducentessimo nonagessimo quarto, indictione septima, die primo novembris, in quo quidem continetur quod Natalis ab Ulmo[a] condam Bartolomei tamquam debitor principalis erat obligatus cum pluribus alliis penes Gaçarium filium condam domini Lapi de Florentia in libris centumduodecim et soldis decem denariorum venetorum parvorum.

a) *segue lettera parzialmente abrasa*

417

|131v| Item unum aliud instrumentum debiti cançellatum confectum per Iacobinum condam domini Bellaveris sub millesimo ducentessimo nonagessimo secundo, indictione quinta, die octavo intrante decembri, in quo quidem debito continetur quod dominus Petrus condam domini Alberti de Bunda erat obligatus sicut principalis penes Spinellum condam Enregeti de Florentia in soldis trigintaquatuor et denarium unum denariorum venetorum grossorum.

418

Item unum aliud instrumentum debiti cançellatum confectum per Francisscum condam Antonii not(arii) de Claricis sub millesimo ducentessimo nonagessimo tercio, indictione sexta, die duodecimo intrante decembri, in quo quidem continetur quod Bovetinus pistor de Albrigetis sicut principalis erat obligatus penes Baxanum filium Canti Sciti in libris tricentis et sexaginta et soldis decem denariorum venetorum parvorum.

419

Item unum aliud instrumentum debiti cançellatum confectum per supradictum Francisscum notarium sub millesimo ducentessimo nonagessimo quinto, indictione octava, die vigessimo primo intrante iullio, in quo quidem continetur quod dominus Fellixius condam Gabrielis de Cereda sicut principalis erat obligatus penes supradictum Baxanum in libris quadrigentis et decem et octo denariorum venetorum parvorum.

420

Item unum aliud instrumentum debiti cançellatum confectum per Blassium filium domini Benaie Baldimentis[a)] sub millesimo ducentessimo nonagessimo sexto, indictione nona, die septimo intrante octubri, in quo quidem continetur quod Fellixius condam Gabriellis de Cereda sicut principalis erat obligatus penes supradictum Baxanum in libris quadragintaocto, soldis undecim denariorum parvorum.

a) *in ms parola non chiara: la si evince da cfr. con gli altri documenti*

421

Item unum aliud instrumentum debiti cançelatum confectum per Albertum filium condam Martini Scambarani sub millesimo ducentessimo octuagessimo sexto, indictione quartadecima, die decimo exeunte marcio, in quo quidem continetur quod Çambonus qui dicitur Rodulus de Grimaldis principalis erat obbligatus penes supradictum Baxanum in soldis trigintaduobus et denario uno denariorum venetorum grossorum.

422

Item unum aliud instrumentum debi‹ti› vivum et non cançellatum confectum per Petrum condam Francissci not(arii) de Claricis sub millesimo ducentessimo nonagessimo quarto, indictione septima, die decimoseptimo intrante marcio, in quo quidem[a)] continetur quod dominus Octalinus[b)] pistor sicut principalis erat obligatus penes Gaçarum filium condam domini Lapi de Florentia in libris octo et soldis novem denariorum venetorum grossorum.

a) *segue lettera parzialmente abrasa* b) *probabilmente per* Octolinus

423

Item unum aliud instrumentum debiti cançellatum confectum per Antonium notarium condam Pegorini sub millesimo ducentessimo nonagessimo quarto, indictione octava,[a)] die quarto intrante octubri, in quo quidem continetur quod Petrus condam Gumberti de Fussara de Montesscilice sindicus comunis et hominum terre Montisscilicis sicut principalis erat obligatus penes Iohannem condam Ture de Erro[b)] in libris trigintaquatuor et soldis novem denarorum venetorum grossorum.

a) *l'indizione non è esatta: probabilmente sta per* septima b) *in ms parola non chiara: la si evince dalla rubrica successiva*

424-425

Item duo alia instrumenta iurium et actionum confectis unum per supradictum Antonium sub millesimo ducentessimo nonagessimo quarto, in dicta indictione,[a)] die vij octubris, in quo continetur quod Iohannes condam Ture de Erro dedit iura Buchinello contra supradictum Petrum et eius fideiussores, et aliud confectum per Francisscum condam Antonii de Claricis in millesimo ducentessimo nonagessimo octavo, indictione undecima, die nono intrante iullio, in quo continetur quod Buchinellus condam Çanibelli de Florentia ex iure sibi cesso a supradicto Iohanne dedi‹t› domino Amoreto solvente pro Guidone eius filio.[b)]

a) *vedi nota* [a)] *della rubrica precedente* b) *segue* contra dictum Petrum; *sulla scritta, un segno orizzontale*

426

|132r| *Comune Montisscilicis erat in focis* VIIJ[c] LXXX *et solvit grossum* J *pro foco pro una collecta sibi imposita per comune Padue occasione laborerii Brentele, cap(it) libras* CXVIJ *solidos* VJ *denarios* VIIJ *parvorum.*[a)]

Die ultimo mensis septembris.[b)]

Recepit dominus Guidotus notarius de Tencharola masarius electus per duodecim sapientes a credencia ad exigendum a comunibus vilarum dacias eis inpositas per comune Padue de uno grosso pro focho pro laborerio Brentelle, libras centumdecem et septem, solidos sex et denarios octo parvorum a Fidencio notario condam Antonii notarii de Claricis de Montesscilice dante et solvente pro dicto comuni Montisscilicis pro inpositione dicto comuni facta pro uno grosso pro focho ocaxione laborerii Brentelle pro focis otingentis et otuaginta in quarterio Turiselarum et centenario Sancti Martini.

(SN) Ego Franciscus Cornelus ‹notarius› dicti colletoris subscripsi.

(SN) Ego Prosdocimus filius Antonii de Martina sacri palatii notarius his omnibus interfui rogatus et predictam cedulam ex auctenticho nichil addens vel minuens nisi forte sylabis literarum bona fide exenplavi.

a) *nel marg. sn. di mano A* b) *nel margine superiore, al centro*

427

Comune Montisscilicis solvit comuni Padue libras IIJ[c]LIJ *parvorum pro focis* VIIJ[c]LXXX *in racione grossorum* IIJ *pro foco.*[a)]

Millesimo tricentesimo undecimo, inditione nona, die vigessimo septimo septenbris. Recepit dominus Prosdocimus notarius condam domini Nicolay de Rio masarius comunis Padue libras quinquagintaduas parvorum a domino Gerardo condam domini Petri de Gregoriis de Montesscilice dante et solvente pro comune Montisscilicis pro complemento solutionis sue dationis grossorum trium pro foco pro focis octingentis et octuaginta, cum alias receperit libras tricentas parvorum a Çenarino pro dicto comuni solvente.

(SN) Ego Laurencius notarius condam Meliorini subscripsi.

(SN) Ego Albertus filius magistri Monteseli inperiali auctoritate notarius hiis omnibus interfui et rogatus, ut in predicta çedula ex autentico dicti Laurencii, nichil addens vel minuens nisi forte in silabis, literis et in pontis, bona fide scripsi et exenplavi. Que cedulla habuit Guilielmus notarius domini Philipi.

a) *nel marg. sn. di mano A*

428

Comune Montisscilicis solvit comuni Padue florinos IJ^{c}LVIIJ^{o} *pro parte impositionis facte dicto comuni de florinis* VIIJ^{c}.[a]

Millesimo tricentesimo duodecimo, inditione undecima, die vigesimo septimo decembris. Recepit Prosdocimus notarius da Rio, exator inposicionis mutui florinorum auri inpositis omnibus vilarum Paduani distritus, florinos ducentos et quinquagintaocto in denariis a viginti a domino Felisio co‹n›dam domini Cabrielis de Montesscilice solvente pro comuni et hominibus ville Montisscilicis de denariis ipsius comunis pro parte solucionis dicte inposicionis facte dicte ville que est de florinis otingentis.

(SN) Ego Iohannes de Rio notarius dicti exactoris subscripsi.

(SN) Ego Gerardus notarius condam domini Petri de Gregoriis his omnibus interfui rogatus, ut in predicta cedula ex autentico dicti Iohannis, nichil adens vel minuens nisi forte in silabis, literis et pontis, bona fide scripssi et exenplavi.

a) *nel marg. sn. di mano A*

429

|132v| *Solucio florinorum* IIJ^{c}LXIIIJ^{or} *pro impositione facta comuni Montisscilicis.*[a]

Die quarto mensis decembris. Recepit Prosdocimus de Rio, exactor pro comuni Padue inpositionis mutui florinorum inpositi comunibus villarum Paduani districtus, florinos tricentos sexsagintaquatuor a domino Aycardino de Villa Comitis potestate terre Montisscilicis solvente pro comuni et hominibus Montisscilicis et de pecunia ipsius comunis pro solucione parte inpositionis mutui[b)] inpositi dicto comuni ville per comune Padue que est de florinis octingentis.

Ego Iohannes de Rio notarius dicte exactionis subscripsi.

Ego Albertus notarius exemplavi.

a) *nel marg. sn. di mano A* b) *segue* florinorum *depennato*

430

|133r| Item unum alium instrumentum confectum per Tebaldum notarium filium domini Iacobini Chichedone sub millesimo ducentessimo sessagessimo sexto, indictione nona, die decimo intrante aprili, in quo quidem debito Aventura de Toesca de Montesscilice sindicus et procurator comunis Montisscilicis erat obligatus penes dominum Petrum Bonum iudicem de Attelinis de Mantua in libris quadringentis denariorum venetorum parvorum.

431

Item unum alium instrumentum confectum per Bonaventuram notarium de Albrigeto sub millesimo ducentessimo septuagessimo primo, indictione quartadecima, die decimo exeunte iunio, in quo debito dominus Thealdus de Megno condam Acti erat obligatus penes Benevenutum condam domini Guillielmi de Villa Comitis in libris M denariorum venetorum parvorum.

432

Item unum alium instrumentum confectum per Franciscum filium[a] Pollegradi de Claricis sub millesimo ducentessimo sessagessimo quinto, indictione octava, die undecimo intrante novembri, in quo debito dominus Veschevelus de Fontana erat obbligatus penes Franciscum olim Guidonis de Florentia in libris quinquagintaquinque parvorum.

a) *segue* p notarium *depennato*

433

Item unum alium instrumentum confectum per Franciscum notarium filium Pelegradi de Claricis sub millesimo ducentessimo sessxagessimo septimo, indictione decima, die octavo exeunte septembri, in quo debito Thealdus de Megno erat obligatus penes dominum Franciscum condam Guidonis de Florentia in libris C et vigintisex venetorum parvorum et soldis x.

434

Item unum alium instrumentum confectum per Ubertum notarium filium Gerardi Pavari sub millesimo ducentessimo trigessimo octavo, indictione undecima, die septimo exeunte genuario, in quo instrumento continebatur: dominus Botius et Facinus de Breida cognoscentes de causa inter comune Montisscilicis ex una parte nenon Laurentius de Petro ex altera.

435

Item unum alium instrumentum confectum per Natalem de Rubeis sub millesimo ducentessimo septuagessimo primo, indictione quartadecima, die quarto intrante martio, in quo[a] instrumento Naxius[b] Tusius clamavit sibi solutum et a pluribus alis procuratoribus comunis dante et solvente pro ipso comuni libras nonagintaquinque et soldos duodecim et denarios vj.

a) *segue* debito *depennato* b) *lettura dubbia*

436

Item unum alium instrumentum confectum per Guillielmum filium[a)] Felipi de Bellando sub millesimo tricentessimo secundo, indictione quintadecima, die decimo intrante octubri, in quo quidem debito dominus Gerardus notarius a Sancto de Padua filius condam Guillielmi qui fuit de Causilve conductor affituum possessionum comunis Padue[b)] a Daniele condam domini Petri de Scaçetis caniparii comunis Montisscilicis dante pro dicto comuni de propriis denariis dicti comunis in libris quadraginta et soldis IJ denariorum parvorum.

a) *segue* d *depennata* b) *probabile, a questo punto, l'omissione della formula* clamavit sibi solutum

437

|133v| Item unum alium instrumentum confectum per Guillielmum filium Phelipi[a)] sub millesimo tricentessimo secundo, indictione quintadecima, die tercio intrante decembri, in quo quidem debito dominus Coradus condam Vainancii de Grimaldis guarentavit se habuisse a Daniele de Scaçetis canipario comunis solvente pro ipso comuni soldos quindecim denariorum venetorum parvorum.

a) *segue* de *depennato*

438

Item unum alium instrumentum confectum per supradictum Guillielmum sub dicto millesimo et indictione, die tercio intrante decembri, cum Daniel condam Petri de Scaçetis tamquam caniparius comunis Montisscilicis dante et solvente nomine et vice ipsius dixisse se solvisse domino Corado de Grimaldis soldos xv venetorum grossorum pro solutione unius sententie trium modiorum frumenti et pro expenssis.

439

Item unum alium instrumentum confectum per supradictum Guillielmum sub dicto millesimo et indictione, in quo quidem instrumento continetur pro libris septuagintanovem et soldis decem et septem et denariis quatuor denariorum parvorum, quos denarios Raynaldus condam Bonaventure de Machafava.[a]

a) *evidente l'incompletezza della rubrica*

440

Item unum alium instrumentum confectum per Franciscum condam Polegradi de Claricis sub millesimo ducentessimo septuagessimo, indictione terciadecima, die terciodecimo exeunte novembri, in quo quidem debito dominus Maçuchelus Iohannis Maçuchi loco comunis Montisscilicis penes Spinelum Lapi de Florentia mutuavit pro Raynutio Vioti Paganeli de Florentia et pro Spinelo condam Rainerii de Florentia in libris quindecim et soldis VIIJ denariorum venetorum.

441

Item unum alium instrumentum confectum per Franciscum condam Polegradi de Claricis sub millesimo ducentessimo septuagessimo secundo, indictione quintadecima, die penultimo exeunte decembri, in quo quidem debito Petrus filius Alberti domine Bunde sicut principalis debitor erat obligatus penes Bonafidem cerdonem in libris nonagintaseptem et soldis x parvorum venetorum.

442

Item unum alium instrumentum confectum per Franciscum condam Polegradi de Claricis sub millesimo ducentessimo sexagessimo nono, indictione duodecima, die quinto exeunte madio, in quo quidem debito Maçuchelus condam Iohannis Maçuchi[a)] erat obligatus penes Cambium Aguti de Florentia mutuantem pro domino Francisco Guidonis Bene in libris c et xv denariorum parvorum.

a) *segue* in quo *depennato*

443

Item unum alium instrumentum confectum per Bartolomeum de Vivilia sub annis Domini millesimo ducentessimo septuagessimo secundo, indictione quintadecima, die undecimo exeunte aprili, in quo Artuicus Gravoncellus erat obligatus penes dominum Chesium Chaneçani de Florentia in soldis viginti et denarium unum venetorum grossorum.

444

|134r| Item unum alium instrumentum confectum per Franciscum filium Bonifacii de Crespo sub millesimo ducentessimo sexagessimo quarto, indictione septima, dei septimo exeunte aprili, in quo quidem debito Belavere filius olim magistri Bertramis erat obligatus penes Corpiçum Tuscum dantem mutuum pro Gerardo et Bindo fratribus filiis olim domini Andrevandini de Calexanis qui fuerunt de Florentia in libris ducentisoctuagintaseptem et soldis decem denariorum venetorum.

445

Item unum alium instrumentum confectum per Franciscum notarium condam Antonii notarii de Claricis sub millesimo ducentessimo nonagessimo sexto, indictione nona, die quinto intrante augusto, in quo quidem debito Phylipus condam Petri de Belando sicut principalis erat obligatus penes Baxanum filium Canti Siti in libris nonagintaquinque et soldis quindecim denariorum venetorum parvorum.

446

Item unum alium instrumentum confectum per Patavinum filium Oderici cerdonis sub millesimo ducentessimo nonagessimo quarto, indictione septima, die quinto exeunte ianuario, in quo quidem debito Martinus condam Oliverii de Luce erat obligatus penes Baxanum filium domini Canti Siti de Florentia dantem mutuum pro domino Canti et Spinelo quonam Rainerii de Florentia in libris centum et vigintiunam[a)] denariorum venetorum.

a) *segue asta discendente*

447

Item[a)] unum alium instrumentum confectum per Patavinum filium Oderici cerdonis sub millesimo ducentessimo nonagessimo sexto, indictione nona, die quintodecimo intrante iulio, in quo quidem debito Bartolemeus[b)] Cleregacius filius domini Henrici becarius dederat iura et actiones Francisco dicto Puia in libris centum et tribus et soldis sex et denariis octo parvorum.

a) *il testo della rubrica è cancellato con tre grandi x, forse di altra mano; nel marg. sn. forse di altra mano:* P(eto)? posita alibi; *cfr. doc.* 163 b) *segue* des *depennato*

448

Item unum alium instrumentum confectum per Raynaldinum Montis barberii sub millesimo ducentessimo septuagessimo septimo, indictione quinta, die quarto exeunte octubri,[a)] in quo continetur quod Blaxius notarius filius Danisii linaroli a Prato procurator Iohanini de Soldano clamavit sibi solutum a Petro condam Alberti Mani dante pro comuni Montisscilicis et pro ipso comuni de libris centum et sessaginta denariorum venetorum parvorum.

a) *segue* Blaxius *depennato*

449

Item unum alium instrumentum confectum per Iohannem filium Dominici de Picelis sub millesimo ducentessimo septuagessimo tercio, indictione prima, die duodecimo exeunte aprili, in quo quidem debito dominus Hengifredus filius domini Paduani negotiatoris vocavit sibi solutum a domino Symione notario de Bonafante procuratore comunis de libris otingentis et sessaginta denariorum venetorum.

450

Item unum alium instrumentum confectum per Iacobum notarium filium domini Çuliani sub annis Domini millesimo ducentessimo septuagessimo quinto, indictione tercia, die septimo exeunte septembri, continens unam solutionem librarum centum solutarum pro comuni[a)] Montisscilicis comuni Padue pro una condempnatione facta in Tebaldum notarium syndicum comunis Montisscilicis.

a) *segue asta discendente depennata*

451

|134v| Item unum alium instrumentum confectum per Franciscum notarium condam Antonii not(arii)[a)] de Claricis in annis Domini millesimo ducentessimo nonagessimo quinto, indictione octava, die decimo intrante octubri, in quo quidem debito Phylipus condam Petri de Bellando sicut principalis erat obligatus penes Baxanum filium domini Canti Siti in libris decem et septem et soldis decem et novem denariorum venetorum parvorum.

a) *ms:* mot *con segno abbreviativo generico sovrapposto, evidentemente per* not

452

Item unum alium instrumentum confectum per Franciscum filium condam Antonii not(arii) de Claricis in annis Domini millesimo ducentessimo nonagessimo quinto, indictone octava, die vigesimo intrante marcio, in quo quidem debito Phylipus condam Petri de Belando sicut principalis erat obligatus penes Baxanum filium domini Canti Siti de Florentia in libris centumtresdecim et soldis decem denariorum venetorum parvorum.

453

Item unum alium instrumentum confectum per Franciscum filium condam[a)] Antonii de Claricis not(arii) in annis Domini millesimo ducentessimo nonagessimo quinto, indictione octava, die vigesimo intrante februario, in quo quidem debito Petrus condam Gumberti de Fusara sicut principalis erat obligatus penes Baxanum filium domini Canti Siti de Florentia in libris octo et soldis decem denariorum venetorum parvorum.

a) *segue* ser *depennato*

454

Item unum alium instrumentum confectum per Patavinum filium domini Henrici cerdonis in annis Domini millesimo ducentessimo nonagessimo quinto, indictione octava,[a)] die undecimo intrante ianuario, in quo quidem debito Iohannes condam Michaelis Longi sicut principalis erat obligatus penes Spinelum condam Henrigeti dantem mutuum pro Gaçaro filio domini Lapi in libris undecim et soldis decem et septem venetorum parvorum.

a) *ms:* octavo

455

Item unum alium instrumentum confectum per Iacobum filium condam domini Belaveris in annis Domini millesimo ducentessimo nonagessimo quarto, indictione septima, die tercio exeunte novembri, in quo quidem debito dominus Benaia condam Blaxii de Baldimento principalis erat obligatus penes Gacarum condam domini Lapi de Florentia in libris octuagintatres denariorum parvorum.

456

Item unum alium instrumentum confectum per Patavinum filium domini Oderici cerdonis in annis Domini millesimo ducentessimo nonagessimo tercio, indictione sexta, die nono intrante decembri, in quo quidem debito Bartolomeus filius condam Martani[a] de Claricis sicut principalis erat obligatus penes Savium filium domini Fei de Florentia in[b] soldis quadraginta et denario unum venetorum grossorum.

a) probabilmente per Martini b) *segue* libr *con segno d'abbreviazione, depennato*

457

Item unum alium instrumentum confectum per Patavinum filium domini Oderici cerdonis in annis Domini millesimo ducentessimo nonagessimo sexto, indictione nona, die nono exeunte ianuario, in quo quidem debito Prandus filius condam Pelegrini de Prando sicut principalis erat obligatus penes Gaçarum filium domini Lapi in libris duodecim et soldis sex denariorum venetorum parvorum.

458

Item unum alium instrumentum confectum per Patavinum filium domini Oderici cerdonis in annis Domini millesimo ducentessimo nonagessimo sexto, indictione nona, die secundo septembris, in quo quidem debito domina Iu(n)ta uxor Facini[a)] qui dicitur Vitauna principalis debitrix erat obligata penes Gaçarum filium domini Lapi in libris septem et soldos quatuordecim denariorum parvorum.

a) *segue* v *depennata*

459

|135r| Item unum alium instrumentum confectum per Patavinum filium domini Oderici cerdonis in annis Domini millesimo ducentessimo nonagessimo tercio, indictione sexta, die nono intrante decembri, in quo quidem debito Bovetinus de Albrigetis sicut principalis debitor erat obligatus penes[a)] Savium domini Fei de Florentia in libris quinquagintanovem et soldis sexdecim denariorum venetorum parvorum.

a) penes *ripetuto*

460

Item unum alium instrumentum confectum per Petrum filium Francisci not(arii) de Claricis in annis Domini millesimo ducentessimo octuagessimo nono, indictione secunda, die quinto exeunte maio, in quo quidem debito Gualpertus condam Salerni de Galea sicut principalis erat obligatus penes Antonem[a)] condam Martini de Sanitate mutuantem pro Guidone filio Moreti Tuscani in soldis quinque et denariis undecim denariorum venetorum grossorum.

a) *cosí in ms*

461

Item unum alium instrumentum confectum per Petrum filium Francisci not(arii) de Claricis in annis Domini millesimo ducentessimo nonagessimo quarto, indictione septima, die nono intrante februario, in quo quidem debito Petrus filius domini Alberti Mascareli fuit conteptus se mutuum accepisse a Spinelo Henrigeti dante mutuum pro Savio filio domini Fei de Florentia in libris sexdecim et soldis tres denariorum venetorum parvorum.

462

Item unum alium instrumentum confectum per Iacobum filium Belaveris in annis[a] Domini millesimo ducentessimo nonagessimo primo, indictione quarta, die quintodecimo intrante iulio, in quo quidem debito Laurencius condam Salerni de Galea sicut[b] principalis debitor erat obligatus penes Gerardum Corsale in soldis undecim et denario unum denariorum venetorum grossorum

a) annis *ripetuto* b) *corretto su altre lettere non chiare*

463

Item unum alium instrumentum confectum per Thomaxinum filium Martineli not(arii) in annis Domini[a] millesimo ducentessimo nonagessimo quarto, indictione septima, die vigesimo quarto intrante februario, in quo quidem debito Çambonus dictus Rodulus[b] condam Iohannis de Grimaldo procurator Felixi condam Gabrielis de[c] Cereda[d] sicut principalis debitor erat obligatus penes Gaçarum domini Lapi de Florentia in soldis trigintaduobus et denariis duobus venetorum grossorum et hoc nominatim pro sex plaustris boni vini albi de monte.

a) Domini *ripetuto* b) *ms:* Radolus c) de *ripetuto* d) *segue* in quo debi *depennato*

464

Item unum alium instrumentum confectum per Franciscum filium condam Polegradi in annis Domini millesimo ducentessimo septuagessimo, indictone tercia decima, die tercio intrante octubri, in quo quidem debito Gratius condam Parisii, sicut principalis debitor erat obligatus penes Lotum Alberti de Florentia mutuantem pro dominis Francisco condam Guidonis de Bene et Spine Falconis de Florentia in libris quinque et soldis tres et dimidio venetorum denariorum grossorum a viginti[a] septem denar(iis).

a) *segue* uno *depennato*

465

Item unum alium instrumentum confectum per Franciscum[a] filium Polegradi in annis Domini millesimo ducentessimo sexagessimo quinto, indictione octava, [di]e octavo exeunte novembri, in quo quidem debito Albertus de Canipario sicut principalis debito[r] erat obligatus penes dominum Franciscum Guidonis Bene de Florentia in soldis quadragintaunum et denariis quatuor denariorum venetorum grossorum.

a) *segue* quondam *depennato*

466

|135v| Item unum alium instrumentum confectum per Francisscum notarium condam Antonii notarii de Claricis in annis Domini millesimo ducentessimo nonagessimo sexto, indictione[a] nona, die decimoseptimo intrante iunio, in quo quidem debito Iohannes dictus Pillotus condam Boneti de Iustina sicut principalis debitor erat obligatus penes Gaçarum condam domini Lapi de Florentia in libris tres et soldis quinque denariorum venetorum parvorum.

a) *segue* undeci *depennato*

467

Item unum alium instrumentum confectum per Patavinum filium

domini Oderici cerdonis in annis Domini millesimo ducentessimo nonagessimo sexto, indictione nona, die quinto intrante iunio, in quo quidem debito Çambonus Rodolus de Grimaldis sicut principalis debitor erat obligatus penes Gaçarum filio condam domini Lapi in libris decem et soldis decem et octo denariorum venetorum parvorum.

468

Item unum alium instrumentum confectum per Patavinum filium domini Oderici cerdonis in annis Domini millesimo ducentessimo nonagessimo quinto, indictione octava, die ultimo iulii, in quo quidem debito Tomaxius[a)] condam domini Patutii de Baldimentis sicut principalis debitor erat obligatus penes Patavinum filium domini Henrici de Vantio dantem mutuum pro Gaçaro filio condam domini Lapi in libris sex denariorum venetorum grossorum.

a) *ms:* Tomoxius

469

Item unum alium instrumentum confectum per Petrum filium condam Alberti de Martina in annis Domini millesimo ducentessimo nonagessimo sexto, indictione nona, die nono exeunte octubri, in quo quidem debito Prandus filius condam Pelegrini de Prando sicut principalis debitor erat obligatus penes Gacarum filium domini Lapi de Florentia[a)] in soldis quinquagintanovem denariorum venetorum parvorum.

a) *segue* in libras *depennato*

470

Item unum alium instrumentum confectum per Iacobum filium condam domini Belaverii in annis Domini millesimo ducentessimo nonagessimo sexto, indictione nona, die quarta exeunte februario, in quo quidem debito Iacobus filius condam domini Belaveris sicut principalis debitor erat obligatus penes Gaçarum filium domini Lapi in libris decem et octo et soldis sex denariorum venetorum parvorum.

471

Item unum alium instrumentum confectum per Franciscum notarium condam Antonii notarii de Claricis in annis Domini millesimo ducentessimo nonagessimo sexto, indictione nona, die quarto intrante iunio, in quo quidem debito Petrus notarius de Martina sicut principalis debitor erat obligatus penes Iacobinum condam Iohannis de Casale mutuantem pro Baxano filio Canti Siti in libris quinquagintatres et soldis tresdecim denariorum venetorum parvorum.

472

Item unum alium instrumentum confectum per Patavinum filium domini Oderici cerdonis in annis Domini millesimo ducentessimo nonagessimo sexto, indictione nona, die duodecimo intrante octubri, in quo quidem debito dominus Octolinus condam Pelegrini sicut principalis debitor erat obligatus penes Gaçarum filium condam domini Lapi in libris quatuor denariorum venetorum grossorum.

473

Item unum alium instrumentum confectum per Patavinum filium domini Oderici cerdonis in annis Domini millesimo ducentessimo nonagessimo tercio, indictione sexta, die nono intrante decembri, in quo quidem debito Blaxius condam Bartholomei de Guiducio sicut principalis erat oblig[atu]s penes [S]pinelum Henrigeti actore Savii filii domini Fei mutuantem actorio nomine dicti Savii in libris decemnovem et soldis tresdecim denariorum venetorum parvorum.

474

|136r| Item unum alium instrumentum confectum per Raynaldum Montis barberii in annis Domini millesimo ducentessimo septuagessimo, indictione terciadecima, die quintodecimo intrante setembri, in quo quidem debito Gratius de Parixe sicut principalis debitor erat obligatus penes Franciscum condam domini Uberti de Bochadava[a)] in libris quadragintasex denariorum venetorum.

a) *o* Bochadana

475

Item unum alium instrumentum confectum per Patavinum filium domini Oderci cerdonis in annis Domini millesimo ducentessimo nonagessimo sexto, indictione nona, die octavo intrante iunio, in quo quidem debito Vivaldinus condam Gualterii de Butula sicut principalis debitor erat obligatus penes Gaçarum filium condam domini Lapi in libris decem et soldis decem et octo et denariis sex denariorum venetorum parvorum.

476

Item unum alium instrumentum confectum per Iohannem filium domini Petri Rande in annis Domini millesimo ducentessimo sexagessimo septimo, indictione decima, die quinto exeunte iunio, in quo quidem debito Salernus de Galea filius condam Manfredini de Galea sicut principalis debitor erat obligatus penes Raynutium filium domini Guidoti Paganeli de Florentia in libris centum et soldis quinquagintaquatuor denariorum venetorum parvorum.

477

Item unum alium instrumentum confectum per Petrum filium

Francisci not(arii) de Claricis in annis Domini millesimo ducentessimo octuagessimo nono, indictione secunda,[a] die quinto exeunte maio, in quo quidem debito Thomaxius condam Patucii not(arii) de Baldimento sicut principalis erat obligatus penes Guidonem Moreti in soldis tres et denariis septem denariorum venetorum grossorum.

a) *in* secunda, c *corretto su* l

478

Item unum alium instrumentum confectum per Patavinum notarium filium domini Henrici cerdonis in annis Domini millesimo ducentessimo nonagessimo sexto, indictione nona, die quinto intrante iunio, in quo quidem debito Guido condam Artuici Gravoncelli sicut principalis erat obligatus penes Gaçarum filium condam domini Lapi in libris vigintiunam et soldis sexdecim et denariis sex denariorum venetorum parvorum.

479

Item unum alium instrumentum confectum per Franciscum filium Polegradi in annis Domini millesimo ducentessimo sexagessimo quinto, indictione octava, die ultimo exeunte augusto, in quo quidem debito Gumpertus de Fusara de Montesscilice consul comunis dicti recipienti pro dicto comunis sicut principalis erat obligatus penes Franciscum olim Guidonis Bene de Florentia in libris quinquagintaocto denariorum venetorum.

480

Item unum alium instrumentum confectum per Fidentium notarium condam Antonii notarii de Claricis in annis Domini millesimo ducentessimo nonagesimo sexto, indictione nona, die sexto intrante iunio, in quo quidem debito dominus Odus notarius de Martina sicut principalis erat obligatus penes Iacobum condam magistri Belaveris mutuantem pro Gaçaro filio domini Lapi de Florentia in libris decem et novem et soldis quindecim denariorum venetorum.

481

|136v| Item unum alium instrumentum confectum per Rainaldinum Montis barberii in annis Domini millesimo ducentessimo sexagessimo quinto, indictione octava, die nono intrante augusto, in quo quidem debito Gumpertus de Fusara sicut principalis debitor erat obligatus penes Bindum filium condam Andrevandini Caneçani de Florentia mutuantem pro se et fratribus Gerardo Piloso et Çepo in libris tricentis et vigintinovem denariorum venetorum.

482

Item unum alium instrumentum confectum per Franciscum filium condam Polegradi in annis Domini millesimo ducentessimo septuagessimo, indictione tertiadecima, die nono intrante iunio, in ‹quo› quidem debito Thealdus de Megno loco et vice comunis Montisscilicis sicut principalis debitor erat obligatus penes dominum Franciscum filium Guidonis Bene de Florentia in libris centum et decem denariorum venetorum.

483

Item unum alium instrumentum confectum per Natalem notarium de Rubeis in annis Domini millesimo ducentessimo septuagessimo secundo, indictione quintadecima, die quartodecimo intrante setembri, in quo quidem debi‹to› dominus Michael Scaçeta sicut principalis erat obligatus penes Spinelum filium condam domini Rainutii de Florentia in libris sessagintasex denariorum venetorum.

484

Item unum alium instrumentum confectum ‹per› Nicolaum olim Severii in annis Domini millesimo ducentessimo sexagessimo sexto, indictione nona, die primo iunii, in quo quidem debito Benencasa qui dicitur Çucha de Tarulis sicut principalis erat obligatus penes Spinelum filium Guidoti Paganeli mutuantem loco et vice domini Ucerii filii condam Uguçonis Çuliani de Florentia in libris centum octuagintaseptem denariorum venetorum.

485

Item unum alium instrumentum confectum per Patavinum filum domini Henrici cerdonis in annis Domini millesimo ducentessimo[a] nonagessimo sexto, indictione nona, die sexto intrante augusto, in quo quidem debito Andreas condam Raynaldini notari(i) sicut principalis erat[b] obligatus penes Spinelum condam Henrigeti mutuantem pro Gaçaro filio condam domini Lapi in libris quadragintasex et soldis sex denariorum venetorum parvorum.

a) *corretto su altre lettere non chiare* b) *su* erat *segno d'abbreviazione superfluo*

486

Item unum alium instrumentum confectum per Patavinum filium domini Oderici cerdonis in annis Domini millesimo ducentessimo nonagessimo quinto, indictione octava, die nono intrante octubri, in quo quidem debito Petrus condam domini Alberti de Martina sicut principalis debitor erat obligatus penes Gaçarum filium domini[a] Lapi in libris quadraginta et soldis quatuordecim denariorum venetorum parvorum.

a) domini *ripetuto*

487

Item unum alium instrumentum ‹confectum› per Patavinum filium domini Oderici cerdonis in annis Domini millesimo ducentessimo nonagessimo sexto, indictione nona, die quinto intrante iunio, in quo quidem debito[a] Laurentius condam domini Salerni de Galea sicut principalis debitor erat obligatus penes Gaçarum filium domini Lapi in libris decem et soldis decem et octo et denariis sex denariorum venetorum parvorum.

a) *segue* s *depennata*

488

|137r| Item unum alium instrumentum confectum per Antonium olim Polegradi de Claricis in annis Domini millesimo ducentessimo septuagessimo secundo, indictione quintadecima, die duodecimo intrante septembri, in quo quidem debito Benfatus blavarolus sicut principalis debitor erat obligatus penes Spinelum Lapi de Florentia mutuantem pro Spinelo Rainerii de Florentia in libris quinquagintaseptem et soldis decem denariorum venetorum parvorum.

489

Item unum alium instrumentum confectum per Patavinum filium domini Oderici cerdonis in annis Domini millesimo ducentessimo nonagessimo quinto, indictione octava, die penultimo madii, in quo quidem debito Iacobus notarius condam domini Belaveris sicut principalis debitor erat obligatus penes Gaçarum filium domini Lapi in libris novem et soldis decem et novem denariorum venetorum parvorum.

490

Item unum alium instrumentum confectum per Iohannem[a] filium domini Petri Rande in annis Domini millesimo ducentessimo sexagessimo quinto, indictione octava, die primo intrante decembri, in quo quidem debito[b] Petrus Randa sicut principalis erat obligatus penes Spinelum filium domini Guidonis Paganeli de Florentia in soldis quadragintaquatuor denariorum venetorum parvorum.

a) *segue* domini *depennato* b) *segue* Iohannes *depennato*

491

Item unum alium instrumentum confectum per Raynaldinum Montis barberii in annis Domini millesimo ducentessimo septuagessimo secundo, indictione quintadecima, die quinto exeunte setembri, in quo quindem debito[a] Dominicus olim Gumperti de Fusara sicut principalis debitor erat obligatus penes Rainutium filium[b] Guidoti de Florentia in libris centum et septuagintaunam denariorum venetorum parvorum.

a) *segue* Gubertus *depennato* b) filium *ripetuto*

492

Item unum alium instrumentum confectum per Antonium olim Polegradi in annis Domini millesimo ducentessimo septuagessimo quarto, indictione secunda, die duodecimo exeunte novembri, in quo quidem debito Iohannes condam Blaxii de Baldimento sicut principalis erat obligatus penes[a] Octolium tabernarium in libris ducentis denariorum venetorum parvorum.

a) penes *ripetuto*

493

Item unum alium instrumentum confectum per Natalem de Rubeis in annis Domini millesimo ducentessimo septuagessimo secundo, indictione quintadecima, die octavo intrante septembri, in quo quidem debito Petrus Sapiens tabernarius sicut principalis debitor erat obligatus penes Spinelum Tuscum mutuantem pro domino Spinelo condam Rainerii de Florentia in libris sessagintaunam et dimidia denariorum venetorum parvorum.

494

Item unum alium instrumentum confectum per Vivianum condam domini Petri Mastelli in annis Domini millesimo ducentessimo septuagessimo sexto, indictione quarta, duodecimo exeunte iulio, in quo quidem debito Martinus filius Blaxii usaroli syndicus comunis Montisscilicis vice et nomine ipsius comunis sicut principalis erat obligatus penes Spinellum dictus Maça filio domini Lapi mutuantem pro se et Spinelo Çirolomi de Florentia in soldis decem et denariis tres denariorum venetorum grossorum.

495

|137v| Item unum alium instrumentum confectum per Guilielmum condam Guidonis de Saguedo in annis Domini millesimo ducentessimo sexagessimo septimo, indictione[a] decima, die duodecimo exeunte iunio, in quo quidem debito Tealdus de Megno sicut principalis debitor erat obligatus penes dominum Petrum iudicem de Antelinis de Mantua in libris centum et sex et soldis quinque denariorum venetorum parvorum.

a) *segue* septima *depennato*

496

Item unum alium instrumentum confectum per Franciscum filium Polegradi in annis Domini millesimo ducentessimo sexagessimo sexto, indictione nona, die penultimo exeunte decembri, in quo quidem debito Marmoxetus de Sguaena de Montesscilice sicut principalis erat obligatus penes dominus Franciscum olim domini Guidonis Bene de Florentia in libris centum denariorum venetorum parvorum.

497

Item unum alium instrumentum confectum per Franciscum filium condam Pelegradi de Claricis in[a] annis Domini millesimo ducentessimo setuagessimo, indictione tertia decima, die septimo exeunte iunio, in quo quidem debito Albertus de Çeno sicut principalis erat obligatus penes Franciscum condam Guidonis de Bene de Florentia in libris quatuor et soldis sex denariorum venetorum grossorum.

a) *segue* quo quidem debito *depennato*

498

Item unum alium instrumentum confectum per Franciscum notarium condam Antonii notarii de Claricis in annis Domini millesimo ducentessimo nonagessimo quinto, indictione octava, die vigessimosexto intrante martio, in quo quidem debito Çambonus dictus Rodulus de Grimaldis sicut principalis debitor erat obligatus penes Franciscum filium domini Bartolomei Xavache mutuantem pro Baxano filio Canti Siti de Florentia in libris tres et soldis undecim denariorum venetorum parvorum.

499

Item unum alium instrumentum confectum per Patavinum filium

domini Oderici cerdonis[a] in annis Domini millesimo ducentessimo nonagessimo sexto, indictione nona, die vigessimotertio intrante octubri, in quo quidem debito Leonardus filius domini Fedentii de Menechelis verbo et consensu patris sicut principalis erat obligatus penes Gaçarum filium domini Lapi in denariis quadraginta denariorum venetorum grossorum.

a) *su* cerdonis *macchia di inchiostro*

500

Item unum alium instrumentum confectum per Bartholomeum Dominici de Vivilia in annis Domini millesimo ducentessimo sexagessimo sexto, indictione nona, die secundo intrante septembri, in quo quidem debito Galvanus de Boto sicut principalis erat obligatus penes Franciscum domine Meludie in libris octo et soldis tres denariorum venetorum.

501

Item unum alium instrumentum confectum per Franciscum filium Polegradi in annis Domini millesimo ducentessimo septuagessimo secundo, indictione quintadecima, die undecimo exeunte setembri, in quo quidem debito dominus Octolinus Bocaçius procurator comunis Montisscilicis sicut principalis erat obligatus penes dominum Chexium Caniçani de Florentia mutuantem pro Ranuti Victi Paganeli de Florentia in soldis quadragintatre[a] denariorum venetorum grossorum.

a) *cosí in ms*

502

|138r| Item unum alium instrumentum confectum[a] per Guilielmum condam Guidonis de Saguedo in annis Domini millesimo ducentessimo sexagessimo secundo, indictione quinta, die octavo exeun-

te augusto, in quo quidem debito dominus Amadinus sicut principalis debitor erat obligatus penes Lambertum filium Hospitalerii de Florentia in libris vigintiduas et soldis quindecim denariorum venetorum.

a) *segue* in annis *depennato*

503

Item unum alium instrumentum confectum per Franciscum condam Polegradi in annis Domini millesimo ducentessimo septuagessimo secundo, indictione quintadecima,[a] die tertiodecimo intrante aprili, in quo quidem debito dominus Frugerius Tombolea sicut principalis erat obligatus penes dominum Franciscum condam domini Vidonis de Florentia in libris octuagintaquatuor et soldis octo denariorum venetorum parvorum.

a) *segue* in quo quidem debi *depennato*

504

Item unum alium instrumentum confectum per Iohannem filium domini Petri Rande in annis Domini millesimo ducentessimo sexagessimo sexto, indictione nona, die sexto intrante[a] setembri, in quo quidem debito Rolandus de Braida sicut principalis debitor erat obligatus penes dominum Franciscum filium domine Melodie in libris ducentis vigintitres, soldis duos et dimidium venetorum.

a) *in* intrante, in *corretto su altre lettere non chiare*

505

Item unum alium instrumentum confectum per Iohannem filum Petri Rande in annis Domini millesimo ducentessimo sexagessimo quarto, indictione septima, die tertiodecimo intrante aprili, in quo quidem debito Artuicus Gravoncelus sicut principalis debitor erat obligatus penes Scorpiçum filium Guidonis de Florentia in libris centum et quinque denariorum venetorum.

506

Item unum alium instrumentum confectum per Antonium condam Polegredi de Claricis in annis Domini millesimo ducentessimo octuagessimo secundo, indictione decima, die duodecimo exeunte augusto, in quo quidem debito dominus Simon notarius de Bonafante sicut principalis debitor erat obligatus penes Matiam filium domini Lapi mutuantem pro Spinelo Rainerii de Florentia in[a)] soldis triginta, denariis tres denariorum venetorum grossorum.

a) *segue* libr *con segno d'abbreviazione depennato*

507

Item unum alium instrumentum confectum per Finum filium B(o)açarii in annis Domini millesimo ducentessimo octuagessimo quinto, indictione terciadecima, die decimo intrante aprili, in quo quidem debito dominus Simon de Bonafante erat sicut principalis debitor erat obligatus penes Spinelum condam Henrigeti de[a)] Florentia mutuantem pro Sapienti filio domini Fei Tuscii in libris vigintiquinque denariorum venetorum parvorum.

a) de *ripetuto*

508

Item unum alium instrumentum confectum per Antonium filium olim Pollegradi de Claricis sub annis Domini millesimo ducentessimo octuagessimo primo, indictone nona, die penultimo exeunte decembri, in quo quidem debito Rainaldus condam Martini de Berga tanquam consul comunis Montisscilicis sicut principalis debitor erat obligatus penes dominum Gualfredum A Bandis de Padua in libris sessa‹gin›tis denariorum venetorum.

509

|138v| Item unum alium instrumentum confectum per Artuicum[a)] filium Iohannis de Guigla sub annis Domini millesimo ducentessimo octuagessimo septimo, indictione quinta,[b)] die duodecimo intrante aprili, in quo quidem debito dominus Episcopelus de Fontana sicut principalis debitor era‹t› obligatus penes dominam Beatricem uxorem domini Clari condam Canexani in libris duodecim et soldis decem et septem denariorum venetorum parvorum.

a) *in ms omissione di segno abbreviativo sull'ultima lettera* b) *l'indizione non è esatta: probabilmente sta per* quinta decima

510

Item unum alium instrumentum confectum per Fra‹n›cischum notarium filium magistri Bartholomei Ferarii sub annis Domini millesimo ducentessimo octuagessimo tertio, indictione undecima, die sexto intrante aprili, in quo quidem debito Albertinus Prohençalis sicut principalis debitor erat obligatus penes Iu(n)tium de Laboratorem recipienti suo nomine et nomine et vice Çilii condam Ralandi de Çilio et Çamboni filii Dominici de Martina et Stefani condam Petri de Martina[a)] procuratorum comunis[b)] Montisscilicis procuratorio nomine in libris viginti denariorum venetorum parvorum.

a) *segue* in libras *depennato* b) *ms:* dcomunis

511

Item unum alium instrumentum confectum per Antonium olim Polegradi de Claricis sub annis Domini millesimo ducentessimo septuagessimo septimo, indictione quinta, die undecimo intrante aprili, in quo quidem debito Vivaldinus de Thomanelo sicut principalis debitor era‹t› obligatus pene‹s› Atile(n)sitim Aregeti de Florentia[a)] mutuantem pro Gerardo et Bindo fratres filii condam Aldrevandini Canixani in libris octo et soldis decem et novem denariorum venetorum grossorum.

a) *segue* in libras *depennato*

512

Item unum alium instrumentum confectum per Patavinum filium domini Oderici cerdonis sub annis Domini millesimo ducentessimo nonagessimo[a)] sexto, indictione nona, die[b)] sexto[c)] exeunte agusto, in quo quidem debito Iohannes condam Berti de Lianda sicut principalis debitor erat obligatus penes Çachariam condam Manfredi de Çacharia mutuantem pro Spinelo Henrigeti de denariis propriis ipsius Spineli in libris novem denariorum venetorum parvorum.

a) *ms:* octuagessimo*; correzione suggerita dall'indizione e da riscontri con altri* intrumenta b) *segue* sep *depennato* c) *segue* intrante aprili *depennato*

513

De Mastelo.[a)]

Item unum alium instrumentum confectum per Vivianum condam Petri Masteli sub annis Domini millesimo ducentessimo septuagessimo nono, indictione septima, die quinto intrante ianuario, in quo quidem debito dominus Albertinus Prohençale sicut principalis debitor erat obligatus penes Florium filium domini Petri de Ravolatis dantem mutuum pro domina Richelda uxor dicti domini Petri in libris septuagintanovem et soldis tresdecim et denariis novem denariorum venetorum parvorum.

a) *nel marg. sn. di mano A*

514

|139r| Item unum alium instrumentum confectum per[a)] Petrum notarium filum Francisci not(arii) de Claricis sub annis Domini millesimo ducentessimo nonagessimo primo, indictione quarta, die ‹ter›tiodecimo intrante augusto, in quo quidem debito Thomaxius filius condam Patucii de Baldimentis sicut principalis debitor erat obligatus pene‹s› Iohannem de Cantelis mutuantem pro Filino filio domini Fei de Florentia in libris decem et septe‹m› et soldis septem denariorum venetorum parvorum.

a) *segue* Franciscum *depennato*

515

Item unum alium instrumentum confectum per Petrum filium Francisci not(arii) de Claricis sub annis Domini millesimo ducentessimo octuagessimo nono, indictone secunda,[a)] die terciodeci‹m›o intrante februario, in quo quidem debito Iohannes de Hercio sicut principalis debitor erat obligatus penes Guidonem filium Moreti in soldis tres et denariis septem denariorum venetorum grossorum.

a) *su* secunda *macchia di inchiostro*

516

Item unum alium instrumentum confectum per Vivianum condam Petri Mastelli sub annis Domini millesimo ducentessimo septuagessimo sexto, indictione quarta, die nono intrante iunio, in quo quidem debito Guido condam Gu‹m›perti de Fusara sicut principalis debito‹r› erat obligatus penes Spinelum Matiam mutuantem pro Spinelo condam Raineri de Florentia in libris vigintiduas et soldis quindecim denariorum venetorum parvorum.

517

Item unum alium instrumentum confectum per Thebaldum filium Iacobini Chichedone sub annis Domini millesimo ducentessimo septuagessimo nono, indictione septima, die quinto intrante iunio, in quo[a] quidem debito Henrigetus de Braida sicut principalis debit‹r› era‹t›[b] obligatus penes Guidutium condam Bugi de Cotis mutuantem pro Forceto filio Galine de Florentia in libris vigintiquatuor et soldis dece‹m› et septem denariorum venetorum grossorum.

a) in quo *sovrascritto nell'interlinea* b) *segue* g *depennata*

518

Item unum alium instrumentum factum per Antonium[a] filium olim Polegradi sub annis Domini millesimo ducentessimo octuagessimo ‹secundo›,[b] indictione decima, die penultimo exeunte septembri, in quo quidem debito Octolinus tabernarius sicut principalis debitor erat obligatus penes Iohannem condam domini Henrici[c] de Tura qui stat in Padua in libris centum denariorum venetorum.

a) *ms:* Antohium b) *integrazione operata sulla base* c) *segue* et *depennato*

519

Item unum alium instrumentum confectum per Artuicum filium Iohannis de Guigla in annis Domini millesimo ducentessimo octuagessimo quinto, indictione tertiadecima, die quarto exeunte iunio, in quo quidem debito Albertinus Smortitus sicut principalis debitor penes Guidotum de Balçano mutuantem pro[a] domina Maria uxor[b] Petri domini Macuçhi de Bullis in libris centum et quatuordecim et soldis dece‹m› et septem denariorum parvorum.

a) pro *ripetuto* b) *segue* de *depennato*

520

|139v| Item unum alium instrumentum confectum per Iohannem filium Dominici de Picelis sub annis Domini millesimo ducentessimo septuagessimo octavo, indictione sexta, die ultimo exeunte augusto, in quo quidem debito dominus Albertinus qui dicitur Prohençalis sicut principalis debitor erat obligatus penes dominum Benedictum dictus Sicafestugum domini Gerardi de Variento in libris centum denariorum venetorum parvorum.

521

Item unum alium instrumentum confectum ‹per› Antonium filium olim Polegradi de Claricis sub annis Domini millesimo ducentessimo septuagessimo octavo, indictione sexta, die tertiodecimo exeunte iunio, in quo quidem debito Albertinus Prohençalis condam Petri sicut principalis debitor erat obligatus penes Iohannem de Bene de Florentia mutuantem pro Tanutio Guidonis de Bene de Florentia in libris octuagintaseptem et soldis decem et septem denariorum venetorum parvorum.

522

Item unum alium instrumentum confectum per Franciscum filium olim Polegradi de Claricis sub annis Domini millesimo ducentessimo octuagessimo, indictione septima,[a)] die primo intrante octubri, in quo quidem debito Iacobinus Bellandus sicut principalis debitor erat obligatus penes Guidutium de Cotis de Florentia mutuantem pro Frugerio Galine de Florentia in libris centumvigintiseptem et soldis novem denariorum venetorum parvorum.

a) *l'indizione non è esatta: probabilmente sta per* octava

523

Item unum alium instrumentum confectum per Antonium filium olim Polegradi de Claricis sub annis Domini millesimo ducentessimo septuagessimo nono, indictione septima, die nono exeunte maio, in quo quidem Petrus filius domini Alberti de Benda[a] dicens esse emancipatum, ut continetur in carta facta per Iohannem Ordum notarium, sicut principalis debitor erat obligatus penes Feum condam Iacobi de Florentia mutuantem pro Can[to] condam Filipi de Sitis et[b] Spinelo Rainerii de Florentia in libris septuagintaquatuor denariorum venetorum parvorum.

a) *verosimilmente per* Bunda *come nel doc.* 524 b) *segue* Rainerii *depennato*

524

Item unum alium instrumentum confectum per Thebaldum notarium filium domini Iachobini Chichedone[a] sub annis Domini millesimo ducentessimo septuagessimo nono, indictione septima, die quartodecimo intrante madio, in quo quidem debito Petrus filius domini Alberti domine Bunde sicut principalis debitor erat obligatus penes Guiducium condam Bugi de Cotis de Florentia mutuantem pro Forceto filio Galine de Florentia in libris centumtredecim, soldis duodecim denariorum venetorum parvorum.

a) *segue* sicut principalis debitor *depennato*

525

Item unum alium instrumentum confectum per Petrum notarium filium Francisci de Claricis sub annis Domini millesimo ducentessimo nonagessimo, indictione tertia, die penultimo iulii, in quo quidem debito Vivaldinus condam Gualterii de Butula sicut principalis debito‹r› erat obligatus penes Antonium filium Moreti Guidonis Bene de Florentia in libris trigintaduas denariorum venetorum parvorum.

526

|140r| Item unum alium instrumentum confectum per Gerardum filium condam Abi sub annis Domini millesimo ducentessimo octuagessimo quinto, indictione tertiadecima, die sexto intrante februario, in quo quidem debito dominus Simon de Bonafante sicut principalis debitor erat obligatus in uno deposito penes dominum Gutifredum de Bullis dantem et deponentem pro domino Feo in libris novem denariorum venetorum grossorum.

527

Item unum alium instrumentum confectum per Artuicum condam Iohannis de Guigla sub annis Domini millesimo ducentessimo octuagessimo sexto, indictione qua‹r›tadecima, die ultimo exeunte setembri, in quo quidem debito Iohannem condam Andree de Herço sicut principalis debitor erat obligatus penes dominum Iacobinum condam domini P[aga]nini de Padua in libris centum denariorum venetorum parvorum.

528

Item unum alium instrumentum confectum per Petrum filium Francisci notarium sub annis Domini millesimo ducentessimo octuagessimo septimo, indictione quintadecima, die tertio intrante septembri, in quo quidem debito Iohannes condam Andree de Hercio sicut principalis debitor erat obligatus penes Guidonem filium Moreti Guidonis Bene de Florentia in libris decem et septem et soldos duos denariorum venetorum parvorum.

529

Item unum alium instrumentum confectum per Aymum olin filium Pasere[a)] sub annis Domini millesimo ducentessimo septuagessimo tertio, indictione prima, die duo‹decimo› intrante[b)] novembri, in quo quidem debito Çagagno preco comunis Montisscilicis sicut principalis debitor erat obligatus penes dominum Vivaldinum de Corsale de Montesscilice in soldis vigintiduos denariorum venetorum grossorum.

a) *forse con* i *soprascritto alla* P b) *segue* nobr *depennato*

530

Item unum alium instrumentum confectum per Martinum filium Blaxii de Sinicis sub annis Domini millesimo ducentessimo septuagessimo octavo, indictione sexta, die quarto exeunte iunio, in quo quidem debito dominus Çuchus de Palteneriis sicut principalis erat obligatus penes Lapum condam Phylipi de Florentia mutuantem pro Spinelo condam[a)] Rainerii[b)] et Canti condam Philipi de Sitis de Florentia in libris vigintitres et soldis duos denariorum venetorum parvorum.

a) *segue* Henrigeti de Florentia *depennato* b) *segue* et Spinello condam Henrigeti de Florentia *depennato*

531

Item unum alium instrumentum confectum per Egidium notarium filium Gratiani de Ansaldo sub annis Domini millesimo ducentessimo octuagessimo quinto, indictione tertiadecima, in quo quidem debito Petrus filius condam Gumberti de Fusara sicut principalis debitor erat obligatus penes dominum Federicum filium condam domini Hezelini de Flume[a)] de Padua in libris centum denariorum venetorum parvorum, nominatim pro suo salario.

a) *lettura dubbia*

532

|140v| Item unum alium instrumentum confectum per Bartholameum Dominici de Vivilia sub annis Domini millesimo ducentessimo septuagessimo tertio, indictione prima, die decimo exeunte martio, in quo quidem debito Simon de Bonafante sicut principalis debitor erat obligatus penes Gratium condam Parixii in soldis viginti denariorum venetorum grossorum.

533

Item unum alium instrumentum confectum per Antonium olim Polegradi de Claricis sub annis Domini millesimo ducentessimo setuagessimo septimo, indictione quinta, die penultimo exeunte martio, in quo quidem debito Albertinus Çagaia sicut principalis debitor erat obligatus penes Neri Romanucii de Florentia dantem mutuum pro Gerardo et Bindo fratres filii condam Albertini Canixani de Florentia in libris sex et soldis duodecim et denariis quatuor denariorum venetorum grossorum.

534

Item unum alium instrumentum confectum ‹per› Petrum filium Francisci not(arii) de Claricis sub annis Domini millesimo ducentessimo octuagessimo nono, indictione secunda, die tertio intrante maio, in quo quidem debito Petrus condam Gumperti de Fusara sicut principalis debitor erat obligatus penes Guidonem filium Moreti Guidonis Bene de Florentia in libris ducentisquatuor et soldis decem denariorum venetorum parvorum.

535

Item unum alium instrumentum confectum per Franciscum filium Albertini Nasiche sub annis Domini millesimo ducentessimo octuagessimo sexto, indictione quartadecima, die octavo intrante iunio, in quo quidem debito Iohannes de Picelo sicut principalis debito‹r› erat obligatus penes Antonium de Marcho in denariis decem et octo denariorum venetorum grossorum.

536

Item unum alium instrumentum confectum per Çulianum filium condam Otonelli sub annis Domini millesimo ducentessimo septuagessimo ‹septimo›,[a] indictone quinta, die sextodecimo intrante aprili, in quo quidem debito dominus Petrus Matus tabernarius sicut principalis debitor erat obligatus penes dominum Chexium Tuscanum condam domini Caneçani de Florentia in soldis trigintatres et denariis undecim denariorum venetorum grossorum.

a) *integrazione operata sulla base dell'indizione*

537

Item unum alium instrumentum confectum per Martinum filium Blaxii de Senicis sub annis Domini millesimo ducentessimo septuagessimo octavo, indictone sexta, die secundo intrante septembri, in quo quidem debito Blancus pistor sicut principalis debitor erat obligatus penes dominum Franciscum Guidonis Bene de Florentia in libris quinquagintaunis et denariis duodecim denariorum venetorum parvorum.

538

Item unum alium instrumentum confectum per Bartholomeum condam Dominici de Vivilia sub annis Domini millesimo ducentessimo septuagessimo nono, indictione septima, die nono exeunte martio, in quo quidem debito Guido de Fiçante sicut principalis debitor erat obligatus in uno deposito penes Iachobum Belandum in libris sex denariorum venetorum grossorum.

[Sezione v]

539

|141r| *Antonii condam Golle.*[a] *R(eddit) denarios viij.*[b]

Solvit Arnaldo notario in potestaria domini Amadei denarios viij.[c]

Domino Otolino canipario de Fontana in potestaria domini Laurencii de Radicibus.[d]

Anno Domini millesimo tercentessimo octavo, indicione sexta, die nono intrante octubri, in Montesscilice, in domo habitacionis domini Antonii de Lyo potestatis terre Montisscilicis, presentibus Otolino notario de Fontana, Gerardo notario condam Aby, Arnaldo notario de Lusca et aliis. Ibique dominus Horedicus iudex condam domini Bonefidei iudicis de Baldaserra iudex et vicarius dicti domini Antonii de Lio potestatis Montisscilicis nomine et vice comunis Montisscilicis et pro ipso comuni iure libeli perpetualis investivit Antonium condam Golle de Montesscilice recipientem pro se et Paulo, Soverio ac Ugone fratribus suis de una peciola terre plantata de salicibus et aliis arboribus cum vineis, de super qua a capite versus mane est hedificata quedam domus ipsorum Antonii et fratrum, iacente in Montesscilice in contracta Callis de Ripa, que pecia terre est in latitudine decem et octo pedum vel circha et in longitudine unius tornature vel circha, salva racione utriusque partis in mensuracione; choerent ab uno latere predicti conductores, ab alio fosatum Butis, ab uno capite flumen per quod itur Este; item de sex tabulis casamenti predictorum in quo habitant in dicta contracta iuxta dictam peciolam terre; choerent ab uno latere dicti conductores et ab alio via publica et forte alii choerent. Tali vero pacto et tenore quod dictus Antonius eiusque fratres et eorum heredes et cui dederint debeant habere, tenere et possidere dictam peciolam terre et ea que dicta sunt et omnem suam voluntatem et utilitatem ex eis iure libeli perpetualis facere et bene tractare, regere et manutenere, ita quod per ipsos meliorentur et non peiorentur, et dare, reddere ac solvere dicto comuni Montisscilicis vel canipario super hoc deputato pro dicto comuni omni anno in festo omnium sanctorum, tercia die ante vel post, denarios octo parvorum et non aliud. Quo adffictu dato et soluto in loco ordinato per dictum comune, alia inter eos non fiant, nisi quod convenerunt inter se quod si comune predictum proprietatem suam vel conductores ius suum vendere voluerint, vendere debeant inter se pro soldis quinque parvorum minus quam aliis, et comuni emere nolente, tunc vendant conductores scitu, voluntate et parabola comunis ius suum cui voluerint, non tamen servo, non militi, non ecclesie, sed suo pari et homini qui bene redat dictum adffictum dicto comuni et predicta omnia observet; et aliter vendicio, obligacio vel alienacio facta non valeat de iure nec de facto. Quas res libelatas promisit dictus dominus Horedicus nomine et vice dicti comunis dictis conductoribus et suis heredibus guarentare et deffendere quantum est pro proprietate ipsarum rerum sub pena boni cambii, dapni et interesse et obligacione omnium bonorum dicti comunis. Penam vero inter se posuerunt quod si quis[e)] eorum ea que dicta sunt non abtenderit vel pacta predicta rumperit, pars contrafaciens componat parti fidem libeli servanti nomine pene soldos vigintinovem parvorum pro quolibet pacto et capitulo non servato, qua soluta vel non, nichilominus libelus iste in sua maneat firmitate. Et duo instrumenta unius tenoris ex hoc contractu scribi iubserunt, videlicet unum unicuique parti dandum; pro quibus omnibus observandis obligavit se dictus Antonius sponte ad forbanniendum et tenutam de suis bonis ubique acipiendum, renuncians feriis, statutis et refformacionibus consiliorum comunis Padue factis et faciendis omnique suo auxilio. Protestatus fuit insuper dictus dominus Horedicus pro dicto comuni quod ad aliquod ius acquisitum dicto comuni non preiudicet ocassione adfictus non soluti nec aliqua alia racione.

(SN) Ego Dominicus filius olim Lucii de Gualdino imperiali auctoritate notarius interfui et rogatus hec scripsi.

a) *nel marg. sn. di mano A* b) *nel marg. ds. di mano A* c) *nel marg. ds. di mano B;* VIIJ *sottoscritto a* X *depennato* d) *nel marg. ds. di mano C* e) *corretto su* quas

540

Domine Iacobe uxoris condam Nordegli.[a] *R(eddit) soldos xx et denarios IIIJ*[or].[b]

Solvit Arnaldo in potestaria domini Amadei.[c]

Solvit Prosdocimo de Martina in potestaria domini Francisci.[d]

Anno Domini millesimo tercentessimo octavo, indicione sexta, die nono intrante otubri, in Montesscilice, in domo habitacionis domini Antonii de Lyo potestatis Montisscilicis, presentibus Otolino notario de Fontana, Gerardo notario condam Aby, Arnaldo notario de Lusca et aliis. Ibique dominus Horedicus iudex condam domini Bonefidei iudicis de Baldaserra iudex et vicarius dicti domini Antonii de Lyo potestatis Montisscilicis |141v| nomine et vice comunis Montisscilicis et pro ipso comuni iure libeli perpetualis investivit dominam Iacobam uxorem condam Nordegli de Montesscilice de una pecia terre partim prative et partim aratorie cum arboribus et vineis unius campi vel circha iacente in territorio Montisscilicis in contracta Fratarum Sancti Danielis que, ut dicebatur, fuit Nigri de Bona; choeret ab uno latere domina Pelegrina uxor Petri de Turisendo, ab alio Oliverius condam Blaxii pistoris, ab uno capite flumen et ab alio via et forte alii choerent. Tali vero pacto et tenore quod dicta domina Iacoba et sui[e] heredes et cui dederit debeat habere, tenere et possidere dictam peciam terre et omnem suam voluntatem et utilitatem ex ea iure libeli perpetualis facere et bene tractare, regere et manutenere, ita quod per eam melioretur et non peioretur, et dare, reddere ac solvere dicto comuni Montisscilicis omni anno in festo omnium sanctorum, tercia die ante vel post, soldos viginti et denarios quatuor denariorum venetorum parvorum. Quo adffictu dato et soluto in loco ordinato per dictum comune, alia inter eos non fiant, nisi quod convenerunt inter se quod si comune proprietatem suam vel conductrix[f] ius suum vendere voluerit, vendere debeant inter se pro soldis quinque parvorum minus quam aliis, et domino emere nolente, tunc vendat conductrix[g] scitu, voluntate et parabola domini ius suum cui voluerit, non tamen servo, non militi, non ecclesie, sed suo pari vel homini qui bene reddat predictum adffictum dicto comuni et predicta omnia observet; et aliter vendicio, obligacio vel alienacio facta non valeat de iure nec de facto. Quam peciam terre promissit dictus dominus Horedicus nomine et vice dicti comunis dicte conductrici pro se et suis heredibus recipienti guarentare et deffendere ea et suis heredibus quantum est pro proprietate dicte pecie terre sub pena boni cambii, dapni et interesse et obligacione omnium bonorum dicti comunis. Penam vero inter se posuerunt quod si quis eorum vel suorum heredum aud sucessorum ea que dicta sunt non attenderit vel pacta predicta rumperit, componat pars contrafaciens parti fidem libeli servanti nomine pene soldos vigintinovem parvorum pro quolibet pacto et capitulo non servato, qua soluta vel non, nichilominus libelus iste in sua maneat firmitate. Et duo instrumenta unius tenoris ex hoc contractu scribi iubserunt, videlicet unum unicuique parti dandum; pro quibus omnibus observandis obligavit se sponte dicta condutrix ad forbanniendum et tenutam de suis bonis ubique acipiendum, renuncians feriis, statutis et refformacionibus consiliorum comunis Padue factis et faciendis omnique suo auxilio. Protestatus fuit insuper dictus dominus Horedicus pro dicto comuni quod ad aliquod ius acquisitum dicto comuni non preiudicet ocassione adfictus non soluti nec aliqua alia racione.

(SN) Ego Dominicus filius olim Lucii de Gualdino imperiali auctoritate notarius interfui et rogatus hec scripsi.

a) *nel marg. sn. di mano A* b) *nel marg. ds. di mano A* c) *nel marg. ds. di f. 141v di mano B* d) *nel marg. ds. di f. 141v di mano D* e) *ms*: suis *con* s *finale depennata* f) *corretto su* conductor g) *corretto su* conductor; *segue* iu *depennato*

541

Sibilie condam Piçeti de Amigeto.[a] *R(eddit) soldos* XXX *et denarios ses.*[b]

Solvit Arnaldo notario in potestaria domini Amadei.[c]

Anno Domini millesimo tercentessimo octavo, indicione sexta, die nono otubri, in Montesscilice, in domo habitacionis domini Antonii de Lyo potestatis Montisscilicis, presentibus Otolino notario de Fontana, Dominico notario condam Ture de Patucio, Fuscolo condam Iacobini de Fuscolis et aliis. Ibique dominus Horedicus iudex condam domini Bonefidei de Baldaserra, iudex et vicarius domini Antonii de Lio potestatis Montisscilicis nomine et vice comunis Montisscilicis et pro ipso comuni iure libeli perpetualis investivit dominam Sibiliam condam Piceti de Amigeto de Montesscilice recipitentem de voluntate, consensu et licencia Tolberti condam Odonis de Perogna eius mariti de uno sedimine cum domo murata et copata cum curte iacente in Montesscilice in contracta Calderive; choeret ab uno latere via per quam itur ad Sanctum Danielem, ab alio dominus Petrus Picetus, ab alio dominus Tolbertus et ab alio via; choerebat olim ab uno latere casamentum Iohannis Moscarii; item de decem et octo tabulis terre retro domum predictam; choeret ab uno latere via, ab alio dominus Petrus Picetus, ab alio fosatum comunis, ab alio dominus Tobertus et forte alii choerent. Tali vero pacto et |142r|[d] tenore quod dicta domina Sibilia et sui heredes et cui dederit debeat habere, tenere et possidere dictum sedimen cum dictis tabulis terre et omnem suam voluntatem et utilitatem ex ea facere iure libeli perpetualis et bene tractare, regere et manutenere, ita quod per eam melioretur et non peioretur, et dare et reddere ac solvere dicto comuni Montisscilicis omni anno in festo omnium sanctorum, tercia die ante vel post, soldos triginta et denarios sex denariorum venetorum parvorum. Quo adffictu dato et soluto in loco ordinato per dictum comune, alia inter eos non fiant, nisi quod convenerunt inter se quod si comune proprietatem suam vel conductrix ius suum vendere voluerit, vendere debeant inter se pro soldis quinque parvorum minus quam aliis, et domino emere nolente, tunc vendat conductrix scitu, voluntate et parabola domini ius suum cui voluerit, non tamen servo, non militi, non ecclesie, sed suo pari vel homini qui bene reddat predictum adffictum dicto comuni et predicta omnia observet; et aliter vendicio, obligacio vel alienacio facta non valeat de iure nec de facto. Quod sedimen cum domo et terra promissit dictus dominus Horedicus nomine et vice comunis Montisscilicis dicte conductrici pro se et suis heredibus recipienti guarentare et deffendere ei et suis heredibus quantum est pro proprietate dicte rei libelate sub pena boni cambii, dapni et interesse et obligacione omnium bonorum dicti comunis. Penam vero inter se posuerunt quod si quis eorum vel suorum heredum aud sucessorum ea que dicta sunt non attenderit vel pacta predicta rumperit, componat pars contrafaciens parti fidem libeli servanti nomine pene soldos vigintinovem parvorum pro quolibet pacto et capitulo non servato, qua soluta vel non, nichilominus libelus iste in sua maneat firmitate. Et duo instrumenta unius tenoris scribi iubserunt, videlicet unum unicuique parti dandum; pro quibus omnibus observandis obligavit se sponte dicta condutrix ad forbanniendum et tenutam de suis bonis ubique acipiendum, renuncians feriis, statutis et refformacionibus consiliorum comunis Padue factis et faciendis et omni legum auxilio quo se tueri poset. Protestatus fuit insuper dictus dominus Horedicus pro dicto comuni quod nichil preiudicet dicto comuni ad aliquod ius sibi acquisitum ocassione adfictus non soluti nec aliqua alia racione.

(SN) Ego Dominicus filius olim Lucii de Gualdino imperiali auctoritate notarius interfui et rogatus hec scripsi.

a) *nel marg. sn. di mano A* b) *nel marg. ds. di mano A* c) *nel marg. ds. di mano B*
d) *segue* q *depennata*

542

Dominegolde uxoris Iohannis de Bonacordo.[a] *R(eddit) soldos* xx *et denarios* IIIJ^or^.[b]

Solvit Arnaldo notario in potestaria domini Amadei.[c]

Solvit Prosdocimo notario de Martina in potestaria domini Francisci.[d]

Anno Domini millesimo tercentessimo octavo, indicione sexta, die nono otubris, in Montesscilice, in domo habitacionis domini Antonii de Lyo potestatis Montisscilicis, presentibus Otolino notario de Fontana, Dominico notario condam Ture de Patucio, Fuscolo condam Iacobini de Fuscolis et aliis. Ibique dominus Horedicus iudex condam domini Bonefidei de Baldaserra, iudex et vicarius domini Antonii de Lyo potestatis Montisscilicis nomine et vice comunis Montisscilicis et pro ipso comuni iure libeli perpetualis investivit Dominigeoldam uxorem Iohannis condam Martini de Bonacordo recipientem de voluntate et consensu dicti Iohannis mariti sui ibi presentis de una pecia terre aratorie cum arboribus et vineis unius campi et sedecim tabulis vel circha iacente in districtu Montisscilicis in contracta Fratarum; choerent ab uno latere heredes domini Petri Scrovegni, ab alio Dominicus condam Viviani, ab alio via publica et ab alio Blaxius de Lovolo et forte alii choerent. Tali vero pacto et tenore quod dicta Dominigeolda et sui heredes et cui dederit debeat habere, tenere et possidere dictam peciam terre et omnem suam voluntatem et utilitatem ex ea facere iure libeli perpetualis et bene |142v| tractare, regere et manutenere, ita quod per eam melioretur et non peioretur, et dare et reddere ac solvere dicto comuni Montisscilicis omni anno in festo omnium sanctorum, tercia die ante vel post, soldos viginti et denarios quatuor denariorum venetorum parvorum. Quo adffictu dato et soluto, ut dictum est, omni anno in loco ordinato per dictum comune, alia inter eos non fiant, nisi quod convenerunt inter se quod si comune proprietatem suam vel conductrix ius suum vendere voluerit, vendere debeant inter se pro soldis quinque parvorum minus quam aliis, et comune emere nolente, tunc vendat conductrix scitu, voluntate et parabola communis ius suum cui voluerit, non tamen servo, non militi, non ecclesie, sed suo pari vel homini qui bene attendat predictum adffictum dicto comuni et predicta omnia observet; et aliter vendicio, obligacio vel alienacio facta non valeat de iure nec de facto. Quam peciam terre promissit dictus dominus Horedicus nomine et vice dicti comunis dicte conductrici pro se et suis heredibus recipienti guarentare et deffendere ei et suis heredibus sub pena boni cambii, dapni et interesse et obligacione omnium bonorum dicti comunis. Penam vero inter se posuerunt quod si quis eorum vel suorum heredum aud sucessorum ea que dicta sunt non attenderit vel pacta predicta rumperit, componat pars contrafaciens parti fidem libeli servanti nomine pene soldos vigintinovem parvorum pro quolibet pacto et capitulo non servato, qua soluta vel non, nichilominus libelus iste in sua maneat firmitate. Et duo instrumenta unius tenoris ex hoc contractu scribi iubserunt, videlicet unum unicuique parti dandum; pro quibus omnibus observandis obligavit se dicta condutrix ad forbanniendum et tenutam de suis bonis ubique acipiendum, renuncians feriis, statutis et refformacionibus consiliorum comunis Padue factis et faciendis omnique suo auxilio. Protestatus fuit insuper dictus dominus Horedicus pro dicto comuni quod non preiudicet ad aliquod ius acquisitum ipsi comuni ocassione adfictus non soluti nec aliqua alia racione.

(SN) Ego Dominicus filius olim Lucii de Gualdino imperiali auctoritate notarius interfui et rogatus hec scripsi.

a) *nel marg. sn. di mano A* b) *nel marg. ds. di mano A* c) *nel marg. ds. di mano B* d) *nel marg. ds. di mano D*

543

Dominici condam Viviani de Paullo.[a)]

Solvit Arnaldo notario in potestaria domini Amadei potestatis Montisscilicis soldos XVIJ.[b)]

Anno Domini millesimo tercentessimo octavo, indicione sexta, die nono otubris, in Montesscilice, in domo habitacionis domini Antonii de Lyo potestatis Montisscilicis, presentibus Otolino notario de Fontana, Dominico notario condam Ture de Patucio, Fuscolo condam Iacobini de Fuscolis et aliis. Ibique dominus Horedicus iudex condam domini Bonefidei de Baldaserra, iudex et vicarius domini Antonii de Lyo potestatis Montisscilicis nomine et vice comunis Montisscilicis et pro ipso comuni iure libeli perpetualis investivit Dominicum condam Viviani de Paulo de Montesscilice de una pecia terre aratorie cum arboribus et vineis duodecim perticarum campi terre vel circha iacente in districtu Montisscilicis in contracta Fratarum, cui choeret ab uno latere Dominigeolda uxor Iohannis condam Martini de Bonacordo pro dicto comuni, ab alio heredes domini Petri Scrovegni, ab alio[c)] via et ab alio idem conductor et forte alii choerent. Tali vero pacto et tenore quod dictus Dominicus et sui heredes et cui dederit debeat habere, tenere et possidere et omnem suam voluntatem et utilitatem iure libeli perpetualis ex ea facere et bene tractare, regere et manutenere, ita quod per eum melioretur et non peioretur, et dare et reddere ac solvere dicto comuni Montisscilicis omni anno in festo omnium sanctorum, tercia die ante vel post, soldos decem et septem denariorum venetorum parvorum. Quo adfictus dato et soluto, ut dictum est, omni anno in loco ordinato per dictum comune, alia inter eos non fiant, nisi quod convenerunt inter se quod si comune proprietatem suam vel conductor ius suum vendere voluerit, vendere debeant inter se pro soldis quinque parvorum minus quam aliis, et comune emere nolente, tunc vendat conductor scitu, voluntate et parabola comunis ius suum cui voluerit, non tamen servo, non militi, non ecclesie, sed suo pari vel homini qui bene attendat predictum adfictum dicto comuni et predicta omnia observet; et aliter vendicio, obligacio vel alienacio facta non valeat de iure nec de facto. Quam peciam terre promissit dictus dominus Horedicus nomine et vice comunis Montisscilicis dicto conductori et suis heredibus guarentare et deffendere ei et suis heredibus sub pena boni cambii, dapni et interesse et obligacione omnium bonorum dicti comunis. Penam vero inter se |143r| posuerunt quod si quis eorum vel suorum heredum aud sucessorum ea que dicta sunt non attenderit vel pacta predicta rumperit, componat pars contrafaciens parti fidem libeli servanti nomine pene soldos vigintinovem parvorum pro quolibet pacto et capitulo non servato, qua soluta vel non, nichilominus libelus iste in sua maneat firmitate. Et duo instrumenta unius tenoris ex hoc contractu scribi iubserunt, videlicet unum unicuique parti dandum; pro quibus omnibus observandis obligavit se dictus conductor ad forbanniendum et tenutam de suis bonis acipiendum, renuncians feriis, statutis et refformacionibus consiliorum comunis Padue factis et faciendis omnique suo auxilio. Protestatus fuit insuper dictus dominus Horedicus pro dicto comuni quod non preiudicet alicui iuri acquisito dicto comuni ocassione adfictus non soluti nec aliqua alia racione.

(SN) Ego Dominicus filius olim Lucii de Gualdino imperiali auctoritate notarius interfui et rogatus hec scripsi.

a) *nel marg. sn. di mano A* b) *nel marg. ds. di mano B* c) *segue* ab ali *depennato*

544

Petri condam[a] *Albertini de Gabarello.*[b] *R(eddit) denarios* x.[c]

Solvit Arnaldo in potestaria domini Amadey.[d]

Ser Dominico de Paulo.[e]

Solvit Otolino notario canipario in potestaria domini Laurencii denarios x.[f]

Anno Domini millesimo tercentessimo octavo, indicione sexta, die nono otubris, in Montesscilice, in domo habitacionis domini Antonii de Lyo potestatis Montisscilicis, presentibus Otolino notario de Fontana, Dominico notario condam Ture de Patucio, Fuscolo condam Iacobini de Fuscolis et aliis. Ibique dominus Horedicus iudex condam domini Bonefidei de Baldaserra, iudex et vicarius domini Antonii de Lio potestatis Montisscilicis nomine et vice comunis Montisscilicis et pro ipso comuni iure libeli perpetualis investivit Petrum condam Albertini Gabareli de Montesscilice et dominam Paxem eius matrem de duabus tabulis et media ripe fosati quod tenent in Montesscilice in contracta Calderive que ripa est in longitudine quinque pertice campi vel circha et in latitudine octo pedum vel circha; choeret ab uno latere dominus Gulielmus Novelus, ab alio fosatum comunis, ab alio Carlaxare condam Pilonis et ab alio Iohannes condam Albertini Gabareli et forte alii choerent. Tali vero pacto et tenore quod dicti conductores et sui heredes et cui dederint debeant habere, tenere et possidere dictam quantitate terre et omnem suam voluntatem et utilitatem ex ea iure libeli perpetualis facere et bene tractare, regere et manutenere, ita quod per ipsos melioretur et non peioretur, et dare et reddere ac solvere dicto comuni Montisscilicis omni anno in festo omnium sanctorum, tercia die ante vel post, denarios decem parvorum videlicet denarios duos parvorum pro qualibet pertica. Quo adfictu dato et soluto omni anno, ut dictum est, in loco ordinato per dictum comune, alia inter eos non fiant, nisi quod convenerunt inter se quod si comune proprietatem suam vel conductores ius suum vendere voluerint, vendere debeant inter se pro soldis quinque parvorum minus quam aliis, et comune emere nolente, tunc vendant conductores scitu, voluntate et parabola comunis ius suum cui voluerint, non tamen servo, non militi, non ecclesie, sed suo pari vel homini qui bene attendat predictum adfictum dicto comuni et predicta omnia observet; et aliter vendicio, obligacio vel alienacio facta non valeat de iure nec de facto. Quam terram promissit dictus dominus Horedicus nomine et vice dicti comunis dictis conductoribus et suis heredibus guarentare et deffendere sub pena boni cambii, dapni et interesse et obligacione omnium bonorum dicti comunis. Penam vero inter se posuerunt quod si quis eorum vel suorum heredum aud sucessorum ea que dicta sunt non attenderit vel pacta predicta rumperit, componat pars contrafaciens parti fidem libeli servanti nomine pene soldos vigintinovem parvorum pro quolibet capitulo non servato, qua soluta vel non, nichilominus libelus iste in sua maneat firmitate. Et duo instrumenta unius tenoris scribi iubserunt, videlicet unum unicuique parti dandum et pro his omnibus observandis obligaverunt se ad forbanniendum dicti conductores et tenutam acipiendum, renuncians feriis, statutis et refformacionibus consiliorum omnique suo auxilio. Protestatus fuit insuper dictus dominus Horedicus pro dicto comuni quod non preiudicet alicui iuri acquisito dicto comuni ocassione adfictus non soluti nec aliqua alia racione.

(SN) Ego Dominicus filius olim Lucii de Gualdino imperiali auctoritate notarius interfui et rogatus hec scripsi.

a) condam *ripetuto* b) *nel marg. sn. di mano A* c) *nel marg. ds. di mano A* d) *nel marg. ds. di mano B* e) *nel marg. sn. di altra mano* f) *nel marg. ds. di mano C*

545

|143v| *Albertini condam Marchi de Guiducio.*[a]

Solvit Arnaldo notario in potestaria domini Amadei denarios xj.[b]

Solvit Otolino de Fontana in potestaria domini Laurencii de Radicibus.[c]

Anno Domini millesimo tercentessimo octavo, indicione sexta, die nono otubris, in Montesscilice, in domo habitacionis domini Antonii de Lyo potestatis Montisscilicis, presentibus Otolino notario de Fontana, Dominico notario condam Turre de Patucio, Fuscolo condam Iacobini de Fuscolis et aliis. Ibique dominus Horedicus iudex condam domini Bonefidei de Baldaserra, iudex et vicarius domini Antonii de Lyo potestatis Montisscilicis nomine et vice comunis Montisscilicis et pro ipso comuni iure libeli perpetualis investivit Albertinum condam Marchi de Guiducio et Mariam uxorem Iohannis de Paulo de Montesscilice tutores Iohannis filii et heredis condam dicti Iohannis de Paulo recipientes nomine et vice dicti Iohannis tamen obligando se et sua bona si nomine dicti Iohannis valere non potest proatendendo infrascripto adffictu de sex perticis et media in longitudine et quatuordecim pedibus[d)] in latitudine, salvum plus et minus, ripe fosati comunis Montisscilicis iacentibus in terra Montisscilicis in contracta Calderipe; choerent ab uno latere iura loci Sancte Marie in Conio, ab aliio fosatum predictum, ab alio domina Iacoba uxor condam domini Petri Scrovegni et ab alio heredes Fidencii de Menechelis; item de triginta tabulis terre vel circha in eadem contracta ultra dictum fosatum; choeret ab uno latere dictum fosatum quod appelatur fosatum Sancti Danielis ex cuius opposito sunt dicte sex pertice et media terre, ab alio dicti tutores pro domino Pisce de Trotis, ab alio Antonius filius Acursii carrerii et ab alio heredes Ugucionis Iohannis Pive et forte alii choerent. Tali vero pacto et tenore quod dictus Iohannes sive dicti tutores pro ipso et sui heredes et cui dederint debeant habere, tenere et possidere dictam terram et omnem suam voluntatem et utilitatem ex ea iure libeli perpetualis facere et bene tractare, regere et manutenere, ita quod per ipsos melioretur et non peioretur, et[e)] reddere ac solvere dicto comuni Montisscilicis omni anno in festo omnium sanctorum, tercia die ante vel post, denarios undecim parvos. Hoc autem adffictu dato et soluto omni anno, ut dictum est, in loco ordinato per dictum comune, alia inter eos non fiant, nisi quod convenerunt inter se quod si comune proprietatem suam vel conductor ius suum vendere voluerit, vendere debeant inter se pro soldis quinque parvorum minus quam aliis, et domino emere nolente, tunc vendat conductor ius suum cui voluerit, non tamen servo, non militi, non ecclesie, sed suo pari vel homini qui bene attendat predictum adffictum dicto comuni[f)] cum consilio, scitu et voluntate domini; et aliter vendicio, obligacio vel alienacio facta non valeat de iure nec de facto. Quam terram promissit dictus dominus Horedicus nomine et vice dicti comunis Montisscilicis dictis conductoribus guarentare et defendere sub pena boni cambii, dapni et interesse et obligacione omnium bonorum dicti comunis. Penam vero inter se posuerunt ut si quis eorum vel suorum heredum aud sucessorum ea que dicta sunt non atenderit vel pacta predicta rumperit, componat pars contrafaciens parti fidem libeli servanti nomine pene soldos vigintinovem parvorum pro quolibet pacto vel capitulo non servato firmo et rato manente contractu, qua soluta vel non, nichilominus libelus iste in sua maneat firmitate. Et duo instrumenta unius tenoris scribi iubserunt, videlicet unum unicuique parti dandum et pro his omnibus observandis obligaverunt dicti tutores dictum

Iohannem et se ad forbanniendum et tenutam de suis bonis ubique accipiendum, renuncians feriis, statutis et reformacionibus consiliorum comunis Padue factis et faciendis omnique suo auxilio. Protestatus fuit insuper dictus dominus Horedicus pro dicto comuni quod non preiudicet aliquod ius acquisitum dicto comuni ocassione adfictus non soluti nec aliqua alia racione.

(SN) Ego Dominicus filius olim Lucii de Gualdino imperiali auctoritate notarius interfui et rogatus hec scripsi.

a) *nel marg. sn. di mano A* b) *nel marg. ds. di mano B* c) *nel marg. ds. di mano C* d) *segue* pedibus *depennato* e) et *ripetuto* f) *segue* et aliter vend *depennato*

546

Domini Otolini pistoris.[a] *R(eddit) soldos xxxv.*[b]

[...][c]

Anno Domini millesimo tercentesimo octavo, indicione sexta, die nono otubris, in Montesscilice, in domo habitacionis domini Antonii de Lyo potestatis Montisscilicis, presentibus Otolino notario de Fontana, Dominico notario condam Ture de Patucio, Fuscolo condam Iacobini de Fuscolis et aliis. Ibique dominus Horedicus iudex condam domini Bonefidei iudicis de Baldaserra iudex et vicarius domini Antonii de Lyo potestatis Montisscilicis nomine et vice comunis Montisscilicis et pro ipso comuni iure libeli perpetualis |144r| investivit dominum Otolinum pistorem condam Pelegrini de Montesscilice de una pecia terre prative et frative duorum camporum et dimidii vel circha iacente in districtu Montisscilicis in contracta Corrigie, cui choeret ab uno latere Viginconus, ab alio via publica, ab alio dominus Marsilius de Ongarelis et ab alio quidam introitus consorcium et forte alii choerent. Tali vero pacto et tenore quod dictus dominus Otolinus et sui heredes et cui dederit debeat habere, tenere et possidere et omnem suam voluntatem et utilitatem facere ex dicta pecia terre iure libeli perpetualis et bene tractare, regere et manutenere, ita quod melioretur et non peioretur, et dare, reddere ac solvere dicto comuni Montisscilicis omni anno in festo omnium sanctorum, tercia die ante vel post, soldos trigintaquinque denariorum venetorum parvorum. Quo adffictu dato et soluto in loco ordinato per dictum comune omni anno, ut dictum est, alia inter eos non fiant, nisi quod convenerunt inter se quod si comune ius suum sive proprietate vel conductor ius suum vendere voluerit, vendere debeant inter se pro soldis quinque parvorum minus quam aliis, et comune emere nolente, tunc vendat conductor scitu, voluntate et parabola comunis ius suum cui voluerit, non tamen servo, non militi, non ecclesie, sed suo pari vel homini qui bene attendat predictum adffictum dicto comuni et omnia predicta observet; et aliter vendicio, obligacio vel alienacio facta non valeat de iure nec de facto. Quam peciam terre promissit dictus dominus Horedicus dicto conductori et suis heredibus nomine et vice comunis Montisscilicis guarentare et deffendere ab omni persona sub pena boni cambii, dapni et interesse et obligacione omnium bonorum dicti comunis. Penam vero inter se posuerunt ut si quis eorum vel suorum heredum aud sucessorum ea que dicta sunt non attenderit vel pacta predicta rumperit, componat pars contrafaciens parti fidem libeli servanti nomine pene soldos vigintinovem denariorum venetorum parvorum pro quolibet pacto et capitulo non servato, qua soluta vel non, nichilominus libelus iste in sua maneat firmitate. Et duo instrumenta ex hoc contractu scribi iubserunt, videlicet unum unicuique parti dandum; et pro his omnibus observandis obligavit se dictus conductor sponte ad forbanniendum et tenutam de suis bonis ubique acipiendum, renuncians feriis, statutis et refformacionibus consiliorum comunis Padue factis et faciendis et omni legum auxilio que se tunc possidebat. Et protestatus fuit dictus dominus Horedicus pro dicto comuni quod ad aliquod ius acquisitum dicto comuni non preiudicet ocassione adfictus non soluti nec aliqua alia racione.

(SN) Ego Dominicus filius olim Lucii de Gualdino imperiali auctoritate notarius interfui et rogatus hec scripsi.

a) *nel marg. sn. di mano A* b) *nel marg. ds. di f. 144r a fine documento, di mano A* c) *nel marg. sn. annotazione non leggibile per stintura dell'inchiostro*

547

Domine Dominegolde uxoris condam Andree Nasichi.[a)]

Solvit Arnaldo notario in potestaria domini Amadei.[b)]

Solvit Prosdocimo de Martina in potestaria domini Francisci.[c)]

Anno Domini millesimo tercentessimo octavo, indicione sexta, die decimo otubris, in Montesscilice, in domo habitacionis domini Antonii de Lyo potestatis Montisscilicis, presentibus Otolino notario de Fontana, Gerardo notario condam Aby, Benaia notario filio Meioris et aliis. Ibique dominus Horedicus iudex condam domini Bonefidei de Baldaserra, iudex et vicarius domini Antonii de Lyo potestatis Montisscilicis nomine et vice comunis Montisscilicis et pro ipso comuni iure libeli perpetualis investivit dominam Dominigeoldam uxorem condam Andree de Nasicha de Montesscilice de una pecia terre aratorie cum arboribus et vineis unius campi vel circha iacente in districtu Montisscilicis in contracta Savelonis; choeret ab uno latere dominus Henregetus de Ambrosino pro comuni Montisscilicis, ab alio dominus Nasy de Fantelis, ab uno capite via et forte alii choerent. Tali vero pacto et tenore quod dicta domina Dominigeolda et sui heredes et cui dederit debeat habere, tenere et possidere dictam peciam terre et omnem suam voluntatem et utilitatem ex ea iure libeli perpetualis facere et bene tractare, regere et manutenere, ita quod |144v| per ipsam melioretur et non peioretur, et dare, reddere ac solvere dicto comuni Montisscilicis omni anno in festo omnium sanctorum, tercia die ante vel post, soldos viginti denariorum venetorum parvorum. Quo adffictu dato et soluto in loco ordinato per dictum comune omni anno, ut dictum est, alia inter eos non fiant, nisi quod convenerunt inter se quod si comune proprietatem suam vel conductrix ius suum vendere voluerit, vendere debeant inter se pro soldis quinque parvorum minus quam aliis, et comune emere nolente, tunc vendat conductrix scitu, voluntate et parabola domini ius suum cui voluerit, non militi, non servo, non ecclesie, sed suo pari vel homini qui bene attendat predictum adfictum dicto comuni et predicta omnia observet; et aliter vendicio, obligacio vel alienacio facta non valeat de iure vel de facto. Quam peciam terre promissit dictus dominus Horedicus nomine et vice dicti comunis dicte conductrici et suis heredibus guarentare et deffendere sub pena boni cambii, dapni et interesse et obligacione omnium bonorum dicti comunis. Penam vero inter se posuerunt ut si quis eorum vel suorum heredum aud sucessorum ea que dicta sunt non attenderit vel pacta predicta rumperit, componat pars contrafaciens parti fidem libeli servanti nomine pene soldos vigintinovem parvorum pro quolibet pacto et capitulo non servato, qua soluta vel non, nichilominus libelus iste in sua maneat firmitate. Et duo instrumenta unius tenoris ex hoc contractu scribi iubserunt, videlicet unum unicuique parti dandum; et pro his omnibus et singulis observandis obligavit se dicta conductrix sponte ad forbanniendum et tenutam de suis bonis ibique acipiendum, renuncians feriis, statutis et refformacionibus consiliorum comunis Padue factis et faciendis et omni legum auxilio quo se tueri posset. Protestatus fuit insuper dictus dominus Horedicus pro dicto comuni quod ad aliquod ius dicto comuni non preiudicet ocassione adfictus non soluti nec aliqua alia racione.

(SN) Ego Dominicus filius olim Lucii de Gualdino imperiali auctoritate notarius interfui et rogatus hec scripsi.

a) *nel marg. sn. di altra mano* b) *nel marg. ds. di mano B* c) *nel marg. ds di mano D*

548

Carlaxaris condam Po(r)ti.[a]

Anno Domini millesimo tercentessimo octavo, indicione sexta, die decimo octubris, in Montesscilice, in domo habitacionis domini Antonii de Lyo potestatis Montisscilicis, presentibus Otolino notario de Fontana, Gerardo notario condam Aby, Benaia notario filio Meioris et aliis. Ibique dominus Horedicus iudex condam domini Bonefidei de Baldaserra, iudex et vicarius domini Antonii de Lyo potestatis Montisscilicis nomine et vice dicti comunis Montisscilicis et pro ipso comuni iure libeli perpetualis investivit Carlaxare condam Po(r)ti de Montesscilice de quatuor perticis in longitudine et octo pedibus in latitudine, salvum plus et minus,[b] terre ripe fosati comunis iacentibus in terra

Montisscilicis in contracta Calderive; choeret ab uno ‹latere› heredes domini Iacobini de Carraria, ab alio fosatum comunis, ab alio Ciprianus Campagnolus pro dicto comuni, ab alio heredes Valentini calegarii pro dicto comuni et forte alii choerent. Tali vero pacto et tenore quod dictus Carlaxare et sui heredes et cui dederit dictam terram debeant habere, tenere et possidere et omnem suam voluntatem et utilitatem ex ea iure libeli perpetualis facere et bene tractare, regere et manutenere, ita quod per ipsum melioretur et non peioretur, et dare, reddere ac solvere dicto comuni Montisscilicis omni anno in festo omnium sanctorum, tercia die ante vel post, denarios duos pro pertica, silicet denarios octo parvorum. Quo adffictu dato et soluto in loco ordinato per dictum comune omni anno, ut dictum est, alia inter eos non fiant, nisi quod convenerunt inter se quod si comune proprietatem suam vel conductor ius suum vendere voluerit, vendere debeant inter se pro soldis quinque parvorum minus quam aliis, et comune emere nolente, tunc vendat conductor scitu, voluntate et parabola domini ius suum cui voluerit, non servo, non militi, non ecclesie, sed suo pari vel homini qui bene attendat predictum adfictum dicto comuni; et aliter vendicio, alienacio vel obligacio facta non valeat de iure nec de facto. Quam[c)] terram promissit dictus dominus Horedicus nomine et vice dicti comunis dicto conductori et suis heredibus guarentare et deffendere sub pena boni cambii, dapni et interesse et obligacione omnium bonorum dicti comunis. Penam vero inter se posuerunt ut si quis eorum vel suorum heredum |145r| aud sucessorum ea que dicta sunt non attenderit vel pacta predicta rumperit, componat pars contrafaciens parti fidem libeli servanti nomine pene soldos vigintinovem parvorum pro quolibet pacto et capitulo non servato, qua soluta vel non, nichilominus libelus iste in sua maneat firmitate. Et duo instrumenta unius tenoris ex hoc contractu scribi iubserunt, videlicet unum unicuique parti dandum; et pro his omnibus observandis obligavit se dictus conductor sponte ad forbanniendum et tenutam de suis bonis ubique acipiendum, renuncians feriis, statutis et reformacionibus consiliorum comunis Padue factis et faciendis omnique suo auxilio.[d)] Insuper dictus dominus Horedicus protestatus fuit quod ad aliquod ius acquisitum dicto comuni non preiudicet ocassione adfictus non soluti nec aliqua alia racione.

(SN) Ego Dominicus filius olim Lucii de Gualdino imperiali auctoritate notarius interfui et rogatus hec scripsi.

a) *nel marg. sn. di mano A* b) *segue* ripe *depennato* c) *segue* peciam *depennato* d) *segue* promisit *depennato*

549

Antonii de Prando.[a)]

Solvit Otolino de Fontana canipario in potestaria domini Laurencii de Radicibus.[b)]

Anno Domini millesimo tercentessimo octavo, indicione sexta, die decimo octubris, in Montesscilice, in domo habitacionis domini Antonii de Lyo potestatis Montisscilicis, presentibus Otolino notario de Fontana, Gerardo notario condam Aby, Benaia notario filio Meioris et aliis. Ibique dominus Horedicus iudex condam domini Bonefidei de Baldaserra, iudex et vicarius domini Antonii de Lyo potestatis Montisscilicis nomine et vice comunis Montisscilicis et pro ipso comuni iure libeli perpetualis investivit Antonium condam Pelegrini de Prando de Montesscilice de una pertica terre vel circha iacente in Montesscilice in contracta Calderive; choeret ab uno latere fosatum comunis, ab alio dominus Petrus de Parisio, ab alio Federicus condam Benati pro dicto comuni et ab alio dictus dominus Petrus pro dicto comuni; et est scriptus in libro adffictuum: « Albricus de Baldo pro una pertica sui casamenti »; ab uno latere dictus Albricus et ab alio heredes Gumperti de Fusaria. Et tali vero pacto et tenore quod dictus Antonius et sui heredes et cui dederit debeant habere, tenere et possidere et omnem suam voluntatem et utilitatem ex ipsa terra iure libeli perpetualis facere, ita quod melioretur et non peioretur, reddendo omni anno comuni Montisscilicis in festo omnium sanctorum, tercia die ante vel post, denarios duos parvorum. Quo adfictu dato et soluto, alia inter eos non fiant, nisi quod convenerunt inter se quod si comune proprietatem suam vel conductor ius suum vendere voluerit, vendere debeant inter se pro soldis quinque parvorum minus quam aliis, et comune emere nolente, tunc vendat conductor scitu, voluntate et parabola domini ius suum cui voluerit, non militi, non servo, non ecclesie, sed suo pari vel homini qui bene attendat predictum adfictum dicto comuni; et aliter vendicio, obligacio vel alienacio facta non valeat de iure vel de facto. Quam terram promissit dictus dominus Horedicus nomine et vice dicti comunis guarentare et deffendere[c] dicto conductori et suis heredibus sub pena boni cambii, dapni et interesse et obligacione omnium bonorum dicti comunis. Penam vero inter se posuerunt ut si quis eorum vel suorum heredum aud sucessorum ea que dicta sunt non abtenderit vel pacta predicta rumperit, componat pars contrafaciens parti fidem libeli servanti nomine pene soldos vigintinovem denariorum venetorum parvorum pro quolibet pacto et capitulo non servato, qua soluta vel non, nichilominus libelus iste in sua maneat firmitate. Et duo instrumenta unius tenoris ex hoc contractu scribi iubserunt, videlicet unum unicuique parti dandum; et pro his omnibus observandis obligavit se dictus conductor ad forbanniendum et tenutam acipiendum, renuncians feriis, statutis et refformacionibus consiliorum comunis Padue factis et faciendis omnique suo auxilio. Quam rem libelatam confessus fuit et dixit dictus conductor esse ius dicti comunis Montisscilicis ab antiquo. Et protestatus fuit nomine et vice dicti comunis dictus dominus Horedicus quod non intendebat aliquid de iure dicti comunis diminutum fore si cessatum fuisset facere solucionem dicti adfictus comuni predicto nec aliquam aliam racionem.

(SN) Ego Dominicus filius olim Lucii de Gualdino imperiali auctoritate notarius interfui et rogatus hec scripsi.

a) *nel marg. sn. di mano A* b) *nel marg. ds. di mano C* c) *segue* s *depennata*

550

|145v| *Vogli de Perino.*[a]

Solvit Arnaldo in potestaria domini Amadei.[b]

Solvit Otolino de Fontana canipario in potestaria domini Laurencii de Radicibus.[c]

Anno Domini millesimo tercentessimo octavo, indicione sexta, die

decimo otubris, in Montesscilice, in domo habitacionis domini Antonii de Lyo potestatis terre Montisscilicis, presentibus Otolino notario de Fontana, Gerardo notario condam Aby, Benaia notario filio Meioris et aliis. Ibique dominus Horedicus iudex condam domini Bonefidei de Baldaserra, iudex et vicarius domini Antonii de Lyo potestatis Montisscilicis nomine et vice comunis Montisscilicis et pro ipso comuni iure libeli perpetualis investivit Voglum condam Vivaldi de Perino de Montesscilice recipientem suo nomine et nomine et vice Alberti et Iohannis eius fratrum obligando se dictus Voglus in solidum pro infrascripto adfictu attendendo de infrascriptis rebus et possessionibus in primis de una pecia terre unius campi, quatuor perticarum et medie iacente in districtu Montisscilicis in Cantone de Ymo sive Fossalarga; choeret a duobus lateribus Dominicus condam Ture de Patucio, ab alio Ato condam Patucii et ab alio Tomasius condam Iacobini; et erat scriptus in libro adfituum comunis: « Dominicus de Pullanis pro uno campo, IIIJ^or perticis et media in Cantone de Ymo sive Fossalonga »; ab uno latere Zugnus et Hençelinus de Poianis et ab alio comune. Item de sex perticis vel circha terre ripe fosati in longitudine et sex pedibus in latitudine, salvum plus et minus, iacentibus in Montesscilice in contracta Fovee; choerent ab uno latere dicti conductores, ab alio destorium comunis, ab alio Iohannis condam Iacobini de Braçaroto pro dicto comuni, ab alio heredes Vivaldi de Gualdino pro dicto comuni. Item de una pecia terre sedecim perticarum et media iacente in eodem confinio et contracta ubi dicitur Carubalbrigo sive Putheus Viaianus; choeret ab uno latere Gulielmus condam domini Phylipi, ab alio dominus Deolguarde a Ferro, ab alio quedam intrata consorcium et ab alio dicti conductores. Item de uno campo terre iacente in confinio Montisscilicis in contracta Desonis qui fuit Iohannis Zonis Rangonis; choeret ab uno latere magister Bonifacius usbergerius, ab alio heredes Iohannis de Pongeto et ab alio destorium comunis; et est scriptus in libro adfictuum: « Iohannes Gualdini », et forte alie sunt choerencie. Tali vero pacto et tenore quod dictus Voglus et dicti fratres et sui heredes et cui dederint dictas res debeant habere, tenere et posidere et omnem suam voluntatem et utilitatem ex ipsis iure libeli perpetualis facere et bene tractare, regere et mantenere, ita quod meliorentur per ipsos et non peiorentur, et dare, reddere ac solvere dicto comuni Montisscilicis omni anno in festo omnium sanctorum, tercia die ante vel post, soldos octo et denarios septem venetorum parvorum. Quo adfictu dato et soluto omni anno, ut dictum est, in loco ordinato per comune Montisscilicis, alia inter eos non fiant, nisi quod convenerunt inter se quod si comune proprietatem suam vel conductores ius suum vendere voluerint, vendere debeant inter se pro soldis quinque parvorum minus quam aliis, et comune emere nolente, tunc vendant conductores scitu, voluntate et parabola comunis ius suum cui voluerint, non militi, non ecclesie, sed homini qui bene attendat predictum adfictum dicto comuni et omnia predicta observet; et aliter vendicio, obligacio vel alienacio facta non valeat de iure nec de facto. Quas res promissit dictus dominus Horedicus[d)] nomine et vice comunis Montisscilicis dictis conductoribus guarentare et deffendere ab omni persona sub pena boni cambii, dapni et interesse et espensis et obligacione omnium bonorum dicti comunis. Penam vero inter se posuerunt ut si quis eorum vel suorum heredum aud sucessorum ea que dicta sunt non attenderit vel pacta predicta rumperit, componat pars contrafaciens parti fidem libeli servanti nomine pene soldos vigintinovem parvorum pro quolibet pacto et capitulo non servato, qua soluta vel non, nichilominus libelus iste in sua maneat firmitate. Et duo instrumenta unius tenoris ex hoc contractu scribi iubserunt, videlicet unum unicuique parti dandum; et pro his omnibus observandis obligavit se dictus Voglus ad forbanniendum et tenutam de suis bonis acipiendum, renuncians feriis, statutis et reformacionibus consiliorum omnique suo auxilio. Protestatus fuit etiam pro dicto comuni dictus dominus Horedicus quod non preiudicet comuni ocassione adfictus non soluti nec aliqua alia racione.

(SN) Ego Dominicus filius olim Lucii de Gualdino imperiali auctoritate notarius interfui et rogatus hec scripsi.

a) *nel marg. sn. di mano A* b) *nel marg. ds. di mano B* c) *nel marg. ds. di mano C*
d) *segue* de *depennato*

551

|146r| *Aventura Iohannis Pongeti.*[a)]

Solvit Arnaldo in potestaria domini Amadei.[b)]

Solvit Otolino de Fontana canipario in potestaria domini Laurencii de Radicibus.[c)]

Anno Domini millesimo tercentessimo octavo, indicione sexta, die decimo octubris, in Montesscilice, in domo habitacionis domini Antonii de Lyo potestatis Montisscilicis, presentibus Otolino notario de Fontana, Gerardo notario condam Aby, Benaia notario filio Meioris et aliis. Ibique dominus Horedicus iudex condam domini Bonefidei de Baldaserra, iudex et vicarius domini Antonii de Lyo potestatis Montisscilicis nomine et vice comunis Montisscilicis et pro ipso comuni iure libeli perpetualis investivit Aventuram condam Iohannis de Pongeto recipientem pro se et nomine et vice Frugerii et Martini eius fratrum de duobus campis terre vel circa iacentibus in districtu Montisscilicis in contracta Desonis que fuit Petri Gaiardi; choeret ab uno latere heredes domini Michaelis Scalcho, ab alio destorium comunis, ab alio magister Bonifacius usbergerius et ab alio heredes Vivaldi de Perino; item de tercia parte quinque camporum terre iacente in confinum Montisscilicis in contracta de Fossa Çumela de quibus ignorantur choerencie.***[d)] Tali vero pacto et tenore quod dictus Aventura et dicti fratres et sui heredes et cui dederint debeant habere, tenere et possidere et omnem suam voluntatem et utilitatem ex ipsis[e)] rebus facere iure libeli perpetualis, ita quod per ipsos meliorentur et non peiorentur, reddendo omni anno in festo omnium sanctorum, tercia die ante vel post, soldos quatuor denariorum venetorum parvorum. Quo adffictu dato et soluto omni anno, ut dictum est, alia inter eos non fiant, nisi quod convenerunt inter se quod si comune proprietatem suam vel conductores ius suum vendere voluerint, vendere debeant inter se pro soldis quinque parvorum minus quam aliis, et comune emere nolente, tunc vendant conductores[f)] scitu, voluntate et parabola domini ius suum cui voluerint, non militi, non servo, non ecclesie, sed homini qui bene reddat predictum adffictu et omnia predicta observet; et aliter vendicio, obligacio vel alienacio facta non valeat de iure nec de facto. Quas res promissit dictus dominus Horedicus nomine et vice comunis Montisscilicis guarentare et deffendere sub pena boni cambii, dapni et interesse et obligacione omnium bonorum dicti comunis. Penam vero inter se posuerunt ut si quis eorum vel suorum heredum aud sucessorum ea que dicta sunt non attenderit vel pacta predicta rumperit, componat pars contrafaciens parti fidem libeli servanti nomine pene soldos vigintinovem parvorum pro quolibet pacto et capitulo non servato, qua soluta vel non, nichilominus libelus iste in sua maneat firmitate. Et duo instrumenta ex hoc contractu scribi iubserunt, videlicet unum unicuique parti dandum; et pro his omnibus observandis obligavit se dictus Aventura in solidum ad forbanniendum et tenutam de suis bonis ubique acipiendum, renuncians feriis, statutis et refformacionibus consiliorum comunis Padue factis et faciendis omnique suo auxilio. Protestatus dictus dominus Horedicus nomine dicti comunis quod nullum ius dicti comunis diminutum sit quia cessatum fuisset reddi dictus adffictus comuni predicto nec aliqua alia racione.

(SN) Ego Dominicus filius olim Lucii de Gualdino imperiali auctoritate notarius interfui et rogatus hec scripsi.

a) *nel marg. sn. di altra mano* b) *nel marg. ds. di mano B* c) *nel marg. ds. di mano C* d) *spazio bianco corrispondente a circa una riga* e) *segue* pe *depennato* f) *segue* cum *depennato*

552

Dominicus condam Tealdi de Guetabafa.[a)]

Solvit Arnaldo denarios xıȷ in potestaria domini Amadei.[b)]

Solvit Otolino canipario de Fontana in potestaria domini Laurencii de Radicibus.[c)]

Anno Domini millesimo tercentessimo octavo, indicione sexta, die undecimo otubris, in Montesscilice, in domo habitacionis domini Antonii de Lyo potestatis Montisscilicis, presentibus Petro condam Careti, Gerardo condam Aby, Dominico notario condam Ture et aliis. Ibique dominus Horedicus iudex condam domini |146v| Bonefidei de Baldaserra nomine et vice comunis Montisscilicis et pro ipso comuni iure libeli perpetualis investivit Dominicum condam Thebaldi de Guaytabafa de Montesscilice de sex perticis terre vel circha in longitudine et octo pedibus in latitudine, salvum plus et minus,[d)] de ripa fosati comunis Montisscilicis iacentibus in Montesscilice in contracta Calderive; choeret ab uno latere fosatum comunis, ab alio idem conductor, ab alio Franciscus condam Blanchi pistoris pro comuni Montisscilicis et ab alio Maria uxor condam Mignati pro dicto comuni. Tali pacto et tenore quod dictus Dominicus et sui heredes et cui dederit debeant habere, tenere et possidere et omnem suam voluntatem et utilitatem ex ipsa terra facere iure libeli perpetualis, ita quod per ipsum melioretur et non peioretur, reddendo omni anno in festo omnium sanctorum, tercia die ante vel post, denarios duodecim parvorum. Quo adfictu dato et soluto omni anno, ut dictum est, alia inter eos non fiant, nisi quod convenerunt inter se quod si comune proprietatem suam vel conductor ius suum vendere voluerit, vendere debeant inter se pro soldis quinque parvorum minus quam aliis, et comune emere nolente, tunc vendat conductor scitu, voluntate et parabola domini ius suum cui voluerit, non militi, non servo, non ecclesie, sed suo pari vel homini qui bene attendat dictum adffictum et predicta observet; et aliter vendicio, obligacio vel alienacio facta non valeat de iure nec de facto. Quam rem promissit dictus dominus Horedicus nomine et vice dicti comunis dicto conductori et suis heredibus guarentare et deffendere sub pena boni cambii, dapni et interesse et obligacione omnium bonorum dicti comunis. Penam vero inter se posuerunt ut si quis eorum vel suorum heredum aud sucessorum ea que dicta sunt non attenderit vel pacta predicta rumperit, componat pars contrafaciens parti fidem libeli servanti nomine pene soldos vigintinovem parvorum pro quolibet pacto et capitulo non servato, qua soluta vel non, nichilominus contractus iste in sua maneat firmitate. Et duo instrumenta unius tenoris ex hoc contractu scribi iubserunt, videlicet unum unicuique parti dandum; et pro his omnibus observandis obligavit se dictus conductor ad forbanniendum et tenutam de suis bonis acipiendum, renuncians feriis, statutis et reformacionibus consiliorum comunis Padue factis et faciendis omnique suo auxilio. Protestatus dictus dominus Horedicus nomine dicti comunis quod nichil diminutum sit de iure acquisito dicto comuni eo quia cessatum fuisset solvere adffictum predictum.

(SN) Ego Dominicus filius olim Lucii de Gualdino imperiali auctoritate notarius interfui et rogatus hec scripsi.

a) *nel marg. sn. di altra mano* b) *nel marg. ds. di f. 146v di mano B* c) *nel marg. ds. di f. 146v di mano C* d) *segue* iacentibus *depennato*

553

Gerardi condam Abonis.[a)]

Dominici de Tonba.[b)]

Solvit Arnaldo notario in potestaria domini Amadei denarios XIJ.[c)]

Anno Domini millesimo tercentessimo octavo, indicione sexta, die undecimo otubris, in Montesscilice, in domo habitacionis domini Antonii de Lyo potestatis Montisscilicis, presentibus Petro condam Careti, Gerardo notario condam Aby, Dominico notario condam Ture et aliis. Ibique dominus Horedicus iudex condam domini Bonefidei de Baldaserra iudex et vicarius domini Antonii de Lyo potestatis Montisscilicis nomine et vice comunis Montisscilicis et pro ipso comuni iure libeli perpetualis investivit Dominicum condam Bartolomeum de Tomba de sex perticis terre in longitudine et octo pedibus in latitudine vel circha terre de ripa fosati comunis Montisscilicis iacentibus in Montesscilice in contracta Calderive; choeret ab uno latere fosatum comunis, ab alio idem Dominicus conductor, ab alio dominus Petrus Picetus pro comuni predicto et ab alio Bonaventura condam Dominici Smortiti pro comuni predicto. Tali pacto et tenore quod dictus Dominicus et sui heredes et cui dederint debeant |147r| habere, tenere et possidere dictam terram et omnem suam voluntatem et utilitatem ex ipsa terra iure libeli perpetualis facere, ita quod per ipsum melioretur et non peioretur, reddendo omni anno in festo omnium sanctorum, tercia die ante vel post, denarios duodecim parvorum. Quo adffictu dato et soluto, alia inter eos non fiant, nisi quod convenerunt inter se quod si comune proprietatem suam vel conductor ius suum vendere voluerit, vendere debeant inter se pro soldis quinque parvorum minus quam aliis, et comune emere nolente, tunc vendat conductor ius suum scitu, voluntate et parabola comunis cui voluerit, non militi, non servo, non ecclesie, sed homini qui bene reddat predictum adffictum dicto comuni et predicta omnia observet; et aliter vendicio, obligacio vel alienacio facta non valeat de iure vel de facto. Quam rem libelatam promissit dictus dominus Horedicus nomine et vice dicti comunis dicto conductori et suis heredibus guarentare et deffendere sub pena boni cambii, dapni et interesse et expensis et obligacione omnium bonorum dicti comunis. Penam vero inter se posuerunt ut si quis eorum vel suorum heredum aud sucessorum ea que dicta sunt non attenderit vel pacta predicta rumperit, componat pars contrafaciens parti fidem libeli servanti nomine pene soldos vigintinovem parvorum pro quolibet pacto et capitulo non servato, qua soluta vel non, nichilominus contractus iste in sua maneat firmitate. Et duo instrumenta unius tenoris ex hoc contractu scribi iubserunt, videlicet unum unicuique parti dandum; et pro his omnibus observandis obligavit se dictus conductor sponte ad forbanniendum et tenutam de suis bonis ubique acipiendum, renuncians feriis, statutis et reformacionibus consiliorum comunis Padue factis et faciendis omnique suo auxilio. Protestatus dictus dominus Horedicus pro dicto comuni quod nichil de iure comunis Montisscilicis diminutum sit eo quia cessatum foret reddi[d] adffictus predictus nec aliqua alia racione vel causa.

(SN) Ego Dominicus filius olim Lucii de Gualdino imperiali auctoritate notarius interfui et rogatus hec scripsi.

a) *nel marg. sn. di altra mano* b) *nel marg. sn. di altra mano, diversa dalla precedente* c) *nel marg. ds. di mano B* d) *corretto su* reddere

554

Fedenci.[a]

Solvit Arnaldo in potestaria domini Amadei.[b]

Solvit Otolino canipario de Fontana in potestaria domini Laurencii de Radicibus.[c]

Anno Domini millesimo tercentessimo octavo, indicione sexta, die

undecimo otubris, in Montesscilice, in domo habitacionis domini Antonii de Lyo potestatis Montisscilicis, presentibus Otolino notario de Fontana, Gerardo notario condam Aby, Dominico notario condam Ture de Patucio et aliis. Ibique dominus Horedicus iudex condam domini Bonefidei de Baldaserra nomine et vice comunis Montisscilicis et pro ipso comuni iure libeli perpetualis investivit Fidencium condam Antonii de Claricis de Montesscilice de una domo copata et murata cum curte iacente in Montesscilice in contracta Insule, cui choeret ab uno latere Daniel condam domini Bixati, ab alio dominus Martinus domine Mariote, ab alio destorium comunis et ab alio via et forte alii choerent. Tali vero pacto et tenore quod dictus Fidencius et sui heredes et cui dederit debeat habere, tenere et possidere dictam domum et omnem suam voluntatem et utilitatem ex ea iure libeli perpetualis facere et bene tractare, regere et mantenere, ita quod per ipsum melioretur, et dare et reddere ac solvere dicto comuni Montisscilicis omni anno in festo omnium sanctorum, tercia die ante vel post, soldos viginti parvorum. Quo adffictu dato et soluto, alia inter eos non fiant, nisi quod convenerunt inter se quod si comune proprietatem suam vel conductor ius suum vendere voluerit, vendere debeant inter se pro soldis quinque parvorum minus quam aliis, et comune emere nolente, tunc vendat conductor scitu, voluntate et parabola domini ius suum cui voluerit, non militi, non servo, non ecclesie, sed suo pari vel homini qui bene reddat predictum adfictum |147v| dicto comuni et predicta omnia observet; et aliter vendicio, obligacio vel alienacio facta non valeat de iure nec de facto. Quam domum promissit dictus dominus Horedicus nomine et vice dicti comunis dicto conductori et suis heredibus guarentare et deffendere sub pena boni cambii, dapni et interesse et obligacione omnium bonorum dicti comunis. Penam vero inter se posuerunt ut si quis eorum vel suorum heredum aud successorum ea que dicta sunt non attenderit vel pacta predicta rumperit, componat pars contrafaciens parti fidem libeli servanti nomine pene soldos vigintinovem parvorum pro quolibet pacto et capitulo non servato, qua soluta vel non, nichilominus libelus iste in sua maneat firmitate. Et duo instrumenta unius tenoris ex hoc contractu scribi iubserunt, videlicet unum unicuique parti dandum; et pro his omnibus observandis obligavit se dictus conductor sponte ad forbanniendum et tenutam de suis bonis acipiendum, renuncians feriis, statutis et reformacionibus consiliorum comunis Padue factis et faciendis omnique suo auxilio. Protestatus dictus dominus Horedicus pro dicto comuni quod non diminutum sit aliquod ius acquisitum dicto comuni eo quia cessatum fuerit solvi adffictus dicte domus.

(SN) Ego Dominicus filius olim Lucii de Gualdino imperiali auctoritate notarius interfui et rogatus hec scripsi.

a) *nel marg. sn. di altra mano* b) *nel marg. ds. di mano B* c) *nel marg. ds. di mano C*

555

Iohannis Bixati. R(eddit) denarios vj.[a)]

Anno Domini millesimo tercentessimo octavo, indicione sexta, die undecimo intrante otubri, in Montesscilice, in domo habitacionis domini Antonii de Lyo potestatis Montisscilicis, presentibus Otolino notario de Fontana, Gerardo notario condam Aby, Dominico notario condam Ture de Patucio et aliis. Ibique dominus Horedicus iudex condam domini Bonefidei de Baldaserra iudex et vicarius domini Antonii de Lyo potestatis Montisscilicis nomine et vice comunis Montisscilicis et pro ipso comuni iure libeli perpetualis investivit Iohannem condam domini Bixati de tribus perticis in longitudine et octo pedibus in latitudine vel circha, salvum plus et minus, terre de ripa fosati iacentibus in Montesscilice in[b)] Calderive; choeret ab uno latere fosatum, ab alio idem Iohannes, ab alio Dominicus de Guaytabaffa pro comuni predicto et ab alio quoddam aliud fosatum et forte alii choerent. Tali vero pacto et tenore quod dictus Iohannes et sui heredes et cui dederit debeant habere, tenere et possidere et omnem suam voluntatem et utilitatem ex ea re libelata iure libeli perpetualis facere, ita quod per ipsum mellioretur et non peioretur, reddendo omni anno in festo omnium sanctorum, tercia die ante vel post, denarios sex parvorum. Quo adffictu dato et soluto, alia inter eos non fiant, nisi quod convenerunt inter se quod si comune proprietatem suam vel conductor ius suum vendere voluerit, vendere debeant inter se pro soldis quinque parvorum minus quam aliis, et domino seu comune emere nolente, tunc vendat conductor ius suum cui vendere voluerit scitu, voluntate et parabola domini; et aliter vendicio, obligacio vel alienacio facta non valeat de iure nec de facto. Quam rem promissit dictus dominus Horedicus nomine et vice dicti comunis dicto conductori et suis heredibus guarentare et deffendere sub pena boni cambii |148r| dapni et interesse et expensis et obligacione omnium bonorum dicti comunis. Penam vero[c)] inter se posuerunt ut si quis eorum vel suorum heredum aud sucessorum ea que dicta sunt non attenderit vel pacta predicta rumperit, componat pars contrafaciens parti fidem libeli servanti nomine pene soldos vigintinovem parvorum pro quolibet pacto et capitulo non servato, qua soluta vel non, nichilominus libelus iste in sua maneat firmitate. Et duo instrumenta unius tenoris ex hoc contractu scribi iubserunt, videlicet unum unicuique parti dandum; et pro his omnibus observandis obligavit se dictus conductor ad forbanniendum et tenutam de suis bonis acipiendum, renuncians feriis, statutis et reformacionibus consiliorum comunis Padue factis et faciendis omnique suo auxilio. Protestatus dictus dominus Horedicus pro dicto comuni quod aliquod ius comunis predicti acquisitum ipsi comuni non sit diminutum quia cessatum fuerit de solucione facienda ipsi comuni de dicto affictu, nec aliqua alia racione.

(SN) Ego Dominicus filius olim Lucii de Gualdino imperiali auctoritate notarius interfui et rogatus hec scripsi.

a) *nel marg. sn. di mano A* b) *segue* dicta *depennato* c) *segue asta discendente depennata*

556

Federici condam Benati. R(eddit) denarios XIJ.[a)]

R(eddit) Otolino canipario denarios XIJ in potestaria domini Laurencii.[b)]

Anno Domini millesimo tercentessimo octavo, indicione sexta, die undecimo otubris, in Montesscilice, in domo habitacionis domini Antonii de Lyo potestatis Montisscilicis, presentibus Otolino notario de Fontana, Dominico notario condam Ture, Fuscolo condam Iacobini de Fuscolis et aliis. Ibique dominus Horedicus iudex condam domini Bonefidei de Baldaserra iudex et vicarius domini Antonii de Lyo potestatis Montisscilicis nomine et vice comunis Montisscilicis et pro ipso comuni iure libeli perpetualis investivit Federicum filium condam Benati Petricanis de Montesscilice de sex perticis in longitudine et octo pedibus in latitudine terre de ripa fosati dicti comunis[c] vel circha, salvum plus et minus, iacentibus in Montesscilice in contracta Calderive[d] super quibus est hedifficata quedam domus paleata dicti Federici; choeret ab uno latere fosatum dicti comunis, ab alio idem Federicus, ab alio dominus Petrus de Parisio pro comuni predicto et ab alio Antonius condam Pelegrini de Prando pro comuni Montisscilicis. Tali vero pacto et tenore quod dictus Federicus et sui heredes et cui dederit debeant habere, tenere et possidere dictam terram et omnem suam voluntatem et utilitatem ex ea iure libeli perpetualis facere, ita quod per ipsum mellioretur et non peioretur, reddendo omni anno in festo omnium sanctorum, tercia die ante vel post, denarios duodecim parvorum. Quo adfictu dato et soluto, alia inter eos non fiant, nisi quod convenerunt inter se quod si comune proprietatem suam vel conductor ius suum vendere voluerit, vendere debeant inter se pro soldis quinque parvorum minus quam aliis, et comune emere nolente, tunc vendat conductor scitu, voluntate et parabola comunis ius suum cui voluerit, non militi, non servo, non ecclesie, sed homini qui bene reddat predictum adfictum dicto comuni; et aliter vendicio, obligacio vel alienacio facta non valeat de iure nec de facto. Quam rem libelatam promissit dictus dominus Horedicus nomine et vice dicti comunis dicto conductori et suis heredibus guarentare |148v| et deffendere sub pena boni cambii, dapni et interesse et obligacione omnium bonorum dicti comunis. Penam vero inter se posuerunt ut si quis eorum vel suorum heredum aud sucessorum ea que dicta sunt non attenderit vel pacta predicta rumperit, componat pars contrafaciens parti fidem libeli servanti nomine pene soldos vigintinovem parvorum pro quolibet pacto et capitulo non servato, qua soluta vel non, nichilominus libelus iste in sua maneat firmitate. Et duo instrumenta unius tenoris ex hoc contractu scribi iubserunt, videlicet unum unicuique parti dandum; et pro his omnibus observandis obligavit se dictus conductor ad forbanniendum et tenutam acipiendum, renuncians feriis, statutis et reformacionibus consiliorum omnique suo auxilio. Et protestatus fuit dictus dominus Horedicus nomine et vice dicti comunis quod intendit nichil esse diminutum de iure acquisito ipsi comuni propter adffictum non solutum nec aliqua alia racione.

(SN) Ego Dominicus filius olim Lucii de Gualdino imperiali auctoritate notarius interfui et rogatus hec scripsi.

a) *nel marg. sn. di mano A* b) *nel marg. ds. di mano C* c) *segue asta depennata* d) *segue* choeret *depennato*

557

Francisce uxoris Antonii magistri Acursii. R(eddit) denarios XIIIJ*or*.[a)]

Solvit Otolino de Fontana canipario in potestaria domini Laurencii de Radicibus.[b)]

Anno Domini millesimo tercentessimo octavo, indicione sexta, die undecimo otubris, in Montesscilice, in domo habitacionis domini Antonii de Lyo potestatis Montisscilicis, presentibus Otolino notario de Fontana, Dominico notario condam Ture, Fuscolo condam Iacobini et aliis. Ibique dominus Horedicus iudex condam domini Bonefidei de Baldaserra iudex et vicarius domini Antonii de Lyo potestatis Montisscilicis nomine et vice comunis Montisscilicis et pro ipso comuni iure libeli perpetualis investivit Franciscam uxorem Antonii filii magistri Acursii carrerii recipientem de consensu et voluntate dicti mariti sui de septem perticis in longitudine[c)] et octo pedibus in latitudine vel circha, salvum plus et minus, terre ripe fosati comunis Montisscilicis iacentibus in Montesscilice in contracta Calderive; choeret ab uno latere fosatum comunis, ab alio dicta conductrix, ab alio heredes Iohannis de Paulo et ab alio via. Tali pacto et tenore quod dicta conductrix et sui heredes et cui dederit debeant habere, tenere et possidere dictam terram et omnem suam voluntatem et utilitatem iure libeli perpetualis ex ea facere, ita quod per ipsam melioretur et non peioretur, reddendo omni anno in festo omnium sanctorum, tercia die ante vel post, denarios quatuordecim parvorum. Quo adffictu dato et soluto dicto comuni, ut dictum est, alia inter eos non fiant, nisi quod convenerunt inter se quod si comune proprietatem suam vel conductrix ius suum vendere voluerit, vendere debeant inter se pro soldis quinque parvorum minus quam aliis, et comune emere nolente, tunc vendat conductrix ius suum scitu, voluntate et parabola[d)] comunis cui voluerit, non militi, non servo, non ecclesie, sed suo pari vel homini qui bene reddat predictum adffictum dicto comuni; et aliter vendicio, obligacio vel alienacio facta non valeat de iure nec de facto. Quam rem promissit dictus dominus Horedicus nomine et vice dicti comunis guarentare et deffendere sub pena boni cambii, dapni et interesse et obligacione omnium bonorum dicti comunis. Penam vero inter se posuerunt ut si quis eorum vel suorum heredum aud sucessorum ea que dicta sunt non attenderit vel pacta predicta rumperit, componat pars contrafaciens parti fidem libeli servanti nomine pene soldos vigintinovem parvorum pro quolibet pacto et capitulo non servato, qua soluta vel non, nichilominus libelus iste in sua maneat firmitate. Et duo instrumenta unius tenoris scribi iubserunt, videlicet unum unicuique parti dandum; et pro his omnibus observandis obligavit se dicta conductrix ad forbanniendum et tenutam acipiendum, renuncians feriis, statutis et reformacionibus consiliorum comunis Padue factis et faciendis et omni legum auxilio quo se tueri posset. Et protestatus fuit dictus dominus Horedicus pro dicto comuni quod nullum ius acquisitum dicto comuni[e)] pro adffictum non solutum sit diminutum nec aliqua alia racione.

(SN) Ego Dominicus filius olim Lucii de Gualdino imperiali auctoritate notarius interfui et rogatus hec scripsi.

a) *nel marg. sn. di mano A* b) *nel marg. ds. di mano C* c) longitudine *corretto su* langitudine d) *segue* di *depennato* e) comuni *corretto da* comunis *con espunzione della* s

558

|149r| *Çanboni condam Aby.*[a)] *R(eddit) soldos IIJ et denarios ses.*[b)]

Solvit Arnaldo in potestaria domini Amadei.[c)]

Anno Domini millesimo tercentessimo octavo, indicione sexta, die undecimo intrante decembri, in Montesscilice, in domo habitacionis domini Antonii de Lyo potestatis Montisscilicis, presentibus Otolino notario de Fontana, Dominico notario condam Ture, Fuscolo condam Iacobini de Fuscolis et aliis. Ibique dominus Horedicus iudex condam domini Bonefidei de Baldaserra iudex et vicarius domini Antonii de Lyo potestatis Montisscilicis nomine et vice comunis Montisscilicis et pro ipso comuni iure libeli perpetualis investivit dominum Çambonum condam domini Aby de Montesscilice de una pecia terre prative unius campi, unius pertice et sex tabularum vel circa iacente in Montisscilicis districtu in contracta Serre; choeret ab uno latere Petrus notarius condam Francisci, ab alio Petrus et Michael condam[d)] Cervini,[e)] ab alio destorium Brogli et ab alio Albertinus de Hercio; item de duobus campis et quatuor perticis terre iacentibus in eodem districtu in contracta Ageris Manuldi ex oposito dicte pecie terre prative; choeret ab uno latere Petrus Mascarelus, ab alio heredes domini Realdi Mascareli, ab alio dictum destorium et ab alio Vivaldus condam Ati de Maçuchelo et forte alii choerent. Tali vero pacto et tenore quod dictus dominus Çambonus et sui heredes et cui dederit debeant dictas pecias terre habere, tenere et possidere et omnem suam voluntatem et utilitatem ex ea iure libeli perpetualis facere et bene tractare, regere et manutenere, ita quod per ipsum meliorentur et non peiorentur, et dare, reddere ac solvere dicto comuni Montisscilicis omni anno in festo omnium sanctorum, tercia die ante vel post, soldos tres et denarios sex denariorum venetorum parvorum. Quo adfictu dato et soluto, ut dictum est, omni anno, alia inter eos non fiant, nisi quod convenerunt inter se quod si comune proprietatem suam vel conductor ius suum vendere voluerit, vendere debeant inter se pro soldis quinque parvorum minus quam aliis, et comune emere nolente, tunc vendat conductor scitu, voluntate et parabola comunis ius suum cui voluerit, non militi, non servo, non ecclesie, sed suo pari vel homini qui bene reddat predictum adfictum dicto comuni et predicta observet; et aliter vendicio, alienacio vel obligacio facta non valeat de iure nec de facto. Quas pecias terre promissit dictus dominus Horedicus nomine et vice dicti comunis guarentare et deffendere ab omni persona sub pena boni cambii, dapni et interesse et obligacione omnium bonorum dicti comunis. Penam vero inter se posuerunt quod si quis eorum vel suorum heredum aud sucessorum ea que dicta sunt non attenderit vel pacta predicta rumperit, componat pars contrafaciens parti fidem libeli servanti nomine pene soldos vigintinovem parvorum pro quolibet pacto et capitulo non servato, qua soluta vel non,[f)] nichilominus libelus iste in sua maneat firmitate. Et duo instrumenta unius tenoris ex hoc contractu scribi iubserunt, videlicet unum unicuique parti dandum; et pro his omnibus observandis obligavit se dictus conductor ad forbanniendum et tenutam de suis bonis ubique acipiendum, renuncians feriis, statutis et reformacionibus consiliorum comunis Padue factis et faciendis omnique suo auxilio. Insuper protestatus fuit pro dicto comuni dictus dominus Horedicus quod de iure acquisito dicto comuni nichil diminutum sit ocassione adfictus non soluti nec aliqua alia racione.

(SN) Ego Dominicus filius olim Lucii de Gualdino imperiali auctoritate notarius interfui et rogatus hec scripsi.

a) *nel marg. sn. di mano A* b) *nel marg. ds. di mano A* c) *nel marg. ds. di mano B* d) *segue* Francis *depennato* e) *scioglimento dubbio* f) *segue asta discendente depennata*

559

|149v| *Petri condam Laurencii de Senicho.*[a] *R(eddit) denarios XIIJ.*[b]

Solvit Arnaldo in potestaria domini Amadei.[c]

Solvit Prosdocimo de Martina in potestaria domini Francisci.[d]

Anno Domini millesimo tercentessimo octavo, indicione sexta, die duodecimo intrante otubri, in Montesscilice, in domo habitacionis domini Antonii de Lyo potestatis Montisscilicis, presentibus Otolino notario de Fontana, Fuscolo condam Iacobini de Fuscolis, Bellavere notario filio Petri et aliis. Ibique dominus Horedicus iudex condam domini Bonefidei de Baldaserra nomine et vice comunis Montisscilicis et pro ipso comuni iure libeli perpetualis investivit Petrum condam Laurencii de Senico de Montesscilice de una pecia terre iacente in districtu Montisscilicis in contracta Vallis Desgorgada; choeret ab uno latere Symeon de Sinico, ab alio heredes domini Gotifredi de Bullis, ab alio dictus Symeon et ab alio Iohannes de Raymundo pro quodam de Padua. Tali pacto et tenore quod dictus Petrus et sui heredes et cui dederint debeant habere, tenere et possidere dictam peciam terre et omnem suam voluntatem et utilitatem ex ea iure libeli perpetualis facere, ita quod per ipsum melioretur et non peioretur, reddendo omni anno in festo omnium sanctorum, tercia die ante vel post, denarios tredecim parvorum. Quo adffictu dato et soluto, alia inter eos non fiant, nisi quod convenerunt inter se quod si comune proprietatem suam vel conductor ius suum vendere voluerit, vendere debeant inter se pro soldis quinque parvorum minus quam aliis, et domino emere nolente, tunc vendat conductor scitu, voluntate et parabola comunis ius suum cui voluerit, non militi, non servo, non ecclesie, sed homini qui bene reddat predictum adfictum dicto comuni; et aliter vendicio, obligacio vel alienacio facta non valeat de iure nec de facto. Quam peciam terre promissit dictus dominus Horedicus pro dicto comuni dicto conductori et suis heredibus guarentare et deffendere sub pena dupli dapni et interesse et obligacione omnium bonorum dicti comunis. Penam vero inter se posuerunt ut si quis eorum vel suorum heredum aud sucessorum ea que dicta sunt non attenderit, componat pars contrafaciens parti fidem libeli servanti nomine pene soldos vigintinovem parvorum pro quolibet pacto et capitulo non servato, qua soluta vel non, nichilominus libelus iste in sua maneat firmitate. Et duo instrumenta unius tenoris ex hoc contractu scribi iubserunt, videlicet unicuique parti dandum; et pro his omnibus observandis obligavit se ad forbanniendum et tenutam de suis bonis acipiendum, renuncians feriis, statutis et reformacionibus consiliorum comunis Padue factis et faciendis omnique suo auxilio.[e] Et protestatus fuit pro dicto comuni ipse dominus Horedicus quod nichil de iure acquisito comuni diminutum sit ocassione adfictus non soluti nec aliqua alia racione.

(SN) Ego Dominicus filius olim Lucii de Gualdino imperiali auctoritate notarius interfui et rogatus hec scripsi.

a) *nel marg. sn. di mano A* b) *nel marg. ds. di mano A* c) *nel marg. ds. di mano B* d) *nel marg. ds. di mano D* e) *segue* et *depennato; poi ripete* renuntians feriis, statutis et reformationibus consiliorum comunis Padue factis et faciendis omnique

560

Gerardini Rovaxii.[a] *R(eddit) denarios* XIIIJ^{or}.[b]

Solvit Arnaldo in potestaria domini Amadei.[c]

Solvit Prosdocimo de Martina in potestaria domini Francisci.[d]

Anno Domini millesimo tercentessimo octavo, indicione sexta, die duodecimo intrante otubri, in Montesscilice, in domo habitacionis domini Antonii de Lyo potestatis Montisscilicis, ‹presentibus› Otolino notario de Fontana, Fuscolo condam Iacobini de Fuscolis, Bellavere notario filio Petri et aliis. Ibique dominus Horedicus iudex condam domini Bonefidei de Baldaserra iudex et vicarius domini Antonii de Lyo potestatis Montisscilicis nomine et vice comunis Montisscilicis et pro ipso comuni iure libeli perpetualis investivit Gerardinum condam Laurencii de Sguayna de septem perticis in longitudine et octo pedibus in latitudine vel circa, salvum plus et minus, terre ipsius Gerardini iacentibus in Montesscilice in contracta Calderive; choeret ab uno latere fosatum comunis, ab alio idem conductor, ab alio Manfredus condam Petri de Paele[e] pro comuni predicto et ab alio Tomasinus botacerius pro comuni. Tali pacto et tenore quod dictus Gerardinus et sui |150r| heredes et cui dederint debeant habere, tenere et possidere dictam terram et omnem suam voluntatem et utilitatem ex ea iure libeli perpetualis facere, ita quod per ipsum mellioretur et non peioretur, reddendo omni anno in festo omnium sanctorum, tercia die ante vel post, denarios quatuordecim parvorum. Quo adffictu dato et soluto, alia inter eos non fiant, nisi quod convenerunt inter se quod si comune proprietatem suam vel conductor ius suum vendere voluerit, vendere debeant inter se pro soldis quinque parvorum minus quam aliis, et comune emere nolente, tunc vendat conductor scitu, voluntate et parabola comunis ius suum cui voluerit, non militi, non servo, non ecclesie, sed homini qui bene reddat predictum adfictum dicto comuni; et aliter vendicio, obligacio vel alienacio facta non valeat de iure nec de facto. Quam rem promissit dictus dominus Horedicus nomine et vice dicti comunis dicto conductori et suis heredibus guarentare et deffendere sub pena boni cambii, dapni et interesse et obligacione omnium bonorum dicti comunis. Penam vero inter se posuerunt quod si quis eorum vel suorum heredum aud sucessorum ea que dicta sunt non attenderit vel pacta predicta rumperit, componat pars contrafaciens parti fidem libeli servanti nomine pene soldos vigintinovem parvorum pro quolibet pacto et capitulo non servato, qua soluta vel non, nichilominus libelus iste in sua maneat firmitate. Et duo instrumenta unius tenoris ex hoc contractu scribi iubserunt, videlicet unum unicuique parti dandum; et pro his omnibus observandis obligavit se dictus conductor ad forbanniendum et tenutam acipiendum, renuncians feriis, statutis et reformacionibus consiliorum omnique suo auxilio. Et protestatus fuit dictus dominus Horedicus nomine dicti comunis quod nichil de iure acquisito dicto comuni ocassione adffictus non soluti sit diminutum nec aliqua alia racione.

(SN) Ego Dominicus filius olim Lucii de Gualdino imperiali auctoritate notarius interfui et rogatus hec scripsi.

a) *nel marg. sn. di mano A* b) *nel marg. ds. di mano A* c) *nel marg. ds. di mano B* d) *nel marg. ds. di mano D* e) *lettura dubbia*

561

Filiorum Çamboni Rodulli.[a)] *R(eddunt) soldos* xv *et denarios* x.[b)]

Anno Domini millesimo tercentessimo octavo, indicione sexta, die duodecimo otubris, in Montesscilice, in domo habitacionis domini Antonii de Lyo potestatis Montisscilicis, presentibus Otolino notario de Fontana, Dominico notario de Ture, Fuscolo condam Iacobini de Fuscolis et aliis. Ibique dominus Horedicus iudex condam domini Bonefidei de Baldaserra iudex et vicarius domini Antonii de Lyo potestatis Montisscilicis nomine et vice comunis Montisscilicis et pro ipso comuni iure libeli perpetualis investivit Albertum, Franciscum et Antonium fratres et filios condam Çamboni Rodoli de Montesscilice recipientes suo nomine et nomine et vice Blaxii et Iohannis eorum fratrum, obligando se predicti Albertus, Franciscus et Antonius in solidum pro infrascripto adfictu[c)] de infrascriptis peciis terre iacentibus in districtu Montisscilicis in infrascriptis contractis. In primis de una pecia terre unius campi vel circa iacente in contracta Sulchi sive Vallongi, qui fuit Vandi a Guischegnola; choeret ab uno latere iura ecclesie plebis Montisscilicis, ab alio destorium Core, ab alio Dominicus Guercii de Tribano et ab alio magister Bernardus sartor de Padua. Item de una pecia terre unius campi et sex perticarum vel circha iacente in contracta Core versus Vallongum que fuit Vivaldi Corsalis; |150v| choeret a tribus lateribus Iohannes de Mabile pro se et comuni Montisscilicis et a quarto palus Core. Item de duobus campis et tribus perticis in dicta contracta Core versus Vallongum que fuit heredum Agognardi de Tanselgardo; choeret ab uno latere dominus Lovatus legum doctor, a duobus lateribus Iohannes de Mabile et ab alio palus. Item de tribus campis terre in contracta que dicitur Arçer Andrae seu Malgare cuius choerencie ignorantur.***[d)] Tali pacto et tenore quod dicti conductores et sui heredes et cui dederint debeant habere, tenere et possidere et omnem suam voluntatem et utilitatem ex dictis rebus libelatis facere, ita quod per ipsos meliorentur et non peiorentur, redendo omni anno in festo omnium sanctorum, tercia die ante vel post dicto comunis Montisscilicis soldos quindecim et denarios decem denariorum venetorum parvorum. Quo adffictu dato et soluto, alia inter eos non fiant, nisi quod convenerunt inter se quod si comune proprietatem suam vel conductores ius suum vendere voluerint, vendere debeant inter se pro soldis quinque parvorum minus quam aliis, et comune emere nolente, tunc vendant conductores scitu, voluntate et parabola comunis ius suum cui voluerint, non militi, non servo, non ecclesie, sed suo pari vel homini qui bene reddat predictum adffictum dicto comuni et predicta omnia observet; et aliter vendicio, obligacio vel alienacio facta non valeat de iure nec de facto. Quas res libelatas promissit dictus dominus Horedicus nomine et vice dicti comunis dictis conductoribus et suis heredibus guarentare et deffendere sub pena boni cambii, dapni et interesse et obligacione omnium bonorum dicti comunis. Penam vero inter se posuerunt ut si quis eorum vel suorum heredum aud sucessorum ea que dicta sunt non attenderit vel pacta predicta rumperit, componat pars contrafaciens parti fidem libeli servanti nomine pene soldos vigintinovem parvorum pro quolibet pacto et capitulo non servato, qua soluta vel non, nichilominus libelus iste in sua maneat firmitate. Et duo instrumenta unius tenoris ex hoc contractu scribi iubserunt, videlicet unum unicuique parti dandum; et pro his omnibus observandis obligaverunt se dicti conductores ad forbanniendum et tenutam acipiendum, renuncians feriis, statutis et reformacionibus consiliorum comunis Padue factis et faciendis omnique suo auxilio. Et protestatus fuit nomine et vice dicti comunis dictus dominus Horedicus dictis conductoribus quod pro dicto affictu non soluto nichil sit diminutum de iure comunis nec aliqua alia racione.

(SN) Ego Dominicus filius olim Lucii de Gualdino imperiali auctoritate notarius interfui et rogatus hec scripsi.

a) *nel marg. sn. di mano A* b) *nel marg. ds. di mano A* c) *segue* a *depennato* d) *spazio bianco corrispondente a due mezze righe*

562

Çordanus condam Stefani.[a] *R(eddit) denarios VIIJ.*[b]

Solvit Otolino canipario de Fontana in potestaria domini Laurencii de Radicibus.[c]

Anno Domini millesimo tercentessimo octavo, indicione sexta, die duodecimo otubris, in Montesscilice, in domo habitacionis domini Antonii de Lyo potestatis Montisscilicis, presentibus Otolino notario de Fontana, Dominico notario condam Ture, Fuscolo condam Iacobini de Fuscolis et aliis. Ibique dominus Horedicus iudex condam domini Bonefidei de Baldaserra[d] iudex et vicarius domini Antonii de Lyo potestatis Montisscilicis nomine et vice dicti comunis et pro ipso comuni iure libeli perpetualis Çordanum condam Stefani de Montesscilice investivit de quatuor perticis in longitudine et octo pedibus in latitudine[e] vel circha, salvum plus et minus, de terra ripe fosati dicti comunis iacentibus in Montesscilice in contracta Calderive que fuit Blaxii de Contecaro; choeret ab uno latere fosatum comunis, ab alio dictus Çordanus pro Francisco domini Gracii, ab alio Prosdocima condam Marie Punsele et ab alio via publica. |151r| Tali pacto et tenore quod dictus Çordanus et sui heredes et cui dederint debeant habere, tenere et possidere et omnem suam voluntatem et utilitatem facere ex dicta re, ita quod per ipsum melioretur et non peioretur, reddendo omni anno in festo omnium sanctorum, tercia die ante vel post, denarios octo parvorum comuni Montisscilicis. Quo adfictu soluto, alia inter eos non fiant, nisi quod convenerunt inter se quod si comune proprietatem suam vel conductor ius suum vendere voluerit, vendere debeant inter se pro soldis quinque parvorum minus quam aliis, et comune emere nolente, tunc vendat conductor scitu, voluntate et parabola comunis ius suum cui voluerit, non militi, non servo, non ecclesie, sed suo pari vel homini qui bene reddat predictum adffictum dicto comuni; et aliter vendicio, obligacio vel alienacio facta non valeat de iure nec de facto. Quam rem promissit dictus dominus Horedicus nomine et vice dicti comunis guarentare et deffendere sub pena boni cambii, dapni et interesse et obligacione omnium[f] bonorum dicti comunis. Penam vero inter se posuerunt quod si quis eorum vel suorum heredum aud sucessorum ea que dicta sunt non attenderit vel pacta predicta rumperit, componat pars contrafaciens parti fidem libeli servanti nomine pene soldos vigintinovem parvorum, qua soluta vel non, nichilominus libelus iste in sua maneat firmitate. Et duo instrumenta unius tenoris ex hoc contractu scribi iubserunt, videlicet unum unicuique parti dandum; et pro his observandis obligavit se dictus conductor ad forbanniendum et tenutam acipiendum, renuncians feriis, statutis et reformacionibus consiliorum omnique suo auxilio. Protestatus dictus dominus Horedicus nomine dicti[g] comunis quod de iure acquisito ipsi comuni nichil minutum sit ocassione adffictus non soluti nec alia aliqua racione.

(SN) Ego Dominicus filius olim Lucii de Gualdino imperiali auctoritate notarius interfui et rogatus hec scripsi.

a) *nel marg. sn. di mano A* b) *nel marg. ds. di mano A* c) *nel marg. ds. di mano C* d) *segue* nomine *depennato* e) *segue* d *depennata* f) *segue asta discendente depennata* g) *segue* d *depennata*

563

Milani condam Bonçenelli.[a] *R(eddit) solidos* xx.[b]

Solvit Arnaldo notario in potestaria domini Amadei potestatis Montisscilicis.[c]

Per manus magistri Verdelli medici.[d]

Anno Domini millesimo tercentessimo octavo, indicione sexta, die duodecimo otubris, in Montesscilice, in domo habitacionis domini Antonii de Lyo potestatis Montisscilicis, presentibus Otolino notario de Fontana, Dominico notario condam Ture, Fuscolo condam Iacobini de Fuscolis et aliis. Ibique dominus Horedicus iudex condam domini Bonefidei de Baldaserra iudex et vicarius domini Antonii de Lyo potestatis Montisscilicis nomine et vice dicti comunis et pro ipso comuni iure libeli perpetualis investivit Milanum condam Bonçeneli qui fuit de Anguilare et nunc habitat in Montesscilice de una domo copata et murata undique cum curte iacente in Montesscilice in contracta Insule; choeret ab uno latere domus comunis Montisscilicis, ab alio destorium, ab alio via et ab alio Iohannes condam domini Bixati et forte alii choerent. Tali pacto et tenore quod dictus Milanus et sui heredes et cui dederint debeant habere, tenere et possidere dictam domum et omnem suam voluntatem et utilitatem ex ea iure libeli perpetualis facere et bene tractare, regere et manutenere, ita quod per ipsum melioretur, reddendo omni anno in festo omnium sanctorum, tercia die ante vel post, soldos viginti denariorum venetorum parvorum. Quo adffictu dato et soluto, ut dictum est, dicto comuni Montisscilicis, alia inter eos non fiant, nisi quod convenerunt inter se quod si comune proprietatem suam vel conductor ius suum vendere voluerit, vendere[e)] debeant inter se pro soldis quinque parvorum minus quam aliis, et comune emere nolente, tunc vendat conductor scitu, voluntate et parabola domini ius suum cui voluerit, non militi, non servo, non ecclesie, sed suo pari vel homini qui bene reddat predictum adfictum dicto comuni |151v| et predicta omnia observet; et aliter vendicio, obligacio vel alienacio facta non valeat de iure nec de facto. Quam domum promissit dictus dominus Horedicus nomine et vice dicti comunis dicto conductori et suis heredibus guarentare et deffendere sub pena boni cambii, dapni et interesse et obligacione omnium bonorum dicti comunis. Penam vero inter se posuerunt ut si quis eorum vel suorum heredum aud sucessorum ea que dicta sunt non attenderit vel pacta predicta rumperit, componat pars contrafaciens parti fidem libeli servanti nomine pene soldos vigintinovem parvorum pro quolibet pacto et capitulo non servato, qua soluta vel non, nichilominus libelus iste in sua maneat firmitate. Et duo instrumenta unius tenoris ex hoc contractu scribi iubserunt, videlicet unum unicuique parti dandum; et pro his omnibus observandis obligavit se dictus conductor sponte ad forbanniendum et tenutam de suis bonis acipiendum, renuncians feriis, statutis et reformacionibus[f)] consiliorum comunis Padue factis vel faciendis omnique suo auxilio. Et protestatus dictus dominus Horedicus pro dicto comuni ipsi Milano quod nichil de iure acquisito comuni diminuatur ocassione adfictus non soluti nec aliqua alia racione.

(SN) Ego Dominicus filius olim Lucii de Gualdino imperiali auctoritate notarius interfui et rogatus hec scripsi.

a) *nel marg. sn. di mano A* b) *nel marg. ds. di mano A* c) *nel marg. ds. di mano B*

d) *nel marg. sn., di altra mano* e) *segue* d *con macchia di inchiostro depennata* f) *segue* condf *depennato*

564

Blaxii condam Petri de Lovolo.[a] *R(eddit) solidos* XXXIIIJ[or] *et denarios duos.*[b]

Solvit Arnaldo notario in potestaria domini Amadei.[c]

Solvit domino Otolino notario in potestaria domini Laurencti de Radicibus.[d]

Anno Domini millesimo tercentessimo octavo, indicione sexta, die terciodecimo otubris, in Montesscilice, in domo habitacionis domini Antonii de Lyo potestatis Montisscilicis, presentibus Otolino notario de Fontana, Dyonisio condam domini Gracii, domino Guidone Gravoncelo, Nicolao condam Adameti et aliis. Ibique dominus Horedicus iudex condam domini Bonefidei de Baldaserra iudex et vicarius domini Antonii de Lyo potestatis Montisscilicis nomine et vice comunis Montisscilicis et pro ipso comuni iure libeli perpetualis investivit Blaxium condam Petri de Lovolo de Montesscilice de una pecia terre aratorie partim cum vineis et arboribus et partim frative unius campi et novem particarum vel circa iacente in districtu Montisscilicis in contracta Fratarum et est scriptus in libro adffictuum dicti comunis: «Marcus de Lovolo cum fratribus»; choeret ab uno latere Dominigeolda uxor Iohannis condam Martini de Bonacordo pro dicto comuni, ab alio Tedericus de Lovolo et ab alio flumen et ab alio via. Tali vero pacto et tenore quod dictus Blaxius et sui heredes et cui dederit debeant habere, tenere et possidere dictam peciam terre et omnem suam voluntatem et utilitatem ex ea iure libeli perpetuali facere, ita quod per ipsum melioretur et non peioretur, reddendo omni anno in festo omnium sanctorum, tercia die ante vel post, soldos trigintaquatuor et denarios duos denariorum venetorum parvorum. Quo adffictu dato et soluto, alia inter eos non fiant, nisi quod convenerunt inter se quod si comune proprietatem suam vel conductor ius suum vendere voluerit, vendere debeant inter se pro soldis quinque parvorum minus quam aliis, et comune emere nolente, tunc vendat conductor scitu, voluntate et parabola comunis ius suum cui voluerit, non militi, non servo, non ecclesie, sed suo pari vel homini qui bene reddat predictum adffictum dicto comuni et omnia |152r| predicta observet; et aliter vendicio, obligacio vel alienacio facta non valeat de iure nec de facto. Quam peciam terre promissit dictus dominus Horedicus nomine et vice dicti comunis dicto conductori et suis heredibus guarentare et deffendere sub pena boni cambii, dapni et interesse et obligacione omnium bonorum dicti comunis. Penam vero inter se posuerunt ut si quis eorum vel suorum heredum aud sucessorum ea que dicta sunt non attenderit vel pacta predicta rumperit, componat pars contrafaciens parti fidem libeli servanti nomine pene soldos vigintinovem parvorum pro quolibet pacto et capitulo non servato, qua soluta vel non, nichilominus libelus iste in sua maneat firmitate. Et duo instrumenta unius tenoris ex hoc contractu scribi iubserunt, videlicet unum unicuique parti dandum; et pro his observandis obligavit se dictus conductor ad forbanniendum et tenutam acipiendum, renuncians feriis, statutis et reformacionibus consiliorum comunis Padue factis et faciendis omnique suo auxilio. Et protestatus fuit dictus dominus Horedicus pro dicto comunis ipsi conductori quod de iure acquisito comuni Montisscilicis nichil sit diminutum ipsi comuni Montisscilicis ocassione adffictus non soluti nec alia aliqua racione.

(SN) Ego Dominicus filius olim Lucii de Gualdino imperiali auctoritate notarius interfui et rogatus hec scripsi.

a) *nel marg. sn. di mano A* b) *nel marg. ds. di mano A* c) *nel marg. ds. di mano B* d) *nel marg. ds. di mano C*

565

Aycarde uxoris condam Mignati.[a] *R(eddit) denarios* x.[b]

Solvit Arnaldo notario in potestaria domini Amadei.[c]

Solvit Otolino notario de Fontana in potestaria domini Laurencii de Radicibus.[d]

Anno Domini millesimo tercentessimo octavo, indicione sexta, die terciodecimo otubris, in Montesscilice, in domo habitacionis domini Antonii de Lyo potestatis Montisscilicis, presentibus Fuscolo condam

Iacobini de Fuscolis, Dominico notario condam Ture, Prosdocimo filio Antonii de Martina et aliis. Ibique dominus Horedicus iudex condam domini Bonefidei de Baldaserra iudex et vicarius domini Antonii de Lyo potestatis Montisscilicis nomine et vice dicti comunis et pro ipso comuni iure libeli perpetualis investivit Aycardam uxorem condam Mignati et filiam condam Lanfranchini de Montesscilice de quinque perticis in longitudine et octo pedibus in latitudine vel circha, salvum plus et minus, de terra ripe fosati comunis Montisscilicis iacentibus in Montesscilice in contracta Calderive; choeret ab uno latere fosatum comunis, ab alio dicta condutrix, ab alio Zambonus Cuffa pro comuni predicto et ab alio Bonaventura condam Dominici pro comuni predicto. Tali pacto et tenore quod dicta Aycarda eiusque heredes et cui dederint debeant habere, tenere et possidere dictam terram et omnem suam voluntatem et utilitatem ex ipsam iure libeli perpetualis facere, ita quod per ipsam melioretur et non peioretur, reddendo omni anno in festo omnium sanctorum, tercia die ante vel post, denarios decem parvorum. Quo adfictu soluto, alia inter eos non fiant, nisi quod convenerunt inter se quod si comune proprietatem suam vel conductrix ius suum vendere voluerit, vendere debeant inter se pro soldis quinque parvorum minus quam aliis, et comune emere nolente, tunc vendat conductrix scitu, voluntate et parabola[e)] comunis ius sui cui voluerit, non militi, non servo, non ecclesie, sed suo pari vel homini qui bene reddat predictum adfictum dicto comuni; et aliter vendicio, obligacio vel alienacio facta non valeat de iure nec de facto. Quam rem promissit dictus dominus Horedicus nomine et vice dicti comunis dicte conductrici et suis heredibus guarentare et deffendere sub pena boni cambii, dapni et interesse et obligacione omnium[f)] bonorum dicti comunis. Penam vero inter se posuerunt ut si quis eorum vel suorum heredum aud sucessorum ea que dicta sunt non attenderit vel pacta predicta rumperit, componat pars contrafaciens parti fidem libeli servanti nomine pene soldos vigintinovem parvorum pro quolibet pacto et capitulo non servato, qua soluta vel non, nichilominus libelus iste in sua maneat firmitate. Et duo instrumenta unius tenoris |152v| scribi iubserunt, videlicet unum unicuique parti dandum; et pro his observandis obligavit se dicta conductrix ad forbanniendum et tenutam acipiendum, renuncians feriis, statutis et reformacionibus consiliorum factis et faciendis omnique suo auxilio. Et protestatus fuit dictus dominus Horedicus pro dicto comuni dicte condutrici quod nichil de iure acquisito dicto comuni minutum sit ocassione adfictus non soluti nec aliqua alia racione.

(SN) Ego Dominicus filius olim Lucii de Gualdino imperiali auctoritate notarius interfui et rogatus hec scripsi.

a) *nel marg. sn. di mano A* b) *nel marg. ds. di mano A* c) *nel marg. ds. di mano B* d) *nel marg. ds. di mano C* e) *segue* d *depennata* f) *segue* suorum *depennato*

566

Dominici condam Padani.[a] *Denarios* XIIJ *r(eddit).*[b]

Solvit Arnaldo in potestaria domini Amadei.[c]

Solvit domino Otolino canipario de Fontana in potestaria domini Laurencii de Radicibus.[d]

Anno Domini millesimo tercentessimo octavo, indicione sexta, die terciodecimo otubris, in Montesscilice, in domo habitacionis domini Antonii de Lyo potestatis Montisscilicis, presentibus Fuscolo condam Iacobini de Fuscolis, Dominico[e] notario condam Ture, Prosdocimo filio Antonii de Martina et aliis. Ibique dominus Horedicus iudex condam domini Bonefidei de Baldaserra iudex et vicarius domini Antonii de Lyo potestatis Montisscilicis nomine et vice comunis Montisscilicis et pro ipso comuni iure libeli perpetualis investivit Dominicum condam Paduani qui fuit de Bagnolis et nunc habitat in Montesscilice recipientem suo nomine e nomine et vice Porti et Mayneti eius fratrum de obligando se in solido dictus Dominicus pro infrascripto adffictu atendendo de quadragintauna tabulis terre de ripa destorii comunis, cui destorio dicitur destorium a domo Petri de Alesio, iacentibus in Montesscilice in contracta Capitis Vici super quibus est hedificata partim unius domus predictorum conductorum; choeret ab uno latere dictum destorium, ab alio dicti conductores, ab alio via et forte alii choerent. Tali pacto et tenore quod dicti conductores et sui heredes et cui dederint debeant habere, tenere et possidere et omnem suam voluntatem et utilitatem ex ipsa re libelata iure libeli perpetualis facere, ita quod per ipsos melioretur et non peioretur, redendo omni anno in festo omnium sanctorum, tercia die ante vel post, denarios tresdecim parvorum. Quo adfictu soluto omni anno dicto comuni, ut dictum est, alia inter eos non fiant, nisi quod convenerunt inter se quod si comune proprietatem suam vel conductores ius suum vendere voluerint, vendere debeant inter se pro soldis quinque parvorum minus quam aliis, et comune emere nolente, tunc vendant conductores scitu, voluntate et parabola comunis ius suum cui voluerint, non militi, non servo, non ecclesie, sed homini qui bene reddat dictum adffictum predicto comuni; et aliter vendicio, obligacio vel alienacio facta non valeat de iure nec de facto. Quam rem promissit dictus dominus Horedicus nomine et vice dicti comunis dictis conductoribus et suis heredibus guarentare et deffendere sub pena boni cambii, dapni et interesse et obligacione omnium bonorum dicti comunis. Penam vero inter se posuerunt ut si quis eorum vel suorum heredum aud sucessorum ea que dicta sunt non attenderit vel pacta predicta rumperit, componat pars contrafaciens parti fidem libeli servanti nomine pene soldos vigintinovem parvorum pro quolibet pacto et capitulo non servato, qua soluta vel non, nichilominus libelus iste in sua maneat firmitate. Et duo instrumenta unius tenoris ex hoc contractu scribi iubserunt, videlicet unum unicuique parti dandum; et pro his observandis obligavit se dictus Dominicus ad forbanniendum et tenutam de suis bonis ubique acipiendum, renuncians feriis, statutis et reformacionibus consiliorum comunis Padue factis et faciendis omnique suo auxilio. Et protestatus fuit dictus dominus Horedicus nomine et vice dicti comunis quod non sit aliquod ius acquisitum dicto comuni diminutum ocassione adffictus non soluti nec aliqua alia racione.

(SN) Ego Dominicus filius olim Lucii de Gualdino imperiali auctoritate notarius interfui et rogatus hec scripsi.

a) *nel marg. sn. di altra mano* b) *nel marg. ds. di mano A* c) *nel marg. ds. di mano B* d) *nel marg. ds. di mano C* e) *una macchia d'inchiostro copre* ni *di* Dominico

567

|153r| *Thomaxini Bonçerii.*[a] *R(eddit) denarios xij.*[b]

Solvit Arnaldo in potestaria domini Amadei.[c)]

Solvit Otolino de Fontana canipario in potestaria domini Laurencii de Radicibus.[d)]

Anno Domini millesimo tercentessimo octavo, indicione sexta, die terciodecimo otubris, in Montesscilice, in domo habitacionis domini Antonii de Lyo potestatis Montisscilicis, presentibus Fuscolo condam Iacobini de Fuscolis, Dominico notario condam Ture, Prosdocimo filio Antonii de Martina et aliis. Ibique dominus Horedicus iudex condam domini Bonefidei de Baldaserra iudex et vicarius domini Antonii de Lyo potestatis Montisscilicis nomine et vice comunis Montisscilicis et pro ipso comuni iure libeli perpetualis investivit magistrum Tomasinum botacerium condam Dominici qui habitat in Montesscilice de sex perticis in longitudine et octo pedibus in latitudine, salvum plus et minus, de ripa fosati comunis Montisscilicis iacentibus in Montesscilice in Calderiva; choeret ab uno latere fosatum comunis, ab alio dictus conductor, ab alio Gerardinus Rovasius pro dicto comuni et ab alio iura Sancti Petri de Montesscilice pro dicto comuni. Tali pacto et tenore quod dictus Thomasinus et sui heredes et cui dederint debeant habere, tenere et possidere dictam rem et omnem suam voluntatem et utilitatem ex ea iure libeli perpetualis facere, ita quod per ipsum melioretur et non peioretur, reddendo omni anno dicto comuni in festo omnium sanctorum, tercia die ante vel post, denarios duodecim parvorum. Quo adffictu soluto, alia inter eos non fiant, nisi quod convenerunt inter se quod si comune proprietatem suam vel conductor ius suum vendere voluerit, vendere debeant inter se pro soldis quinque parvorum minus quam aliis, ct comune emere nolente, tunc vendat conductor scitu, voluntate et parabola domini ius suum cui voluerit, non militi, non servo, non ecclesie, sed suo pari vel homini qui bene reddat predictum adfictum dicto comuni; et aliter vendicio, obligacio vel alienacio facta non valeat de iure nec de facto. Quam rem promissit dictus dominus Horedicus dicto conductori et suis heredibus guarentare nomine et vice dicti comunis et deffendere sub pena boni cambii, dapni et interesse et obligacione omnium bonorum dicti comunis. Penam vero inter se posuerunt ut si quis eorum vel suorum heredum aud sucessorum ea que dicta sunt non attenderit vel pacta predicta rumperit, componat pars contrafaciens parti fidem libeli servanti nomine pene soldos vigintinovem parvorum pro quolibet pacto et capitulo non servato, qua soluta vel non, nichilominus libelus iste in sua maneat firmitate. Et duo instrumenta unius tenoris scribi iubserunt, videlicet unum unicuique parti dandum; et pro his omnibus observandis obligavit se dictus conductor ad forbanniendum et tenutam acipiendum, renuncians feriis, statutis et reformacionibus consiliorum comunis Padue factis et faciendis omnique suo auxilio. Et protestatus fuit nomine dicti comunis dictus dominus Horedicus quod pro adfictu non soluto nichil minus sit[e)] nec preiudicet alicui iuri acquisito ipsi comuni nec aliqua alia racione.

(SN) Ego Dominicus filius olim Lucii de Gualdino imperiali auctoritate notarius interfui et rogatus hec scripsi.

a) *nel marg. sn. di mano A* b) *nel marg. ds. di mano A* c) *nel marg. ds. di mano B* d) *nel marg. ds. di mano C* e) *lettura dubbia*

568

Iohannis condam domini Gybi.[a)] *R(eddit) denarios* XIIIJ^{or}.[b)]

M^{o}IIJ^{c}VIIIJ^{or}: *solvit Arnaldo in potestaria domini Amadey.*[c)]

Solvit Otolino de Fontana canipario in potestaria domini Laurencii de Radicibus.[d)]

Anno Domini millesimo tercentessimo octavo, indicione sexta, die terciodecimo otubris, in Montesscilice, in domo habitacionis domini Antonii de Lyo potestatis Montisscilicis, presentibus Fuscolo condam Iacobini de Fuscolis, Dominico notario condam Ture, Prosdocimo filio Antonii de Martina et aliis. Ibique dominus Horedicus iudex condam domini Bonefidei de Baldaserra iudex et vicarius domini Antonii de Lyo potestatis Montisscilicis,[e)] nomine et vice dicti comunis iure libeli perpetualis investivit Iohannem condam Alberti Gybi de Montesscilice de septem perticis terre in longitudine et sex pedibus in latitudine, salvum plus et minus, de ripa fosati comunis Montisscilicis cui dicitur destorium a domo Petri de Alesio, super qua terra est hedificata partim quedam domus murata, partim paleata, iacentibus in Montesscilice in contracta Fovee; choeret ab uno latere fosatum comunis, ab alio idem conductor, ab alio via publica et ab alio Voius de Perino et fratres. Tali pacto et tenore quod dictus |153v| Iohannes et sui heredes et cui dederit dictam rem, debeant habere, tenere et possidere et omnem suam voluntatem et utilitatem ex ipsa iure libeli perpetualis facere, ita quod per ipsum melioretur et non peioretur, reddendo omni anno comuni Montisscilicis in festo omnium sanctorum, tercia die ante vel post, denarios quatuordecim parvorum. Quo adfictu dato et soluto dicto comuni, ut dictum est, alia inter eos non fiant, nisi quod convenerunt inter se quod si comune proprietatem suam vel conductor ius suum vendere voluerit, vendere debeant inter se pro soldis quinque parvorum minus quam aliis, et comune emere nolente, tunc vendat conductor ius suum cui voluerit scitu, voluntate et parabola comunis; et aliter vendicio, obligacio vel alienacio facta non valeat de iure nec de facto. Quam rem promissit dictus dominus Horedicus nomine et vice dicti comunis dicto conductori et suis heredibus guarentare et deffendere sub pena dupli dapni et interesse et obligacione omnium bonorum dicti comunis. Penam vero inter se posuerunt ut si quis eorum vel suorum heredum aud sucessorum ea que dicta sunt non attenderit, componat pars contrafaciens parti fidem libeli servanti nomine pene soldos vigintinovem parvorum pro quolibet pacto et capitulo non servato, qua soluta vel non, nichilominus libelus iste in sua maneat firmitate. Et duo instrumenta unius tenoris ex hoc contractu scribi iubserunt, videlicet unum unicuique parti dandum; et pro his omnibus observandis obligavit se dictus conductor sponte ad forbanniendum et tenutam acipiendum, renuncians feriis, statutis et reformacionibus consiliorum factis et faciendis omnique suo auxilio. Et protestatus fuit nomine dicti comunis dictus dominus Horedicus quod si quod ius est acquisitum comuni predicto quod non sit minutum ocassione adfictus non soluti vel aliqua alia racione.

(SN) Ego Dominicus filius olim Lucii de Gualdino imperiali auctoritate notarius interfui et rogatus hec scripsi.

a) *nel marg. sn. di mano A* b) *nel marg. ds. di mano A* c) *nel marg. ds. di mano B* d) *nel marg. ds. di mano C* e) *segue* i *depennata*

569

Petri Mascarelli.[a] *R(eddit) denarios* XIIIJ[or].[b]

Anno Domini millesimo tercentessimo octavo, indicione sexta, die terciodecimo otubris, in Montesscilice, in domo habitacionis domini Antonii de Lyo potestatis Montisscilicis, presentibus Fuscolo condam Iacobini de Fuscolis, Dominico notario condam Ture, Prosdocimo filio Antonii de Martina et aliis. Ibique dominus Horedicus iudex condam domini Bonefidei de Baldaserra iudex et vicarius domini Antonii de Lyo potestatis Montisscilicis nomine et vice dicti comunis iure libeli perpetualis investivit dominum Petrum condam domini Alberti Mascareli de Montesscilice de una pecia terre prative unius campi et duarum perticarum vel circa iacente in districtu Montisscilicis in contracta Putei Viaiani sive Serre; choeret ab uno latere Zambonus condam Aby pro dicto comuni, ab alio dominus Deolguarde a Ferro pro dicto comuni, ab alio destorium comunis et ab alio iura dicti comunis que tenuntur per monasterium Sancti Petri de Montesscilice. Tali pacto quod dictus dominus Petrus et sui heredes et cui dederint debeant habere, tenere et possidere dictam peciam terre et omnem suam voluntatem et utilitatem ex ea iure libeli perpetualis facere, ita quod per ipsum melioretur et non peioretur, redendo omni anno dicto comuni in festo omnium sanctorum, tercia die ante vel post, denarios quatuordecim parvorum. Quo adfictu soluto, alia inter eos non fiant, nisi quod convenerunt inter se quod si comune proprietatem vel conductor ius suum vendere voluerit, vendere debeant inter se pro soldis quinque parvorum minus quam aliis, et comune emere nolente, tunc vendat conductor scitu et parabola comunis ius suum cui voluerit, non militi, non servo, non ecclesie, sed homini qui bene reddat predictum adfictum dicto comuni; et aliter vendicio, obligacio |154r| vel alienacio facta non valeat de iure nec de facto. Quam rem sive peciam terre dictus dominus Horedicus promissit nomine et vice dicti comunis dicto conductori et suis heredibus guarentare et deffendere sub pena boni cambii, dapni et interesse et obligacione omnium bonorum dicti comunis. Penam vero inter se posuerunt ut si quis eorum vel suorum heredum aud sucessorum ea que dicta sunt non attenderit vel pacta predicta rumperit, componat pars contrafaciens parti fidem libeli servanti nomine pene soldos vigintinovem parvorum pro quolibet pacto et capitulo non servato, qua soluta vel non, nichilominus libelus iste in sua maneat firmitate. Et duo instrumenta unius tenoris ex hoc contractu scribi iubserunt, videlicet unum unicuique parti dandum; et pro his omnibus observandis obligavit se dictus conductor ad forbanniendum et tenutam de suis bonis ubique acipiendum, renuncians feriis, statutis et reformacionibus consiliorum comunis Padue factis et faciendis omnique suo auxilio. Et protestatus fuit dictus dominus Horedicus nomine dicti comunis quod nichil sit minus de iure comuni[c] predicto acquisito tam racione adfictus non soluti quam alia quacumque racione vel causa.

(SN) Ego Dominicus filius olim Lucii de Gualdino imperiali auctoritate notarius interfui et rogatus hec scripsi.

a) *nel marg. sn. di mano A* b) *nel marg. ds. di mano A* c) *ms:* comunis *con* s *depennato*

570

Milani de Martina.[a] *R(eddit) solidos* IIII*or et denarios* V.[b]

Solvit Arnaldo in potestaria domini Amadei.[c]

Solvit Otolino de Fontana caniepario[d] *in potestaria domini Laurencii de Radicibus.*[e]

Anno Domini millesimo tercentessimo octavo, indicione sexta, die terciodecimo otubris, in Montesscilice, in domo habitacionis domini Antonii de Lyo potestatis Montisscilicis, presentibus Fuscolo condam Iacobini de Fuscolis, Dominico notario condam Ture, Prosdocimo filio Antonii de Martina et aliis. Ibique dominus Horedicus iudex condam domini Bonefidei de Baldaserra iudex et vicarius domini Antonii de Lyo potestatis Montisscilicis nomine et vice comunis Montisscilicis et pro ipso comuni, investivit Milanum condam Alberti de Martina de infrascriptis peciis terre iacentibus in districtu Montisscilicis in infrascriptis contractis. In primis de una pecia terre prative duorum camporum et duarum perticarum vel circa in contracta Desonis que fuit heredum Bonsegnoris de Boçola et Dominici Odonis de Prosdocimo; choeret ab uno latere idem conductor pro dicto comuni, ab alio magister Bartolomeus Xavacha, ab alio Bonaventura condam Alberti de Martina et ab alio destorium comunis; item de una pecia terre prative unius campi vel circa iacente in dicta contracta que fuit Iohannis de Guigla et Iohannis de Auchino; choeret ab uno latere idem Milanus, ab alio dictus Bonaventura, ab alio dictum destorium et ab alio iura monasterii Sancti Petri de Montesscilice et forte alii choerent. Tali vero pacto et tenore quod dictus Milanus et sui heredes et cui dederint debeant habere, tenere et possidere dictas pecias terre et omnem suam voluntatem et utilitatem ex ipsis iure libeli perpetualis facere et bene tractare, regere et manutenere, ita quod per eum meliorentur et non peiorentur, reddendo omni anno dicto comuni Montisscilicis in festo omnium sanctorum, tercia die ante vel post, soldos quatuor et denarios quinque denariorum venetorum parvorum. Quo adfictu soluto[f] omni[g] anno, ut dictum est, alia inter eos non fiant, nisi quod convenerunt inter se quod si comune proprietatem suam vel conductor ius suum vendere voluerit, vendere debeant inter se pro soldis quinque parvorum minus quam aliis, et comune emere nolente, tunc vendat conductor scitu, voluntate et parabola comunis ius suum cui voluerit, non militi, non servo, non ecclesie, sed homini qui bene reddat predictum adffictum dicto comuni et predicta omnia observet; et aliter vendicio, obligacio vel alienacio facta non valeat de iure nec de facto. Quas pecias terre promissit dictus dominus Horedicus nomine dicti comunis guarentare et deffendere sub pena boni cambii, dapni et interesse et obligacione |154v| omnium bonorum dicti comunis. Penam vero inter se posuerunt ut si quis eorum vel suorum heredum aud successorum ea que dicta sunt non attenderit vel pacta predicta rumperit, componat pars contrafaciens parti fidem libeli servanti nomine pene soldos vigintinovem parvorum pro quolibet pacto et capitulo non servato, qua soluta vel non, nichilominus libelus iste in sua maneat firmitate. Et duo instrumenta unius tenoris ex hoc contractu scribi iubserunt, videlicet unum unicuique parti dandum; et pro his omnibus observandis obligavit se dictus conductor ad forbanniendum et tenutam de suis bonis ubique acipiendum, renuncians feriis, statutis et reformacionibus consiliorum comunis Padue factis et faciendis omnique suo auxilio. Et protestatus fuit dictus dominus Horedicus pro dicto comuni quod ocassione adfictus non soluti nec aliqua alia racione minuatur de iure acquisito ipsi comuni aliqua ocassione.

(SN) Ego Dominicus filius olim Lucii de Gualdino imperiali auctoritate notarius interfui et rogatus hec scripsi.

a) *nel marg. sn. di mano A* b) *nel marg. ds. di mano A* c) *nel marg. ds. di mano B* d) *segue* d *depennata* e) *nel marg. ds. di mano C* f) *corretto su altre lettere non chiare* g) omni *nel margine, fuori dallo specchio di scrittura*

571

Façini filii Milani de Martina.[a] *R(eddit) solidos x et denarios VIIIJ*[or]*.*[b]

Solvit Arnaldo in potestria domini Amadei.[c]

Solvit Otolino de Fontana canipario in potestaria domini Laurencii de Radicibus.[d]

Anno Domini millesimo tercentessimo octavo, indicione sexta, die terciodecimo otubris, in Montesscilice, in domo habitacionis domini Antonii de Lyo potestatis Montisscilicis, presentibus Fuscolo condam Iacobini de Fuscolis, Dominico notario condam Ture, Prosdocimo filio Antonii de Martina et aliis. Ibique dominus Horedicus iudex condam domini Bonefidei de Baldaserra iudex et vicarius domini Antonii de Lyo potestatis Montisscilicis iure locacionis sive libeli perpetualis nomine et vice comunis Montisscilicis et pro ipso comuni investivit Facinum filium Milani condam Alberti de Martina recipientem de consensu, voluntate et mandato dicti Milani patris sui ibidem presentis de una pecia terre medii campi vel circa iacente in districtu Montisscilicis in contracta Revine[e] que fuit Gerardini Cantatoris; choeret a duobus lateribus via, a tercio Revina predicta, a quarto idem conductor et forte alii choerent. Tali pacto et tenore quod dictus Facinus et sui heredes et cui dederit debeant habere, tenere et possidere dictam peciam terre et omnem suam voluntatem et utilitatem ex ea iure libeli perpetualis facere et bene tractare, regere et manutenere, ita quod per ipsum melioretur et non peioretur, reddendo omni anno dicto comuni Montisscilicis in festo omnium sanctorum, tercia die ante vel post, soldos decem et denarios novem denariorum venetorum parvorum. Quo adffictu soluto, ut dictum est, alia inter eos non fiant, nisi quod convenerunt inter se quod si comune proprietatem suam vel conductor ius suum vendere voluerit, vendere debeant inter se pro soldis quinque parvorum minus quam aliis, et comune emere nolente, tunc vendat conductor scitu, voluntate et parabola comunis ius suum cui voluerit, non militi, non servo, non ecclesie, sed suo pari vel homini qui bene reddat predictum adffictum dicto comuni; et aliter vendicio, obligacio vel alienacio facta non valeat de iure nec de facto. Quam peciam terre promissit dictus dominus Horedicus nomine et vice dicti comunis dicto conductori et suis heredibus guarentare et deffendere ab omni persona sub pena dupli dapni et interesse et obligacione omnium bonorum dicti comunis. Penam vero inter se posuerunt ut si quis eorum vel suorum heredum aud sucessorum ea que dicta sunt non attenderit, componat pars contrafaciens parti fidem libeli servanti nomine pene soldos vigintinovem parvorum pro quolibet pacto et capitulo non servato, qua soluta vel non, nichilominus libelus iste in sua maneat firmitate. Et duo instrumenta unius tenoris ex hoc contractu scribi iubserunt, videlicet unum |155r| unicuique parti dandum; et pro his omnibus observandis obligavit se dictus conductor verbo dicti patris sui ad forbanniendum et tenutam de suis bonis ubique acipiendum, renuncians feriis, statutis et reformacionibus consiliorum comunis Padue factis et faciendis omnique suo auxilio. Et protestatus fuit nomine dicti comunis dictus dominus Horedicus quod non minuatur aliquod ius acquisitum dicto comuni ocassione adffictus non soluti nec aliqua alia racione.

(SN) Ego Dominicus filius olim Lucii de Gualdino imperiali auctoritate notarius interfui et rogatus hec scripsi.

a) *nel marg. sn. di mano A* b) *nel marg. ds. di mano A* c) *nel marg. ds. di mano B* d) *nel marg. ds. di mano C* e) *segue* chr *depennato*

572

Marie uxoris Alberti condam Çonis de Gabo.[a] *R(eddit) solidos* VIIIJ[or].[b]

Solvit Arnaldo in potestaria domini Amadei.[c]

Solvit Prosdocimo de Martina in potestaria domini Francisci.[d)]

Anno Domini millesimo tercentessimo octavo, indicione sexta, die terciodecimo otubris, in Montesscilice, in domo habitacionis domini Antonii de Lyo potestatis Montisscilicis, presentibus Fuscolo condam Iacobini de Fuscolis, Dominico notario condam Ture, Prosdocimo filio Antonii de Martina et aliis. Ibique dominus Horedicus iudex condam domini Bonefidei de Baldaserra iudex et vicarius domini Antonii de Lyo potestatis Montisscilicis nomine et vice dicti comunis et pro ipso comuni iure libeli perpetualis investivit Mariam filiam condam Alberti Çonis de Gabo de Montesscilice recipientem pro se, Dominigeolda et Blanciflore eius sororibus[e)] obligando se dicta Maria ita quod in solidum teneatur ad infrascriptum[f)] adffictum attendendum de una pecia terre aratorie cum arboribus et vineis unius campi et unius pertice vel circa iacente in districtu Montisscilicis in contracta Revine que fuit Zilii Rolandi de Zilio et Gisle de Gabo; choeret ab uno latere Natalem de Petenariis, ab alio via, ab alio heredes Bartolomei Panis et Vini pro dicto comuni et ab alio Marchus de Castelo et forte alii choerent. Tali pacto et tenore quod dicte conductrices eorumque heredes et cui dederint debeant habere, tenere et possidere dictam peciam terre et omnem suam voluntatem et utilitatem ex ea iure libeli perpetualis facere et bene tractare, regere et manutenere, ita quod per ipsas melioretur et non peioretur, redendo omni anno dicto comuni in festo omnium sanctorum, tercia die ante vel post, soldos novem denariorum venetorum parvorum. Quo adffictu dato et soluto, ut dictum est, alia inter eos non fiant, nisi quod convenerunt inter se quod si comune proprietatem suam vel conductrices ius suum vendere voluerint, vendere debeant inter se pro soldis quinque parvorum minus quam aliis, et comune emere nolente, tunc vendat conductrices scitu, voluntate et parabola comunis ius suum cui voluerint, non militi, non servo, non ecclesie, sed homini qui bene reddat predictum adffictum dicto comuni et omnia predicta observet; et aliter vendicio, obligacio vel alienacio facta non valeat de iure [nec de] facto. Quam peciam terre promissit dictus dominus Horedicus nomine dicti comunis dicte[g)] conductrici recipienti suo nomine et nomine quo supra et earum heredibus guarentare et deffendere sub pena boni cambii, dapni et interesse et obligacione omnium bonorum dicti comunis. Penam vero inter se posuerunt ut si quis eorum vel suorum heredum aud successorum ea que dicta sunt non attenderit, componat pars contrafaciens parti fidem libeli servanti nomine pene soldos vigintinovem parvorum pro quolibet pacto et capitulo non servato, qua soluta vel non, nichilominus libelus iste in sua maneat firmitate. Et duo instrumenta unius tenoris ex hoc contractu scribi iubserunt, videlicet unum unicuique parti dandum; et pro his observandis obligavit se dicta Maria ad forbanniendum et tenutam acipiendum, renuncians feriis, statutis et reformacionibus consiliorum omnique suo auxilio. Protestatus dictus dominus Horedicus nomine dicti comunis quod non preiudicet dicto comuni in aliquo iure sibi acquisito ocassione adffictus non soluti nec aliqua alia racione.

(SN) Ego Dominicus filius olim Lucii de Gualdino imperiali auctoritate notarius interfui et rogatus hec scripsi.

a) *nel marg. sn. di mano A* b) *nel marg. ds. di mano A* c) *nel marg. ds. di mano B* d) *nel marg. ds. di mano D* e) *in* sororibus, ribus *corretto su altre lettere non chiare* f) *in* infracriptum, i *iniziale corretta su* d g) *in* dicte, d *corretta su* r

573

|155v| *Artuxii condam Belengerii.*[a] *R(eddit) denarios* XIJ.[b]

R(ecepit) Arnaldus ab Artuxio denarios XIJ *pro anno nuper elapso in potestaria domini Amadei.*[c]

Item solvit Otolino de Fontana canipario in potestaria domini Laurencii de Radicibus.[d]

Anno Domini millesimo tercentessimo octavo, indicione sexta, die terciodecimo otubris, in Montesscilice, in domo habitacionis domini Antonii de Lyo potestatis Montisscilicis, presentibus Fuscolo condam Iacobini de Fuscolis, Dominico notario condam Ture, Prosdocimo filio Antonii de Martina et aliis. Ibique dominus Horedicus iudex condam domini Bonefidei de Baldaserra iudex et vicarius domini Antonii de Lyo potestatis Montisscilicis nomine et vice comunis Montisscilicis et pro ipso comuni iure libeli perpetualis investivit Artusium condam Belengerii de Montesscilice de sex perticis ripe fosati comunis Montisscilicis sive destorii a domo Petri Gausi in longitudine et sex pedibus in latitudine, salvum plus et minus, que fuit Guitaclini de Fabro per quibus est hedifficata quedam domus copata; choeret ab uno latere fosatum sive destorium comunis, ab alio idem conductor, ab alio Gerardus condam Alberti Gone et ab alio Gerardus Peverata pro comuni Montisscilicis. Tali pacto et tenore quod dictus Artusius et sui heredes et cui dederit debea‹n›t habere, tenere et possidere dictam rem et omnem suam voluntatem et utilitatem ex ipsa iure libeli perpetualis facere, ita quod per ipsum mellioretur et non peioretur, redendo omni anno dicto comuni in festo omnium sanctorum, tercia die ante vel post, denarios duodecim parvorum. Quo adffictu soluto omni anno, ut dictum est, alia inter eos non fiant, nisi quod convenerunt inter se quod si comune proprietatem suam vel conductor ius suum vendere voluerit, vendere debeant inter se pro soldis quinque parvorum minus quam aliis, et comune emere nolente, tunc vendat conductor ius suum scitu, voluntate et parabola[e)] comunis cui voluerit, non militi, non servo, non ecclesie, sed homini qui bene reddat predictum adffictum dicto comuni; et aliter vendicio, obligacio vel alienacio facta non valeat de iure nec de facto. Quam rem promissit dictus dominus Horedicus nomine et vice dicti comunis dicto conductori et suis heredibus guarentare et deffendere sub pena boni cambii, dapni et interesse et obligacione omnium bonorum dicti comunis. Penam vero inter se posuerunt ut si quis eorum vel suorum heredum aud sucessorum ea que dicta sunt non attenderit vel pacta predicta rumperit, componat pars contrafaciens parti fidem libeli servanti nomine pene soldos vigintinovem parvorum pro quolibet pacto et capitulo non servato, qua soluta vel non, nichilominus libelus iste in sua maneat firmitate. Et duo instrumenta unius tenoris ex hoc contractu scribi iubserunt, videlicet unum unicuique parti dandum; et pro his omnibus observandis obligavit se dictus conductor ad forbanniendum et tenutam acipiendum, renuncians feriis, statutis et reformacionibus consiliorum factis et faciendis omnique suo auxilio. Protestatus dictus dominus Horedicus pro comuni quod nichil preiudicet dicto comuni ocassione adffictus non soluti nec aliqua alia racione.

(SN) Ego Dominicus filius olim Lucii de Gualdino imperiali auctoritate notarius interfui et rogatus hec scripsi.

a) *nel marg. sn. di mano A* b) *nel marg. ds. di mano A* c) *nel marg. ds. di mano B*
d) *nel marg. ds. di mano C* e) *segue* d *depennata*

574

Bonaventure de Martina.[a] *R(eddit) solidos IIJ et denarios XJ.*[b]

Solvit Arnaldo in potestaria domini Amadei.[c]

Solvit Otolino de Fontana canipario in potestaria domini Laurencii de Radicibus.[d]

Anno Domini millesimo tercentessimo octavo, indicione sexta, die terciodecimo otubris, in Montesscilice, in domo habitacionis domini Antonii de Lyo potestatis Montisscilicis, presentibus Fuscolo condam Iacobini de Fuscolis, Prosdocimo filio Antonii de Martina et aliis. Ibique dominus Horedicus iudex |156r| condam domini Bonefidei de Baldaserra iudex et vicarius domini Antonii de Lyo potestatis Montisscilicis iure libeli perpetualis nomine et vice comunis Montisscilicis et pro ipso comuni investivit Bonaventuram condam Alberti de Martina de Montesscilice de infrascriptis peciis terre iacentibus in dictrictu Montisscilicis in contractis infrascriptis. In primis de una pecia terre prative duorum camporum vel circa iacente in contrata Desonis que fuit Facini[e] de Fuscolis et Alberti Ab Aqua; choeret ab uno latere magister Bartolomeus Xavacha, ab alio heredes Gregorii de Cavolis, ab alio Franciscus de Rova et ab alio Milanus condam Alberti de Martina pro dicto comuni. Item de una pecia terre unius capi et unius pertice terre prative vel circa in dicta contracta que fuit Facini de Fuscolis; choeret ut supra. Item de una alia pecia terre unius campi et medii in dicta contracta que fuit Vivaldi de Carlaxare et Luce de Carlaxare et Iohannis de Carlaxare; choeret a duobus lateribus dictus Milanus, a tercio iura monasterii Sancti Iacobi, a quarto Blaxius de Pongeto pro dicto comuni. Item de una alia pecia terre prative novem perticarum et viginti tabularum vel circa in contracta Vancileoli; choeret ab duobus lateribus Petrus condam domini Belandi pro dicto comuni, ab alio Milanus predictus et ab alio Albertus de Secadenariis pro dicto comuni et forte alii choerent. Tali vero pacto et tenore quod dictus Bonaventura et sui heredes et cui dederit debeant habere, tenere et possidere predictas pecias terre et omnem suam voluntatem et utilitatem ex eis iure libeli perpetualis facere, et bene tractare, regere et manutenere, ita quod per ipsum melliorentur et non peiorentur, reddendo omni anno dicto comuni in festo omnium sanctorum, tercia die ante vel post, solidos tres et denarios undecim denariorum venetorum parvorum. Quo adffictu soluto, ut dictum est, alia inter eos non fiant, nisi quod convenerunt inter se quod si comune proprietatem suam vel conductor ius suum vendere voluerit, vendere debeant inter se pro soldis quinque parvorum minus quam aliis, et comune emere nolente, tunc vendat conductor scitu, voluntate et parabola comunis ius suum cui voluerit, non militi, non servo, non ecclesie, sed suo pari vel homini qui bene reddat predictum adfictum dicto comuni et predicta omnia observet; et aliter vendicio, obligacio vel alienacio facta non valeat de iure nec de facto. Quas pecias terre promissit dictus dominus Horedicus nomine et vice dicti comunis dicto conductori et suis heredibus guarentare et deffendere sub pena boni cambii, dapni et interesse et obligacione omnium bonorum dicti comunis. Penam vero inter se posuerunt ut si quis eorum vel suorum heredum aud sucessorum ea que dicta sunt non attenderit vel pacta predicta rumperit, componat pars contrafaciens parti fidem libeli servanti nomine pene soldos vigintinovem parvorum pro quolibet pacto et capitulo non servato, qua soluta vel non, nichilominus libelus iste in sua maneat firmitate. Et duo instrumenta unius tenoris ex hoc contractu scribi iubserunt, videlicet unum unicuique parti dandum; et pro his omnibus observandis obligavit se dictus conductor ad forbanniendum et tenutam acipiendum, renuncians feriis, statutis et reformacionibus consiliorum factis et faciendis omnique suo auxilio. Protestatus dictus dominus Horedicus nomine dicti comunis quod nichil preiudicet dicto comuni si quod ius acquisitum est ei ocassione adffictus non soluti nec aliqua alia racione.

(SN) Ego Dominicus filius olim Lucii de Gualdino imperiali auctoritate notarius interfui et rogatus hec scripsi.

a) *nel marg. sn. di f. 156r di mano A* b) *nel marg. ds. di f. 156r di mano A* c) *nel marg.*

ds. di f. 156r di mano B d) *nel marg. ds. di f. 156r di mano C* e) *segue* b *con due altre lettere non chiare e segno d'abbreviazione sovrapposto, il tutto depennato*

575

|156v| *Martini Squarçineli condam Galvani.*[a] *R(eddit) solidos xxj.*[b]

Solvit Arnaldo notario in potestaria domini Amadey.[c]

Solvit Otolino notario in potestaria domini Laurencii de Radicibus.[d]

Anno Domini millesimo tercentessimo octavo, indicione sexta, die terciodecimo otubris, in Montesscilice, in domo habitacionis domini Antonii de Lyo potestatis Montisscilicis, presentibus Fuscolo condam Iacobini de Fuscolis, Dominico notario condam Ture, Prosdocimo filio Antonii de Martina et aliis. Ibique dominus Horedicus iudex condam domini Bonefidei de Baldaserra iudex et vicarius domini Antonii de Lyo potestatis Montisscilicis nomine et vice dictis comunis Montisscilicis iure libeli perpetualis investivit Martinum condam Galvani de Trehesino de Montesscilice de una pecia terre aratorie et prative cum arboribus et vineis duorum camporum vel circha iacente in territorio et districtu Montisscilicis in contracta Sancti Cosme que fuit Ubertini Trapole de podere Ade Stefano;[e] choeret a duobus lateribus via et ab aliis iura monasterii Sancte Iustine de Padua et forte alii choerent. Tali vero pacto et tenore quod dictus Martinus et sui heredes et cui dederint debeant habere, tenere et possidere dictam peciam terre et omnem suam voluntatem et utilitatem ex ipsa iure libeli perpetualis facere et bene tractare, regere et manutenere, ita quod per ipsum mellioretur et non peioretur, reddendo omni anno dicto comuni in festo omnium sanctorum, tercia die ante vel post, soldos vigintiunum denariorum venetorum parvorum. Quo adffictu dato et soluto alia inter eos non fiant, nisi quod convenerunt inter se quod si comune proprietatem suam vel conductor ius suum vendere voluerit, vendere debeant inter se pro soldis quinque parvorum minus quam aliis, et comune emere nolente, tunc vendat conductor scitu, voluntate et parabola comunis ius suum cui voluerit, non militi, non servo, non ecclesie, sed suo pari vel homini qui bene reddat predictum adffictum dicto comuni et predicta omnia observet; et aliter vendicio, obligacio vel alienacio facta non valeat de iure nec de facto. Quam peciam terre promissit dictus dominus Horedicus nomine et vice dicti comunis dicto conductori et suis heredibus guarentare et deffendere sub pena boni cambii, dapni et interesse et obligacione omnium bonorum dicti comunis. Penam vero inter se posuerunt ut si quis eorum vel suorum heredum aud sucessorum ea que dicta sunt non attenderit vel pacta predicta rumperit, componat pars contrafaciens parti fidem libeli servanti nomine pene soldos vigintinovem parvorum pro quolibet pacto et capitulo non servato, qua soluta vel non, nichilominus libelus iste in sua maneat firmitate. Et duo instrumenta unius tenoris ex hoc contractu scribi iubserunt, videlicet unum unicuique parti dandum; et pro his omnibus observandis obligavit se dictus conductor ad forbanniendum et tenutam de suis bonis ubique acipiendum, renuncians feriis, statutis et reformacionibus consiliorum comunis Padue factis et faciendis omnique suo auxilio. Protestatus dictus dominus Horedicus pro dicto comuni quod si quod ius acquisitum est dicto comuni quod non sit coruptum ocassione adfictus non soluti nec aliqua alia racione.

(SN) Ego Dominicus filius olim Lucii de Gualdino imperiali auctoritate notarius interfui et rogatus hec scripsi.

a) *nel marg. sn. forse di mano A* b) *nel marg. ds. di mano A* c) *nel marg. ds. di mano B* d) *nel marg. ds. di mano C* e) Ade Stefano*: cosí in ms*

576

|157r| *Milani condam Iohannis Sconi.*[a]

Solvit Arnaldo in potestaria domini Amadei.[b]

Solvit Prosdocimo de Martina in potestaria domini Francisci de Cittadella.[c]

Anno Domini millesimo tercentessimo octavo, indicione sexta, die terciodecimo octubris, in Montesscilice, in domo habitacionis domini Antonii de Lyo potestatis Montisscilicis, presentibus Fuscolo condam Iacobini de Fuscolis, Dominico notario condam Ture, Prosdocimo filio Antonii de Martina et aliis. Ibique dominus Horedicus iudex condam domini Bonefidei de Baldaserra iudex et vicarius domini Antonii de Lyo potestatis Montisscilicis nomine et vice comunis Montisscilicis et pro ipso comuni iure libeli perpetualis investivit Milanum condam Iohannis Sconi de Montesscilice de duodecim perticis terre in longitudine et sex pedibus in latitudine ripe destorii comunis Montisscilicis in contracta Fovee sive a domo Petri de Alesio, salvum plus et minus, iuxta domum dicti Milani que fuit Iohannis de Alesio; choeret ab uno latere idem conductor, ab alio destorium predictum, ab alio via publica et ab alio Raynaldus de Secadenariis. Tali vero pacto et tenore quod dictus Milanus et sui heredes et cui dederit debeat habere, tenere et possidere dictam rem et omnem suam voluntatem et utilitatem ex ipsa iure libeli perpetualis facere et bene tractare, regere et manutenere, ita quod per ipsum melioretur et non peioretur, reddendo omni anno in festo omnium sanctorum dicto comuni Montisscilicis, tercia die ante vel post, soldos duos parvorum. Quo adffictu dato et soluto, ut dictum est, alia superimposita inter eos non fiant, nisi quod convenerunt inter se quod si comune proprietatem suam vel conductor ius suum vendere voluerit, vendere debeant inter se pro soldis quinque parvorum minus quam aliis, et comune emere nolente, tunc vendat conductor scitu, voluntate et parabola comunis ius suum cui voluerit, non militi, non servo, non ecclesie, sed suo pari vel homini qui bene reddat predictum adfictum dicto comuni; et aliter vendicio, obligacio vel alienacio facta non valeat de iure nec de facto. Quam rem promissit dictus dominus Horedicus nomine et vice dicti comunis dicto conductori et suis heredibus guarentare et deffendere sub pena boni cambii, dapni et interesse et obligacione omnium bonorum dicti comunis. Penam vero inter se posuerunt ut si quis eorum vel suorum heredum aud sucessorum ea que dicta sunt non attenderit vel pacta predicta rumperit, componat pars contrafaciens parti fidem libeli servanti nomine pene soldos vigintinovem parvorum pro quolibet pacto et capitulo non servato, qua soluta vel non, nichilominus libelus iste in sua maneat firmitate. Et duo instrumenta unius tenoris ex hoc contractu scribi iubserunt, videlicet unum unicuique parti dandum; et pro his omnibus observandis obligavit se dictus conductor ad forbanniendum et tenutam acipiendum, renuncians feriis, statutis et reformacionibus consiliorum comunis Padue factis et faciendis omnique suo auxilio. Protestatus dictus dominus Horedicus nomine dicti comunis quod nullum ius acquisitum dicto comuni sit diminutum ocassione adffictus non soluti nec aliqua alia racione.

(SN) Ego Dominicus filius olim Lucii de Gualdino imperiali auctoritate notarius interfui et rogatus hec scripsi.

a) *nel marg. sn. di mano E* b) *nel marg. ds. di mano B* c) *nel marg. ds. di mano D*

577

Iohannis de Braçaroto.[a)]

M CCC VIIIJ: solvit Arnaldo notario in potestaria domini Amadei.[b)]

Solvit Prosdocimo de Martina in potestaria domini Francisci.[c)]

Anno Domini millesimo tercentessimo octavo, indicione sexta, die terciodecimo otubris, in Montesscilice, in domo habitacionis domini Antonii de Lyo potestatis Montisscilicis, presentibus Fuscolo condam Iacobini de Fuscolis, Dominico notario condam Ture, Prosdocimo filio Antonii de Martina et aliis. Ibique dominus Horedicus iudex condam domini Bonefidei de Baldaserra iudex et vicarius domini Antonii de Lyo potestatis Montisscilicis nomine et vice dictis comunis et pro ipso comuni iure libeli perpetualis investivit Iohannem condam Iacobini de Braçaroto de Montesscilice de sex perticis terre in longitudine et sex pedibus in latitudine, salvum plus et minus, de ripa fosati dicti comunis iacentibus in Montesscilice in contracta Fovee sive destorio a domo Petri de Alesio; choeret ab uno latere Voius de Perino |157v| cum fratribus pro dicto comuni, ab alio fosatum comunis, ab alio idem conductor et ab alio Usana uxor condam Nicolay de Cavodomo; item de duabus partibus unius campi terre vel circa iacentibus in districtu Montisscilicis in contracta ubi dicitur Poçofoscolo sive Arçer[d)] Corbo, de qua ignorantur choerencie, sive Desdeola. Tali pacto et tenore quod dictus Iohannes et sui heredes et cui dederit debeant habere, tenere et possidere dictas res libellatas et omnem suam voluntatem et utilitatem ex eis iure libeli perpetualis facere, ita quod per ipsum meliorentur et non peiorentur, reddendo omni anno dicto comuni in festo omnium sanctorum, tercia die ante vel post, denarios viginti parvorum. Quo adfictu soluto alia superinposita inter eos non fiant, nisi quod convenerunt inter se quod si comune proprietatem suam vel conductor ius suum vendere voluerit, vendere debeant inter se pro soldis quinque parvorum minus quam aliis, et comune emere nolente, tunc vendat conductor scitu, voluntate et parabola comunis ius suum cui voluerit, non militi, non servo, non ecclesie, sed suo pari vel homini qui bene reddat predictum adffictum dicto comuni; et aliter vendicio, obligacio vel alienacio facta non valeat de iure nec de facto. Quas res libelatas promissit dictus dominus Horedicus nomine et vice dicti comunis guarentare et deffendere sub pena boni cambii, dapni et interesse et obligacione omnium bonorum dicti comunis. Penam vero inter se posuerunt ut si quis eorum vel suorum heredum aud sucessorum ea que dicta sunt non attenderit, componat pars contrafaciens parti fidem libeli servanti nomine pene soldos vigintinovem parvorum pro quolibet pacto et capitulo non servato, qua soluta vel non, nichilominus libelus iste in sua maneat firmitate. Et duo instrumenta unius tenoris ex hoc contractu scribi iubserunt, videlicet unum unicuique parti dandum; et pro his omnibus observandis obligavit se dictus conductor ad forbanniendum et tenutam acipiendum, renuncians feriis, statutis et reformacionibus consiliorum comunis Padue factis et faciendis omnique suo auxilio. Protestatus dictus dominus Horedicus nomine dicti comunis quod de iure acquisitum dicto comuni nichil diminutum sit ocassione adffictus non soluti nec aliqua alia racione.

(SN) Ego Dominicus filius olim Lucii de Gualdino imperiali auctoritate notarius interfui et rogatus hec scripsi.

a) *nel marg. sn. di mano E* b) *nel marg. ds. di mano B* c) *nel marg. ds. di mano D*
d) *segue* b *depennata*

578

Antonii de Petenariis.[a)]

Solvit Arnaldo notario in potestaria domini Amadei pro I anno.[b)]

Solvit Prosdocimo de Martina in potestaria domini Francisci.[c)]

Anno Domini millesimo tercentessimo octavo, indicione sexta, die terciodecimo otubris, in Montesscilice, in domo habitacionis domini Antonii de Lyo potestatis Montisscilicis, presentibus Fuscolo condam Iacobini de Fuscolis, Dominico notario condam Ture, Prosdocimo filio Antonii de Martina et aliis. Ibique dominus Horedicus iudex condam domini Bonefidei de Baldaserra iudex et vicarius domini Antonii de Lyo potestatis Montisscilicis nomine et vice comunis Montisscilicis iure libeli perpetualis investivit Antonium condam Petri de Petenariis de Montesscilice de una pecia terre aratorie cum arboribus et vineis unius campi vel circha iacente in districtu Montisscilicis in contracta Frate de Revina de podere Iohannis Vetorii, Ugonis Valarii et Zorni et Brucardi; choeret ab uno latere Revina, ab alio via,[d] ab alio Sinegaldus de Petenariis et fratres et ab alio heredes Bartolomei Panis et Vini et forte alii choerent. Tali vero pacto et tenore quod dictus Antonius et sui heredes et cui dederint debeant habere, tenere et possidere dictam peciam terre et omnem suam voluntatem et utilitatem ex ea iure libelli perpetualis facere et bene tractare, regere et manutenere, ita quod per eum melio|158r|retur et non peioretur, reddendo omni anno dicto comuni Montisscilicis in festo omnium sanctorum, tercia die ante vel post, soldos septem et denarios novem denariorum venetorum parvorum. Quo adfictu soluto alia superinposita inter eos non fiant, nisi quod convenerunt inter se quod si comune proprietatem suam vel conductor ius suum vendere voluerit, vendere debeant inter se pro soldis quinque parvorum minus quam aliis, et comune emere nolente, tunc vendat conductor scitu, voluntate et parabola comunis ius suum cui voluerit, non militi, non servo, non ecclesie, sed suo pari vel homini qui bene redat predictum adfictum dicto comuni; et aliter vendicio, obligacio vel alienacio facta non valeat de iure nec de facto. Quam peciam terre promissit dictus dominus Horedicus nomine et vice dicti comunis dicto conductori et suis heredibus guarentare et deffendere sub pena boni cambii, dapni et interesse et obligacione omnium bonorum dicti comunis. Penam vero inter se posuerunt ut si quis eorum vel suorum heredum aud sucessorum ea que dicta sunt non attenderit, componat pars contrafaciens parti fidem libeli servanti nomine pene soldos vigintinovem parvorum pro quolibet pacto et capitulo non servato, qua soluta vel non, nichilominus libelus iste in sua maneat firmitate. Et duo instrumenta unius tenoris ex hoc contractu scribi iubserunt, videlicet unum unicuique parti dandum; et pro his omnibus observandis obligavit se dictus conductor ad forbanniendum et tenutam acipiendum, renuncians feriis, statutis et reformacionibus consiliorum factis et faciendis omnique suo auxilio. Protestatus dictus dominus Horedicus pro dicto comuni quod nichil de iure acquisito dicto comuni minuatur ocassione adffictus non soluti nec aliqua alia racione.

(SN) Ego Dominicus filius olim Lucii de Gualdino imperiali auctoritate notarius interfui et rogatus hec scripsi.

a) *nel marg. sn. di mano E* b) *nel marg. ds. non di mano B, di altra mano* c) *nel marg. ds. di mano D* d) *segue* s *depennata*

579

Domine Monçelexane uxoris condam Albertini de Revino.[a)]

Solvit Arnaldo notario in potestaria domini Amadei.[b)]

Solvit Prosdocimo de Martina in potestaria domini Francisci.[c)]

Anno Domini millesimo tercentessimo octavo, indicione sexta, die terciodecimo otubris, in Montesscilice, in domo habitacionis domini Antonii de Lyo potestatis Montisscilicis, presentibus Fuscolo condam Iacobini de Fuscolis, Dominico notario condam Ture, Prosdocimo filio Antonii de Martina et aliis. Ibique dominus Horedicus iudex condam domini Bonefidei de Baldaserra iudex et vicarius domini Antonii de Lyo potestatis Montisscilicis nomine et vice dictis comunis iure libeli perpetualis investivit dominam Moncelexanam uxorem condam Albertini de Revino de Montesscilice de una pecia terre prative quinque camporum, undecim perticarum et media vel circa iacente in districtu Montisscilicis in contracta Core que fuit illorum de Zordaninis; choeret ab uno latere dicta conductrix, ab alio palus Vaneçole, ab alio destorium et ab alio Bartolameus condam Gerardi domini Vivaldini et forte alii choerent. Tali pacto et tenore quod dicta domina Moncelexana et sui heredes et cui dederit debeant habere, tenere et possidere dictam peciam terre et bene tractare, regere et manutenere, ita quod per ipsam melioretur et non peioretur, reddendo omni anno dicto comuni in festo omnium sanctorum, tercia die ante vel post, soldos vigintiquatuor et denarios tres denariorum venetorum parvorum. Quo adfictu soluto, ut dictum est, alia superinposita inter eos non fiant, nisi quod convenerunt inter se quod si comune proprietatem suam vel conductrix ius suum vendere voluerit, vendere debeant inter se pro soldis quinque parvorum minus quam aliis, et comune emere nolente, tunc vendat conductrix |158v| scitu, voluntate et parabola comunis ius suum cui voluerit, non militi, non servo, non ecclesie, sed suo pari vel homini qui bene reddat predictum adffictum dicto comuni et omnia predicta observet; et aliter vendicio, obligacio vel alienacio facta non valeat de iure nec de facto. Quam peciam terre promissit dictus dominus Horedicus nomine et vice dicti comunis dicte conductrici[d)] et suis heredibus guarentare et deffendere sub pena boni cambii, dapni et interesse et obligacione omnium bonorum dicti comunis. Penam vero inter se posuerunt ut si quis eorum vel suorum heredum aud sucessorum ea que dicta sunt non attenderit vel pacta predicta rumperit, componat pars contrafaciens parti fidem libeli servanti nomine pene soldos vigintinovem parvorum pro quolibet pacto et capitulo non servato, qua soluta vel non, nichilominus libelus iste in sua maneat firmitate. Et duo instrumenta unius tenoris ex hoc contractu scribi iubserunt, videlicet unum unicuique parti dandum; et pro his omnibus observandis obligavit se dicta conductrix ad forbanniendum et tenutam de suis bonis acipiendum, renuncians feriis, statutis et reformacionibus consiliorum comunis Padue factis et faciendis omnique suo auxilio. Protestatus dictus dominus Horedicus nomine dicti comunis quod aliquod ius acquisitum dicto comuni non diminutum ocassione adfictus non soluti nec aliqua alia racione.

(SN) Ego Dominicus filius olim Lucii de Gualdino imperiali auctoritate notarius interfui et rogatus hec scripsi.

a) *nel marg. sn. di mano E* b) *nel marg. ds. non di mano B, di altra mano* c) *nel marg. ds. di mano D* d) *corretto forse su* conductori

580

Petri notarii de Martina.[a)]

M^{o}IIJ^{c}X^{o}: solvit Arnaldo notario.[b)]

Solvit Otolino de Fontana canipario in potestaria domini Laurencii de Radicibus.[c)]

Anno Domini millesimo tercentessimo octavo, indicione sexta, die quintodecimo otubris, in Montesscilice, in domo habitacionis domini Antonii de Lyo potestatis Montisscilicis, presentibus Otolino notario de Fontana, Dominico notario condam Ture, Fuscolo condam Iacobini de Fuscolis et aliis. Ibique dominus Horedicus iudex condam domini Bonefidei de Baldaserra iudex et vicarius domini Antonii de Lyo potestatis Montisscilicis nomine et vice comunis Montisscilicis et pro ipso comuni iure libeli perpetualis investivit Petrum notarium condam Alberti de Martina de Montesscilice de sex perticis per longum et quinque pedibus per amplum, salvum plus et minus, terre de ripa fossati in destorio a domo Petri Gossi que fuit Ade de[d)] Malfae et dicitur in contracta Capitis Vici; choeret ab uno latere fosatum comunis, ab alio idem Petrus, ab alio Deodatus Ade Rubey et ab alio domina Bonafante uxor Gerardi Corsalis. Tali pacto et tenore quod dictus Petrus et sui heredes et cui dederit debeant habere, tenere et possidere dictam rem et omnem suam voluntatem et utilitatem ex ea iure libeli perpetualis facere, ita quod per ipsum melioretur et non peioretur, redendo omni anno dicto comuni in festo omnium sanctorum, tercia die ante vel post, denarios duodecim parvorum. Quo adfictu dato et soluto alia inter eos superposita non fiant, nisi quod convenerunt inter se quod si comune proprietatem suam vel conductor ius suum vendere voluerit, vendere debeant inter se pro soldis quinque parvorum minus quam aliis, et comune emere nolente, tunc vendat conductor scitu, voluntate et parabola comunis ius suum cui voluerit, non militi, non servo, non ecclesie, sed homini qui bene reddat predictum adffictum dicto comuni; et aliter vendicio, obligacio vel alienacio facta non valeat de iure nec de facto. Quam rem promissit dictus dominus Horedicus nomine et vice dicti comunis guarentare et deffendere sub pena boni cambii, dapni et interesse et obligacione omnium bonorum dicti comunis. Penam vero inter se posuerunt ut si quis eorum vel suorum heredum aud sucessorum ea que dicta sunt non attenderit, componat pars contrafaciens parti fidem libeli servanti nomine pene soldos vigintinovem parvorum pro quolibet pacto et capitulo non servato, qua soluta vel non, nichilominus libelus iste in sua maneat firmitate. Et duo instrumenta unius tenoris ex hoc contractu scribi iubserunt, videlicet |159r| unum unicuique parti dandum; et pro his omnibus observandis obligavit se dictus conductor sponte ad forbanniendum et tenutam acipiendum, renuncians feriis, statutis et reformacionibus consiliorum omnique suo auxilio. Protestatus dictus dominus Horedicus nomine dicti comunis quod non preiudicet ad aliquod ius acquisitum ipsi comuni ocassione adffictus non soluti nec aliqua alia racione.

(SN) Ego Dominicus filius olim Lucii de Gualdino imperiali auctoritate notarius interfui et rogatus hec scripsi.

a) *nel marg. sn. di mano E* b) *nel marg. ds. di mano B* c) *nel marg. ds. di mano C*
d) de *sovrascritto nell'interlinea, con segno di richiamo nel testo*

581

Illorum de Secadenariis.[a)]

Solvit Otolino canipario de Fontana dominus Albertus de Roca[b)] *pro sua parte contingente denarios* XIJ *in potestaria domini Laurencii de Radicibus.*[c)]

Anno Domini millesimo tercentessimo octavo, indicione sexta, die quintodecimo otubris, in Montesscilice, in domo habitacionis domini Antonii de Lyo potestatis Montisscilicis, presentibus Otolino notario de Fontana, Dominico notario condam Ture, Fuscolo condam Iacobini de Fuscolis et aliis. Ibique dominus Horedicus iudex condam domini Bonefidei de Baldaserra iudex et vicarius domini Antonii de Lyo potestatis Montisscilicis nomine et vice comunis Montisscilicis et pro ipso comuni iure libeli perpetualis investivit Albertum et Rodulfum fratres et filios condam Leonardi de Secadenariis[d)] pro una parte et Raynaldum condam Iohannis de Secadenariis rec(ipientem) pro se et

Leonardo et[e] Nicolao eius fratribus, obligando se in solidum dictus Raynaldus pro medietate infrascripti adfflictus reddendi, de una pecia terre prative unius campi vel circha iacente in districtu Montisscilicis in Cantone Montis Maçi sive Vancileoli; choerebat olim a latere Vivaldus de Perino, ab alio Ubertinus Corsalis; nunc choeret ab uno latere Voius de Perino cum fratribus, ab alio Iohannes filius Guidonis Corsalis pro dicto comunis, ab alio Milanus de Martina et ab alio heredes Facini Balçani; item de una pecia terre unius campi et octo perticarum in eodem districtu in contracta ubi dicitur Poçofoscolo et nesciuntur[f] choerencie. Tali pacto et tenore quod dicti conductores et sui heredes et cui dederint debeant habere, tenere et possidere dictas pecias terre et omnem suam voluntatem et utilitatem ex eis iure libeli perpetualis facere, ita quod per ipsos meliorentur et non peiorentur, redendo omni anno dicto comuni in festo omnium sanctorum, tercia die ante vel post, denarios vigintiduos denariorum venetorum parvorum. Quo adfflictu soluto, ut dictum est, alia inter eos non fiant, nisi quod convenerunt inter se quod si comune proprietatem suam vel conductores ius suum vendere voluerint, vendere debeant inter se pro soldis quinque parvorum minus quam aliis, et comune emere nolente, tunc vendant conductores scitu, voluntate et parabola comunis ius suum cui voluerint, non militi, non servo, non ecclesie, sed homini qui bene reddat predictum adfictum dicto comuni; et aliter vendicio, obligacio vel alienacio facta non valeat de iure nec de facto. Quas pecias terre promissit dictus dominus Horedicus nomine et vice dicti comunis dictis conductoribus et eorum heredibus guarentare et deffendere sub pena boni cambii, dapni et interesse et obligacione omnium bonorum dicti comunis. Penam vero inter se posuerunt ut si quis eorum vel suorum heredum aud sucessorum ea que dicta sunt non attenderit, componat pars contrafaciens parti fidem libeli servanti nomine pene soldos vigintinovem parvorum pro quolibet pacto et capitulo non servato, qua soluta vel non, nichilominus libelus iste in sua maneat firmitate. Et duo instrumenta unius tenoris scribi iubserunt, videlicet unum unicuique parti dandum; et pro his observandis obligaverunt se dicti conductores ad forbanniendum et tenutam acipiendum, renuncians feriis, statutis et reformacionibus consiliorum omnique suo auxilio. Protestatus dictus dominus Horedicus pro dicto comuni quod ad aliquod ius acquisitum ipsi comuni non preiudicet ocassione adfictus non soluti nec aliqua alia racione.

(SN) Ego Dominicus filius olim Lucii de Gualdino imperiali auctoritate notarius interfui et rogatus hec scripsi.

a) *nel marg. sn. di mano E* b) *lettura dubbia* c) *nel marg. ds. di mano C* d) *segue asta depennata* e) *ms:* de f) *in* nesciuntur, s *corretta su altra lettera non chiara*

582

|159v| *Rodulfi de Secadenariis.*[a)]

Anno Domini millesimo tercentessimo octavo, indicione sexta, die quintodecimo otubris, in Montesscilice, in domo habitacionis domini Antonii de Lyo potestatis Montisscilicis, presentibus Otolino notario de Fontana, Dominico notario condam Ture, Fuscolo condam Iacobini de Fuscolis et aliis. Ibique dominus Horedicus iudex condam domini Bonefidei de Baldaserra iudex et vicarius domini Antonii de Lyo potestatis Montisscilicis nomine et vice comunis Montisscilicis iure libeli perpetualis investivit Rodulfum condam Leonardi de Secadenariis de Montesscilice de tredecim perticis in longitudine et sex pedibus in latitudine, salvum plus et minus, de terra ripe fosati comunis Montisscilicis iacentibus in Montesscilice in contracta Fovee sive in destorio a domo Petri de Alesio que fuit Iohannis; choeret ab uno latere destorium comunis sive fosatum, ab alio idem conductor, ab alio via et ab alio Albertus condam Stefani de Poianis pro dicto comuni. Tali pacto et tenore quod dictus Rodulfus et sui heredes et cui dederint debeant habere, tenere et possidere dictam rem libelatam et omnem suam voluntatem et utilitatem ex ea iure libeli perpetualis facere, ita quod per ipsum mellioretur et non peioretur, reddendo omni anno dicto comuni in festo omnium sanctorum, tercia die ante vel post, denarios vigintisex parvorum. Quo adfictu soluto alia inter eos non fiant, nisi quod convenerunt inter se quod si comune proprietatem suam vel conductor ius suum vendere voluerit, vendere debeant inter se pro soldis quinque parvorum minus quam aliis, et comune emere nolente, tunc vendat conductor scitu, voluntate et parabola comunis ius suum cui voluerit, non militi, non servo, non ecclesie, sed suo pari vel homini qui bene redat predictum adfictum[b] dicto comuni; et aliter vendicio, obligacio vel alienacio facta non valeat de iure nec de facto. Quam rem promissit dictus dominus Horedicus nomine et vice dicti comunis dicto conductori et suis heredibus guarentare et deffendere sub pena boni cambii, dapni et interesse et obligacione omnium bonorum dicti comunis. Penam vero inter se posuerunt ut si quis eorum vel suorum heredum aud sucessorum ea que dicta sunt non attenderit, componat pars contrafaciens parti fidem libeli servanti nomine pene soldos vigintinovem parvorum pro quolibet pacto et capitulo non servato, qua soluta vel non, nichilominus libelus iste in sua maneat firmitate. Et duo instrumenta unius tenoris scribi iubserunt, videlicet unum unicuique parti dandum; et pro his omnibus observandis obligavit se dictus conductor ad forbanniendum et tenutam acipiendum, renuncians feriis, statutis et reformacionibus consiliorum factis et faciendis omnique suo auxilio. Protestatus dictus dominus Horedicus pro dicto comuni quod nullum ius acquisitum dicto comuni diminutum sit ocassione adfictus non soluti nec aliqua alia racione.

(SN) Ego Dominicus filius olim Lucii de Gualdino imperiali auctoritate notarius interfui et rogatus hec scripsi.

a) *nel marg. sn. di mano E* b) *segue* dictum adfictum

583

Raynaldi de Seca[denariis].[a] *[Reddit] denarios vj.*[b]

Solvit Otolino canipario de Fontana in potestaria domini Laurencii de Radicibus.[c]

Anno Domini millesimo tercentessimo octavo, indicione sexta, die quintodecimo otubris, in Montesscilice, in domo habitacionis domini Antonii de Lyo potestatis Montisscilicis, presentibus Otolino notario de Fontana, Dominico notario condam Ture, Fuscolo condam Iacobini de Fuscolis et aliis. Ibique dominus Horedicus iudex condam domini Bonefidei de Baldaserra iudex et vicarius domini Antonii |160r| de Lyo potestatis Montisscilicis nomine et vice comunis Montisscilicis iure libeli perpetualis investivit Raynaldum[d] condam Iohannis de Secadenariis de Montesscilice de tribus perticis terre vel circha, salvum plus et minus, de ripa fosati seu destorii ubi dicitur a domo Petri[e] Gausi; choeret ab uno latere fosatum predictum, ab alio idem conductor, ab alio Iacobinus de Pernumia pro comuni Montisscilicis et ab alio Milanus condam Iohannis Sconi. Tali pacto et tenore quod dictus Raynaldus et sui heredes et cui dederint debeant habere, tenere et possidere dictam rem et omnem suam voluntatem et utilitatem ex ea iure libeli perpetualis facere, ita quod per ipsum melioretur et non peioretur, reddendo omni anno in festo omnium sanctorum, tercia die ante vel post, denarios sex parvorum. Quo adfictu soluto alia superimposita inter eos non fiant, nisi quod convenerunt inter se quod si comune proprietatem suam vel conductor ius suum vendere voluerit, vendere debeant inter se pro soldis quinque parvorum minus quam aliis, et comune emere nolente, tunc vendat conductor scitu, voluntate et parabola comunis ius suum cui voluerit, non militi, non servo, non ecclesie, sed suo pari vel homini qui bene reddat predictum adfictum dicto comuni; et aliter vendicio, obligacio vel alienacio facta non valeat de iure nec de facto. Quam rem promissit dictus dominus Horedicus dicto conductori et suis heredibus guarentare et deffendere sub pena boni cambii, dapni et interesse et obligacione omnium bonorum dicti comunis. Penam vero inter se posuerunt ut si quis eorum vel suorum heredum aud sucessorum ea que dicta sunt non attenderit, componat pars contrafaciens parti fidem libeli servanti nomine pene soldos vigintinovem parvorum pro quolibet pacto et capitulo non servato, qua soluta vel non, nichilominus libelus iste in sua maneat firmitate. Et duo instrumenta unius tenoris ex hoc contractu scribi iubserunt, videlicet unum unicuique parti dandum; et pro his omnibus observandis obligavit se dictus conductor ad forbanniendum et tenutam acipiendum, renuncians feriis, statutis et reformacionibus consiliorum omnique suo auxilio. Et protestatus fuit dictus dominus Horedicus pro dicto comuni quod non preiudicet alicui iuri acquisito dicto comuni ocassione adfictus non soluti nec aliqua racione.

(SN) Ego Dominicus filius olim Lucii de Gualdino imperiali auctoritate notarius interfui et rogatus hec scripsi.

a) *nel marg. sn. di mano E* b) *nel marg. sn. di mano F* c) *nel marg. ds. di mano C*
d) *corretto su* Raynaldus e) *segue* de Alesio *depennato*

584

Iohannis condam Guidonis Carsalis.[a] *R(eddit) denarios decem.*[b]

Solvit Arnaldo in potestaria domini Amadei.[c]

Solvit Otolino de Fontana canipario in potestaria domini Laurencii de Radicibus.[d]

Anno Domini millesimo tercentessimo octavo, indicione sexta, die quintodecimo otubris, in Montesscilice, in domo habitacionis domini Antonii de Lyo potestatis terre Montisscilicis, presentibus Otolino notario de Fontana, Dominico notario condam Ture, Fuscolo condam Iacobini de Fuscolis et aliis. Ibique dominus Horedicus iudex condam domini Bonefidei de Baldaserra iudex et vicarius domini Antonii de Lyo potestatis Montisscilicis nomine et vice comunis Montisscilicis iure libeli perpetualis investivit Guidonem condam Iohannis Corsalis de Montesscilice recipientem nomine et vice Iohannis eius filii, et si non valet nomine filii valeat suo proprio nomine; et se obligavit dictus Guido in totum ipsi domino Horedico recipienti pro dicto comuni pro atendendo seu attendi faciendo infrascripto adfictu de una pecia terre iacente in confinio Montisscilicis in contracta Vancileoli |160v| et est scriptum in libro adfictuum comunis predicti: « Heredes Iohannis Corsalis pro terra que fuit heredum Artuyci Corsalis »; choeret ab uno latere et ab alio heredes Petri Maniosi pro dicto comuni, a tercio Petrus domini Belandi pro dicto comuni et a quarto destorium Desonis. Tali pacto et tenore quod dictus conductor et cui dederit ac sui heredes debeant habere, tenere et possidere dictam peciam terre et omnem suam voluntatem et utilitatem ex ea iure libeli perpetualis facere, et bene regere et manutenere, ita quod per ipsum melioretur et non peioretur, reddendo omni anno dicto comuni in festo omnium sanctorum, tercia die ante vel post, denarios decem parvorum. Quo adfictu soluto, ut dictum est, alia superimposita inter eos non fiant, nisi quod convenerunt inter se quod si comune proprietatem suam vel conductor ius suum vendere voluerit, vendere debeant inter se pro soldis quinque parvorum minus quam aliis, et comune emere nolente, tunc vendat conductor scitu, voluntate et parabola comunis ius suum cui voluerit, non militi, non servo, non ecclesie, sed homini qui bene reddat predictum adfictum dicto comuni; et aliter vendicio, obligacio vel alienacio facta non valeat de iure nec de facto. Quam peciam terre promissit dictus dominus Horedicus nomine et vice dicti comunis dicto conductori et suis heredibus guarentare et deffendere sub pena boni cambii, dapni et interesse et obligacione omnium bonorum dicti comunis. Penam vero inter se posuerunt ut si quis eorum vel suorum heredum aud sucessorum ea que dicta sunt non attenderit, componat pars contrafaciens parti fidem libeli servanti nomine pene soldos vigintinovem parvorum pro quolibet pacto et capitulo non servato, qua soluta vel non, nichilominus libelus iste in sua maneat firmitate. Et duo instrumenta unius tenoris ex hoc contractu scribi iubserunt, videlicet unum unicuique parti dandum; et pro his omnibus observandis obligavit se dictus Guido sponte ad forbanniendum et tenutam de suis bonis acipiendum, renuncians feriis, statutis et reformacionibus consiliorum comunis Padue facti et faciendis omnique suo auxilio. Protestatus dictus dominus Horedicus predicto comuni quod non preiudicet alicui iuri acquisito dicto comuni ocassione adfictus non soluti nec aliqua alia racione.

(SN) Ego Dominicus filius olim Lucii de Gualdino imperiali auctoritate notarius interfui et rogatus hec scripsi.

a) *nel marg. sn. di mano E* b) *nel marg. sn. di mano F* c) *nel marg. ds. non di mano B, di altra mano* d) *nel marg. ds. di mano C*

585

Venditio facta comuni per Antonium de Isenardo.[a)]

Anno Domini millesimo tercentessimo octavo, indicione sexta, die quintodecimo otubris, in Montesscilice, in domo habitacionis domini Antonii de Lyo potestatis Montisscilicis, presentibus Guidone condam Iohannis Corsalis, domino Guidone Gravoncelo, Malgareto filio Petri de Fusaria, Gerardino Rovassio condam Laurencii, Otolino notario de Fontana et aliis. Pro precio librarum decem denariorum venetorum parvorum quas Antonius condam Isenardi de Montesscilice fuit confessus et contemptus se manualiter habuisse et recepisse in presencia dictorum testium et mei notarii infrascritpi a domino Horedico iudice condam domini Bonefidei de Baldaserra[b] dante et solvente nomine et vice comunis Montisscilicis et de denariis ipsius comunis, de quibus denariis vocavit sibi solutum et plenam solucionem in se habere a dicto domino |161r| Horedico solvente dicti comunis nomine, renuncians excepcioni non habite, recepte, numerate ac sibi tradite pecunie predicte tempore contractus et excepcioni doli mali, condicioni sine causa vel ex non iusta causa in factum et acioni, simulacioni, fraudi, decepcioni omnique alii suo iuri ad proprium et iure proprii dedit, vendidit, cessit, tradidit et mandavit prenominato domino Horedico[c] recipienti nomine et vice dicti comunis Montisscilicis unam peciam terre prative trium quarteriorum campi vel circa iacentem in districtu Montisscilicis in contracta Ageris Manuldi; choeret ab uno latere heredes Petriboni de Soverino, ab alio Antonius condam Aventure de Ordano et ab aliis duobus lateribus Franciscus condam Vivaldini de Menechelis et forte alii choerent; ad habendum, tenendum, possidendum et quicquid dicto comuni placuerit p(roprio) faciendum cum omnibus et singulis que infra predictos continetur confines vel alios si qui forent acess(ibus) et egress(ibus) suis et cum omnibus et singulis que dicta pecia terre habet, supra se et infra seu intra se in intregrum[d] omnique iure et acione, usu seu requisicione sibi ex ea vel pro ea re aud ipsi rei modo aliquo pertinente. Quam rem venditam dictus Antonius se dicti comunis nomine precario constituit possidere donec dictum comune de dicta re tenutam aceperit corporalem, quam acipiendi et rectinendi deinceps licenciam sibi dedit omnimodum, dicens et asserens dictus venditor dictam rem nulli alii fore datam, venditam, traditam, obligatam seu modo aliquo obnoxiatam nisi nunc dicto domino Horedico recipienti pro dicto comuni pro dicto precio venditam. Insuper promi(ss)it dictus Antonius venditor dicto domino Horedico recipienti nomine quo supra stipulanti de dicta re vendita dicto comuni litem vel controversiam non inferre nec inferentibus consentire, sed ipsam rem venditam dicto comuni et cui dederit per se et suos heredes guarentare, legitime deffendere et expedire ab omni persona, colegio et universitate; et predictam vendicionem et datam et amnia alia et singula supradicta firma et rapta habere et tenere et non contravenire aliqua racione vel causa sub pena dupli extimacionis dicte rei habita racione melliorationis que fuerit pro tempore stipulacione promissa; qua soluta vel non, nichilominus predicta omnia et singula firma perdurent. Item reficere sibi omnia et singula dapna et expensas ac interesse litis et extra. Pro quibus omnibus et singulis obsevandis obligavit se dictus venditor ad forbanniendum et tenutam acipiendum de suis bonis, renuncians feriis, statutis et reformacionibus consiliorum comunis Padue factis et faciendis omnique suo auxilio. Ad hec omnia presentes domina Dominigeolda uxor dicti venditoris et Isenardus filius iamdicti venditoris dicte vendicionis consenserunt[e)] et ipsam laudaverunt et aprobaverunt et sibi placere dixerunt de mandato expresso et licencia dicti Antonii mariti dicte domine Dominigeolde et patris dicti Isenardi et promiserunt non contravenire dicte vendicioni aliqua racione vel causa de iure vel de facto sub pena soldorum sexaginta parvorum qua soluta vel non nichilominus attendere teneantur. Renunc(iavit) quoque dicta mulier iuri ypotecario et senatus consulti Velleiani, cerciorata per me notarium quid sit Velleianum, et omni muliebri auxilio; et dictus[f)] Isenardus racione minoris etatis vel beneficio restitucionis in integrum; et obligavit se ad forbanniendum et tenutam de suis bonis ubique acipiendum.

(SN) Ego Dominicus filius olim Lucii de Gualdino imperiali auctoritate notarius interfui et rogatus hec scripsi.

a) *nel marg. sn. di mano E* b) *segue* de quib *depennato* c) *segue* pro se et suis heredibus *depennato* d) *lettura dubbia: forse* o *soprascritta sulla* g e) *ms:* consenseserunt f) *segue* Anto *depennato*

586

|161v| *Antonii de Isenardo.*[a)] *R(eddit) denarios duodecim.*[b)]

Solvit Arnaldo denarios XIJ *in potestaria domini Amadei.*[c)]

Solvit Prosdocimo de Martina in potestaria domini Francisci.[d)]

Anno Domini millesimo tercentessimo octavo, indicione sexta, die quintodecimo intrante otubri, in Montesscilice, in domo habitacionis domini Antonii de Lyo potestatis Montisscilicis, presentibus Guidone condam Iohannis Corsalis, domino Guidone Gravoncelo, Malgareto filio Petri de Fusaria, Gerardino Rovassio, Otolino notario de Fontana et aliis. Ibique dominus Horedicus iudex condam domini Bonefidei de Baldaserra iudex et vicarius domini Antonii de Lyo potestatis Montisscilicis nomine et vice dicti comunis Montisscilicis iure libeli perpetualis investivit Antonium condam Isenardi de Montesscilice de una pecia terre partive trium quarteriorum campi vel circa iacente in districtu Montisscilicis in contracta Ageris Manuldi; choeret ab uno latere heredes Petriboni de Soverino, ab alio Antonius condam Avetu-re de Ordano et ab aliis duobus lateribus Franciscus condam Vivaldi-ni de Menechelis. Tali pacto et tenore quod dictus Antonius et sui he-redes et cui dederit debeant habere, tenere et possidere dictam peciam terre et omnem suam voluntatem et utilitatem ex ea iure libeli perpe-tualis facere et bene regere, ita quod per ipsum mellioretur et non peioretur, reddendo omni anno dicto comuni in festo omnium sanc-torum, tercia die ante vel post, denarios duodecim parvorum. Quo ad-fictu soluto, ut dictum est, alia inter eos non fiant, nisi quod convene-runt inter se quod si comune proprietatem suam vel conductor ius suum vendere voluerit, vendere debeant inter se pro soldis quinque parvorum minus quam aliis, et comune emere nolente, tunc vendat conductor scitu, voluntate et parabola[e)] comunis ius suum cui volue-rit, non militi, non servo, non ecclesie, sed suo pari vel homini qui predictum adffictum reddat dicto comuni; et aliter vendicio, obligacio vel alienacio facta non valeat de iure nec de facto. Quam peciam terre promissit dictus dominus Horedicus pro dicto comuni et nomine dic-ti comunis guarentare et deffendere sub pena boni cambii, dapni et in-teresse et obligacione omnium bonorum dicti comunis. Penam vero inter se posuerunt ut si quis eorum vel suorum heredum aud successo-rum ea que dicta sunt non attenderit, componat pars contrafaciens parti fidem libeli servanti nomine pene soldos vigintinovem parvo-rum pro quolibet pacto et capitulo non servato, qua soluta vel non, ni-chilominus libelus iste in sua maneat firmitate. Et duo instrumenta unius tenoris ex hoc contractu scribi iubserunt, videlicet unum uni-cuique parti dandum; et pro his observandis obligavit se dictus con-ductor ad forbanniendum et tenutam acipiendum, renuncians feriis, statutis et reformacionibus consiliorum omnique suo auxilio. Prote-status nomine et vice dicti comunis[f)] dictus dominus Horedicus quod non preiudicet alicui iuri dicto comuni acquisito ocassione non soluti adfictus nec aliqua alia racione.

(SN) Ego Dominicus filius olim Lucii de Gualdino imperiali auctoritate notarius interfui et rogatus hec scripsi.

a) *nel marg. sn. di mano E* b) *nel marg. sn. di mano F* c) *nel marg. ds. di mano B* d) *nel marg. ds. di mano D* e) *segue* ius *depennato* f) dicti comunis *aggiunto a fine documento, prima della 'completio', con segno di richiamo*

587

|162r| *Paduane uxoris condam Otolini de Gyselberto.*[a)] *[Red]dit solidos* XLV.[b)]

Solvit Arnaldo in potestaria domini Amadei.[c)]

Solvit Prosdocimo de Martina in potestaria domini Francisci.[d)]

Anno Domini millesimo tercentessimo octavo, indicione sexta, die quintodecimo otubris, in Montesscilice, in domo habitacionis domini Antonii de Lyo potestatis Montisscilicis, presentibus Otolino notario de Fontana, Stefano Taxelo condam Boneti, Viviano dicto Bandela condam Petri et aliis. Ibique dominus Horedicus iudex condam domini Bonefidei de Baldaserra iudex et vicarius domini Antonii de Lyo potestatis Montisscilicis nomine et vice comunis Montisscilicis et pro ipso comuni iure libeli perpetualis investivit Paduanam uxorem condam Otolini de Giselberto de Montesscilice de una pecia terre aratorie et frative cum arboribus et vineis duorum camporum, octo perticarum et sex tabularum iacente in districtu Montisscilicis in contracta Fratarum Sancti Danielis que fuit Atonis de Turcho et Blaxii Guidonis de Veclo et Marabilie Atonis de Turcho et dicti Blaxii; choeret ab uno latere Franciscus condam Albertini Nasiche pro dicto comuni, ab alio Petrus de Careto et filii, ab alio flumen et ab alio via publica et forte alii choerent. Tali pacto et tenore quod dicta Paduana et sui heredes et cui dederint debeant habere, tenere et possidere et omnem suam voluntatem et utilitatem ex ipsa pecia terre facere et bene tractare, regere et manutenere, ita quod per ipsam melioretur et non peioretur, et dare et reddere ac solvere dicto comuni Montisscilicis in festo omnium sanctorum, tercia die ante vel post, soldos quadragintaquinque denariorum venetorum parvorum et non aliud. Quo adfictu dato et soluto alia superimposita inter eos non fiant, nisi quod convenerunt inter se quod si comune proprietatem suam vel conductrix ius suum vendere voluerit, vendere debeant inter se pro soldis quinque parvorum minus quam aliis, et comune emere nolente, tunc vendat conductrix scitu, voluntate et parabola comunis ius suum cui voluerit, non militi, non servo, non ecclesie, sed suo pari vel homini qui bene reddat predictum adfictum dicto comuni; et aliter vendicio, obligacio vel alienacio facta non valeat de iure nec de facto. Quam peciam terre promissit dictus dominus Horedicus nomine dicti comunis dicte conductrici et suis heredibus guarentare et deffendere sub pena boni cambii, dapni et interesse et obligacione omnium bonorum dicti comunis. Penam vero inter se posuerunt ut si quis eorum vel suorum heredum aud sucessorum ea que dicta sunt non atenderit vel pacta predicta rumperit, componat pars contrafaciens parti fidem libeli servanti nomine pene soldos vigintinovem parvorum pro quolibet pacto et capitulo non servato, qua soluta vel non, nichilominus libelus iste in sua maneat firmitate. Et duo instrumenta unius tenoris ex hoc contractu scribi iubserunt, videlicet unum unicuique parti dandum; et pro his omnibus observandis obligavit se dicta conductrix ad forbanniendum et tenutam de suis bonis acipiendum, renuncians feriis, statutis et reformacionibus consiliorum factis et faciendis omnique suo auxilio. Protestatus dictus dominus Horedicus nomine dicti comunis quod nichil preiudicet dicto comuni de aliquo iure sibi acquisito ocassione adffictus non soluti nec aliqua alia racione.

(SN) Ego Dominicus filius olim Lucii de Gualdino imperiali auctoritate notarius interfui et rogatus hec scripsi.

a) *nel marg. sn. di mano E* b) *nel marg. sn. di mano F* c) *nel marg. ds. di mano B* d) *nel marg. ds. di mano D*

588

Marchi Zigognati.[a] *Et redit denarios xxIJ.*[b]

Anno Domini millesimo tercentessimo octavo, indicione sexta, die quintodecimo otubris, in Montesscilice, in domo habitacionis domini

Antonii de Lyo potestatis Montisscilicis, presentibus Otolino notario de Fontana, Fuscolo condam Iacobini, Prosdocimo filio Antonii de Martina, Dominico notario condam Ture et aliis. |162v| Ibique dominus Horedicus iudex condam domini Bonefidei de Baldaserra iudex et vicarius domini Antonii de Lyo potestatis Montisscilicis nomine et vice comunis Montisscilicis et pro ipso comuni iure libeli perpetualis investivit Marchum condam Martini de Rostayboy de Montesscilice de uno campo terre prative iacente in districtu Montisscilicis in contracta ubi dicitur Vanço Dagaro sive Vallongo; choerebat olim dominus Aventura ab uno latere et ab alio Salatini; chorent nunc undique heredes domine Mabilie uxoris condam[c)] domini Iacobini de la Toescha pro dicto comuni; item de medio campo terre prative in dicta contracta; choerebant olim a latere heredes Teuce et ab alio via; nunc choerent undique dicti heredes domine Mabilie pro dicto comuni. Tali vero pacto et tenore quod dictus Marchus et sui heredes et cui dederint debeant habere, tenere et possidere et omnem suam voluntatem et utilitatem ex dictis[d)] terre facere, ita quod per ipsum melioretur et non peioretur, reddendo omni anno dicto comuni in festo omnium sanctorum, tercia die ante vel post, denarios vigintiduos parvorum. Quo adfictu dato et soluto, ut dictum est, alia inter eos non fiant, nisi quod convenerunt inter se quod si comune proprietatem suam vel conductor ius suum vendere voluerit, vendere debeant inter se pro soldis quinque parvorum minus quam aliis, et comune emere nolente, tunc vendat conductor scitu, voluntate et parabola comunis ius suum cui voluerit, non militi, non servo, non ecclesie, sed suo pari vel homini qui bene reddat predictum adfictum predicto comuni; et aliter vendicio, obligacio vel alienacio facta non valeat de iure nec de facto. Quam rem promissit dictus dominus Horedicus nomine dicti comunis dicto conductori et suis heredibus guarentare et deffendere sub pena boni cambii, dapni et interesse et obligacione omnium bonorum dicti comunis. Penam vero inter se posuerunt ut si quis eorum vel suorum heredum aud sucessorum ea que dicta sunt non atenderit, componat pars contrafaciens parti fidem libeli servanti nomine pene soldos vigintinovem parvorum pro quolibet pacto et capitulo non servato, qua soluta vel non, nichilominus libelus iste in sua maneat firmitate. Et duo instrumenta unius tenoris ex hoc contractu scribi iubserunt, videlicet unum unicuique parti dandum; et pro his observandis obligavit se dictus conductor ad forbanniendum et tenutam acipiendum, renuncians feriis, statutis et reformacionibus consiliorum omnique suo auxilio. Protestatus dictus dominus Horedicus pro dicto comuni quod non preiudicet alicui iuri acquisito dicto comuni ocassione adffictus non soluti nec aliqua alia racione.

(SN) Ego Dominicus filius olim Lucii de Gualdino imperiali auctoritate notarius interfui et rogatus hec scripsi.

a) *nel marg. sn. di mano E* b) *nel marg. sn. di mano F* c) *segue* I *depennata* d) *su* is *di* dictis *piccola macchia di inchiostro*

589

Magistri Crisii callegarii.[a)]

Solvit Arnaldo in potestaria domini Amadei.[b)]

Anno Domini millesimo tercentessimo octavo, indicione sexta, die quintodecimo otubris, in Montesscilice, in domo habitacionis domini Antonii de Lyo potestatis Montisscilicis, presentibus Otolino notario de Fontana, Fuscolo condam Iacobini, Prosdocimo filio Antonii de Martina, Dominico notario condam Ture |163r| et aliis. Ibique dominus Horedicus iudex condam domini Bonefidei de Baldaserra iudex et vicarius domini Antonii de Lyo potestatis Montisscilicis iure libeli perpetualis nomine et vice comunis Montisscilicis investivit magistrum Crisium condam Iohannis de Berta de Montesscilice de sex perticis et vigintiquinque tabulis terre prative iacentibus in districtu Montisscilicis in contracta Vallongi; choerent ab uno latere heredes Alioti de Cavodomo, ab alio Raynaldus de Secadenariis et fratres et ab alio quidam de Padua et forte alii choerent. Tali pacto et tenore quod dictus magister Crisius et sui heredes et cui dederint debeant habere, tenere et possidere dictam terram et omnem suam voluntatem et utilitatem ex ea iure libeli perpetualis facere, ita quod per ipsum melioretur et non peioretur, reddendo omni anno dicto comuni in festo omnium sanctorum, tercia die ante vel post, denarios tredecim parvorum. Quo adfictu soluto alia superimposita inter eos non fiant, nisi quod convenerunt inter se quod si comune proprietatem suam vel conductor ius suum vendere voluerint, vendere debeant inter se pro soldis quinque parvorum minus quam aliis, et comune emere nolente, tunc vendat conductor scitu, voluntate et parabola comunis ius suum cui voluerit, non militi, non servo, non ecclesie, sed suo pari vel homini qui bene reddat predictum adfictum dicto comuni; et aliter vendicio, obligacio vel alienacio facta non valeat de iure nec de facto. Quam rem promissit dictus dominus Horedicus nomine dicti comunis dicto conductori et suis heredibus guarentare et deffendere sub pena boni cambii, dapni et interesse et obligacione omnium bonorum dicti comunis. Penam vero inter se posuerunt ut si quis eorum vel suorum heredum aud sucessorum ea que dicta sunt non attenderit, componat pars contrafaciens parti fidem libeli servanti nomine pene soldos vigintinovem parvorum pro quolibet pacto et capitulo non servato, qua soluta vel non, nichilominus libelus iste in sua maneat firmitate. Et duo instrumenta unius tenoris ex hoc contractu scribi iubserunt, videlicet unum unicuique parti dandum; et pro his observandis obligavit se dictus conductor ad forbanniendum et tenutam de suis bonis acipiendum, renuncians feriis, statutis et reformacionibus consiliorum omnique suo auxilio. Protestatus dictus dominus Horedicus pro dicto comuni quod non preiudicet alicui iuri acquisito dicto comuni ocassione adfictus non soluti nec aliqua alia racione.

(SN) Ego Dominicus filius olim Lucii de Gualdino imperiali auctoritate notarius interfui et rogatus hec scripsi.

a) *nel marg. sn. di mano E* b) *nel marg. ds. di mano B*

590

Dominici condam Odonis Covati.[a)]

Solvit Arnaldo in potestaria domini Amadei.[b)]

Solvit Prosdocimo de Martina in potestaria domini Francisci.[c)]

Anno Domini millesimo tercentessimo octavo, indicione sexta, die sextodecimo otubris, in Montesscilice, in domo habitacionis dicti domini potestatis, presentibus Otolino notario de Fontana, Iohanne condam Marchi Stransiti, Prosdocimo notario filio Antonii de Martina, Bonaventura dicto Vasalo et aliis. Ibique dominus Antonius de Lyo potestas Montisscilicis nomine et vice comunis Montisscilicis et pro ipso comuni iure libeli perpetualis investivit Dominicum condam Odonis Covati de Montesscilice de medietate duorum camporum terre sibi extractorum in Seldrego versus Vallem Altrigegnam. Item de medietate duarum perticarum terre ripe fossati de Broio que fuit Bonfigli; item de |163v| medietate duarum perticarum terre que fuit[d)] Berte de Zanone in dicta contracta; item de medietate duarum perticarum terre in dicta hora que fuit Nicolay de Raymundo; item de duabus perticis terre ripe fossati[e)] Brogli que fuit Tolberti; choeret ab uno latere fossatum comune et a duabus partibus dominus Iacobus de Piçacomino seu dictus conductor pro eo et forte alii choerent. Tali pacto et tenore quod dictus conductor et sui heredes et cui dederint debeant habere, tenere et possidere, ita quod per ipsum meliorentur et non peiorentur et omnem suam voluntatem et utilitatem sibi ex ipsis rebus facere, reddendo omni anno in festo omnium sanctorum, tercia die ante vel post, soldos tres et denarios duos denariorum venetorum parvorum. Quo adfictu soluto, alia superimposita inter eos non fiant, nisi quod convenerunt inter se quod si comune proprietatem suam vel conductor ius suum vendere voluerit, vendere debeant inter se pro soldis quinque parvorum minus quam aliis, et comune emere nolente, tunc vendat conductor scitu, voluntate et parabola comunis ius suum cui voluerit, non militi, non servo, non ecclesie, sed homini qui bene reddat predictum adfictum dicto comuni; et aliter vendicio, obligacio vel alienacio facta non valeat de iure nec de facto. Quas res promissit dictus dominus Horedicus nomine dicti comunis dicto conductori et suis heredibus guarentare et deffendere sub pena boni cambii, dapni et interesse et obligacione omnium bonorum dicti comunis. Penam vero inter se posuerunt ut si quis eorum vel suorum heredum aud sucessorum ea que dicta sunt non attenderit, componat pars contrafaciens parti fidem libeli servanti nomine pene soldos vigintinovem parvorum pro quolibet pacto et capitulo non servato, qua soluta vel non, nichilominus libelus iste in sua maneat firmitate. Et duo instrumenta unius tenoris ex hoc contractu scribi iubserunt, videlicet unum unicuique parti dandum; et pro his omnibus observandis obligavit se dictus conductor ad forbanniendum et tenutam de suis bonis acipiendum, renuncians feriis, statutis et reformacionibus consiliorum omnique suo auxilio. Et protestatus fuit dictus dominus potestas[f] pro dicto comuni quod nichil preiudicet comuni predicto in aliquo iure sibi acquisito ocassione adfictus non soluti nec aliqua alia racione.

(SN) Ego Dominicus filius olim Lucii de Gualdino imperiali auctoritate notarius interfui et rogatus hec scripsi.

a) *nel marg. sn. di mano E* b) *nel marg. ds. di mano B* c) *nel marg. ds. di mano D* d) *segue* d *depennata* e) *segue* fo *depennato* f) potestas *sovrascritto nell'interlinea su* Horedicus *depennato*

591

Gerardi et Artuici de Poianis.[a]

Solvit Arnaldo in potestaria domini Amadei.[b]

Solvit Prosdocimo de Martina in potestaria domini Francisci.[c]

Anno Domini millesimo tercentessimo octavo, indicione sexta, die sextodecimo intrante otubri, in Montesscilice, in domo habitacionis domini Antonii de Lyo potestatis Montisscilicis, presentibus Otolino notario de Fontana, Fuscolo condam Iacobini de Fuscolis, Facino condam Ugolini Trofole et aliis. Ibique dominus Antonius de Lyo potestas terre Montisscilicis nomine et vice comunis Montisscilicis et pro ipso comuni iure libeli perpetualis investivit Gerardum et Artuycum fratres et filios condam[d] Zugni de Poianis de tercia parte[e] sibi contingente de uno campo terre in Arçer Andrae vel Malgarede, et est sic scriptum in libro adficuum dicti comunis: « Heredes Zugni et Hençelini de Poianis et Iacobini eorum nepotis » de qua ignorantur coherencie; item de tercia parte duarum parcium campi et quinque perticarum et medie in Cantone Ymi seu Fosselarge que fuit Hençelini et Zugni de Poianis et ignorantur coherencie; item de decem perticis in longitudine et sex pedibus in latitudine terre vel circha, salvum plus et minus, de ripa fosati quod fuit Rodulfi de Milano a domo Petri de Alesio in contracta Calperose; choeret ab uno latere destorium, ab alio dicti conductores pro monasterio Sancte Iustine, ab alio Franciscus

|164r| condam domini Gracii et ab alio quidam ingressus consorcium et forte alii choerent. Tali pacto et tenore quod dicti conductores et sui heredes et cui dederint debeant habere, tenere et possidere dictas res libellatas et omnem suam voluntatem et utilitatem sibi ex eis iure libeli perpetualis facere, ita quod per ipsos meliorentur et non peiorentur, reddendo omni anno in festo omnium sanctorum, tercia die ante vel post, denarios triginta parvorum. Quo adfictu soluto alia inter eos non fiant, nisi quod convenerunt inter se quod si comune proprietatem suam vel conductores ius suum vendere voluerint, vendere debeant inter se pro soldis quinque parvorum minus quam aliis, et comune emere nolente, tunc vendant conductores scitu, voluntate et parabola comunis ius suum cui voluerint, non militi, non servo, non ecclesie, sed suo pari vel homini qui bene reddat predictum adfictum dicto comuni; et aliter vendicio, obligacio vel alienacio facta non valeat de iure nec de facto. Quas res promissit dictus dominus Antonius potestas nomine et vice dicti comunis dictis conductoribus et suis heredibus guarentare et deffendere ab omni persona sub pena boni cambii, dapni et interesse et obligacione omnium bonorum dicti comunis. Penam vero inter se posuerunt ut si quis eorum vel suorum heredum aud sucessorum ea que dicta sunt non attenderit, componat pars contrafaciens parti fidem libeli servanti nomine pene soldos vigintinovem parvorum pro quolibet pacto et capitulo non servato, qua soluta vel non, nichilominus libelus iste in sua maneat firmitate. Et duo instrumenta unius tenoris ex hoc contractu scribi iubserunt, videlicet unum unicuique parti dandum; et pro his observandis obligaverunt se dicti conductores ad forbanniendum et tenutam acipiendum, renuncians feriis, statutis et reformacionibus consiliorum omnique suo auxilio. Protestatus dictus dominus potestas pro dicto comuni quod nichil preiudicet dicto comuni in aliquo iure sibi acquisito ocassione adfictus non soluti nec aliqua alia racione.

(SN) Ego Dominicus filius olim Lucii de Gualdino imperiali auctoritate notarius interfui et rogatus hec scripsi.

a) *nel marg. sn. di mano E* b) *nel marg. ds. di mano B* c) *nel marg. sn. di mano D* d) *segue* Artuicy de Poianis *depennato* e) parte *sovrascritto nell'interlinea, con segno di richiamo nel testo*

592

Filiorum condam Petri Lovati.[a)]

Solvit Arnaldo in potestaria domini Amadei.[b)]

Solvit Prosdocimo de Martina in potestaria domini Francisci.[c)]

Anno Domini millesimo tercentessimo octavo, indicione sexta, die sextodecimo otubris, in Montesscilice, in domo habitacionis domini Antonii de Lyo potestatis Montisscilicis, presentibus Otolino notario de Fontana, Fuscolo condam Iacobini de Fuscolis, Facino condam Ugolini Trofole et aliis. Ibique dominus Antonius de Lyo potestas Montisscilicis nomine et vice dicti comunis iure libeli perpetualis investivit Beatricem uxorem condam Petri Lovati et Gulielmum eius filium et filium condam dicti Petri; r(espondendo) pro se, Petro, Gerardo et Nasimbene filiis condam dicti Petri, obligando se in solidum dicti Beatrix et Gulielmus pro infrascripto adfictu redendo de una pecia terre prative quatuor camporum et tercia parte alterius campi iacente in districtu Montisscilicis in contracta Vançigauseli; choerebat olim ab uno latere et uno capite dominus Aventura de la Toesca; nunc choeret ab uno latere domina Catarina uxor quondam Rodulfi de la Toescha, ab alio Baldimentus condam Guidonis a Mira et ab omnibus aliis partibus dicta domina Catarina. Tali pacto quod dicti conductores et sui heredes et cui dederint debeant habere, tenere et possidere dictam peciam terre et omnem suam voluntatem et utilitatem facere ex ea iure libeli perpetualis et bene regere, ita quod melioretur et non peioretur, reddendo omni anno in festo omnium sanctorum, tercia die ante vel post, dicto comuni Montisscilicis soldos quatuor denariorum venetorum parvorum. Quo adfictu soluto alia inter eos non fiant, nisi quod convenerunt inter se quod si comune proprietatem suam vel conductores ius suum vendere voluerint, vendere debeant inter se pro soldis quinque parvorum minus quam aliis, et comune emere nolente, tunc |164v| vendant conductores scitu, voluntate et parabola comunis ius suum cui voluerint, non militi, non servo, non ecclesie, sed homini qui bene reddat predictum adfictum dicto comuni; et aliter vendicio, obligacio vel alienacio facta non valeat de iure nec de facto. Quam peciam terre promissit dictus dominus potestas nomine dicti comunis dictis conductoribus et suis heredibus guarentare et deffendere sub pena boni cambii, dapni et interesse et obligacione omnium bonorum dicti comunis. Penam vero inter se posuerunt ut si quis eorum vel suorum heredum aud sucessorum ea que dicta sunt non attenderit, componat pars contrafaciens parti fidem libeli servanti nomine pene soldos vigintinovem parvorum pro quolibet pacto et capitulo non servato, qua soluta vel non, nichilominus libelus iste in sua maneat firmitate. Et duo instrumenta scribi iubserunt; et pro his omnibus observandis obligaverunt se dicti conductores ad forbanniendum et tenutam acipiendum, renuncians feriis, statutis et reformacionibus consiliorum omnique suo auxilio. Protestatus dictus dominus potestas pro dicto comuni quod nichil de iure acquisito comuni predicto sit minus ocassione adfictus non soluti nec aliqua alia racione.

(SN) Ego Dominicus filius olim Lucii de Gualdino imperiali auctoritate notarius interfui et rogatus hec scripsi.

a) *nel marg. sn. di mano E* b) *nel marg. ds. di mano B* c) *nel marg. ds. di mano D*

593

Blaxii et Crescentii de Cavodomo.[a]

Solvit Arnaldo in potestaria domini Amadei.[b]

Solvit Prosdocimo de Martina in potestaria domini Francisci.[c]

Anno Domini millesimo tercentessimo octavo, indicione sexta, die sextodecimo otubris, in Montesscilice, in domo habitacionis domini Antonii de Lyo potestatis Montisscilicis, presentibus Otolino notario de Fontana, Fuscolo condam Iacobini, Facino condam Ugolini Trofole et aliis. Ibique dominus Antonius de Lyo potestas Montisscilicis nomine et vice dicti comunis iure libeli perpetualis investivit Blaxium et Crescencium fratres et filios condam Alioti de Cavodomo de una pecia terre prative undecim perticarum et quinquagintaduarum tabularum vel circha iacente in districtu Montisscilicis in contracta Vallongi que fuit heredum Çagnini de Biscacerio[d] et Alioti de Cavodomo; choerebant olim ab uno latere heredes Vivaldi Bugli et ab uno capite heredes domini Aventure de la Toescha; nunc choeret ab uno latere

Ugolinus condam Graxendini et ab alio etiam pro dicto comuni, ab alio Raynaldus de Secadenariis pro comuni et forte alii choerent. Tali pacto quod dicti conductores et sui heredes et cui dederint debeant habere, tenere et possidere dictam peciam terre et omnem suam voluntatem et utilitatem ex ea iure libeli perpetualis facere, ita quod melioretur et non peioretur, redendo omni anno in festo omnium sanctorum, tercia die ante vel post, denarios quatuordecim parvorum dicto comuni. Quo adfictu soluto alia inter eos non fiant, nisi quod convenerunt inter se quod si comune proprietatem suam vel conductores ius suum vendere voluerint, vendere debeant inter se pro soldis quinque parvorum minus quam aliis, et comune emere nolente, tunc vendant conductores scitu et parabola comunis ius suum cui voluerint, non militi, non servo, non ecclesie, sed suo pari vel homini qui bene redat predictum adfictum dicto comuni; et aliter vendicio, obligacio vel alienacio facta non valeat de iure nec de facto. Quam peciam terre promissit dictus dominus potestas nomine dicti comunis dictis conductoribus et suis heredibus[e)] guarentare et deffendere sub pena dupli dapni et interesse et obligacione omnium bonorum dicti comunis. Penam vero inter se posuerunt ut si quis eorum vel suorum heredum aud sucessorum ea que dicta sunt non attenderit, componat pars contrafaciens parti fidem libeli servanti nomine pene soldos vigintinovem parvorum pro quolibet pacto et capitulo non servato, qua soluta vel non, nichilominus libelus iste in sua maneat firmitate. Et duo instrumenta unius tenoris scribi iubserunt, videlicet unum unicuique parti dandum; et pro his omnibus observandis obligaverunt se dicti conductores ad forbanniendum et tenutam acipiendum, renuncians feriis, statutis et reformacionibus consiliorum omnique suo auxilio. Protestatus dictus dominus potestas pro dicto comuni quod non preiudicet alicui iuri acquisito dicto comuni ocassione adfictus non soluti nec aliqua racione.

(SN) Ego Dominicus filius olim Lucii de Gualdino imperiali auctoritate notarius interfui et rogatus hec scripsi.

a) *nel marg. sn. di mano E* b) *nel marg. ds. di mano B* c) *nel marg. ds. di mano D* d) *in* Biscacerio, o *corretta su altra lettera* e) *segue* dictam *depennato*

594

|165r| *Domine Sibilie uxoris condam Henrici de Episcopana.*[a]

Solvit Arnaldo in potestaria domini Amadei.[b]

Solvit Prosdocimo de Martina in potestaria domini Francisci.[c]

Anno Domini millesimo tercentessimo octavo, indicione sexta, die sextodecimo intrante otubri, in Montesscilice, in domo habitacionis domini Antonii de Lyo potestatis Montisscilicis, presentibus Otolino notario de Fontana, Fuscolo condam Iacobini, Facino condam Ugolini Trofole et aliis. Ibique dominus Antonius de Lyo potestas Montisscilicis nomine et vice comunis Montisscilicis investivit dominam Sybiliam uxorem condam Henrici de Episcopana de Montesscilice[d] iure libeli perpetualis de una pecia terre prative duorum camporum et trium perticarum vel circa iacente in districtu Montisscilicis in contracta Vançi Dagari sive Vallongi que fuit Albertini de Gualfarano; choerebant olim ab uno latere heredes Ardiçonis, ab alio Petrus condam Iohannis Pomi, ab alio heredes domini Aventure de la Toescha et heredes Iohannis de Berta; nunc choeret ab uno latere destorium comunis, ab alio dominus Cervinus de Padua et ab alio similiter dictus dominus Cervinus. Tali pacto et tenore quod dicta domina Sybilia et et sui heredes et cui dederit debeant habere, tenere et possidere dictam peciam terre et omnem suam voluntatem et utilitatem ex ea iure libeli perpetualis facere, ita quod per ipsam melioretur et non peioretur, reddendo omni anno dicto comuni Montisscilicis ‹in festo omnium sanctorum›, tercia die ante vel post, soldos tres et denarios octo parvorum. Quo adfictu soluto, ut dictum est, alia inter eos non fiant, nisi quod convenerunt inter se quod si comune proprietatem suam vel conductrix ius suum vendere voluerit, vendere debeant inter se pro soldis quinque parvorum minus quam aliis, et comune emere nolente, tunc vendat conductrix ius suum scitu, voluntate et parabola comunis cui voluerit, non militi, non servo, non ecclesie, sed suo pari vel homini qui bene reddat predictum adfictum dicto comuni; et aliter vendicio, obligacio vel alienacio facta non valeat de iure nec de facto. Quam peciam terre promissit dictus dominus potestas nomine et vice dicti comunis dicte conductrici et suis heredibus guarentare ab omni persona et deffendere sub pena boni cambii, dapni et interesse et obligacione omnium bonorum dicti comunis. Penam vero inter se posuerunt ut si quis eorum vel suorum heredum aud sucessorum ea que dicta sunt non attenderit vel pacta predicta rumperit, componat pars contrafaciens parti fidem libeli servanti nomine pene soldos vigintinovem parvorum pro quolibet pacto et capitulo non servato, qua soluta vel non, nichilominus libelus iste in sua maneat firmitate. Et duo instrumenta unius tenoris ex hoc contractu scribi iubserunt, videlicet unum unicuique parti dandum; et pro his omnibus observandis obligavit se dicta conductrix ad forbanniendum et tenutam acipiendum, renuncians feriis, statutis et reformacionibus consiliorum factis et faciendis omnique suo auxilio. Protestatus fuit insuper dictus dominus potestas pro dicto comuni quod non sit diminutum aliquod ius acquisitum dicto comuni ocassione adfictus non soluti nec aliqua alia racione.

(SN) Ego Dominicus filius olim Lucii de Gualdino imperiali auctoritate notarius interfui et rogatus hec scripsi.

a) *nel marg. sn. di mano E* b) *nel marg. ds. di mano B* c) *nel marg. ds. di mano D*
d) *segue* de d *depennato*

595

Domine Maneolde uxoris condam Otolini Rubey.[a)]

Solvit Arnaldo in potestaria domini Amadey.[b)]

Solvit Prosdocimo de Martina in potestaria domini Francisci.[c)]

Anno Domini millesimo tercentessimo octavo, indicione sexta, die sextodecimo intrante otubri, in Montesscilice, in domo habitacionis domini Antonii de Lyo potestatis Montisscilicis, presentibus Otolino notario de Fontana, Fuscolo condam Iacobini, Facino condam Ugolini Trofole et aliis. Ibique dominus Antonius de Lyo potestas Montisscilicis nomine et vice comunis Montisscilicis iure libeli perpetualis investivit dominam Maneoldam uxorem condam Otolini Rubey de Montesscilice de una pecia terre prative novem perticarum vel circha iacente in districtu Montisscilicis in contracta Core iuxta Iohannem Dominegolde que fuit Otolini generis Ade de Zilio; choeret ab uno |165v| latere heredes domini Iohannis de la Toescha et ab alio magister Bernardus sartor de Padua; item de una pecia terre medii campi vel circha in dicto districtu et contracta Arçer Andray sive Malgarede de qua ignorantur choerencie.***[d)] Tali pacto et tenore quod dicta domina Maneolda et sui heredes et cui dederint debeant habere, tenere et possidere dictas pecias terre et omnem suam voluntatem et utilitatem sibi ex eis iure libeli perpetualis facere, ita quod per ipsam meliorentur et non peiorentur, redendo omni anno in festo omnium sanctorum, tercia die ante vel post, dicto comuni denarios tredecim parvorum. Quo adfictu dato et soluto, ut dictum est, alia inter eos non fiant, nisi quod convenerunt inter se quod si comune proprietatem suam vel conductrix[e)] ius suum vendere voluerit, vendere debeant inter se pro soldis quinque parvorum minus quam aliis, et comune emere nolente, tunc vendat conductrix scitu, voluntate et parabola comunis ius suum cui voluerit, non militi, non servo, non ecclesie, sed suo pari vel homini qui bene reddat predictum adfictum dicto comuni; et aliter vendicio, obligacio vel alienacio facta non valeat de iure nec de facto. Quas pecias terre promissit dictus dominus potestas nomine et vice dicti comunis dicte conductrici et suis heredibus guarentare et deffendere sub pena boni cambii, dapni et interesse et obligacione omnium bonorum dicti comunis. Penam vero inter se posuerunt ut si quis eorum vel suorum heredum aud sucessorum ea que dicta sunt non attenderit, componat pars contrafaciens parti fidem libeli servanti nomine pene soldos vigintinovem parvorum pro quolibet pacto et capitulo non servato, qua soluta vel non, nichilominus libelus iste in sua maneat firmitate. Et duo instrumenta unius tenoris ex hoc contractu scribi iubserunt, videlicet unum unicuique parti dandum; et pro his omnibus observandis obligavit se dicta conductrix ad forbanniendum et tenutam acipiendum, renuncians feriis, statutis et reformacionibus consiliorum comunis Padue factis et faciendis omnique suo auxilio. Protestatus dictus dominus Antonius potestas pro dicto comuni quod non preiudicet alicui iuri acquisito ipsi comuni ocassione adfictus non soluti nec aliqua alia racione.

(SN) Ego Dominicus filius olim Lucii de Gualdino imperiali auctoritate notarius interfui et rogatus hec scripsi.

a) *nel marg. sn. di mano E* b) *nel marg. ds. di mano B* c) *nel marg. ds. di mano D*
d) *spazio bianco corrispondente a circa una riga* e) *corretto su* conductor

596

Iohannis de Mabile.[a)]

Anno Domini millesimo tercentessimo octavo, indicione sexta, die sextodecimo intrante otubri, in Montesscilice, in domo habitacionis domini Antonii de Lyo potestatis Montisscilicis, presentibus Otolino notario de Fontana, Petro notario de Martina, Francisco condam Rodoli, Iohanne condam domini Bonefidei et aliis. Ibique dominus Antonius de Lyo potestas Montisscilicis nomine et vice comunis Montisscilicis et pro ipsi comuni iure libeli perpetualis investivit Iohannem condam***[b)] de Mabile de Montesscilice de infrascriptis peciis terre positis in confinio Montisscilicis in infrascriptis contractis. In primis de una pecia terre unius campi, quatuor perticarum et medie in contracta Core versus Vallongum et est scriptus in libro adfictuum dicti comunis: «Michael condam Martini Mati»; choerent ab uno latere heredes Zamboni Rodoli, ab alio palus Core et ab aliis dictus conductor. Item de una pecia terre duorum camporum, novem perticarum et viginti tabularum terre prative que fuit heredum Milani de Aventura in contracta Vallongi et dixit dictus conductor fuisse Facini de Brayda: choeret ab uno latere prior Domus Dei de Padua, a duobus |166r| lateribus dictus conductor et ab alio palus Core. Item de una pecia terre unius campi et decem perticarum prative que fuit Armenulfi condam Gerardini de Miranda et condam Pegorini de Percolina; choerebat olim ab uno latere Vivaldus Corsalis; nunc choeret ab uno latere dominus Lovatus legum doctor, a duobus dictus conductor et ab alio heredes Çamboni Rodoli pro dicto comuni. Item de una pecia terre unius campi et sex perticarum in contracta Core versus Vallongum que fuit Gerardi Corsalis; choerebat olim ab ambobus lateribus Vivaldus Corsalis et fuit olim heredum Petri de Aytengo; nunc choeret a tribus partibus idem conductor et a tercia palus Core. Item de viginti perticis per longum et sex pedibus per amplum vel circa, salvum plus et minus, de ripa fosati dicti comunis iuxta suum casamentum iacentibus in Montesscilice in contracta Calperosse sive in destorio a domo Petri de Alesio; choeret ab uno latere dictus conductor, ab alio fosatum sive destorium comunis, ab alio Usana uxor Mucii de Cavodomo et ab alio heredes Dominici de Ugerio. Item de tribus perticis terre in contracta Core versus Vallongum. Tali vero pacto et tenore quod dictus Iohannes et sui heredes et cui dederint debeant habere, tenere et possidere dictas pecias terre et omnem suam volutatem et utilitatem et quicquid sibi suisque heredibus deinceps iure libeli perpetualis placuerit facere et bene tractare, regere taliter et manutenere quod per eum melliorentur et non peiorentur, reddendo omni anno dicto comuni Montisscilicis in festo omnium sanctorum, tercia die ante vel post, soldos quatuor et denarios quinque denariorum venetorum parvorum. Quo adfictu soluto, ut dictum est, alia superimposita inter eos non fiant, nisi quod convenerunt inter se quod si comune proprietatem suam vel conductrix ius suum vendere voluerit, vendere debeant inter se pro soldis quinque parvorum minus quam aliis, et comune emere nolente, tunc vendat conductor scitu, voluntate et parabola comunis ius suum cui voluerit, non militi, non servo, non ecclesie, sed suo pari vel homini qui bene reddat predictum adfictum dicto comuni et omnia predicta observet; et aliter vendicio, obligacio vel alienacio facta non valeat de iure nec de facto. Quas pecias terre promissit dictus dominus potestas nomine et vice dicti comunis dicto conductori et suis heredibus guarentare et deffendere sub pena boni cambii, dapni et interesse et obligacione omnium bonorum dicti comunis. Penam vero inter se posuerunt ut si quis eorum vel suorum heredum aud successorum ea que dicta sunt non attenderit vel pacta predicta rumperit, componat pars contrafaciens parti fidem libeli servanti nomine pene soldos vigintinovem parvorum pro quolibet pacto et capitulo non servato, qua soluta vel non, nichilominus libelus iste in sua maneat firmitate. Et duo instrumenta unius tenoris ex hoc contractu scribi iubserunt, videlicet unum unicuique parti dandum; et pro his omnibus observandis obligavit se dictus conductor ad forbanniendum et tenutam de suis bonis ubique acipiendum, renuncians feriis, statutis et reformacionibus consiliorum comunis Padue factis et faciendis omnique suo auxilio. Protestatus fuit insuper dictus dominus Antonius potestas pro dicto comuni quod de iure acquisito dicto comuni nichil diminutum sit ocassione adfictus non soluti nec aliqua alia racione.

(SN) Ego Dominicus filius olim Lucii de Gualdino imperiali auctoritate notarius interfui et rogatus hec scripsi.

a) *nel marg. sn. di mano E* b) *spazio bianco di 20 mm*

597

|166v| *Brucardi de Carlaxare.*[a)]

Solvit Arnaldo in potestaria domini Amadei solidos xxvj et denarios vj.[b)]

Solvit Prosdocimo de Martina canipario comunis solidos xxvj et denarios vj in potestaria domini Francisci.[c)]

Anno Domini millesimo tercentessimo octavo, indicione sexta, die decimoseptimo intrante otubri, in Montesscilice, in domo habitacionis domini Antonii de Lyo potestatis Montisscilicis, presentibus Otolino notario de Fontana, Patavino notario filio magistri Horedici, Dominico condam Gulielmi Borge et aliis. Ibique dominus Antonius de Lyo potestas Montisscilicis nomine et vice comunis Montisscilicis et pro ipso comuni iure libeli perpetualis investivit Brucardum condam Guidonis de Carlaxare de Montesscilice de una pecia terre unius campi et triginta tabularum vel circa cum arboribus et vineis iacente in districtu Montisscilicis in contracta Frate de Revina que fuit Tanselgardi et Petri Petrie;[d)] choeret ab duobus lateribus Artuycus de Penciis, ab alio via publica, et ab lio heredes Antonii condam Iohannis Pelegrini et ab alia quadam parte heredes Petri Lovati pro dicto comuni. Tali vero pacto et tenore quod dictus Brucardus et sui heredes et cui dederit debeant habere, tenere et possidere dictam peciam terre et bene regere et manutenere, ita quod melioretur per eum et non peioretur, redendo omni anno dicto comuni Montisscilicis in festo omnium sanctorum, tercia die ante vel post, soldos vigintisex et denarios sex denariorum venetorum parvorum. Quo adfictu soluto dicto comuni alia superposita inter eos non fiant, nisi quod convenerunt inter se quod si comune proprietatem suam vel conductor ius suum vendere voluerit, vendere debeant inter se pro soldis quinque parvorum minus quam aliis, et comune emere nolente, tunc vendat conductor scitu, voluntate et parabola comunis ius suum cui voluerit, non militi, non servo, non ecclesie, sed suo pari vel homini qui bene reddat predictum adfictum dicto comuni; et aliter vendicio, obligacio vel alienacio facta non valeat de iure nec de facto. Quam peciam terre promissit dictus dominus potestas nomine et vice dicti comunis dicto conductrori et suis heredibus guarentare et deffendere sub pena boni cambii, dapni et interesse et obligacione omnium bonorum dicti comunis. Penam vero inter se posuerunt ut si quis eorum vel suorum heredum aud successorum ea que dicta sunt non attenderit, componat pars contrafaciens parti fidem libeli servanti nomine pene soldos vigintinovem parvorum pro quolibet pacto et capitulo non servato, qua soluta vel non, nichilominus libelus iste in sua maneat firmitate. Et duo instrumenta unius tenoris ex hoc contractu scribi iubserunt, videlicet unum unicuique parti dandum; et pro his omnibus observandis obligavit se dictus conductor ad forbanniendum et tenutam acipiendum, renuncians feriis, statutis et reformacionibus consiliorum comunis Padue factis et faciendis omnique suo auxilio. Protestatus dictus dominus potestas pro dicto comuni quod de iure acquisito ipsi comuni nichil amissum sit ocassione adfictus non soluti nec aliqua alia racione.

(SN) Ego Dominicus filius olim Lucii de Gualdino imperiali auctoritate notarius interfui et rogatus hec scripsi.

a) *nel marg. sn. di mano E* b) *nel marg. ds. di mano B* c) *nel marg. ds. di mano D*
d) *lettura dubbia*

598

Xandrini condam Alberti.[a)]

Solvit Arnaldo in potestaria domini Amadei.[b)]

Solvit Otolino canipario de Fontana in potestaria domini Laurencii de Radicibus.[c)]

Anno Domini millesimo tercentessimo octavo, indicione sexta, die decimoseptimo intrante otubri, in Montesscilice, in domo habitacionis domini Antonii de Lyo potestatis Montisscilicis, presentibus Otolino notario de Fontana, Patavino notario condam magistri Horedici, Dominico condam Gulielmi Borge et aliis. Ibique dominus Antonius de Lyo potestas terre Montisscilicis nomine et vice dicti comunis Montisscilicis iure libeli perpetualis investivit Xandrinum condam Albertini Mini Cavalarii de Montesscilice de duodecim perticis in longitudine et octo pedibus in latitudine vel circa, salvum plus et minus, de terra ripe

|167r| fosati comunis Montisscilicis in suo casamento quod fuit Iohannis de Canevara iacentibus in Montesscilice in contracta Calderive; choeret ab uno latere fosatum comunis, ab alio idem conductor pro domino Pisce, ab alio domina Aycarda uxor condam Mignati et ab alio Çambonus Cuffa pro dicto comuni et forte alii choerent. Tali pacto et tenore quod dictus Xandrinus et sui heredes et cui dederint debeant habere, tenere et possidere dicta iura et omnem suam voluntatem et utilitatem ex eis iure libeli perpetualis facere, ita quod per ipsum meliorentur et non peiorentur, reddendo omni anno dicto comuni in festo omnium sanctorum, tercia die ante vel post, soldos duos parvorum. Quo adfictu soluto alia superposita inter eos non fiant, nisi quod convenerunt inter se quod si comune proprietatem suam vel conductor ius suum vendere voluerit, vendere debeant inter se pro soldis quinque minus quam aliis, et comune emere nolente, tunc vendat conductor scitu, voluntate et parabola comunis ius suum cui voluerit, non militi, non servo, non ecclesie, sed homini qui bene reddat predictum adfictum dicto comuni; et aliter vendicio, obligacio vel alienacio facta non valeat de iure nec de facto. Quam rem promissit dictus dominus potestas nomine et vice dicti comunis dicto conductori et suis heredibus guarentare et deffendere ab omni persona sub pena boni cambii, dapni et interesse et obligacione omnium bonorum dicti comunis. Penam vero inter se posuerunt ut si quis eorum vel suorum heredum aud successorum ea que dicta sunt non attenderit, componat pars contrafaciens parti fidem libeli servanti nomine pene soldos vigintinovem parvorum pro quolibet pacto et capitulo non servato, qua soluta vel non, nichilominus libelus iste in sua maneat firmitate. Et duo instrumenta unius tenoris ex hoc contractu scribi iubserunt, videlicet unum unicuique parti dandum; et pro his omnibus observandis obligavit se dictus conductor ad forbanniendum et tenutam acipiendum, renuncians feriis, statutis et reformacionibus consiliorum comunis Padue factis et faciendis omnique suo auxilio. Protestatus fuit insuper dictus dominus potestas pro dicto comuni quod ad aliquod ius ipsi comuni acquisitum non preiudicet ocassione adfictus non soluti nec aliqua alia racione.

(SN) Ego Dominicus filius olim Lucii de Gualdino imperiali auctoritate notarius interfui et rogatus hec scripsi.

a) *nel marg. sn. di mano E* b) *nel marg. ds. di mano B* c) *nel marg. ds. di mano C*

599

Henrici condam Talavacii.[a)]

Solvit Arnaldo solidos IIJ in potestaria domini Amadei.[b)]

Solvit Prosdocimo de Martina in potestaria domini Francisci.[c)]

Anno Domini millesimo tercentessimo octavo, indicione sexta, die decimoseptimo intrante otubri, in Montesscilice, in domo habitacionis domini Antonii de Lyo potestatis Montisscilicis, presentibus Otolino notario de Fontana, Fuscolo condam Iacobini, Dominico notario condam Bonaventure et aliis. Ibique dominus Antonius de Lyo potestas Montisscilicis nomine et vice comunis Montisscilicis et pro ipso comuni iure libeli perpetualis investivit Henricum condam Vivaldini de Maynardo de Montesscilice recipientem suo nomine et nomine et vice Rolandi eius fratris de una pecia terre prative unius campi vel circa iacente in districtu Montisscilicis in contracta Cantonis de Ymo seu Fosselarge que fuit heredum Dominici de Maynardi; choeret a tribus partibus Dominicus notarius condam Bonaventure de Patucio et a quarta destorium Fosselarge et forte alii choerent. Tali vero pacto et tenore quod dicti conductores et sui heredes et cui dederint debeant habere, tenere et possidere dictam peciam terre et omnem suam voluntatem et utilitatem ex ea iure libeli perpetualis facere, ita quod per ipsos melioretur et non peioretur, reddendo omni anno in festo omnium sanctorum dicto comuni Montisscilicis, tercia die ante vel post, soldos tres parvorum. Quo adfictu dato et soluto alia superposita inter eos non fiant, nisi quod convenerunt inter se |167v| quod si comune proprietatem suam vel conductores ius suum vendere voluerint, vendere debeant inter se pro soldis quinque parvorum minus quam aliis, et comune emere nolente, tunc vendant conductores scitu, voluntate et parabola comunis ius suum cui voluerint, non militi, non servo, non ecclesie, sed suo pari vel homini qui bene redat predictum adfictum dicto comuni; et aliter vendicio, obligacio vel alienacio facta non valeat de iure nec de facto. Quam peciam terre promissit dictus dominus potestas nomine et vice dicti comunis dictis conductoribus et suis heredibus guarentare et deffendere sub pena boni cambii, dapni et interesse et obligacione omnium bonorum dicti comunis. Penam vero inter se posuerunt ut si quis eorum vel suorum heredum aud successorum ea que dicta sunt non atenderit, componat pars contrafaciens parti fidem libeli servanti nomine pene soldos vigintinovem parvorum pro quolibet pacto et capitulo non servato, qua soluta vel non, nichilominus libelus iste in sua maneat firmitate. Et duo instrumenta unius tenoris ex hoc contractu scribi iubserunt, videlicet unum unicuique parti dandum; et pro his omnibus observandis obligavit se dictus Henricus in solidum ad forbanniendum et tenutam acipiendum de suis bonis, renuncians feriis, statutis et reformacionibus consiliorum comunis Padue factis et faciendis omnique suo auxilio. Protestatus fuit insuper dictus dominus potestas pro dicto comuni quod non preiudicet alicui iuri acquisito ipsi comuni ocassione adfictus non soluti nec aliqua alia racione.

(SN) Ego Dominicus filius olim Lucii de Gualdino imperiali auctoritate notarius interfui et rogatus hec scripsi.

a) *nel marg. sn. di mano E* b) *nel marg. ds. di mano B* c) *nel marg. ds. di mano D*

600

Bartholomee condam Bonihominis de Basta.[a)]

Solvit Arnaldo notario in potestaria domini Amadei.[b)]

Solvit Otolino notario de Fontana in potestaria domini Laurencii de Radicibus.[c)]

Anno Domini millesimo tercentessimo octavo, indicione sexta, die decimoseptimo intrante otubri, in Montesscilice, in domo habitacionis Antonii de Lyo potestatis Montisscilicis, presentibus Otolino notario de Fontana, Fuscolo condam Iacobini de Fuscolis, Dominico notario condam Ture et aliis. Ibique dominus Antonius de Lyo potesta Montisscilicis nomine et vice comunis Montisscilicis et pro ipso comuni iure libeli perpetualis investivit dominam Mariam uxorem Bonihominis condam Baste de Montesscilice recipientem pro Bartolomea eius filia et filia condam Ugucionis condam Iohannis Pive de duodecim perticis in longitudine et octo pedibus in latitudine vel circha, salvum plus et minus, de casamento quod tenetur per dictam Bartolomeam in Montesscilice in contracta Calderive et est scriptum in libro adfictuum comunis predicti: «Heredes Ugucionis Cagablache», quod casamentum fuit Tomasii de Garmundo; choerebant olim ab uno latere dicti heredes et ab alio Iohannes condam Pauli; nunc choeret ab uno latere fosatum comunis, ab alio dicta Bartolomea pro domino Pisce, ab alio heredes Iohannis de Paulo pro comuni et ab alio Dominigeolda Delfrere pro dicto comuni. Tali pacto et tenore quod dicta condutrix et sui heredes et cui dederint dictam rem debeant habere, tenere et posidere et omnem suam voluntatem et utilitatem ex ea iure libeli perpetualis facere, ita quod melioretur et non peioretur, reddendo omni anno dicto comuni Montisscilicis in festo omnium sanctorum, tercia die ante vel post, soldos duos denariorum parvorum. Quo adfictu soluto, alia superposita inter eos non fiant, nisi quod convenerunt inter se quod si comune proprietatem suam vel conductrix ius suum vendere voluerint, vendere debeant inter se pro soldis quinque parvorum minus quam aliis, et comune emere nolente, tunc vendat |168r| conductrix scitu, voluntate et parabola comunis ius suum cui voluerit, non militi, non servo, non ecclesie, sed homini qui bene reddat predictum adfictum dicto comuni; et aliter vendicio, obligacio vel alienacio facta non valeat de iure nec de facto. Quam rem promissit dictus dominus potestas nomine et vice dicti comunis dicte conductrici et suis heredibus guarentare et deffendere ab omni persona sub pena boni cambii, dapni et interesse et obligacione omnium bonorum dicti comunis. Penam vero inter se posuerunt ut si quis eorum vel suorum heredum aud sucessorum ea que dicta sunt non attenderit, componat pars contrafaciens parti fidem libeli servanti nomine pene soldos vigintinovem parvorum pro quolibet pacto et capitulo non servato, qua soluto vel non, nichilominus libelus iste in sua maneat firmitate. Et duo instrumenta unius tenoris ex hoc contractu scribi iubserunt, videlicet unum unicuique parti dandum. Protestatus fuit etiam dictus dominus potestas pro dicto comuni quod non preiudicet dicto comuni in aliquo iure sibi acquisito ocassione adfictus non soluti nec aliqua alia racione. Promissit insuper dicta domina Maria per stipulacionem dicto domino potestati recipienti pro dicto comuni per se et suos heredes curare et dare operam cum effectu quod dicta Bartolomea tempore legitime etatis laudabit et ratificabit ac aprobabit predictum libelum et omnia et singula in hoc instrumento contempta attendere promitet et solvet anuatim pro dicta Bartolomea adfictum predictum vel faciet eam solvere ab hodierna die in antea usque in perpetuum, et hec sub pena soldorum sexaginta parvorum stipulacione promissa, qua soluta vel non, nichiominus attendere tenatur cum reffecione dapnorum et expensarum litis et extra et obligacione omnium suorum bonorum; et pro his omnibus observandis obligavit se dicta domina Maria de consensu et parabola boni hominis mariti sui ibidem presentis ad forbanniendum et tenutam de suis bonis ubique acipiendum, renuncians feriis, statutis et reformacionibus consiliorum comunis Padue factis et faciendis et iuri ypotecario et senatus consulti Veleiani, cerciorata per me notarium quod sit Velleianum, et omni muliebri auxilio et omni alii quo se tueri posset.

(SN) Ego Dominicus filius olim Lucii de Gualdino imperiali auctoritate notarius interfui et rogatus hec scripsi.

a) *nel marg. sn. di mano E* b) *nel marg. ds. di mano B* c) *nel marg. ds. di mano C*

601

Dominigeolde condam Gerardi Delfrere.[a)]

M°IIJ°X°: solvit Arnaldo denarios XIJ in potestaria domini Amadey.[b)]

Solvit Otolino canipario de Fontana in potestaria domini Laurencii de Radicibus.[c)]

Anno Domini millesimo tercentessimo octavo, indicione sexta, die decimoseptimo intrante otubri, in Montesscilice, in domo habitacionis domini Antonii de Lyo potestatis Montisscilicis, presentibus Otolino notario de Fontana, Fuscolo condam Iacobini, Dominico notario condam Ture et aliis. Ibique dominus Antonius de Lyo potestas terre Montisscilicis nomine et vice comunis Montisscilicis iure libeli perpetualis investivit Dominigeoldam filiam condam Gerardi Delfrere de Montesscilice de sex perticis in longitudine et octo pedibus in latitudine vel circa, salvum plus et minus, de terra ripe fosati comunis Montisscilicis iacentibus in Montesscilice in contracta Calderive posita in suo casamento; choeret ab uno latere fosatum comunis, ab alio dicta conductrix pro domino Pisce, ab alio Bartolamea condam Ugucionis Iohannis Pive pro dicto comuni et ab alio domina Recoldina uxor condam Martini de Gualpotis pro dicto comuni. Tali |168v| pacto et tenore quod dicta Dominigeolda et sui heredes et cui dederint debeant habere, tenere et possidere et omnem suam voluntatem et utilitatem ex dicta re iure libeli perpetualis facere, ita quod per ipsam[d)] mellioretur et non peioretur, redendo omni anno dicto comuni in festo omnium sanctorum, tercia die ante vel post, denarios duodecim parvorum. Quo adfictu soluto alia superposita inter eos non fiant, nisi quod convenerunt inter se quod si comune proprietatem suam vel conductrix ius suum vendere voluerit, vendere debeant inter se pro soldis quinque parvorum minus quam aliis, et comune emere nolente, tunc vendat conductrix scitu, voluntate et parabola comunis ius suum cui voluerint, non militi, non servo, non ecclesie, sed suo pari vel homini qui bene redat predictum adfictum dicto comuni; et aliter vendicio, obligacio vel alienacio facta non valeat de iure nec de facto. Quam rem promissit dictus dominus potestas nomine et vice dicti comunis dicte conductrici et suis heredibus guarentare et deffendere sub pena boni cambii, dapni et interesse et obligacione omnium bonorum dicti comunis. Penam vero inter se posuerunt ut si quis eorum vel suorum heredum aud sucessorum ea que dicta sunt non attenderit, componat pars contrafaciens parti fidem libeli servanti nomine pene soldos vigintinovem parvorum pro quolibet pacto et capitulo non servato, qua soluta vel non, nichilominus libelus iste in sua maneat firmitate. Et duo instrumenta unius tenoris ex hoc contractu scribi iubserunt, videlicet unum unicuique parti dandum; et pro his omnibus observandis obligavit se dicta condutrix ad forbanniendum et tenutam acipiendum, renuncians feriis, statutis et reformacionibus consiliorum comunis Padue factis et faciendis omnique suo auxilio. Protestatus fuit insuper dictus dominus potestas pro comuni Montisscilicis quod alicui iuri acquisito ipsi comuni non preiudicet ocassione adfictus non soluti nec aliqua alia racione.

(SN) Ego Dominicus filius olim Lucii de Gualdino imperiali auctoritate notarius interfui et rogatus hec scripsi.[e)]

a) *nel marg. sn. di mano E* b) *nel marg. ds. di mano B* c) *nel marg. ds. di mano C*

d) *ms:* ipsum e) *segue:* Anno Domini millesimo tercentessimo octavo, indicione sexta, die decimo septimo intrante decembri *che occupa un'intera riga ed è depennato con una linea continua sottoscritta*

602

Ugolini de Cello.[a] *R(eddit) denarios* XIIJ.[b]

M°IIJ°VIIIJ°r: *solvit Arnaldo in potestaria domini Amadey.*[c]

Anno Domini millesimo tercentessimo octavo, indicione sexta, die decimoseptimo intrante otubri, in Montesscilice, in domo habitacionis domini Antonii de Lyo potestatis Montisscilicis, presentibus Otolino notario de Fontana, Fuscolo condam Iacobini, Dominico notario condam Ture et aliis. Ibique dominus Antonius de Lyo potestas terre Montisscilicis nomine et vice dicti comunis Montisscilicis iure libeli perpetualis investivit Ugolinum de Cello de Montesscilice de quatuor perticis terre que est scripta in libro adfictuum comunis predicti Ugolinus de Cello pro tribus perticis sibi extimatis in Cantone Porte; item pro una pertica in dicta contracta que fuit Mončelexe de Ugone de quibus ignoratur coherencie. Tali pacto et tenore quod dictus Ugolinus et sui heredes et cui dederint debeant habere, tenere et possidere et omnem suam voluntatem et utilitatem ex dicta re iure libeli perpetualis facere, ita |169r| quod per ipsum mellioretur et non peioretur, redendo omni anno in festo omnium sanctorum, tercia die ante vel post, dicto comuni Montisscilicis denarios tresdecim parvorum. Quo adfictu dato et soluto alia superposita inter eos non fiant, nisi quod convenerunt inter se quod si comune proprietatem suam vel conductor ius suum vendere voluerit, vendere debeant inter se pro soldis quinque parvorum minus quam aliis, et comune emere nolente, tunc vendat conductor scitu, voluntate et parabola comunis ius suum cui voluerit, non militi, non servo, non ecclesie, sed suo pari vel homini qui bene reddat predictum adfictum dicto comuni; et aliter vendicio, obligacio vel alienacio facta non valeat de iure nec de facto. Quam rem promissit dictus dominus potestas nomine et vice dicti comunis dicto conductori et suis heredibus guarentare et deffendere sub pena boni cambii, dapni et interesse et obligacione omnium bonorum dicti comunis. Penam vero inter se posuerunt ut si quis eorum vel suorum heredum aud sucessorum ea que dicta sunt non attenderit, componat pars contrafaciens parti fidem libeli servanti nomine pene soldos vigintinovem parvorum pro quolibet pacto et capitulo non servato, qua soluta vel non, nichilominus libelus iste in sua maneat firmitate. Et duo instrumenta unius tenoris ex hoc contractu scribi iubserunt, videlicet unum unicuique parti dandum; et pro his omnibus observandis obligavit se dictus conductor ad forbanniendum et tenutam de suis bonis acipiendum, renuncians feriis, statutis et reformacionibus consiliorum factis et faciendis omnique suo auxilio. Protestatus fuit insuper dictus dominus potestas pro dicto comuni quod alicui iuri acquisito dicto comuni non preiudicet ocassione adfictus non soluti nec aliqua alia racione.

(SN) Ego Dominicus filius olim Lucii de Gualdino imperiali auctoritate notarius interfui et rogatus hec scripsi.

a) *nel marg. sn. di mano E* b) *nel marg. ds. di mano A* c) *nel marg. ds. di mano B*

603

Iohannis de Gabarelo.[a)]

Solvit Arnaldo in potestaria domini Amadei.[b)]

R(ecepit) Otolinus caniparius in potestaria domini Laurencii denarios VIIJ.[c)]

Anno Domini millesimo tercentessimo octavo, indicione sexta, die decimoseptimo intrante otubri, in Montesscilice, in domo habitacionis domini Antonii de Lyo potestatis Montisscilicis, presentibus Otolino notario de Fontana, Fuscolo condam Iacobini, Dominico notario condam Ture et aliis. Ibique dominus Antonius de Lyo potestas terre Montisscilicis nomine et vice dicti comunis Montisscilicis iure libeli perpetualis investivit Iohannem condam Albertini de Gabarelo de Montesscilice de quatuor perticis in longitudine et octo pedibus in latitudine, salvum plus et minus, vel circa de ripa fosati comunis posita in suo casamento iacentibus in Montesscilice in contracta Calderive; choeret ab uno latere fosatum comunis, ab alio dictus conductor pro domino Gulielmo Novelo, ab alio Petrus condam Albertini Gabareli pro dicto comuni et ab alio Carlaxare condam Pilonis. Tali pacto et tenore quod dictus conductor et sui heredes et cui dederint debeant habere, tenere dictam rem et omnem suam voluntatem et utilitatem sibi ex ea iure libeli perpetualis facere, ita quod per |169v| ipsum melioretur et non peioretur, redendo omni anno dicto comuni Montisscilicis in festo omnium sanctorum, tercia die ante vel post, denarios octo parvorum. Quo adfictu soluto alia superposita inter eos non fiant, nisi quod convenerunt inter se quod si comune proprietatem suam vel conductor ius suum vendere voluerint, vendere debeant inter se pro soldis quinque parvorum minus quam aliis, et comune emere nolente, tunc vendant conductor scitu, voluntate et parabola comunis ius suum cui voluerit, non militi, non servo, non ecclesie, sed suo pari vel homini qui bene reddat predictum adfictum dicto comuni; et aliter vendicio, obligacio vel alienacio facta non valeat de iure nec de facto. Quam rem promissit dictus dominus potestas nomine et vice dicti comunis dicto conductori et suis heredibus guarentare et deffendere sub pena boni cambii, dapni et interesse et obligacione omnium bonorum dicti comunis. Penam vero inter se posuerunt ut si quis eorum vel suorum heredum aud sucessorum ea que dicta sunt non attenderit, componat pars contrafaciens parti fidem libeli servanti nomine pene soldos vigintinovem parvorum pro quolibet pacto et capitulo non servato, qua soluta vel non, nichilominus libelus iste in sua maneat firmitate. Et duo instrumenta unius tenoris ex hoc contractu scribi iubserunt, videlicet unum unicuique parti dandum; et pro his omnibus observandis obligavit se dictus conductor ad forbanniendum et tenutam acipiendum. Protestatus fuit insuper dictus dominus potestas pro dicto comuni quod alicui iuri acquisito ipsi comuni non preiudicet ocassione adfictus non soluti nec aliqua alia racione.

(SN) Ego Dominicus filius olim Lucii de Gualdino imperiali auctoritate notarius interfui et rogatus hec scripsi.

a) *nel marg. sn. di mano E* b) *nel marg. ds. di mano B* c) *nel marg. ds. di mano C*

604

Usane uxoris condam Nicolai de Cavodomo.[a]

Solvit Arnaldo in potestaria domini Amade‹i›.[b]

Solvit Prosdocimo de Martina in potestaria domini Francisci de Citadela.[c]

Anno Domini millesimo tercentessimo octavo, indicione sexta, die decimoseptimo otubris, in Montesscilice, in domo habitacionis domini Antonii de Lyo potestatis Montisscilicis, presentibus Otolino notario de Fontana, Fuscolo condam Iacobini, Ugone condam Pulli et aliis. Ibique dominus Horedicus iudex condam domini Bonefidei de Baldaserra iudex et vicarius domini Antonii de Lyo potestatis Montisscilicis nomine et vice dicti comunis iure libeli perpetualis investivit Usanam uxorem condam Nicolay de Cavodomo de tresdecim perticis in longitudine et sex pedibus in latitudine vel circa, salvum plus et minus, de ripa fosati comunis Montisscilicis iacentibus in Montesscilice in destorio ubi dicitur a domo Petri de Alesio que fuit presbiteri Sancti Martini et Mathei de imperatore et Mugne, ut in libro adfictuum dicti comunis continetur; choeret ab uno latere fosatum seu destorium dicti comunis, ab alio dicta Usana, ab alio Frugerius Longus de Mabile pro dicto comuni et ab alio Nicolaus de Gareio. Tali pacto et tenore quod dicta Usana et sui heredes et cui dederint debeant habere, tenere dictam rem et omnem suam voluntatem et utilitatem ex ea re iure libeli perpetualis facere, ita quod per ipsam mellioretur et non peioretur, reddendo omni anno dicto comuni in festo omnium sanctorum, tercia die ante vel post, denarios vigintisex parvorum. Quo adfictu soluto alia superposita inter eos non fiant, nisi quod convenerunt inter se quod si comune proprietatem suam vel conductrix[d] ius suum vendere voluerit, vendere debeant inter se pro soldis quinque parvorum minus quam aliis, et comune emere nolente, tunc vendat conductrix scitu, voluntate et parabola comunis ius suum cui voluerit, non militi, non servo, non ecclesie, sed suo pari vel homini qui bene reddat predictum adfictum dicto comuni; et aliter vendicio, |170r| obligacio vel alienacio facta non valeat de iure nec de facto. Quam rem promissit dictus dominus Horedicus nomine et vice dicti comunis dicte conductrici et suis heredibus guarentare et deffendere sub pena boni cambii, dapni et interesse et obligacione omnium bonorum dicti comunis. Penam vero inter se posuerunt ut si quis eorum vel suorum heredum aud sucessorum ea que dicta sunt non atenderit, componat pars contrafaciens parti fidem libeli servanti nomine pene soldos vigintinovem parvorum pro quolibet pacto et capitulo non servato, qua soluta vel non, nichilominus libelus iste in sua maneat firmitate. Et duo instrumenta unius tenoris ex hoc contractu scribi iubserunt, videlicet unum unicuique parti dandum; et pro his omnibus observandis obligavit se dicta condutrix ad forbanniendum et tenutam de suis bonis acipiendum, renuncians feriis, statutis et reformacionibus consiliorum comunis Padue factis et faciendis omnique suo auxilio. Protestatus fuit insuper dictus dominus Horedicus pro dicto comuni quod ad aliquod ius ipsi comuni acquisitum non preiudicet ocassione adfictus non soluti nec aliqua alia racione.

(SN) Ego Dominicus filius olim Lucii de Gualdino imperiali auctoritate notarius interfui et rogatus hec scripsi.

a) *nel marg. sn. di mano E* b) *nel marg. ds. di mano B* c) *nel marg. ds. di mano D* d) *corretto su* conductor

605

Henrici condam Laurencii de Zuanone.[a)]

Anno Domini millesimo tercentessimo octavo, indicione sexta, die decimoseptimo otubris, in Montesscilice, in domo habitacionis domini Antonii de Lyo potestatis Montisscilicis, presentibus Otolino notario de Fontana, Fuscolo condam Iacobini de Fuscolis, Ugone condam Pulli et aliis. Ibique dominus Horedicus iudex condam domini Bonefidei de Baldaserra iudex et vicarius domini Antonii de Lyo potestatis Montisscilicis nomine et vice comunis Montisscilicis iure libeli perpetualis investivit Henricum condam Laurencii de Zuanone de Puteo Novo de una pecia terre prative unius campi et dimidii iacente in districtu Montisscilicis in contracta Fosselarge, cui choeret ab uno latere destorium Fosselarge, ab alio magister Crisi condam Albertini de Prando, ab alio dominus Petrus a Flumine et ab alio Iohannes condam

Mucii de Damiana; et est scriptum in libro adfictuum dicti comunis: « Heredes Ronçe pro sua parte et pro parte Trintini[b] poderis Petri caçatoris, item pro parte poderis dicti Ronçe ». Tali pacto et tenore quod dictus Henricus et sui heredes et cui dederint dictam peciam terre debeant habere, tenere, possidere, regere et manutenere, ita quod per ipsum melioretur et non peioretur, reddendo omni anno dicto comuni in festo omnium sanctorum, tercia die ante vel post, soldos quatuor et denarios tres parvorum. Hoc autem adfictu soluto, ut dictum est, alia superposita inter eos non fiant, nisi quod convenerunt inter se quod si comune proprietatem suam vel conductor ius suum vendere voluerit, vendere debeant inter se pro soldis quinque parvorum minus quam aliis, et comune emere nolente, tunc vendat conductor scitu, voluntate et parabola comunis ius suum cui voluerit, non militi, non servo, non ecclesie, sed suo pari vel homini qui bene reddat predictum adfictum dicto comuni et predicta omnia observet; et aliter vendicio, obligacio vel alienacio facta non valeat de iure nec de facto. Quam peciam terre promissit dictus dominus Horedicus nomine et vice dicti comunis dicto conductori et suis heredibus guarentare et deffendere sub pena boni cambii, dapni et interesse et obligacione omnium bonorum dicti comunis. Penam vero inter se posuerunt ut si quis eorum vel suorum heredum aud sucessorum ea que dicta sunt non atenderit, componat pars contrafaciens parti fidem libeli servanti nomine pene soldos vigintinovem parvorum pro quolibet pacto et capitulo non servato, qua soluta vel non, nichilominus libelus iste in sua maneat firmitate. Et |170v| duo instrumenta unius tenoris ex hoc contractu scribi iubserunt, videlicet unum unicuique parti dandum; et pro his omnibus observandis obligavit se dictus condutor sponte ad forbanniendum et tenutam acipiendum de suis bonis, renuncians feriis, statutis et reformacionibus consiliorum comunis Padue factis et faciendis omnique suo auxilio. Protestatus fuit insuper dictus dominus Horedicus pro dicto comuni quod non preiudicet alicui iuri acquisito dicto comuni ocassione adfictus non soluti nec aliqua alia racione.

(SN) Ego Dominicus filius olim Lucii de Gualdino imperiali auctoritate notarius interfui et rogatus hec scripsi.

a) *nel marg. sn. di mano E* b) *lettura dubbia*

606

Dominici notarii de Patucio.[a]

Solvit Arnaldo in potestaria domini Amadei.[b]

Anno Domini millesimo tercentessimo octavo, indicione sexta, die decimooctavo otubris, in Montesscilice, in domo habitacionis domini Antonii de Lyo potestatis Montisscilicis, presentibus Otolino notario de Fontana, Stefano Taxelo condam Boneti, Ugone condam Pulli, Floriamonte barberio condam magistri Raynaldini et aliis. Ibique dominus Horedicus iudex condam domini Bonefidei de Baldaserra iudex et vicarius domini Antonii de Lyo potestatis Montisscilicis nomine et vice dictis comunis Montisscilicis iure libeli perpetualis investivit Dominicum notarium condam domini Bonaventure de Patucio de infrascritpis peciis terre positis in districtu Montisscilicis. In primis de uno campo, quinque perticis et trigintaquinque tabulis terre vel circa iacente in Cantone de Ymo sive Fossalarga que fuit Maçucheli de Baldimento; choerebant olim ab uno latere heredes Maynardi, ab alio heredes Zilioli, ab alio via; nunc choeret ab uno latere dominus Oliverius condam domini Horedici, ab alio Voius de Perino, ab alio destorium Fosselarge et ab alio destorium a domo Artesele. Item de una pecia terre unius campi, quatuor perticarum et medie[c] in eadem contracta que fuit Hençelini et Zugni de Poianis; choerebat olim ab uno latere Albertus de Vivilia, ab alio Henricus domini Bonifacii; nunc choeret ut supra primo campo suprascripto. Item de una pecia terre quatuor canporum, duodecim particarum et quinquaginta tabularum in proxime dicta contracta que fuit Vivaldini de Maynardo et uxoris Albertini de Filinberga; choerebat olim ab uno latere Frugerius Longus, ab alio dominus Episcopelus; nunc choeret ab uno latere Rolandus et Henricus de Talavacii, ab alio dominus Bonifacius condam domini Coradi, ab alio destorium a domo Artesele, ab alio destorium Fosselarge et forte alii choerent. Tali vero pacto et tenore quod dictus Dominicus et sui heredes et cui dederint dictas[d] pecias terre debeant habere, tenere, possidere, et omnem suam voluntatem et utilitatem ex eis iure libeli perpetuali facere, regere et manutenere, ita quod per ipsum meliorentur et non peiorentur, redendo omni anno dicto comuni Montisscilicis in festo omnium sanctorum, tercia die ante vel post, soldos vigintiduos et denarios duos denariorum venetorum parvorum. Quo adfictu dato et soluto omni anno, ut dictum est, alia superposita inter eos non fiant, nisi quod convenerunt inter se quod si comune proprietatem suam vel conductor ius suum vendere voluerit, vendere debeant inter se pro soldis quinque parvorum minus quam aliis, et comune emere nolente, tunc vendat conductor scitu, voluntate et parabola comunis ius suum cui voluerit, non militi, non servo, non ecclesie, sed suo pari vel homini qui bene reddat predictum adfictum; et aliter vendicio, obligacio vel alienacio facta non valeat de iure nec de facto. Quas[e)] pecias terre promissit dictus dominus Horedicus nomine et vice dicti comunis dicto conductori et suis heredibus guarentare et deffendere sub pena boni cambii, dapni et interesse et obligacione omnium bonorum dicti comunis. Penam vero inter se posuerunt ut si quis eorum vel suorum heredum aud sucessorum ea que dicta sunt non atenderit, componat pars contrafaciens parti fidem libeli servanti nomine pene soldos vigintinovem parvorum pro quolibet pacto et capitulo non servato, qua soluta vel non, nichilominus libelus iste in sua maneat firmitate. Et duo instrumenta unius tenoris ex hoc contractu scribi iubserunt, videlicet unum unicuique parti dandum; et pro his omnibus observandis obligavit se dictus condutor ad forbanniendum et tenutam de suis bonis acipiendum, renuncians feriis, statutis et reformacionibus consiliorum comunis Padue factis et faciendis omnique suo auxilio. Protestatus fuit ipse dominus Horedicus pro dicto comuni quod non preiudicet alicui iuri acquisito ipsi comuni ocassione adfictus non soluti nec aliqua alia racione.

(SN) Ego Dominicus filius olim Lucii de Gualdino imperiali auctoritate notarius interfui et rogatus hec scripsi.

a) *nel marg. sn. di mano E* b) *nel marg. ds. di mano B* c) *corretto su* media d) *corretto su* dictam e) *ms:* quas *con segno d'abbreviazione superfluo*

607

|171r| *Clarii de Martina.*[a)]

Solvit Arnaldo in potestaria domini Amadei.[b)]

Solvit Prosdocimo de Martina in potestaria domini Francisci.[c)]

Anno Domini millesimo tercentessimo octavo, indicione sexta, die decimooctavo otubris, in Montesscilice, in domo habitacionis domini Antonii de Lyo potestatis Montisscilicis, presentibus Dominico notario condam Ture de Patucio, Francisco filio Otolini de Fontana, Francisco condam Iacobi de Ugucione et aliis. Ibique dominus Antonius de Lyo potestas terre Montisscilicis nomine et vice dicti comunis Montisscilicis iure libeli perpetualis investivit Clarium condam Ade de Martina de Montesscilice de una pecia terre unius campi et duarum perticarum vel circha iacente in districtu Montisscilicis in contracta Cantone Montis Maçi sive Vançileoli; choeret ab uno latere iura plebis Montisscilicis, ab alio destorium Vancileoli, ab alio palus et forte alii choerent. Tali pacto et tenore quod dictus Clarius et sui heredes et cui dederint dictam peciam terre debeant habere, tenere, possidere, dictam peciam terre et omnem suam voluntatem et utilitatem ex ipsa iure libeli perpetualis facere, regere et manutenere, ita quod per ipsum melioretur et non peioretur, reddendo omni anno dicto comuni Montisscilicis in festo omnium sanctorum, tercia die ante vel post, soldos duos denarium unum parvorum. Quo adfictu soluto omni anno, ut dictum est, alia inter eos non fiant, nisi quod convenerunt inter se quod si comune proprietatem suam vel conductor ius suum vendere voluerit, vendere debeant inter se pro soldis quinque parvorum minus quam aliis, et comune emere nolente, tunc vendat conductor scitu, voluntate et parabola comunis ius suum cui voluerit, non militi, non servo, non ecclesie, sed suo pari vel homini qui bene reddat predictum adfictum dicto comuni; et aliter vendicio, obligacio vel alienacio facta non valeat de iure nec de facto. Quam peciam terre promissit dictus dominus potestas nomine et vice dicti comunis dicto conductori et suis heredibus guarentare et deffendere sub pena boni cambii, dapni et interesse et obligacione omnium bonorum dicti comunis. Penam vero inter se posuerunt ut si quis eorum vel suorum heredum aud sucessorum ea que dicta sunt non atenderit, componat pars contrafaciens parti fidem libeli servanti nomine pene soldos vigintinovem parvorum pro quolibet pacto et capitulo non servato, qua soluta vel non, nichilominus libelus iste in sua maneat firmitate. Et duo instrumenta unius tenoris ex hoc contractu scribi iubserunt, videlicet unum unicuique parti dandum; et pro his omnibus observandis obligavit se dictus condutor ad forbanniendum et tenutam acipiendum de suis bonis, renuncians feriis, statutis et reformacionibus consiliorum comunis Padue factis et faciendis omnique suo auxilio. Protestatus fuit insuper dictus dominus[d] potestas pro dicto comuni quod non preiudicet alicui iuri acquisito dicto comuni ocassione adfictus non soluti nec aliqua alia racione.

(SN) Ego Dominicus filius olim Lucii de Gualdino imperiali auctoritate notarius interfui et rogatus hec scripsi.

a) *nel marg. sn. di mano E* b) *nel marg. ds. di mano B* c) *nel marg. ds. di mano D*
d) *segue* Horedicus pro dicto co *depennato*

608

Garxende Boni de Verona.[a]

Solvit Arnaldo notario in potestaria domini Amadei denarios XVIIJ.[b]

Solvit Prosdocimo de Martina in potestaria domini Francisci.[c]

Anno Domini millesimo tercentessimo octavo, indicione sexta, die decimooctavo otubris, in Montesscilice, in domo habitacionis domini Antonii de Lyo potestatis Montisscilicis, presentibus Dominico notario condam Ture de Patucio, Francisco filio Otolini de Fontana, Francisco condam Iacobi de Ugucione et aliis. Ibique dominus Antonius de Lyo potestas Montisscilicis nomine et vice comunis Montisscilicis iure libeli perpetualis investivit Garxendam filiam Boni qui fuit de Verona et uxorem Bartolomei filii Francisci condam Iacobi de Montesscilice emancipatam a dicto Bono patre suo, ut continetur in carta emancipacionis facta per Andream notarium de Bancis, de una pecia terre aratorie trium camporum vel circa iacente in Montesscilice in contracta Savelonis que fuit Dominici de Michaele et Artusii de Padua; choerent ab uno latere iura monasterii Yspide, ab alio iura monasterii Sancte Zacharie, ab alio via et ab alio quidam introitus consorcium et forte alii choerent. Tali vero pacto et tenore quod dicta Garxenda et sui heredes et cui dederint dictam peciam terre debeant habere, tenere, possidere, et omnem suam voluntatem et utilitatem ex ea iure libeli perpetualis facere et bene regere et manutenere, ita quod per ipsam melioretur et non peioretur, redendo omni anno dicto comuni Montisscilicis in festo omnium sanctorum, tercia die ante vel post, denarios decem et octo parvorum. Quo adfictu soluto, ut dictum est, alia inter eos non fiant, nisi quod convenerunt inter se quod si comune proprietatem suam vel conductrix ius |171v| suum vendere voluerit, vendere debeant inter se pro soldis quinque parvorum minus quam aliis, et comune emere nolente, tunc vendat conductrix scitu, voluntate et parabola comunis ius suum cui voluerit, non militi, non servo, non ecclesie, sed suo pari vel homini qui bene reddat predictum adfictum dicto comuni; et aliter vendicio, obligacio vel alienacio facta non valeat de iure nec de facto. Quam peciam terre promissit dictus dominus potestas nomine et vice dicti comunis dicte conductrici et suis heredibus guarentare et deffendere ab omni persona sub pena boni cambii, dapni et interesse et obligacione omnium bonorum dicti comunis. Penam vero inter se posuerunt ut si quis eorum vel suorum heredum aud sucessorum ea que dicta sunt non atenderit, componat pars contrafaciens parti fidem libeli servanti nomine pene soldos vigintinovem parvorum pro quolibet pacto et capitulo non servato, qua soluta vel non, nichilominus libelus iste in sua maneat firmitate. Et duo instrumenta unius tenoris ex hoc contractu scribi iubserunt, videlicet unum unicuique parti dandum; et pro his omnibus observandis obligavit se dicta condutrix ad forbanniendum et tenutam acipiendum, renuncians feriis, statutis et reformacionibus consiliorum comunis Padue factis et faciendis omnique suo auxilio. Protestatus fuit insuper dictus dominus potestas pro dicto comuni quod alicui iuri ipsi comuni acquisito non preiudicet ocassione adfictus non soluti nec aliqua alia racione.

(SN) Ego Dominicus filius olim Lucii de Gualdino imperiali auctoritate notarius interfui et rogatus hec scripsi.

a) *nel marg. sn. di mano E* b) *nel marg. ds. di mano B* c) *nel marg. ds. di mano D*

609

Filiorum condam Nasii de Galea.[a] *R(eddunt) solidos* VIJ *et denarios* V.[b]

Solvit Arnaldo in potestaria domini Amadey.[c)]

Solvit Prosdocimo de Martina in potestaria domini Francisci.[d)]

Anno Domini millesimo tercentessimo octavo, indicione sexta, die decimonono otubris, in Montesscilice, in domo habitacionis domini Antonii de Lyo potestatis Montisscilicis, presentibus Otolino notario de Fontana, Fuscolo condam Iacobini de Fuscolis, Petro Guercio condam Ronge et aliis. Ibique dominus Horedicus iudex condam domini Bonefidei de Baldaserra iudex et vicarius domini Antonii de Lyo potestatis Montisscilicis nomine et vice dictis comunis Montisscilicis iure libeli perpetualis investivit Iohannem et Antonium fratres et filios condam Nasy de Galea recipientes pro se et nomine et vice Alberti fratris eorum, obligando se in solidum predicti Iohannes et Antonius pro infrascripto adfictu atendendo dicto comuni de infrascriptis peciis terre iacentibus in districtu Montisscilicis in infrascriptis contractis. In primis de una pecia terre quinque perticarum vel circha iacente in contracta Carubalbrigi sive Vancileoli versus Honedos que fuit Gerardini de Carloto; choerent ab uno latere iura Sancti Petri de Montesscilice, ab alio destorium comunis, ab alio dicti conductores. Item de una pecia terre unius campi vel circa in Frata Putei Viaiani que fuit patris dicti Nasy; choerebat olim ab uno latere Laurencius Ugonis et ab alio dictus Nasy; nunc choeret ab uno latere dominus Deolguarde a Ferro pro dicto comuni, ab alio iura Sancti Salvarii, ab alio destorium comunis et ab alio heredes Zamboni Rodoli pro dicto comuni. Item de una pecia terre unius campi et medii vel circa que fuit Raymundi de Orfilia in Honedis sive in contracta Vancileoli; choerebant olim a latere heredes Patucii de Baldimentis et ab aliio dictus Nasy; nunc choeret ut supra proxime dicte pecie terre, et proxime dicte pecie quinque perticarum terre choerent nunc a duobus lateribus dicti conductores, ab alio destorium, ab alio iura Sancti Savarii. Item de una pecia terre unius campi et unius quarterii vel circa in palude de Honedis; choerebat olim a latere Dominicus de Galea, et ab aliis iura monasterii Sancti Salvarii que fuit Hençelini et Zugni de Poianis et Iacobini eorum nepotis; choeret nunc ab uno latere Thomasius condam domini Francisci de Guarnerinis et a tribus lateribus dicti conductores. Item de una pecia terre unius campi et octo perticarum vel circa in Cantone Montis Maçi; choerebat olim ab uno latere destorium et ab alio heredes Perini er fuit Zorni et Brucardi; nunc choeret ut supra prime pecie terre et forte alii choerent. Tali vero pacto et tenore quod dicti conductores et sui heredes et cui dederint dictas pecias terre debeant habere, tenere, possidere, et omnem suam voluntatem |172r| et utilitatem ex eis iure libeli perpetualis facere, ita quod per ipsus melioretur et non peioretur, reddendo omni anno in festo omnium sanctorum, tercia die ante vel post, soldos septem et denarios quinque denariorum venetorum parvorum. Quo adfictu soluto omni anno, ut dictum est, alia superposita inter eos non fiant, nisi quod convenerunt inter se quod si comune proprietatem suam vel conductores ius suum vendere voluerint, vendere debeant inter se pro soldis quinque parvorum minus quam aliis, et comune emere nolente, tunc vendant conductores scitu, voluntate et parabola comunis ius suum cui voluerint, non militi, non servo, non ecclesie, sed suo pari vel homini qui bene reddat predictum adfictum dicto comuni; et aliter vendicio, obligacio vel alienacio facta non valeat de iure nec de facto. Quas pecias terre promissit dictus dominus Hoiredicus nomine et vice dicti comunis dicti conductoribus et suis heredibus guarentare et deffendere sub pena boni cambii, dapni et interesse et obligacione omnium bonorum dicti comunis. Penam vero inter se posuerunt ut si quis eorum vel suorum heredum aud sucessorum ea que dicta sunt non atenderit, componat pars contrafaciens parti fidem libeli servanti nomine pene soldos vigintinovem parvorum pro quolibet pacto et capitulo non servato, qua soluta vel non, nichilominus libelus iste in sua maneat firmitate. Et duo instrumenta unius tenoris ex hoc contractu scribi iubserunt, videlicet unum unicuique parti dandum; et pro his omnibus observandis obligaverunt se dicti Antonius et Iohannes ad forbanniendum et tenutam de suis bonis acipiendum, renuncians feriis, statutis et reformacionibus consiliorum comunis Padue factis et faciendis omnique suo auxilio. Protestatus fuit pro dicto comuni dictus dominus Horedicus quod non preiudicet alicui iuri acquisito ipsi comuni ocassione adfictus non soluti nec aliqua alia racione.

(SN) Ego Dominicus filius olim Lucii de Gualdino imperiali auctoritate notarius interfui et rogatus hec scripsi.

a) *nel marg. sn. di mano E* b) *nel marg. ds. di mano A* c) *nel marg. ds. di mano B*
d) *nel marg. ds. di mano D*

610

Çamboni Cuffe.[a] *R(eddit) solidos IJ.*[b]

Solvit domino Otolino canipario de Fontana in potestaria domini Laurencii de Radicibus.[c]

Anno Domini millesimo tercentessimo octavo, indicione sexta, die decimonono otubris, in Montesscilice, in domo habitacionis domini Antonii de Lyo potestatis Montisscilicis, presentibus Otolino notario de Fontana, Ugone notario condam Pulli, Fuscolo condam Iacobini et aliis. Ibique dominus Antonius de Lyo potestas Montisscilicis nomine et vice comunis Montisscilicis iure libeli perpetualis investivit Çambonum Cuffam condam Regeti de Montesscilice de sex perticis terre in longitudine et octo pedibus in latitudine vel circa, salvum plus et minus, de ripa fosati comunis Montisscilicis in casamento quod tenet in Calderiva quod fuit heredum Iohannis de Alena et domine Canevare; choeret ab uno latere fosatum comunis, ab alio idem Çambonus pro domino Pisce de Trotis, ab alio Xandrinus condam Mini pro comuni Montisscilicis et ab alio via publica; item de sex perticis in longitudine et octo pedibus in latitudine, salvum plus et minus, ripe fosati in casamento quod tenet a dicto domino Pisce in dicta contracta quod fuit presbiteri Sancti Danielis: choerent ab uno latere fosatum predictum, ab alio dictus conductor pro domino Pisce, ab alio Aycarda uxor condam Mignati pro comuni et ab alio dictus Xandrinus. Tali pacto et tenore quod dictus Çambonus et sui heredes et cui dederint dictam rem debeant habere, tenere, possidere, et omnem suam voluntatem et utilitatem ex ea iure libeli perpetualis facere et bene regere, ita quod melioretur per eum et non peioretur, redendo omni anno dicto comuni Montisscilicis in festo omnium sanctorum, tercia die ante vel post, denarios duos[d] denariorum parvorum scilicet denarios duos pro pertica. Quo adfictu soluto omni anno, ut dictum est, alia inter eos non fiant, nisi quod convenerunt inter se quod si comune proprietatem suam vel conductor ius suum vendere voluerit, vendere debeant inter se pro soldis quinque parvorum minus quam aliis, et comune emere nolente, tunc vendat conductor scitu, voluntate et parabola comunis ius suum cui voluerit, non militi, non servo, non ecclesie, sed suo pari vel homini qui bene atendat predictum adfictum dicto comuni; et aliter vendicio, obligacio vel alienacio facta non valeat de iure nec de facto. Quam rem promissit dictus dominus potestas nomine et vice dicti comunis dicto conductori et suis heredibus guarentare et deffendere ab omni persona sub pena dupli dapni et interesse et obligacione omnium bonorum dicti comunis. Penam vero inter se posuerunt ut si quis eorum vel suorum heredum aud sucessorum ea que dicta sunt non atenderit, componat pars contrafaciens parti fidem libeli servanti nomine pene soldos |172v| vigintinovem parvorum pro quolibet pacto et capitulo non servato, qua soluta vel non, nichilominus libelus iste in sua maneat firmitate. Et duo instrumenta unius tenoris ex hoc contractu scribi iubserunt, videlicet unum unicuique parti dandum; et pro his omnibus observandis obligavit se dictus conductor ad forbanniendum et tenutam de suis bonis acipiendum, renuncians feriis, statutis et reformacionibus consiliorum comunis Padue factis et faciendis omnique suo auxilio. Protestatus fuit insuper dictus dominus potestas pro dicto comuni quod nichil preiudicet dicto comuni in aliquo iure sibi acquisito ocassione adfictus non soluti nec aliqua alia racione.

(SN) Ego Dominicus filius olim Lucii de Gualdino imperiali auctoritate notarius interfui et rogatus hec scripsi.

a) *nel marg. sn. di mano E* b) *nel marg. ds. di mano A* c) *nel marg. ds. di mano C*
d) *evidentemente per* duodecim

611

Frugerii Longi.[a)]

Anno Domini millesimo tercentessimo octavo, indicione sexta, die decimonono otubris, in Montesscilice, in domo habitacionis domini Antonii de Lyo potestatis Montisscilicis, presentibus Otolino notario de Fontana, Ugone condam Pulli, Petro condam Iohannis Ceruti et aliis. Ibique dominus Antonius de Lyo potestas Montisscilicis nomine et vice comunis Montisscilicis iure libeli perpetualis investivit Frugerium Longum condam Petri de Mabile de vigintiquinque perticis in longitudine et sex pedibus in latitudine terre vel circha, salvum plus et minus, ripe destorii a domo Petri de Alesio posite[b)] iuxta domum suam in contracta Calperose, cui choeret ab uno latere dictum destorium, ab alio idem conductor, ab alio Petrus condam domini Bellaveris pro dicto comuni et ab alio Gusmerius condam Iohannis de Berta pro dicto comuni. Tali pacto et tenore quod dictus Frugerius et sui heredes et cui dederint debeant dictam terram habere, tenere et possidere, et omnem suam voluntatem et utilitatem[c)] ex ea iure libeli perpetualis facere, ita quod per ipsum melioretur et non peioretur, reddendo omni anno dicto comuni Montisscilicis in festo omnium sanctorum, tercia die ante vel post, soldos quatuor et denarios duos parvorum scilicet denarios duos pro pertica. Quo adfictu soluto, ut dictum est, alia inter eos non fiant, nisi quod convenerunt inter se quod si comune proprietatem suam vel conductor ius suum vendere voluerit, vendere debeant inter se pro soldis quinque parvorum minus quam aliis, et comune emere nolente, tunc vendat conductor scitu, voluntate et parabola comunis ius suum cui voluerit, non militi, non servo, non ecclesie, sed suo pari vel homini qui bene reddat predictum adfictum dicto comuni; et aliter vendicio, obligacio vel alienacio facta non valeat de iure nec de facto. Quam rem promissit dictus dominus potestas nomine et vice dicti comunis dicto conductori et suis heredibus guarentare et deffendere sub pena boni cambii, dapni et interesse et obligacione omnium[d)] bonorum dicti comunis. Penam vero inter se posuerunt ut si quis eorum vel suorum heredum aud sucessorum ea que dicta sunt non atenderit, componat pars contrafaciens parti fidem libeli servanti nomine pene soldos vigintinovem parvorum pro quolibet pacto et capitulo non servato, qua soluta vel non, nichilominus libelus iste in sua maneat firmitate. Et duo instrumenta unius tenoris ex hoc contractu scribi iubserunt, videlicet unum unicuique parti dandum; et pro his omnibus observandis obligavit se dictus conductor ad forbanniendum et tenutam de suis bonis ubique acipiendum, renuncians feriis, statutis et reformacionibus consiliorum comunis Padue factis et faciendis omnique suo auxilio. Protestatus fuit insuper dictus dominus potestas pro dicto comuni quod non preiudicet alicui iuri acquisito dicto comuni ocassione adfictus non soluti nec aliqua alia racione.

(SN) Ego Dominicus filius olim Lucii de Gualdino imperiali auctoritate notarius interfui et rogatus hec scripsi.

a) *nel marg. sn. di mano E* b) *in* posite, e *corretta su altre lettere non chiare* c) *segue* et u *depennato* d) *segue asta depennata*

612

|173r| *Antonii, Michaelis et Iohannis de Lamberto.*[a)]

Solvit Arnaldo in potestaria domini Amadei denarios x.[b)]

Solvit Antonius denarios IIIJ[or] *Prosdocimo de Martina in potestaria domini Francisci. Solvit Mic[hael frater dicto Prosdo]cimo.*[c)]

Anno Domini millesimo tercentessimo octavo, indicione sexta, die vigesimo otubris, in Montesscilice, in domo habitacionis domini Antonii de Lyo potestatis Montisscilicis, presentibus Fuscolo condam Iacobini de Fuscolis, Bonaventura dicto Vasalo precone Montisscilicis, Facino condam Ugolini Trofole et aliis. Ibique dominus Antonius de Lyo potestas terre Montisscilicis nomine et vice comunis Montisscilicis iure libeli perpetualis investivit Antoninum, Michaelem et Iohannem fratres et filios condam Lamberti de Montesscilice de quinque perticis terre in longitudine et octo pedibus in latitudine, salvum plus et minus, de ripa fosati dictis comunis posita in suo casamento iacentibus in Montesscilice in contracta Calderive quod fuit Dominici de Tomba et domine Falç(en)e[d)] eius socere et Thomasini domini Palmerii; choeret ab uno latere fosatum comunis, ab alio dicti conductores, ab alio dominus Raynaldi Rebati[e)] pro dicto comuni et ab aliio Blaxius de Lovolo pro dicto comuni. Tali pacto et tenore quod dicti conductores et sui heredes et cui dederint debeant habere, tenere et possidere dictam rem et omnem suam voluntatem et utilitatem ex ea iure libeli perpetualis facere, ita quod per ipsos melioretur et non peioretur, reddendo omni anno dicto comuni in festo omnium sanctorum, tercia die ante vel post, denarios decem parvorum. Quo adfictu soluto alia inter eos non fiant, nisi quod convenerunt inter se quod si comune proprietatem suam vel conductores ius suum vendere voluerint, vendere debeant inter se pro soldis quinque parvorum minus quam aliis, et comune emere nolente, tunc vendant conductores scitu, voluntate et parabola comunis ius suum cui voluerint, non militi, non servo, non ecclesie, sed suo pari vel homini qui bene reddat predictum adfictum dicto comuni; et aliter vendicio, obligacio vel alienacio facta non valeat de iure nec de facto. Quam rem promissit dictus dominus potestas nomine et vice dicti comunis dictis conductoribus et suis heredibus guarentare et deffendere sub pena boni cambii, dapni et interesse et obligacione omnium bonorum dicti comunis. Penam vero inter se posuerunt ut si quis eorum vel suorum heredum aud sucessorum ea que dicta sunt non atenderit, componat pars contrafaciens parti fidem libeli servanti nomine pene soldos vigintinovem parvorum pro quolibet pacto et capitulo non servato, qua soluta vel non, nichilominus libelus iste in sua maneat firmitate. Et duo instrumenta unius tenoris scribi iubserunt; et pro his omnibus observandis obligaverunt se dicti conductores ad forbanniendum et tenutam acipiendum, renuncians feriis, statutis et reformacionibus consiliorum comunis Padue factis et faciendis omnique suo auxilio. Protestatus fuit insuper dictus dominus potestas pro dicto comuni quod non preiudicet comuni in aliquo iure sibi acquisito ocassione adfictus non soluti nec aliqua alia racione.

(SN) Ego Dominicus filius olim Lucii de Gualdino imperiali auctoritate notarius interfui et rogatus hec scripsi.

a) *nel marg. sn. di mano E* b) *nel marg. ds. di mano B* c) *nel marg. ds. di mano D*
d) *scioglimento dubbio per correzione di lettere su lettere* e) *probabilmente per* Realdi

613

Marchi condam Mini Cavalarii.[a)]

Anno Domini millesimo tercentessimo octavo, indicione sexta, die vigesimo otubris, in Montesscilice, in domo habitacionis domini Antonii de Lyo potestatis Montisscilicis, presentibus Otolino notario de Fontana, Bellavere filio ‹Petri›, Blaxio condam Zalenti, Fuscolo condam Iacobini et aliis. Ibique dominus Antonius de Lyo potestas Montisscilicis nomine et vice comunis Montisscilicis iure libeli perpetualis investivit Marchum condam Mini Cavalarii de Montesscilice de tribus perticis terre in longitudine et octo pedibus in latitudine, salvum plus et minus, de ripa fosati comunis Montisscilicis iacentibus in Calderiva; choerebat olim a latere dominus Albertus et ab alio Coniça Iohannis Ceruti; nunc choeret ab uno latere fosatum, ab alio via, ab alio dictus Marchus et Henginolfus Atixetus. Tali pacto quod dictus Marchus et sui heredes et cui dederint debeant habere, tenere et possidere dictam rem, et omnem suam voluntatem et utilitatem ex ea iure libeli perpetualis facere, ita quod per ipsum melioretur et non peioretur, redendo omni anno dicto comuni in festo omnium sanctorum, tercia die ante vel post, denarios sex parvorum. Quo adfictu soluto alia inter eos non fiant, nisi quod convenerunt inter se quod si comune proprietatem suam vel conductor ius suum vendere voluerit, vendere debeant inter se pro soldis quinque parvorum minus quam aliis, et comune emere nolente, tunc vendat conductor scitu, voluntate et parabola comunis ius suum cui voluerit, non militi, non servo, non ecclesie, sed homini qui bene reddat predictum adfictum; et aliter vendicio, obligacio vel alienacio facta non valeat de iure nec de facto. Quam rem promissit dictus dominus potestas nomine dicti comunis dicto conductori et suis heredibus guarentare et deffendere sub pena boni cambii, dapni et interesse et obligacione omnium bonorum dicti comunis. Penam vero inter se posuerunt ut si quis eorum vel suorum heredum aud successorum ea que dicta sunt non atenderit, componat pars contrafaciens parti fidem libeli servanti nomine pene soldos vigintinovem parvorum pro quolibet pacto et capitulo non servato, qua soluta vel non, nichilominus libelus iste in sua maneat firmitate. Et duo instrumenta unius tenoris scribi iubserunt; et pro his omnibus observandis obligavit se dictus conductor ad forbanniendum et tenutam acipiendum, renuncians feriis, statutis et reformacionibus consiliorum omnique suo auxilio. Protestatus fuit dictus dominus potestas pro dicto comuni quod non preiudicet dicto comuni ocassione adfictus non soluti nec aliqua racione.

(SN) Ego Dominicus filius olim Lucii de Gualdino imperiali auctoritate notarius interfui et rogatus hec scripsi.

a) *nel marg. sn. di mano E*

614

|173v| *Petri condam Bellaveris.*[a)]

Anno Domini millesimo tercentessimo octavo, indicione sexta, die

vigesimo otubris, in Montesscilice, in domo habitacionis domini Antonii de Lyo potestatis Montisscilicis, presentibus Otolino notario de Fontana, Ballavere filio Petri, Blaxio condam Zalenti, Fuscolo condam Iacobini et aliis. Ibique dominus Antonius de Lyo potestas terre Montisscilicis nomine et vice comunis Montisscilicis iure libeli perpetualis investivit Petrum condam domini Bellaveris de Montesscilice de triginta perticis in longitudine et sex pedibus in latitudine a capite inferiori versus meridie et tribus pedibus in latitudine a capite superiori versus nullaora de ripa fosati comunis Montisscilicis positi in Montesscilice in contracta Calperosse et est scriptum in libro adfictuum dicti comunis: « In destorio a domo Petri de Alesio que fuit Petri Iohannis Ceruti »; choerebat[b)] ab uno latere idem conductor, ab alio iura comunis predicti olim; nunc choeret ab uno latere domina Maria filia condam domini Gumberti de Brayda, ab alio fosatum comunis et ab alio Frugerius Longus de Mabile[c)] pro dicto comuni. Tali vero pacto et tenore quod dictus Petrus conductor et sui heredes et cui dederint debeant habere, tenere et possidere dictam rem et omnem suam voluntatem et utilitatem ex ea iure libeli perpetualis facere, ita quod per ipsum melioretur et non peioretur, redendo omni anno dicto comuni in festo omnium sanctorum, tercia die ante vel post, soldos quinque denariorum venetorum parvorum. Quo adfictu soluto alia inter eos non fiant, nisi quod convenerunt inter se quod si comune proprietatem suam vel conductor ius suum vendere voluerit, vendere debeant inter se pro soldis quinque parvorum minus quam aliis, et comune emere nolente, tunc vendat conductor scitu, voluntate et parabola comunis ius suum cui voluerit, non militi, non servo, non ecclesie, sed suo pari vel homini qui bene reddat predictum adfictum dicto comuni; et aliter vendicio, obligacio vel alienacio facta non valeat de iure nec de facto. Quam rem promissit dictus dominus potestas nomine dicti comunis dicto conductori et suis heredibus guarentare et deffendere sub pena boni cambii, dapni et interesse et obligacione omnium bonorum dicti comunis. Penam vero inter se posuerunt ut si quis eorum vel suorum heredum aud sucessorum ea que dicta sunt non atenderit, componat pars contrafaciens parti fidem libeli servanti nomine pene soldos vigintinovem parvorum pro quolibet pacto et capitulo non servato, qua soluta vel non, nichilominus libelus iste in sua maneat firmitate. Et duo instrumenta unius tenoris ex hoc contractu scribi iubserunt, videlicet unum unicuique parti dandum; et pro his omnibus observandis obligavit se dictus conductor ad forbanniendum et tenutam acipiendum, renuncians feriis, statutis et reformacionibus consiliorum factis et faciendis omnique suo auxilio. Protestatus fuit insuper dictus dominus potestas pro dicto comuni quod non preiudicet alicui iuri acquisito dicto comuni ocassione adfictus non soluti nec aliqua alia racione.

(SN) Ego Dominicus filius olim Lucii de Gualdino imperiali auctoritate notarius interfui et rogatus hec scripsi.

a) *nel marg. sn. di mano E* b) *corretto su* choeret c) *ms:* Mabale

615

Magistri Aldrigeti Zuparii.[a)]

M°IIIᶜX°: Solvit A[rnal]do in potestaria domini [...].[b)]

M°IIIᶜXI°, indicione nona, die XX novembris. Solvit suprascriptus Petrus quondam Dominici de Martina de anno presenti et etiam de preterito solidos quotuor parvorum. Ego Albertus notarius subscripsi.[c)]

Anno Domini millesimo tercentessimo octavo, indicione sexta, die vigesimo otubris, in Montesscilice, in domo habitacionis domini Antonii de Lyo potestatis Montisscilicis, presentibus Otolino notario de Fontana, Arnaldo notario de Lusca, Francisco condam Rolandi de Rova et aliis. Ibique dominus Antonius de Lyo potestas terre Montisscilicis nomine et vice comunis Montisscilicis iure libeli perpetualis investivit magistrum Aldrigetum Çuparium condam domini Tomasii de Padua de una pecia terre aratorie cum arboribus et vineis quatuor camporum vel circa iacente in districtu Montisscilicis in contracta Savelonis que fuit Petri Masteli et primo Iohannis Clugiensis; choeret ab uno latere heredes Valentini calegarii pro dicto comuni, ab alio magister Daniel condam domini Bixati, ab alio via et ab alio Viginçonus. Tali pacto et tenore quod dictus magister Aldrigetus et sui heredes et cui dederint dictam peciam terre debeant habere, tenere et possidere et omnem suam voluntatem et utilitatem ex ea iure libeli perpetualis facere, ita quod per ipsum melioretur et non peioretur, redendo omni anno dicto comuni in festo omnium sanctorum, tercia die ante vel post, soldos duos denariorum venetorum parvorum. Quo adfictu soluto alia superposita inter eos non fiant, nisi quod convenerunt inter se quod si comune proprietatem suam vel conductor ius suum vendere voluerit, vendere debeant inter se pro soldis quinque parvorum minus quam aliis, et comune emere nolente, tunc vendat conductor scitu, voluntate et parabola comunis ius suum cui voluerit, non militi, non servo, non ecclesie, sed suo pari vel homini qui bene reddat predictum adfictum dicto comuni; et aliter vendicio, obligacio vel alienacio facta non valeat de iure nec de facto. Quam peciam terre promissit dictus dominus potestas nomine dicti comunis dicto conductori et suis heredibus guarentare et deffendere sub pena boni cambii, dapni et interesse et obligacione omnium bonorum dicti comunis. Penam vero inter se posuerunt ut si quis eorum vel suorum heredum aud successorum ea que dicta sunt non atenderit, componat pars contrafaciens parti fidem libeli servanti nomine pene soldos |174r| vigintinovem parvorum pro quolibet pacto et capitulo non servato, qua soluta vel non, nichilominus libelus iste in sua maneat firmitate. Et duo instrumenta unius tenoris ex hoc contractu scribi iubserunt, videlicet unum unicuique parti dandum; et pro his omnibus observandis obligavit se dictus conductor ad forbanniendum et tenutam de suis bonis acipiendum, renuncians feriis, statutis et reformacionibus consiliorum comunis Padue factis et faciendis omnique suo auxilio. Protestatus fuit insuper dictus dominus potestas pro dicto comuni quod non preiudicet dicto comuni in aliquo iure sibi acquisito ocassione adfictus non soluti nec alia racione.

(SN) Ego Dominicus filius olim Lucii de Gualdino imperiali auctoritate notarius interfui et rogatus hec scripsi.

a) *nel marg. sn. di mano E* b) *nel marg. ds. di mano B, solo parzialmente leggibile* c) *nel marg. sn. di mano G*

616

Petri condam Pasqualis becarii.[a)]
Solvit Arnaldo in potestaria domini Amadei.[b)]
Solvit Prosdocimo de Martina in potestaria domini Francisci.[c)]

Anno Domini millesimo tercentessimo octavo, indicione sexta, die penultimo otubris, in Montesscilice, in domo habitacionis domini Antonii de Lyo potestatis Montisscilicis, presentibus Otolino notario de Fontana, Prosdocimo filio Antonii de Martina, Iohannes condam Marchi Stransiti et aliis. Ibique dominus Antonius de Lyo potestas Montisscilicis nomine et vice comunis Montisscilicis iure libeli perpetualis investivit Petrum condam Pasqualis becarii de Montesscilice de una domo pareata et cohoperta de paleis cum orto iacente in Montesscilice in contracta Insule, cui choeret ab uno latere fosatum publicum et a cuntis aliis partibus iura comunis Montisscilicis, que domus fuit Iohannis Petri Rande.[d)] Tali vero pacto et tenore quod dictus Petrus et sui heredes et cui dederint dictam domum debeant habere, tenere et possidere et omnem suam voluntatem et utilitatem ex ea iure libeli perpetualis facere, ita quod per ipsum melioretur et non peioretur, redendo omni anno dicto comuni in festo omnium sanctorum, tercia die ante vel post, soldos viginti denariorum venetorum parvorum. Quo adfictu soluto alia superposita inter eos non fiant, nisi quod convenerunt inter se quod si comune proprietatem suam vel conductor ius suum vendere voluerit, vendere[e)] debeant inter se pro soldis quinque parvorum minus quam aliis, et comune emere nolente, tunc vendat conductor scitu, voluntate et parabola comunis ius suum cui voluerit, non militi, non servo, non ecclesie, sed suo pari vel homini qui bene redat predictum adfictum dicto comuni; et aliter vendicio, obligacio vel alienacio facta non valeat de iure nec de facto. Quam domum promissit dictus dominus potestas nomine et vice dicti comunis dicto conductori et suis heredibus guarentare et deffendere sub pena boni cambii, dapni et interesse et obligacione omnium bonorum dicti comunis. Penam vero inter se posuerunt ut si quis eorum vel suorum heredum aud sucessorum ea que dicta sunt non atenderit, componat pars contrafaciens parti fidem libeli servanti nomine pene soldos vigintinovem parvorum pro quolibet pacto et capitulo non servato, qua soluta vel non, nichilominus libelus iste in sua maneat firmitate. Et duo instrumenta unius tenoris ex hoc contractu scribi iubserunt, videlicet unum unicuique parti dandum; et pro his omnibus observandis obligavit se dictus conductor ad forbanniendum et tenutam acipiendum, renuncians feriis, statutis et reformacionibus consiliorum comunis Padue factis et faciendis omnique suo auxilio. Protestatus fuit insuper dictus dominus potestas pro dicto comuni quod alicui iuri acquisito dicto comuni non preiudicet ocassione adfictus non soluti nec aliqua alia racione.

(SN) Ego Dominicus filius olim Lucii de Gualdino imperiali auctoritate notarius interfui et rogatus hec scripsi.[f]

a) *nel marg. sn. di mano E* b) *nel marg. ds. di mano B* c) *nel marg. ds. di mano D* d) *segue* choerent a *depennato* e) *segue* voluerit *depennato* f) *segue:* Anno Domini millesimo tercentessimo octavo, indicione sexta, die ultimo otubris, in Montesscilice, in domo habitationis domini Antonii de Lyo potestatis Montisscilicis, presentibus Otolino notario de Fontana, Viviano dicto *tutto depennato*

617

|174v| *Inasii de Riccobono.*[a)]

Solvit Arnaldo in potestaria domini Amadei.[b)]

Solvit Prosdocimo de Martina in potestaria domini Francisci.[c)]

Anno Domini millesimo tercentessimo octavo, indicione sexta, die ultimo otubris, in Montesscilice, in domo habitacionis domini Antonii de Lyo potestatis Montisscilicis, ‹presentibus› Bonaventura Vasalo condam Ognobene, Viviano dicto Bandela condam Petri, Henrico condam Guidonis de Ferro et aliis. Ibique dominus Antonius de Lyo potestas Montisscilicis nomine et vice comunis Montisscilicis iure libeli perpetualis investivit Inasium condam Ricoboni de Montesscilice de tribus perticis terre casamenti in quo habitat in Montesscilice in contracta Calderive quod fuit Faxe de Guiçemano de podere Alberici condam Coegini; choerebant olim ab uno latere heredes Fini condam Richoboni et ab alio comune, nunc choeret ab uno latere dictus Inasius pro domino Pisce de Trotis, ab alio iura comunis Montisscilicis, ab alio Pax condam Ricoboni pro dicto domino Pisce. Tali pacto et tenore quod dictus Inasius et sui heredes et cui dederint dictam domum debeant habere, tenere et possidere dictam rem et omnem suam voluntatem et utilitatem ex ea iure libeli perpetualis facere, ita quod per ipsum melioretur et non peioretur, redendo omni anno dicto comuni in festo omnium sanctorum, tercia die ante vel post, denarios sex. Quo adfictu soluto alia inter eos non fiant, nisi quod convenerunt inter se quod si comune proprietatem suam vel conductor ius suum vendere voluerit, vendere debeant inter se pro soldis quinque parvorum minus quam aliis, et comune emere nolente, tunc vendat conductor scitu, voluntate et parabola comunis ius suum cui voluerit, non militi, non servo, non ecclesie, sed suo pari vel homini qui bene redat predictum adfictum dicto comuni; et aliter vendicio, obligacio vel alienacio facta non valeat de iure nec de facto. Quam rem promissit dictus dominus potestas dicto conductori et suis heredibus guarentare et deffendere sub pena boni cambii, dapni et interesse et obligacione omnium bonorum dicti comunis. Quam rem promissit dictus dominus Antonius nomine dicti comunis dicto conductori et suis heredibus guarentare et deffendere sub pena boni cambii, dapni et interesse et obligacione omnium bonorum dicti comunis.[d)] Penam vero inter se posuerunt ut si quis eorum vel suorum heredum aud sucessorum ea que dicta sunt non atenderit, componat pars contrafaciens parti fidem libeli servanti nomine pene soldos vigintinovem parvorum pro quolibet pacto et capitulo non servato, qua soluta vel non, nichilominus libelus iste in sua maneat firmitate. Et duo instrumenta unius tenoris scribi iubserunt, videlicet unum unicuique parti dandum; et pro his omnibus observandis obligavit se dictus conductor ad forbanniendum et tenutam acipiendum, renuncians feriis, statutis et reformacionibus consiliorum comunis Padue factis et faciendis omnique suo auxilio. Protestatus fuit insuper dictus dominus potestas pro dicto comuni quod non preiudicet alicui iuri acquisito ipsi comuni ocassione adfictus non soluti nec aliqua alia racione.

(SN) Ego Dominicus filius olim Lucii de Gualdino imperiali auctoritate notarius interfui et rogatus hec scripsi.

a) *nel marg. sn. di mano E* b) *nel marg. ds. di mano B* c) *nel marg. ds. di mano D*
d) *ripetizione della formula promissionis nel ms*

618

Filiorum condam Panis et Vini.[a)]

Solvit Arnaldo in potestaria domini Amadei.[b)]

Solvit Prosdocimo de Martina in potestaria domini Francisci.[c)]

Anno Domini millesimo tercentessimo octavo, indicione sexta, die ultimo otubris, in Montesscilice, in domo habitacionis domini Antonii de Lyo potestatis Montisscilicis, presentibus Otolino notario de Fontana, Viviano dicto Bandela, Voio condam Vivaldi de Perino et aliis. Ibique Prosdocimus notarius filius Antonii de Martina consul et officialis terre Montisscilicis nomine et vice dicti comunis Montisscilicis iure libeli perpetualis investivit dominam Mariam uxorem condam Bartolomei Panis et Vini de Montesscilice tamquam tutricem et legitimam administratricem filiorum suorum Dominici et Beatricis filiorum quondam et heredum dicti Bartolomei, obligando se dicta domina Maria in solidum pro infrascritpo adfictu atendendo de una pecia terre[d)] cum arboribus et vineis unius campi vel circha iacente in districtu Montisscilicis in contracta Revine, que fuit Albertini de Çilio; choerebat olim ab uno latere Otonelus de Causilve; nunc choeret Antonius de Petenariis pro dicto comuni, ab alio magister Bernardus sartor de Padua, ab alio via et forte alii choerent. Item de una pecia terre aratorie cum arboribus et vineis duodecim perticarum campi vel circa que fuit Iohannis Rati et Ugerii de Coxe iacente in districtu Montisscilicis in contracta Frate de Revina; choerebat olim ab uno capite Martinus Sigus et ab alio Dominicus de Maçodaio; nunc choeret ab uno latere magister Albrigetus zuparius de Padua, ab alio Otolinus condam Filipi pro dicto comuni et ab uno latere Revina et ab alio via. Tali vero pacto et tenore quod[e)] dicti conductores sive dicta domina Maria pro eis et sui heredes et cui dederint debeant habere, tenere et possidere et omnem suam voluntatem et utilitatem ex eis peciis terre iure libeli perpetualis facere, ita quod per ipsos[f)] melliorentur et non peiorentur, redendo omni anno dicto comuni in festo omnium sanctorum, tercia die ante vel post, soldos vigintisex denariorum venetorum parvorum. Quo adfictu soluto alia inter eos superposita non fiant, nisi quod convenerunt inter se quod si comune proprietatem suam vel conductores ius suum vendere voluerint, vendere debeant inter se pro soldis quinque parvorum minus quam aliis, et comune emere nolente, tunc vendant conductores scitu, voluntate et parabola comunis ius suum cui voluerint, non militi, non servo, non ecclesie, sed suo pari vel homini qui bene redat predictum adfictum dicto comuni; et aliter vendicio, obligacio vel alienacio facta non valeat de iure nec de facto. Quas pecias terre promissit dictus dominus Prosdo|175r|cimus nomine et vice dicti comunis dictis conductoribus et suis heredibus guarentare et deffendere sub pena boni cambii, dapni et interesse et obligacione omnium bonorum dicti comunis. Penam vero inter se posuerunt ut si quis eorum vel suorum heredum aud successorum ea que dicta sunt non atenderit, componat pars contrafaciens parti fidem libeli servanti nomine pene soldos vigintinovem parvorum pro quolibet pacto et capitulo non servato, qua soluta vel non, nichilominus libelus iste in sua maneat firmitate. Et duo instrumenta unius tenoris scribi iubserunt; et pro his omnibus observandis obligavit se dicta domina Maria et dictos suos filios ad forbanniendum et tenutam acipiendum, renuncians feriis, statutis et reformacionibus consiliorum omnique suo auxilio. Protestatus fuit dictus Prosdocimus pro dicto comuni quod non preiudicet ipsi comuni ocassione adfictus non soluti nec aliqua racione.

(SN) Ego Dominicus filius olim Lucii de Gualdino imperiali auctoritate notarius interfui et rogatus hec scripsi.

a) *nel marg. sn. di mano E* b) *nel marg. ds. di mano B* c) *nel marg. ds. di mano D* d) *segue* vel circa *depennato* e) *segue* dictus *depennato* f) *in* ipsos, o *corretta su altra lettera non chiara*

619

Albertini condam Clarelli.[a]

Solvit Arnaldo in potestaria domini Amadei.[b]

Solvit Prosdocimo de Martina in potestaria domini Francisci.[c]

Anno Domini millesimo tercentessimo octavo, indicione sexta, die quarto intrante novembri, in Montesscilice, in domo habitacionis domini Antonii de Lyo potestatis Montisscilicis, presentibus Otolino notario de Fontana, Ugone condam Pulli, Dominico notario condam Ture et aliis. Ibique dominus Antonius de Lyo potestas Montisscilicis nomine et vice comunis Montisscilicis iure libeli perpetualis investivit Albertinum condam Clareli de Montesscilice de viginti perticis terre in longitudine et sex pedibus in latitudine, salvum plus et minus, de ripa fosati positi iuxta domum in qua habitare consuevit in Montesscilice in contracta Capite Vici; choeret ab uno latere dictus Albertinus, ab alio fosatum comunis, ab alio via, ab alio quidam alius fosatus comunis. Tali pacto quod dictus Albertinus et sui heredes et cui dederint debeant habere, tenere et possidere dictam rem et omnem suam voluntatem et utilitatem ex ea iure libeli perpetualis facere, ita quod melioretur et non peioretur, redendo omni anno dicto comuni in festo omnium sanctorum, tercia die ante vel post, denarios quadraginta parvorum scilicet denarios duos pro pertica. Quo adfictu soluto alia inter eos non fiant, nisi quod convenerunt inter se quod si comune proprietatem suam vel conductor ius suum vendere voluerit, vendere debeant inter se pro soldis quinque parvorum minus quam aliis, et comune emere nolente, tunc vendat conductor scitu, voluntate et parabola comunis ius suum cui voluerit, non militi, non servo, non ecclesie, sed homini qui bene reddat predictum adfictum dicto comuni; et aliter vendicio, obligacio vel alienacio facta non valeat de iure nec de facto. Quam rem promissit dictus dominus potestas pro dicto comuni guarentare et deffendere sub pena boni cambii, dapni et interesse et obligacione omnium bonorum dicti comunis. Penam vero inter se posuerunt ut si quis eorum vel suorum heredum aud sucessorum ea que dicta sunt non atenderit, componat pars contrafaciens parti fidem libeli servanti nomine pene soldos vigintinovem parvorum pro quolibet pacto et capitulo non servato, qua soluta vel non, nichilominus libelus iste in sua maneat firmitate. Et duo instrumenta unius tenoris scribi iubserunt, videlicet unum unicuique parti dandum; et pro his omnibus observandis obligavit se dictus conductor ad forbanniendum et tenutam acipiendum, renuncians feriis, statutis et reformacionibus consiliorum omnique suo auxilio. Protestatus fuit insuper pro dicto comuni dictus dominus potestas quod non preiudicet alicui iuri acquisito dicto comuni ocassione adfictus non soluti nec aliqua alia racione.

(SN) Ego Dominicus filius olim Lucii de Gualdino imperiali auctoritate notarius interfui et rogatus hec scripsi.

a) *nel marg. sn. di mano E* b) *nel marg. ds. di mano B* c) *nel marg. ds. di mano D*

620

Garxende uxoris condam domini Zilii.[a]

Solvit Prosdocimo de Martina in potestaria domini Francisci. Item solvit dicto Prosdocimo denarios VIJ *parvorum [...].*[b]

Anno Domini millesimo tercentessimo octavo, indicione sexta, die quinto intrante novembri, in Montesscilice, in domo habitacionis domini Antonii de Lyo potestatis Montisscilicis, presentibus Otolino notario de Fontana, Petro condam Alberti Mascareli, Phylipo condam Viviani de Cavodomo et aliis. Ibique dominus Guido filius domini Rolandi de Plaçola iudex et vicarius domini Antonii de Lyo potestatis Montisscilicis nomine et vice comunis Montisscilicis iure libeli perpetualis investivit dominam Garxendam uxorem condam Çilii notarii de Ansaldo de quatuor perticis campi terre plantate de vineis sclavis et frutiferis iacentibus super monte castri Montisscilicis subtus a Sancto Ieorgio; choeret ab una parte dicta domina Garxenda, ab alio dominus Comes de Gurgo, a tercia locus Sancti Ieorgii et a quarta via publica. Tali pacto quod dicta domina Garxenda et sui heredes et cui dederint dictam terram debeant habere, tenere et possidere et omnem suam voluntatem et utilitatem ex ea iure libeli perpetualis facere, ita quod melioretur et non peioretur, redendo omni anno dicto comuni in festo omnium sanctorum, tercia die ante vel post, denarios septem parvorum. Quo adfictu soluto alia inter eos non fiant, nisi quod convenerunt inter se quod si comune proprietatem suam vel conductrix[c] ius suum vendere voluerint, vendere debeant inter se pro soldis quinque parvorum minus quam aliis, et comune emere nolente, tunc vendat conductrix scitu, voluntate et parabola comunis ius suum cui voluerint, non militi, non servo, non ecclesie, sed homini qui bene reddat predictum adfictum dicto comuni; et aliter vendicio, obligacio vel alienacio facta non valeat de iure nec de facto. Quam terram promissit dictus dominus Guido pro dicto comuni guarentare et deffendere sub pena boni cambii, dapni et interesse et obligacione omnium bonorum dicti comunis. Penam vero inter se posuerunt ut si quis eorum vel suorum heredum aud sucessorum ea que dicta sunt non atenderit, componat pars contrafaciens parti fidem libeli servanti nomine pene soldos vigintinovem parvorum pro quolibet pacto et capitulo non servato, qua soluta vel non, nichilominus libelus iste in sua maneat firmitate. Et duo instrumenta unius tenoris scribi iubserunt, videlicet unum unicuique parti dandum; et pro his omnibus observandis obligavit se dicta conductrix ad forbanniendum et tenutam de suis bonis acipiendum, renuncians feriis, statutis et reformacionibus consiliorum comunis Padue factis et faciendis omnique suo auxilio. Et protestatus fuit dictus dominus Guido pro dicto comuni quod non preiudicet alicui iuri acquisito dicto comuni ocassione adfictus non soluti nec aliqua alia racione.

(SN) Ego Dominicus filius olim Lucii de Gualdino imperiali auctoritate notarius interfui et rogatus hec scripsi.

a) *nel marg. sn. di mano E* b) *ultima parola non leggibile; nel marg. ds. di mano D* c) *corretto su* conductor

621

|175v| *Laurencii condam Castelli.*[a)]

Solvit Arnaldo in potestaria domini Amadei.[b)]

Anno Domini millesimo tercentessimo octavo, indicione sexta, die quinto intrante novembri, in Montesscilice, in domo habitacionis domini Antonii de Lyo potestatis Montisscilicis, presentibus Otolino notario de Fontana, Fuscolo condam Iacobini, Iacobo notario condam domini Maçuchi de Bullis et aliis. Ibique dominus Guido filius domini Rolandi de Plaçola iudex et vicarius domini Antonii de Lyo potestatis Montisscilicis nomine et vice comunis Montisscilicis iure libeli perpetualis investivit Laurencium condam Castelli de una pecia terre unius campi et quinque perticarum vel circha iacente in districtu

Montisscilicis in contracta Frate de Revina; choerebant olim ab uno latere heredes Fantonis et ab alio Revina; nunc choeret ab uno latere Revina, ab alio Artuycus condam Fantonis, ab alio via publica et ab alio Iohannes et Zilius condam domini Thealdi pro dicto comuni. Tali pacto quod dictus Laurencius et sui heredes et cui dederint debeant habere, tenere et possidere et omnem suam voluntatem et utilitatem ex ea pecia terre facere iure libeli perpetualis, ita quod per ipsum melioretur et non peioretur, redendo omni anno dicto comuni in festo omnium sanctorum, tercia die ante vel post, soldos undecim denariorum venetorum parvorum. Quo adfictu soluto alia inter eos non fiant, nisi quod convenerunt inter se quod si comune proprietatem suam vel conductor ius suum vendere voluerit, vendere debeant inter se pro soldis quinque parvorum minus quam aliis, et comune emere nolente, tunc vendat conductor scitu, voluntate et parabola comunis ius suum cui voluerit, non militi, non servo, non ecclesie, sed homini qui bene redat predictum adfictum dicto comuni; et aliter vendicio, obligacio vel alienacio facta non valeat de iure nec de facto. Quam peciam terre promissit dictus dominus Guido nomine et vice dicti comunis dicto conductori et suis heredibus guarentare et defendere sub pena boni cambii, dapni et interesse et obligacione omnium bonorum dicti comunis. Penam vero inter se posuerunt ut si quis eorum vel suorum heredum aud sucessorum ea que dicta sunt non atenderit, componat pars contrafaciens parti fidem libeli servanti nomine pene soldos vigintinovem parvorum pro quolibet pacto et capitulo non servato, qua soluta vel non, nichilominus libelus iste in sua maneat firmitate. Et duo instrumenta unius tenoris scribi iubserunt; et pro his observandis obligavit se dictus conductor ad forbanniendum et tenutam acipiendum, renuncians feriis, statutis et reformacionibus consiliorum omnique suo auxilio. Protestatus fuit insuper dictus dominus Guido pro dicto comuni quod non preiudicet alicui iuri acquisito dicto comuni ocassione adfictus non soluti nec aliqua alia racione.

(SN) Ego Dominicus filius olim Lucii de Gualdino imperiali auctoritate notarius interfui et rogatus hec scripsi.

a) *nel marg. sn. di mano E* b) *nel marg. ds. di mano B*

622

Bartolomei et Gerardi condam Reali.[a)]

Solvit Arnaldo in podestaria domini Amadey.[b)]

Solvit Otolino canipario de Fontana in podestaria domini Laurencii de Radicibus.[c)]

Anno Domini millesimo tercentessimo octavo, indicione sexta, die sexto intrante novembri, in Montesscilice, in domo habitacionis domini Antonii de Lyo potestatis Montisscilicis, presentibus Otolino notario de Fontana, Bonaventura dicto Vasalo, Vaviano dicto Bandela preconibus comunis Montisscilicis et aliis. Ibique dominus Guido filius domini Rolandi de Plaçola iudex et vicarius domini Antonii de Lyo potestatis Montisscilicis nomine et vice comunis Montisscilicis iure libeli perpetualis investivit Bartolomeum et Gerardum fratres et filios condam Realdi de Realdo de una pecia terre iacente in confinio Montisscilicis in contracta Vanci de Agaro; choeret ab uno latere destorium comunis, ab alio via publica, ab alio iura comunis Padue et ab alio heredes Soldani condam Iohannis[d)] Rubey pro dicto comuni. Tali pacto quod dicti conductores et sui heredes et cui dederint debeant habere, tenere et possidere dictam peciam, ita quod per ipsos melioretur et non peioretur, redendo omni anno dicto comuni in festo omnium sanctorum, tercia die ante vel post, denarios duodecim parvorum. Quo adfictu soluto alia inter eos non fiant, nisi quod convenerunt inter se quod si comune proprietatem suam vel conductores ius suum vendere voluerint, vendere debeant inter se pro soldis quinque parvorum minus quam aliis, et comune emere nolente, tunc vendant conductores scitu, voluntate et parabola comunis ius suum cui voluerint, non militi, non servo, non ecclesie, sed homini qui bene redat predictum adfictum. Quam peciam terre promissit dictus dominus Guido nomine dicti comunis guarentare et deffendere. Penam vero inter se posuerunt ut si quis eorum vel suorum heredum aud sucessorum ea que dicta sunt non atenderit, componat pars contrafaciens parti fidem libeli servanti nomine pene soldos vigintinovem parvorum pro quolibet pacto et capitulo non servato, qua soluta vel non, nichilominus libelus iste in sua maneat firmitate. Et duo instrumenta unius tenoris scribi iubserunt; et pro his observandis obligaverunt se dicti conductores ad forbanniendum et tenutam acipiendum, renuncians feriis, statutis et reformacionibus consiliorum omnique suo auxilio. Protestatus fuit insuper dictus dominus Guido pro dicto comuni quod non preiudicet alicui iuri acquisito dicto comuni ocassione adfictus non soluti nec aliqua racione.

(SN) Ego Dominicus filius olim Lucii de Gualdino imperiali auctoritate notarius interfui et rogatus hec scripsi.

a) *nel marg. sn. di mano E* b) *nel marg. ds. di mano B* c) *nel marg. ds. di mano C* d) *segue* s *depennata*

623

Balegantis de Cararo.[a]

Solvit Arnaldo in potestaria domini Amadei.[b]

Solvit Prosdocimo de Martina in potestaria domini Francisci.[c]

Anno Domini millesimo tercentessimo octavo, indicione sexta, die sexto intrante novembri, in Montesscilice, in domo habitacionis domini Antonii de Lyo potestatis Montisscilicis, presentibus Otolino notario de Fontana, Bonaventura dicto Vasalo, Viviano dicto Bandela |176r| preconibus comunis Montisscilicis et aliis. Ibique dominus Guido filius domini Rolandi de Plaçola iudex et vicarius domini Antonii de Lyo potestatis Montisscilicis nomine et vice comunis Montisscilicis iure libeli perpetualis investivit Balegantem condam Gerardini de sex perticis in longitudine et sex pedibus in latitudine, salvum plus et minus, de ripa destorii cui dicitur a domo Petri Gausi que fuit heredum Dini; choeret ab uno latere dictus Balegans, ab alio dictus destorium, ab alio Phylipus de Cavodomo pro dicto comuni et ab alio heredes Iohannis de Pongeto. Tali pacto quod dictus Balegans et sui heredes et cui dederint debeant habere, tenere et possidere dictam rem et omnem suam voluntatem et utilitatem ex ea iure libeli perpetualis facere, ita quod per ipsum melioretur et non peioretur, redendo omni anno dicto comuni in festo omnium sanctorum, tercia die ante vel post, denarios duodecim parvorum. Quo adfictu soluto alia inter eos non fiant, nisi quod convenerunt inter se quod si comune proprietatem suam vel conductor ius suum vendere voluerit, vendere debeant inter se pro soldis quinque parvorum minus quam aliis, et comune emere nolente, tunc vendat[d] conductor scitu, voluntate et parabola comunis ius suum cui voluerit, non militi, non servo, non ecclesie, sed homini qui bene redat predictum adfictum dicto comuni; et aliter vendicio, obligacio vel alienacio facta non valeat de iure nec de facto. Quam rem promissit dictus dominus Guido nomine dicti comunis guarentare et deffendere sub pena boni cambii, dapni et interesse et obligacione omnium bonorum dicti comunis. Penam vero inter se posuerunt ut si quis eorum vel suorum heredum aud sucessorum ea que dicta sunt non atenderit, componat pars contrafaciens parti fidem libeli servanti nomine pene soldos vigintinovem parvorum pro quolibet pacto et capitulo non servato, qua soluta vel non, nichilominus libelus iste in sua maneat firmitate. Et duo instrumenta unius tenoris scribi iubserunt; et pro his omnibus observandis obligavit se dictus condutor ad forbanniendum et tenutam acipiendum, renuncians feriis, statutis et reformacionibus consiliorum omnique suo auxilio. Protestatus fuit insuper dictus dominus Guido pro dicto comuni quod non preiudicet alicui iuri acquisito dicto comuni ocassione adfictus non soluti nec aliqua alia racione.

(SN) Ego Dominicus filius olim Lucii de Gualdino imperiali auctoritate notarius interfui et rogatus hec scripsi.

a) *nel marg. sn. di mano E* b) *nel marg. ds. di mano B* c) *nel marg. ds. di mano D*
d) *su* at *di* vendat *segno d'abbreviazione depennato*

624

Tederici de Lovolo.[a]

Solvit Prosdocimo de Martina in potestaria domini Francisci.[b]

Anno Domini millesimo tercentessimo octavo, indicione sexta, die decimo intrante novembri, in Montesscilice, in domo habitacionis domini Antonii de Lyo potestatis Montisscilicis, presentibus Otolino notario de Fontana, Fuscolo condam Iacobini, Dominico notario condam Ture et aliis. Ibique dominus Guido filius domini Rolandi de Plaçola iudex et vicarius domini Antonii de Lyo potestatis Montisscilicis nomine et vice comunis Montisscilicis iure libeli perpetualis investivit Tedericum condam Petri de Lovolo de tribus perticis in longitudine et octo pedibus in latitudine, salvum plus et minus, de ripa fosati comunis Montisscilicis iacentibus in Montesscilice in contracta Calderive; choerebat olim ab uno latere Ato de Turcho et ab alio Carlaxare condam Pilonis; nunc choeret ab uno latere fosatum comunis, ab alio idem conductor pro domino Gulielmo Novelo, ab alio Dominicus condam Baste pro dicto comuni et ab alio dictus Carlaxare. Tali pacto quod dictus Tedericus et sui heredes et cui dederint debeant habere, tenere et possidere dictam rem et omnem suam voluntatem et utilitatem ex ea iure libeli perpetualis facere, ita quod per ipsum melioretur et non peioretur, redendo omni anno dicto comuni in festo omnium sanctorum, tercia die ante vel post, denarios sex parvorum. Quo adfictu soluto alia inter eos non fiant, nisi quod convenerunt inter se quod si comune proprietatem suam vel conductor ius suum vendere voluerit, vendere debeant inter se pro soldis quinque parvorum minus quam aliis, et comune emere nolente, tunc vendat conductor scitu, voluntate et parabola comunis ius suum cui voluerit, non militi, non servo, non ecclesie, sed suo pari vel homini qui bene redat predictum adfictum dicto comuni; et aliter vendicio, obligacio vel alienacio facta non valeat de iure nec de facto. Quam rem promissit dictus dominus Guido pro dicto comunis guarentare et deffendere sub pena boni cambii, dapni et interesse et obligacione omnium bonorum dicti comunis. Penam vero inter se posuerunt ut si quis eorum vel suorum heredum aud sucessorum ea que dicta sunt non atenderit, componat pars contrafaciens parti fidem libeli servanti nomine pene soldos vigintinovem parvorum pro quolibet pacto et capitulo non servato, qua soluta vel non, nichilominus libelus iste in sua maneat firmitate. Et duo instrumenta unius tenoris scribi iubserunt; et pro his omnibus observandis obligavit se dictus condutor ad forbanniendum et tenutam acipiendum, renuncians feriis, statutis et reformacionibus consiliorum comunis Padue factis et faciendis omnique suo auxilio. Protestatus fuit insuper dictus Guido pro dicto comuni quod non preiudicet alicui iuri acquisito dicto comuni ocassione adfictus non soluti nec aliqua alia racione.

(SN) Ego Dominicus filius olim Lucii de Gualdino imperiali auctoritate notarius interfui et rogatus hec scripsi.

a) *nel marg. sn. di mano E* b) *nel marg. ds. di mano D*

625

|176v| *Solvit Arnaldo in potestaria domini Amadei.*[a)]

Solvit Prosdocimo de Martina in potestaria domini Francisci.[b)]

Anno Domini millesimo tercentessimo octavo, indicione sexta, die [duodecimo] intrante novembri, in Montesscilice, in domo habitacionis domini Antonii de [Lyo potestatis] Montisscilicis, presentibus Otolino notario de Fontana, Fuscolo condam Iac[obini], D[ominico condam] Ture et aliis. Ibique dominus Guido filius domini [Rolandi de Pla]çola iudex et vicarius domini Antonii de Lyo potestatis Montisscilicis nomine et vice comunis Montisscilicis iure libeli perpetualis investivit Clementem condam Parisii de Rova de decem perticis terre in longitudine et sex pedibus in latitudine, [salv]um plus et minus, [de ri]pa fosati comunis Montisscilicis iacentibus in Montisscilicis districtu in contracta Mire; choeret ab uno latere fosa[tum comun]is, [ab alio dictus] conductor pro monasterio Sancti Zacharie et ab alio iura comunis Padue. Tali pacto et tenore quod dictus conductor et sui heredes et successores et cui dederint debeant habere, tenere et possidere dictam rem et omnem suam voluntatem et utilitatem ex ea iure libeli perpetualis facere ita quod melioretur et non peioretur, redendo omni anno dicto comuni in festo omnium sanctorum, tercia die ante vel post, denarios[c)] viginti parvorum. Quo adfictu soluto alia inter eos non fiant, nisi quod convenerunt inter se quod si comune proprietatem suam vel conductor ius suum vendere voluerit, vendere debeant inter se pro soldis quinque parvorum minus [quam aliis, et comune emere] nolente, tunc vendat conductor ius suum cui voluerit scitu, voluntate et parabola comunis, non militi, non servo, non ecclesie, sed homini qui bene redat predictum adfictum;[d)] et aliter vendicio, obligacio vel alienacio f[acta non valeat] de iure nec de facto. Quam rem promissit dictus dominus Guido nomine dicti comunis guarentare et deffendere sub [pena] boni [cambii] dapni et interesse et obligacione omnium bonorum dicti[e] comunis. Penam vero inter se posuerunt ut si quis eorum vel suorum heredum aud sucessorum ea que dicta [sunt] non atenderit, componat pars contrafaciens parti fidem libeli servanti nomine pene soldos vigintinovem parvorum pro quolibet pacto et capitulo non servato, qua soluta vel non, nichilominus libelus iste in sua maneat firmitate. [Et] d[uo in]strumenta unius [tenoris scribi] iubserunt; et pro his omnibus observandis obligavit se dictus condutor ad forbanniendum et tenutam acipiendum, renuncians [feriis, statutis et reformacionibus con]siliorum omnique suo auxilio. Protestatus fuit insuper dictus dominus Guido pro dicto comuni quod non preiudicet alicui iuri acquisito dicto comuni ocassione adfictus non soluti nec aliqua alia racione.

(SN) Ego Dominicus filius olim Lucii de Gualdino imperiali auctoritate notarius interfui et rogatus hec scripsi.

a) *nel marg. ds. di mano B* b) *nel marg. ds. di mano D* c) *segue* d *depennato* d) *segue* q *depennata* e) *segue asta discendente depennata*

626

A[nno] D[omini mi]llesimo tercentessimo octavo, indicione sexta, die quintodecimo novembri, in Montesscilice, in domo habitacionis domini An[tonii de Lyo potestatis Monti]scilicis, presentibus Otolino notario de Fontana, Dominico notario condam Ture, Fuscolo condam Iacobini et aliis. Ibique [dominus] Horedicus iudex condam domini Bonafidei de Baldaserra iudex et vicarius domini Antonii de Lyo potestatis Montisscilicis nomine [et vice comunis Montisscilicis] iure libeli perpetualis investivit Bennaxutam uxorem condam Petri Caxalini de tribus pedibus terre pro latitudine et de longitidine ubi est sua domus, qui tres pedes terre sunt retro dictam suam domum positam in Montesscilice in contracta Platee; choeret ab uno latere dicta domina Benaxuta, ab alio iura comunis Montisscilicis, ab alio heredes Valentini [calegarii] pro [dicto comuni] et ab alio Gulielmus condam Tisii fer[ra]toris pro dicto comuni. Tali pacto et tenore [quod dicta domina Be]naxuta et sui heredes [et cui dederint] debeant habere, tenere et possidere dictam terram et omnem suam voluntatem et utilitatem ex ea iure libeli perpetualis facere, ita quod per ipsam melioretur et non peioretur, redendo omni anno dicto comuni in [festo] omnium sanctorum, tercia die ante vel post, denarios sex parvorum. Quo adfictu soluto alia inter eos non fiant, nisi quod convenerunt [inter se quod] si comune proprietatem suam vel conductrix[a] ius suum vendere voluerit, vendere debeant inter se pro soldis quinque parvorum minus quam aliis, et comune emere nolente, tunc vendat conductrix scitu, voluntate et parabola comunis ius suum cui voluerit, non militi, non servo, non ecclesie, sed homini qui bene redat predictum adfictum dicto comuni; et aliter vendicio, obligacio [vel] alienacio facta non valeat de iure [nec d]e facto. Quam rem promissit dictus dominus Horedicus nomine et vice dicti comunis [guarentare et] deffendere sub pena boni cambii, dapni et interesse et obligacione omnium bonorum dicti comunis. Penam vero inter se posuerunt [ut si quis eorum] vel suorum heredum aud sucessorum ea que dicta sunt non atenderit, componat pars contrafaciens parti fidem libeli [servanti nomine] pene soldos vigintinovem parvorum pro quolibet pacto et capitulo non servato, qua soluta vel non, nichilominus libelus [iste] in sua maneat firmitate. Et duo instrumenta unius tenoris ex hoc [contract]u scribi iubserunt, videlicet unum unicuique parti dandum; et pro his observandis obligavit se dicta conductrix ad forbanniendum et tenutam acipiendum, renuncians feriis, statutis et reformacionibus [consiliorum comunis] Padue factis et faciendis omnique suo auxilio. Et protestatus fuit dictus dominus Horedicus pro dicto comuni quod non preiudicet alicui iuri acquisito ipsi comuni ocassione adffictus non soluti nec aliqua alia racione.

(SN) Ego Dominicus filius olim Lucii de Gualdino imperiali auctoritate notarius interfui et rogatus hec scripsi

a) *corretto su* conductor

REGESTI E INDICI

REGESTI DEI DOCUMENTI E NOTIZIA DEGLI ESTRATTI IN ORDINE CRONOLOGICO

Il numero posto all'inizio del regesto o della notizia dell'estratto rinvia al numero assegnato al documento nell'edizione. Degli estratti degli atti di cui è composta la Sezione IV non si è fatto, ovviamente, il regesto, ma se ne dà *notizia*: i numeri relativi sono contrassegnati con un asterisco.

Nei casi in cui la datazione cronica contenga solo l'indicazione dell'anno, il regesto o la *notizia* dell'estratto è stata collocata dopo la serie di documenti di quel determinato anno con la datazione completa. Sono state ridotte secondo lo stile moderno le datazioni degli atti con millesimo "*a Nativitate*" in uso a Padova per i giorni 25-31 dicembre.

Nei regesti i nomi, i toponimi, i termini e le formule non esattamente traducibili sono mantenuti in latino e segnalati mediante l'uso del carattere corsivo.

1.] 1157 agosto 26, Monselice

Pace, accordo giurato e determinazione dei rispettivi confini tra il popolo di Monselice e il popolo di Pernumia. Notaio: Uberto.

Copia autenticata [B] del 1308 agosto 18, Padova. Notaio: Montagna figlio del maestro Zeno calzolaio.

Già edito, con omissioni, in: *CDP*, *II*, 685 p. 24; A. GLORIA, *La pace del 26 agosto 1157 tra Monselice e i Pernumiani. Lettera con documento inedito*, Padova 1880.

3.] 1165 gennaio 10, Monselice

I consoli di Monselice, in numero di otto, incaricano ufficialmente Sigiprando *de Paula*, Biagio *de Marta* e suo fratello Frugerino delle assegnazioni e delle vendite dei beni comunali di Savellone, compensandoli per il servizio con concessione di terre. Quindi i consoli investono Frugerio *de Marta* di un campo a Savellone al canone annuo di 6 denari; di un altro campo a Savellone sopra *Argere Domni Soli* per 20 soldi e per il canone annuo di 6 denari; infine di 4 campi *ad runcandum* a Viminario per 4 lire e per il canone annuo di 24 denari. Notaio: Uberto.

Copia autenticata [B] del 1308 agosto 18, Padova. Notaio: Montagna figlio del maestro Zeno calzolaio.

Già edito, con omissioni, in: *CDP*, *II*, 864 p. 131.

4.] 1165 novembre 4, Monselice

Sigiprando *de Paula* e Biagio *de Marta*, venditori del comune, vendono a Frugerino *de Marta* un campo a Viminario per 20 soldi e per il canone annuo di 6 denari. Notaio: Uberto.

Copia autenticata [B] del 1308 agosto 18, Padova. Notaio: Montagna figlio del maestro Zeno calzolaio.

Già edito, con omissioni, in: *CDP*, *II*, 864 p. 131.

2.] 1176 aprile 12, Padova

Alberto da Osa podestà di Padova, nella causa intentata da Giacomino figlio del fu Marsilio da Carrara contro il comune di Monselice circa il possesso del monte e dei bagni della Stufa, giudica, anche grazie al *consilium sapientum*, a favore del comune di Monselice. Notaio: Natale.

Copia autenticata [B] del 1308 agosto 18, Padova. Notaio: Montagna figlio del maestro Zeno calzolaio.

Già edito, con omissioni, in: *CDP*, *II*, 1215 p. 328.

405*.] 1188 marzo 20

Mutuo di 300 lire e 50 denari di piccoli contratto da Gerardo della *domina* Paltaniera, dal giudice Marco, da Bonifacio della domina Anella e da Albertino di Benincasa, consoli del comune, nei confronti di Gerardino da Vigodarzere. Notaio: Gualfredino figlio di Federico.

29.] 1193 settembre 22, Monselice

Gandolfino, procuratore del comune di Monselice, investe a livello perpetuo Bocasio di due campi situati nella fratta tra Marendole e il Vigenzone, per un canone annuo di 40 soldi. Notaio: Frugerio.

Copia autenticata [B] del 1308 settembre 3, Padova. Notaio: Montagna figlio del maestro Zeno calzolaio.

30.] 1198 gennaio 14, Monselice

Frugerino di India e Gombertino di Aicardo, *caniparii* del comune di Monselice, per la somma di 5 lire di denari veneti investono a livello perpetuo Boneto di una fossa con facoltà di crearvi peschiera e mulino per un canone annuo di 20 soldi di denari veneti e a certe condizioni. Notaio: Clarimbaldino.

Copia autenticata [B] del 1308 settembre 3, Padova. Notaio: Montagna figlio del maestro Zeno calzolaio.

41.] 1198 novembre 23, Monselice

Il *dominus* Aicardino, podestà di Monselice, per la somma di 5 lire di denari investe a livello perpetuo Albertino di Raimondo di tutto ciò che gli era stato assegnato nella terra di Lamperga sua moglie che fu di Benecasa posta in Correzza e di tutto ciò che gli era stato assegnato nella sua *clausura* di Correzza, per un canone annuo di 6 denari. Notaio: Clarimbaldino.

Copia autenticata [B] del 1308 settembre 3, Padova. Notaio: Montagna figlio del maestro Zeno calzolaio.

42.] 1198 novembre 23, Monselice

Frugerino di India e Gombertino di Aicardo, *caniparii* del comune di Monselice, per la somma di 4 lire e mezza di denari investono a livello perpetuo Rainaldo di Sovere di quattro pertiche di terra entro il fossato della sua *clausura* a Bagnarolo, per un canone annuo di 6 denari. Notaio: Clarimbaldino.

Copia autenticata [B] del 1308 settembre 4, Padova. Notaio: Montagna figlio del maestro Zeno calzolaio.

43.] 1198 novembre 23, Monselice

Frugerino di India e Gombertino di Aicardo, *caniparii* del comune di Monselice, per la somma di 17 lire di denari investono a livello perpetuo Bonifacino di Aitengo di un campo contiguo al suo presso Fossa del Molino, per un canone annuo di 12 denari. Lo stesso giorno i suddetti *caniparii* fanno analoga investitura al *dominus* Aicardino di terra designatagli dal comune per la somma di 20 soldi e per il fitto annuo di 12 denari. Notaio: Clarimbaldino.

Copia autenticata [B] del 1308 settembre 4, Padova. Notaio: Montagna figlio del maestro Zeno calzolaio.

37.] 1198 novembre 24, Monselice

Frugerino di India e Gombertino di Aicardo, *caniparii* del comune di Monselice, per la somma di 30 soldi investono a livello perpetuo Odo di Zufeto di due pertiche di terra nelle vigne al di là del fossato, che tiene dall'imperatore, non lontano dall'ospedale di San Giacomo presso *fossa Broilli*, per un canone annuo di 4 denari. Notaio: Clarimbaldino.

Copia autenticata [B] del 1308 settembre 3, Padova. Notaio: Montagna figlio del maestro Zeno calzolaio.

38.] 1198 novembre 24, Monselice

Frugerino di India e Gombertino di Aicardo, *caniparii* del comune di Monselice, per la somma di 5 soldi di denari investono a livello perpetuo Migliore giudice di due pezze di terra con vigne designate per conto del comune presso *fossa Broilli* a *Carubio de Patriarca*, a certe condizione e per un canone annuo di 2 denari. Notaio: Clarimbaldino.

Copia autenticata [B] del 1308 settembre 3, Padova. Notaio: Montagna figlio del maestro Zeno calzolaio.

39.] 1198 novembre 24, Monselice

Frugerino di India e Gombertino di Aicardo, *caniparii* del comune di Monselice, per la somma di 5 soldi di denari investono a livello perpetuo Ardengo di Cageto di due pertiche di terra presso *fossa Broilli* a *Carubio de Patriarca* per un canone annuo di 2 denari. Notaio: Clarimbaldino.

Copia autenticata [B] del 1308 settembre 3, Padova. Notaio: Montagna figlio del maestro Zeno calzolaio.

40.] 1198 novembre 24, Monselice

Frugerino di India e Gombertino di Aicardo, *caniparii* del comune di Monselice, per la somma di 50 soldi investono a livello perpetuo Rolando di *domina* Berta di tutto ciò che gli era stato assegnato nelle sue vigne di *Credaro*, per un canone annuo di 6 denari.

Nella stesso giorno i medesimi *caniparii* per la somma di 5 soldi investono a livello perpetuo il *dominus* Boneto di ciò che gli era stato assegnato nel campo posto presso la vigna di Rolando e che fu di

Armerina e di sua sorella, per un canone annuo di 2 denari. Notaio: Clarimbaldino.

Copia autenticata [B] del 1308 settembre 3, Padova. Notaio: Montagna figlio del maestro Zeno calzolaio.

35.] 1198 novembre 25, Monselice

Frugerino di India e Gombertino di Aicardo, *caniparii* del comune di Monselice, per la somma di 30 soldi investono a livello perpetuo Gerardo Paltanieri della terra a valle della chiusa del mulino di Marendole, delimitata da una piantata di pioppi e di salici, che fu di Bonifacino, per un canone annuo di 6 denari. Notaio: Clarimbaldino.

Copia autenticata [B] del 1308 settembre 3, Padova. Notaio: Montagna figlio del maestro Zeno calzolaio.

36.] 1198 novembre 25, Monselice

Frugerino di India e Gombertino di Aicardo, *caniparii* del comune di Monselice, investono a livello perpetuo Galiana di un prato con salici posto a *Pradisoli* già designato tra le terre comunali per un canone annuo non precisato.

Copia autenticata [B] del 1308 settembre 3, Padova. Notaio: Montagna figlio del maestro Zeno calzolaio.

31.] 1198 novembre 26, Monselice

Frugerino di India e Gombertino, *caniparii* del comune di Monselice, per la somma di 10 soldi investono a livello perpetuo Giovanni Galioto di ciò che gli era stato assegnato per conto del comune nella sua *clausura* posta sopra *Fossa Broilli*, vicino alla fratta di Pozzo Veggiano (*Puthei Vidallani*) e dentro la fratta, per un canone annuo di 4 denari veneti. Notaio: Clarimbaldino.

Copia autenticata [B] del 1308 settembre 3, Padova. Notaio: Montagna figlio del maestro Zeno calzolaio.

32.] 1198 novembre 27, Monselice

Frugerino di India e Gombertino di Aicardo, *caniparii* del comune di Monselice, per la somma di 25 soldi di denari investono a livello perpetuo Pietro Massello di ciò che gli era stato assegnato nel suo campo posto sopra Caracedo, cioè un appezzamento di terra di 7 pertiche da un lato e di 3 dall'altro, per un canone annuo di 6 denari. Notaio: Clarimbaldino.

Copia autenticata [B] del 1308 settembre 3, Padova. Notaio: Montagna figlio del maestro Zeno calzolaio.

33.] 1198 novembre 28, Monselice

Frugerino di India e Gombertino di Aicardo, *caniparii* del comune di Monselice, per la somma di 5 soldi di denari investono a livello perpetuo Matteo di Carlassare di una fratta posta a capo della sua *clausura*, di quella che fu di Mengolla e di ciò che gli era stato assegnato nella fratta che fu di Omodeo sopra il fiume, per un canone annuo di 2 denari. Notaio: Clarimbaldino.

Nel documento manca la *completio* e l'autenticazione è contenuta nel doc. 34 (vedi relativa nota informativa) dalla quale si ricava pure il nome del notaio Clarimbaldino quale rogatario dell'investitura.

34.] 1199 gennaio 10, Monselice

Frugerino di India e Gombertino di Aicardo, *caniparii* del comune di Monselice, per la somma di 40 soldi di denari investono a livello perpetuo Frugerino di Ventrone di ciò che gli era stato assegnato nella sua fratta posta a capo della sua *clausura* verso il Vigenzone andando a San Daniele e di ciò che era stato assegnato in quella fratta a Bonifacino di Aitengo, per un canone annuo di 12 denari.

Nello stesso giorno i medesimi *caniparii* per la somma di 5 soldi investono a livello perpetuo Erro di due pezze di terra situate a *Carubio de Patriarca* per un canone annuo di due denari. Notaio: Clarimbaldino.

Copia autenticata [B] del 1308 settembre 3, Padova. Notaio: Montagna figlio del maestro Zeno calzolaio.

Le due investiture sono sottoscritte dal notaio Clarimbaldino con un'unica *completio* alla fine della seconda. Il notaio Montagna ha posto una sottoscrizione di autentica alla fine di ciascuna investitura. La prima autenticazione, che si trova dopo l'escatocollo della prima investitura, va intesa riferita anche al doc. 33 (vedi nota informativa di tale documento).

90.] 1199 gennaio 10, Monselice

Frugerino di India e Gombertino di Aicardo, *caniparii* del comune di Monselice, per la somma di 3 lire di denari veneti investono a livello perpetuo Buzalla e suo fratello Nordillo di mezzo campo di terra paludosa posto presso la sua *clausura* a *Proe de Monte*, per un canone annuo di 3 denari. Notaio: Clarimbaldino.

Copia autenticata [B] del 1308 settembre 16, *Padova.* Notaio: Montagna figlio del maestro Zeno calzolaio.

91.] 1199 gennaio 25, Monselice

Frugerino di India e Gombertino [di Aicardo], *caniparii* del comune di Monselice, per la somma di 6 lire di denari investono a livello perpetuo Sigiprando di Bullo, agente anche per conto di Dolce, Enrico Burella e altri suoi soci, di un campo di terra paludosa posto a *Proe Sancti Viti*, per un canone annuo di 6 denari. Notaio: Clarimbaldino.

Copia autenticata [B] del 1308 settembre 16, *Padova.* Notaio: Montagna figlio del maestro Zeno calzolaio.

92.] 1199 febbraio 2, Monselice

Frugerino di India e Gombertino di Aicardo, *caniparii* del comune di Monselice, per la somma di 5 lire di denari veneti investono a livello perpetuo Alberto di Roberto di mezzo campo di terra paludosa posto in contrada San Vito presso la *clausura* di sua moglie, per un canone annuo di 3 denari. Notaio: Clarimbaldino.

Copia autenticata [B] del 1308 settembre 16, *Padova.* Notaio: Montagna figlio del maestro Zeno calzolaio.

93.] 1199 febbraio 2, Monselice

Frugerino di India e Gombertino di Aicardo, *caniparii* del comune di Monselice, investono a livello perpetuo Bertaldo di Vialardo di tre pezze di terra paludosa che misura 2 piedi di testa e 90 piedi di lunghezza posta a Fontana Bataiola, per un canone annuo di 2 denari. Notaio: Clarimbaldino.

Copia autenticata [B] del 1308 settembre 16, *Padova.* Notaio: Montagna figlio del maestro Zeno calzolaio.

256*.] 1204 novembre 30

Debito di 500 lire di piccoli contratto da Arardo giudice e da Amadino figlio del fu Oddone di Comanello, consoli di Monselice, nei confronti di Gerardo del fu Gerardo da Calaone. Notaio: Uggerio.

259*.] 1205 gennaio 7

Debito di 120 lire di piccoli contratto da Araldo giudice, da Canonico e da molti altri nei confronti di Campano figlio di Riccio. Notaio: Giacomino di Engellerio.

5.] 1206 agosto 31, Monselice

Bonzeno, Zambono di Alberto e Bonifacino di Abo, giurati del comune di Monselice, procedono alla ricognizione della terra della palude di Oneda, distinguendo quella che appartiene agli uomini del luogo da quella che appartiene al comune. Notaio: Monroello.

Copia autenticata [B] del 1308 agosto 19, Padova. Notaio: Montagna figlio del maestro Zeno calzolaio.

6.] 1211 maggio 12, Monselice

Palmerio, Opicino, Bonzeno di Urso, Venanzio, Pietricino di Gasperga, Maineto *de Bancis* e Stefano di Tafentello, eletti dalla *concio* del comune di Monselice per distinguere le terre di diritto comune (*comunia*) dai terreni dei singoli *homines,* procedono alla ricognizione dei *casamenta* e delle terre in Cal de Riva. Notaio: Audo.

Copia autenticata [B] del 1308 agosto 9, Padova. Notaio: Montagna figlio del maestro Zeno calzolaio.

7.] 1211 maggio 13, Monselice

Palmerio, Opicino, Bonzeno di Urso, Venanzio, Pietricino di Gasperga, Maineto *de Bancis* e Stefano di Tafentello, giurati incaricati dalla *concione* del comune di Monselice di distinguere le terre di diritto comune (*comunia*) dai terreni dei singoli *homines,* procedono alla ricognizione di un complesso di *casamenta* e terre. Notaio: Audo.

Copia autenticata [B] del 1308 agosto 9, Padova. Notaio: Montagna figlio del maestro Zeno calzolaio.

296*.] 1211 giugno 10

Debito di 108 lire di piccoli contratto da Vitale, *caniparius* del comune, nei confronti di Manzio di Andrea di Ronco. Notaio: Giselberto.

268*.] 1211 agosto 24

Cessione da parte di Rolandino Gastaldi da Brusegana al maestro Uguccione tessitore dei diritti creditori vantati nei confronti di Migliore giudice e di Biagio di Bonifacio, consoli, relativi a 100 lire e inoltre a 20 lire e 6 soldi di piccoli *de pena*. Notaio: Rolandino.

8.] 1212 febbraio 25, Monselice

Su delibera dei consoli e della *concio* di Monselice, Bertaldo e Guido Sanità, *canipari* del comune, ricevono da 60 soggetti interessati le refute di quanto era stato loro assegnato dal comune di Monselice a partire dalla podesteria del *dominus* Manzo di Andrea del Ronco fino al momento presente. L'atto rinnova per comando del podestà di Padova Barrocio da Borgo analogo documento andato perduto. Notaio: Giselberto.

Copia autenticata [B] del 1308 agosto 9, Padova. Notaio: Montagna figlio del maestro Zeno calzolaio.

9.] 1212 marzo 3, Monselice

Palmerio, Opicino, Venanzio, Pietricino di Gasperga, Guido *Cagadomine*, Maineto *de Banchis* e Stefano di Tafentello, incaricati dalla *concione* di Monselice, procedono alla ricognizione dei beni comunali in Cal de Riva. Notaio: Audo.

Copia autenticata [B] del 1308 agosto 10, Padova. Notaio: Montagna figlio del maestro Zeno calzolaio.

10.] 1213 gennaio 30, Monselice

Oderico di Gumberto e il figlio Giacomo da Sant'Andrea vendono ai consoli di Monselice il *dominus* Tealdo e Oliviero di Bonifacino, Artuico di Corsale, Albertino Belanzio, Oddone, Albertino di Benincasa e Ugolino di Uspinello, riceventi a nome del comune stesso, tutte le loro terre possedute a Monselice al prezzo di 7000 lire di denari veneti meno 159 lire venete. È escluso dalla vendita un piccolo appezzamento di terra che Oderico aveva venduto a Guido *Cagadomine*; sono inoltre eccettuati dalla vendita i loro servi, i loro beni mobili e quelli dei servi, e tutto ciò che appartiene loro dei beni di Speronella [Dalesmanini]. L'atto è sottoscritto dai notai Giselberto, Monroello e Audo e rogato dal notaio Beniamino.

Copia autenticata [B] del 1308 agosto 10, Padova. Notaio: Montagna figlio del maestro Zeno calzolaio.

367*.] 1213 febbraio 9

Mutuo di 150 lire di piccoli contratto da Albertino della fu Benincasa nei confronti di Armerigo figlio di Alcardino. Notaio: Audo.

285*.] 1214 febbraio 13

Debito di 750 lire di piccoli contratto da Varnerino di Pietrobuono per conto del comune nei confronti di Enrico di Cuifaldo (Raifaldo). Notaio: Fino.

11.] 1214 settembre 14, Monselice

Tebaldo, Palmerio, Artuico di Corsale e Petrecino di Gasperga, giurati, procedono alla ricognizione di un complesso di *casamenta* distinguendo le terre di diritto comune dai *casamenta* dei singoli *homines* di Monselice. Il 5 ottobre 1214 Frugerino Aquarolo, Benedetto di Senico, Giovanni di Berga di Bona e i soprascritti giurati continuano la stessa operazione. Notaio: Lorenzo.

Copia autenticata [B] del 1308 agosto 10, Padova. Notaio: Montagna figlio del maestro Zeno calzolaio.

12.] 1225 aprile 14, Monselice

Bonzeno, Palmerio, Grimaldo di Milano e Berto *de Lianda*, giurati incaricati dal consiglio e dalla *concione* di Monselice di distinguere le terre di diritto comune dai terreni dei singoli *homines* di Monselice, procedono alla ricognizione di un complesso di beni in Cal de Riva, lungo il fossato o *destorium* pubblico. Notaio: Giovanni di Gumbertino di Aicardo.

Copia autenticata [B] del 1308 agosto 10, Padova. Notaio: Montagna figlio del maestro Zeno calzolaio.

13.] 1225 aprile 17, Monselice

Bonzeno, Palmerio, Berto *de Lianda* e Grimaldo di Milano, giurati incaricati dal consiglio e dalla *concione* di Monselice di distinguere fossati e vie di diritto comune dai terreni dei singoli *homines* di Monselice, procedono alla ricognizione di un complesso di beni. Notaio: Giovanni di Gumbertino di Aicardo.

Copia autenticata [B] del 1308 agosto 11, Padova. Notaio: Montagna figlio del maestro Zeno calzolaio.

14.] 1225 aprile 26, Monselice

Bonzeno, Palmerio, Berto *de Lianda* e Grimaldo di Milano, eletti dal consiglio del comune di Monselice per distinguere gli spazi di diritto comune dai terreni dei singoli *homines* di Monselice, procedono alla ricognizione di un complesso di *casamenta* nella contrada Dietro Castello. Notaio: Giovanni di Gumbertino di Aicardo.

Copia autenticata [B] del 1308 agosto 12, Padova. Notaio: Montagna figlio del maestro Zeno calzolaio.

15.] 1225 aprile 26, Monselice

Bonzeno, Palmerio, Berto *de Lianda* e Grimaldo di Milano, giurati incaricati dalla *concione* di Monselice di distinguere le terre di diritto comune dai terreni dei singoli *homines* di Monselice, procedono alla ricognizione di un complesso di *casamenta* in Cal de Riva. Il 3 maggio i medesimi giurati procedono alla stessa operazione a Vallesella. Notaio: Giovanni di Gumbertino di Aicardo.

Copia autenticata [B] del 1308 settembre 1, Padova. Notaio: Montagna figlio del maestro Zeno calzolaio.

20.] 1227 settembre 13, Monselice

Nicolò [Paltanieri], Giovanni di Gerardazzo, Albrico *de Episcopello*, Nicola detto Bocio, Gombertino di Aicardo, Giovanni di Braina, Pietro di Sigiprando e Martino di Pietro Bianco, giurati incaricati dalla *concione* di Monselice di distinguere le terre di diritto comune dai terreni dei singoli *homines*, procedono alla ricognizione di un complesso di *casamenta*, terreni, fossati e vie a Capo de Vico. Notaio: Giovanni di Gumbertino di Aicardo.

Copia autenticata [B] del 1308 settembre 2, Padova. Notaio: Montagna figlio del maestro Zeno calzolaio.

16.] 1227 novembre 2, Monselice

Nicolò [Paltanieri], Alberto, Giovanni di Gerardazzo, Nicolò detto Bocio, Pietro di Segurado, Giovanni di Braina, Gombertino di Aicardo e Martino di Pietro Bianco, giurati incaricati dalla *concio* di Monselice di distinguere le terre di diritto comune dai terreni dei singoli *homines* del luogo, procedono alla ricognizione di un complesso di *casamenta*. Notaio: Deodato del fu Giacomino di Clarimbaldo.

Copia autenticata [B] del 1308 settembre 1, Padova. Notaio: Montagna figlio del maestro Zeno calzolaio.

17.] 1227 novembre 4, Monselice

Nicolò Paltanieri, Albrico, Giovanni di Gerardazzo, Bocio, Pietro di Sigiprando, Giovanni di Braina, Martino di Pietro Bianco e Gombertino di Aicardo, giurati incaricati dalla *concione* di Monselice di distinguere le terre di diritto comune dai terreni dei singoli *homines* del luogo, procedono alla ricognizione e alla misurazione *ad filum* di un complesso di *casamenta*. Notaio: Deodato del fu Giacomino di Clarimbaldo.

Copia autenticata [B] del 1308 settembre 1, Padova. Notaio: Montagna figlio del maestro Zeno calzolaio.

18.] 1227 novembre 4, Monselice

Nicolò Paltanieri, Albrico, Giovanni di Gerardazzo, Bocio, Pietro di Sigiprando, Giovanni di Braina, Gombertino di Aicardo e Martino di Pietro Bianco, giurati incaricati dalla *concione* di Monselice, procedono alla ricognizione di un complesso di *casamenta, canipe* e vie di privati, distinguendoli dai terreni di diritto comune. Notaio: Deodato del fu Giacomino di Clarimbaldo.

Copia autenticata [B] del 1308 settembre 1, Padova. Notaio: Montagna figlio del maestro Zeno calzolaio.

19.] 1227 (1228 a Nativitate) dicembre 28, Monselice

Nicolò Paltanieri, Albrico *de Episcopello*, [Giovanni] di Gerardazzo, Nicola detto Bocio, Gombertino di Aicardo, Martino di Pietro Bianco e Giovanni di Braina, giurati incaricati dalla *concione* di Monselice di distinguere le terre di diritto comune dai terreni dei singoli *homines* di Monselice, procedono alla ricognizione e alla misurazione di un complesso di terreni, fossati e *clausure* a Bagnarolo. Notaio: Giovanni di Gumbertino di Aicardo.

Copia autenticata [B] del 1308 settembre 1, Padova. Notaio: Montagna figlio del maestro Zeno calzolaio.

26.] 1227 (1228 *a Nativitate*) dicembre 28, Monselice

Nicolò [Paltanieri], Albrico *de Episcopello*, Nicola Bocio, Gombertino di Aicardo, Martino di Pietro Bianco e Giovanni di Braina, giurati incaricati dalla *concione* del comune di distinguere le terre di diritto comune dai terreni dei singoli *homines* di Monselice, procedono alla ricognizione e alla misurazione di un complesso di beni a *Vaduçelo* venendo verso Oneda.

Il 29 dicembre gli stessi giurati procedono alla ricognizione e misurazione dei terreni intorno al bosco *Roncofrai*. Notaio: Giovanni di Gumbertino di Aicardo.

Copia autenticata [B] del 1308 settembre 2, Padova. Notaio: Montagna figlio del maestro Zeno calzolaio.

27.] 1228 gennaio 3, Monselice

Giovanni di Gerardazzo, Albrico *de Episcopello*, Giovanni di Braina e Pietro di Sigiprando, giurati incaricati dalla *concione* di Monselice di distinguere le terre comunali dai terreni dei singoli *homines*, procedono alla ricognizione di un complesso di beni in *Vançoleolo* a *Cora*. Notaio: Giovanni di Gumbertino di Aicardo.

Copia autenticata [B] del 1308 settembre 3, Padova. Notaio: Montagna figlio del maestro Zeno calzolaio.

21.] 1228 agosto 23, Monselice

Crisimbene, Tolberto di Ventrone, Ugo da Pernumia, Frugerio *de Bullis*, giurati incaricati dal consiglio del comune di Monselice di distinguere le terre di diritto comune dai terreni dei singoli *homines* di Monselice, procedono alla ricognizione di un complesso di terreni agricoli a *Valle Beninverga*, a *Valle Arsa*, *Valle Ambroxo*,

Vallesina e *Valle Desgorgada.* Notaio: Giovanni di Gumbertino di Aicardo.

Copia autenticata [B] del 1308 settembre 2, Padova. Notaio: Montagna figlio del maestro Zeno calzolaio.

22.] 1228 agosto 23, Monselice

Crisimbene, Lambertino, Ugo da Pernumia, Canonico Tendilazzo, Stefano di Tafentello, Roberto di Ventrone, Frugerino *de Bullis,* giurati incaricati dal consiglio del comune di Monselice di distinguere le terre di diritto comune dai terreni dei singoli *homines* di Monselice, procedono alla ricognizione di un complesso di terreni agricoli a *Cantone de Ymo.* Notaio: Giovanni di Gumbertino di Aicardo.

Copia autenticata [B] del 1308 settembre 2, Padova. Notaio: Montagna figlio del maestro Zeno calzolaio.

23.] 1228 agosto 28, Monselice

Crisimbene, Lambertino, Frugerino *de Bullis,* Canonico Tendilazzo, Ugo da Pernumia, Stefano di Tafentello, giurati incaricati dal consiglio del comune di Monselice di distinguere le terre di diritto comune dai terreni dei singoli *homines* di Monselice, procedono alla ricognizione di un complesso di terreni agricoli a *Fovea Strita* e ad *Arsura.* Notaio: Giovanni di Gumbertino di Aicardo.

Copia autenticata [B] del 1308 settembre 2, Padova. Notaio: Montagna figlio del maestro Zeno calzolaio.

24.] 1228 agosto 28, Monselice

Lambertino, Crisimbene, Canonico Tendilazzo, Frugerino *de Bullis,* Ugo da Pernumia e Stefano di Tafentello, giurati incaricati dal consiglio del comune di Monselice di distinguere le terre di diritto comune dai terreni dei singoli *homines* di Monselice, procedono alla ricognizione di un complesso di terreni agricoli a *Valle de Scodixo* e a *Lacu Inperatore.* Notaio: Giovanni di Gumbertino di Aicardo.

Copia autenticata [B] del 1308 settembre 2, Padova. Notaio: Montagna figlio del maestro Zeno calzolaio.

25.] 1228 novembre 14, Monselice

Crisimbene, Tanselgardo, Ugo da Pernumia, Stefano di Tafentello, Canonico Tendilazzo e Frugerino *de Bullis* procedono alla designazione e alla misurazione di terreni pubblici e privati a *Desone*.

Il 15 novembre Tolberto di Ventrone, Stefano di Tafentello, Canonico Tendilazzo, Frugerino *de Bullis,* Ugo da Pernumia e Tanselgardo giurati incaricati dalla *concione* del comune di Monselice di distinguere le terre di diritto comune dai terreni dei singoli *homines* continuano nella ricognizione e misurazione delle terre del comune e dei privati a *Desone*.

Il 24 novembre i giurati Crisimbene, Lambertino, Ugo da Pernumia, Stefano di Tafentello, Tolberto di Ventrone e Frugerino *de Bullis* continuano la ricognizione dei beni a *Desone*.

Notaio: Giovanni di Gumbertino di Aicardo.

Copia autenticata [B] del 1308 settembre 2, Padova. Notaio: Montagna figlio del maestro Zeno calzolaio.

28.] 1229 aprile 9, Arquà

Divisione della Palude di Costaldulo tra il comune di Monselice e quello di Arquà da parte dei rispettivi ufficiali con affissione sul terreno di cippi lapidei. Notaio: Buonafede figlio di Alberto di Tolberto di Monselice.

Copia autenticata [B] del 1308 settembre 3, Padova. Notaio: Montagna figlio del maestro Zeno calzolaio.

44.] 1229 agosto 1, Monselice

Alberto *de Episcopello,* Oliverio di Giovanni di Berta *de Mato,* Alberto di Bondà e Giovanni *de Secadenariis, locatores* dei beni e dei possedimenti di Monselice, per la somma di 40 soldi investono a livello perpetuo Zambono di Zambro di mezzo campo di terra posto alla fratta di San Daniele verso il fiume Vigenzone (tranne 4 pertiche riservate all'argine), per un canone annuo di 6 denari di piccoli. Notaio: Beniamino detto Maestro Gallo.

Copia autenticata [B] del 1308 settembre 4, Padova. Notaio: Montagna figlio del maestro Zeno calzolaio.

280*.] 1231 settembre 27

Ordine di Albertino di Pietro di Baialardo, giudice del comune di Padova, a Giovanni di Gerardazzo e a molti altri di conferire, per conto del comune di Monselice, ogni anno nel mese di agosto a Rolando di Varnerino 250 moggi padovani di frumento. Notaio: Pietro *de Cagoto*.

354*.] 1235

Sentenza di Uselmo (Enselmo), giudice del podestà di Padova, nella questione sorta tra Giacomino di Bertello da una parte e Bartolomeo, *sindicus* del comune di Monselice, il *sindicus* di Este e quello di Baone dall'altra, per la richiesta del detto Giacomino di Bertello di 50 lire e di 5 lire per la stima di un manzo. Notaio: Pietro di Cartoto (Cagoto).

262*.] 1237 agosto 30

Debito di 200 lire di piccoli contratto da Oddone di Amavino, *caniparius* del comune, agente per conto del podestà Michele da Villa, nei confronti di Aventura figlio di Pietro di Nicola. Notaio: Uberto figlio di Gerardo Pavaro.

434*.] 1238 gennaio 25

Causa tra il comune e Lorenzo di Pietro giudicata da Boccio e da Facino di Breida (*estratto mutilo*). Notaio: Uberto figlio di Gerardo Pavaro.

45.] 1244 gennaio 20, Padova

Compromesso tra il comune di Monselice, rappresentato dal procuratore Bonifacio di Braida, e il comune di Conselve, rappresentato da Faziano detto Guercio, presso il giudice Ugo Dell'Arena nella controversia insorta a proposito di un fossato, di una *cavata* e dei ponti costruiti e da costruire nella palude di Vimenario e in località Levada. Notaio: Antonio figlio di Ugheto (che estrae l'atto da un'imbreviatura del padre).

Copia autenticata [B] del 1308 settembre 4, Padova. Notaio: Montagna figlio del maestro Zeno calzolaio.

46.] 1244 aprile 20, Padova

Sentenza del giudice Ugo Dell'Arena in qualità di arbitro nella controversia tra il comune di Monselice e il comune di Conselve circa la palude di Vimenario. Notaio: Antonio figlio di Ugheto (che estrae l'atto da un'imbreviatura del padre).

Copia autenticata [B] del 1308 settembre 5, *Padova.* Notaio: Montagna figlio del maestro Zeno calzolaio.

148*.] 1256 dicembre 17

Debito di 625 lire di piccoli contratto da Clarello *de Bullis* e da molti altri nei confronti di Martino da Bolzano e Alberto Coazano. Notaio: Gualtiero detto Biscazziere.

52.] 1257 giugno 4, Monselice

Realda, badessa del monastero di San Giacomo, su licenza di Pietro arciprete di Lendinara giudice delegato del papa, e Giacomino notaio di Gerardo speziale, procuratore del comune di Monselice, si compromettono in Corrado di Lendinara come arbitro per la questione dei mulini di Bagnarolo. Nel documento è riportata anche una lettera apostolica del papa Alessandro [IV] nella quale questi, sollecitato da una petizione della badessa di San Giacomo, dà mandato all'arciprete di Lendinara Pietro di udire la causa ed emettere una sentenza cui dovrà attenersi la comunità di Monselice, pena la scomunica e l'interdetto. Seguono due sottoscrizioni dei notai Bignoto e Giovanni del fu Ordo.

Copia autenticata [B] del 1308 settembre 6, Padova. Notaio: Montagna figlio del maestro Zeno calzolaio. Il documento è edito da rogito originale, con lievi varianti, in: A. Rigon, *S. Giacomo di Monselice nel Medio Evo (sec. XII - XV). Ospedale, monastero, collegiata*, Padova 1972, p. 136.

53.] 1257 giugno 4, Monselice

Il documento 53 è un'altra copia autenticata dell'accettazione dell'arbitrato sui mulini di Bagnarolo, con lievi varianti rispetto al doc. 52.

Copia autenticata [B] del 1308 settembre 6, Padova. Notaio: Montagna figlio del maestro Zeno calzolaio. Il documento è edito da rogito originale, con lievi varianti, in: A. Rigon, *S. Giacomo di Monselice nel Medio Evo (sec. XII - XV). Ospedale, monastero, collegiata*, Padova 1972, p. 136.

54.] 1257 giugno 4, Monselice

Corrado di Lendinara, capitano di Monselice per conto del marchese d'Este, emette sentenza di arbitrato nella controversia tra il monastero di San Giacomo e il comune di Monselice a proposito dei mulini di Bagnarolo, decidendo che il comune di Monselice deve dare la quarta parte di detti beni al monastero e che conseguentemente il notaio Giacomino, procuratore del comune, investa a livello perpetuo da rinnovare ogni 29 anni il monastero stesso di detta quarta parte dei mulini di Bagnarolo, per un canone annuo di 20 soldi di denari veneti, nonché per il pagamento di 12 denari da effettuare ad ogni rinnovo del contratto. Seguono due sottoscrizioni dei notai Bignoto e Giovanni del fu Ordo.

Copia autenticata [B] del 1308 settembre 7, *Padova*. Notaio: Montagna figlio del maestro Zeno calzolaio. Il documento è edito da rogito originale con lievi varianti in: A. Rigon, *S. Giacomo di Monselice nel Medio Evo (sec. XII - XV). Ospedale, monastero, collegiata*, Padova 1972, p. 139.

55.] 1257 giugno 4, Monselice

Giacomino notaio del fu Gerardo speziale, *sindicus* del comune di Monselice, investe a livello perpetuo da rinnovare ogni 29 anni la badessa Realda del monastero di San Giacomo della quarta parte dei mulini di Bagnarolo, per un canone annuo di 20 soldi di denari veneti di piccoli, nonché per il pagamento di 12 denari veneti di piccoli da effettuare ad ogni rinnovo del contratto. Notaio: Bignoto.

Copia autenticata [B] del 1308 settembre 7, *Padova*. Notaio: Montagna figlio del maestro Zeno calzolaio. Il documento è edito da rogito originale con lievi varianti in: A. Rigon, *S. Giacomo di Monselice nel Medio Evo (sec. XII - XV). Ospedale, monastero, collegiata*, Padova 1972, p. 140.

56.] 1257 giugno 4, Monselice

Il documento 56 è un'altra copia autenticata della sentenza di arbitrato di Corrado di Lendinara con lievi varianti rispetto al doc. 54.

Copia autenticata [B] del 1308 settembre 7, *Padova*. Notaio: Montagna figlio del maestro Zeno calzolaio. Il documento è edito da rogito originale con lievi varianti in: A. Rigon, *S. Giacomo di Monselice nel Medio Evo (sec. XII - XV). Ospedale, monastero, collegiata*, Padova 1972, p. 139.

57.] 1257 giugno 4, Monselice

Il documento 57 è un'altra copia autenticata dell'investitura dei mulini di Bagnarolo con lievi varianti rispetto al doc. 55.

Copia autenticata [B] del 1308 settembre 7, *Padova.* Notaio: Montagna figlio del maestro Zeno calzolaio. Il documento è edito da rogito originale con lievi varianti in: A. Rigon, *S. Giacomo di Monselice nel Medio Evo (sec. XII - XV). Ospedale, monastero, collegiata,* Padova 1972, p. 140.

58.] 1259 aprile 27, Monselice

Simone del fu Pesce e Frugerino del fu Olderico Zuco Paltanieri per 375 lire di denari veneti vendono ad Amadino del fu Gerardo di Benencà, procuratore del comune di Monselice, un fondo con casa posto nel quartiere Cal de Riva in piazza San Paolo. Notaio: Oddone di Perogna.

Copia autenticata [B] del 1308 settembre 9, *Padova.* Notaio: Montagna figlio del maestro Zeno calzolaio.

59.] 1259 aprile 27, Monselice

Amadino del fu Gerardo di Benencà, procuratore del comune di Monselice, entra in possesso a nome del comune stesso di un fondo con casa posto nel quartiere Cal de Riva in piazza San Paolo acquistato da Simone del fu Pesce e da Frugerino del fu Olderico Zuco Paltanieri. Notaio: Oddone di Perogna.

Copia autenticata [B] del 1308 settembre 9, *Padova.* Notaio: Montagna figlio del maestro Zeno calzolaio.

254*.] 1259 maggio 18

Debito di 469 lire di piccoli contratto da Furgerio di Palteneria nei confronti di Alberto Coazano. Notaio: Guglielmo del fu Guido di Saguedo.

60.] 1259 luglio 10, Monselice

Simone del fu Pesce [Paltanieri] e Amadino del fu Gerardo di Benencà, procuratore del comune di Monselice, scelgono rispettivamente Clemente Rosso e Tolberto *Fole* come arbitri per stimare le case e le botteghe di Simone del fu Pesce in piazza San Paolo; gli arbitri, non raggiungendo un accordo, scelgono, per volontà di Galvano da Frata podestà di Monselice, Guiduccio di Marco Maiolo come arbitro unico, il quale sentenzia che il detto Simone debba vendere le case e le botteghe ad Amadino, procuratore del comune di Monselice, per 760 lire di denari veneti. Notaio: Oddone di Perogna.

Copia autenticata [B] del 1308 settembre 9, *Padova*. Notaio: Montagna figlio del maestro Zeno calzolaio.

61.] 1259 luglio 11, Monselice

Simone del fu Pesce de Paltanieri vende ad Amadino del fu Gerardo di Benencà, procuratore del comune di Monselice, due fondi con case e botteghe poste in piazza San Paolo, una nel quartiere Cal de Riva e l'altra nel quartiere Cal di Mezzo, per 760 lire di denari veneti. Notaio: Oddone di Perogna.

Copia autenticata [B] del 1308 settembre 10, *Padova*. Notaio: Montagna figlio del maestro Zeno calzolaio.

62.] 1259 luglio 11, Monselice

Albertina vedova del *dominus* Pandolfo e le sue figlie Beatrice e Aledasia confermano la vendita di due fondi con case e botteghe fatta da Simone del fu Pesce Paltanieri. Inoltre Albertina rinuncia ad ogni diritto derivante dalla sua dote o da dono nuziale sui predetti beni, e Beatrice e Aledasia rinunciano, a loro volta, ad ogni diritto derivante dalla successione al defunto padre Pandolfo e al nonno Pesce. Notaio: Oddone di Perogna.

Copia autenticata [B] del 1308 settembre 10, *Padova*. Notaio: Montagna figlio del maestro Zeno calzolaio.

63.] 1259 luglio 11, Monselice

Amadino del fu Gerardo di Benencà, procuratore del comune di Monselice, entra possesso di due *sedimina* con case e botteghe poste in piazza San Paolo, una nel quartiere Cal de Riva e l'altra nel quartiere Cal di Mezzo, vendute da Simone del fu Pesce de Paltanieri. Notaio: Oddone di Perogna.

Copia autenticata [B] del 1308 settembre 10, *Padova*. Notaio: Montagna figlio del maestro Zeno calzolaio.

64.] 1259 luglio 27, Monselice

Simone del fu Pesce Paltanieri vende per 700 lire di denari veneti ad Amadino del fu Gerardo di Benencà, procuratore del comune di Monselice, case e botteghe come da atto di compravendita redatto dal notaio Oddone di Perogna. Notaio: Oddone di Perogna.

Copia autenticata [B] del 1308 settembre 10, *Padova.* Notaio: Montagna figlio del maestro Zeno calzolaio.

275*.] 1261 gennaio 20

Estinzione di un debito di 100 lire di piccoli per 240 moggi di frumento a favore di Buonfrancesco *de Guarnerinis* da parte di Vivaldino da Monselice, console del comune. Notaio: Manfredino del fu Grimaldo di Milano.

356*.] 1261 giugno 16

Mutuo di 100 lire e 17 denari di piccoli contratto da Amadino del fu Gerardo, Aventura di Todesca, Milano *de Bignotis,* Pietro *de Ravolatis,* Tealdo Mignano, Salione di Tansalgardo, *Niger Carerius*, Alberto *de Bullis,* Clarello *de Bullis*, Gerardino di Braida, Vivaldino Terzacoscia, Parisio di Rova, Guiduccio di Marco, Alberto di *domina* Bunda, Prosdocimo di Tafentello, tutti da Monselice, nei confronti dei fratelli Leto e Beri figli del fu *Scemagius* da Firenze. Notaio: Giovanni figlio di Marescato.

396*.] 1262 gennaio 17

Promessa di Guiduccio del fu Marco Maiolo e di Giovanni Cursario ed altri di dare entro quattro mesi 200 lire e 24 denari di piccoli a Giacomino detto Boccanegra. Notaio: Aleardo del fu Bartolomeo *coreçarius.*

502*.] 1262 agosto 24

Debito di 22 lire e 15 soldi contratto da Amadino nei confronti di Lamberto figlio di Ospitalerio da Firenze. Notaio: Guglielmo del fu Guido di Saguedo.

300*.] 1262 ottobre 6

Pagamento di 469 lire di piccoli ad Aldo Cazone da parte di Milano di Bignoto, procuratore del comune. Notaio: Gualtiero detto il Biscazziere.

171*.] 1263 giugno 3

Debito di 587 lire e10 soldi di piccoli contratto da Clarello *de Bullis* nei confronti di Spera figlio di Matteo da Villa del Conte. Notaio: Giovanni detto Pillio.

170*.] 1264 gennaio 15

Debito di 12 lire e 12 soldi di piccoli contratto da Vivaldino di Terzacoscia nei confronti di Francesco della *domina* Melodia. Notaio: Gualtiero detto il Biscazziere.

505*.] 1264 aprile 13

Debito di 105 lire contratto da Artuico Gravoncello nei confronti di Scorpizo figlio di Guido da Firenze. Notaio: Giovanni figlio di Pietro Randa.

444*.] 1264 aprile 24

Debito di 287 lire e 10 soldi contratto da Bellavere figlio del fu maestro Bertrame nei confronti di Corpizzo toscano che ha concesso il prestito per conto dei fratelli Gerardo e Bindo figli del fu Aldrevandino di Calizano che furono da Firenze. Notaio: Francesco figlio di Bonifacio di Crespo.

263*.] 1264 luglio 6

Debito di 269 lire di piccoli contratto da Artuico detto Gravocello, procuratore del comune, nei confronti di Francesco del fu Guido da Firenze. Notaio: Guglielmo del fu Guido di Saguedo.

297*.] 1265 maggio 3

Debito di 50 lire di piccoli contratto da Enginolfo Malasorte, per conto del comune, nei confronti di Clemente Rossi. Notaio: Guglielmo di Guido di Saguedo

249*.] 1265 giugno 4

Debito di 12 lire di piccoli contratto da Tolberto Folle, console del comune, nei confronti di Francesco del fu Guido da Firenze. Notaio: Guglielmo del fu Guido di Saguedo.

397*.] 1265 giugno 20

Debito di 100 lire e 20 denari contratto da Alberto Mascarello, console del comune, nei confronti di Ranuccio figlio di Guidoto da Firenze. Notaio: Guglielmo del fu Guido de Saguedo.

250*.] 1265 giugno 29

Debito di 60 lire di piccoli contratto da Alberto Mascarello, console del comune, nei confronti di Ranuccio figlio di Guidoto. Notaio: Guglielmo del fu Guido di Saguedo.

74.] 1265 luglio 24, Padova

Pace, Martino di Giano, Antonio di Leonissio e Oredico da Vigodarzere, costituiti giudici dal podestà di Padova Lorenzo Tiepolo, procedono alla inquisizione dei beni venduti ai procuratori di Ezzelino da Romano Giacomo Guidotti e Gerardo da Treviso da alcuni abitanti di Monselice nominativamente elencati; constatano che Ezzelino da Romano per mezzo del suo procuratore Bonaccorso da Montebelluna fece una permuta di questi possedimenti con quelli del monastero di Monte Ricco posti su quel monte, i quali possedimenti ora sono tenuti dal comune di Padova; constatano inoltre che il comune e gli uomini di Monselice possiedono un documento di assoluzione rilasciato dai *cataveri* del comune di Padova riguardo i suddetti possedimenti; assolvono pertanto il comune di Monselice dalla richiesta avanzata dal comune di Padova. Notaio: Oderico di Fredo di Prando.

Copia autenticata [B] del 1308 settembre 12, *Padova*. Notaio: Montagna figlio del maestro Zeno calzolaio.

481*.] 1265 agosto 9

Debito di 329 lire contratto da Gumberto di Fasara nei confronti di Bindo figlio del fu Andrevandino di Canizano da Firenze che ha concesso il prestito anche per conto dei fratelli Gerardo Peloso e Zepo. Notaio: Rinaldino di Monte barbiere.

479*.] 1265 agosto 31

Debito di 58 lire contratto da Gumberto di Fusara, console agente per conto del comune, nei confronti di Francesco del fu Guido Del Bene da Firenze. Notaio: Francesco di Polegrado [*de Claricis*].

432*.] 1265 novembre 11
Debito di 55 lire di piccoli contratto da Vescovello de Fontana nei confronti di Francesco del fu Guido da Firenze. Notaio: Francesco di Polegrado *de Claricis*.

465*.] 1265 novembre 23
Debito di 41 soldi e 4 denari di grossi contratto da Alberto *de Canipario* nei confronti di Francesco di Guido Del Bene da Firenze. Notaio: Francesco di Polegrado [*de Claricis*].

490*.] 1265 dicembre 1
Debito di 44 soldi di piccoli contratto da Pietro Randa nei confronti di Spinello figlio di Guido Paganello da Firenze. Notaio: Giovanni figlio del *dominus* Pietro Randa.

150*.] 1265 dicembre 13
Debito di 17 lire e 5 soldi di piccoli contratto da Alberto *de Canipario* nei confronti di Buono di Baldinoto che ha concesso il prestito per conto di Francesco da Firenze. Notaio: Francesco di Polegrado [*de Claricis*].

255*.] 1265 dicembre 15
Debito di 20 soldi di grossi contratto da Alberto di Bunda, *sindicus* del comune, nei confronti di Rolando, fratello e procuratore del maestro Obizzo. Notaio: Oredico di Fredo di Prando.

363*.] 1265 dicembre 24
Pagamento di 100 lire di piccoli a Giuliano fabbro da Padova, podestà di Monselice, da parte di Giacomo del fu Giovanni Pizacomini, *caniparius* del comune. Notaio: Bartolomeo [di Domenico] de Vivilia.

496*.] 1265 (1266 a Nativitate) dicembre 30
Debito di 100 lire di piccoli contratto da Marmosseto di Sguaina nei confronti di Francesco del fu Guido Del Bene da Firenze. Notaio: Francesco di Polegrado [*de Claricis*].

360*.] 1266 aprile 10

Debito di 60 lire di piccoli contratto da Aventura di Todesca, *sindicus* del comune, nei confronti di Antonio *de Bocamaioribus* da Mantova e del figlio Aventurino. Notaio: Guglielmo del fu Guido di Saguedo.

361*.] 1266 aprile 10

Procura del comune ad Aventura di Todesca per contrarre un mutuo di 1000 lire di piccoli. Notaio: Tebaldo figlio di Giacomino [Chechedona].

407*.] 1266 aprile 10

Pagamento da parte di Aventura di Todesca, *sindicus* del comune, ai fratelli Ranuccio e Spinello figli del fu Guidoto Paganello di un debito di 120 lire contratto da Alberto Mascarello; di un debito di 44 soldi di grossi contratto da Pietro Randa; di un debito di 26 lire di piccoli e di 60 lire di piccoli contratto da Alberto Mascarello. Notaio: Tebaldo figlio di Giacomo Chechedona.

408*.] 1266 aprile 10

Pagamento da parte di Aventura di Todesca, *sindicus* del comune, a Francesco del fu Guido Del Bene da Firenze di un debito di 51 soldi e 4 denari di grossi contratto da Alberto *de Canipario*; di un debito di 55 lire di piccoli contratto da Vescovello; di un debito di 100 lire contratto da Marmosseto; di un debito di 17 lire e 5 soldi contratto da Alberto *de Canipario*. Notaio: Tebaldo figlio di Giacomo Chechedona.

430*.] 1266 aprile 10

Debito di 400 lire di piccoli contratto da Aventura di Todesca, procuratore del comune, nei confronti di Pietro Buono *de Attelinis* da Mantova. Notaio: Tebaldo figlio di Giacomino Chechedona.

484*.] 1266 giugno 1

Debito di 187 lire contratto da Benincasa detto Zucca *de Tarulis* nei confronti di Spinello figlio di Guidoto Paganello che ha concesso il prestito per conto di Ugerio figlio del fu Uguccione di Giuliano da Firenze. Notaio: Nicola del fu Severo.

500*.] 1266 settembre 2

Debito di 8 lire e 3 denari contratto da Galvano di Boto nei confronti di Francesco della *domina* Melodia. Notaio: Bartolomeo di Domenico di Vivilia.

504*.] 1266 settembre 6

Debito di 223 lire e due soldi e mezzo contratto da Rolando de Braida nei confronti di Francesco figlio della *domina* Melodia. Notaio: Giovanni figlio del *dominus* Pietro Randa.

388*.] 1266 (1267 a Nativitate) dicembre 29

Debito di 27 lire e 8 soldi di piccoli contratto dal console Simeone di Buonafante per conto del comune nei confronti di Francesco figlio di Guido Del Bene da Firenze. Notaio: Bartolomeo del fu Domenico di Vivilia.

351*.] 1267 giugno 12

Debito di 48 lire e 10 soldi di piccoli contratto da Tealdo di Megno nei confronti di Ranuccio figlio di Guidoto Paganello. Notaio: Giovanni figlio di Pietro Randa.

495*.] 1267 giugno 19

Debito di 106 lire e 5 soldi di piccoli contratto da Tealdo di Megno nei confronti di Pietro *de Antelinis* da Mantova giudice. Notaio: Guglielmo del fu Guido di Saguedo.

476*.] 1267 giugno 26

Debito di 10 lire e 54 soldi di piccoli contratto da Salerno di Galea figlio del fu Manfredino di Galea nei confronti di Ranuccio figlio di Guidoto Paganello da Firenze. Notaio: Giovanni figlio di Pietro Randa.

398*.] 1267 agosto 10

Mutuo di 140 denari di piccoli contratto da Gerardo del fu Nicola di Raimondo, procuratore del comune, nei confronti di Francesco figlio della *domina* Melodia. Notaio: Bartolomeo del fu Domenico di Vivilia.

433*.] 1267 settembre 23
Debito di 126 lire e 10 soldi di piccoli contratto da Tealdo de Megno nei confronti di Francesco del fu Guido da Firenze.Notaio: Francesco di Polegrado *de Claricis.*

366*.] 1267 ottobre 5
Mutuo di 20 lire e 9 soldi di piccoli contratto da Artuico *de Aitengis* nei confronti di Spina Falcone agente per conto di Giacomino *de Pepis* da Firenze. Notaio: Francesco di Polegrado [*de Claricis*].

276*.] 1267 ottobre 17
Debito di 40 lire di piccoli contratto da Albrico di Pinello da Padova della contrada San Nicolò nei confronti di Francesco di Guido da Firenze. Notaio: Francesco di Polegrado *de Claricis.*

283*.] 1267 ottobre 23
Debito di 43 lire di piccoli contratto da Giovanni *de Ordo* notaio nei confronti di Ranuccio figlio di Guidoto di Paganello da Firenze. Notaio: Giovanni figlio di Pietro Randa.

145*.] 1268 gennaio 28
Debito di 151 lire e 5 soldi di piccoli contratto da Milano *de Bignotis,* procuratore del comune, nei confronti di Francesco del fu Guido Del Bene da Firenze. Notaio: Francesco [di Polegrado] *de Claricis.*

304*.] 1268 febbraio 8
Pagamento di 106 lire e 5 soldi di piccoli a Pietro *de Antolinis* da Mantova da parte di Milano, Bignoto e Rinaldino notaio, procuratori del comune. Notaio: Francesco di Polegrado *de Claricis.*

389*.] 1268 marzo 1
Estinzione di un debito di 400 lire di piccoli a favore di Pietro Buono *de Antelinis* giudice da Mantova da parte di Guiduccio di Marco Maiolo, *caniparius* del comune. Notaio: Natale *de Rubeis.*

359*.] 1268 marzo 6
Debito di 200 lire e 80 denari di piccoli contratto da Stefano *de*

Bullis della fu Ada da Monselice nei confronti di Antono *de Bocamaioribus* da Mantova e del figlio Bonaventurino. Notaio: Francesco di Polegrado [*de Claricis*].

81.] 1268 marzo 10, Monselice

Giacomo de Villa è incaricato per procura dal consiglio del comune di Monselice di contrarre un mutuo di 1000 lire di denari veneti. Notaio: Francesco figlio di Polegrado *de Claricis.*

Copia autenticata [B] del 1308 settembre 14, *Padova.* Notaio: Montagna figlio del maestro Zeno calzolaio.

82.] 1268 aprile 27, Monselice

Francesco di Guido di Bene da Firenze vende per 151 lire e 5 soldi di denari veneti a Milano di Bignoto, procuratore del comune di Monselice, tutte le botteghe poste nella piazza presso San Paolo. Notaio: Natale *de Rubeis.*

Copia autenticata [B] del 1308 settembre 15, *Padova.* Notaio: Montagna figlio del maestro Zeno calzolaio.

269*.] 1268 agosto 27

Estinzione di un debito di 600 lire di piccoli, di un altro di 253 lire e mezza e di un terzo di 280 lire a favore di Antonio *de Bocamaioribus* da Mantova e di suo figlio Bonaventurino da parte di Milano *de Bignotis* e Rinaldino notaio, procuratori del comune. Notaio: Natale *de Rubeis.*

299*.] 1268 novembre 26

Cessione per 1200 lire di piccoli da parte di Leonardo del Fabbro, procuratore del comune, a Bonifacio del fu maestro Aventura di *sedimina cum stacionibus.* Notaio: Tebaldo figlio di Giacomino Chechedona.

355*.] 1268 novembre 26

Cessione da parte di Pietro Randa ai figli Giovanni e Alessandro dei diritti vantati nei confronti del comune e quelli per le spese e su 100 lire di piccoli *de pena.* Notaio: Tebaldo figlio di Giacomino [Chechedona].

260*.] 1269 febbraio 19

Debito di 220 lire di piccoli contratto da Pietro Mato taverniere da Monselice nei confronti di Antonio *de Bocamaioribus* da Mantova, che ha concesso il prestito per conto del figlio Bonaventurino. Notaio: Francesco di Polegrado *de Claricis.*

168*.] 1269 marzo 11

Pagamento di 90 lire a Giacomino di Gerardo speziale da parte di Salerno di Galea, *sindicus* del comune. Notaio: Guglielmo del fu Guido di Saguedo.

84.] 1269 marzo 21, Monselice

Bonifacio di Aventura di Presbitero vende per 1200 lire di denari veneti a Salerno di Galea, *sindicus* del comune di Monselice, due *sedimina* con botteghe posti in contrada San Paolo. Notaio: Guglielmo del fu Guido di Saguedo.

Copia autenticata [B] del 1308 settembre 15, *Padova.* Notaio: Montagna figlio del maestro Zeno calzolaio.

282*.] 1269 maggio 31

Pagamento di 100 lire di piccoli, dovutigli come salario, a Pietro figlio del fu Lemizeto di Cagariento da Padova, podestà di Monselice, da parte di Guglielmo di Saguedo e da Vescovello di Preveello, procuratori del comune. Notaio: Bartolomeo di Domenico di Vivilia.

442*.] 1269 maggio 31

Debito di 100 lire e 15 denari di piccoli contratto da Mazuchello del fu Giovanni Mazucco nei confronti di Cambio di Acuto da Firenze, agente per conto di Francesco di Guido Del Bene. Notaio: Francesco di Polegrado *de Claricis.*

273*.] 1269 giugno 17

Debito di 95 lire, 12 soldi e 6 denari di piccoli contratto da Stefano *de Bullis* per conto del comune nei confronti di Nissio toscano. Notaio: Rinaldino di Monte barbiere.

274*.] 1270 aprile 6

Debito di 39 lire e 7 soldi e mezzo di piccoli contratto da Albertino Proenzale per conto del comune nei confronti di Spinello di Raniero da Firenze. Notaio: Francesco di Polegrado *de Claricis*.

47.] 1270 aprile 24, Monselice

Damiano del fu Bonzeno e Alberto di Zeno, procuratori del comune di Monselice, investono Manfredino di Bocasso *tabernarius* di un terreno inedificato posto vicino alla sua casa presso il ponte di Isola, per un canone annuo di 15 soldi di piccoli. Notaio: Arnaldo figlio del fu Prodocimo di Lusca.

Copia autenticata [B] del 1308 settembre 5, Padova. Notaio: Montagna figlio del maestro Zeno calzolaio.

409*.] 1270 maggio 1

Debito di 23 soldi di grossi contratto da Milano di Bignoto, per conto del comune, nei confronti di Francesco figlio di Guido Del Bene da Firenze. Notaio: Francesco di Polegrado [*de Claricis*].

288*.] 1270 maggio 11

Debito di 20 lire e14 soldi di piccoli contratto da Gerardino Vezio per conto del comune nei confronti di Spinello di Lapo da Firenze, che ha concesso il prestito per conto di Spinello di Raniero da Firenze. Notaio: Francesco di Polegrado *de Claricis*.

482*.] 1270 giugno 9

Debito di 110 lire contratto da Tealdo de Megno per conto del comune nei confronti di Francesco figlio di Guido Del Bene da Firenze. Notaio: Francesco di Polegrado [*de Claricis*].

497*.] 1270 giugno 24

Debito di 4 lire e 6 soldi di grossi contratto da Alberto di Zeno nei confronti di Francesco del fu Guido Del Bene da Firenze. Notaio: Francesco di Polegrado *de Claricis*.

474*.] 1270 settembre 15

Debito di 46 lire contratto da Grazio di Parisio nei confronti di

Francesco del fu Uberto di *Bochadava*. Notaio: Rinaldo di Monte barbiere.

252*.] 1270 settembre 22

Debito di 115 lire di piccoli contratto da Salerno de Galea per conto del comune nei confronti di Francesco del fu Guido Del Bene da Firenze. Notaio: Francesco di Polegrado *de Claricis*.

261*.] 1270 settembre 26

Debito di 57 lire e mezza di piccoli contratto da Filippo fratello di Bellando nei confronti di Guidotto figlio del fu Martino da Bolzano. Notaio: Francesco di Polegrado *de Claricis*.

464*.] 1270 ottobre 3

Debito di 5 lire e 3 soldi e mezzo di grossi contratto da Grazio del fu Parisio nei confronti di Lotto di Alberto da Firenze agente per conto di Francesco del fu Guido Del Bene e Spina di Falcone da Firenze. Notaio: Francesco di Polegrado [*de Claricis*].

440*.] 1270 novembre 18

Mutuo di 15 lire e 8 soldi contratto da Mazuchello di Giovanni Mazucco per conto del comune nei confronti di Spinello di Lapo da Firenze che ha concesso il prestito per conto di Ranuccio di Guidoto Paganello da Firenze e di Spinello del fu Raniero da Firenze. Notaio: Francesco di Polegrado *de Claricis*.

158*.] 1270 dicembre 11

Debito di 26 lire e 7 soldi di piccoli contratto da Riccardo del fu Milano di Marco nei confronti di Canto *Siti* da Firenze che ha concesso il prestito per conto di suo padre Filippo. Notaio: Francesco di Polegrado [*de Claricis*].

284*.] 1270 dicembre 18

Debito di 20 lire e 12 soldi di piccoli contratto da Grazio del fu Parisio, per conto del comune, nei confronti di Betto di Baldinato, che ha concesso il prestito per conto di Ottaviano di Ruggero da Firenze. Notaio: Francesco di Polegrado *de Claricis*.

224*.] 1271 marzo 4

Pagamento di 115 lire di piccoli a Francesco di Guido da Firenze e anche a Spina da parte di Bertella del fu Giovanni Venetico, procuratore del comune. Notaio: Natale *de Rubeis*.

272*.] 1271 marzo 4

Estinzione di un debito di 20 lire e 12 soldi di piccoli a favore di Betto toscano da parte di Bonaventura Tomba, procuratore del comune. Notaio: Natale de Rossi.

290*.] 1271 marzo 4

Estinzione di un debito di 25 lire e 7 soldi di piccoli a favore di Canto figlio di Filippo *de Sitis* da Firenze da parte di Bonaventura Tomba e da Bertella di Giovanni Venetico, procuratori del comune. Notaio: Natale *de Rossi*.

395*.] 1271 marzo 4

Pagamento di 57 denari di piccoli a Guidoto del fu Martino da Bolzano da parte di Bonaventura di Tomba ed Alberto, procuratori del comune. Notaio: Natale *de Rubeis*.

435*.] 1271 marzo 4

Estinzione di un debito di 95 lire, 12 soldi e 6 denari a favore di Nassio toscano da parte di molti fideiussori del comune. Notaio: Natale *de Rubeis*.

294*.] 1271 marzo 31

Pagamento di 100 lire di piccoli, dovutigli come salario, a Ivano podestà di Monselice da parte di Adamo *de Bullis*, *caniparius* del comune. Notaio: Gerardo detto Persona.

295*.] 1271 aprile 20

Elargizione di 300 lire di piccoli a Gerardo, arciprete della pieve di Santa Giustina, da parte di Adamo *de Bullis*, *caniparius* del comune. Notaio: Gerardo detto Persona.

251*.] 1271 aprile 24

Debito di 46 soldi di grossi contratto da Giacomo da Villa per conto del comune nei confronti di Guiduccio fratello di Francesco toscano del fu Guido Del Bene da Firenze. Notaio: Francesco di Polegrado *de Claricis.*

352*.] 1271 maggio 10

Debito di 23 soldi di grossi contratto da Bertello del fu Giovanni Venoto nei confronti di Spinello figlio di Lapo, che ha concesso il prestito per conto di Spinello del fu Raniero. Notario: Tebaldo figlio di Giacomino [Chechedona].

169*.] 1271 giugno 2

Pagamento di 50 lire di piccoli al maestro Virgilio medico da parte Bellavere, *caniparius* del comune. Notaio: Natale *de Rubeis.*

364*.] 1271 giugno 3

Mutuo di 13 soldi di grossi contratto da Adamo *de Bullis* nei confronti di Francesco del fu Guido Del Bene da Firenze. Notaio: Francesco di Polegrado [*de Claricis*].

431*.] 1271 giugno 21

Debito di 1000 lire di piccoli contratto da Tealdo di Megno del fu Accio nei confronti di Benvenuto del fu Guglielmo da Villa del Conte. Notaio: Bonaventura di Albrigeto.

368*.] 1271 giugno 26

Estinzione di un debito 33 soldi di grossi a favore di Spinello del fu Lapo da parte di Bonaventura di Tomba, procuratore del comune. Notaio: Natale *de Rubeis.*

267*.] 1271 novembre 11

Debito di 110 lire di piccoli contratto da Giovanni *de Ordo*, console del comune, nei confronti di Chessio Canizano da Firenze, che ha concesso il prestito per conto di sua moglie Cunizza. Notaio: Francesco [di Polegrado] *de Claricis.*

343*.] 1271 (1272 a Nativitate) dicembre 28

Debito di 6 lire e 6 soldi di grossi contratto dal Giovanni del fu Andrea di Erzo, per conto del comune, nei confronti di Amoreto di Guido *Bene* da Firenze, che ha concesso il prestito per conto di Andrea fratello di Gallina da Firenze. Notaio: Francesco di Polegrado *de Claricis.*

441*.] 1271 (1272 a Nativitate) dicembre 30
Debito di 97 libre e 10 soldi di piccoli contratto da Pietro figlio di Alberto della *domina* Bunda nei confronti di Bonafede calzolaio. Notaio: Francesco di Polegrado *de Claricis.*

264*.] 1272 gennaio 18
Debito di 152 lire e mezza di piccoli contratto da Damiano da Arsego, console del comune, nei confronti di Chessio di Canizano da Firenze, che ha concesso il prestito per conto di sua moglie Cunizza. Notaio: Francesco di Polegrado *de Claricis.*

503*.] 1272 aprile 13
Debito di 84 lire e 8 denari di piccoli contratto da Frugerio Tombolea nei confronti di Francesco del fu Guido da Firenze. Notaio: Francesco di Polegrado [*de Claricis*].

443*.] 1272 aprile 20
Debito di 20 soldi e 1 denaro di grossi contratto da Artuico Gravoncello nei confronti di Chessio di Canizano da Firenze. Notaio: Bartolomeo [di Domenico] di Vivilia

346*.] 1272 aprile 27
Cessione da parte di Moretto di Guido *Bene* da Firenze, per conto di Andrea fratello di Gallina da Firenze, a Francesco di Guido *Bene* da Firenze dei diritti vantati nei confronti di Simone di Bonafante relativi a un debito di 45 soldi e 10 denari di grossi. Notaio: Francesco di Polegrado *de Claricis.*

353*.] 1272 maggio 10
Promessa di Guiduccio del fu Marco Maiolo, *caniparius* del comune, di dare, entro il successivo mese di marzo, 100 lire di piccoli ad Agolante *de Roncone* o ai suoi eredi. Notaio: Bartolomeo del fu Domenico di Vivilia.

265*.] 1272 maggio 18
Debito di 20 lire e 10 soldi di piccoli contratto da Guiduccio del fu Marco Maiolo, *caniparius* del comune, nei confronti di Chessio di Canizano figlio del fu Canizano, che ha concesso il prestito per conto di sua moglie Cunizza. Notaio: Bartolomeo di Domenico di Vivilia.

266*.] 1272 maggio 29
Debito di 8 soldi e 3 denari di grossi contratto da Pietro Mato taverniere nei confronti di Chessio Canizano da Firenze, che ha concesso il prestito per conto di sua moglie Cunizza. Notaio: Francesco di Polegrado *de Claricis.*

146*.] 1272 luglio 30
Debito di 360 lire di piccoli contratto da Alessandro di Pietro Randa nei confronti di Chessio toscano che ha concesso il prestito per conto di Ranuccio figlio di Guidoto da Firenze. Notaio: Rinaldino di Monte barbiere.

287*.] 1272 agosto 13
Elargizione di 200 lire di piccoli a Gerardo, arciprete della pieve di Monselice, da parte di Viviano del fu Pietro Mastello, *caniparius* del comune, per la riedificazione della chiesa della pieve. Notaio: Rinaldino di Monte barbiere.

281*.] 1272 agosto 22
Pagamento di 48 soldi di grossi e di 100 soldi di piccoli ad Aventura di Todesca da parte di Vivaldo Corsale, *caniparius* del comune. Notaio: Rinaldino di Monte barbiere.

493*.] 1272 settembre 8
Debito di 61 lire e mezza di piccoli contratto da Pietro Sapiente taverniere nei confronti di Spinello toscano che ha concesso il prestito per conto di Spinello del fu Raniero da Firenze. Notaio: Natale *de Rubeis.*

488*.] 1272 settembre 12
Debito di 57 lire e 10 soldi di piccoli contratto da Benfatto *blava-*

rolus nei confronti di Spinello di Lapo da Firenze che ha concesso il prestito per conto di Spinello di Raniero da Firenze. Notaio: Antonio di Polegrado *de Claricis*.

483*.] 1272 settembre 14

Debito di 66 lire contratto dal *dominus* Michele Scazeta nei confronti di Spinello figlio del fu Ranuccio da Firenze. Notaio: Natale *de Rubeis*.

248*.] 1272 settembre 18

Debito di 118 lire e 5 soldi di piccoli contratto da Martino figlio di Rolando de Braida nei confronti di Spinello toscano, che ha concesso il prestito per conto di Spinello del fu Raniero da Firenze. Notaio: Natale *de Rubeis*.

501*.] 1272 settembre 20

Debito di 43 soldi di grossi contratto da Ottolino Bocazzo, procuratore del comune, nei confronti di Chessio di Canizano da Firenze che ha concesso il prestito per conto di Ranuccio di Guido di Paganello da Firenze. Notaio: Francesco di Polegrado [*de Claricis*].

491*.] 1272 settembre 26

Debito di 171 lire di piccoli contratto da Domenico del fu Gumberto di Fasara nei confronti di Ranuccio figlio di Guidoto da Firenze. Notaio: Rinaldino di Monte barbiere.

48.] 1272 ottobre 27, Monselice

Ognibene figlio di Giovannino *de Amigetis* e sua moglie *Guiia* vendono a Botacio del fu Giovanni di Gerardazzo e a Federico di Menechello, procuratori del comune di Monselice, un *sedimen* con casa di muri e di coppi e con una *curte* posto in contrada Cal de Riva per la somma di 22 lire di denari veneti. Notaio: Rinaldino di Monte barbiere.

Copia autenticata [B] del 1308 settembre 5, Padova. Notaio: Montagna figlio del maestro Zeno calzolaio.

49.] 1272 novembre 6, Monselice

Botacio del fu Giovanni di Gerardazzo e Federico di Menechello, procuratori del comune di Monselice, Molendo del *dominus* Giacomino e Manfredo di Zaccaria, consoli dello stesso comune, investono a livello perpetuo Ognibene figlio di Giovannino *de Amigetis* di un *sedimen* con casa di muri e di coppi e con una *curte* posto in contrada Cal de Riva, al canone annuo di 30 soldi di denari veneti. Notaio: Rinaldino di Monte barbiere.

Copia autenticata [B] del 1308 settembre 5, Padova. Notaio: Montagna figlio del maestro Zeno calzolaio.

206*.] 1272 dicembre 7

Pagamento di 100 lire di piccoli, dovuti a Giovanni figlio di Enrico da Casale per aver svolto la funzione di podestà, al maestro Albertino dottore di grammatica e ad Aicardo figlio del fu Enrico da Casale, procuratori del detto Giovanni, da parte di Viviano del fu Pietro Mastello, *caniparius* del comune. Notaio: Rinaldino di Monte barbiere.

207*.] 1272 dicembre 7

Pagamento di 25 lire di piccoli, dovutigli dal comune per aver subito un danno nelle proprie case, ad Amadino di Benencà da parte di Viviano del fu Pietro Mastello, *caniparius* del comune. Notaio: Rinaldino di Monte barbiere.

357*.] 1273 gennaio 17

Consegna ad Alberto *de Buschetis* di Forlino, giudice del podestà di Padova, di Oddone che fu di Vicenza e ora abita ad Este da parte di Malessarto da Monselice, per conto del comune. Notaio: Alberto del fu Corradino.

50.] 1273 febbraio 12, Monselice

Simone di Bonafante e Giovanni Dell'Acqua, procuratori del comune di Monselice, investono a locazione Boneto calzolaio di un terreno inedificato posto davanti alla sua casa, della larghezza di 30 piedi, per un canone annuo di 20 soldi di denari veneti. Notaio: Bartolameo di Domenico di Vivilia.

Copia autenticata [B] del 1308 settembre 5, Padova. Notaio: Montagna figlio del maestro Zeno calzolaio.

51.] 1273 febbraio 12, Monselice

Simone di Bonafante e Giovanni Dell'Acqua, procuratori del comune di Monselice, investono a locazione Lorenzo macellaio di un terreno inedificato posto davanti alla sua casa, della larghezza di 30 piedi, per un canone annuo di 20 soldi di denari veneti. Notaio: Bartolameo di Domenico di Vivilia.

Copia autenticata [B] del 1308 settembre 5, Padova. Notaio: Montagna figlio del maestro Zeno calzolaio.

65.] 1273 febbraio 12, Monselice

Simone di Bonafante e Giovanni Dell'Acqua, precuratori del comune di Monselice, investono Lanfranco Pavese di un terreno inedificato posto davanti alla sua casa verso il fiume e le mura pubbliche della misura di 30 piedi, per un canone annuo di 20 soldi di denari veneti. Notaio: Bartolomeo di Domenico di Vivilia.

Copia autenticata [B] del 1308 settembre 10, Padova. Notaio: Montagna figlio del maestro Zeno calzolaio.

532*.] 1273 marzo 22

Debito di 20 soldi di grossi contratto da Simone di Bonafante nei confronti di Grazio del fu Parisio. Notaio: Bartolomeo di Domenico di Vivilia.

449*.] 1273 aprile 19

Estinzione di un debito di 860 lire a favore di Engifredo figlio di Paduano da parte del notaio Simeone di Bonafante, procuratore del comune. Notaio: Giovanni figlio di Domenico di Pizello.

271*.] 1273 giugno 18

Estinzione di un debito di 360 lire di piccoli, di un altro di 171 lire e di un terzo di 27 soldi e un denaro di grossi a favore di Neri figlio del fu *B(o)rroma* da Firenze, procuratore di Ranuccio detto Nuccio figlio del fu Guidoto di Paganello da Firenze, da parte di Giovanni Dall'Acqua, procuratore del comune. Notaio: Bartolomeo di Domenico di Vivilia.

529*.] 1273 novembre 12

Debito di 22 soldi di grossi contratto da Zagagno banditore del comune nei confronti di Vivaldino di Corsale da Monselice. Notaio: Aimone figlio del fu Pasera.

362*.] 1273 novembre 20

Dichiarazione di Guido di Fizante e Salerno di Galea di conservare presso di sé un bene sequestrato da Segala, banditore del comune di Padova, a Zambono *de Grimaldis* su richiesta di Agolante da Padova e consegnato dal detto Segala a Giovanni Pellegrino, console del comune di Monselice. Notaio: Bartolomeo [di Domenico] di Vivilia.

66.] 1274 maggio 27, Monselice

Giovanni di Ordo, *sindicus* del comune di Monselice, per la somma di 156 lire di denari veneti investe a locazione per 5 anni Mambrino di Anna, Giovanni Pellegrino del fu Agoiardo, Bovetino *de Albrigetis* e Bonavolta del fu Manfredo *fornaio* delle sette botteghe poste in piazza San Paolo, abitate la prima dal maestro Viviolo, la seconda da Giovanni di Martino *Xolo*, la terza dal fruttivendolo Naso di Bisso, la quarta da Pietro figliastro di Bruto Coco, la quinta dallo stesso Bruto Coco, la sesta da Domenico Mordegello e la settima dal merciaio Perfiliasio. Notaio: Giovanni figlio di Enrico macellaio.

Copia autenticata [B] del 1308 settembre 10, *Padova*. Notaio: Montagna figlio del maestro Zeno calzolaio.

67.] 1274 giugno 28, Monselice

Il *dominus* Giovanni di Ordo, *sindicus* del comune di Monselice, per la somma di 3 lire, 7 soldi e 3 denari di denari veneti piccoli investe a livello perpetuo il drappiere Pietro Longo di un terreno inedificato posto tra i due fiumi per un canone annuo di 29 denari di veneti piccoli. Notaio: Giovanni figlio di Enrico macellaio.

Copia autenticata [B] del 1308 settembre 11, *Padova*. Notaio: Montagna figlio del maestro Zeno calzolaio.

412*.] 1274 luglio 8

Debito di 52 lire e 10 soldi di piccoli contratto dal notaio Natale *de Rubeis*, *sindicus* del comune, nei confronti di Alessandro giudice figlio di Giovanni di Mancio. Notaio: Francesco figlio del fu Gerardo di Tudisio.

68.] 1274 agosto 3, Monselice

Giovanni di Ordo, *sindicus* del comune di Monselice, per la somma 8 lire, 7 soldi e 3 denari di denari veneti di piccoli investe a livello perpetuo Turisendo *de Algosis* di un terreno inedificato posto tra i due fiumi per un canone annuo di 29 denari di veneti piccoli . Notaio: Giovanni figlio di Enrico macellaio.

Copia autenticata [B] del 1308 settembre 11, *Padova*. Notaio: Montagna figlio del maestro Zeno calzolaio.

70.] 1274 agosto 6, Monselice

Giovanni di Ordo, *sindicus* del comune di Monselice, per la somma di 20 soldi di denari veneti di piccoli investe a livello perpetuo Vivaldo di Romanello di un campo di terra paludosa vicino a un fossato posta a Solana per un canone annuo di 4 soldi di denari veneti piccoli. Notaio: Giovanni figlio di Enrico macellaio.

Copia autenticata [B] del 1308 settembre 11, *Padova*. Notaio: Montagna figlio del maestro Zeno calzolaio.

358*.] 1274 settembre 22

Promessa di Atizzeto *de Bignotis,* Gerardo di Gratapaia, Gerardo del fu Crescimbene, Proenzale, Pollo figlio di Milano, Naziolerio taverniere, Enrico da Vanzo, Molendo del fu Giacomino speziale e di suo fratello Bono, a Giovanni Bianco vicario di Michele da Montagnana podestà di Monselice e ai consoli Martino del fu Michele di Andrea e Alberto *de Canipario,* di tenere in carcere *Eçexinus* nipote del predetto Milano e di portarlo, dopo tre giorni, davanti al podestà di Padova. Notaio: Montesello figlio di Azzo.

69.] 1274 ottobre 1, Monselice

Giovanni di Ordo, *sindicus* del comune di Monselice, per la somma di 134 lire di denari veneti di piccoli investe a livello perpetuo

Lorenzo figlio di Pietro Randa e Filippo figlio di Brigabene di un terreno incolto posto oltre il ponte di Isola delle seguenti dimensioni di 96 piedi di testa, 60 piedi e mezzo di larghezza dal lato di Buonafede calzolaio e 57 piedi dall'altro lato verso il ponte di Isola, per un canone annuo di 4 lire di denari veneti piccoli. Notaio: Giovanni figlio di Enrico macellaio.

Copia autenticata [B] del 1308 settembre 11, *Padova.* Notaio: Montagna figlio del maestro Zeno calzolaio.

71.] 1274 ottobre 31, Monselice

Giovanni di Ordo, *sindicus* del comune di Monselice, per la somma di 18 lire e 10 soldi di denari veneti investe a livello perpetuo Alcardino di Macanda di una *terra vacua* posta oltre il ponte di Isola delle dimensioni di 36 piedi di testa e di 58 piedi di larghezza, per un canone annuo di 11 soldi e 6 denari di veneti piccoli. Notaio: Giovanni figlio di Enrico macellaio.

Copia autenticata [B] del 1308 settembre 12, *Padova.* Notaio: Montagna figlio del maestro Zeno calzolaio.

73.] 1274 novembre 4, Monselice

Giovanni di Ordo, *sindicus* del comune di Monselice, per la somma di 10 lire di denari veneti investe a livello perpetuo il drappiere Pietro Longo di un trerreno inedificato posto oltre il ponte di Isola delle dimensioni di 48 piedi di testa e di 58 piedi di larghezza, per un canone annuo di 10 soldi di denari veneti piccoli. Notaio: Giovanni figlio di Enrico macellaio.

Copia autenticata [B] del 1308 settembre 12, *Padova.* Notaio: Montagna figlio del maestro Zeno calzolaio.

492*.] 1274 novembre 19

Debito di 200 lire di denari piccoli contratto da Giovanni del fu Biagio di Baldimento nei confronti di Ottolino taverniere. Notaio: Antonio di Polegrado [*de Claricis*].

270*.] 1274 novembre 26

Estinzione di un debito di 22 lire, 11 soldi e 6 denari di grossi a favore di Coppo figlio del fu Guido da Firenze da parte di Natale notaio del fu Giovanni *de Rubeis*, procuratore del comune. Notaio: Antonio di Polegrado *de Claricis*.

78.] 1274 (1275 *a Nativitate*) dicembre 30, Monselice

Giovanni di Ordo, *sindicus* del comune di Monselice, per la somma di 26 lire di denari veneti piccoli investe a livello perpetuo il notaio Bartolomeo del fu Domenico di Vivilia, agente a nome di Gisla vedova di Pietro Gaiardo, di un terreno inedificato posto oltre il ponte di Isola delle dimensioni di 24 piedi di testa e 60 di larghezza, per un canone annuo di 20 soldi di denari piccoli. Notaio: Giovanni figlio di Enrico macellaio.

Copia autenticata [B] del 1308 settembre 13, *Padova*. Notaio: Montagna figlio del maestro Zeno calzolaio.

241*.] 1275 gennaio 1

Pagamento di 100 lire di piccoli a Giovanni *Albus*, procuratore di Michele da Montagnana, da parte di Pietro figlio di Alberto di Bunda, per conto del comune. Notaio: Tebaldo figlio di Giacomino Chechedona.

72.] 1275 giugno 27, Monselice

Giovanni di Ordo, *sindicus* del comune di Monselice, per la somma di 6 lire di denari veneti investe a livello perpetuo Zambono detto Patarino di un terreno inedificato posto oltre il ponte di Isola delle dimensioni di 24 piedi di testa e di 58 piedi di larghezza, per un canone annuo di 3 soldi di denari veneti piccoli. Notaio: Giovanni figlio di Enrico macellaio.

Copia autenticata [B] del 1308 settembre 12, *Padova*. Notaio: Montagna figlio del maestro Zeno calzolaio.

79.] 1275 giugno 27, Monselice

Giovanni di Ordo, *sindicus* del comune di Monselice, per la somma di 10 lire e 10 soldi di denari veneti piccoli investe a livello perpetuo Zambono detto Patarino di un terreno inedificato posto oltre il ponte di Isola delle dimensioni di 36 piedi di testa e 72 di larghezza, per un canone annuo di 15 soldi di veneti piccoli. Notaio: Giovanni figlio di Enrico macellaio.

Copia autenticata [B] del 1308 settembre 13, *Padova.* Notaio: Montagna figlio del maestro Zeno calzolaio.

100.] 1275 giugno 27, Monselice

Il doc. 100 è' un'altra copia dell'investitura a livello di Zambono detto Patarino (doc. 79).

Copia autenticata [B] del 1317 febbraio 11, Monselice. Notaio: Bellavere figlio di Pietro di Monselice della contrada Costa.

391*.] 1275 luglio 30

Mutuo di 286 lire di piccoli contratto da Malesarto del fu Palmerio Paltaneri e da altri fideiussori nei confronti Bonaventura del fu Guglielmo da Villa del Conte. Notaio: Bonaventura *de Albrigetis.*

237*.] 1275 agosto 10

Pagamento di 100 lire di piccoli a Gunterio da Casale, *caniparius* del comune di Padova, da parte di Tebaldo, *sindicus* del comune di Monselice, per una condanna emessa nei confronti di questo comune e di altre 100 lire di piccoli per un'altra condanna. Notaio: Giacomo figlio di Giuliano fabbro.

289*.] 1275 agosto 25

Debito di 10 soldi di grossi e di 40 soldi di piccoli contratto da Tebaldo figlio di Giacomino Chechedona, *sindicus* del comune, nei confronti di Enrico del fu Pietricino da Ostilia, che ha concesso il prestito per conto di Alchenda. Notaio: Gumbertino di Naticherio.

147*.] 1275 settembre 23

Debito di 105 lire di piccoli contratto da Gerardino Ocato calzolaio, console del comune, nei confronti di Antonio di Pietro di Aceia che ha concesso il prestito per conto di Manfredo del fu Manfredo. Notaio: Antonio di Polegrado *de Claricis.*

450*.] 1275 settembre 24

Pagamento di 100 lire effettuato dal comune di Monselice al comune di Padova per un condanna inflitta al notaio Tebaldo, *sindicus* del comune di Monselice. Notaio: Giacomo figlio di Giuliano.

365*.] 1275 ottobre 4

Mutuo di 86 lire e 6 soldi di piccoli contratto da Alberto *de Canipario* nei confronti di Antonio di Pietro di Aceia. Notaio: Antonio di Polegrado [*de Claricis*].

80.] 1275 ottobre 13, Monselice

Giovanni di Ordo, *sindicus* del comune di Monselice, per la somma di 11 lire e 5 soldi di denari investe a livello perpetuo Nissio toscano della fu Duoda da Firenze, ora residente a Monselice, di un terreno incolto posto a Isola delle dimensioni di una pertica e 14 tavole, per un canone annuo di 5 soldi e 7 denari di veneti piccoli. Notaio: Bartolameo del fu Domenico di Vivilia.

Copia autenticata [B] del 1308 settembre 13, *Padova.* Notaio: Montagna figlio del maestro Zeno calzolaio.

257*.] 1275 novembre 14

Debito di 10 soldi di grossi contratto da Manfredo di Zaccaria, procuratore del comune, nei confronti di Vescovello di Preveello. Notaio: Tebaldo figlio di Giacomino Chechedona.

286*.] 1275 novembre 14

Debito di 10 soldi e 4 denari di grossi contratto da Giovanni *de Ordo,* procuratore del comune, nei confronti di Martino *de Senicis.* Notaio: Antonio di Polegrado *de Claricis.*

203*.] 1276 gennaio 25

Pagamento di 83 lire e 9 denari di grossi a Pietro Borsatino figlio di Pietro Borsato da Cittadella, che abita a Padova nella contrada di San Matteo, da parte di Albertino Provenzale, *caniparius* del comune. Notaio: Francesco di Polegrado *de Claricis.*

212*.] 1276 marzo 25

Pagamento di 98 lire di piccoli a Domenico di Galea, a Formento di Cetro e a molti altri per 4 torne e 40 pertiche di campo a Vescovana da parte di Salerno di Galea e da Nisio, procuratori del comune. Notaio: Pietro del fu Davide *de Pulanis.*

258*.] 1276 giugno 9
Debito (*il contenuto dell'atto non è riportato*). Notaio: Bellengerio di Gunterio da Conselve.

516*.] 1276 giugno 9
Debito di 22 lire e 15 soldi di piccoli contratto da Guido di Gumberto di Fusara nei confronti di Spinello Mattia che ha concesso il prestito per conto di Spinello del fu Raniero da Firenze. Notaio: Viviano del fu Pietro Mastello.

149*.] 1276 giugno 10
Consulto legale di Salione dottore in legge, Lorenzo e di molti altri. Notaio: Bellengerio di Gunterio da Conselve.

494*.] 1276 luglio 20
Debito di 10 soldi e 3 denari di grossi contratto da Martino figlio di Biagio *usarolus*, *sindicus* del comune, nei confronti di Spinello detto Mazza figlio di Lapo che ha concesso il prestito anche per conto di Spinello di Gerolamo da Firenze. Notaio: Viviano del fu Pietro Mastello.

278*.] 1276 luglio 30
Debito di 4 lire e 10 soldi di piccoli contratto da Riccardo detto Masario da Costa di Monselice nei confronti di Spinello di Lapo, che ha concesso il prestito per conto di suo fratello Gaza. Notaio: Tebaldo di Giacomino Chechedona.

413*.] 1276 settembre 2
Debito di 31 lire e 10 soldi contratto da Giovanni Dall'Acqua nei confronti di Geri toscano che abita a Montagnana. Notaio: Daniele da Montagnana.

277*.] 1276 ottobre 4
Debito di 33 lire, 6 soldi e 8 denari di piccoli contratto da Guido figlio del fu Gumberto di Fusaria nei confronti di Vaneto. Notaio: Gerardo figlio del fu Abone.

228*.] 1276 novembre 24

Pagamento di 10 soldi di grossi a Nascimbene da Pressana che abita a Montagnana da parte di Giovanni Dall'Acqua, console del comune, come parziale restituzione di un debito di 23 soldi e 4 denari grossi. Notaio: Daniele da Montagnana.

332*.] 1276 dicembre 7

Debito di 50 soldi di grossi contratto da Albertino Zagaia nei confronti di Riccardo del fu Milano di Marco da Monselice. Notaio: Gerardo figlio del fu Abone.

225*.] 1277 gennaio 9

Pagamento di 200 lire a Boninsegna da Capo di Ponte di Padova, *caniparius* del comune di Padova, da parte di Pietro del fu Alberto Mano, *caniparius* del comune di Monselice, per una condanna emessa nei confronti di questo comune da Guido *de Rubertis*, podestà di Padova. Notaio: Artuico figlio di Giovanni di Guigla.

337*.] 1277 gennaio 23

Debito di 77 lire di piccoli contratto da Bianco fornaio da Monselice nei confronti di Gerardo *de Gratapalea* del fu Enginolfo da Monselice. Notaio: Albertino di Grizola.

218*.] 1277 febbraio 5

Pagamento di 25 lire di piccoli a Nascimbene, che fu da Pressana e ora abita a Padova, e ai sui soci da parte di Pietro del fu Alberto Mano, *caniparius* del comune. Notaio: Francesco di Bartolomeo fabbro.

336*.] 1277 marzo 1

Debito di 7 lire e 13 soldi di piccoli contratto da Enginolfo Cuco Paltanieri nei confronti di Bono di Baldinoto da Firenze. Notaio: Antonio di Polegrado [*de Claricis*].

533*.] 1277 marzo 30

Debito di 6 lire, 12 soldi e 4 denari di grossi contratto da Albertino Zagaia nei confronti di Neri di Romanuccio da Firenze che ha concesso il prestito per conto dei fratelli Gerardo e Bindo figli del fu Albertino di Canizano da Firenze. Notaio: Antonio di Polegrado *de Claricis.*

511*.] 1277 aprile 11

Debito di 8 lire e 19 soldi di grossi contratto da Vivaldino di Tomanello nei confronti di *Atile(n)sitis* di Aregeto da Firenze che ha concesso il prestito per conto dei fratelli Gerardo e Bindo figli del fu Aldrevandino di Canizano. Notaio Antonio di Polegrado de Claricis.

335*.] 1277 aprile 14

Debito di 20 soldi di grossi contratto da Giordano del fu Beltrame da Padova nei confronti di Francesco di Guido da Firenze. Notaio: Francesco di Polegrado *de Claricis.*

536*.] 1277 aprile 16

Debito di 33 soldi e 11 denari di grossi contratto da Pietro Mato taverniere nei confronti di Chessio toscano del fu Canizano da Firenze. Notaio: Giuliano figlio del fu Ottonello.

334*.] 1277 luglio 14

Impegno del comune, fatti i calcoli di due registri dell'amministrazione di Pietro del fu Alberto Mano, *caniparius* del comune, di conferire al detto Pietro 117 lire e 2 soldi di piccoli. Notaio: Franceschino del maestro Bartolomeo.

338*.] 1277 agosto 20

Debito di 12 lire e 8 soldi di piccoli contratto da Galvano del fu Pietro di Axa nei confronti di Abeto toscano che ha concesso il prestito per conto di suo fratello Bono. Notaio: Zenusio del fu Giovanni di Ordo.

333*.] 1277 settembre 2

Delibera approvata dalla maggioranza del consiglio del comune in cui si dispone che Pietro del fu Alberto Mano, già *caniparius* del comune, paghi una parte del debito della sua *caniparia*, e la parte restante debba essere pagata con i primi denari che perverranno in comune. Notaio: Tebaldino figlio di Filippo.

230*.] 1277 ottobre 28

Pagamento di 160 lire al notaio Biagio figlio di Dainisio da Prato linaiolo, procuratore di Giovannino di Soldano, da parte di Pietro del fu Alberto Mano, per conto del comune, per una condanna emessa nei confronti del comune stesso. Notaio: Rinaldino di Monte barbiere.

448*.] 1277 ottobre 28

Pagamento di 160 lire di piccoli al notaio Biagio figlio di Danesio da Prato linaiolo, procuratore di Giovannino di Soldano, da parte di Pietro del fu Alberto Mano per conto del comune. Notaio: Rinaldino di Monte barbiere.

307*.] 1278 gennaio 18

Pagamento 81 lire di piccoli *pro laborerio Rute Traturi* a Giovanni di Virigio e Viviano del fu Peraca da Vescovana da parte di Lazzaro di Isone, per conto del comune. Notaio: Natale *de Rubeis.*

521*.] 1278 giugno 18

Debito di 87 lire e 17 soldi di piccoli contratto da Albertino Proenzale del fu Pietro nei confronti di Giovanni Del Bene da Firenze che ha concesso il prestito per conto di Tanuccio di Guido Del Bene da Firenze. Notaio: Antonio di Polegrado *de Claricis.*

530*.] 1278 giugno 27

Debito di 23 lire e 2 soldi di piccoli contratto da Zucco Paltanieri nei confronti di Lapo del fu Filippo da Firenze che ha concesso il prestito per conto di Spinello del fu Raniero e di Canto del fu Filippo *de Sitis* da Firenze. Notaio: Martino figlio di Biagio *de Senicis.*

520*.] 1278 agosto 31

Debito di 100 lire di piccoli contratto da Albertino detto Proenzale nei confronti di Benedetto detto Seccafestughe di Gerardo di Guariento. Notaio: Giovanni figlio di Domenico di Pizello.

537*.] 1278 settembre 2

Debito di 51 lire e 12 denari di piccoli contratto da Bianco fornaio nei confronti di Francesco di Guido Del Bene da Firenze. Notaio: Martino figlio di Biagio *de Senicis.*

329*.] 1278 settembre 29

Debito contratto da Uberto da Urbana nei confronti di Uberto *pro torna et in ratione torne spinate seu sepes de corgnorum.* Notaio: Pietro di Alberto *de Martina.*

330*.] 1278 settembre 29

Debito di 11 lire di piccoli contratto da Uberto da Urbana nei confronti di Uberto *pro torna et in ratione turne spinate vel sepis de coragniorum ad fodendum in fovea frate.* Notaio: Pietro di Alberto *de Martina.*

513*.] 1279 gennaio 5

Debito di 79 lire, 13 soldi e 9 denari di piccoli contratto da Albertino Proenzale nei confronti di Florio figlio di Pietro *de Ravolatis* che ha concesso il prestito per conto di Richelda moglie del detto Pietro. Notaio: Viviano del fu Pietro Mastello.

235*.] 1279 gennaio 31

Versamento di 2000 lire a Ottone *draparolus,* collettore del comune di Padova, da parte di Bovetino del fu Giacomino *de Albrigetis, sindicus* del comune di Monselice, per una tassa imposta dal comune di Padova. Notaio: Antonio del fu Andrea.

227*.] 1279 febbraio 16

Pagamento di 45 lire, 8 soldi e 10 denari di piccoli a Giovanni Gastaldio da Montagnana da parte di Giovanni di Grariento e di Arnaldo di Lusca del fu Prosdocimo, per la sorveglianza delle mura e delle torri. Notaio: Zambono di Giacomo.

538*.] 1279 marzo 23

Debito di 6 lire di grossi contratto da Guido di Fizante nei confronti di Giacomo Bellando. Notaio: Bartolomeo del fu Domenico di Vivilia.

209*.] 1279 marzo 29

Pagamento di 100 lire di piccoli, dovutigli come salario per aver svolto la funzione di podestà, a Bonaventura Cartolario da Padova da parte di Torrisendo *de Algosis* e Pietro figlio di Gregorio, procuratori del comune. Notaio: Viviano del fu Antonio di Pietro Mastello.

213*.] 1279 aprile 10

Pagamento di 40 lire di piccoli, dovutigli dal comune a causa dell'incendio di una sua casa, a Crescenzio *de Bignotis* da parte di Pietro di Gregorio e di Torrisendo linaiolo, procuratori del comune. Notaio: Antonio di Polegrado *de Claricis*.

83.] 1279 maggio 11, Monselice

Turisendo *de Algesis* e Pietro di Gregorio *de Cesso*, procuratori del comune di Monselice, cedono a fra' Litolfo, agente del monastero di San Zaccaria di Venezia in Monselice, un pezzo di terra di 40 tavole posto a Nogarole, sopra il Monte delle Viti, in cambio di un altro terreno di 44 tavole e mezza posto nello stesso luogo. Notaio: Bartolameo del fu Domenico di Vivilia.

Copia autenticata [B] del 1308 settembre 15, *Padova*. Notaio: Montagna figlio del maestro Zeno calzolaio.

524*.] 1279 maggio 14

Debito di 113 lire e 12 soldi di piccoli contratto da Pietro figlio di Alberto di Bundà agente per conto di Forzeto figlio di Gallina da Firenze. Notaio: Tebaldo figlio di Giacomino Chechedona.

523*.] 1279 maggio 23

Debito di 74 lire di piccoli contratto da Pietro figlio di Alberto di Bendà (Bundà) nei confronti di Feo del fu Giacomo da Firenze che ha concesso il prestito per conto di Canto del fu Filippo *de Sitis* e di Spinello di Raniero da Firenze. Notaio: Antonio di Polegrado *de Claricis*.

517*.] 1279 giugno 5

Debito di 24 lire e 17 soldi di grossi contratto da Enrichetto de

Braida nei confronti di Guiduccio del fu *Bugus de Cotis* che ha concesso il prestito per conto di Forzeto figlio di Gallina da Firenze. Notaio: Tebaldo figlio di Giacomino Chechedona.

238*.] 1279 novembre 2

Pagamento di 50 lire e 18 denari di piccoli *pro miris* a Giovanni del fu Pasquale e al notaio Azzo da parte di Antonio figlio di Enginolfo macellaio, *caniparius* del comune. Notaio: Azzo del fu Giovanni di Artinisio.

85.] 1279 (1280 *a Nativitate*) dicembre 31, Monselice

Ottolino fornaio, *sindicus* del comune di Monselice, per la somma di 32 lire di denari veneti investe a livello perpetuo Enginolfo detto Atiseto del fu Ugo *de Bignotis* di un terreno incolto posto in contrada San Giacomo delle dimensioni di due campi, per un canone annuo di 10 soldi di denari veneti. Notaio: Bartolameo del fu Domenico di Vivilia.

Copia autenticata [B] del 1308 settembre 15, *Padova.* Notaio: Montagna figlio del maestro Zeno calzolaio.

239*.] 1280 marzo 30

Pagamento di 100 lire di piccoli, dovutigli come salario, a Fantino da San Vito di Padova, podestà di Monselice, da parte di Oddone del fu Prosdocimo di Tafentello, *caniparius* del comune. Notaio: Artuico figlio di Giovanni di Guigla.

522*.] 1280 ottobre 1

Debito di 127 lire e 9 soldi di piccoli contratto da Giacomino Bellando nei confronti di Guiduccio *de Cotis* da Firenze che ha concesso il prestito per conto di Frugerio di Gallina da Firenze. Notaio: Francesco di Polegrado *de Claricis.*

508*.] 1280 (1281 a Nativitate) dicembre 31

Debito di 60 lire contratto da Rinaldo del fu Martino di Berga, console del comune, nei confronti di Gualfredo *A Bandis* da Padova. Notaio: Antonio di Polegrado *de Claricis.*

414*.] 1281 gennaio 3

Debito di 20 lire di grossi contratto da Bono fornaio figlio del fu Manfredo nei confronti di Francesco del fu Guido Del Bene da Firenze. Notaio: Bartolomeo del fu Domenico di Vivilia.

86.] 1281 aprile 20, Monselice

Alberto Proenzale figlio del fu Pietrobleo, *sindicus* del comune di Monselice, investe a titolo di feudo il maestro Bartolomeo [Savacca] medico, figlio del fu Alberto medico, di 5 appezzamenti di terra, 4 di arativo e 1 di palude: il primo posto in contrada Caracedo, il secondo a Fossabonaldolo, il terzo a Ronchi di Bagnolo, il quarto a Oneda e il quinto a Solana o Viminario; il maestro Bartolomeo per la suddetta investitura feudale dovrà esercitare la professione di medico delle fratture ossee a Monselice e non potrà allontanarsi da tale località e dovrà comparire nella *curia vassallorum* quando verrà convocato; le terre passeranno ai suoi figli maschi eredi solo se questi continueranno a praticare la professione di medico. Notaio: Bartolameo del fu Domenico di Vivilia.

Copia autenticata [B] del 1308 settembre 15, *Padova*. Notaio: Montagna figlio del maestro Zeno calzolaio.

87.] 1281 aprile 20, Monselice

Albertino Proenzale figlio del fu Pietrobleo, *sindicus* del comune di Monselice, investe a livello perpetuo Brazaliana vedova di Accordo da Verona attualmente residente a Padova in contrada Santa Maria di Porciglia unitamente a suo figlio Fioravante di metà di una casa *murata et copata* per un canone annuo di 3 denari di piccoli e di 1/3 di una riva coltivata ad orto per un canone annuo di 12 denari di piccoli; detti beni di proprietà del comune sono posti in contrada Dietro Castello. Notaio: Bartolameo del fu Domenico di Vivilia.

Copia autenticata [B] del 1308 settembre 16, *Padova*. Notaio: Montagna figlio del maestro Zeno calzolaio.

306*.] 1281 ottobre 11

Debito di 107 lire di piccoli contratto da Albertino Proenzale, *sindicus* del comune, nei confronti di Ugolino di Clareta. Notaio: Azzo figlio di Tommasino.

214*.] 1281 ottobre 24

Pagamento di 107 lire di piccoli a Enregino sarto del fu Azzo, agente per conto di Ugolino di Clareta, da parte di Albertino di Provenzale, *sindicus* del comune. Notaio: Benedetto figlio di Guarnerio *cartolarius.*

326*.] 1281 novembre 30

Debito di 5 lire e mezza di grossi contratto da Albertino Proenzale, *sindicus* del comume, nei confronti di Giovanni Spina da Firenze, che ha concesso il prestito per conto di Andrea fratello di Gallina da Firenze. Notaio: Francesco di Polegrado *de Claricis.*

344*.] 1282 febbraio 14

Debito 45 soldi e 10 denari di grossi contratto da Simone notaio di Bonafante nei confronti di Bertaldo di Pietro Randa, che ha concesso il prestito per conto di Andrea fratello di Gallina da Firenze. Notaio: Francesco di Polegrado *de Claricis.*

152*.] 1282 febbraio 16

Debito di 4 lire e 10 soldi di grossi contratto da Goffredo *de Bullis* nei confronti di Giordano del fu Pietro Mato che ha concesso il prestito per conto di Andrea fratello di Gallina da Firenze. Notaio: Francesco di Polegrado *de Claricis*

151*.] 1282 aprile 8

Debito di 10 lire e 12 denari di grossi contratto da Tolberto detto Grasso del fu Buonafede *de Segatoribus* nei confronti di Francesco di Guido Del Bene che ha concesso il prestito per conto di Andrea di Forzeto da Firenze. Notaio: Antonio del fu Pegorino.

345*.] 1282 luglio 13

Debito di 24 soldi di grossi contratto da Alberto *de Martina* nei confronti di Orsachino toscano, che ha concesso il prestito per conto di Canto di Filippo e di Spinello di Raniero da Firenze. Notaio: Antonio di Polegrado *de Claricis.*

506*.] 1282 agosto 20

Debito di 30 soldi e 3 denari di grossi contratto dal notaio Simone di Bonafante nei confronti di Mattia figlio di Lapo che ha concesso il prestito per conto di Spinello di Raniero da Firenze. Notaio: Antonio di Polegrado *de Claricis*.

518*.] 1282 settembre 29

Debito di 100 lire contratto da Ottolino taverniere nei confronti di Giovanni del fu Enrico di Tura abitante a Padova. Notaio: Antonio di Polegrado [*de Claricis*].

410*.] 1283 gennaio 1

Debito di 100 lire di piccoli contratto da Giacomo Bellando nei confronti di Egidiolo figlio di Antonio *Bonese*. Notaio: Giacomo figlio di Bellavere.

411*.] 1283 gennaio 9

Debito di 18 lire, 6 soldi e 8 denari di piccoli contratto da Giacomo Bellando nei confronti di Lapo figlio di Lotto. Notaio: *Caxotus* del fu Paolo banditore.

75.] 1283 gennaio 26, Padova

Il consiglio maggiore di Padova decide che il libro dei possedimenti del comune di Padova a Monselice (realizzato su mandato del sacerdote Gerardo per conto di Ezzelino da Romano, sulla base di un altro libro piú antico) sia portato a Padova e conservato nella cancelleria insieme a una copia che dovrà essere esemplata; inoltre siano dati 10 soldi di grossi a colui che lo ha consegnato. Considerato poi che i relativi introiti del comune di Padova sono al momento di sole 400 lire anziché 800 come previsto in tale libro, si decide di formare una commissione per indagare sul campo circa la condizione di detti beni. Notaio: Bonaventura del fu Oredico Santo.

Il notaio Bonaventura del fu Oredico Santo in data 1283 maggio 5, *Padova*, attesta di aver esemplato una prima copia del provvedimento del consiglio maggiore del comune di Padova contenuto nel libro *reformationum* del notaio, dalla quale trae un'altra copia autenticata autenticata [C] del: 1283 maggio 23, *Monselice*.

Copia autenticata [D] del 1308 settembre 12, *Padova*. Notaio: Montagna figlio del maestro Zeno calzolaio.

231*.] 1283 gennaio 28

Pagamento di 100 lire di piccoli, dovutigli come salario, a Giovanni da Vescovana, podestà di Monselice, da parte di Bonavolta, *caniparius* del comune. Notaio: Giovanni figlio di Domenico di Pizello.

328*.] 1283 febbraio 22

Compromesso in arbitrato nelle persone di Simone di Bonafante e Pietro del fu Alberto di Bunda da parte di Giacomo Bellando, *sindicus* del comune e di Graziano di Ansaldo. Notaio: Pietro di Francesco *de Claricis.*

155*.] 1283 marzo 30

Debito di 43 soldi di grossi contratto da Grasso del fu Buonafede *de Segatoribus* nei confronti di Guido Del Bene da Firenze che ha concesso il prestito per conto di Andrea di Forzeto da Firenze. Notaio: Pietro di Francesco *de Claricis.*

510*.] 1283 aprile 6

Debito di 20 lire di piccoli contratto da Albertino Proenzale nei confronti di Giunto del Lavoratore che ha concesso il prestito anche per conto di Zilio del fu Rolando di Zilio, Zambono figlio di Domenico de Martina e di Stefano del fu Pietro de Martina, procuratori del comune. Notaio: Francesco figlio del maestro Bartolomeo Ferrario.

76.] 1283 giugno 3, Monselice

Giacomo Calizene e Antonio Capozola, incaricati di esaminare i beni e i possessi del comune di Padova posti in Monselice, ricevono le attestazioni giurate sul possesso dei mulini di Bagnarolo da parte di Giacomo di Belando, di Mazuchello del fu Giovanni, di Gerardo di Andrea Banzo, di Vincenzo del fu Mainardo, *masarius* della pieve di Monselice. Il 10 giugno si aggiunge la dichiarazione di Alberto Mascarello. Notaio: Bonaventura del fu Oredico Santo.

Copia autenticata [B] del 1308 settembre 12, *Padova.* Notaio: Montagna figlio del maestro Zeno calzolaio.

77.] 1283 giugno 10, Monselice

Giacomo Calizene e Antonio Capozola, incaricati di esaminare i beni e i possessi del comune di Padova posti in Monselice, ricevono le attestazioni giurate sul possesso dei mulini di Bagnarolo da parte di Giacomo di Belando, di Guido di Fizante, di Albertino Bizatore, di Alberto di Tafentello, di Domenico Conte, di Gualtiero notaio detto Biscazziere, di Alberto *de Fole*. Notaio: Bonaventura del fu Oredico Santo.

Copia autenticata [B] del 1308 settembre 13, *Padova*. Notaio: Montagna figlio del maestro Zeno calzolaio.

216*.] 1283 luglio 1

Deposito di 13 lire, 3 soldi e 6 denari di piccoli presso Maria moglie di Benencà figlio di Giovanni Dall'Acqua da parte di Naso di Bisso, procuratore del comune. Notaio: Pietro di Alberto *de Martina*.

221*.] 1283 (1284 *a Nativitate*) dicembre 30

Pagamento di 100 lire di piccoli, dovutigli come salario, a Pietro Zucca, podestà di Monselice, da parte del notaio Francesco de Claricis, *caniparius* del comune. Notaio: Alberto di Martino Scambarano.

88.] 1284 marzo 27, Monselice

Simone di Bonafante è nominato procuratore del comune di Monselice per metterne a livello i beni e i possedimenti, affittarne le decime dei beni e dei possedimenti, seguirne le cause, assicurarsi che siano versati gli affitti ad esso spettanti. Notaio: Alberto del fu Martino Scarbarano.

Copia autenticata [B] del 1308 settembre 15, *Padova*. Notaio: Montagna figlio del maestro Zeno calzolaio.

154*.] 1284 aprile 5

Debito di 142 lire di piccoli contratto da Pietro di Fusara nei confronti di Guido figlio di Amoreto da Firenze. Notaio: Alberto di Martino Scambarano.

229*.] 1284 aprile 5

Pagamento di 132 lire e 17 denari, dovutigli per tre mesi di salario, a Michele *capitaneus cavalcatorum* e ai suoi soci da parte di Rolando di Spalla, *caniparius* del comune. Notaio: Natale de Rossi.

240*.] 12[84] luglio 2

Pagamento di 6 lire di piccoli a Pietro di Acareto da parte di Gerardino e di Albertino Smortito, procuratori del comune. Notaio: Artuico figlio di Giovanni di Guigla.

215*.] 1284 settembre 26

Pagamento di 20 soldi di grossi a Martino del fu Biagio *de Senicis* da parte di Pietro del fu Alberto di Bunda e Natale *de Rubeis*, procuratori del comune. Notaio: Guglielmo di Filippo [di Bellando].

309*.] 1284 settembre 26

Pagamento di 300 lire di piccoli ad Antonio del fu Guido da Padova, *capitaneus ad extimationem bonorum et possessionum hominum Montisscilicis faciendam et corigendam*, da parte di Pietro del fu Alberto di Bunda e Natale *de Rubeis*. Notaio: Guglielmo di Filippo [di Bellando].

325*.] 1284 novembre 14

Debito di 20 soldi e 8 denari di grossi contratto da Ottolino fornaio da Monselice nei confronti di Pellatone toscano. Notaio: Ugeto.

157*.] 1284 novembre 16

Debito di 4 lire, 5 soldi e 4 denari di grossi contratto da Bonaventura detto Bordono del fu Rinaldo Macafava nei confronti di Grasso del fu Griberto Carissimo da Firenze che ha concesso il prestito per conto di Tanuccio del fu Guido Del Bene da Firenze. Notaio: Pietro di Francesco *de Claricis*.

153*.] 1284 (1285 a Nativitate) dicembre 30

Debito di 4 lire e 5 soldi di grossi contratto da Pietro del fu Alberto di Bundà nei confronti di Gero figlio di Lamberto da Firenze che ha concesso il prestito per conto di Guido figlio di Amoreto da Firenze. Notaio: Pietro [di Francesco] di Polegrado *de Claricis.*

526*.] 1285 febbraio 6
Debito di 9 lire di grossi contratto da Simone di Bonafante nei confronti di Goffredo *de Bullis* che ha concesso il prestito per conto di Feo. Notaio: Gerardo figlio del fu Abone.

507*.] 1285 aprile 10
Debito di 25 lire di piccoli contratto da Simone di Bonafante nei confronti di Spinello del fu Enrigeto da Firenze che ha concesso il prestito per conto di Sapiente figlio di Feo toscano. Notaio: Fino figlio di Boazario.

226*.] 1285 giugno 11
Pagamento di 36 lire e 2 soldi e inoltre di 48 soldi per le spese a Pietro Zucco di Zeno da Monselice e ad Adamo di Bossio da parte di Gerardino Ocato e Albertino Smortito, procuratori del comune. Notaio: Alberto di Martino Scambarano.

519*.] 1285 giugno 27
Debito di 114 lire e 17 soldi di piccoli contratto da Albertino Smortito nei confronti di Guidoto da Bolzano che ha concesso il prestito per conto di Maria moglie di Pietro di Mazucco *de Bullis.* Notaio: Artuico figlio di Giovanni di Guigla.

347*.] 1285 dicembre 9
Procura di Enrigeto de Boaria da Padova, podestà di Monselice, e del comune a Tommaso di Ugoloto a difendere il comune stesso nella causa contro Rinaldo Scrovegni e i suoi figli Manfredo ed Enrico. Notaio: Pietro di Alberto *de Martina.*

339*.] 1285 dicembre 13
Debito di 2062 lire e 4 soldi e 5 denari di piccoli contratto da Tommaso del fu Ugoloto, *sindicus* del comune, nei confronti di Enrico figlio di Rinaldo Scrovegni da Padova. Notaio: Domenico di Prosdocimo da Padova.

531*.] 1285
Debito di 100 lire di piccoli contratto da Pietro figlio del fu Gumberto di Fusara nei confronti di Federico figlio del fu Ezzelino Dal Fiume da Padova. Notaio: Egidio figlio di Graziano di Ansaldo.

421*.] 1286 marzo 22
Atto cancellato di un debito di 32 soldi e 1 denaro di grossi contratto da Zambono detto Rodulo *de Grimaldis* nei confronti di Bassano figlio di Canto *Sciti*. Notaio: Alberto di Martino Scambarano.

204*.] 1286 marzo 29
Compromesso in arbitrato nelle persone di Folco [Buzzacarini] *doctor legum* e di Michele *A Sale* giudice da parte di Pietro *de Ravolatis* e di Simeone di Bonafante, *sindicus* del comune. Notaio: Bartolomeo del fu Domenico di Vivilia.

301*.] 1286 aprile 8
Pagamento di 136 lire e 12 soldi e mezzo di piccoli, dovutigli come salario, a Giacomo del fu Rodolfo di Malizia da Padova, *capitaneus cavalcatorum*, e ai suoi soci da parte di Giovanni di Pietro Zuco, *caniparius* del comune. Notaio: Bartolomeo del fu Domenico di Vivilia.

189*.] 1286 maggio 5
Procura del comune a Gerardo del fu Abone per affrontare una serie di cause. Notaio: Bartolomeo del fu Domenico di Vivilia.

232*.] 1286 maggio 5
Pagamento di 112 lire e 10 soldi di piccoli a Corrado del fu Viviano *de Verariis*, podestà di Monselice, da parte di Ottolino fornaio, per conto del comune. Notaio: Bartolomeo del fu Domenico di Vivilia.

211*.] 1286 maggio 6
Pagamento di 13 lire e 18 denari di piccoli, dovutigli come salario per la funzione di *sindicus*, a Filippo fratello di Giacomo Bellando da

parte di Zambono detto Rodulo *de Grimaldis*, procuratore del comune. Notaio: Bartolomeo [del fu Domenico] di Vivilia.

234*.] 1286 maggio 6

Pagamento di 95 lire di piccoli *pro factura rotarum terratorii* a Forte del fu Venanzio *de Arianis* da parte di Zambono detto *Rolus de Grimaldis*, procuratore del comune. Notaio: Bartolomeo [di Domenico] di Vivilia.

236*.] 1286 maggio 6

Pagamento di 20 soldi a Giacomo *de Piçaco[mi]nis* da parte di Zambono detto *Rolus de Grimaldis*, procuratore del comune, per spese sostenute per il carcere del comune di Padova. Notaio: Bartolomeo [del fu Domenico] di Vivillia.

302*.] 1286 maggio 6

Pagamento di 37 lire, 19 soldi e 7 denari dei piccol ad Antono figlio di Tinella *de Corsalibus* da parte di Ottolino fornaio, per conto del comune. Notaio: Bartolomeo [del fu Domenico] di Vivilia.

208*.] 1286 maggio 8

Pagamento di 20 soldi di grossi, dovutigli dal comune per le spese del carcere di Padova e per un danno subito, a Riccardo del fu Milano di Marco da parte di Zambono detto *Rodullus de Grimaldis*, procuratore del comune. Notaio: Bartolomeo del fu Domenico di Vivilia.

190*.] 1286 maggio 27

Compromesso in arbitrato nelle persone di Pietro Leco *de Bullis* e Giacomo del fu Giovanni *de Piçacomino* da parte di Gerardo del fu Abone di Alchenda, *sindicus* del comune, e di Felice del fu Gabriele da Cereda con i suoi soci nella causa aperta tra il comune stesso e il predetto Felice. Notaio: Bartolomeo del fu Domenico di Vivilia.

394*.] 1286 maggio 27

Compromesso in arbitrato nelle persone di Pietro Leco *de Bullis* e di Giacomino del fu Giovanni *Piçacomini* da parte di Gerardo del fu Abone, *sindicus* del comune, e da Felice del fu Gabriele da Cereda, Giacomino detto *Nigro*, *domina* Fomia, Lorenzo detto Morazzo del fu Pietro Randa, Zaccaria del fu Azzo, Tealdo di Megno e Chiaro del fu Canizano per conto di Tommaso del fu Buono speziale. Notaio: Bartolomeo del fu Domenico di Vivilia.

535*.] 1286 giugno 8

Debito di 18 denari di grossi contratto da Giovanni di Picello nei confronti di Antonio di Marco. Notaio: Francesco figlio di Albertino Nasica.

191*.] 1286 giugno 10

Sentenza di condanna del comune da parte degli arbitri Pietro Leco *de Bullis* e Giacomo *de Piçacomino*, in base alla quale Gerardo [del fu Abone di Alchenda], *sindicus* del comune, deve dare a Felice [del fu Gabriele da Cereda] 18 soldi di grossi e altrettanti a ciascuno dei suoi soci. Notaio: Bartolomeo del fu Domenico di Vivilia.

156*.] 1286 giugno 14

Debito di 10 lire e 7 soldi di grossi contratto da Pietro del fu Alberto di Bundà nei confronti di Francesco del fu Guido Del Bene da Firenze che ha concesso il prestito per conto di Forzato del fu Balina di Bentacorda da Firenze. Notaio: Bartolomeo del fu Domenico di Vivilia.

242*.] 1286 luglio 22

Pagamento di 99 lire e 16 soldi di piccoli al maestro Pietro *straçarolus* figlio del fu Guarento da parte di Gioacchino da Mantova, agente per conto di Giacomo *de Piçacomino* e di altri. Notaio: Giovanni del fu Domenico di Pizello

243*.] 1286 luglio 22

Pagamento di 33 soldi di grossi al maestro Pietro *straçarolus* figlio del fu Guarento da parte di Agostino *de Grimis* notaio, agente per conto di Giacomo *de Piçacomino* e di Bernardino. Notaio: Giovanni del fu Domenico di Pizello.

527*.] 1286 settembre 30

Debito di 100 lire di piccoli contratto da Giovanni del fu Andrea di Erzo nei confronti di Giacomino del fu Paganino da Padova. Notaio: Artuico del fu Giovanni di Guigla.

509*.] 1287 aprile 12

Debito di 12 lire e 17 soldi di piccoli contratto da Episcopello de Fontana nei confronti di Beatrice moglie di Chiaro del fu Canizano. Notaio: Artuico figlio di Giovanni di Guigla.

528*.] 1287 settembre 3

Debito di 17 lire e 2 soldi di piccoli contratto da Giovanni del fu Andrea di Erzo nei confronti di Guido figlio del Moretto di Guido Del Bene da Firenze. Notaio: Pietro di Francesco [*de Claricis*].

292*.] 1288 luglio 15

Cessione da parte di Biagio da Sossano, *capitaneus cavalcatorum*, ad Alberto del fu Gerardino di Pietro di Zeno dei diritti vantati nei confronti del comune relativi a 136 lire, 12 soldi e 6 denari di piccoli. Notaio: Giacomo del fu Pietro.

298*.] 1288 luglio 25

Cessione da parte di Alberto del fu Gerardino di Pietro di Zeno a Milano figlio di Alberto di Patuccio dei diritti vantati nei confronti del comune relativi a 136 lire, 12 soldi e 6 denari di piccoli, diritti ricevuti dal Biagio da Sossano, *capitaneus cavalcatorum*. Notaio Bartolomeo di Domenico di Vivilia.

331*.] 1288 luglio 31

Condanna al pagamento di 59 soldi e 6 denari di piccoli emessa da Uberto da Como, giudice e assessore di Ottolino da Mandello [podestà di Padova], nei confronti di Tommaso, *sindicus* del comune di Monselice. Notaio: Giovanni figlio del fu Enrico da Casale.

515*.] 1289 febbraio 13

Debito di 3 soldi e 7 denari di grossi contratto da Giovanni di Erzo nei confronti di Guido figlio del Moretto. Notaio: Pietro di Francesco *de Claricis*.

94.] 1289 aprile 27, Padova

Bartolameo notaio del fu Domenico di Vivilia con altri fideiussori riceve un prestito di 58 soldi e 6 denari di veneti grossi da Pietrobuono notaio del fu Aicardino, impegnandosi a restiuirlo dopo due mesi. Notaio: Antonio del fu Zanfragnino.

Copia autenticata [B] del 1308 settembre 18, *Padova.* Notaio: Montagna figlio del maestro Zeno calzolaio.

95.] 1289 aprile 28, Padova

Oldrico giudice del fu Paolo di Padova della contrada Strada cede a Giovanni *de Baldimentis* di Monselice tutti i diritti connessi a un debito di 50 soldi di denari veneti grossi vantato nei confronti del comune di Monselice, a causa dell'incendio di una sua casa. Notaio: Artuico figlio di Giovanni di Guigla.

Copia autenticata [B] del 1308 settembre 18, *Padova.* Notaio: Montagna figlio del maestro Zeno calzolaio.

534*.] 1289 maggio 3

Debito di 204 lire e 10 soldi di piccoli contratto da Pietro del fu Gumberto de Fusara nei confronti di Guido figlio del Moretto di Guido Del Bene da Firenze. Notaio: Pietro di Francesco *de Claricis.*

460*.] 1289 maggio 27

Debito di 5 soldi e 11 denari di grossi contratto da Gualberto del fu Salerno di Galea nei confronti di Antone del fu Martino *de Sanitate* che ha concesso il prestito per conto di Guido figlio di Moretto toscano. Notaio: Pietro di Francesco *de Claricis.*

477*.] 1289 maggio 27

Debito di 3 soldi e 7 denari di grossi contratto da Tommaso del fu Patuccio di Baldimento nei confronti di Guido di Moretto. Notaio: Pietro di Francesco *de Claricis.*

201*.] 1289 giugno 8

Condanna al pagamento di 59 soldi e 6 denari di piccoli inflitta a Pietro notaio, *sindicus* del comune di Monselice, da parte di Raffaele da Ronco giudice e assessore di Ottolino da Mandello, podestà di Padova. Notaio: Giovanni Bello di Martinello dall'Olio.

415*.] 1289 luglio 11

Atto cancellato di un debito di 20 soldi di grossi contratto da Zambono Rodulo *de Grimaldis* nei confronti di Bassano figlio di Canto *Sciti* da Firenze. Notaio: Pietro di Francesco [*de Claricis*].

313*.] 1289 luglio 24

Pagamento di 97 lire di piccoli, *pro paga cavalcatorum* di tre mesi, a Giacomino *a Baudis*, *capitaneus cavalcatorum*, da parte di Leonardo figlio di Fidenzio di Menechello, *caniparius* del comune. Notaio: Bartolomeo di Domenico di Vivilia.

349*.] 1289 agosto 13

Assegnazione a Manfedo figlio del fu Rinaldo Scrovegni di un atto relativo a un debito di 2062 lire, 4 soldi e 5 denari di piccoli contratto da Tommaso di Ugoloto, *sindicus* del comune, nei confronti di Rinaldo Scrovegni; l'assegnazione avviene in seguito a una divisione fatta tra lo stesso Manfredo, suo fratello Enrico e suo nipote Domenico del fu Belloto. Notaio: Domenico del fu Prosdocimo.

314*.] 1289 ottobre 12

Pagamento di 97 lire e mezza di piccoli, dovutigli come salario, e di 4 lire di denari piccoli, per le spese sostenute, ad Antonio della fu Fina da Padova, *capitaneus cavalcatorum*, da parte di Leonardo figlio di Fidenzio di Menechello, *caniparius* del comune. Notaio: Bartolomeo di Domenico di Vivilia.

89.] 1289 dicembre 19, Monselice

Giovanni figlio di Biagio di Cesta (o Cesca), procuratore del comune di Monselice, per la somma di 4 lire e mezza di denari veneti investe a livello per 29 anni Frugereto del fu Michele di Bonafante, agente per conto di Viniciano di Merzaria proveniente da Porto ma ora abitante a Este, di un campo di terra paludosa posta in contrada Palude oltre il fiume di Bagnarolo, per un canone annuo di 5 soldi di denari veneti; l'investitura è da rinnovare ad ogni scadenza per 2 denari. Notaio: Bartolameo del fu Domenico di Vivilia.

Copia autenticata [B] del 1308 settembre 16, *Padova*. Notaio: Montagna figlio del maestro Zeno calzolaio.

402*.] 1290 gennaio 2

Mutuo di 3 lire, 11 soldi e 5 denari di grossi contratto da Realdo Mascarello nei confronti di Benvenuto detto *Bixatus* del fu Ambrogio. Notaio: Benedetto del fu Rolando.

350*.] 1290 gennaio 23

Cessione da parte di Manfredo figlio del fu Rinaldo Scrovegni a Gerardo del fu Nicola di Raimondo dei diritti vantati nei confronti di Tommaso del fu Ugoloto, *sindicus* del comune, per 900 lire di piccoli rispetto a un debito complessivo di 2062 lire, 4 soldi e 5 denari di piccoli. Notaio: Biagio del fu Fantino beccaro.

525*.] 1290 luglio 30

Debito di 32 lire di piccoli contratto da Vivaldino del fu Gualtiero di Butola nei confronti di Antonio figlio di Moretto di Guido Del Bene da Firenze. Notaio: Pietro di Francesco *de Claricis*.

222*.] 1290 ottobre 26

Debito di 9 lire, 9 soldi e 10 denari di piccoli contratto da Aldegarda moglie di Guido Fizante nei confronti di Nicola da Piove giudice, podestà di Monselice, per conto del comune. Notaio: Artuico figlio di Giovanni di Guigla.

202*.] 1290 novembre 15

Procura di Catanio del fu Aventura Fasolo ad Alberto figlio di Azzo *de Sa‹l›geriis* a muovere causa contro Galliano e qualunque altra persona. Notaio: Pietro del fu Ordano Fasolo.

196*.] 1290 novembre 24

Pagamento di 100 lire di piccoli, dovutigli come salario, al giudice Nicola da Piove, podestà di Monselice, da parte di Arnaldo di Lusca, collettore del comune. Notaio: Artuico figlio di Giovanni Guigla.

195*.] 1290 novembre 28

Pagamento di 16 lire di piccoli a Filippo di Bellando, Caracossa *de Gregoriis* e molti altri da parte di Antonio *de Gregoriis,* collettore del comune, in seguito a sentenza emessa nei confronti del comune da Bonaventura Tomba, Pietro del fu Alberto da Verona e altri. Notaio: Artuico figlio di Giovanni Guigla.

197*.] 1290 novembre 30

Pagamento di 100 lire di piccoli, dovutigli come salario, ad Albertino speziale, podestà di Monselice, da parte di Antonio, collettore del comune. Notaio: Artuico figlio di Giovanni Guigla.

198*.] 1290 dicembre 1

Pagamento di 16 soldi e 8 denari di grossi, dovutigli come salario per la funzione di *sindicus*, a Martino *de Senicis* da parte di Arnaldo di Lusca, collettore del comune. Notaio: Artuico figlio di Giovanni Guigla.

199*.] 1290 dicembre 4

Pagamento di 10 lire di piccoli, dovutigli per la custodia del monte e del piano, a Grasso *de Segatoribus* da parte di Domenico della fu Ada Rossi e da Antonio, procuratori del comune. Notaio: Artuico figlio di Giovanni Guigla.

200*.] 1290 dicembre 5

Pagamento di 59 soldi e 6 denari di piccoli a Catanio del fu Aventura Fasolo da parte di Giovanni di Picello per conto del comune. Notaio: Artuico figlio di Giovanni Guigla.

96.] 1290 dicembre 17, Monselice

Giovanni *de Baldimentis* dichiara di aver ricevuto da Antonio del *dominus* Gregorio, a nome del comune di Monselice, 55 soldi di denari veneti grossi per i diritti a lui ceduti da Enrico del fu Paolo connessi a un debito che questi vantava nei confronti del comune di Monselice. Notaio: Artuico figlio di Giovanni di Guigla.

Copia autenticata [B] del 1308 settembre 18, *Padova*. Notaio: Montagna figlio del maestro Zeno calzolaio.

310*.] 1291 gennaio 10

Locazione per due anni degli affitti del comune contenuti nel libro nuovo al notaio Giovanni *de Picellis* e a Felice del fu Gabriele da Cereda da parte di Bonaventura detto Tomba, *caput colmeli Santi Pauli*. Notaio: Biagio figlio di Benaia

462*.] 1291 luglio 15

Debito di 11 soldi e 1 denaro di grossi contratto da Lorenzo del fu Salerno di Galea nei confronti di Gerardo Corsale. Notaio: Giacomo figlio del *dominus* Bellavere.

514*.] 1291 agosto 13

Debito di 17 lire e 7 soldi di piccoli contratto da Tommaso figlio del fu Patuzzo *de Baldimentis* nei confronti di Giovanni *de Cantelis* che ha concesso il prestito per conto di Filino figlio di Feo da Firenze. Notaio: Pietro di Francesco *de Claricis*.

376*.] 1291 dicembre 1

Mutuo di 5 lire, 13 soldi e 4 denari di grossi contratto da Realdo del fu Giovanni *de Petenariis* e altri fideiussori nei confronti di Negro del fu Giovanni abitante a Padova e di Alessandro, che ha concesso il prestito per conto di Oliviero del fu Giovanni di Ambrogio. Notaio: Aldrigo di Buonsignore.

374*.] 1291 dicembre 9

Cessione da parte di Oliviero figlio di Giovanni di Ambrogio a Benvenuto detto Bissato di tutti i diritti vantati nei confronti di Realdo *de Petenariis*, di Giovanni *de Baldimentis*, di Tommaso di Patuzzo e di Albertino del fu Andrea di Erzo, relativi a un debito di 5 lire, 13 soldi e 4 denari di grossi. Notaio: Aldrigo di Buonsignore.

404*.] 1292 marzo 9

Mutuo di 23 soldi di grossi contratto da Bonafede del fu Gumberto nei confronti di Bassano figlio di Canto, che ha concesso il prestito per conto di Savio figlio di Feo da Firenze. Notaio: Patavino figlio di Oderico calzolaio.

97.] 1292 aprile 17, Monselice

Giovanni del fu Biagio *de Baldimentis*, Domenico *de Albrigetis* e il maestro Francesco sarto del fu Dainese, *precones* giurati, stabiliscono il confine tra il comune di Monselice e il *sedimen* del giudice Guglielmo del fu Biagio *de Cumanis* posto sopra il monte di Monselice presso la chiesa della pieve. Notaio: Montesello del fu Azzone Bellapenna.

Copia autenticata [B] del 1308 settembre 17, *Padova*. Notaio: Montagna figlio del maestro Zeno calzolaio.

98.] 1292 aprile 17, Monselice,

Giovanni del fu Biagio *de Baldimentis*, Domenico *de Albrigetis* e il maestro Francesco sarte del fu Dainese, *masarii* giurati, stabiliscono il confine tra il comune e il *sedimen* di Nicolò del fu Antonio Salvaroba e di Simone del fu Gultiero macellaio posto in contrada Pieve. Notaio: Montesello del fu Azzone Bellapenna.

Copia autenticata [B] del 1308 settembre 17, *Padova*. Notaio: Montagna figlio del maestro Zeno calzolaio.

223*.] 1292 ottobre 11

Pagamento di 49 soldi e 6 denari di piccoli a Pietro figlio di Giovanni Artessela da parte di Tura *A Peliolatis*, agente per conto del notaio Artuico, *sindicus* del comune, in seguito a due sentenze di condanna emesse nei confronti del comune stesso. Notaio: Novello figlio di Nicola da Piove giudice.

417*.] 1292 dicembre 8

Atto cancellato di un debito di 34 soldi e 1 denaro di grossi contratto da Pietro del fu Alberto di Bundà nei confronti di Spinello del fu Enrigeto da Firenze. Notaio: Giacomino figlio del *dominus* Bellavere.

348*.] 1292 *(omesso il mese)* 21

Confema nella *tenuta* dei beni del comune, per 900 lire di piccoli, a Felice del fu Gabriele da Cereda e al notaio Giovanni del fu Domenico di Pizello. Notaio: Basilio del fu Duonisio linaiolo.

217*.] 1293 gennaio 30

Pagamento di 22 lire di piccoli a Buonuomo *draperius* da parte del notaio Giacomo figlio di Bellavere e di Tommaso di Ugoloto, procuratori del comune. Notaio: Antonio figlio di Pegorino.

182*.] 1293 marzo 10

Compromesso in arbitrato nelle persone di Giovanni da Racanati *legum doctor* e Lovato del fu Rolando di Lovato da parte del maestro Virgilio figlio di Galvano *de Boto* e di Artuico figlio di Giovanni de Guigla, *sindicus* del comune. Notaio: Pietro di Alberto *de Martina*.

380*.] 1293 maggio 11

Mutuo di 20 soldi e 5 denari di grossi contratto da Realdo Mascarello del fu Giovanni e dai fideiussori Tommaso del fu Patuzzo, Albertino del fu Andrea di Erzo, Giovanni del fu Biagio *de Baldimentis* e Benvenuto detto Bissato da Padova nei confronti di Spinabello del fu Parisio, che ha concesso il prestito per conto di Oliviero del fu Giovanni di Ambrogio. Successiva cessione da parte di Oliviero al soprascritto Benvenuto dei diritti relativi a questo debito. Notaio: Antonio di Polegrado [*de Claricis*].

377*.] 1293 ottobre 16

Procura del comune a Natale Dall'Olmo per contrarre un mutuo di 200 lire di piccoli. Notaio: Pietro figlio del maestro Montesello.

162*.] 1293 ottobre 17

Procura del comune a Natale Dall'Olmo per contrarre un mutuo di 103 lire, 6 soldi e 8 denari di piccoli da Giacomino *de Fuscolis*. Notaio: Pietro figlio del maestro Montesello.

456*.] 1293 dicembre 3

Debito di 40 soldi e 1 denaro di grossi contratto da Bartolomeo figlio del fu Martino *de Claricis* nei confronti di Savio figlio di Feo da Firenze. Notaio: Patavino figlio di Oderico calzolaio.

459*.] 1293 dicembre 9

Debito di 59 lire e 16 soldi di piccoli contratto da Bovetino *de Al-*

brigetis nei confronti di Savio di Feo da Firenze. Notaio: Patavino figlio di Oderico calzolaio.

473*.] 1293 dicembre 9

Debito di 19 lire e 13 soldi di piccoli contratto da Biagio del fu Bartolomeo di Guiduccio nei confronti di Spinello di Enrigeto che ha concesso il prestito per conto di Savio figlio di Feo. Notaio: Patavino figlio di Oderico calzolaio.

418*.] 1293 dicembre 12

Atto cancellato di un debito di 360 lire e 10 soldi di piccoli contratto da Bovetino *de Albrigetis* fornaio nei confronti di Bassano figlio di Canto *Sciti*. Notaio: Francesco di Antonio *de Claricis*.

375*.] 1293 dicembre 15

Debito di 261 lire e 7 soldi di piccoli contratto da Giovanni del fu Biagio di Prosdocimo e altri fideiussori nei confronti di Bernardo, che ha concesso il prestito per conto di Spinello di Raniero, per l'acquisto di 20 carri di vino bianco schiavo di monte. Successiva cessione da parte di Spinello e Bernardo a Giovanni del fu Spealario che abita a Padova in contrada Sant'Urbano dei diritti relativi a questo debito. Notaio: Martinello del fu Meneto.

390*.] 1293

Mutuo di 100 lire di piccoli contratto da Giovannino *de Claricis* e da altri fideiussori nei confronti del notaio Gerardo del fu Abone, agente per conto di sua moglie Ficia. Notaio: Alberto di Martino Scambarano.

371*.] 1294 gennaio 12

Debito di 101 lire e 16 soldi di piccoli contratto da *Guetetus de Gasdia* ed altri fideiussori nei confronti di Uberto del fu Donato, agente per conto di Spinello del fu Raniero di Gerolamo, per l'acquisto di 20 carri di vino di monte. Successiva cessione da parte di Chiaro toscano, procuratore di Spinello, a Bassano figlio di Canto *Syti* dei diritti relativi a questo debito. Notaio: Tommaso del fu Martinello.

372*.] 1294 gennaio 12

Debito di 101 lire e 16 soldi di piccoli contratto da Bassano del fu Canto, come fideiussore di *Gereptus de Gasdia* del fu Arduino da Monselice, nei confronti di Uberto del fu Donato, che ha concesso il prestito per conto di Spinello. Promessa di Chiaro del fu Canezano da Firenze, di Tiso muratore di Acarda e altri di conservare indenne il detto Bassano. Notaio: Tommaso del fu Martinello.

446*.] 1294 gennaio 27

Debito di 121 lire contratto da Martino del fu Oliviero *de Luce* nei confronti di Bassano figlio di Canto *Siti* da Firenze che ha concesso il prestito per conto di Canto e di Spinello del fu Raniero da Firenze. Notaio: Patavino figlio di Oderico calzolaio.

461*.] 1294 febbraio 9

Mutuo di 16 lire e 3 soldi di piccoli contratto da Pietro figlio di Alberto Mascarello nei confronti di Spinello di Enrigeto che ha concesso il prestito per conto di Savio figlio di Feo da Firenze. Notaio: Pietro di Francesco *de Claricis.*

381*.] 1294 febbraio 16

Iscrizione nel libro *forbannitorum* del comune di Padova di Realdo Mascarello del fu Giovanni, di Tommaso del fu Patuzzo *de Baldimentis,* di Albertino del fu Andrea di Erzo e di Giovanni del fu Biagio *de Baldimentis.* Notaio Francesco figlio di Enrico da Ostilia.

463*.] 1294 febbraio 24

Debito di 32 soldi e 2 denari di grossi per 6 carri di buon vino bianco di monte contratto da Zambono detto Rodulo del fu Giovanni di Grimaldo procuratore di Felice del fu Gabriele *de Cereda* nei confronti di Gazaro di Lapo da Firenze. Notaio: Tommasino figlio di Martinello.

422*.] 1294 marzo 17

Atto non cancellato di un debito di 8 lire e 9 soldi di grossi contratto da Ottalino (Ottolino) fornaio nei confronti di Gazaro figlio del fu Lapo da Firenze. Notaio: Pietro di Francesco *de Claricis.*

416*.] 1294 luglio 11

Atto cancellato di un debito di 112 lire e 10 soldi di piccoli contratto da Natale Dall'Olmo del fu Bartolomeo ed altri nei confronti di Gazaro figlio del fu Lapo da Firenze. Notaio: Artuico figlio di Giovanni di Guigla.

423*.] 1294 ottobre 4

Atto cancellato di un debito di 34 lire e 9 soldi di grossi contratto da Pietro del fu Gumberto di Fusara da Monselice, *sindicus* del comune, nei confronti di Giovanni del fu Tura di Erto. Notaio: Antonio del fu Pegorino.

424*.] 1294 ottobre 7

Cessione da parte di Giovanni del fu Tura di Erro a Buchinello dei diritti vantati nei confronti di Pietro del fu Gumberto di Fusara. Notaio: Antonio del fu Pegorino.

455*.] 1294 novembre 28

Debito di 83 lire di piccoli contratto da Benaia del fu Biagio di Baldimento nei confronti di Gazaro del fu Lapo da Firenze. Notaio: Giacomo figlio del *dominus* Bellavere.

489*.] 1295 maggio 30

Debito di 9 lire, 10 soldi e 9 denari di piccoli contratto dal notaio Giacomo del fu Bellavere nei confronti di Gazaro figlio del fu Lapo. Notaio: Patavino figlio di Oderico calzolaio.

419*.] 1295 luglio 21

Atto cancellato di un debito di 418 lire di piccoli contratto dal dominus Felice del fu Gabriele *de Cereda* nei confronti di Bassano figlio di Canto *Sciti*. Notaio: Francesco di Antonio *de Claricis*.

401*.] 1294 luglio 26

Mutuo di 5 lire e 10 soldi di piccoli contratto da Biagio figlio di Benaia *de Baldimentis*, *sindicus* del comune, e dai fideiussori Tiso di Riccarda e Arnaldo di Lusca nei confronti di Armanno di Uguccione da Tribano. Notaio Pietro di Francesco *de Claricis*.

369*.] 1294 dicembre 20
Cessione per 131 lire di piccoli da parte di Giacomino *de Fuscolis* a Bartolomeo detto Cleregazzo di tutti i diritti vantati nei confronti di Natale Dall'Olmo relativi a un debito di 103 lire e 6 soldi di piccoli e inoltre a 20 lire di piccoli *de pena* e a 8 lire di spese. Notaio: Francesco di Antonio *de Claricis.*

454*.] 1295 gennaio 11
Debito di 11 lire e 17 soldi di piccoli contratto da Giovanni del fu Michele Longo nei confronti di Spinello de fu Enrigeto che ha concesso il prestito per conto di Gazaro figlio di Lapo. Notaio: Patavino figlio di Enrico calzolaio.

453*.] 1295 febbraio 20
Debito di 8 lire e10 soldi di piccoli contratto da Pietro del fu Gumberto di Fusara nei confronti di Bassano figlio di Canto *Siti* da Firenze. Notaio: Francesco di Antonio *de Claricis.*

143*.] 1295 marzo 13
Debito di 3 lire e 10 soldi di grossi contratto da Realdo Mascarello nei confronti di Bartolomeo *de Briciollis.* Notaio: Pietro di Francesco [*de Claricis*].

452*.] 1295 marzo 20
Debito di 113 lire e 10 soldi di piccoli contratto da Filippo del fu Pietro di Bellando nei confronti di Bassano figlio di Canto *Siti* da Firenze. Notaio: Francesco di Antonio *de Claricis.*

498*.] 1295 marzo 26
Debito di 3 lire e 11 soldi di piccoli contratto da Zambono detto Rodulo *de Grimaldis* nei confronti di Francesco filio di Bartolomeo Xavacca che ha concesso il prestito per conto di Bassano figlio di Canto *Siti* da Firenze. Notaio: Francesco di Antonio *de Claricis.*

468*.] 1295 luglio 31
Debito di 6 lire di grossi contratto da Tommaso di Patuccio *de Baldimentis* nei confronti di Patavino figlio di Enrico di Vanzo che

ha concesso il prestito per conto di Gazaro figlio del fu Lapo. Notaio: Patavino figlio di Oderico calzolaio.

403*.] 1295 settembre 10
Mutuo di 55 lire di piccoli contratto da Giovanni del fu Berto di Alianda ed altri fideiussori nei confronti di Buono del fu Alberto da Verona. Notaio: Antonio figlio di Pegorino.

303*.] 1295 ottobre 5
Debito di 17 lire, 15 soldi e 6 denari di grossi contratto da Pietro del fu Gumberto di Fusaria, *sindicus* del comune, nei confronti di Bassano figlio di Canto *Siti* da Firenze. Notaio: Francesco di Antonio *de Claricis.*

486*.] 1295 ottobre 9
Debito di 40 lire e 14 soldi di piccoli contratto da Pietro del fu Alberto *de Martina* nei confronti di Gazaro figlio del fu Lapo. Notaio: Patavino figlio di Oderico calzolaio.

451*.] 1295 ottobre 10
Debito di 17 lire, 10 soldi e 9 denari di piccoli contratto da Filippo del fu Pietro di Bellando nei confronti di Bassano figlio di Canto *Siti.* Notaio: Francesco di Antonio *de Claricis.*

406*.] 1295 novembre 30
Mutuo di 56 lire di piccoli contratto da Pietro notaio del fu Alberto *de Martina* ed altri nei confronti di Bassano figlio di Canto di *Syti.* Notaio: Francesco [di Antonio] *de Claricis.*

327*.] 1295 dicembre 18
Debito di 22 lire e 12 denari di grossi contratto da Adamo di Bosso nei confronti di Bassano figlio di Canto. Notaio: Giacomo figlio del *dominus* Bellavere.

144*.] 1295
(*Il contenuto dell'atto non è riportato*) Notaio: Alberto di Buonsignore.

457*.] 1296 gennaio 9

Debito di 12 lire e 6 soldi di piccoli contratto da Prando figlio del fu Pellegrino di Prando nei confronti di Gazaro figlio di Lapo. Notaio: Patavino figlio di Oderico calzolaio.

219*.] 1296 febbraio 10

Pagamento di 58 lire di piccoli, dovutigli come parte del salario, a Gerardo di Fiorito, ex podestà di Monselice, da parte di Domenico di Ada Rossi, *caniparius* del comune. Notaio: Pietro di Alberto *de Martina*.

470*.] 1296 febbraio 25

Debito di 18 lire e 6 soldi di piccoli contratto da Giacomo figlio del fu Bellavere nei confronti di Gazaro figlio del fu Lapo. Notaio: Giacomo figlio di Bellavere.

385*.] 1296 febbraio 26

Mutuo di 50 denari grossi contratto da Realdo Mascarello e dai fideiussori Giovanni *de Baldimentis*, Tommaso di Patuzzo, Albertino del fu Andrea di Erzo e Benvenuto detto Bissato nei confronti di Bartolomeo del fu Guariento, che ha concesso il prestito per conto di Oliviero del fu Giovanni di Ambrogio. Promessa di Realdo Mascarello e dei fideiussori di preservare indenne da questo debito Benvenuto detto Bissato e i suoi eredi. Successiva cessione da parte di Oliviero a Benvenuto dei diritti relativi a questo debito. Notaio: Francesco [di Antonio] di Polegrado [*de Claricis*].

311*.] 1296 febbraio 28

Pagamento di 75 lire di piccoli, dovutigli come acconto del suo salario, a Gerardo *de Floretis* da Padova della contrada Santa Croce da parte di Prando del fu Peregrino di Prando, *caniparius* de comune. Notaio: Biagio figlio di Benaia.

312*.] 1296 marzo 26

Pagamento di 25 lire di piccoli, dovutigli come saldo del suo salario, a Gerardo *de Floretis* da Padova da parte di Prando del fu Pellegrino di Prando, *caniparius* del comune. Notaio: Biagio di Banaia.

387*.] 1296 aprile 29

Debito di 400 lire 69 denari contratto da Giovanni del fu Biagio di Prosdocimo ed altri fideiussori nei confronti Moccio del fu Raniero. Notaio: Francesco di Antonio de *Claricis*.

471*.] 1296 giugno 4

Debito di 53 lire e 13 soldi di piccoli contratto da Pietro *de Martina* nei confronti di Giacomino del fu Giovanni da Casale che ha concesso il prestito per conto di Bassano figlio di Canto *Siti*. Notaio: Francesco di Antonio *de Claricis*.

467*.] 1296 giugno 5

Debito di 10 lire, 10 soldi e 8 denari di piccoli contratto da Zambono Rodulo de Grimaldis nei confronti di Gazaro del fu Lapo. Notaio: Patavino figlio di Oderico calzolaio.

478*.] 1296 giugno 5

Debito di 21 lire, 16 soldi e 6 denari di piccoli contratto da Guido del fu Artuico Gravoncello nei confronti di Gazaro figlio del fu Lapo. Notaio: Patavino figlio di Oderico calzolaio.

487*.] 1296 giugno 5

Debito di 10 lire, 10 soldi e 6 denari di piccoli contratto da Lorenzo del fu Salerno di Galea nei confronti di Gazaro figlio del fu Lapo. Notaio: Patavino figlio di Oderico calzolaio.

480*.] 1296 giugno 6

Debito di 19 lire e 15 soldi contratto da Oddo *de Martina* notaio nei confronti di Giacomo del fu maestro Bellavere agente per conto di Gazaro figlio di Lapo da Firenze. Notaio: Fidenzio di Antonio *de Claricis*.

475*.] 1296 giugno 8

Debito di 10 lire, 18 soldi e 6 denari di piccoli contratto da Vivaldino del fu Gualtiero di Butola nei confronti di Gazaro figlio del fu Lapo. Notaio: Patavino figlio di Oderico calzolaio.

466*.] 1296 giugno 17

Debito di 3 lire e 5 soldi di piccoli contratto da Giovanni detto Pilloto del fu Boneto di Giustina nei confronti di Gazaro del fu Lapo da Firenze. Notaio: Francesco di Antonio *de Claricis*.

163*.] 1296 luglio 15

Cessione da parte di Bartolomeo detto Cleregazzo figlio di Enrico macellaio a Francesco detto Poia dei diritti vantati nei confronti di Natale Dall'Olmo, *sindicus* del comune, relativi ad un prestito di 103 lire, 6 soldi e otto denari di piccoli. Notaio: Patavino di Oderico calzolaio.

164*.] 1296 luglio 15

Mutuo di 514 lire di piccoli contratto da Natale Dall'Olmo, *sindicus* del comune, nei confronti di Zambono Rodulo che lo concede per conto di Avezua moglie di Enrico macellaio. Notaio: Patavino di Oderico calzolaio.

447*.] 1296 luglio 15

Cessione da parte di Bartolomeo Cleregazzo figlio di Enrico macellaio a Francesco detto Puia dei diritti relativi a un debito di 103 lire, 6 soldi e 8 denari di piccoli. Notaio: Patavino figlio di Oderico calzolaio.

340*.] 1296 luglio 29

Debito di 500 lire e 34 denari di piccoli contratto da Natale del fu Bartolomeo Dall'Olmo, *sindicus* del comune, nei confronti di Bartolomeo detto Cleregazzo figlio di Enrico macellaio che fu di Monselice. Notaio: Patavino figlio di Oderico calzolaio.

383*.] 1296 luglio 29, Monselice

Promessa di Bartolomeo Cleregazzo del fu Enrico di restituire a Zambono Rodulo *de Grimaldis* e ad altri 500 lire e 34 denari di piccoli. Notaio: Patavino figlio di Oderico calzolaio.

445*.] 1296 agosto 5

Debito di 95 lire e 15 soldi di piccoli contratto da Filippo del fu

Pietro di Belando nei confronti di Bassano figlio di Canto *Siti*. Notaio: Francesco di *Antonio de Claricis*.

485*.] 1296 agosto 6

Debito di 46 lire e 6 soldi di piccoli contratto da Andrea del fu notaio Rinaldino nei confronti di Spinello del fu Enrigeto che ha concesso il prestito per conto di Gazaro figlio del fu Lapo. Notaio: Patavino figlio di Enrico calzolaio.

512*.] 1296 agosto 26

Debito di 9 lire di piccoli contratto da Giovanni del fu Berto di Lianda nei confronti di Zaccaria del fu Manfredo di Zaccaria che ha concesso il prestito per conto di di Spinello di Enrigeto. Notaio: Patavino figlio di Oderico calzolaio.

341*.] 1296 agosto 28

Cessione da parte di Bartolomeo detto Cleregazzo a Felice del fu Gabriele *de Cereda* che abita a Monselice dei diritti vantati nei confronti di Natale del fu Bartolomeo Dall'Olmo, *sindicus* del comune, relativi a un debito di 500 lire e 34 denari di piccoli. Notaio: Patavino figlio di Oderico calzolaio.

458*.] 1296 settembre 2

Debito di 7 lire e 14 soldi di piccoli contratto da Giunta moglie di Facino detta *Vitauna* nei confronti di Gazaro figlio di Lapo. Notaio: Patavino figlio di Oderico calzolaio.

420*.] 1296 ottobre 7

Atto cancellato di un debito di 148 lire e 11 soldi di piccoli contratto da Felice del fu Gabriele da Cereda nei confronti di Bassano figlio di Canto *Siti*. Notaio: Biagio figlio di Benaia di Baldimento.

472*.] 1296 ottobre 12

Debito di 4 lire di grossi contratto da Ottolino del fu Pellegrino nei confronti di Gazaro figlio del fu Lapo. Notaio: Patavino figlio di Oderico calzolaio.

305*.] 1296 ottobre 22

Pagamento di 10 lire di piccoli a Gerardo *de Floretis* da Padova, ex podestà di Monselice, da parte di Domenico di Ada Rossi, *caniparius* del comune. Notaio: Biagio figlio di Benaia.

469*.] 1296 ottobre 23

Debito di 59 soldi di piccoli contratto da Prando figlio del fu Pellegrino di Prando nei confronti di Gazaro figlio del fu Lapo da Firenze. Notaio: Pietro di Alberto *de Martina.*

499*.] 1296 ottobre 23

Debito di 40 denari di grossi contratto da Leonardo figlio di Fidenzio *de Menechelis,* con il consenso del padre, nei confronti di Gazaro figlio di Lapo. Notaio: Patavino figlio di Oderico calzolaio.

370*.] 1296 novembre 26

Cessione da parte di Benaia *de Baldimentis* a Trolussio del fu Pietro da Padova dei diritti vantati nei confronti di Giovanni del fu Berto di Alianda e di altri fideiussori relativi a un debito di 70 soldi di piccoli, e inoltre a 10 soldi e a 29 lire *de pena* e a 5 soldi di piccoli di spese; tali diritti erano stati ceduti a Benaia da Bono del fu Alberto da Verona per 100 lire e 15 soldi di piccoli, somma che Benaia doveva al detto Trolussio. Notaio: Biagio figlio di Benaia.

378*.] 1296 dicembre 1

Cessione per 100 lire e 15 soldi di piccoli da parte del notaio Orolo del fu Pietro da Padova a Biagio figlio di Benaia *de Baldimentis* di tutti i diritti vantati nei confronti di Giovanni detto Nuro del fu Berto di Alianda e di altri fideiussori relativi a un debito di 70 lire e 10 soldi di piccoli e inoltre a 29 lire e 5 soldi di piccoli di spese; tali diritti erano stati ceduti a Orolo da Benaia *de Baldimentis,* che li aveva avuti da Bono del fu Alberto da Verona. Notaio: Spinabello del fu Giacomo.

342*.] 1297 marzo 19

Donazione da parte di Felice del fu Gabriele da Cereda che abita a Monselice a sua figlia Tommasa dei diritti vantati nei confronti di Natale del fu Bartolomeo Dall'Olmo, *sindicus* del comune, relativi a un debito di 500 lire e 34 denari di piccoli. Notaio: Patavino figlio di Oderico calzolaio.

373*.] 1297 aprile 2

Procura di Spinello del fu Enrigeto e Gazaro del fu Lapo al notaio Negro del fu Bonaventura e al notaio Giovanni di Campagnolo per muovere causa contro Filippo di Belando. Notaio Patavino figlio di Oderico calzolaio.

384*.] 1297 giugno 3

Promessa di Gerardo figlio di Vivaldino, *sindicus* del comune, di restituire a Biagio figlio di Benaia o i suoi eredi 30 soldi di grossi entro il giorno di san Pietro successivo. Notaio: Domenico del fu Bartolomeo.

220*.] 1297 ottobre 1

Pagamento di 40 lire di piccoli ad Antonio del fu Guido da Padova da parte di Albertino linaiolo e di Martino *de Lusse*, procuratori del comune. Notaio: Alberto figlio di Martino di Fineto.

379*.] 1298 marzo 18

Cessione da parte di Bassano del fu Canto a Lamberto del fu Marco, a Botessa, a Gafaro del fu Giovanni, a Calese e altri di tutti i diritti vantati nei confronti di Giovanni del fu Biagio di Prosdocimo e dei fideiussori Filippo di Belando, Biagio di Cerato e Giovanni del fu Michele di Benda relativi ad un debito di 469 lire di piccoli. Notaio: Francesco di Antonio *de Claricis*.

185*.] 1298 maggio 6

Pagamento di 40 soldi di grossi a Pietro di Altichino da parte di Albertino del fu Bertaldo, collettore del comune. Notaio: Pietro di Francesco *de Claricis*.

186*.] 1298 maggio 6

Pagamento di 40 soldi di grossi a Pietro Pigna *de Ungarellis* giudice da parte di Albertino del fu Bertaldo, collettore del comune. Notaio: Pietro di Francesco *de Claricis.*

187*.] 1298 maggio 6

Pagamento di 40 soldi di grossi a Bartolomeo *A Solis* da parte di Albertino del fu Bertaldo, collettore del comune. Notaio: Pietro di Francesco *de Claricis.*

188*.] 1298 maggio 6

Pagamento di 40 soldi di grossi a Bartolomeo *A Solis*, procuratore di Pace da Rossano, da parte di Albertino del fu Bertaldo, collettore del comune. Notaio: Pietro di Francesco *de Claricis.*

425*.] 1298 luglio 9

Cessione da parte di Buchinello del fu Zanibello da Firenze ad Amoreto, agente per conto di suo figlio Guido, dei diritti avuti da Giovanni del fu Tura di Erto. Notaio: Francesco di Antonio *de Claricis.*

183*.] 1298 agosto 16

Pagamento di 128 lire di piccoli dei denari del comune a Floriano *tabernarius*, ex podestà di Monselice, e ai suoi figli Bonaventura e Bartolomeo da parte di Pietro del fu Francesco per conto di Albertino del fu Bertaldo. Notaio: Biagio figlio di Benaia.

210*.] 1298 agosto 18

Pagamento di 256 lire di piccoli, dovutigli come salario per sei mesi di funzione podestarile e per le spese sostenute, a Francesco figlio del fu Ungarello da Padova da parte di Giovanni figlio di Giacomino *Dexemini*, console del comune. Notaio: Francesco del fu Albertino Nasica.

184*.] 1298 agosto 20

Pagamento di 256 lire di piccoli dei denari del comune a Giovanni *de Calicinis* giudice, ex podestà di Monselice, da parte di Pietro del fu Francesco per conto di Albertino del fu Bertaldo. Notaio: Biagio figlio di Benaia.

233*.] 1298 novembre 5

Pagamento di 20 soldi di grossi a Pietro Pigna *de Ungarelis* giudice per aver difeso il comune, da parte di Albertino Tridentino, collettore del comune stesso. Notaio: Pietro del fu Giovanni di Artessela.

205*.] 1298 novembre 15

Pagamento di 20 soldi di grossi, dovutigli per aver patrocinato il comune, al giudice Pietro del fu Alteclino da parte di Albertino Tridentino, collettore del comune. Notaio: Pietro del fu Giovanni Artessela.

279*.] 1299 giugno 10

Pagamento di 99 lire e 13 soldi di piccoli per le travi mandate a Pizon al maestro Marco *scrignarius* da parte di Antonio del fu Domenico di Berga, *caniparius* del comune. Notaio: Giacomo figlio del *dominus* Bellavere.

244*.] 1299 luglio 28

Delibera del maggior consiglio del comune di nominare un *sindicus*, per raggiungere un compromesso con Felice del fu Gabriele *de Cereda*. Notaio: Pietro figlio di Montesello.

245*.] 1299 luglio 28

Procura di Guido di Gravoncello, di Leonardo di Meechelle e di molti altri a Filippo di Bellando per raggiungere un compromesso con Felice del fu Gabriele da Cereda. Notaio: Pietro figlio di Montesello.

246*.] 1299 agosto 4

Compromesso in arbitrato nelle persone di Alberto Segala, Pietro del fu Alberto Mascarello e Gerardo del fu Abone come terzo da parte di Filippo di Bellando, *sindicus* del comune, e di Felice del fu Gabriele da Cereda. Notaio: Biagio figlio di Benaia.

315*.] 1299 agosto 10

Debito di 3 lire di grossi contratto da Viviano pellaio, *sindicus* del comune, nei confronti di Pietro figlio del maestro Montesello, che ha concesso il prestito per conto di Bianca figlia di Galvano di Boto. Notaio: Giacomo figlio di Bellavere di Beltrame.

247*.] 1299 settembre 2
Condanna al pagamento di 300 lire a Felice del fu Gabriele da Cereda emessa da parte degli arbitri Alberto Segala del fu Pasquale, Pietro Mascarello del fu Alberto Mascarello e Gerardo del fu Abone di Alchenda nei confronti di Filippo di Bellando, *sindicus* del comune. Notaio: Biagio figlio di Benaia.

316*.] 1299 settembre 13
Cessione da parte di Bianca figlia del fu Galvano di Boto dei diritti vantati nei confronti di Viviano pellaio, *sindicus* del comune, relativi a un debito di 3 lire di grossi. Notaio: Francesco di Antonio *de Claricis*.

382*.] 1299 settembre 14
Mutuo di 24 soldi e 2 denari di grossi contratto da Tommaso del fu Patuzzo, dal maestro Bonaventura sarto del fu Goffredo, da Giacomino del fu Rinaldo Macafava, da Gualperto del fu Salerno e da Giovanni del fu Spina da Firenze nei confronti di Bassano figlio di Canto. Successiva cessione da parte di Bassano a Giovanni del fu Spina dei diritti relativi a questo debito. Segue altra cessione da parte di Giovanni del fu Spina a Canto *Siti* e a Spinello dei medesimi diritti. Notaio: Antonio di Polegrado [*de Claricis*].

386*.] 1299 novembre 23
Pagamento di 100 lire e 26 denari di piccoli da parte di Biagio di Cesca, *caniparius* agente per conto del comune, a favore di Susinello e Raimondino procuratori di Caracino del fu Corrado da Lendinara e di sua moglie Beatrice tutrice dei figli Caracino e Guglielmo. Notaio: Milano del fu Federico.

324*.] 1300 novembre 1
Sentenza emanata da Bernardino di Pizacomino, Pietro di Francesco e Spinello del fu Enrigeto sulla causa tra il comune di Monselice e Meiorino del fu Artusio di ABC e suo figlio Artusio. Notaio: Francesco di Antonio *de Claricis*.

192*.] 1300 novembre 28

Cessione per 19 soldi di grossi a Martino del fu Biagio *de Senicis* da parte Giacomino detto Negro di Fomia di tutti i diritti vantati nei confronti di Gerardo del fu Abone, *sindicus* del comune. Notaio: Giovanni del fu Pietricino da Villatorta.

323*.] 1301 giugno 24

Condanna del notaio Gumberto del fu Biagio da Sossano, *sindicus* del comune di Monselice, a risarcire 400 lire di piccoli a Meiorino del fu Artusio di ABC da Padova, per un danno da questi subito. Notaio: Palamidesio figlio di Engenerio Meiorino del fu Artusio di ABC da Padova.

193*.] 1301 agosto 22

Cessione per 23 soldi di grossi e 12 soldi di piccoli da parte di Martino del fu Biagio *de Senicis* a Rolandino della fu Adamo *de Bullis* di tutti i diritti vantati nei confronti di Gerardo del fu Abone, *sindicus* del comune, diritti ceduti a Martino da Giacomino detto Negro di Fomia. Notaio: Giacomo del fu Mazucco *de Bullis*.

194*.] 1301 agosto 22

Cessione per 12 lire e 2 soldi di piccoli da parte di Tommaso figlio del fu Buono speziale di Giacomino a Rolandino della fu Adamo *de Bullis* di tutti i diritti vantati nei confronti di Gerardo del fu Abone di Alchenda, *sindicus* del comune. Notaio: Giacomo del fu Mazucco *de Bullis*.

159*.] 1301 novembre 9

Debito di 80 lire di piccoli contratto da Gilberto del fu Benfatto, *sindicus* del comune, nei confronti di Camelino, banditore del comune di Padova, che ha concesso il prestito per conto di Pietro del fu Bondí di Padova. Notaio: Domenico di Lucio di Gualdino.

160*.] 1301 novembre 9

Procura del comune a Gilberto del fu Benfatto per contrarre un mutuo di 80 lire di piccoli da Pietro del fu maestro Bondí. Notaio: Domenico di Lucio di Gualdino.

161*.] 1301 novembre 9

Promessa di Gilberto del fu Benfatto, *sindicus* del comune, ed altri di conservare indenne Benvenuto detto Bissato obbligato presso Camelino, su preghiera di Gilberto, per il debito di 80 lire di piccoli. Notaio: Domenico di Lucio di Gualdino.

436*.] 1302 ottobre 10

Estinzione di un debito di 40 lire e 2 denari di piccoli a favore di Gerardo figlio del fu Guglielmo da parte di Daniele del fu Pietro *de Scaçetis, caniparius* del comune. Notaio: Guglielmo di Filippo di Bellando.

172*.] 1302 novembre 21

Pagamento a Lemizo Chizone, ex podestà di Monselice, di 162 lire di piccoli da parte di Gerardo del fu Abone e di 338 lire di piccoli da Daniele del fu Pietro *de Scaçetis*, entrambi *caniparii* del comune. Notaio: Domenico figlio di Lucio di Gualdino.

399*.] 1302 novembre 23

Pagamento di 160 lire e 6 soldi di piccoli a Giacomo del fu Pedone e Rinaldo del fu Giovanni Secadenari da parte di Daniele del fu Pietro *de Scaçetis, caniparius* del comune sotto la podestaria di Lemizo *de Chiçonibus*. Notaio: Guglielmo di Filippo [di Bellando].

437*.] 1302 dicembre 3

Estinzione di un debito di 15 soldi di piccoli a favore di Corrado del fu Venanzio *de Grimaldis* da parte di Daniele del fu Pietro *de Scaçetis, caniparius* del comune. Notaio: Guglielmo di Filippo [di Bellando].

438*.] 1302 dicembre 3

Pagamento di 15 soldi di grossi a Corrado *de Grimaldis* da parte di Daniele del fu Pietro *de Scaçetis, caniparius* del comune, in seguito a una sentenza. Notaio: Guglielmo di Filippo [di Bellando].

174*.] 1302 dicembre 11

Delibera del consiglio del comune, approvata sotto la podestaria di Lemizo Chizone, per incaricare dei saggi ad affrontare le *questiones* che Giovanni di Lorenzo macellaio e Lorenzo *de Galea* avevano con il comune stesso. Notaio: Domenico figlio di Lucio di Gualdino.

400*.] 1302 dicembre 11

Restituzione di un deposito cauzionale di 44 lire di piccoli a Bartolomeo del fu Tomba e a suo figlio Domenico da parte di Daniele, *caniparius* del comune. Notaio: Guglielmo di Filippo [di Bellando].

173*.] 1302

Pagamento di 20 soldi di grossi da parte di Daniele del fu Pietro *de Scaçetis*, *caniparius* del comune di Monselice, al maestro Leonardo Enzegnerato del fu maestro Fazio da Padova e il maestro Antonio Enzegnerato del fu maestro Benvenuto. Notaio: Guglielmo di Filippo di Bellando.

439*.] 1302

Rinaldo del fu Bonaventura di Macafava per 79 lire, 17 soldi e 4 denari di piccoli *(rubrica incompleta, che non permette di ricavare ulteriori informazioni)* Notaio: Guglielmo di Filippo [di Bellando].

167*.] 1303 maggio 8

Debito di 240 lire di piccoli contratto da Domenico di Tomba, *sindicus* del comune, nei confronti di Pietro del fu Bondí di Padova. Notaio Pietro di Francesco *de Claricis.*

138.] 1303 giugno 10, Monsclicc

Giovanni notaio del fu Petrecino da Ostilia, in vigore dei diritti a lui ceduti da Stefano Tassello (che in forza di una sentenza contro il comune di Monselice aveva ottenuto un complesso di beni immobili del valore di 10.000 lire di piccoli) cede con una donazione *inter vivos* a Enginolfo Cuco del fu Pollo Paltanieri tali diritti, con l'esplicito patto che il tutto passerà al comune di Monselice alla morte del detto Enginolfo e non ai suoi eredi. Notaio: Ottolino di Gerardino di Fontana.

Originale in registro [A].

308*.] 1303 ottobre 26

Pagamento di 10 soldi di grossi per la *tenuta* di beni del comune a Nascimbene *de Fantelis* da parte di Benaia *de Baldimentis, caniparius* del comune. Notaio: Domenico di Lucio [di Gualdino].

102.] 1304 febbraio 22, Monselice

Palamidesio di Vitaliano, podestà di Monselice, dà esecuzione a una delibera del maggior consiglio del comune di Monselice del 29 gennaio 1304 sottoscritta dal notaio Giacomo del fu Bellavere in base alla quale deve essere messa a livello parte della Palude di Isola dall'argine nuovo verso il fiume fino al fossato del Campo Marzio, dividendola tra cittadini consorti di Padova, per la somma di 50 soldi di piccoli per campo e per un canone annuo di 12 denari di piccoli per campo. I denari entrati serviranno per risarcire un debito contratto dal comune di Monselice nei confronti di Meiorino di Abo, Zambono di Andrea e Floro *de Ravolatis*. Segue la suddivisione della palude in 12 mansi. Notaio: Guglielmo figlio di Filippo di Belando.

Originale in registro [A].

103.] 1304 marzo 15, Monselice

Gerardo notaio del fu Abo, procuratore del comune di Monselice, per la somma di 10 lire di denari piccoli investe a livello perpetuo Ziraldo Crosna giudice figlio del fu Antonio di Padova di 4 campi di terra paludosa posti a Palude di Isola nel settimo manso, per un canone annuo di 4 soldi di denari piccoli. Notaio: Guglielmo figlio di Filippo di Belando.

Originale in registro [A].

104.] 1304 marzo 15, Monselice

Gerardo notaio del fu Abo, procuratore del comune di Monselice, per la somma di 10 lire di denari piccoli investe a livello perpetuo Zambono notaio di Andrea da Padova *pro indiviso* con Pesce de Trotti, Ziraldo Crosna, Prosdocimo notaio figlio di Guido sarte e Paduano figlio di Conte da Gorgo, di 4 campi di terra paludosa posti a Palude di Isola nel settimo manso, per un canone annuo di 4 soldi di denari piccoli. Notaio: Guglielmo figlio di Filippo di Belando.

Originale in registro [A].

132.] 1304 marzo 15, Monselice

Gerardo notaio del fu Abo, *sindicus et procurator* del comune di Monselice, per la somma di 50 soldi di denari piccoli investe a livello perpetuo Bernardino del fu Giovanni Pizacomino *pro indiviso* con Bissato, Enrichetto di Ambrosino e con altri, di 1 campo di terra paludosa posto a Palude di Isola nel primo manso, per un canone annuo di 12 denari di piccoli. Notaio: Guglielmo figlio di Filippo di Belando.

Originale in registro [A].

105.] 1304 marzo 16, Monselice

Gerardo notaio del fu Abo, procuratore del comune di Monselice, per la somma di 7 lire e 10 soldi di denari piccoli investe a livello perpetuo il maestro Bartolameo Savacca medico del fu maestro Alberto medico di Monselice di 3 campi di terra paludosa posti a Palude di Isola in contrada Pantera, per un canone annuo di 3 soldi di denari piccoli. Notaio: Guglielmo figlio di Filippo di Belando.

Originale in registro [A].

106.] 1304 marzo 16, Monselice

Gerardo notaio del fu Abo, procuratore del comune di Monselice, per la somma di 57 lire e 10 soldi di denari piccoli investe a livello perpetuo Leonardo del fu Gerardo Zize di Padova della contrada *Domus Dei* di 23 campi di terra paludosa posti a Palude di Isola nel secondo manso, per un canone annuo di 23 soldi di denari piccoli. Notaio: Guglielmo figlio di Filippo di Belando.

Originale in registro [A].

107.] 1304 marzo 16, Monselice

Gerardo notaio del fu Abo, procuratore del comune di Monselice, per la somma di 10 lire di denari piccoli investe a livello perpetuo Prizivalle notaio figlio del fu Tebaldo di Guariento daPadova di

4 campi di terra paludosa posti a Palude di Isola nel primo manso, per un canone annuo di 4 soldi di denari piccoli. Notaio: Guglielmo figlio di Filippo di Belando.

Originale in registro [A].

108.] 1304 marzo 16, Monselice

Gerardo notaio del fu Abo, procuratore del comune di Monselice, per la somma di 10 lire di denari piccoli investe a livello perpetuo Prizivalle notaio figlio del fu Tebaldo di Guariento da Padova *pro indiviso* con Antonio Capozolla, Palmerio notaio da Santa Croce, Giacomo notaio del fu Raniero, Enrichetto notaio di Ambrosino, di 4 campi di terra paludosa posti a Palude di Isola nel quarto manso, per un canone annuo di 4 soldi di denari piccoli. Notaio: Guglielmo figlio di Filippo di Belando.

Originale in registro [A].

109.] 1304 marzo 16, Monselice

Gerardo notaio del fu Abo, procuratore del comune di Monselice, per la somma di 50 lire di denari piccoli investe a livello perpetuo Prizivalle notaio figlio del fu Tebaldo di Guariento da Padova di 20 campi di terra paludosa posti a Palude di Isola nel nono manso, per un canone annuo di 20 soldi di denari piccoli. Notaio: Guglielmo figlio di Filippo di Belando.

Originale in registro [A].

110.] 1304 marzo 16, Monselice

Gerardo notaio del fu Abo, procuratore del comune di Monselice, per la somma di 50 lire di denari piccoli investe a livello perpetuo Pietro figlio del fu Belengerio Dal Fiume da Padova di 20 campi di terra paludosa posti a Palude di Isola nell'ottavo manso, per un canone annuo di 20 soldi di denari piccoli. Notaio: Guglielmo figlio di Filippo di Belando.

Originale in registro [A].

111.] 1304 marzo 16, Monselice

Gerardo notaio del fu Abo, procuratore del comune di Monselice, per la somma di 10 lire di denari di piccoli investe a livello perpetuo Pesce figlio del fu Giacomino *pro indiviso* con Ziraldo Crosna, Zambono notaio di Andrea, Nicolò Calderolla e Paduano figlio di Conte da Gorgo, di 4 campi di terra paludosa posti a Palude di Isola nel settimo manso, per un canone annuo di 4 soldi di denari piccoli. Notaio: Guglielmo figlio di Filippo di Belando.

Originale in registro [A].

112.] 1304 marzo 18, Monselice
Gerardo notaio del fu Abo, procuratore del comune di Monselice, per la somma di 10 lire di denari piccoli investe a livello perpetuo Prosdocimo notaio figlio del maestro Guido sarte da Padova della contrada Sant'Urbano *pro indiviso* con Pesce, Ziraldo Crosna, Zambono notaio di Andrea e Paduano figlio di Conte da Gorgo, di 4 campi di terra paludosa posti a Palude di Isola nel settimo manso, per un canone annuo di 4 soldi di denari piccoli. Notaio: Guglielmo figlio di Filippo di Belando.

Originale in registro [A].

293*.] 1304 marzo 24
Credito di 10 soldi di grossi vantato da Giraldo Crosna nei confronti del comune per un danno subito in una sua casa in contrada Valdecaresina. Notaio: Guglielmo di Filippo [di Bellando] .

113.] 1304 aprile 3, Monselice
Gerardo notaio del fu Abo, procuratore del comune di Monselice, per la somma di 10 lire di denari piccoli investe a livello perpetuo Finile sarte detto Scalza figlio del fu Matteo da Padova della contrada San Pietro *pro indiviso* con Guido *de Sarzanis*, Giovanni Rasone, il maestro Domenico notaio e Nicolò speziale del fu Zanone, di 4 campi di terra paludosa posti a Palude di Isola nel terzo manso, per un canone annuo di 4 soldi di denari piccoli. Notaio: Guglielmo figlio di Filippo di Belando.

Originale in registro [A].

114.] 1304 aprile 6, Monselice
Gerardo notaio del fu Abo, procuratore del comune di Monseli-

ce, per la somma di 10 lire di denari piccoli investe a livello perpetuo Giacomo notaio del fu Raniero da Prato *pro indiviso* con Antonio Capozolla, Enrichetto notaio di Ambrosino, Palmerio notaio da Santa Croce, di 4 campi di terra paludosa posti a Palude di Isola nel quarto manso, per un canone annuo di 4 soldi di denari piccoli. Notaio: Guglielmo figlio di Filippo di Belando.

Originale in registro [A].

115.] 1304 aprile 6, Monselice

Gerardo notaio del fu Abo, procuratore del comune di Monselice, per la somma di 10 lire di denari piccoli investe a livello perpetuo Palmerio notaio figlio del fu Guido da Padova da Santa Croce *pro indiviso* con Antonio Capozolla, Enrichetto notaio di Ambrosino, Giacomo notaio del fu Raniero, di 4 campi di terra paludosa posti a Palude di Isola nel quarto manso, per un canone annuo di 4 soldi di denari piccoli. Notaio: Guglielmo figlio di Filippo di Belando.

Originale in registro [A].

124.] 1304 aprile 10, Monselice

Gerardo notaio del fu Abo, procuratore del comune di Monselice, per la somma di 10 lire di denari piccoli investe a livello perpetuo Paduano figlio di Conte da Gorgo *pro indiviso* con Pesce de Trotti, Zambono notaio di Andrea, Prosdocimo notaio figlio del maestro Guido sarte da Padova, di 4 campi di terra paludosa posti a Palude di Isola nel settimo manso, per un canone annuo di 4 soldi di denari piccoli. Notaio: Guglielmo figlio di Filippo di Belando.

Originale in registro [A].

125.] 1304 aprile 19, Monselice

Gerardo notaio del fu Abo, procuratore del comune di Monselice, per la somma di 10 lire di denari piccoli investe a livello perpetuo Enginulfo Cuco *pro indiviso* con Guglielmo Novello, Pietro Scrovegni, Prizivalle notaio di Guariento, di 4 campi di terra paludosa posti a Palude di Isola nel primo manso, per un canone annuo di 4 soldi di denari piccoli. Notaio: Guglielmo figlio di Filippo di Belando.

Originale in registro [A].

116.] 1304 maggio 30, Monselice

Gerardo notaio del fu Abo, procuratore del comune di Monselice, per la somma di 10 lire di denari piccoli investe a livello perpetuo Biagio giudice figlio di Guido *de Sarzanis* da Padova, agente per il padre Guido, *pro indiviso* con Scalza sarte, il maestro Domenico notaio di Padova, Nicolò speziale e Antonio figlio del fu Giovanni Rasone, di 4 campi di terra paludosa posti a Palude di Isola nel terzo manso, per un canone annuo di 4 soldi di denari piccoli. Notaio: Guglielmo figlio di Filippo di Belando.

Originale in registro [A].

117.] 1304 maggio 30, Monselice

Gerardo notaio del fu Abo, procuratore del comune di Monselice, per la somma di 10 lire di denari piccoli investe a livello perpetuo il maestro Bonalbergo orefice figlio del fu maestro Tuisio da Padova della contrada San Lorenzo, agente anche a nome del fratello maestro Silvestro orefice, *pro indiviso* con Scalco, il maestro Bernardo sarte e Michele suoi fratelli e il maestro Giovanni medico del fu maestro Zilio, di 4 campi di terra paludosa posti a Palude di Isola nel quinto manso, per un canone annuo di 4 soldi di denari piccoli. Notaio: Guglielmo figlio di Filippo di Belando.

Originale in registro [A].

118.] 1304 maggio 30, Monselice

Gerardo notaio del fu Abo, procuratore del comune di Monselice, per la somma di 10 lire di denari piccoli investe a livello perpetuo il maestro Bonalbergo orefice figlio del fu maestro Tuisio da Padova della contrada San Lorenzo, agente anche a nome del fratello maestro Silvestro orefice, *pro indiviso* con Antonio da Lio giudice, Meglio *de Segnoretis*, Corrato *de Grimaldis* notaio, Martino *de Senicis* notaio e Patavino di Vanzo, di 4 campi di terra paludosa posti a Palude di Isola nel dodicesimo manso, per un canone annuo di 4 soldi di denari piccoli. Notaio: Guglielmo figlio di Filippo di Belando.

Originale in registro [A].

119.] 1304 maggio 30, Monselice

Gerardo notaio del fu Abo, procuratore del comune di Monselice, per la somma di 20 lire di denari piccoli investe a livello perpetuo il maestro Bonalbergo orefice figlio del fu maestro Tuisio da Padova della contrada San Lorenzo, agente anche a nome del fratello maestro Silvestro orefice, di 8 campi di terra paludosa posti a Palude di Isola nel sesto manso, per un canone annuo di 8 soldi di denari piccoli. Notaio: Guglielmo figlio di Filippo di Belando.

Originale in registro [A].

121.] 1304 giugno 4, Monselice

Gerardo notaio del fu Abo, procuratore del comune di Monselice, per la somma di 10 lire di denari piccoli investe a livello perpetuo il maestro Bonalbergo orefice figlio del fu maestro Tuisio da Padova della contrada San Lorenzo, agente anche a nome del fratello maestro Silvestro orefice, di 4 campi di terra paludosa posti a Palude di Isola nel sesto manso, per un canone annuo di 4 soldi di denari piccoli. Notaio: Guglielmo figlio di Filippo di Belando.

Originale in registro [A].

122.] 1304 giugno 4, Monselice

Gerardo notaio del fu Abo, procuratore del comune di Monselice, per la somma di 30 lire di denari piccoli investe a livello perpetuo Michele notaio figlio del fu Ottonello da Padova della contrada Parenza, agente anche a nome dei suoi fratelli Scalco e il maestro Bernardo sarte, *pro indiviso* con il maestro Silvestro orefice e con il maestro Giovanni medico, di 12 campi di terra paludosa posti a Palude di Isola nel quinto manso, per un canone annuo di 12 soldi di denari piccoli. Notaio: Guglielmo figlio di Filippo di Belando.

Originale in registro [A].

126.] 1304 giugno 5, Monselice

Gerardo notaio del fu Abo, procuratore del comune di Monselice, per la somma di 10 lire di denari piccoli investe a livello perpetuo Giovanni detto Zusato figlio del fu Bonafede giudice *pro indiviso* con Fredo *de Maliciis*, Aicardino *de Maliciis*, Lazzaro *de Maliciis* e

Malgareto notaio, di 4 campi di terra paludosa posti a Palude di Isola nell'undicesimo manso, per un canone annuo di 4 soldi di denari piccoli. Notaio: Guglielmo figlio di Filippo di Belando.

Originale in registro [A].

127.] 1304 giugno 5, Monselice

Gerardo notaio del fu Abo, procuratore del comune di Monselice, per la somma di 10 lire di denari piccoli investe a livello perpetuo Albertino figlio di Beldemando da Padova, agente a nome del padre, *pro indiviso* con Paolo da Teolo, Guglielmo di Fineto, Pietro giudice di Parisio e Bernardino, di 4 campi di terra paludosa posti a Palude di Isola nel sesto manso, per un canone annuo di 4 soldi di denari piccoli. Notaio: Guglielmo figlio di Filippo di Belando.

Originale in registro [A].

134.] 1304 giugno 5, Monselice

Gerardo notaio del fu Abo, procuratore del comune di Monselice, per la somma di 10 lire di denari di piccoli investe a livello perpetuo Gerardo di Romeo del fu Viviano da Monselice, procuratore del maestro Domenico notaio del fu Prosdocimo da Padova, *pro indiviso* con Guido *de Sarçanis*, Scalza sarte, Giovanni Rasone e Nicolò speziale, di 4 campi di terra paludosa posti a Palude di Isola nel terzo manso, per un canone annuo di 4 soldi di denari piccoli. Notaio: Guglielmo figlio di Filippo di Belando.

Originale in registro [A].

128.] 1304 giugno 7, Monselice

Gerardo notaio del fu Abo, procuratore del comune di Monselice, per la somma di 10 lire di denari piccoli investe a livello perpetuo Antonio figlio del fu Giovanni Rasone da Teolo abitante a Padova, agente anche a nome dei fratelli Giacomo, Paduano e Stefano, *pro indiviso* con Guido *de Sarzanis*, Scalza sarte, Nicolò speziale e il maestro Domenico notaio da Padova, di 4 campi di terra paludosa posti a Palude di Isola nel terzo manso, per un canone annuo di 4 soldi di denari piccoli. Notaio: Guglielmo figlio di Filippo di Belando.

Originale in registro [A].

129.] 1304 giugno 28, Monselice

Gerardo notaio del fu Abo, procuratore del comune di Monselice, per la somma di 10 lire di denari piccoli investe a livello perpetuo Benvenuto detto Bissato macellaio da Padova *pro indiviso* con Lazzaro giudice, Oderico suo fratello, Malatesta figlio di Garaldello e Giovanni figlio del detto Bissato, di 4 campi di terra paludosa posti a Palude di Isola nel decimo manso, per un canone annuo di 4 soldi di denari piccoli. Notaio: Guglielmo figlio di Filippo di Belando.

Originale in registro [A].

130.] 1304 giugno 28, Monselice

Gerardo notaio del fu Abo, procuratore del comune di Monselice, per la somma di 50 soldi di denari piccoli investe a livello perpetuo Benvenuto detto Bissato macellaio da Padova di 1 campo di terra paludosa posto a Palude di Isola nel primo manso, per un canone annuo di 12 denari di piccoli. Notaio: Guglielmo figlio di Filippo di Belando.

Originale in registro [A].

131.] 1304 giugno 28, Monselice

Gerardo notaio del fu Abo, procuratore del comune di Monselice, per la somma di 10 lire di denari piccoli investe a livello perpetuo Giovanni figlio di Benvenuto detto Bissato da Padova *pro indiviso* con Lazzaro giudice del fu Amadino, Oderico suo fratello, Benvenuto Bissato e Malatesta figlio del fu Garaldello, di 4 campi di terra paludosa posti a Palude di Isola nel decimo manso, per un canone annuo di 4 soldi di denari piccoli. Notaio: Guglielmo figlio di Filippo di Belando.

Originale in registro [A].

123.] 1304 agosto 3, Monselice

Gerardo notaio del fu Abo, procuratore del comune di Monselice, per la somma di 10 lire di denari piccoli investe a livello perpetuo Guglielmo Novello figlio del fu Frugerino Paltanieri *pro indiviso* con Cucone, Pietro Scrovegni e Prizivalle notaio di 4 campi di terra paludosa posti a Palude di Isola nel primo manso, per un canone annuo di 4 soldi di denari piccoli. Notaio: Guglielmo figlio di Filippo di Belando.

Originale in registro [A].

177*.] 1304 agosto 20

Debito di 202 lire e 2 soldi di piccoli contratto da Milano del fu Alberto *de Martina*, *sindicus* del comune, nei confronti di Pietro figlio di Bondí che ha concesso il prestito per conto di Bernardo figlio di Giovanni Spoalore da Piove di Sacco. Notaio: Patavino figlio di Oderico calzolaio.

178*.] 1304 agosto 20

Debito di 202 lire e 2 soldi di piccoli contratto da Milano del fu Alberto *de Martina*, *sindicus* del comune, nei confronti di Pietro figlio di Bondí. Notaio: Patavino figlio di Oderico calzolaio.

181*.] 1304 agosto 20

Debito di 202 lire e 2 soldi di piccoli contratto dal Milano del fu Alberto *de Martina*, *sindicus* del comune, nei confronti di Pietro figlio di Bondí che ha concesso il prestito per conto di Masino. Notaio: Patavino figlio di Oderico calzolaio.

392*.] 1304 novembre 27

Promessa di Pietro sarte del fu Filippo, *sindicus* del comune, e di altri fideiussori di dare 14 lire, 13 soldi e 4 denari di grossi ad Antonio del fu Pietro da Vigodarzere, agente per conto di Antonio del fu Enrico da Vigodarzere. Notaio: Antonio del fu Marco calzolaio.

180*.] 1304 dicembre 4

Debito di 23 soldi di grossi contratto dal maestro Pietro sarte del fu Filippo Segatore, *sindicus* del comune, nei confronti di Gerardo notaio del fu Guglielmo *de Negris*. Notaio: Fazio figlio di Federico *de Bognolis*.

133.] 1304 dicembre 13, Monselice

Gerardo notaio del fu Abo, procuratore del comune di Monselice, per la somma di 10 lire di denari piccoli investe a livello perpetuo Pietro Scrovegni figlio del fu Beloto Scrovegni di Padova *pro indiviso* con Cucone Paltanieri, Guglielmo Novello e Prizivalle notaio, di 4 campi di terra paludosa posti a Palude di Isola nel primo manso, per un canone annuo di 4 soldi di denari piccoli. Notaio: Guglielmo figlio di Filippo di Belando.

Originale in registro [A].

317*.] 1304

Pagamento di *datia* (*scripta in libro Francixi notarii*) per 88 lire di piccoli a Enrico giudice del fu Lorenzo da Terrarsa, massaro del comune di Padova al tempo del podestà Rosso da Castello, da parte di Patavino di Oderico calzolaio, *caniparius* del comune di Monselice, tassa imposta in ragione di 2 soldi per fuoco, contando Monselice 880 fuochi. Notaio: Giovanni del fu Simeone mastellaio.

318*.] [1304]

Pagamento di *datia* (*scripta in libro Francisci de Guarnerinis*) 88 lire di piccoli a Enrico giudice del fu Lorenzo da *Terrarsa*, massaro del comune di Padova al tempo del podestà Rosso da Castello, da parte di Patavino notaio del Oderico calzolaio, *caniparius* del comune di Monselice.

319*.] 1304

Pagamento di *datia* (*scripta in libro Francisci de Guarnerinis*) 88 lire di piccoli a Enrico giudice del fu Lorenzo da *Terrarsa*, massaro del comune di Padova al tempo del podestà Rosso da Castello, da parte di Patavino notaio di Oderico calzolaio, *caniparius* del comune di Monselice.

320*.] 1304

Pagamento di *datia* (*scripta in libro Francisci de Guarnerinis*) 220 lire di piccoli a Enrico giudice del fu Lorenzo da *Terrarsa*, massaro del comune di Padova, da parte di Patavino notaio del maestro Oderico calzolaio, *caniparius* del comune di Monselice.

321*.] 1304

Pagamento di *datia* (*scripta in libro Franchi becarii*) per 220 lire di piccoli a Enrico giudice massaro del comune di Padova, da parte di Patavino notaio del maestro Oderico calzolaio, *caniparius* del comune di Monselice.

322*.] 1304

Pagamento di *datia* (*scripta in libro domini Nicolai*) per 220 lire di piccoli a Enrico giudice del fu Lorenzo da *Terrarsa*, massaro del comune di Padova al tempo dei podestà Rosso da Castello e Montano *de Marinis*, da parte di Patavino notaio del maestro Oderico calzolaio, *caniparius* del comune di Monselice. Notaio: Meneghino *de Soldanis*.

393*.] 1305 gennaio 10

Cessione da parte di Antonio del fu Enrico da Vigodarzere a Belengerio del fu Gerardo di Grandonia dei diritti vantati nei confronti di Pietro sarte del fu Filippo. Notaio: Manfredino del fu Biondo.

135.] 1305 gennaio 26, Monselice

Gerardo notaio del fu Abo, procuratore del comune di Monselice, per la somma di 10 lire di denari piccoli investe a livello perpetuo il maestro Giovanni medico figlio del fu maestro Zilio da Padova *pro indiviso* con Bernardo sarto, con i fratelli Michele e Scalco e con il maestro Silvestro orefice, di 4 campi di terra paludosa posti a Palude di Isola nel quinto manso, per un canone annuo di 4 soldi di denari piccoli. Notaio: Guglielmo figlio di Filippo di Belando.

Originale in registro [A].

165*.] 1305 febbraio 8

Debito di 50 lire di piccoli contratto da Giovanni del fu Paolo Saraceno, *sindicus* del comune, nei confronti di Tommaso del fu Pitignino da Conselve che sta a Padova. Notaio: Giacomo figlio di Bellavere.

166*.] 1305 febbraio 8

Procura a Giovanni del fu Paolo Saraceno per contrarre un mutuo di 50 lire di piccoli da Tommaso notaio del fu Pitignino da Conselve. Notaio: Giacomo figlio del *dominus* Bellavere.

120.] 1305 marzo 13, Monselice

Gerardo notaio del fu Abo, procuratore del comune di Monselice, per la somma di 20 lire di denari piccoli investe a livello perpetuo il maestro Silvestro orefice figlio del fu maestro Tuisio da Padova della contrada San Lorenzo, agente anche a nome del fratello maestro Bonalbergo orefice, *pro indiviso* con i fratelli Scalco, Bernardo e Michele, di 4 campi di terra paludosa posti a Palude di Isola nel quinto manso; e di altri 4 campi posti nel sesto manso che erano toccati a Pietro giudice di Parisio, *pro indiviso* con Paolo di Teolo, Guglielmo di Fineto ed altri; il tutto per un canone annuo di 8 soldi di denari piccoli. Notaio: Guglielmo figlio di Filippo di Belando.

Originale in registro [A].

175*.] 1305 luglio 5

Mutuo di 150 lire di piccoli contratto da Antonio *de Gregoriis, sindicus* del comune, nei confronti di Tolberto detto Gennarino. Notaio: Giacomo figlio del *dominus* Bellavere.

176*.] 1305 luglio 5

Procura del comune ad Antonio [*de Gregoriis*] per contrarre un mutuo di 150 lire di piccoli da Tolberto detto Gennarino. Notaio: Giacomo figlio di Bellavere.

179*.] 1305 luglio 30

Debito di 15 lire e 4 soldi di piccoli contratto da Giovanni figlio di Tealdo di Butola nei confronti di Enrico notaio figlio di Piva. Notaio: Ugone.

136.] 1306 novembre 3, Monselice

Gerardo notaio del fu Abo, procuratore del comune di Monselice, investe a livello perpetuo Lazzaro giudice figlio del fu Amadino *pro indiviso* con gli eredi del fu Bissato e con Malatesta figlio di Garaldello, di 8 campi di terra paludosa posti a Palude di Isola nel decimo manso, per un canone annuo di 8 soldi di denari piccoli. Notaio: Guglielmo figlio di Filippo di Belando.

Originale in registro [A].

291*.] 1308 agosto 22

Debito di 41 soldi di grossi contratto da Enginolfo detto Cuco del fu Pollo Paltanieri da Monselice nei confronti di Arnaldo del fu Maso di Arnaldo, che ha concesso il prestito per conto di Gumberto del fu Andrea di Bassino. Notaio: Domenico di Lucio [di Gualdino].

539.] 1308 ottobre 9, Monselice

Oredico del fu Buonafede di Baldiserra, giudice e vicario del podestà di Monselice Antonio da Lio, investe a livello perpetuo Antonio del fu Golla di Monselice, che riceve l'investitura anche a nome dei fratelli Paolo, Severo e Ugo, di un appezzamento di terra con salici, vigne e altri alberi di circa 18 piedi di larghezza e una torna di lunghezza posto in contrada Cal de Riva sul quale è edificata una casa dei livellari; inoltre del *casamentum* di sei tavole in cui abitano i detti livellari; il tutto per un canone annuo di 8 denari di piccoli. Notaio: Domenico figlio del fu Lucio di Gualdino.

Originale in registro [A].

540.] 1308 ottobre 9, Monselice

Oredico del fu Buonafede di Baldiserra, giudice e vicario del podestà di Monselice Antonio da Lio, investe a livello perpetuo Giacoma vedova di Nordeglo da Monselice di un appezzamento di terra in parte tenuta a prato e in parte arativa con alberi e vigne di circa un campo posto in contrada Fratte di San Daniele, per un canone annuo di 20 soldi e 4 denari veneti piccoli. Notaio: Domenico figlio del fu Lucio di Gualdino.

Originale in registro [A].

541.] 1308 ottobre 9, Monselice

Oredico del fu Buonafede di Baldiserra, giudice e vicario del podestà di Monselice Antonio da Lio, investe a livello perpetuo Sibilla del fu Piceto di Amigeto da Monselice, che riceve l'investitura anche a nome del marito Tolberto del fu Oddone di Perogna, di un *sedimen* con casa *murata et copata cum curte* posto in contrada Cal de Riva e di 18 tavole di terra poste dietro la casa predetta; il tutto per un canone annuo di 30 soldi e 6 denari veneti piccoli. Notaio: Domenico figlio del fu Lucio di Gualdino.

Originale in registro [A].

542.] 1308 ottobre 9, Monselice

Oredico del fu Buonafede di Baldiserra, giudice e vicario del podestà di Monselice Antonio da Lio, investe a livello perpetuo Dominigeolda moglie di Giovanni del fu Martino di Bonacordo, che riceve l'investitura anche a nome del marito, di un appezzamento di terra con alberi e vigne di circa un campo e 16 tavole posto in contrada Fratte, per un canone annuo di 20 soldi e 4 denari di veneti piccoli. Notaio: Domenico figlio del fu Lucio di Gualdino.

Originale in registro [A].

543.] 1308 ottobre 9, Monselice

Oredico del fu Buonafede di Baldiserra, giudice e vicario del podestà di Monselice Antonio da Lio, investe a livello perpetuo Domenico del fu Viviano di Paolo da Monselice di un appezzamento di terra arativa con alberi e vigne che misura circa 12 pertiche posto in contrada Fratte, per un canone annuo di 17 soldi di denari veneti piccoli. Notaio: Domenico figlio del fu Lucio di Gualdino.

Originale in registro [A].

544.] 1308 ottobre 9, Monselice

Oredico del fu Buonafede di Baldiserra, giudice e vicario del podestà di Monselice Antonio da Lio, investe a livello perpetuo Pietro del fu Albertino Gabarello da Monselice e sua madre Pace di due tavole e mezza di riva di un fossato di circa 5 pertiche in lunghezza e 8 piedi in larghezza posta in contrada Cal de Riva, per un canone annuo di 10 denari veneti piccoli. Notaio: Domenico figlio del fu Lucio di Gualdino.

Originale in registro [A].

545.] 1308 ottobre 9, Monselice

Oredico del fu Buonafede di Baldiserra, giudice e vicario del podestà di Monselice Antonio da Lio, investe a livello perpetuo Albertino del fu Marco di Guiducio e Maria moglie di Giovanni di Paolo da Monselice, tutori e riceventi l'investitura a nome di Giovanni figlio ed erede del fu Giovanni di Paolo, di un tratto di riva di un fossato del comune di circa 6 pertiche e mezza in lunghezza e 14 piedi in larghezza posto in contrada Cal de Riva e di trenta tavole di terra nella stessa contrada poste oltre il fossato; il tutto per un canone annuo di 11 denari piccoli. Notaio: Domenico figlio del fu Lucio di Gualdino.

Originale in registro [A].

546.] 1308 ottobre 9, Monselice

Oredico del fu Buonafede di Baldiserra, giudice e vicario del podestà di Monselice Antonio da Lio, investe a livello perpetuo Ottolino fornaio del fu Pellegrino da Monselice di un appezzamento di terra in parte tenuta a prato e in parte incolta di circa 2 campi e mezzo posto in contrada Corregia, per un canone annuo di 30 soldi di denari veneti piccoli. Notaio: Domenico figlio del fu Lucio di Gualdino.

Originale in registro [A].

547.] 1308 ottobre 10, Monselice

Oredico del fu Buonafede di Baldiserra, giudice e vicario del podestà di Monselice Antonio da Lio, investe a livello perpetuo Dominigeolda vedova di Andrea di Nasica di Monselice di un appezzamento di terra arativa con alberi e vigne di circa 1 campo poste in contrada Savellone, per un canone annuo di 20 soldi di denari veneti piccoli. Notaio: Domenico figlio del fu Lucio di Gualdino.

Originale in registro [A].

548.] 1308 ottobre 10, Monselice

Oredico del fu Buonafede di Baldiserra, giudice e vicario del podestà di Monselice Antonio da Lio, investe a livello perpetuo Carlassare del fu Porto da Monselice di un tratto di riva di un fossato del comune di circa 4 pertiche in lunghezza e 8 piedi in larghezza posto in contrada Cal de Riva, per un canone annuo di 8 denari piccoli. Notaio: Domenico figlio del fu Lucio di Gualdino.

Originale in registro [A].

549.] 1308 ottobre 10, Monselice

Oredico del fu Buonafede di Baldiserra, giudice e vicario del podestà di Monselice Antonio da Lio, investe a livello perpetuo Antonio del fu Pellegrino di Prando da Monselice di una pertica di terra posta in contrada Cal de Riva, per un canone annuo di 2 denari piccoli. Notaio: Domenico figlio del fu Lucio di Gualdino.

Originale in registro [A].

550.] 1308 ottobre 10, Monselice

Oredico del fu Buonafede di Baldiserra, giudice e vicario del podestà di Monselice Antonio da Lio, investe a livello perpetuo Voglo del fu Vivaldo di Perino da Monselice, che riceve l'investitura anche a nome dei fratelli Alberto e Giovanni, di un appezzamento di terra di 1 campo e una pertica e mezza posto a Cantone de Ymo o Fossalarga; di un tratto di riva di un fossato di circa 6 pertiche in lunghezza e 6 piedi in larghezza posto in contrada *Fovee*; di un appezzamento di terra che misura 16 pertiche e mezza posto in contrada *Carubalbrigo* o Pozzo Viaiano; di un campo di terra posto in contrada *Desone*; il tutto per un canone annuo di 8 soldi e 7 denari veneti piccoli. Notaio: Domenico figlio del fu Lucio di Gualdino.

Originale in registro [A].

551.] 1308 ottobre 10, Monselice

Oredico del fu Buonafede di Baldiserra, giudice e vicario del podestà di Monselice Antonio da Lio, investe a livello perpetuo Avetura del fu Giovanni di Pongeto, che riceve l'investitura anche a nome dei fratelli Frugerio e Martino, di circa due campi di terra posti in contrada *Desone*; inoltre della terza parte di 5 campi di terra posti in contrada Fossa Zumella; il tutto per un canone annuo di 4 soldi di denari veneti piccoli . Notaio: Domenico figlio del fu Lucio di Gualdino.

Originale in registro [A].

552.] 1308 ottobre 11, Monselice

Oredico del fu Buonafede di Baldiserra, giudice e vicario del podestà di Monselice Antonio da Lio, investe a livello perpetuo Domenico del fu Tebaldo di Guaitabafa da Monselice di un tratto di riva di un fossato del comune di circa 6 pertiche in lunghezza e 8 piedi in larghezza posto in contrada Cal de Riva, per un canone annuo di 12 denari piccoli. Notaio: Domenico figlio del fu Lucio di Gualdino.

Originale in registro [A].

553.] 1308 ottobre 11, Monselice

Oredico del fu Buonafede di Baldiserra, giudice e vicario del podestà di Monselice Antonio da Lio, investe a livello perpetuo Domenico del fu Bartolomeo di Tomba di un tratto di riva di un fossato del comune di circa 6 pertiche in lunghezza e 8 piedi in larghezza posto in contrada Cal de Riva, per un canone annuo di 12 denari piccoli. Notaio: Domenico figlio del fu Lucio di Gualdino.

Originale in registro [A].

554.] 1308 ottobre 11, Monselice

Oredico del fu Buonafede di Baldiserra, giudice e vicario del podestà di Monselice Antonio da Lio, investe a livello perpetuo Fidenzo del fu Antonio *de Claricis* da Monselice di una casa *murata et copata cum curte* posta in contrada Isola, per un canone annuo di 20 soldi piccoli. Notaio: Domenico figlio del fu Lucio di Gualdino.

Originale in registro [A].

555.] 1308 ottobre 11, Monselice

Oredico del fu Buonafede di Baldiserra, giudice e vicario del podestà di Monselice Antonio da Lio, investe a livello perpetuo Giovanni del fu Bissato di un tratto di riva di un fossato di circa 3 pertiche in lunghezza e 8 piedi in larghezza posto in contrada Cal de Riva, per un canone annuo di 6 denari piccoli. Notaio: Domenico figlio del fu Lucio di Gualdino.

Originale in registro [A].

556.] 1308 ottobre 11, Monselice

Oredico del fu Buonafede di Baldiserra, giudice e vicario del podestà di Monselice Antonio da Lio, investe a livello perpetuo Federico figlio del fu Benato Pietrocane da Monselice di un tratto di riva di un fossato del comune di circa 6 pertiche in lunghezza e 8 piedi in larghezza posto in contrada Cal de Riva dove è edificata una casa *paleata* dello stesso Federico, per un canone annuo di 12 denari piccoli. Notaio: Domenico figlio del fu Lucio di Gualdino.

Originale in registro [A].

557.] 1308 ottobre 11, Monselice

Oredico del fu Buonafede di Baldiserra, giudice e vicario del podestà di Monselice Antonio da Lio, investe a livello perpetuo Francesca moglie di Antonio figlio del maestro Accorsio carraio, che riceve l'investitura anche a nome del marito, di un tratto di riva di un fossato del comune di circa 7 pertiche in lunghezza e 8 piedi in larghezza posto in contrada Cal de Riva, per un canone annuo di 14 denari piccoli. Notaio: Domenico figlio del fu Lucio di Gualdino.

Originale in registro [A].

558.] 1308 ottobre 11, Monselice

Oredico del fu Buonafede di Baldiserra, giudice e vicario del podestà di Monselice Antonio da Lio, investe a livello perpetuo Zambono del fu Abo da Monselice di un appezzamento di terra tenuta a prato che misura circa 1 pertica e 6 tavole posto in contrada Serra; inoltre di 2 campi e 4 pertiche di terra posta in contrada Argine di Manuldo; il tutto per un canone annuo di 3 soldi e 6 denari veneti piccoli. Notaio: Domenico figlio del fu Lucio di Gualdino.

Originale in registro [A].

559.] 1308 ottobre 12, Monselice

Oredico del fu Buonafede di Baldiserra, giudice e vicario del podestà di Monselice Antonio da Lio, investe a livello perpetuo Pietro del fu Lorenzo di Senico da Monselice di un appezzamento di terra posto in contrada Valle Desgorgada, per un canone annuo di 13 denari piccoli. Notaio: Domenico figlio del fu Lucio di Gualdino.

Originale in registro [A].

560.] 1308 ottobre 12, Monselice

Oredico del fu Buonafede di Baldiserra, giudice e vicario del podestà di Monselice Antonio da Lio, investe a livello perpetuo Gerardino del fu Lorenzo di Sguaina di un appezzamento di terra che misura circa 7 pertiche in lunghezza e 8 piedi in larghezza posto in contrada Cal de Riva, per un canone annuo di 14 denari piccoli. Notaio: Domenico figlio del fu Lucio di Gualdino.

Originale in registro [A].

561.] 1308 ottobre 12, Monselice

Oredico del fu Buonafede di Baldiserra, giudice e vicario del podestà di Monselice Antonio da Lio, investe a livello perpetuo i fratelli Alberto, Francesco e Antonio figli del Fu Zambono Rodolo da Monselice, che ricevono l'investitura anche a nome dei loro fratelli Biagio e Giovanni, di un appezzamento di terra di circa un campo, posto in contrada Solco o Vallongo; di un appezzamento di terra di circa un campo e 6 pertiche, posto in contrada Cora verso Vallongo; di un appezzamento di 2 campi e 3 pertiche, posto in contrada Cora verso Vallongo; di un appezzamento di 3 campi posto in contrada Argine di Andrae o Malgara; il tutto per un canone annuo di 15 soldi e 10 denari veneti piccoli. Notaio: Domenico figlio del fu Lucio di Gualdino.

Originale in registro [A].

562.] 1308 ottobre 12, Monselice

Oredico del fu Buonafede di Baldiserra, giudice e vicario del podestà di Monselice Antonio da Lio, investe a livello perpetuo Giordano del fu Stefano di Monselice di un tratto di riva di un fossato del comune di circa 4 pertiche in lunghezza e 8 piedi in larghezza, posto in contrada Cal de Riva, per un canone annuo di

8 denari piccoli. Notaio: Domenico figlio del fu Lucio di Gualdino.

Originale in registro [A].

563.] 1308 ottobre 12, Monselice

Oredico del fu Buonafede di Baldiserra, giudice e vicario del podestà di Monselice Antonio da Lio, investe a livello perpetuo Milano del fu Bonzenello proveniente da Anguillara e ora abitante a Monselice di una casa *copata et murata cum curte* posta in contrada Isola, per un canone annuo di 20 soldi di denari veneti piccoli. Notaio: Domenico figlio del fu Lucio di Gualdino.

Originale in registro [A].

564.] 1308 ottobre 13, Monselice

Oredico del fu Buonafede di Baldiserra, giudice e vicario del podestà di Monselice Antonio da Lio, investe a livello perpetuo Biagio del fu Pietro di Lovolo da Monselice di un appezzamento di terra arativa in parte con viti e alberi e in parte *frativa* di circa un campo e nove pertiche posto in contrada Fratte, per un canone annuo di 34 soldi e 2 denari di veneti piccoli Notaio: Domenico figlio del fu Lucio di Gualdino.

Originale in registro [A].

565.] 1308 ottobre 13, Monselice

Oredico del fu Buonafede di Baldiserra, giudice e vicario del podestà di Monselice Antonio da Lio, investe a livello perpetuo Aicarda vedova di Mignato e figlia del fu Lanfranchino da Monselice di un tratto di riva di un fossato del comune di circa 5 pertiche in lunghezza e 8 piedi in larghezza posto in contrada Cal de Riva, per un canone annuo di 10 denari piccoli. Notaio: Domenico figlio del fu Lucio di Gualdino.

Originale in registro [A].

566.] 1308 ottobre 13, Monselice

Oredico del fu Buonafede di Baldiserra, giudice e vicario del podestà di Monselice Antonio da Lio, investe a livello perpetuo Domenico del fu Paduano proveniente da Bagnoli e ora abitante a Monselice, che riceve l'investitura anche a nome dei fratelli Porto e Maineto, di un tratto di riva del *destorium a domo Petri de Alessio* di 42 tavole posto in contrada Capo di Vico dove è edificata una parte di una casa dei conduttori, per un canone annuo di 13 denari piccoli. Notaio: Domenico figlio del fu Lucio di Gualdino.

Originale in registro [A].

567.] 1308 ottobre 13, Monselice

Oredico del fu Buonafede di Baldiserra, giudice e vicario del podestà di Monselice Antonio da Lio, investe a livello perpetuo il maestro Tommasino bottaio del fu Domenico da Monselice di un tratto di riva di un fossato del comune di circa 6 pertiche in lunghezza e 8 piedi in larghezza posto in contrada Cal de Riva, per un canone annuo di 12 denari piccoli. Notaio: Domenico figlio del fu Lucio di Gualdino.

Originale in registro [A].

568.] 1308 ottobre 13, Monselice

Oredico del fu Buonafede di Baldiserra, giudice e vicario del podestà di Monselice Antonio da Lio, investe a livello perpetuo Giovanni del fu Alberto Gibo da Monselice di un tratto del *destorium a domo Petri de Alessio* di circa 7 pertiche in lunghezza e 6 piedi in larghezza posto in contrada *Fovee* dove è edificata una casa in parte *murata* e in parte *paleata*, per un canone annuo di 14 denari piccoli. Notaio: Domenico figlio del fu Lucio di Gualdino.

Originale in registro [A].

569.] 1308 ottobre 13, Monselice

Oredico del fu Buonafede di Baldiserra, giudice e vicario del podestà di Monselice Antonio da Lio, investe a livello perpetuo Pietro del fu Alberto Mascarello da Monselice di un appezzamento di terra tenuta a prato di circa un campo e 2 pertiche posto in contrada Pozzo Viaiano o Serra, per un canone annuo di 14 denari piccoli. Notaio: Domenico figlio del fu Lucio di Gualdino.

Originale in registro [A].

570.] 1308 ottobre 13, Monselice

Oredico del fu Buonafede di Baldiserra, giudice e vicario del podestà di Monselice Antonio da Lio, investe a livello perpetuo Milano del fu Alberto *de Martina* di un appezzamento di terra tenuta a prato di circa 2 campi e 2 pertiche, posto in contrada *Desone*; inoltre di un appezzamento di terra tenuta a prato di circa 1 campo, posto nella stessa contrada; il tutto per un canone annuo di 4 soldi e 5 denari veneti piccoli. Notaio: Domenico figlio del fu Lucio di Gualdino.

Originale in registro [A].

571.] 1308 ottobre 13, Monselice

Oredico del fu Buonafede di Baldiserra, giudice e vicario del podestà di Monselice Antonio da Lio, investe a livello perpetuo Facino figlio di Milano del fu Alberto *de Martina*, che riceve l'investitura anche a nome del padre Milano, di un appezzamento di terra di circa mezzo campo posto in contrada Revina, per un canone annuo di 10 soldi e 9 denari di denari veneti piccoli. Notaio: Domenico figlio del fu Lucio di Gualdino.

Originale in registro [A].

572.] 1308 ottobre 13, Monselice

Oredico del fu Buonafede di Baldiserra, giudice e vicario del podestà di Monselice Antonio da Lio, investe a livello perpetuo Maria figlia del fu Alberto Zoni di Gabo da Monselice, che riceve l'investitura anche a nome delle sorelle Dominigeolda e Blancifiore, di un appezzamento di terra arativa con alberi e vigne di circa un campo e una pertica posto in contrada Revina, per un canone annuo di 9 soldi di denari veneti piccoli. Notaio: Domenico figlio del fu Lucio di Gualdino.

Originale in registro [A].

573.] 1308 ottobre 13, Monselice

Oredico del fu Buonafede di Baldiserra, giudice e vicario del podestà di Monselice Antonio da Lio, investe a livello perpetuo Artusio del fu Belengerio da Monselice di un tratto di riva del *destorium a domo Petri de Gauso* di circa 6 pertiche in lunghezza e 6 piedi in larghezza, dove è edificata una casa *copata*, per un canone annuo di 12 denari piccoli. Notaio: Domenico figlio del fu Lucio di Gualdino.

Originale in registro [A].

574.] 1308 ottobre 13, Monselice

Oredico del fu Buonafede di Baldiserra, giudice e vicario del podestà di Monselice Antonio da Lio, investe a livello perpetuo Bonaventura del fu Alberto *de Martina* da Monselice di un appezzamento di terra tenuta a prato di circa 2 campi posto in contrada *Desone*; di un appezzamento di terra tenuta a prato di circa 1 campo e una pertica posto nella stessa contrada; di un appezzamento di terra di circa un campo e mezzo posto nella stessa contrada; di un appezzamento di terra tenuta a prato di circa 9 pertiche e 20 tavole posto in contrada Vancileolo; il tutto per un canone annuo di 3 soldi e 11 denari veneti piccoli. Notaio: Domenico figlio del fu Lucio di Gualdino.

Originale in registro [A].

575.] 1308 ottobre 13, Monselice

Oredico del fu Buonafede di Baldiserra, giudice e vicario del podestà di Monselice Antonio da Lio, investe a livello perpetuo Martino del fu Galvano di Treesino da Monselice di un appezzamento di terra arativa e tenuta a prato con alberi e vigne di circa 2 campi posta in contrada San Cosma, per un canone annuo di 21 soldi di denari veneti piccoli. Notaio: Domenico figlio del fu Lucio di Gualdino.

Originale in registro [A].

576.] 1308 ottobre 13, Monselice

Oredico del fu Buonafede di Baldiserra, giudice e vicario del podestà di Monselice Antonio da Lio, investe a livello perpetuo Milano del fu Giovanni Scono di Monselice di un tratto di riva di un fossato del comune di circa 12 pertiche in lunghezza e 6 piedi in larghezza posta in contrada *Fovee*, per un canone annuo di 2 soldi di piccoli. Notaio: Domenico figlio del fu Lucio di Gualdino.

Originale in registro [A].

577.] 1308 ottobre 13, Monselice

Oredico del fu Buonafede di Baldiserra, giudice e vicario del podestà di Monselice Antonio da Lio, investe a livello perpetuo Giovanni del fu Giacomino di Brazzaroto di un tratto di riva del *destorium a domo Petri de Alesio* di circa 6 pertiche in lunghezza e 6 piedi in larghezza posto in contrada *Fovee;* inoltre di due parti di un campo di terra posta in contrada Pozzofoscolo o Argine Corbo; il tutto per un canone annuo di 20 denari piccoli. Notaio: Domenico figlio del fu Lucio di Gualdino.

Originale in registro [A].

578.] 1308 ottobre 13, Monselice

Oredico del fu Buonafede di Baldiserra, giudice e vicario del podestà di Monselice Antonio da Lio, investe a livello perpetuo Antonio del fu Pietro *de Petenariis* di un appezzamento di terra arativa con alberi e vigne di circa un campo posto in contrada Fratte di Revina, per un canone annuo di 7 soldi e 9 denari veneti piccoli. Notaio: Domenico figlio del fu Lucio di Gualdino.

Originale in registro [A].

579.] 1308 ottobre 13, Monselice

Oredico del fu Buonafede di Baldiserra, giudice e vicario del podestà di Monselice Antonio da Lio, investe a livello perpetuo Moncelassana vedova di Albertino di Revino da Monselice di un appezzamento di terra tenuta a prato che misura circa 5 campi e una pertica e mezza posto in contrada Cora, per un canone annuo di 24 soldi e 3 denari veneti piccoli. Notaio: Domenico figlio del fu Lucio di Gualdino.

Originale in registro [A].

580.] 1308 ottobre 15, Monselice

Oredico del fu Buonafede di Baldiserra, giudice e vicario del podestà di Monselice Antonio da Lio, investe a livello perpetuo il notaio Pietro del fu Alberto *de Martina* da Monselice di un tratto di riva del *destorium a domo Petri Gossi* di circa 6 pertiche in lunghezza e 6 piedi in larghezza posto in contrada Capo di Vico, per un canone annuo di 12 denari piccoli. Notaio: Domenico figlio del fu Lucio di Gualdino.

Originale in registro [A].

581.] 1308 ottobre 15, Monselice

Oredico del fu Buonafede di Baldiserra, giudice e vicario del podestà di Monselice Antonio da Lio, investe a livello perpetuo per una parte i fratelli Alberto e Rodolfo figli del fu Leonardo *de Secadenariis* e per l'altra Rainaldo del fu Giovanni *de Secadenariis*, che riceve l'investitura anche a nome dei fratelli Leonardo e Niccolò, di un appezzamento di terra tenuta a prato di circa un campo posto in contrada Cantone di Monte Mazzo o Vancileolo; inoltre di un appezzamento di terra di un campo e 8 pertiche posto in contrada Pozzofoscolo; il tutto per un canone annuo di 22 denari veneti piccoli che ciascuna delle due parti allivellate dovrà pagare per metà. Notaio: Domenico figlio del fu Lucio di Gualdino.

Originale in registro [A].

582.] 1308 ottobre 15, Monselice

Oredico del fu Buonafede di Baldiserra, giudice e vicario del podestà di Monselice Antonio da Lio, investe a livello perpetuo Rodolfo del fu Leonardo *de Secadenariis* da Monselice di un tratto di riva del *destorium a domo Petri de Alesio* di circa 13 pertiche in lunghezza e 6 piedi in larghezza posto in contrada *Fovee*, per un canone annuo di 26 denari piccoli. Notaio: Domenico figlio del fu Lucio di Gualdino.

Originale in registro [A].

583.] 1308 ottobre 15, Monselice

Oredico del fu Buonafede di Baldiserra, giudice e vicario del podestà di Monselice Antonio da Lio, investe a livello perpetuo Rodolfo del fu Leonardo *de Secadenariis* da Monselice di un tratto di riva del *destorium a domo Petri Gausi* di circa 3 pertiche, per un canone annuo di 6 denari piccoli. Notaio: Domenico figlio del fu Lucio di Gualdino.

Originale in registro [A].

584.] 1308 ottobre 15, Monselice

Oredico del fu Buonafede di Baldiserra, giudice e vicario del podestà di Monselice Antonio da Lio, investe a livello perpetuo Guido del fu Giovanni Corsale di Monselice, che riceve l'investitura anche a nome di suo figlio Giovanni, di un appezzamento di terra posto in contrata Vancileolo, per un canone annuo di 10 denari piccoli. Se il figlio non accetta l'investitura, essa sarà esclusivamente di Guido del fu Giovanni Corsale che dovrà corrispondere per intero l'affitto annuo stabilito. Notaio: Domenico figlio del fu Lucio di Gualdino.

Originale in registro [A].

585.] 1308 ottobre 15, Monselice

Antonio del fu Isenardo di Monselice per 10 lire di denari veneti piccoli vende a Oredico giudice del fu Buonafede di Baldiserra, agente per il comune di Monselice, un appezzamento di terra tenuta a prato di circa 3/4 di campo posta in contrada Argine di Manuldo. Notaio: Domenico figlio del fu Lucio di Gualdino.

Originale in registro [A].

586.] 1308 ottobre 15, Monselice

Oredico del fu Buonafede di Baldiserra, giudice e vicario del podestà di Monselice Antonio da Lio, investe a livello perpetuo Antonio del fu Isenardo da Monselice di un appezzamento di terra tenuta a prato di circa 3/4 di campo posto in contrada Argine di Manuldo, per un canone annuo di 12 denari piccoli. Notaio: Domenico figlio del fu Lucio di Gualdino.

Originale in registro [A].

587.] 1308 ottobre 15, Monselice

Oredico del fu Buonafede di Baldiserra, giudice e vicario del podestà di Monselice Antonio da Lio, investe a livello perpetuo Paduana vedova di Ottolino di Giselberto da Monselice di un appezzamento di terra arativa e *frativa* con alberi e viti di circa 2 campi, 8 pertiche e 6 tavole posto in contrada Fratte di San Daniele, per un canone annuo di 45 soldi di denari veneti piccoli. Notaio: Domenico figlio del fu Lucio di Gualdino.

Originale in registro [A].

588.] 1308 ottobre 15, Monselice

Oredico del fu Buonafede di Baldiserra, giudice e vicario del podestà di Monselice Antonio da Lio, investe a livello perpetuo Marco del fu Martino di Rostaiboi da Monselice di un campo di terra tenuta a prato posto in contrada Vanzo Dagaro o Vallongo; inoltre di mezzo campo di terra tenuta a prato nella stessa contrada; il tutto per un canone annuo di 22 denari piccoli. Notaio: Domenico figlio del fu Lucio di Gualdino.

Originale in registro [A].

589.] 1308 ottobre 15, Monselice

Oredico del fu Buonafede di Baldiserra, giudice e vicario del podestà di Monselice Antonio da Lio, investe a livello perpetuo il maestro Crisio del fu Giovanni di Berta da Monselice di 6 pertiche e 25 tavole di terra tenuta a prato in contrada Vallongo, per un canone annuo di 13 denari piccoli. Notaio: Domenico figlio del fu Lucio di Gualdino.

Originale in registro [A].

590.] 1308 ottobre 15, Monselice

Antonio da Lio, podestà di Monselice, a nome del comune di Monselice investe a livello perpetuo Domenico del fu Oddo Covato da Monselice della metà di due campi di terra posti a Seldrego verso Valle Altrigegna; della metà di un tratto di riva del fossato di Broglio di 2 pertiche; della metà di due pertiche di terra nella predetta contrada, che fu di Berta di Zanone; della metà di due pertiche di terra nella predetta contrada; di un tratto di riva del fossato di Broglio di due pertiche; il tutto per un canone annuo di 3 soldi e 2 denari veneti piccoli. Notaio: Domenico figlio del fu Lucio di Gualdino.

Originale in registro [A].

591.] 1308 ottobre 16, Monselice

Antonio da Lio, podestà di Monselice, a nome del comune di Monselice investe a livello perpetuo i fratelli Gerardo e Artuico figli del fu Zugno *de Poianis* della terza parte a lui spettante di un campo di terra posto ad Argine Andrae o Malgareda; della terza parte di un campo e di 5 pertiche e mezza di terra, che fu di Enzilino e di Zugno de Poiani, posta a Cantone di Imo o Fossalarga; di un tratto di riva del fossato *a domo Petri de Alesio* di circa 10 pertiche in lunghezza e 6 piedi in larghezza posto in contrada Calperosa; il tutto per un canone annuo di 30 denari veneti piccoli. Notaio: Domenico figlio del fu Lucio di Gualdino.

Originale in registro [A].

592.] 1308 ottobre 16, Monselice

Antonio da Lio, podestà di Monselice, a nome del comune di Monselice investe a livello perpetuo Beatrice vedova di Pietro Lovato e suo figlio Guglielmo di un appezzamento di terra tenuta a prato di 4 campi e un terzo posto in contrada Vanzogauselo, per un canone annuo di 4 soldi di denari veneti piccoli. Notaio: Domenico figlio del fu Lucio di Gualdino.

Originale in registro [A].

593.] 1308 ottobre 16, Monselice

Antonio da Lio, podestà di Monselice, a nome del comune di Monselice investe a livello perpetuo i fratelli Biagio e Crescenzio figli del fu Alioto de Cavodomo di un appezzamento di terra tenuta a prato di circa 11 pertiche e 52 tavole, che fu degli eredi di Zagnino del Biscazziere e di Alioto di Cavodomo, posto in contrada

Vallongo, per un canone annuo di 14 denari di piccoli. Notaio: Domenico figlio del fu Lucio di Gualdino.

Originale in registro [A].

594.] 1308 ottobre 16, Monselice

Antonio da Lio, podestà di Monselice, a nome del comune di Monselice investe a livello perpetuo Sibilla vedova di Enrico da Vescovana di un appezzamento di terra tenuta a prato di circa 2 campi e 3 pertiche posto in contrada Vanzo Dagaro o Vallongo, per un canone annuo di 3 soldi e 8 denari piccoli. Notaio: Domenico figlio del fu Lucio di Gualdino.

Originale in registro [A].

595.] 1308 ottobre 16, Monselice

Antonio da Lio, podestà di Monselice, a nome del comune di Monselice investe a livello perpetuo Maneolda vedova di Ottolino Rosso da Monselice di un appezzamento di terra tenuta a prato di circa 9 pertiche posto in contrada Cora, per un canone annuo di 13 denari piccoli. Notaio: Domenico figlio del fu Lucio di Gualdino.

Originale in registro [A].

596.] 1308 ottobre 16, Monselice

Antonio da Lio, podestà di Monselice, a nome del comune di Monselice investe a livello perpetuo Giovanni del fu *** di Mabile da Monselice di un appezzamento di terra di 1 campo e 4 pertiche e mezza posto in contrada Cora verso Vallongo; di un appezzamento di terra tenuta a prato di 2 campi, 9 pertiche e 20 tavole posto in contrada Vallongo; di un appezzamento di terra tenuta a prato di circa un campo e 10 pertiche; di un appezzamento di terra di circa un campo e 6 pertiche posto in contrada Cora verso Vallongo; di un tratto di riva del *destorium a domo Petri de Alesio* di circa 20 pertiche in lunghezza e 6 piedi in larghezza posto in contrada Calperosa; di 3 pertiche di terra posta in contrada Cora verso Vallongo; il tutto per un canone annuo di 4 soldi e 5 denari veneti piccoli. Notaio: Domenico figlio del fu Lucio di Gualdino.

Originale in registro [A].

597.] 1308 ottobre 17, Monselice

Antonio da Lio, podestà di Monselice, a nome del comune di Monselice investe a livello perpetuo Brucardo del fu Guido di Carlassare da Monselice di un appezzamento di terra con alberi e vigne di circa un campo e 30 tavole posto in contrada Fratte di Revina, per un canone annuo di 26 soldi e 6 denari di veneti piccoli. Notaio: Domenico figlio del fu Lucio di Gualdino.

Originale in registro [A].

598.] 1308 ottobre 17, Monselice

Antonio da Lio, podestà di Monselice, a nome del comune di Monselice investe a livello perpetuo Sandrino del fu Albertino di Mino Cavalaro da Monselice di un tratto di riva di un fossato del comune di circa 12 pertiche in lunghezza e 8 piedi in larghezza posto in un suo *casamentum* in contrada Cal de Riva, per un canone annuo di 2 soldi di piccoli. Notaio: Domenico figlio del fu Lucio di Gualdino.

Originale in registro [A].

599.] 1308 ottobre 17, Monselice

Antonio da Lio, podestà di Monselice, a nome del comune di Monselice investe a livello perpetuo Enrico del fu Vivaldino di Mainardo da Monselice, che riceve l'investitura anche a nome del fratello Rolando, di un appezzamento di terra tenuta a prato di un campo posto in contrada Cantone de Imo o Fossalarga, per un canone annuo di 3 soldi di piccoli. Notaio: Domenico figlio del fu Lucio di Gualdino.

Originale in registro [A].

600.] 1308 ottobre 17, Monselice

Antonio da Lio, podestà di Monselice, a nome del comune di Monselice investe a livello perpetuo Maria moglie di Bonuomo del fu Basta da Monselice, che riceve l'investitura anche a nome di Bartolomea figlia sua e del fu Uguccione di Giovanni Piva, di un *casamentum* di 12 pertiche in lunghezza e 8 piedi in larghezza, posto in contrada Cal de Riva, per un canone annuo di 2 soldi di denari piccoli. Notaio: Domenico figlio del fu Lucio di Gualdino.

Originale in registro [A].

601.] 1308 ottobre 17, Monselice

Antonio da Lio, podestà di Monselice, a nome del comune di Monselice investe a livello perpetuo Dominigeolda figlia del fu Gerardo Delfrere da Monselice di un tratto di riva di un fossato del comune di circa 6 pertiche in lunghezza e 8 piedi in larghezza posto in un suo *casamentum* in contrada Cal de Riva, per un canone annuo di 12 denari piccoli. Notaio: Domenico figlio del fu Lucio di Gualdino.

Originale in registro [A].

602.] 1308 ottobre 17, Monselice

Antonio da Lio, podestà di Monselice, a nome del comune di Monselice investe a livello perpetuo Ugolino di Cello da Monselice di 4 pertiche di terra posta in contrada Cantone di Porta; inoltre di una pertica di terra posta nella stessa contrada; il tutto per un canone annuo di 13 denari piccoli. Notaio: Domenico figlio del fu Lucio di Gualdino.

Originale in registro [A].

603.] 1308 ottobre 17, Monselice

Antonio da Lio, podestà di Monselice, a nome del comune di Monselice investe a livello perpetuo Giovanni del fu Albertino di Gabarello da Monselice di un tratto di riva di un fossato del comune di circa 4 pertiche in lunghezza e 8 piedi in larghezza posto in un suo *casamentum* in contrada Cal de Riva, per un canone annuo di 8 denari piccoli. Notaio: Domenico figlio del fu Lucio di Gualdino.

Originale in registro [A].

604.] 1308 ottobre 17, Monselice

Oredico del fu Buonafede di Baldiserra, giudice e vicario del podestà di Monselice Antonio da Lio, investe a livello perpetuo Usana vedova di Niccolò di Cavodomo di un tratto di riva del *destorium a domo Petri de Alesio* di circa 13 pertiche in lunghezza e 6 piedi in larghezza per un canone annuo di 26 denari piccoli. Notaio: Domenico figlio del fu Lucio di Gualdino.

Originale in registro [A].

605.] 1308 ottobre 17, Monselice

Oredico del fu Buonafede di Baldiserra, giudice e vicario del podestà di Monselice Antonio da Lio, investe a livello perpetuo Enrico del fu Lorenzo di Zuanone da Pozzo Nuovo di un appezzamento di terra tenuta a prato che misura un campo e mezzo posto in contrada Fossalarga, per un canone annuo di 4 soldi e 3 denari piccoli. Notaio: Domenico figlio del fu Lucio di Gualdino.

Originale in registro [A].

606.] 1308 ottobre 18, Monselice

Oredico del fu Buonafede di Baldiserra, giudice e vicario del podestà di Monselice Antonio da Lio, investe a livello perpetuo Domenico notaio del fu Bonaventura di Patuccio di circa un campo, 5 pertiche e 35 tavole di terra posta in contrada Cantone di Imo o Fossalarga; di un appezzamento di terra tenuta a prato che misura 1 campo e 4 pertiche e mezza posto nella stessa contrada; di un appezzamento di terra che misura 4 campi 12 pertiche e 50 tavole posto vicino alla contrada predetta; il tutto per un canone annuo di 22 soldi e 2 denari veneti piccoli. Notaio: Domenico figlio del fu Lucio di Gualdino.

Originale in registro [A].

607.] 1308 ottobre 18, Monselice

Antonio da Lio, podestà di Monselice, a nome del comune di Monselice investe a livello perpetuo Chiaro della fu Adamo *de Martina* da Monselice di un appezzamento di terra che misura circa un campo e 2 pertiche posto in contrada Cantone di Monte Mazzo o

Vanzoleolo, per un canone annuo di 2 soldi e 1 denaro di piccoli. Notaio: Domenico figlio del fu Lucio di Gualdino.

Originale in registro [A].

608.] 1308 ottobre 18, Monselice

Antonio da Lio, podestà di Monselice, a nome del comune di Monselice investe a livello perpetuo Garsenda figlia di Bono proveniente da Verona e moglie di Bartolomeo figlio di Francesco del fu Giacomo da Monselice, di un appezzamento di terra arativa di circa 3 campi posto in contrada Savellone, per un canone annuo di 18 denari di piccoli. Notaio: Domenico figlio del fu Lucio di Gualdino.

Originale in registro [A].

609.] 1308 ottobre 19, Monselice

Oredico del fu Buonafede di Baldiserra, giudice e vicario del podestà di Monselice Antonio da Lio, investe a livello perpetuo i fratelli Giovanni e Antonio figli del fu Naso di Galea, che ricevono l'investitura anche a nome del fratello Alberto, di un appezzamento di terra di circa 5 pertiche posto in contrada Carubalbrigo o Vanzoleolo verso Onedi; di un appezzamento di terra che misura circa un campo posta in contrada Frata di Pozzo Viaiano; di un appezzamento di terra di circa 1 campo e mezzo posto a Oneda in contrada Vanzoleolo; di un appezzamento di terra di circa un campo e un quarto posto nella palude di Oneda; di un appezzamento di terra che misura circa un campo e 8 pertiche posto in contrada Cantone di Monte Mazzo; il tutto per un canone annuo di 7 soldi e 5 denari veneti piccoli. Notaio: Domenico figlio del fu Lucio di Gualdino.

Originale in registro [A].

610.] 1308 ottobre 19, Monselice

Antonio da Lio, podestà di Monselice, a nome del comune di Monselice investe a livello perpetuo Zambono Cuffa del fu Regeto da Monselice di un tratto di riva di un fossato del comune di circa 6 pertiche in lunghezza e 8 piedi in larghezza posto in un *casamentum* in contrada Cal de Riva; di un altro tratto di riva di un fossato del comune di circa 6 pertiche in lunghezza e 8 piedi in larghezza posto in un *casamenum* che egli tiene per conto di Pesce de Trotti nella stessa contrada; il tutto per un canone annuo di 12 denari piccoli. Notaio: Domenico figlio del fu Lucio di Gualdino.

Originale in registro [A].

611.] 1308 ottobre 19, Monselice

Antonio da Lio, podestà di Monselice, a nome del comune di Monselice investe a livello perpetuo Frugerio Longo del fu Pietro di Mabile di un tratto di riva del *destorium a domo Petri de Alesio* di circa 25 pertiche in lunghezza e 6 piedi in larghezza posto presso la sua casa in contrada Calperosa, per un canone annuo di 4 soldi e 2 denari piccoli. Notaio: Domenico figlio del fu Lucio di Gualdino.

Originale in registro [A].

612.] 1308 ottobre 20, Monselice

Antonio da Lio, podestà di Monselice, a nome del comune di Monselice investe a livello perpetuo i fratelli Antonio, Michele e Giovanni figli del fu Lamberto da Monselice di un tratto di riva di un fossato del comune di circa 5 pertiche in lunghezza e 8 piedi in larghezza posto in un suo *casamentum* in contrada Cal de Riva, per un canone annuo di 10 denari piccoli. Notaio: Domenico figlio del fu Lucio di Gualdino.

Originale in registro [A].

613.] 1308 ottobre 20, Monselice

Antonio da Lio, podestà di Monselice, a nome del comune di Monselice investe a livello perpetuo Marco del fu Mino Cavallaro da Monselice di un tratto di riva di un fossato del comune di circa 3 pertiche in lunghezza e 8 piedi in larghezza posto in contrada Cal de Riva, per un canone annuo di 6 denari piccoli. Notaio: Domenico figlio del fu Lucio di Gualdino.

Originale in registro [A].

614.] 1308 ottobre 20, Monselice

Antonio da Lio, podestà di Monselice, a nome del comune di Monselice investe a livello perpetuo Pietro del fu Bellavere da Monselice di un tratto di riva del *destorium a domo Petri de Alesio* che misura circa 30 pertiche in lunghezza e in larghezza 6 piedi nel lato meridionale e 3 piedi nel lato settentrionale posto in contrada Calperosa, per un canone annuo di 5 soldi di denari veneti piccoli. Notaio: Domenico figlio del fu Lucio di Gualdino.

Originale in registro [A].

615.] 1308 ottobre 20, Monselice

Antonio da Lio, podestà di Monselice, a nome del comune di Monselice investe a livello perpetuo il maestro Aldrigeto Zupario del fu Tommaso di Padova di un appezzamento di terra arativa con alberi e vigne di circa 4 campi posto in contrada Savellone, per un canone annuo di 2 soldi di denari veneti piccoli. Notaio: Domenico figlio del fu Lucio di Gualdino.

Originale in registro [A].

616.] 1308 ottobre 30, Monselice

Antonio da Lio, podestà di Monselice, a nome del comune di Monselice investe a livello perpetuo Pietro del fu Pasquale macellaio da Monselice di una casa *pareata et cohoperta de paleis cum orto* posta in contrada Isola, per un canone annuo di 20 soldi di denari veneti piccoli. Notaio: Domenico figlio del fu Lucio Gualdino.

Originale in registro [A].

617.] 1308 ottobre 31, Monselice

Antonio da Lio, podestà di Monselice, a nome del comune di Monselice investe a livello perpetuo Ignazio del fu Riccobono da Monselice di 3 pertiche di terra del *casamentum* in cui abita posto in contrada Cal de Riva, per un canone annuo di 6 denari piccoli. Notaio: Domenico figlio del fu Lucio di Gualdino.

Originale in registro [A].

618.] 1308 ottobre 31, Monselice

Il notaio Prosdocimo figlio di Antonio *de Martina*, console e ufficiale del comune di Monselice, investe a livello perpetuo Maria vedova di Bartolomeo Pane e Vino da Monselice quale tutrice dei suoi figli Domenico e Beatrice, figli ed eredi del detto Bartolomeo, di un appezzamento di terra con alberi e vigne di circa un campo posto in contrada Revina; inoltre di un appezzamento di terra arativa con alberi e vigne che misura circa 12 pertiche posto in contrada Fratte di Revina; il tutto per un canone annuo di 26 soldi di denari veneti piccoli. Notaio: Domenico figlio del fu Lucio di Gualdino.

Originale in registro [A].

619.] 1308 novembre 4, Monselice

Antonio da Lio, podestà di Monselice, a nome del comune di Monselice investe a livello perpetuo Albertino del fu Clarello da Monselice di un tratto di riva di un fossato del comune di circa 20 pertiche in lunghezza e 6 piedi in larghezza posto presso la casa in cui era solito abitare in contrada Capo di Vico, per un canone annuo di 40 denari piccoli. Notaio: Domenico figlio del fu Lucio di Gualdino.

Originale in registro [A].

620.] 1308 novembre 5, Monselice

Guido figlio di Rolando da Piazzola, vicario del podestà di Monselice Antonio da Lio, investe a livello perpetuo Garsenda vedova del notaio Zilio di Ansaldo di 4 pertiche di terra con vigne *sclave* poste sul monte del castello di Monselice sotto San Giorgio, per un canone annuo di 7 denari piccoli. Notaio: Domenico figlio del fu Lucio di Gualdino.

Originale in registro [A].

621.] 1308 novembre 5, Monselice

Guido figlio di Rolando da Piazzola, vicario del podestà di Monselice Antonio da Lio, investe a livello perpetuo Lorenzo del fu Castello di un appezzamento di terra di circa un campo e 5 pertiche posto in contrada Fratte di Revina, per un canone annuo di 11 soldi di denari veneti piccoli. Notaio: Domenico figlio del fu Lucio di Gualdino.

Originale in registro [A].

622.] 1308 novembre 6, Monselice

Guido figlio di Rolando da Piazzola, vicario del podestà di Monselice Antonio da Lio, investe a livello perpetuo i fratelli Bartolomeo e Gerardo figli del fu Realdo di Realdo di un appezzamento di terra posto in contrada Vanzo de Agaro, per un canone annuo di 12 denari piccoli. Notaio: Domenico figlio del fu Lucio di Gualdino.

Originale in registro [A].

623.] 1308 novembre 6, Monselice

Guido figlio di Rolando da Piazzola, vicario del podestà di Monselice Antonio da Lio, investe a livello perpetuo Balegante del fu Gerardino di un tratto di riva del *destorium a domo Petri Gausi* di circa 6 pertiche in lunghezza e 6 piedi in larghezza per un canone annuo di 12 denari di piccoli. Notaio: Domenico figlio del fu Lucio di Gualdino.

Originale in registro [A].

624.] 1308 novembre 10, Monselice

Guido figlio di Rolando da Piazzola, vicario del podestà di Monselice Antonio da Lio, investe a livello perpetuo Tederico del fu Pietro di Lovolo di un tratto di riva di un fossato del comune di circa 3 pertiche in lunghezza e 8 piedi in larghezza posta in contrada Cal de Riva, per un canone annuo di 6 denari piccoli. Notaio: Domenico figlio del fu Lucio di Gualdino.

Originale in registro [A].

625.] 1308 novembre [12], Monselice

Guido figlio di Rolando da Piazzola, vicario del podestà di Monselice Antonio da Lio, investe a livello perpetuo Clemente del fu Parisio di Rova di un tratto di riva di un fossato del comune di circa 10 pertiche in lunghezza e 6 piedi in larghezza posto in contrada

Mira, per un canone annuo di 20 denari piccoli. Notaio: Domenico figlio del fu Lucio di Gualdino.

Originale in registro [A].

626.] 1308 novembre [12], Monselice

Oredico del fu Buonafede di Baldiserra, giudice e vicario del podestà di Monselice Antonio da Lio, investe a livello perpetuo Bennasuta vedova di Pietro Casalino di un appezzamento di terra di 3 piedi in larghezza e in lunghezza che si trova dietro la sua casa posta in contrada Piazza, per un canone annuo di 6 denari piccoli. Notaio: Domenico figlio del fu Lucio di Gualdino.

Originale in registro [A].

139.] 1308 dicembre 21, Monselice

Oredico di Baldaserra, giudice, *assessor* e vicario del podestà di Monselice, affinchè ne sia garantita la custodia e la conservazione consegna a Tederico del fu Guidoto, cancelliere del comune e a Gerardo del fu Abo e Ugo del fu Pollo, notai del cancelliere, i libri (in tutto 109) dell'amministrazione del comune sia in materia finanziaria sia giudiziaria e quelli relativi alle attività dagli ufficiali comunali. Notaio: Domenico figlio del fu Lucio di Gualdino.

Originale in registro [A].

427.] 1311 settembre 29

Prosdocimo del fu Nicola da Rio, massaro del comune di Padova, riceve 52 lire di piccoli da parte di Gerardo del fu Pietro *de Gregoriis*, per conto del comune di Monselice, a completamento di una tassa di tre grossi per fuoco in ragione degli 880 fuochi del comune di Monselice; già era stato fatto un pagamento di 300 lire di piccoli da parte di Zenarino. Notaio: Lorenzo del fu Migliorino.

Copia autenticata della cedola [B] Notaio: Alberto figlio del maestro Montesello.

429.] [1311] dicembre 4

Prosdocimo da Rio, esattore del comune di Padova, riceve 364 fiorini da parte di Aicardino da Villa del Conte, podestà di Monselice, quale parziale pagamento di una tassa di 800 fiorini. Notaio Giovanni da Rio.

Copia notarile della cedola [B] Notaio: Alberto. Cfr doc. 99.

428.] 1311 (1312 a Nativitate) dicembre 27

Prosdocimo da Rio, esattore del comune di Padova, riceve 258 fiorini da Felice del fu Gabriele per conto del comune di Monselice, quale parziale pagamento di una tassa di 800 fiorini. Notaio Giovanni da Rio.

Copia autenticata della cedola [B] Notaio: Gerardo del fu *dominus* Pietro de Gregoriis. Cfr doc. 99.

99.] 1312 gennaio 14, Padova

Prodocimo del fu Nicola da Rio della contrada Ponte Corvo, esattore del comune di Padova, riceve 800 fiorini da Pietro Mascarello del fu Alberto, Felice del fu Gabriele e Francesco del fu Rolando di Rova, agenti per il comune di Monselice, somma che serve al comune di Padova per onorare l'imperatore [Enrico VII] e che sarà restituita con il dovuto interesse. Notaio: Giovanni del fu Nicolò da Rio.

Copia autenticata [B] del 1312 gennaio 25, Monselice. Notaio: Domenico del fu Bonaventura di Patuccio.

141.] 1312 gennaio 14, Padova

Estratto dal libro delle imposizioni del distretto di Padova di una delibera del maggior consiglio del 1304 nel quale si elencano gli uomini e le forniture che il comune di Monselice deve garantire per l'esercito. Notaio Buonaccorso figlio nel notaio Brancaleone.

Copia autenticata [B] del 1312 gennaio 14, Padova. Notaio: Pietrobuono del fu Zaccaria.

140.] 1312 febbraio 11

Vivaroto del fu Azzo da Pernumia, *massarius* del comune di Padova, riceve da Domenico del fu Giovanni de Guiia, *caniparius* del comune di Monselice, la somma di 220 lire di denari piccoli, per un dazio imposto da Padova a tutti i comuni del territorio padovano di 5 soldi per ogni fuoco, contando Monselice 880 fuochi. Notaio: Perfiliasio del fu notaio Enrichettoe.

Copia autenticata [B] nella quale mancano data cronica e topica. Notaio: Milano figlio di Oliviero di Monselice.

142.] 1312 luglio 30, Padova

Gli otto sapienti *a credencia* del comune di Padova decretano che il comune di Monselice, essendo gravato da molti debiti, versi entro dieci giorni il residuo delle imposte dovute, fatto un abbuono di 200 fiorini. Notaio: Enginolfo detto Zancarola.

Copia autenticata [C] del 1312 agosto 1, Monselice, del notaio Milano di Oliverio di Monselice di una copia autenticata di Albrico del fu Gerardo, estratta dal libro d'ufficio scrittto dal notaio Enginolfo detto Zancarola.

426.] [post 1314] settembre 30

Guidoto da Tencarola, massaro del comune di Padova, riceve 117 lire, 6 soldi e 8 denari piccoli da parte del notaio Fidenzio del fu Antonio *de Claricis*, per conto del comune di Monselice, quale tassa di un grosso per fuoco, in ragione degli 880 fuochi del comune di Monselice, per il lavoro della Brentella. Notaio: Francesco Cornelo.

Copia autenticata della cedola [B]. Notaio: Prosdocimo figlio di Antonio *de Martina*.

La data è proposta in considerazione che l'escavo del canale Brentella, che raccordava le acque del Brenta con quelle del Bacchiglione a ovest di Padova, fu realizzato appunto nel 1314.

101.] 1316 febbraio 17, Monselice

Giovanni del fu Gerardo di Abone, *sindicus* del comune di Monselice, cede un appezzamento di terra coltivata di 2 campi circa in contrada Gorgo Somaro o Via Alta ed un altro di terra sia coltivata sia incolta di 3 campi circa in contrada Correzza, a Tano detto Guercio del fu Loto da Montagnana abitante a Padova in contrada Santa Margherita, in cambio di un terreno arativo con viti, alberi e pergole di 1 campo, 8 pertiche e 18 tavole in contrada Valle di Caresina o Argine Manurdi.

Copia semplice [B] priva di sottoscrizione.

INDICE DEI NOMI DI PERSONA

a cura di Alfredo Michielin

Non sono stati indicizzati i nomi che compaiono nelle *Note introduttive*.

Ai fini dell'indicizzazione la lettera *y* è stata assimilata alla lettera *i*, la lettera *ç* alla lettera *z*.

Le famiglie sono state registrate sotto la forma cognominale presente nei documenti con l'indicazione dei membri di appartenenza, che già compaiono singolarmente nell'indice, elencati secondo l'iniziale del nome proprio.

Negli altri casi l'ordine alfabetico è determinato dal primo elemento onomastico o toponomastico successivo al nome personale.

Sono state registrate tra parentesi quadre indicazioni onomastiche non presenti nei documenti, note attraverso la bibliografia di riferimento.[1]

Tra le varianti grafiche di ogni singolo nome si è scelta quella che ricorre con maggior frequenza o che compare nella prima citazione, segnalando di seguito le altre separate da una barra. Laddove i riferimenti testuali lo hanno permesso, è stato introdotta tra parentesi tonde la forma 'compendiata' usata talora per indicare una persona: ad esempio *Dominicus f.q. Bartolomei de Tomba (Dominicus de Tomba).* In alcuni casi, sia pure in presenza di probabile identità di soggetti o a fronte di chiare alterazioni dovute alla ricopiatura del nome, si è optato per una distinzione dei medesimi per ragioni prudenziali. In altri casi, laddove l'identità è risultata pressoché certa, si è indicato tra parentesi tonda con punto di domanda la forma secondaria dell'antroponimo.

Per quanto infine riguarda l'indicazione delle cariche istituzionali rivestite dalle varie persone, si è citato il comune di riferimento solo se diverso dal comune di Monselice (*Albertus de Castelo pot. Padue* ma *Aycardinus de Villa Comitis dom. pot.*).

Abbreviazioni

assess.	= assessor	f.	= filius/a	pot.	= potestas
barb:	= barberius	fr.	= frater	presb.	= presbiter
becc.	= beccarius	iud.	= iudex	proc.	= procurator
caleg.	= calegarius	iur.	= iuratus	q.	= quondam
canip.	= caniparius	mag.	= magister	sind.	= sindicus
capit.	= capitaneus	mass.	= massarius	tab.	= tabernarius
cons.	= consul	med.	= medicus	ux.	= uxor
conscil.	= consciliarius	not.	= notarius	ux. q.	= uxor quondam
dom.	= dominus	pil.	= piliparius		

1. S. Bortolami, *Monselice, "Oppidum opulentissimum": formazione e primi sviluppi di una comunità semiurbana del Veneto, medievale*, in *Monselice. Storia, cultura e arte di un centro "minore" del Veneto*, a cura di Antonio Rigon, Treviso 1994, pp. 101-171; L. Caberlin, *Il catastico di s. Giustina di Monselice detto di Ezzelino*, Introduzione di G. Rippe, Padova 1983 (Fonti per la storia della terraferma veneta, 1).

INDICE DEI NOMI DI LUOGO

Per una piú agile consultazione sono stati registrati alle pp. 818-828 i toponimi relativi a Monselice nell'*Indice della toponomastica urbana e suburbana di Monslice.*

I nomi di luogo sono stati indicizzati nella forma latina cui segue, nei casi in cui l'identificazione è certa, la forma italiana in caratteri corsivi. La provincia odierna di appartenenza, salvo diversa indicazione, è sempre quella di Padova. La voce *Montissilicis* non è stata indicizzata per la sua frequenza.

Dall'indice dei nomi di luogo si rinvia all'indice dei nomi di persona nei casi in cui il secondo elemento del sistema onomastico sia costituito da un toponimo.

INDICE DELLA TOPONOMASTICA URBANA E SUBURBANA DI MONSELICE

INDICE DEI NOTAI ROGATARI

INDICE DELLE MAGISTRATURE DEL COMUNE DI MONSELICE

ELENCO DELLE TAVOLE

INDICE

FINITO DI STAMPARE NELL'OTTOBRE DEL MMV
PRESSO BERTONCELLO ARTIGRAFICHE
IN CITTADELLA (PADOVA)